試券
시권

국가경영의
지혜를 듣다

2015 장서각 특별전
SPECIAL EXHIBITION

試券
시권

국가경영의 지혜를 듣다

한국학중앙연구원 藏書閣
THE ACADEMY OF KOREAN STUDIES

특별전 개요

한국학중앙연구원 장서각은 조선시대 국가왕실 문헌 및 민간사대부 문헌을 소장한 한국학 아카이브로서 그간에 축적한 연구 성과들을 전시회를 통해 학계와 일반에 보급하는 일을 지속해오고 있다.

2011년 7월 장서각 신축 개관에 즈음하여 마련된 '조선의 국왕과 선비'를 비롯하여 같은 해 9월에는 '영조대왕英祖大王', 12월에는 '우복愚伏 정경세鄭經世', 2012년에는 '조선의 공신功臣', 2013년에는 '양동마을, 경주손씨', 2014년에는 '조선시대 재산상속 문서, 분재기' 특별전을 기획·전시하였다. 이러한 일련의 전시는 한국학의 대중화를 통해 우리 국민의 역사문화 의식을 고양함은 물론 우리 문화의 고유성과 우월성을 확산시킴으로써 대한민국의 국격을 높이는 데 목적이 있다.

이번 2015년 장서각 특별전 '시권試券, 국가경영의 지혜를 듣다'는 조선시대 과거시험의 실상을 상세하게 조명함으로써 그것이 지니는 현대적 교훈과 의미를 진단하는 데 주안점이 있다. 아직도 많은 사람이 조선시대 과거에 대해 부정적인 시각을 갖는 것은 전체에 대한 이해의 부족에서 오는 편견이라 할 수 있다.

장서각에서 과거 관련 특별전을 기획한 것은 문헌적 충족성과 한국학 연구기관으로서의 책임감에서 비롯되었다. 현재 장서각은 12만 점의 국가왕실문헌과 70여 가문에서 기증·기탁받은 5만 점에 달하는 민간사대부 문헌을 소장하고 있다. 사대부를 비롯한 기층의 삶과 문화를 연구함에 있어 결코 소홀히 할 수 없는 한국 고전적의 보고인 것이다. 이 중에는 이번 전시의 핵심 자료인 시권이 무려 300여 점이나 포함되어 있으며, 과거와 관련된 생활문화적 양상을 담고 있는 문서는 그 수를 헤아리기조차 어렵다. 조상의 얼이 담긴 기록문화유산을 온 국민과 공유해야 한다는 한국학중앙연구원의 원칙과 비전이 오늘의 이 특별전을 이뤄낸 것이다.

우리 역사에서 어느 시대나 시험은 있었다. 비록 그 대상이 제한적이기는 했지만 신라에는 독서삼품과가 있었고, 고려 광종이 중국으로부터 도입한 과거는 시험의 혁명적 사건이었다. 고려가 도입한 과거제가 한국사회에 뿌리를 내리기까지는 약 400년의 세월이 걸렸고, 문치를 표방한 조선은 이를 우리 실정에 맞게 고치고 다듬어서 최고 권위의 인재선발 시스템으로 정착시켰다. 이 점에서 과거는 조선사회를 이해하는 키워드임이 분명하다.

이번 특별전은 과거의 긍정성에 초점을 맞추었고, 그중에서도 국가경영과 과거의 상관성을 드러내는 데 심혈을 기울였다. 동전의 양면처럼 역사적 사실이나 제도 또한 긍징성과 부정성을 가지기 마련이다. 이 점에서는 과거도 예외일 수 없다. 하지만 개인의 능력을 중시했던 과거제는 자연스럽게 신분성을 축소했다는 점에서 근대성을 내포하고 있었고, 공부와 교육의 중요성을 더욱 고양함으로써 조선의 지식문화 수준을 한 단계 격상시켰음도 부인할 수 없다. 무엇보다 관료가 되고자 하는 이들에게 공직자로서 갖추어야 할 유교적 기본 자질은 물론 국가운영의 현안과 고충을 해결하기 위한 해답과 지혜를 얻으려 했다는 점에서 가장 바람직한 인재 선발방식이었다.

지금의 대학 입시나 국가고시에 식견과 경륜을 묻는 항목이 없는 것은 전통의 단절이다. 우리는 늘 온고지신을 외치지만 그것의 구체적 실천과 적용에는 소홀하다 못해 방만하기까지 하다. 현행 시험제도의 문제점에 대한 불만의 목소리만 낼 것이 아니라 합리적인 대안을 찾아야 한다. 그 대안은 절대로 멀지 않는 곳에 있으며, 배울 것이 없다고 백안시했던 전통 속에 그 해답이 있다. 이것이 우리가 역사를 알아야 하는 까닭이고, 시권을 소재로 하는 전시를 통해 양질의 한국적 가치를 발굴하고 소개해야 하는 이유이다.

이번 특별전은 크게 세 부분으로 구성하였다. 1장에서는 과거제도의 역사와 기원을 제도적 측면에서 구성하여 과거에 대한 관람자들의 이해를 도왔다. 동아시아 과거제의 양상, 고려와 조선의 차이, 과거의 다양한 종류와 시권의 형식 등을 세부 항목으로 삼아 자세히 다루었다.

2장에서는 과거의 생활문화사적 측면을 그려보았다. 과거에 대한 조선 사람들의 열정과 희비, 과거 공부의 교재와 주목받은 독서처, 서자들의 과거응시, 합격자 발표와 그에 따른 행사, 동기생 명단인 방목과 합격자들의 동기애 등을 다양한 문서와 그림을 통해 스토리텔링의 방식으로 꾸몄다. 조선의 선비들에게 과거는 언제나 큰 이슈였고, 그런 만큼 일화나 에피소드도 많았다. 여기서 소개되는 장면은 결코 자질구레한 것이 아니라 사람 냄새가 물씬 풍기는 옛사람들의 삶의 이야기이다.

3장에서는 시권을 통해 국가경영의 현안과 지혜를 들여다보았다. 시권 중에서도 현안과 지혜를 가장 선명하게 보여주는 대책문을 주로 활용하여 전시의 효과를 높였다. 조선의 과거에서 낸 문제는 정치·경제·사회·문화·국방·외교 등을 망라하지만 여기서는 '인재의 선발', '폐단의 개혁', '화합의 도모', '풍속의 교화' '덕치의 실현' 등을 분문分門으로 삼아 국가와 응시생 간 대화의 참모습을 살펴보았다. 정몽주, 조광조, 이황, 윤선도, 이익상, 송시열, 박세당, 임영, 정약용 등 조선을 대표하는 엘리트 관료들의 답변에는 숙려, 번뜩이는 식견, 국가·사회에 대한 헌신의 마음, 포괄적 공동체 의식 등이 녹아 있어 보는 이로 하여금 경건한 마음이 들게 한다.

지금까지 과거를 주제로 한 크고 작은 전시는 있었지만, 관련 문헌을 망라하여 종횡으로 엮어 꾸민 전시는 이번이 처음일 것이다. 특히 이번 특별전은 시권을 통해 옛사람들의 국가경영의 현안과 지혜를 살펴보려 했다는 점에서 법고창신이라는 한국학의 본령에 충실하였다.

2015년 6월
장 서 각

Special Exhibition Overview

Jangseogak Archives in the Academy of Korean Studies is a Korean studies archive which keeps Joseon dynasty's royal documents and private gentry documents. Jangseogak Archives has been continuously popularizing its study results to the academia and public through various exhibitions.

In July 2011, with the opening of the new building of Jangseogak Archives, a special exhibition was held on 'Joseon's Kings and Noblemen'. In September the same year, there was an exhibition on 'Great King Yeongjo', and in December, on 'Wubok Jeonggyeongseh'. In 2012, a special exhibition on 'Meritorious Vassals of Joseon Dynasty', In 2013, a special exhibition on 'Yangdong Village', and in 2014, on 'Records of Joseon's Inheritance of Property, Bunjaegi' was planned and successfully exhibited. These series of projects aim to popularize Korean studies, promote historical consciousness among our people, spread our unique and excellent culture around the world, and thus boost national power of Korea.

Jangseogak special exhibition in 2015 is called 'Sigwon, listening to the wisdom of state management'. It focuses on Gwageo, the state examination of Joseon dynasty in detail and tries to diagnose what lessons and meanings we can draw out from in this modern age. There are still quite a large number of people who view the state examination with negative perspective, but this may be prejudice coming from the lack of understanding of the whole system.

The reason why Jangseogak Archives has planned an exhibition on state examination is because of Jangseogak Archives owns sufficient amount of documents related to the exam and the institution's duty as a central Korean studies institute. At present, Jangseogak Archives owns almost 50,000 pieces of private gentry's documents donated by more than 70 families. In studying high class people's life and culture, these materials are treasures of Korean old documents. Among them, 300 Sigwon state examination answer papers, which is the main material of this exhibition, is included, and documents related to the state examination and the life style based on the exam are numerous. The principle of the Academy of Korean Studies which aims to share with all people the written cultural heritage of our ancestors had initiated today's special exhibition.

There have always been exams throughout our history. Although the candidates were limited, during the Silla dynasty, there was an exam called Dockseosampumgwa, but Gwageo, the state exam which king Gwangjong of Goryeo dynasty adopted from China was an innovation of the state exam. It took almost 400 years for Goryeo's Gwageo to settle into Korean society. Joseon, which supported civil administration, modified the system to make it into the highest authority exam system to select the talented. This is why the state exam of Joseon is one key word of understanding Joseon society.

This special exhibition focused on the positive aspect of the Gwageo exam system. In particular, it is devoted to revealing the relation between state management and the exam. Like the two sides of the coin, historical fact and system have both positive and negative aspects, and the state exam system cannot be an exception to it. However, the exam fundamentally puts emphasis on an individual's ability and has naturally weakened social classes which implied modernity. Also, by boosting the importance of study and education, it has elevated Joseon's knowledge level. Above all, the exam sought after the solutions and wisdom for the state affairs and issues from the candidates of the civil servants as well as testing their basic Confucianism qualification. In this way, it was the most desirable form of recruiting the talents.

The fact that the present college entrance examination or national examinations do not test the candidates' insight or experience is the severance of the tradition. We say reviewing the old and learning the new is important, but we are negligent in actually practicing it. Rather than pointing out the problems of current exam systems, we need to find the rational solution to them. Sometimes, the answer is not far away from us, and we may be able to find the clue from the tradition that we frowned upon. This is why we need to study history and why Jangseogak Archives needs to excavate and introduce qualitative Korean values through the exhibitions.

The special exhibition consists of three chapters. The first chapter is designed to help the audience understand Gwageo exam system better by introducing the history and origin of the state examination. Different aspects of state examinations in Northeast Asian countries, difference between Goryeo and Joseon's exam system and various types of exams and answer papers are displayed in detail.

In chapter 2, you can find people's life and culture revolving around the exam. Joseon people's passion, joy and sorrow around the Gwageo exam, the study book and famous reading room, children of concubines applying for the exam, announcement of the successful candidates and celebrating party that followed, and the list of the successful candidates on the same exam and their friendship are all told in stories with various documents and pictures. For the scholars of Joseon, Gwageo exam was thus a very big issue at all times and naturally, there were many stories and episodes behind it. What is exhibited here is not a trifling detail but a vivid aspect of human face and is most close to the reality of how ancient people lived.

Chapter 3 shows pending issues and wisdom of the state management through the answer papers. Among the answer sheets, mainly 'Daechaekmun' part was selected which clearly displays the candidates' wisdom on state affairs. The questions for the state exam in Joseon included issues on politics, economics, social issues, culture, national defense, foreign affairs, etc., but on 'Daechaekmun' part, questions on the talented person, benevolent administration, harmony between the monarch and vassals, economy, foreign affairs, and custom were given and tested the candidates' ideas. Joseon's representative elite officials' answer papers such as Jeong Mong-ju, Jo Gwang-jo, Yi Hwang, Yun Seon-do, Yi Ik-sang, Song Si-yeol, Park Se-dang, Yim Young and Jeong Yak-yong demonstrate mature consideration, brilliant insight, devotion to the nation and brotherly affection for people which makes the audience treat their papers with reverence.

There have been several large and small exhibitions on Gwageo exams so far, but this exhibition must be the first one to include all the related documents and vertically and horizontally organize the event. Particularly, it suggests the rightful direction of the Korean studies which seeks to learn from the old and create the new in that it attempted to look into the wisdom of our ancestors' state management through the answer papers of the exam.

June, 2015

Jangseogak Archives

전시자료 협조

장서각 기증 · 기탁

경주김씨 교리공가
경주김씨 직각종택
전주류씨 수곡종택
무안박씨 무의공종택
밀성박씨 모선재
반남박씨 서계종택
박남박씨 판관공종택
경주손씨 송첨종택
광주안씨 순암종택
순흥안씨 사제당종중
순흥안씨 정봉종택
진주유씨 모산종택
연안이씨 매간종택
고성이씨 임청각
한산이씨 수당고택
인동장씨 여헌종택
동래정씨 동래부원군종택
진주정씨 우복종택
초계정씨 동계종택
초계정씨 동계후손가
한양조씨 참의공파
진양하씨 운문종택
마르티나 도이힐러
김영호

제공

선산김씨 점필재종택
해주오씨 추탄종택
해남윤씨 녹우당
해주정씨 대종가
전주최씨 송애공종회

전시자료 및 사진자료 제공

고려대학교박물관
광명시중앙도서관
국립진주박물관
국립청주박물관
대전역사박물관
상주박물관
서울역사박물관
충재박물관
의성김씨 학봉종택
여주이씨 무첨당
여주이씨 옥산정사 이해철
나주임씨 창계후손가
진양하씨 담산문중

사진자료 제공

경북대학교박물관
국립중앙도서관
국립중앙박물관
규장각한국학연구원
삼성미술관 Leeum
한국국학진흥원
현충사관리소

일러두기

- 이 책은 2015년 장서각 특별전 '시권試券, 국가경영의 지혜를 듣다'(2015. 6. 29.~ 11.29.)의 도록이다.
- 도판 설명은 자료명(한글, 한자), 연대, 수량, 판종, 크기(세로×가로)cm, 문화재 지정사항, 소장처 순이다.
- 작성·간행연대의 경우 고문서는 작성연대, 고서는 간행연도를 표기하였다.
- 한국학중앙연구원 장서각 소장자료는 '장서각(청구번호)'으로 표기하고, 기증·기탁자료는 '장서각(원소장처)'으로 표기하였다.
- 타 기관 자료의 경우 소장처를 '현소장처(원소장처)'로 표기하였다.
- 정서 자료에서 원본이 훼손되어 판독할 수 없는 글자는 'ㅁ'으로 표기하였다.
- 이 책은 2015년 한국학중앙연구원 21세기 장서각연구사업에 의하여 출판되었다.

차례

曾訓無入悖出悖之譏　茅倉四方之正貢
漢家有倉氏庫氏之號　久爲內藏之私儲
取諸宮中縱爲給用之便　度支之簿書徒存 安
奉以天下不無總貨之嘆　司農之經費告罄 只
知出入之數　民生粟米麻絲豈充自養之具
增誅求之端　勝有倉廩府庫非供浮費之資

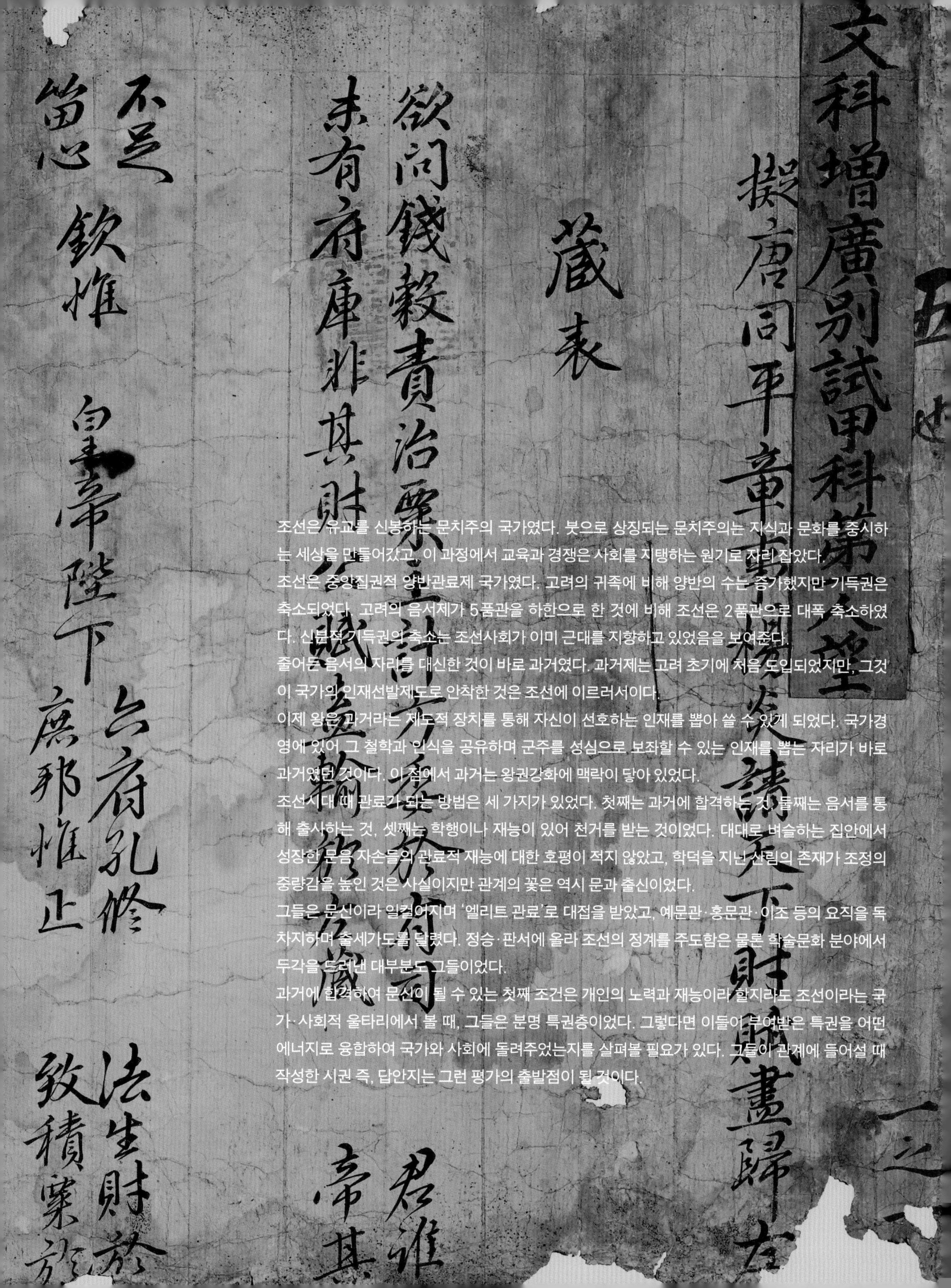

조선은 유교를 신봉하는 문치주의 국가였다. 붓으로 상징되는 문치주의는 지식과 문화를 중시하는 세상을 만들어갔고, 이 과정에서 교육과 경쟁은 사회를 지탱하는 원기로 자리 잡았다.

조선은 중앙집권적 양반관료제 국가였다. 고려의 귀족에 비해 양반의 수는 증가했지만 기득권은 축소되었다. 고려의 음서제가 5품관을 하한으로 한 것에 비해 조선은 2품관으로 대폭 축소하였다. 신분적 기득권의 축소는 조선사회가 이미 근대를 지향하고 있었음을 보여준다.

줄어든 음서의 자리를 대신한 것이 바로 과거였다. 과거제는 고려 초기에 처음 도입되었지만, 그것이 국가의 인재선발제도로 안착한 것은 조선에 이르러서이다.

이제 왕은 과거라는 제도적 장치를 통해 자신이 선호하는 인재를 뽑아 쓸 수 있게 되었다. 국가경영에 있어 그 철학과 인식을 공유하며 군주를 성심으로 보좌할 수 있는 인재를 뽑는 자리가 바로 과거였던 것이다. 이 점에서 과거는 왕권강화에 맥락이 닿아 있었다.

조선시대 때 관료가 되는 방법은 세 가지가 있었다. 첫째는 과거에 합격하는 것, 둘째는 음서를 통해 출사하는 것, 셋째는 학행이나 재능이 있어 천거를 받는 것이었다. 대대로 벼슬하는 집안에서 성장한 문음 자손들의 관료적 재능에 대한 호평이 적지 않았고, 학덕을 지닌 산림의 존재가 조정의 중량감을 높인 것은 사실이지만 관계의 꽃은 역시 문과 출신이었다.

그들은 문신이라 일컬어지며 '엘리트 관료'로 대접을 받았고, 예문관·홍문관·이조 등의 요직을 독차지하며 출세가도를 달렸다. 정승·판서에 올라 조선의 정계를 주도함은 물론 학술문화 분야에서 두각을 드러낸 대부분도 그들이었다.

과거에 합격하여 문신이 될 수 있는 첫째 조건은 개인의 노력과 재능이라 할지라도 조선이라는 국가·사회적 울타리에서 볼 때, 그들은 분명 특권층이었다. 그렇다면 이들이 부여받은 특권을 어떤 에너지로 융합하여 국가와 사회에 돌려주었는지를 살펴볼 필요가 있다. 그들이 관계에 들어설 때 작성한 시권 즉, 답안지는 그런 평가의 출발점이 될 것이다.

동아시아의 과거

과거제도는 고대 중국에서 유래하였다. 중국은 아시아 국가들 가운데서 국가의 체제를 일찍 갖추었고, 그에 따라 각종 제도의 정비 또한 이른 시기에 이루어졌다. 수나라 문제文帝 때인 587년에 이미 개인의 능력을 평가하여 관료로 선발하는 제도를 마련하였으니, 그 제도가 바로 과거제科擧制이다. 수나라 이전까지는 한의 '찰거察擧'나 위진남북조의 '구품관인법九品官人法'과 같은 천거제가 시행되어, 호족이나 귀족층 등 제한된 특권 계층들만이 관료 자리를 독식하고 세습해 왔다. 이러한 상황에서 황제를 중심으로 한 중앙집권적인 관료제를 확립하기 위해 마련된 것이 과거제도였다. 이렇듯이 과거제는 철저히 개인의 능력에 따라 시험을 통해 관료를 선발하는 획기적인 개혁안이었다. 이 제도는 이후 당唐·송宋·명明·청淸을 거치면서 중국식 과거제로 유지 발전되었다.

일본은 헤이안平安시대794~1185에 과거제를 도입하였으나, 고위 귀족들은 이 제도와 관계없이 자신들의 지위를 세습하였으므로 과거제는 하층에서 중급 귀족층에 진출하는 방편에 그치게 되었고, 이마저도 율령제가 유명무실해지면서 정착되지 못하였다.

베트남은 중국의 영향으로 리李왕조1009~1225의 인종仁宗 대인 1075년에 처음으로 과거제를 도입하였고, 후기 레黎왕조1428~1789 대에 본격적으로 시행되었으며, 프랑스의 지배 아래 들어간 1919년까지도 그 제도가 유지되었다.

과거제도의 도입

우리나라는 958년고려 광종9에 처음으로 과거제를 도입하였다. 이를 통해 신라 이래로 남아 있는 골품제의 잔재를 없애고 중앙집권적인 관료제 국가의 기반을 공고히 하고자 하였다. 그러나 귀족 자제들은 여전히 음서제蔭敍制를 통해 시험 없이도 관직에 나아갈 수 있었고, 무반은 과거를 통하지 않고 선발하였다.

조선 초에 이르러 비로소 문과文科·무과武科·잡과雜科로 관료를 선발하는 제도가 확립되었고, 생원시와 진사시 또한 그 제도가 완비되었다. 이러한 조선식 과거제의 시행으로 중국에서는 전시殿試 합격자를 진사進士라고 칭한 것과 달리 조선에서는 문과의 예비단계인 진사시 합격자를 진사進士로 칭하는 차이가 발생하였다. 조선의 과거제는 1894년고종 31 갑오개혁 때 공식적으로 폐지되었다.

• 『고려사』에 수록된 과거 관련 기록

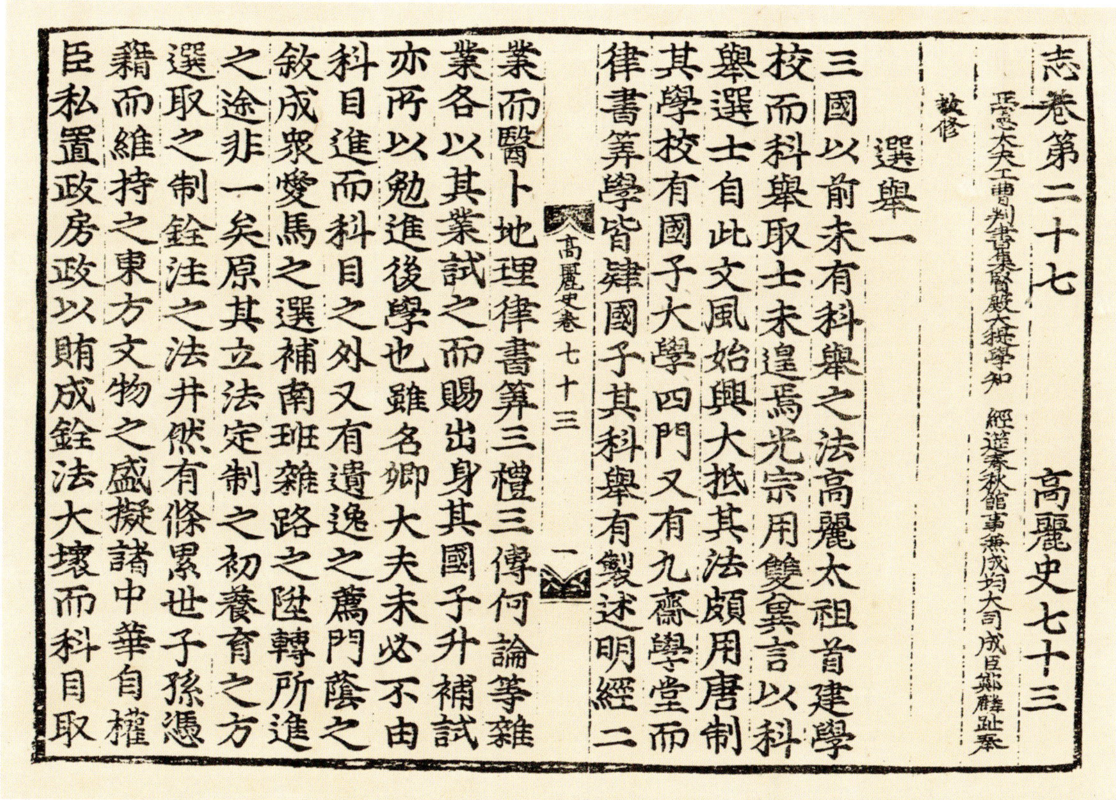

志卷第二十七　高麗史七十三

正憲大夫工曹判書集賢殿大提學知經筵春秋館事兼成均大司成臣鄭麟趾奉

敎修

選擧一

三國以前未有科擧之法高麗太祖首建學校而科擧取士未遑焉光宗用雙冀言以科擧選士自此文風始興大抵其法頗用唐制其學校有國子大學四門又有九齋學堂而律書筭學皆肄國子其科擧有製述明經二業而醫卜地理律書筭三禮三傳何論等雜業各以其業試之而賜出身其國子升補試亦所以勉進後學也雖名卿大夫未必不由科目進而科目之外又有遺逸之薦門蔭之敍成衆愛馬之選補南班雜路之陞轉所進之途非一矣原其立法定制之初養育之方選取之制銓注之法井然有條累世子孫憑籍而維持之東方文物之盛擬諸中華自權臣私置政房以賄成銓法大壞而科目取

高麗史卷七十三　二

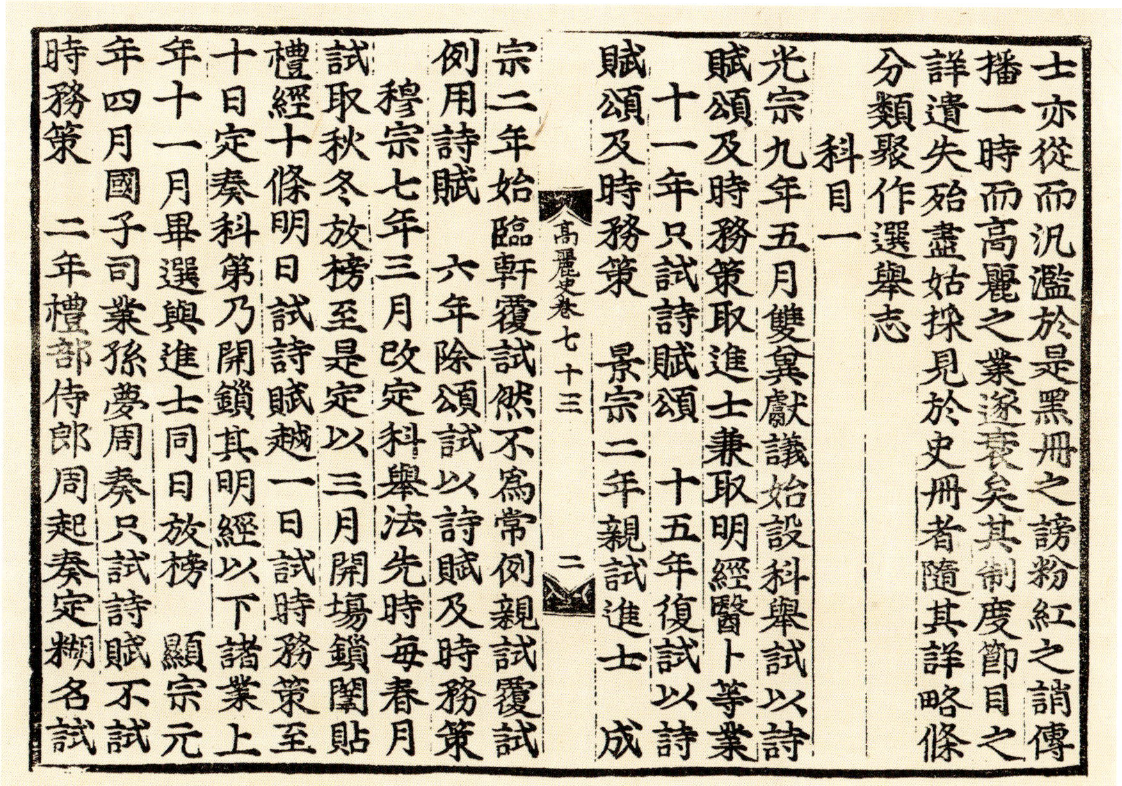

士亦從而汎濫於是黑冊之謗紛紅之誚傳播一時而高麗之業遂衰矣其制度節目之詳遺失殆盡姑採見於史冊者隨其詳略條分類聚作選擧志

科目一

光宗九年五月雙冀獻議始設科擧試以詩賦頌及時務策取進士兼取明經醫卜等業十一年只試詩賦頌　十五年復試以詩賦頌及時務策　景宗二年親試進士　成宗二年始臨軒覆試然不爲常例親試覆試例用詩賦　六年除頌試以詩賦及時務策穆宗七年三月改定科擧法先時每春月試取秋冬放榜至是定以三月開場鎖闈貼禮經十條明日試詩賦越一日試時務策至十日定奏科第乃開鎖其明經以下諸業上年十一月畢選與進士同日放榜　顯宗元年四月國子司業孫夢周奏只試詩賦不試時務策　二年禮部侍郞周起奏定糊名試

高麗史卷七十三　二

선광정사동년록
宣光丁巳同年錄

1377년(고려 우왕 3) 이후, 1첩, 필사본, 42.4×28.0cm, 장서각(초계정씨 동계종택 기탁)

1377년 발표한 국자감시國子監試의 합격자를 기록한 방목榜目이다. 동계桐溪 정온鄭蘊, 1569~1641의 선조인 정전鄭悛이 이 시험에서 장원으로 합격했기 때문에 거창 초계정씨 집안에 전하게 되었다. 고려시대 국자감시 동년록으로는 처음 발견된 자료라는 점에서 고려시대 과거의 일단을 규명하는 데 매우 중요하다.

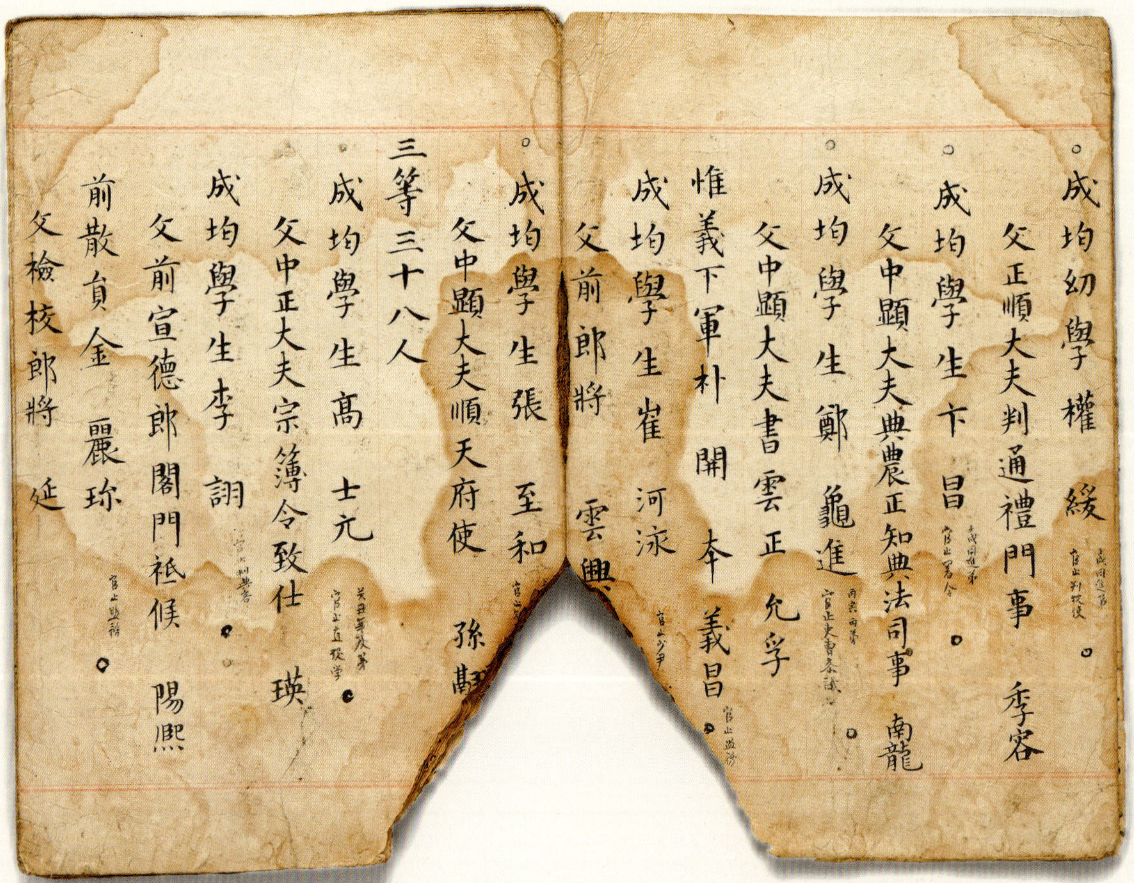

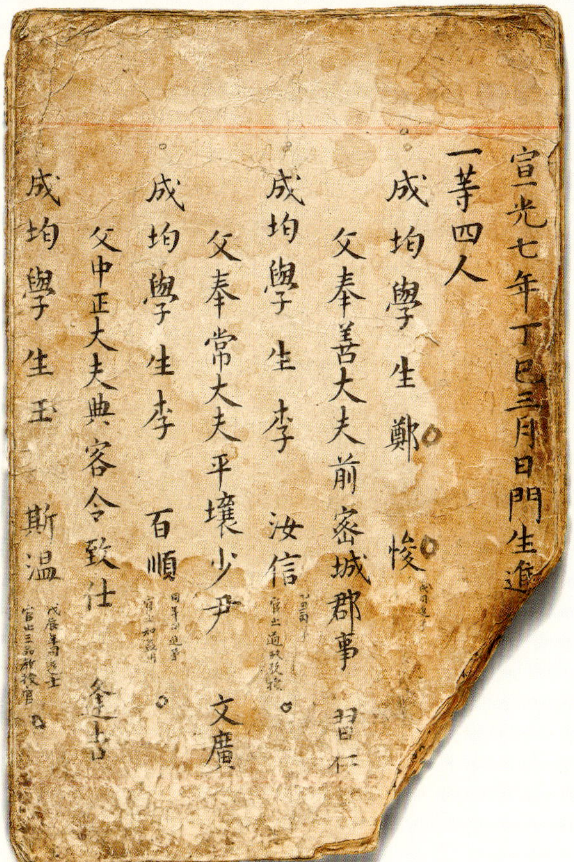
宣光七年丁巳三月日門生進
一等四人
成均學生鄭 悛
父奉善大夫前密城郡事 習仁
成均學生李 汝信
父奉常大夫平壤少尹 文廣
成均學生李 百順
父中正大夫典客令致仕 逢吉
成均學生王 斯温

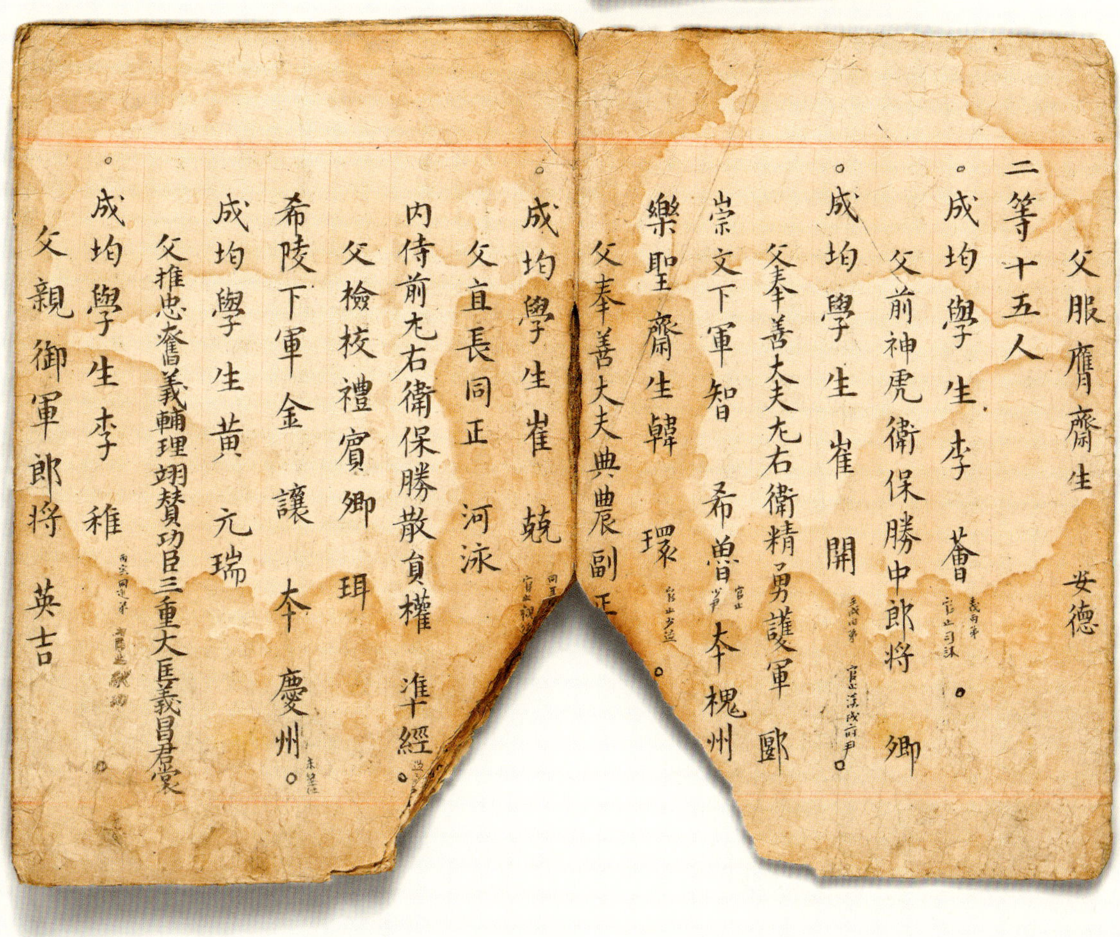
父服膺齋生 安德
二等十五人
成均學生李 薈
父前神虎衛保勝中郎將 卿
成均學生崔 開
父奉善大夫左右衛精勇護軍
崇文下軍智 希曾 李 槐州
樂聖齋生韓 環
父奉善大夫典農副正
成均學生崔 兢
父直長同正 河泳
內侍前左右衛保勝散員權 準 經
父檢校禮賓卿 珥
希陵下軍金 讓 李 慶州
成均學生黃 元瑞
父推忠奮義輔理翊贊功臣三重大匡義昌君
成均學生李 稚
父親御軍郎將 英吉

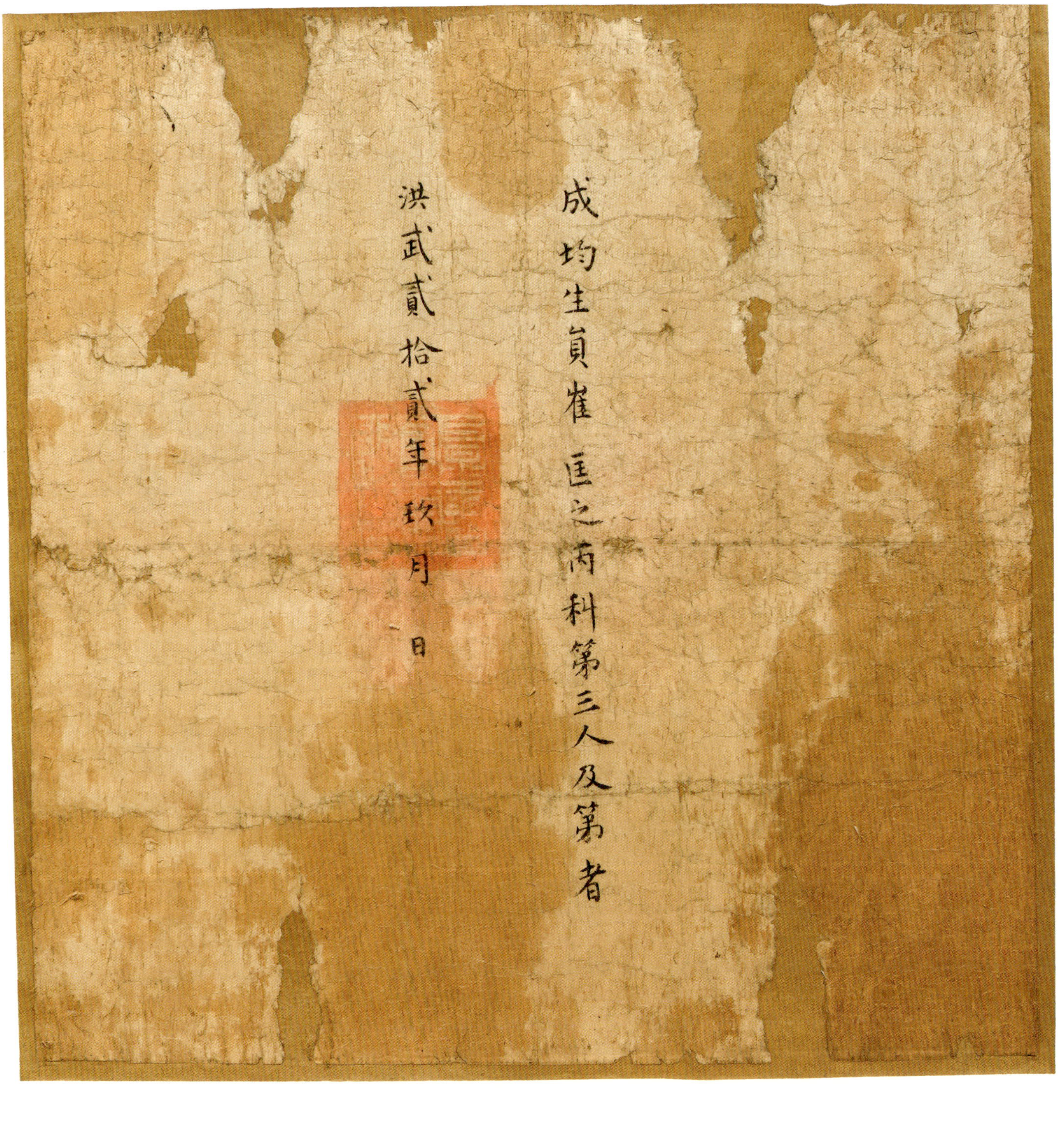

成均生員崔匡之丙科第三人及第者

洪武貳拾貳年玖月日

최광지 홍패
崔匡之紅牌

1389년(고려 공양왕 1), 1장, 필사본, 64.0×64.0cm, 보물 제2062호, 전주최씨 송애공종회

1389년공양왕 1 최광지가 문과에 급제하자 국왕이 그 사실을 증명하여 내려준 합격증서이다. 고려시대 홍패는 매우 희귀하다. 현존하는 것으로는 ①1290년충렬왕 16 우탁禹倬, ②1305년충렬왕 31 장계張桂, ③1355년공민왕 4, ④양이시楊以時, ⑤1376년우왕 2 양수생楊首生 홍패이다. 시기적으로 살펴볼 때 최광지 홍패는 여섯 번째로 오래된 것이며 고려시기의 것으로는 마지막 홍패이다. 그 내용은 비교적 간략하다. '成均生員 崔匡之 丙科 第三人及第者 洪武貳拾貳年九月 日'의 본문과 함께 '고려국왕지인高麗國王之印'의 어보가 찍혀 있다. 성균 생원 최광지가 문과 병과 제3인으로 급제하였고 홍무 22년 9월에 그 증서를 발급한다는 내용이다. 최광지는 여말선초의 인물이며 본관이 전주全州이다. 방목과 족보에는 그의 생몰년이 나와 있지 않으나 그의 아버지 최담崔霮, 1346~1434과 아우 최덕지崔德之, 1379~1455의 생몰년을 고려하면 1370년 무렵 태어나 1450년을 전후하여 사망한 듯하다. 최광지의 호는 송애松崖, 시호는 문간文簡이다. 아버지 최담과 어머니 전주박씨全州朴氏 사이에서 장자로 태어났다. 아우 최직지崔直之와 함께 1389년공양왕 1에 성균생원으로서 문과에 동방同榜으로 급제하였다. 급제 뒤에 예빈시 소윤禮賓寺 少尹과 집현전 제학集賢殿 提學을 지냈다. 묘는 전주 소양所陽의 주덕산周德山에 있다. 그의 후손들은 전라북도 부안군 부안읍 옹정과 석동, 주산면 등지에 세거하고 있다. 이 홍패는 최광지의 직계 송애공파 종중 재사齋舍인 유절재留節齋에서 보존해오고 있던 것이다. 과거와 관련하여 최광지의 전후 가계家系를 살펴보면 매우 특징적인 점이 발견된다. 시조 최아崔阿의 문과 급제로부터 증조부 형제인 용생龍生, 문과 안렴사, 용각龍角, 문과 장원 보문각대제학, 용갑龍甲, 충숙왕 문과 장원 등 3인이 문과에 급제하였고, 조부 대에서는 그의 종조부 최의崔議, 문과 도승지가 문과에 급제하였다. 아버지 대에는 그의 친부 최담사마, 문과 집현전제학과 백·숙부 최반崔盤, 문과 예조참판, 최광제崔光濟, 문과 강원도 도사, 최온지崔溫之, 문과 도사, 최돌崔浡, 사마 문과 대사간 등 5명이 사마 및 문과에 합격하였다. 최광지 대에는 최광지 자신을 비롯하여 아우 최직지崔直之, 사마 문과 집현전 제학와 최득지崔得之, 사마 양시, 사헌부 대사헌, 최덕지崔德之, 사마 문과 예문관직제학 4형제가 사마와 문과에 합격하였고 사촌 최구지崔久之, 생원 문과 대사간 또한 대과에 급제하였다. 최광지의 직계 후손의 경우 그의 아들 최생명崔生明, 호는 甕菴이 생원, 손자 최수손崔秀孫, 1437~1512이 성균진사, 증손자 4명, 즉 순성順成, 生進 문과, 필성弼成, 진사, 극성克成, 생원 문과, 계성繼成, 성균생원이 각각 사마시와 문과에 합격하였다. 당시 사람들은 최수손과 그의 네 아들의 급제를 중국의 왕진공王晋公 고사에 비유하여 오괴정五槐亭이라 불렀다. 최광지의 전후 직계만을 두고 본다면 전주·부안의 전주최씨는 여말선초를 거치면서 동고조同高祖 하에서 14명의 사마 및 문과 합격자를 배출하였다. 최씨 가계는 과거 합격 면에서 살펴 본다면 여말선초를 대표하는 인물군이라 할만하다.

• 조선의 과거

조선의 기본 법전인 『경국대전』에 따르면 조선의 과거는 크게 문과文科, 무과武科, 잡과雜科로 구분되었다. 문과와 무과는 문관과 무관을 선발하기 위한 국가 고시였고, 잡과는 역과譯科·의과醫科·음양과陰陽科·율과律科로 대표되는 기술직 관원을 선발하기 위한 국가 고시였다.

문과에는 이른바 문과 예비시라고 할 수 있는 생원시生員試와 진사시進士試가 시행되었다. 생원시는 경전에 대한 이해 정도를 주로 평가하였고, 진사시는 문장을 짓는 능력을 평가하였다. 이 두 시험은 경우에 따라 사마시司馬試 또는 감시監試라고 일컫기도 하였다.

태조즉위교서太祖卽位敎書에 나타난 과거 관련 내용

"문무文武 두 과거科擧는 한 가지만 취하고 한 가지는 버릴 수 없으니 중앙에는 국학國學과 지방에는 향교鄕校에 생도生徒를 더 두고 강학講學을 힘쓰게 하여 인재를 양육하게 할 것이다. 그 과거의 법은 본디 나라를 위하여 인재를 뽑았던 것인데, 그들이 좌주座主니 문생門生이니 일컬으면서 공적인 천거로써 사적인 은혜로 삼으니, 매우 법을 제정한 뜻이 아니다.

이제부터 중앙의 경우는 성균관 정록소成均館正錄所가, 지방의 경우는 안렴사按廉使가 경서에 밝고 행실을 닦은 자를 뽑은 뒤 연령·본관·삼대三代 및 통달한 경서를 갖추어 기록하여 성균관 장이소成均館長貳所에 올리면 성균관에서 사서四書·오경五經·『통감通鑑』 등을 시강試講하여 그 경전을 얼마나 많이 통달하고 얼마나 깊이 이해했는지를 기준으로 성적을 매기는데 이것을 제일장第一場으로 한다. 그리고 입격入格한 사람을 예조에 보내어 표문表文·장주章奏·고부古賦로 시험하는 것을 중장中場으로 하고, 책문策問을 시험하는 것을 종장終場으로 한다. 삼장三場을 통과하여 입격한 사람 33인을 이조에 보내면 재능을 헤아려 등용하고 감시監試는 폐지한다.

그 강무講武하는 법은 주장主掌한 훈련관에서 때때로 『무경칠서武經七書』와 사어射御의 기술을 강습시켜, 그 통달한 경서의 많고 적은 것과 기술의 정하고 거친 것으로써 그 높고 낮은 등급을 정하여, 입격한 사람 33명에게 출신패出身牌를 주고, 명단을 병조로 보내어 탁용擢用에 대비하게 할 것이다."

『태조실록』 권1, 1392년(태조 1) 7월 28일

• 『경국대전經國大典』에 수록된 과거 관련 기록

1485년(성종 16) 편찬, 5권 3책, 목판본, 34.5×22.0cm, 장서각(K2-2062)

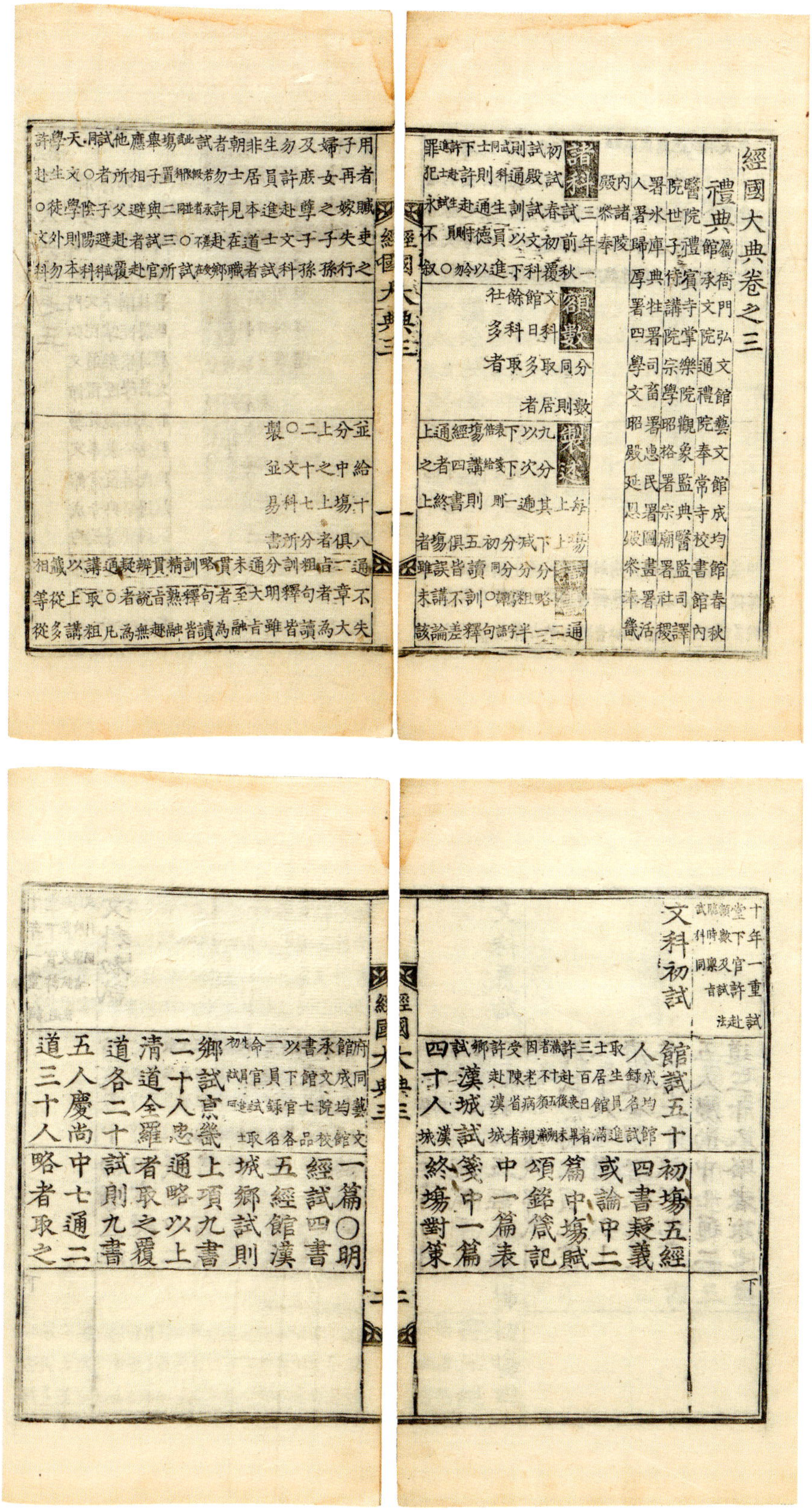

經國大典卷之三

禮典

諸科

額數

文科初試

初場五經四書疑義或論中二篇中場賦頌銘箴記中一篇表箋中一篇終場對策

一篇○明經試四書五經館漢城鄉試則上項九書通略以上者取之覆試則九書中七通二略者取之

• 『보인소의궤寶印所儀軌』에 수록된 과거지보科擧之寶

'과거지보科擧之寶'는 1624년인조 2 이후 과거합격자에게 발급하는 홍패 및 백패에 찍은 보인寶印이다. 1624년 '위정이덕爲政以德', '선사지보宣賜之寶'와 함께 주조되었으며, 시권·홍패·백패에 사용하도록 규정하였다. 이는 조선 말기까지 사용하였으며, 현전 자료를 통해 확인할 수 있다. '과거지보' 이전에는 '과거지인科擧之印'이 사용되었다. 장서각 소장 『보인소의궤寶印所儀軌』에는 '과거지보'의 형태와 인면印面의 모습을 그림으로 나타내고, 재질과 크기에 대하여 자세히 기록하였다.

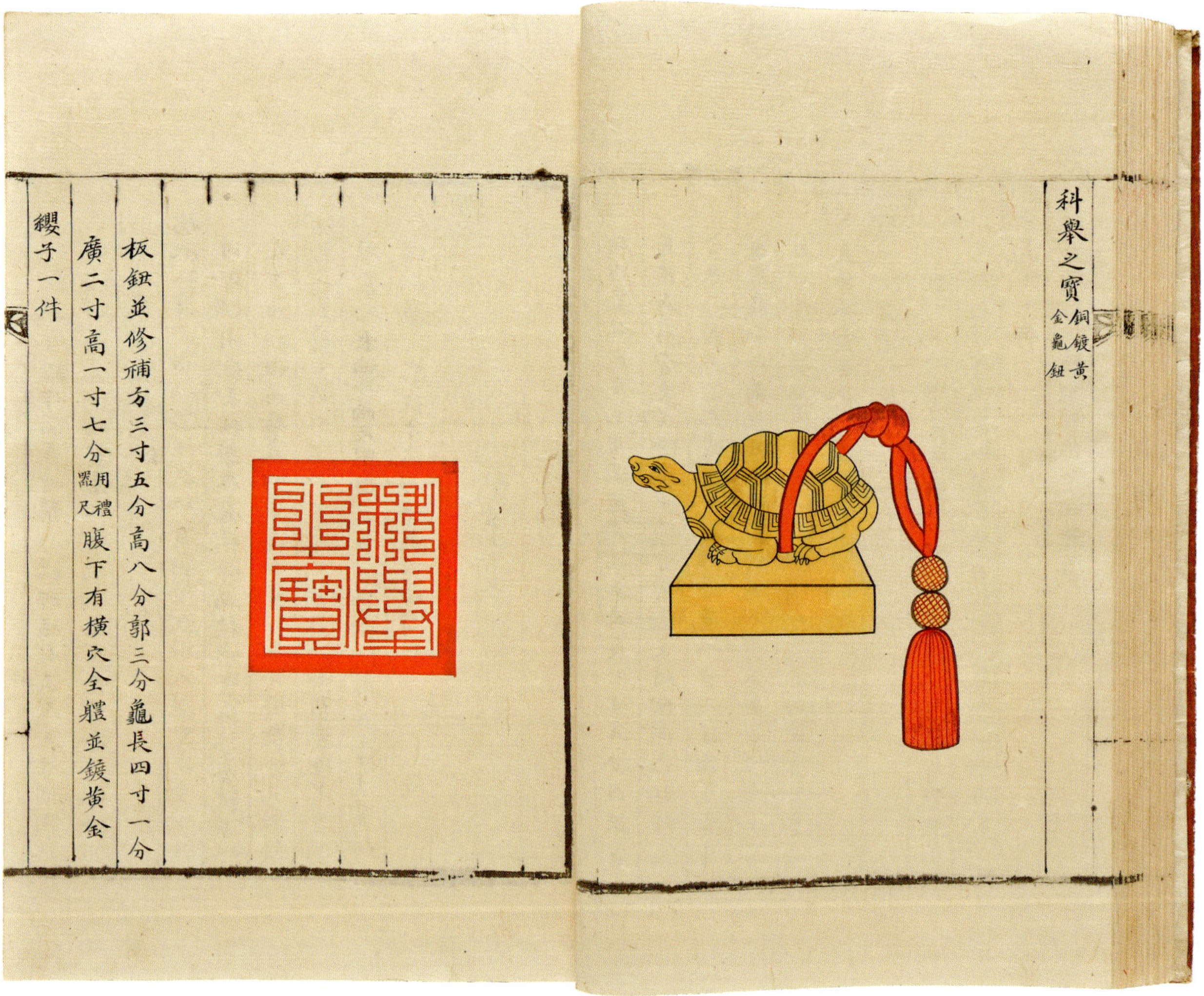

『보인소의궤(寶印所儀軌)』, 1876년(고종 13), 1책, 필사본, 44.2×31.6cm, 유네스코 세계기록유산, 장서각(K3-568)

판板과 뉴鈕를 모두 수보하였다. 인면의 규격은 가로, 세로 각 3치 5푼, 높이는 8푼, 외각은 3푼이다. 거북은 길이 4치 1푼, 너비 2치, 높이 1치 7푼이다(예기척을 적용함). 복부 아래에 횡혈이 있는데, 전체에 모두 황금으로 도금하였다. 영자纓子 한 건이 있다.

科學之寶

• 문과의 절차

문과는 문반을 선발하기 위한 시험으로서 조선시대 과거의 핵심이었다. 문과에 응시하기 전에 생원시生員試와 진사시進士試를 거쳤으므로 문과를 대과大科, 생원시와 진사시를 소과小科라고 지칭하였다.

문과 식년시의 경우에는 초시初試·복시覆試·전시殿試의 세 단계를 거쳐 최종적으로 급제자가 선발되었다. 초시는 전국 팔도에서 치러진 향시鄕試, 한성부에서 치러진 한성시漢城試, 성균관에서 치러진 관시館試가 있었고, 여기에서 선발된 정원만이 복시에 나아갔다. 복시에서는 원래 33인을 뽑게 되어 있었지만, 경우에 따라 33인 보다 적게 뽑거나 많이 뽑기도 하였다. 복시에 뽑힌 인원을 대상으로 전시를 치러 최종적으로 급제자의 등차를 정하였다.

• 조선시대 3대 출사 경로와 과거

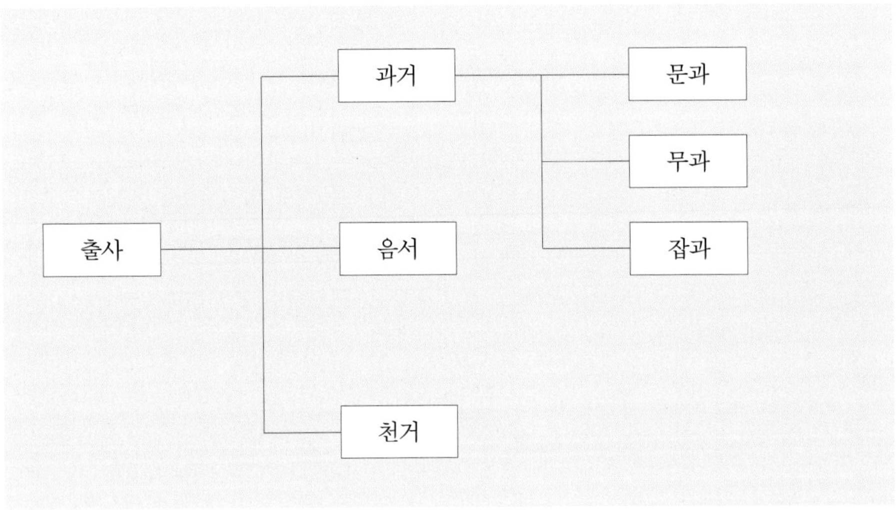

문보
文譜

19세기, 3책, 필사본, 34.0×22.0cm, 장서각(K2-1744)

조선 후기에 문과 급제자를 성씨姓氏별로 정리한 책이다. 전주이씨全州李氏 이정두李廷斗부터 사천목씨泗川睦氏 목승석睦承錫까지 각 성씨별로 문과 급제자의 자字·생년·과거 시험과 조상의 성명·관직 등을 기록하였다.

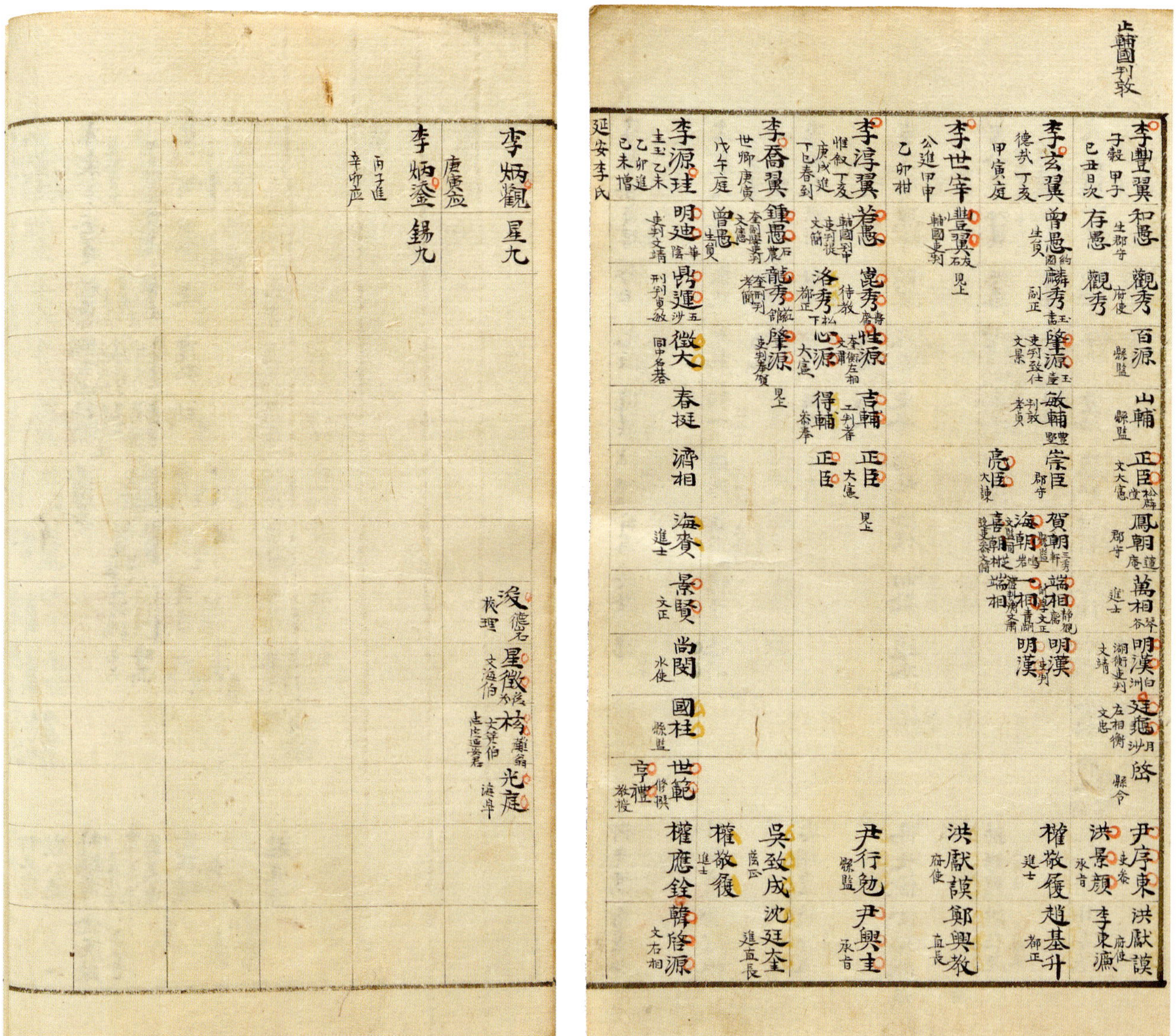

정심 생원 백패
鄭杺生員白牌

1624년(인조 2), 1장, 필사본, 93.0×36.0cm, 장서각(진주정씨 우복종택 기탁)

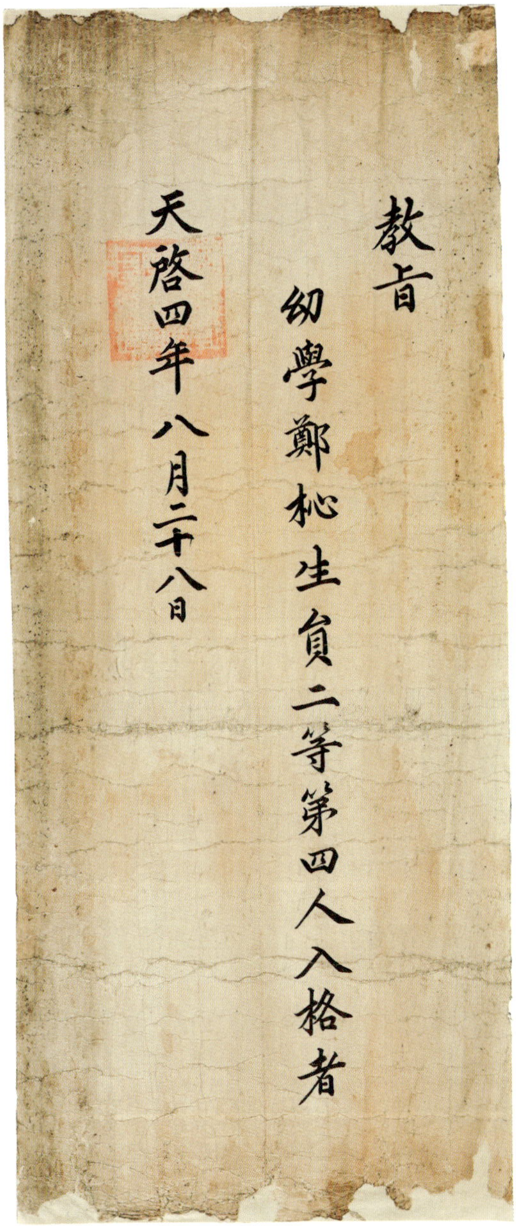

教旨
幼學鄭杺生員二等第四人入格者
天啓四年八月二十八日

정심 진사 백패
鄭杺進士白牌

1624년(인조 2), 1장, 필사본, 94.5×40.0cm, 장서각(진주정씨 우복종택 기탁)

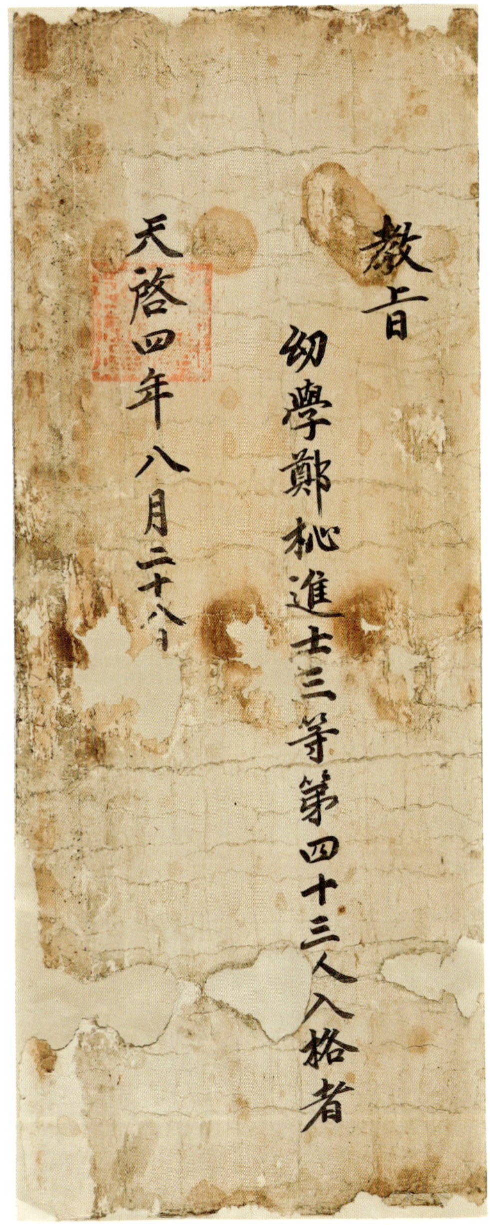

教旨
幼學鄭杺進士三等第四十三人入格者
天啓四年八月二十八日

정심1597~1625이 1624년인조 2 8월에 실시한 증광사마시增廣司馬試에 입격하고 받은 백패이다. 생원시에서는 2등 제4인, 진사시에서는 3등 제43인으로 입격하였다. 두 백패에는 '과거지보科擧之寶'가 안보되어 있다. 여기에 안보된 '과거지보'는 1624년인조 2 주조된 이후 처음으로 사용된 것이다.

정심은 이조판서를 지낸 정경세의 아들로 학식과 문장이 뛰어나 관료사회의 주목을 받았았으나 단명하여 경륜을 펼치지 못했다. 그의 아우는 이름이 학㰒인데, 부친 정경세가 심학心學에 대한 학문적 지향을 두 아들의 이름에 담아둔 것이다.

김정희 문과 홍패
金正喜文科紅牌

1819년(순조 19), 1장, 필사본, 87.7×61.3cm, 장서각(마르티나 도이힐러 기증)

김정희1786~1856가 1819년순조 19에 실시한 식년시 문과에서 병과 제9인으로 급제하고 받은 홍패이다. 문과에 급제한 사람에게는 홍패를 발급하였다.

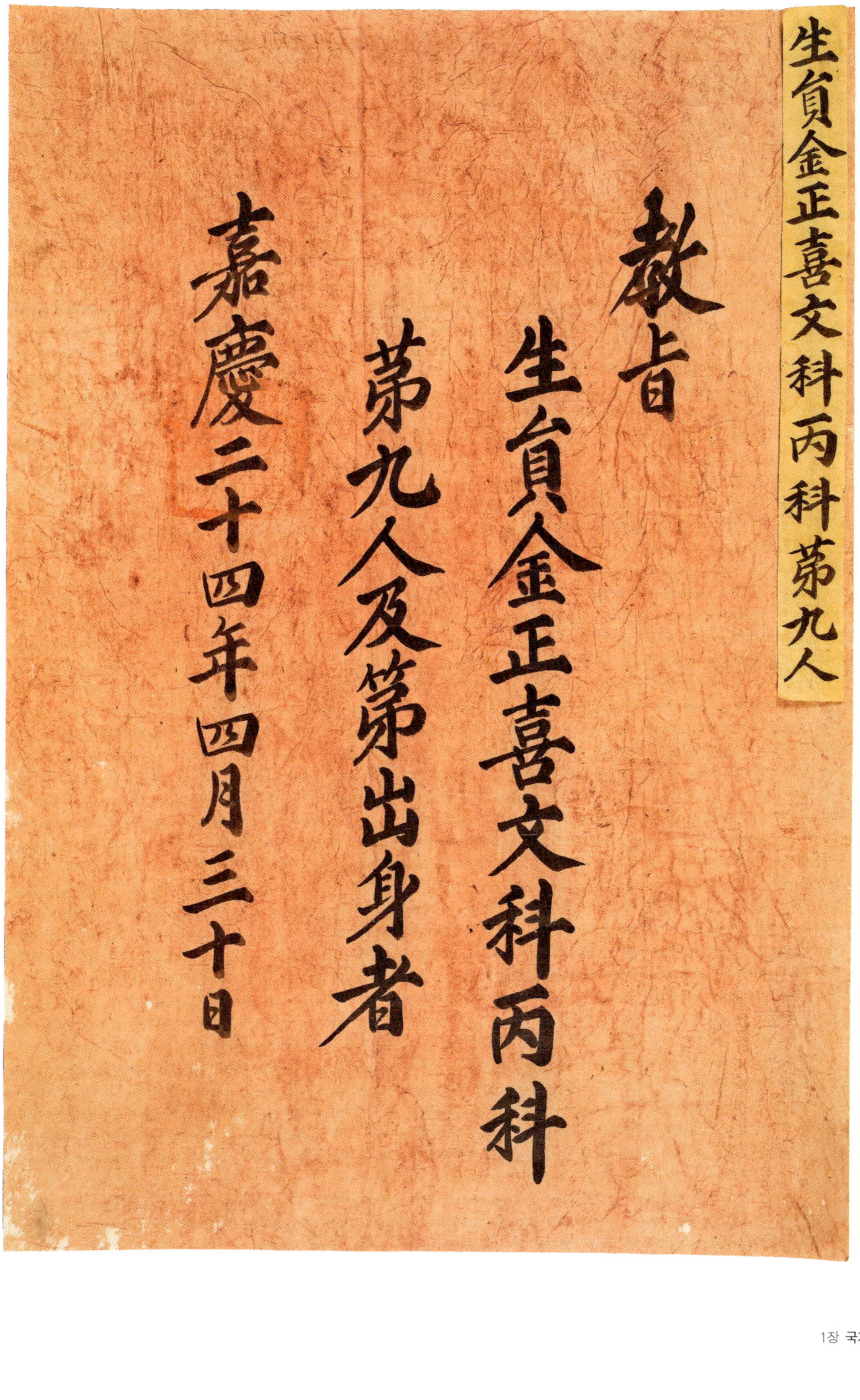
生員金正喜文科丙科第九人

敎旨

生員金正喜文科丙科

第九人及第出身者

嘉慶二十四年四月三十日

• 무과의 운영

조선시대 무신을 선발하는 과거시험인 무과는 1402년태종 2 처음 실시하였다. 이후 3년마다 정기적으로 시행하는 식년 무과式年武科, 국왕 즉위 등 나라에 경사가 있을 때에 실시하는 증광시增廣試를 비롯해 별시別試·알성시謁聖試·정시庭試·춘당대시春塘臺試 등 각종 별시가 있었다. 식년시는 초시初試·복시覆試·전시殿試의 세 단계를 거쳐 28명을 뽑았다. 시험 과목은 실기와 이론이 있었다. 실기 과목은 목전, 철전, 편전, 기사騎射, 기창騎槍, 격구이며, 임진왜란 이후에 목전, 철전, 편전, 기추騎芻, 관혁, 기창, 유엽전, 조총, 편추鞭芻로 바뀌었다. 임진왜란에 대한 뼈아픈 자각으로 조총이 포함되었으나, 활쏘기 비중이 높은 편이었다. 이론 과목은 『경국대전』이 필수였으며, 무경칠서武經七書, 사서 오경 중 1종, 『자치통감』·『역대병요』·『장감박의將鑑博議』 중 하나를 응시생이 선택하였다.

각종 별시는 초시와 전시의 2단계로 뽑았고, 선발 인원이 일정하지 않았다. 수 십 명에서 수 백 명, 수 천 명을 뽑았으며, 1676년숙종 2 정시 무과에서는 약 1만 8000여 명을 뽑기도 하였다. 무과의 선발 인원이 많아지면서 문과에 비해 그 위상이 크게 떨어졌고, 서얼은 물론 천인의 합격도 늘어났다. 따라서 조선 후기 무과는 양반의 관직 진출로이자 하층민들의 신분 상승을 돕는 가교 역할을 하였다. 1894년고종 31 갑오개혁 때 문과와 함께 폐지되었다.

대전통편
大典通編

1785년(정조 9), 6권 5책, 목판본, 37.0×24.7cm, 장서각(K2-2068)

『경국대전』과 『속대전』 및 그 뒤의 법령을 모은 통합 법전이다. 앞의 두 법전과 새로운 법령을 한데 모아서 법제의 변화를 쉽게 알 수 있다. 『경국대전』은 '원原'으로, 『속대전』은 '속續'으로, 새로 증보된 법령은 '증增'으로 표시하였다.

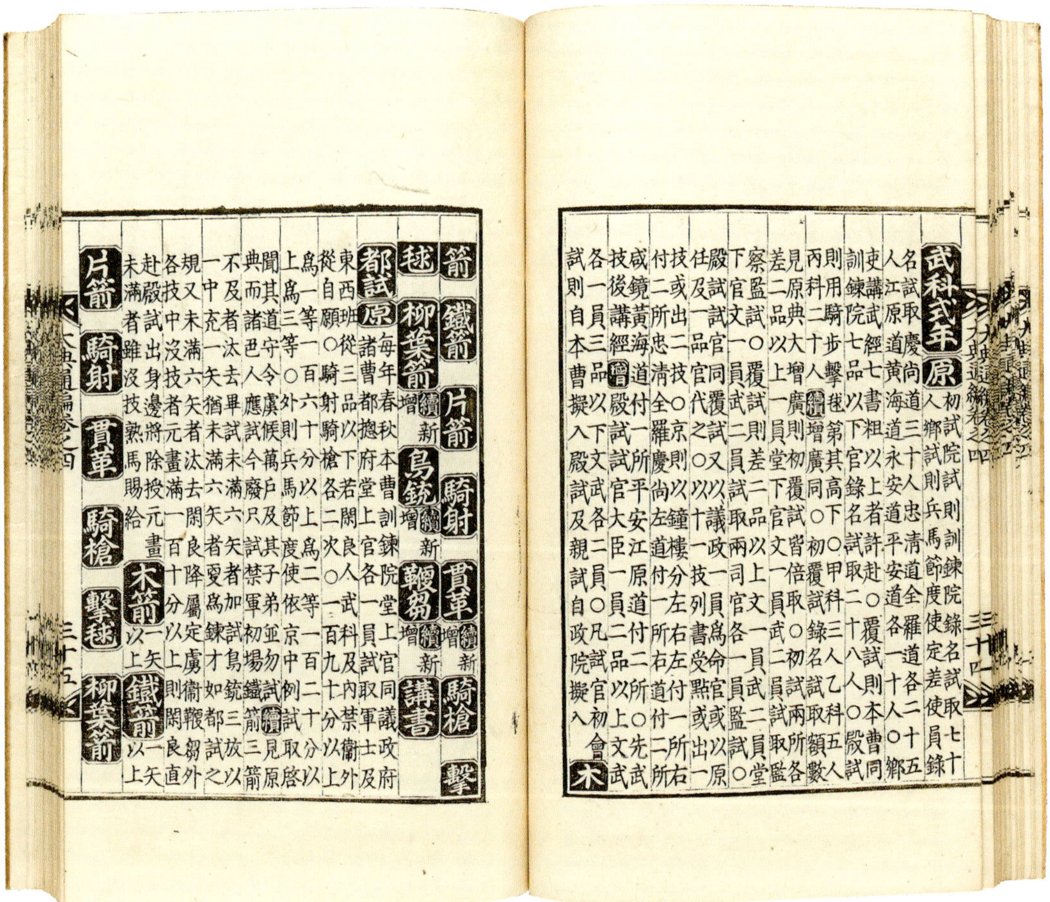

『대전통편』에 수록된 무과 관련 기록

경태사년 계유 무과동년방
景泰四年癸酉武科同年榜

1453년(단종 1), 1책, 필사본, 41.4×23.9cm, 장서각(초계정씨 동계종택 기탁)

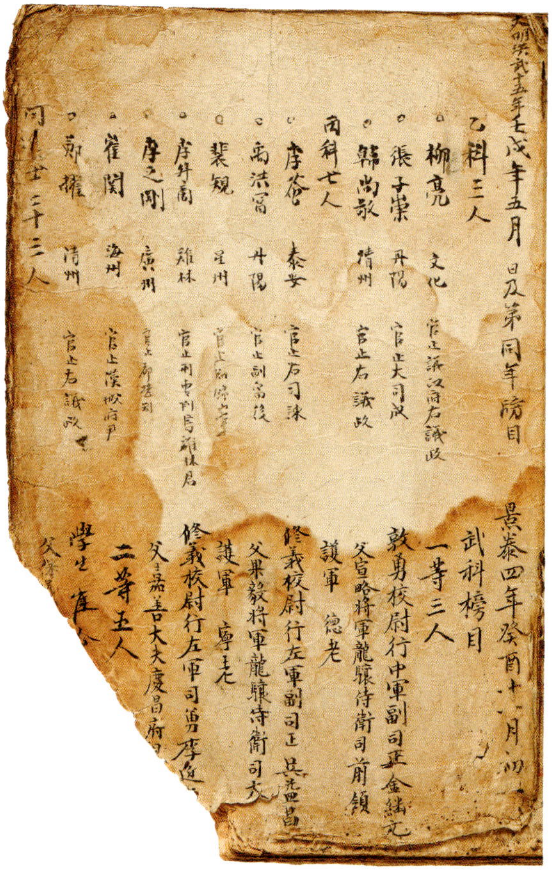

1453년단종 1 11월 식년시 무과의 급제자 명단이다. 1등 3인, 2등 5인, 3등 20인으로 총 28명이 실려 있으며 장원급제자는 김계원金繼元이다. 이 방목은 정식으로 간행한 방목이 아니라, 거창 초계정씨 집안에 전래된 『선광정사동년록宣光丁巳同年錄』1377, 고려 우왕 3의 이면裏面에 실려 있다. 『선광정사동년록』은 24면 12장의 절첩본으로 총 7개의 방목이 필사되어 있다. 이 무과방목은 그 중 하나로 첫 장 하단부터 5면에 걸쳐 실려 있다. 비록 이면에다 옮겨 베낀 방목이지만 현전하는 무과방목 중 가장 오래된 방목으로서 가치가 높다.

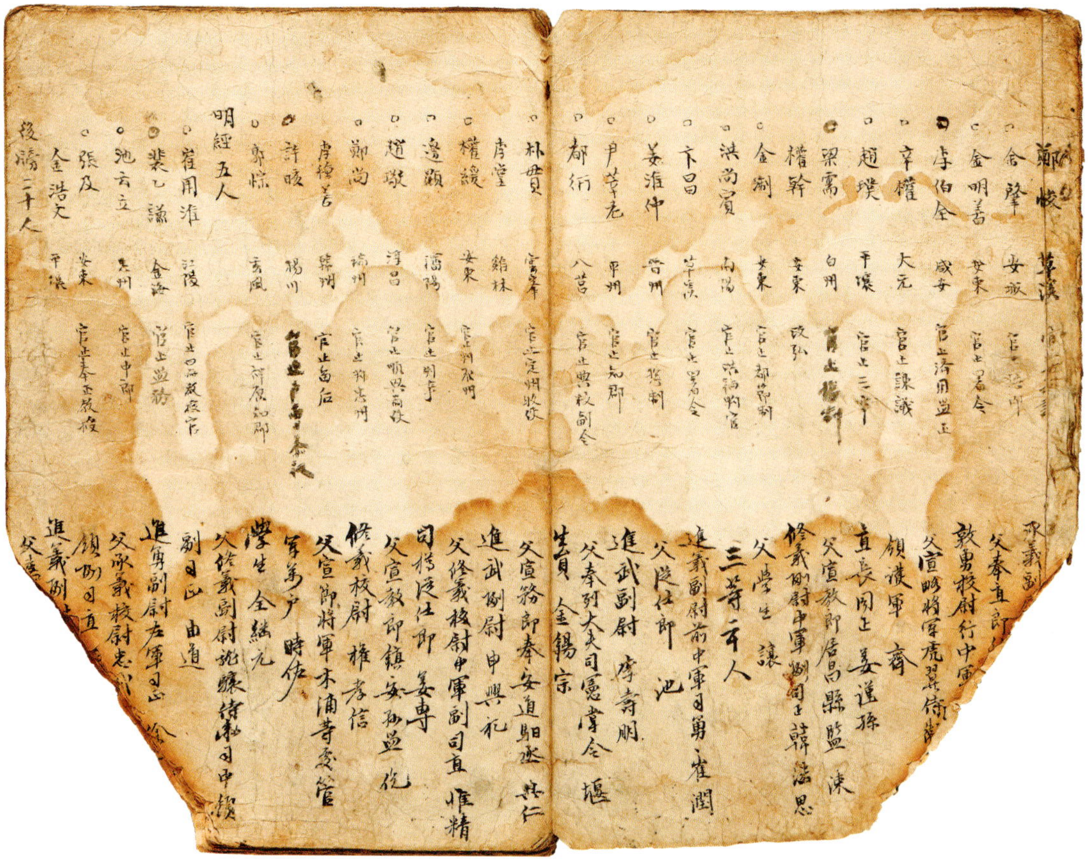

왕세자책봉 경용호방
王世子冊封慶龍虎榜

1784년(정조 8), 1책, 목판본, 36.4×23.9cm, 장서각(K2-3550)

1784년정조 8 문효세자文孝世子의 책봉을 경축하기 위해 실시한 과거시험의 급제자 명단이다. 문과급제자 18명, 무과급제자 2,692명을 수록하였다. 이 과거시험은 정조가 세자 책봉의 기쁨을 백성과 함께 나누고자 무과급제자를 많이 선발한 것이 특징이다. 또한 경축을 더하는 뜻에서 방목을 찍어 문과·무과급제자 전원에게 하사하였다. 이 방목은 17세기 이후 무과급제자를 대량으로 선발한 만과萬科 방목 중의 하나로 조선 후기 무과 운영의 실상을 잘 보여준다.

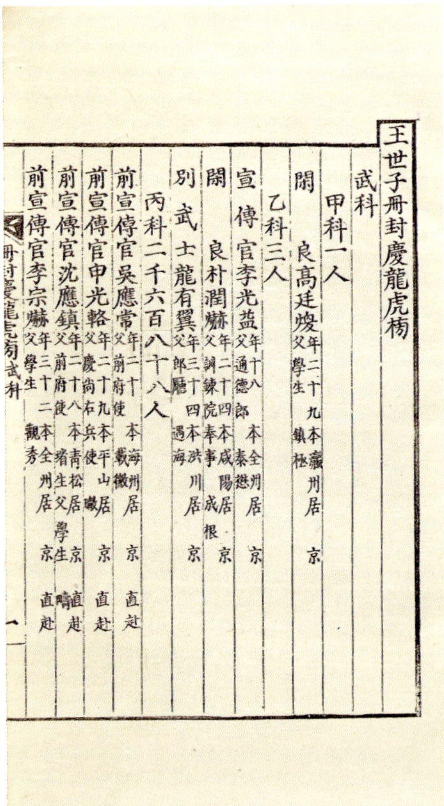
王世子冊封慶龍虎榜
武科
甲科一人
閑良高廷焌 年二十九本瀛州居京 父學生鎮極
乙科三人
宣傳官李光益 年十八本全州居京 父通德郎泰懋
閑良朴潤[illegible] 年二十四本咸陽居京 父訓鍊院奉事成根
丙科二千六百八十八人
別武士龍有翼 年三十四本洪川居京 父郎廳遇海
前宣傳官吳應常 年二十本海州居京直赴 父前府使載徽
前宣傳官申光輅 年二十九本平山居京直赴 父慶尚右兵使職
前宣傳官沈應鎮 年二十八本青松居京直赴 父前府使猪 生父學生晴
前宣傳官李宗[illegible] 年三十二本全州居京直赴 父學生觀秀
冊封慶龍虎榜 武科 一

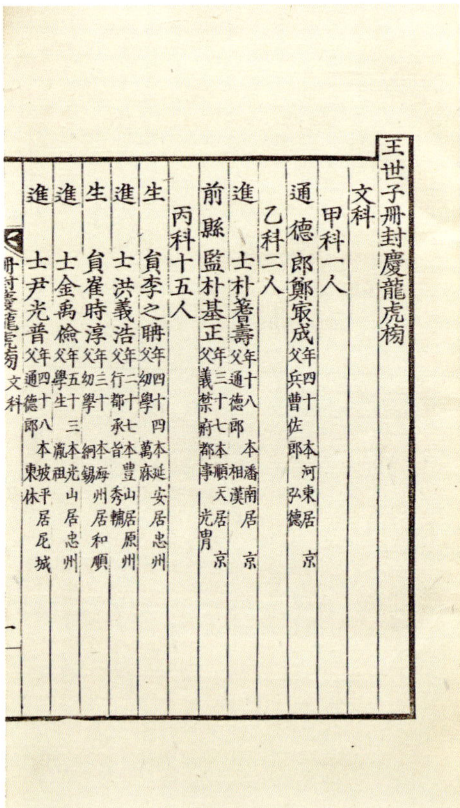
王世子冊封慶龍虎榜
文科
甲科一人
通德郎鄭宬成 年四十本河東居京 父兵曹佐郎弘德
乙科二人
進士朴蓍壽 年十八本潘南居京 父通德郎相漢
前縣監朴基正 年三十七本順天居京 父義禁府都事光胄
丙科十五人
生員李之聃 年四十四本延安居忠州 父幼學萬秝
進士洪義浩 年二十七本豊山居原州 父行都承旨秀輔
生員崔時淳 年三十本海州居和順 父幼學絅錫
進士金禹儉 年五十三本光山居忠州 父學生瀧祖
進士尹光普 年四十八本坡平居尼城 父通德郎東休
冊封慶龍虎榜 文科 一

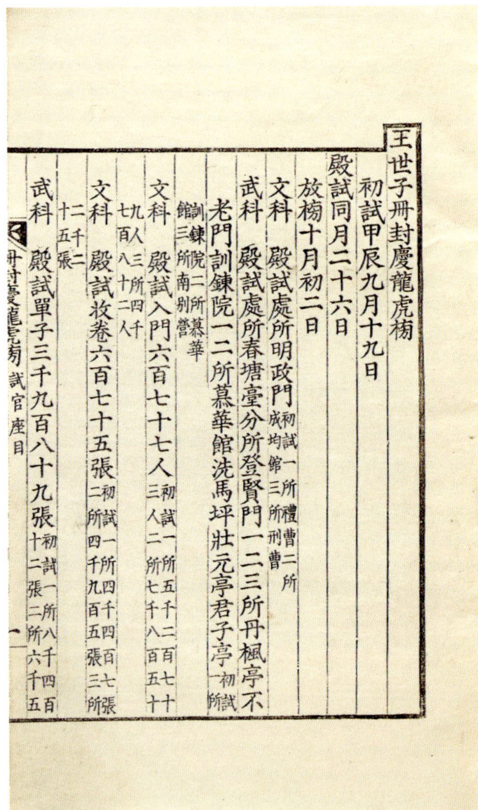
王世子冊封慶龍虎榜
初試甲辰九月十九日
殿試同月二十六日
放榜十月初二日
文科 殿試處所明政門 初試一所禮曹二所成均館三所刑曹
武科 殿試處所春塘臺分所登賢門一二三所丹楓亭不老門訓鍊院一二所慕華館洗馬坪壯元亭君子亭 初試一所訓鍊院二所慕華館三所南別營
文科 殿試入門六百七十七人 初試一所五千二百七十三人二所七千八百五十九人三所四千七百八十二人
文科 殿試收卷六百七十五張 初試一所四千四百七張二所四千九百五張三所二千二十五張
武科 殿試單子三千九百八十九張 初試一所八千四百十二張二所六千五
冊封慶龍虎榜 試官座目 一

조서경 무과홍패
趙瑞卿武科紅牌

1435년(세종 17), 1장, 필사본, 76.6×70.0cm, 보물 제954호, 국립중앙박물관

1435년세종 17 4월에 왕이 조서경에게 성적과 등급, 이름을 기록하여 준 무과급제를 증명하는 홍패(왕지)이다. 조서경은 세종 때부터 세조 때까지의 무신으로서, 1435년 무과에 3등 제20인으로 급제하였다. 가로 10cm, 세로 10cm의 '국왕신보國王信寶'가 찍혀 있다. 조선 전기 관제 및 과거제도를 연구하고 새보璽寶 임금의 도장 사용의 변천을 살필 수 있는 자료이다.

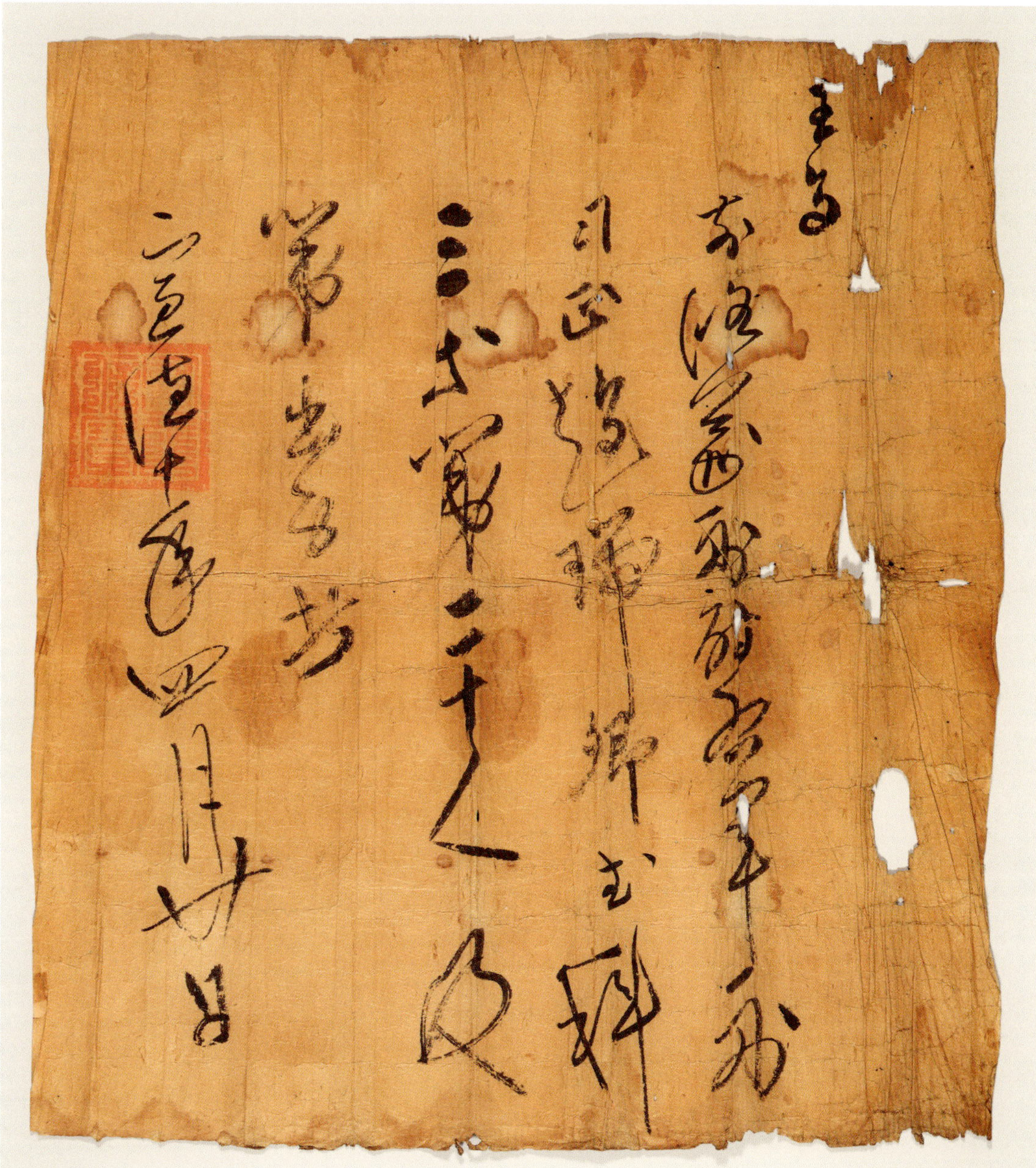

이순신 무과홍패

李舜臣武科紅牌

1576년(선조 9), 1장, 필사본, 84.0×71.0cm, 보물 제1564-7호, 문화재청 현충사관리소

1576년 3월에 보인保人 이순신이 식년무과에 병과 제4인으로 급제하고 발급받은 홍패이다.

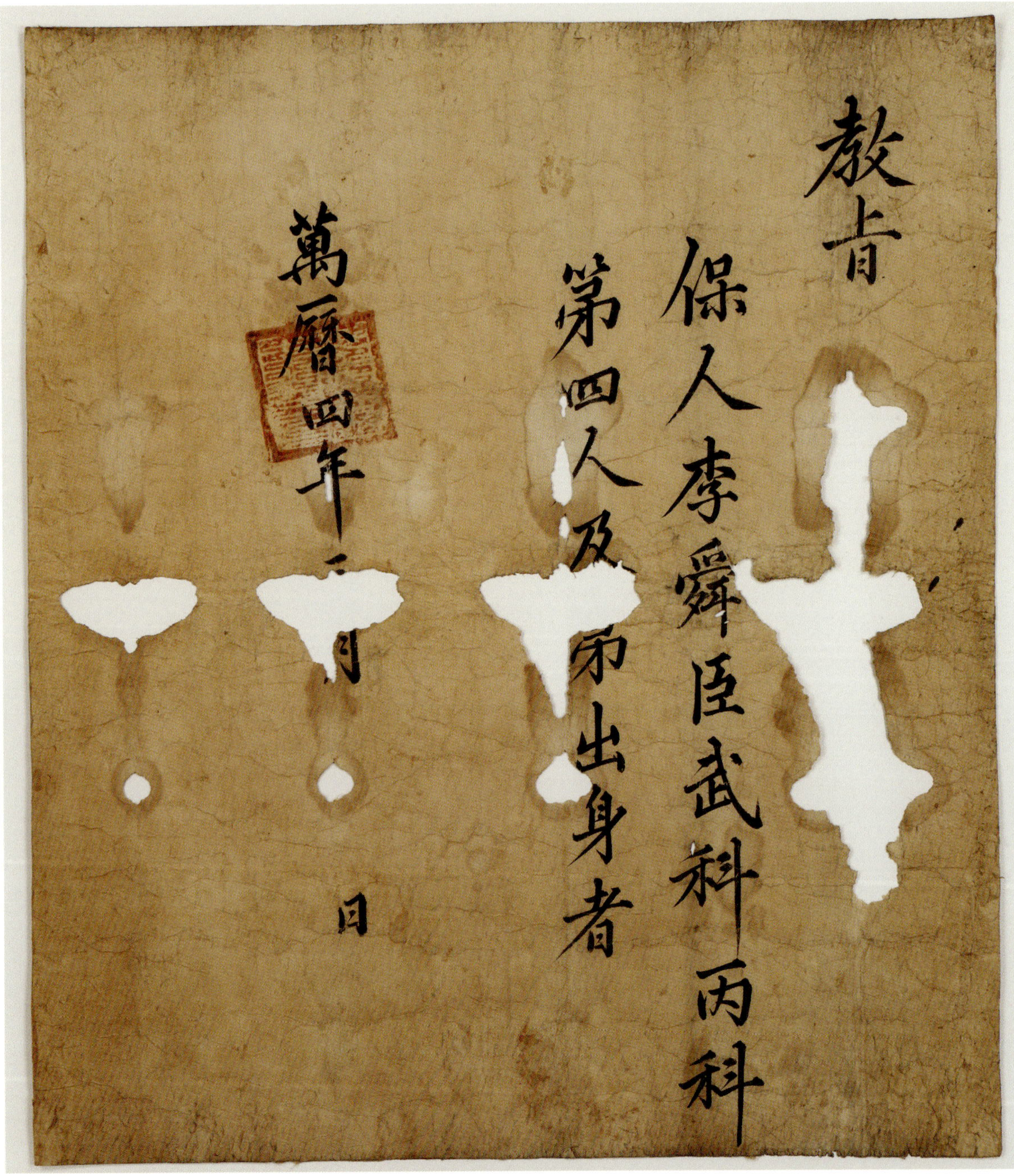

敎旨
保人李舜臣武科丙科
第四人及第出身者
萬曆四年三月 日

• 잡과의 시행

고려시대에는 잡업雜業이라 하여 의醫·복卜·지리地理·율律·서書·산算·삼례三禮·삼전三傳·하론何論 등 아홉 가지 분야의 특수직 관원을 선발하는 제도가 있었다. 조선에 들어와서 과거제도를 정비하면서 문·무과와 더불어 잡과를 시행하였는데, 잡과 내에 역과譯科·의과醫科·음양과陰陽科·율과律科를 두었다. 잡과 응시생들은 이미 어릴 때부터 사역원司譯院·전의감典醫監·고율사考律司·관상감觀象監 등에서 해당 분야의 전문교육을 받은 사람들이었고, 잡과 입격 후에는 해당 분야의 관원으로 임용되었다. 이들은 조선시대의 특수 신분층을 이루어 대부분 자손대대로 해당 직을 이어갔고, 혼인도 잡과를 업으로 한 집안끼리 하곤 하였다. 산학算學·악학樂學·화학畵學·도학道學 등의 잡학도 있었지만, 이들 분야에 대해서는 잡과를 시행하지 않고, 필요시 취재取才를 통해 인원을 선발하였다.

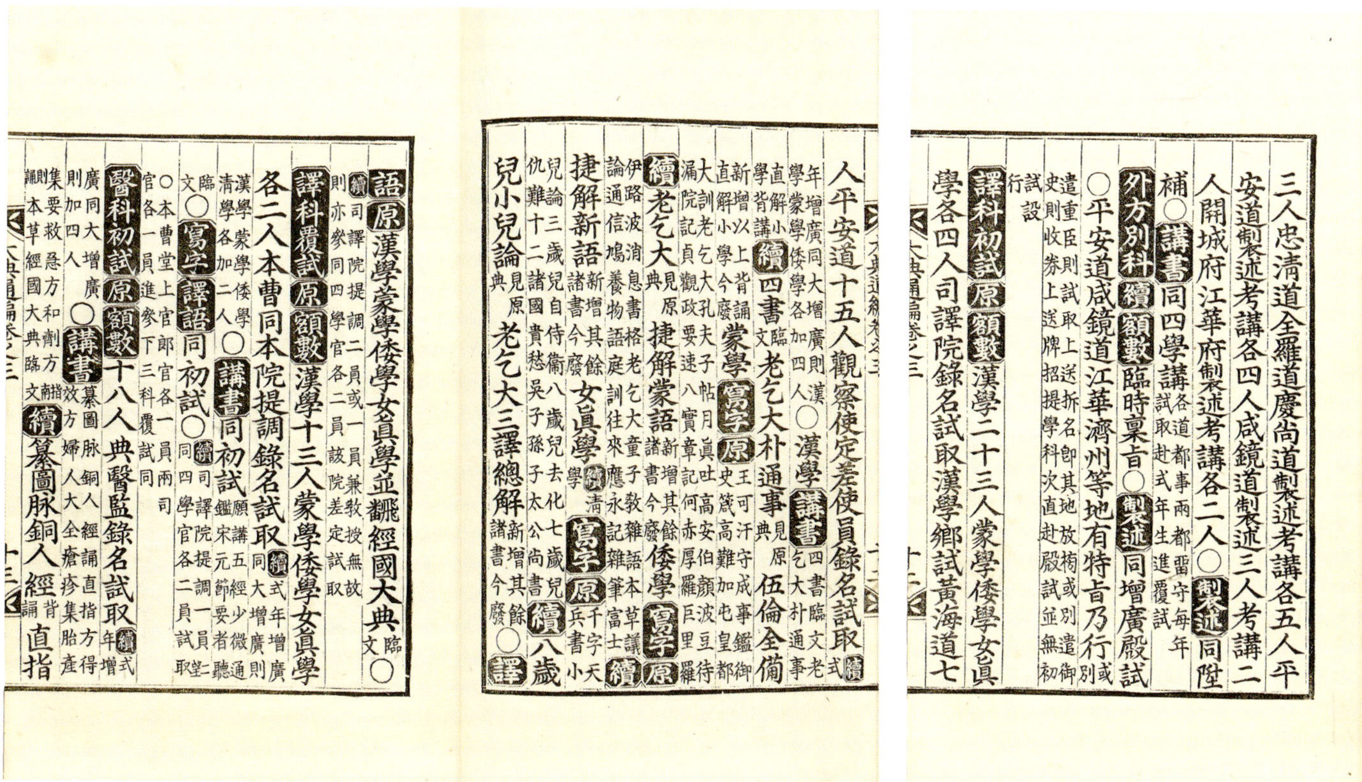

『대전통편』에 수록된 잡과 관련 기록

역과 강지
譯科講紙

1880년(고종 17), 1장, 필사본, 59.0×64.0cm, 규장각한국학연구원

1880년고종 17에 시행된 잡과 시험 가운데 역과 초시에 대한 채점지이다. 조선시대 법전에 따르면 역과 초시에서는 응시자의 강서講書 능력을 평가하였다. 우선 사서논어·맹자·대학·중용에 대해서는 임문臨文 문장을 보고 풀이 방식으로 평가하였고, 나머지 지정된 서적에 대해서는 배강背講 암송 방식으로 평가하였다. 이 강지에는 사서 외에 『노걸대老乞大』와 『박통사朴通事』에 대한 평가 결과가 적혀있고, 또한 『역어유해譯語類解』와 『번대전회통飜大典會通』에 대한 평가결과도 포함된 것으로 보아 고종 대의 경진년에 시행된 잡과임을 알 수 있다.

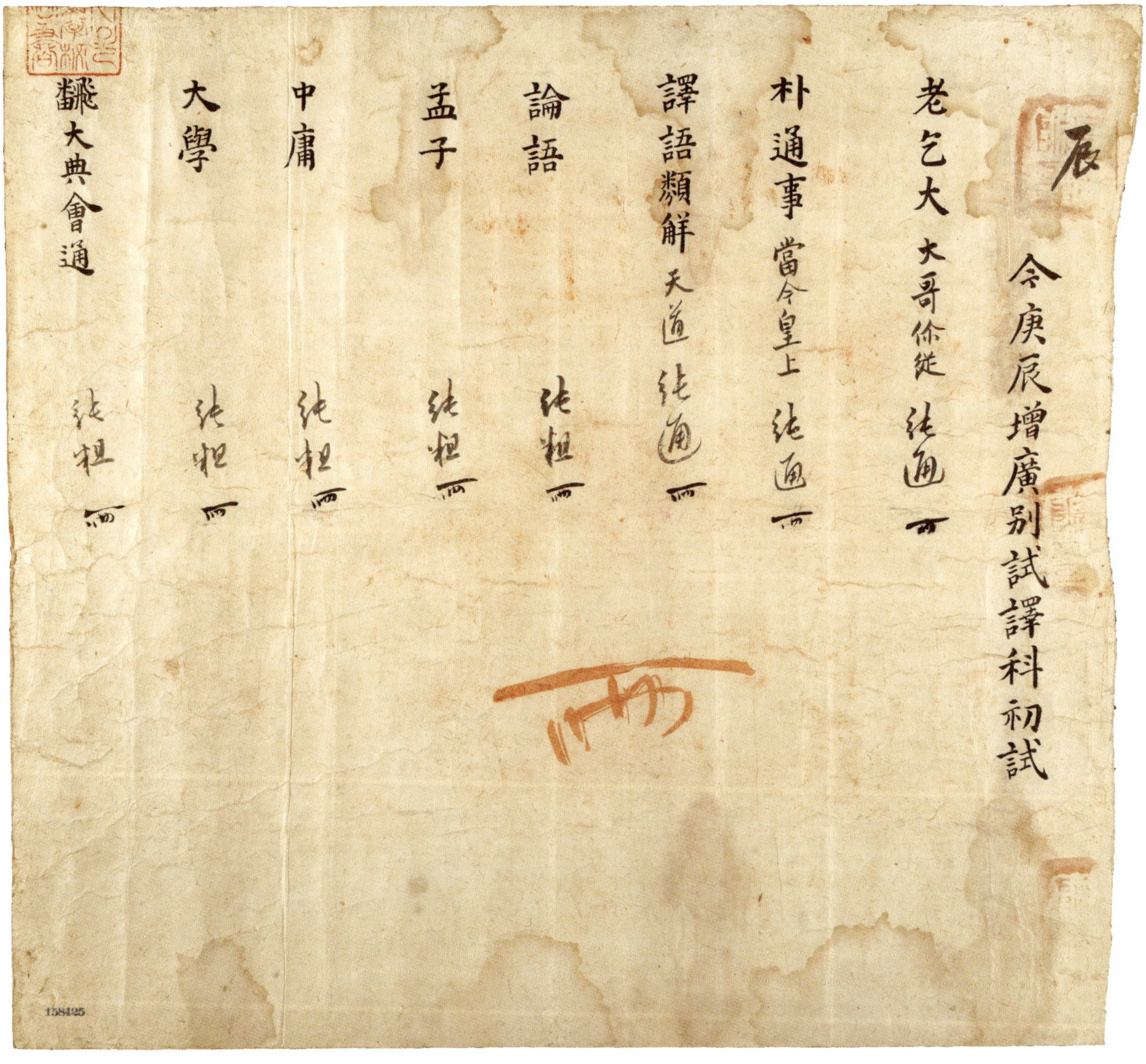
辰
今庚辰增廣別試譯科初試
老乞大 大哥你從 純通
朴通事 當今皇上 純通
譯語類解 天道 純通
論語 純粗
孟子 純粗
中庸 純粗
大學 純粗
飜大典會通 純粗
158425

김인즙 역과 백패
金仁楫譯科白牌

1888년(고종 25), 1장, 필사본, 67.2×42.8cm, 서울역사박물관

김인즙이 1888년고종 25 잡과에 입격하여 받은 합격증인 백패이다. 김인즙은 본관이 김해이고, 아버지는 김계영金季永이다. 대대로 역과 관원을 배출한 집안에서 태어나서 어려서부터 역관이 되기 위한 학습 및 견습과정을 거쳐 1888년고종 25 잡과 식년시에 2등 7인으로 입격하였다.

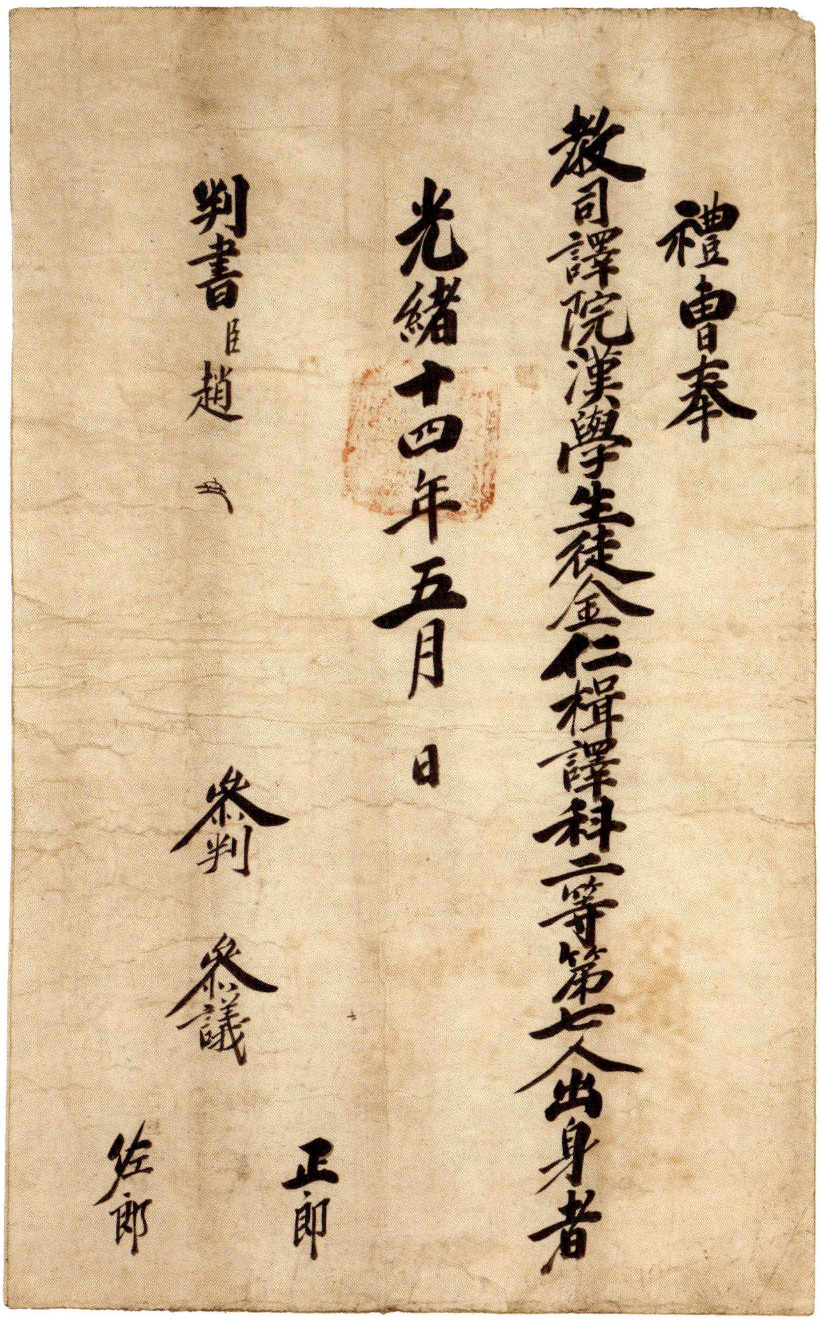
禮曹奉
敎司譯院漢學生徒金仁楫譯科二等第七人出身者
光緒十四年五月 日
判書臣趙
參判
參議
正郎
佐郎

• 과거의 시행

과거는 식년式年마다 설행된 정기시와 수시로 설행된 부정기시로 구분할 수 있다. 정기시는 간지에 자子·묘卯·오午·유酉가 들어가는 주기인 매 3년마다 설행되었기 때문에 식년시式年試라고 지칭하였다.

식년시 외에 왕의 즉위, 원자의 탄생, 왕실 어른의 병환 쾌차 등 나라의 경사가 있을 때 이를 축하하기 위해 부정기시가 수시로 설행되었다. 증광시增廣試·별시別試·정시庭試·알성시謁聖試·춘당대시春塘臺試·발영시拔英試·탁영시擢英試·현량시賢良試 등도 모두 부정기시에 해당한다.

법전에 나타나는 과거의 종류

종류		초시	복시	전시	기타	비 고
식년시	식년문과	○	○	○		
	식년생원시	○	○	-		
	식년진사시	○	○	-		
부정기시	증광문과	○	○	○		
	증광생원시	○	○	-		
	증광진사시	○	○	-		
	별시문과	○	-	○		
	정시문과	(○)	-	○		詞科(親臨·單擧·卽日放榜)
	알성문과	-	-	○		
	춘당대문과	-	-	○		
	문과중시				○	
	문신중시				○	
	외방별과	-	-		○	
기타	전강				○	문과의 일부
	절일제				○	
	황감제				○	
	통독				○	
	승보				○	생진시의 일부
	사학합제 · 합강				○	
	공도회				○	

※ 金東錫, 『朝鮮時代 試券 研究』, 한국학중앙연구원 박사학위논문, 2013, 19쪽.

성균관친림강론도
成均館親臨講論圖

19세기, 1축, 종이에 채색, 111.4×49.0cm, 고려대학교박물관

국왕이 성균관 대성전에서 알성례謁聖禮를 행한 뒤 유생들의 공부를 살피기 위해 경서에 대한 강론과 문답을 실시하는 장면을 그린 것이다. 상단에 보이는 건물은 시학의視學儀를 행하는 명륜당과 동·서재로 추정된다. 그 건물 앞쪽에 행사의 모습을 그렸다. 중층 기단 위에 차일이 쳐있고 어좌御座가 설치되어 있어 국왕이 친림했음을 상징하였다. 명륜당 앞의 넓은 공간에는 강서관이 표피 방석에 앉아 있고 그 앞의 서안에는 필묵과 경서가 놓여 있다. 홍색과 흑색의 단령團領을 입은 사람들은 관원들이며, 청금복青衿服에 유건을 쓴 유생들이 줄지어 서 있다. 앞쪽의 반수교泮水橋에는 호위군관이 일렬로 서 국왕의 행차를 호위하고 있다.

• 별시의 종류

별시別試는 나라에 경사가 있을 때, 또는 인재의 등용이 필요한 경우에 실시되었다. 1456년세조 2 처음 실시되었으며 문과와 무과만 열고 생원진사시生員進士試와 잡과雜科는 열지 않았다.

별시는 초시初試와 복시覆試 두 단계의 시험에 의하여 급락及落을 정하였다. 초기에는 세자世子 탄생·입학·관례冠禮·책봉冊封, 명나라 황제 등극, 명나라 태자 탄생과 책봉, 친경親耕·부태묘附太廟 등의 경우에 행하였으나 뒤에는 그 범위가 점차 확대되었다. 별시문과別試文科에는 시취 인원이 일정하지 않아 가장 많을 때가 30명, 적을 때는 3명이었다. 별시무과別試武科에는 정원을 두지 않고 합격하는 대로 뽑았다.

별시 중에 특이한 것으로 외방별시外方別試가 있는데, 이는 임금이 피난가거나 온천에 가서 목욕, 또는 능에 참배할 때 그 지역에서 별시를 열어 인재를 등용한 것이다. 평양별시·강릉별시·온양별시 등이 있었다.

• 단회에 가장 많은 사유를 담은 별시는?

1890년고종 27 11월 고종이 경무대景武臺에 나아가 왕대비전의 보령 육순六旬과 중궁전의 보령 사순四旬의 축수, 영조대왕英祖大王의 묘호 변경 및 시호·존호를 추상한 것, 정성왕후貞聖王后와 정순왕후貞純王后의 존호 추상, 왕대비전에 존호 가상, 대전과 대왕대비전·왕대비전·중궁전에 존호 가상, 숙종대왕肅宗大王과 인경왕후仁敬王后·인현왕후仁顯王后·인원왕후仁元王后에게 존호를 추상한 16가지 경사를 합하여 시행한 경과 별시慶科別試이다.

• 별시의 일종으로서 특칭特稱된 과거 이름

발영시拔英試

1466년세조 12 5월 단오절에 과거 급제자를 대상으로 한 중시重試의 일종이다. 종친宗親과 문무백관을 모아 술을 내리고 친히 글을 지으며 임시로 설행한 별시이다. 대개 재상宰相이 시험에 나아간 것은 발영시로부터 비롯되었고, 종친이 시험에 나아간 것은 등준시登俊試로부터 비롯되었다고 한다.

등준시登俊試

1466년세조 12 7월에 과거 급제자를 대상으로 한 중시重試의 일종이다. 종친과 경재卿宰 이하의 문관文官으로서 자원하는 사람을 특별히 시험 보게 하였고, 1774년영조 50에 세조조의 고사故事에 의거하여 근정전勤政殿에 나가 종1품 이하로부터 당상관 3품에 이르기까지의 신하에게 시험을 보여 그날로 합격자를 발표하여 2품 이상에게 말을 내려 주고 2품 이상은 초헌을 타고 유가遊街하게 하였다. 등준시는 발영시와 함께 현직 관리의 학문 진작을 위한 시험이었다.

진현시進賢試

1482년성종 13에 과거 급제자를 대상으로 한 중시重試의 일종이다. 중시를 발영시의 예에 의해서 이름을 지으라고 명하였는데, 예조禮曹에서 아뢰어 진현시進賢試로 하였다.

현량과賢良科

1519년중종 14에 설행된 별시이다. 현량과는 중국 한漢나라 때의 현량방정과賢良方正科를 본떠 만든 것으로 학문과 덕행이 뛰어난 인재를 천거에 의해 대책對策만을 시험보고 채용하는 제도이다. 서울은 사관四館이 인재를 성균관에 천거하면 성균관은 예조에 보고하였고, 지방은 유향소留鄕所에서 수령에게 인재를 천거하면 수령이 관찰사에게, 관찰사는 예조에 보고하였다. 천거된 인물들을 궁궐에 모아 왕이 참석한 가운데 대책을 시험하여 관리로 선발하였다. 120명의 후보자들이 모여 시험을 본 결과 28명이 선발되었다. 기묘사화로 조광조가 실각한 후에 이 시험은 파방罷榜 합격 취소이 되었다가 이준경李浚慶의 건의로 1568년선조 1에 복과復科가 되었다. 1775년영조 51에 있었던 현량과는 구현과求賢科라 별칭하기도 한다.

탁영시擢英試

1538년중종 33에 과거 급제자를 대상으로 한 중시重試의 일종이다. 근정전勤政殿에서 문과를, 모화관慕華館에서 무과를 실시하였는데, 문과에서 봉교奉敎 나세찬羅世纘 등 12인을, 무과에서 전유담全有淡 등 23인을 선발하였다.

개시改試

1623년인조 1에 있었던 별시別試이다. 무오년1618, 광해군 10 식년시式年試에는 전시殿試를 행하지 못하였고, 신유년1621, 광해군 13 별시는 합격자 발표를 하지 못하였기 때문에 이 해에 와서 제 실력으로 합격한 사람을 택하여 재시험을 치룬 시험이다. 무오 식년시에서는 세도가의 자제들이 시관試官과 미리 짜고 칠서七書의 대문大文을 한 구절씩 외워 합격하였다는 칠대문七大文의 기록이 있었고, 신유년 별시 때에는 유희분柳希奮의 한 집안에서 다섯 사람이 한꺼번에 과거에 오르자, 권필權韠이 비난하는 오류五柳의 노래가 있었다.

충량과忠良科

1764년영조 40에 설행된 별시이다. 이 해는 숭정崇禎 갑신년의 3주기로서, 김상용金尙容을 모신 충렬사忠烈祠와 홍익한洪翼漢·윤집尹集·오달제吳達濟 등 삼학사三學士를 모신 현절사顯節祠 충신의 자손과 명나라 사람의 자손을 초시初試 없이 일체 응시하게 하였으며, 합격자 증서인 홍패紅牌에 청나라 연호를 쓰지 않게 하였다.

식희과飾喜科

1769년영조 45에 세손世孫인 정조가 영조에게 기쁨을 준 것으로 인해 시행한 별시이다. 영조가 당시 근처에서 진연進宴을 하고 있다가, 유신 김익金熤의 상소로 격노하여 진연을 받지 않고 육상궁毓祥宮으로 거둥할 때, 세손이 가마를 따라 가며 시를 지어 진연을 받을 것을 청하자 비로소 마음을 움직여 허락하였다고 한다. 영조가 직접 문제를 써서 내리고 숭정전崇政殿에서 과시를 실시하였다.

정동신 황감제 시권
鄭東愼黃柑製試券

1783년(정조 7), 1장, 필사본, 140.8×92.0cm, 서울역사박물관

정동신1735~1800이 1783년정조 7 성균관 유생을 대상으로 실시한 황감제黃柑製에 제출한 시권으로서 문체는 전箋이다. 정동신은 본관이 동래이고, 아버지는 정의상鄭儀祥이다. 1773년영조 49에 생원시에 입격한 뒤 성균관에 들어갔고, 『승정원일기』에 따르면 1783년정조 7에 거행된 황감제에서 거수居首, 즉 수석을 차지하였다. 그 결과 곧바로 전시殿試에 나아가게 되어 이듬해인 1784년정조 8 문과에서 병과丙科 10인으로 급제하였다.

출제된 문제는 "본조의 관동과 호서지방의 백성들이 영남의 곡식을 배로 실어 보내던 날 선유사와 독운어사에게 명하여 경내의 해신과 독신에게 제사를 지내 무사히 항해할 수 있게 해 줄 것을 빌라고 명한 것을 사례한 데 대해 의작[擬本朝關東湖西民人等 謝於嶺穀發運之日 命宣諭使督運御史 設祭境內海瀆之神 以祈利涉]"하는 것이었다.

황감제는 제주에서 진상된 귤을 관학館學의 유생들에게 내려주면서 시행한 과거로서 대책·표·전·잠·송·제·조 등에서 하나를 택해 시험을 치렀고, 그 가운데 우수한 답안을 제출한 사람을 뽑아 직부전시直赴殿試의 특혜를 주었다.

…… 삼가 생각건대 신들은 성인聖人의 백성으로 호서의 산골에 살고 있습니다. 선왕先王께서 군포軍布를 줄여주신 은혜를 입어 자식 보호하듯 하신 인자함을 지금도 칭송하고 있으며 즉위 초에 세금을 줄여 주신 성상의 옥음玉音을 받드니 아프면 아버지에게 하소연하는 걱정을 대략 덜게 되었습니다. 돌아보면 지금 영남의 곡식을 옮겨 나르라는 명은 우리 백성의 살기 힘든 걱정을 불쌍히 여기신 것입니다. 정鄭나라 골짜기에 가뭄이 들어 한탄하던 마음을 함께 해서 바야흐로 백성의 시체가 구렁을 메울까 급급하게 걱정하여 양 혜왕梁惠王이 하동河東 지방의 곡식을 하내河內 지방으로 옮겼던 일을 뒤따라 특별히 창고를 여는 은혜를 내리셨습니다. 일찍이 성상의 창고에 있는 황금, 담비 가죽 같은 귀한 것을 내려 주셨기에 지금까지 기아를 구제해주신 은택에 감사하고 있는데 영남 고을에 쌓여있던 곡식이 또 도착할 것이니 그저 먹기를 바라는 마음이 간절합니다. …… 지극한 교화는 풀이 바람에 넘어지는 아름다움을 천양하여 온 나라가 두루 교화를 받고 성상께서 마른 싹을 소생시키는 방도를 진념하시니 모든 백성이 다 편안합니다. 마침내 미천한 자질을 가진 자로 하여금 또한 커다란 혜택을 입게 하셨으니 신들이 감히 엎드려 미천한 정성을 다하여 그 특별한 은사恩私에 우러러 보답하지 않을 수 있겠습니까. 서주西疇에서 농사에 힘을 쓰며 공전公田에 비 내리기를 바라는 염원 감히 게을리 하겠습니까. 북쪽 대궐에 항상 마음을 두고 왕세王稅를 바치는 정성을 다하고자 합니다. ……

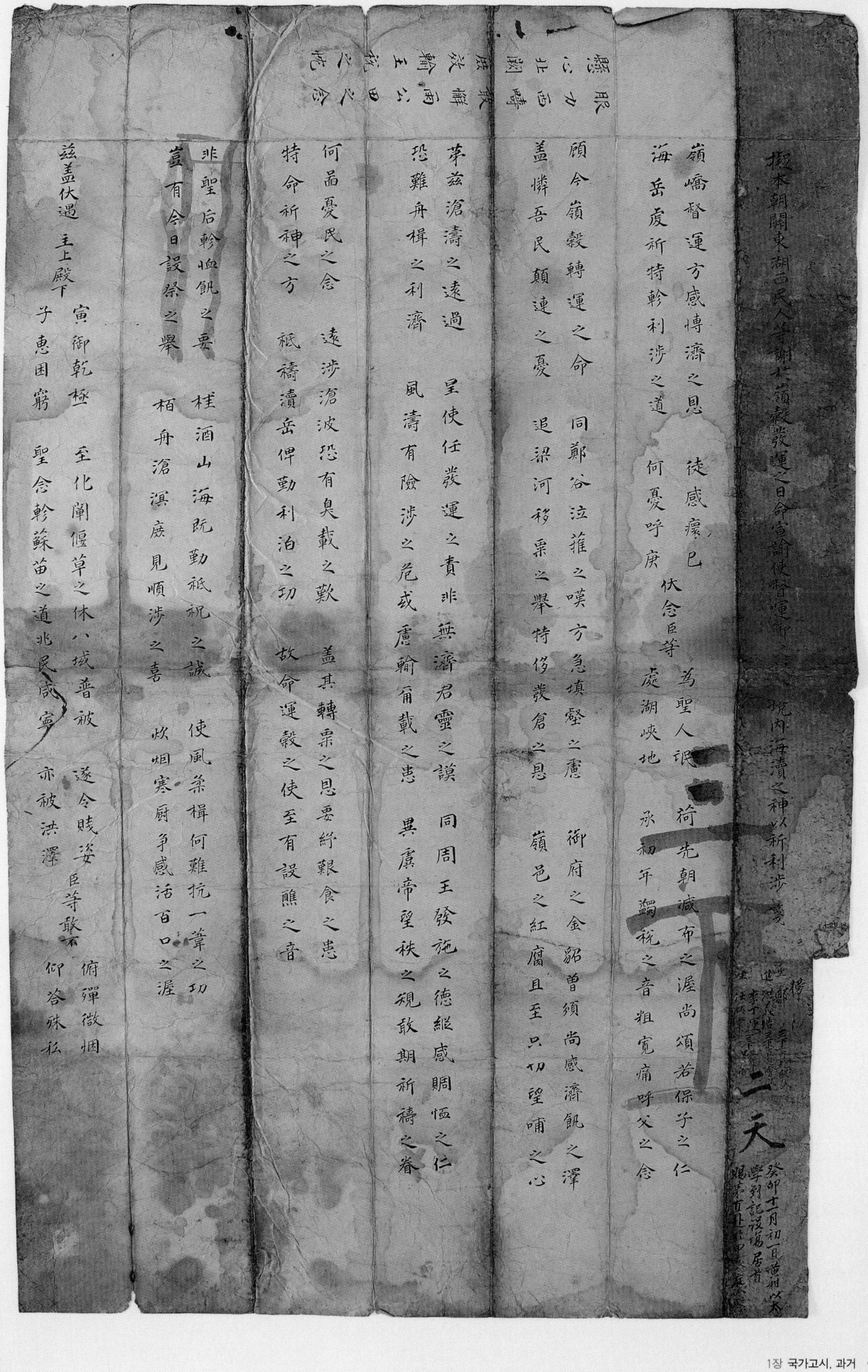
擬本朝關東湖西民人等謝大嶺穀發運之日命宣諭使督運所□境內海瀆之神以祈利涉表

嶺嶠督運方感博濟之恩　徒感瘝已　爲聖人氓　荷先朝減布之渥尚須若保子之仁

海岳虔祈特軫利涉之道　何憂呼庚　伏念臣等　處湖峽地　承初年蠲稅之音粗寬痛呼父之念

顧今嶺穀轉運之命　同鄭谷泣旌之嘆方急塡壑之慮　御府之金帑曾須尚感濟飢之澤

盖憐吾民顚連之憂　追梁河移粟之擧特傚發倉之恩　嶺邑之紅腐且至只切望哺之心

革玆滄濤之遠過　星使任發運之責非無濟君靈之誤　同周王發施之德綏感賙恤之仁

恐難舟楫之利濟　風濤有險涉之危或慮輸有載之患　異虞帝望秩之覲敢期祈禱之眷

何啚憂民之念　遠涉滄波恐有臭載之歎　盖其轉粟之恩要紓艱食之患

特命祈神之方　祇禱瀆岳俾勤利泊之功　故命運穀之使至有設醮之音

非聖后軫恤飢之要　桂酒山海既勤祇祝之誠　使風條楫何難抗一葦之功

豈有今日設祭之擧　栢舟滄溟庶見順涉之喜　炊烟寒廚爭感活百口之渥

玆盖伏遇 主上殿下　寅御乾極　至化闡偃草之休八域普被　遂令賤姿臣等敢不　俯殫微悃

子惠困窮　聖念軫蘇苗之道兆民咸寧　亦被洪澤　仰答殊私

二天

癸卯十一月初一日 ……

學判記設場居首

김담 문과 중시 대책
金淡文科重試對策

1447년(세종 29), 『무송헌집撫松軒集』, 목판본, 31.1×25.1cm, 장서각(D3B 1251)

김담1408~1464이 1447년세종 29 문과 중시에 제출한 시권으로서 문제는 대책對策이다. 김담은 본관이 예안(선성)이고, 아버지는 김소량金小良이다. 1435년세종 17에 문과 식년시에 응시하여 동진사同進士 4인으로 급제하였고, 1447년세종 29 문과 중시에 응시하여 을과乙科 1인으로 재차 급제하였다. 김담은 형 김증金澄과 더불어 1435년 문과와 1447년 문과 중시에 형제가 나란히 급제한 것으로도 알려져 있다.

이때 제출한 대책이 『무송헌집』에 수록되어 있다. 당시 출제된 문제는

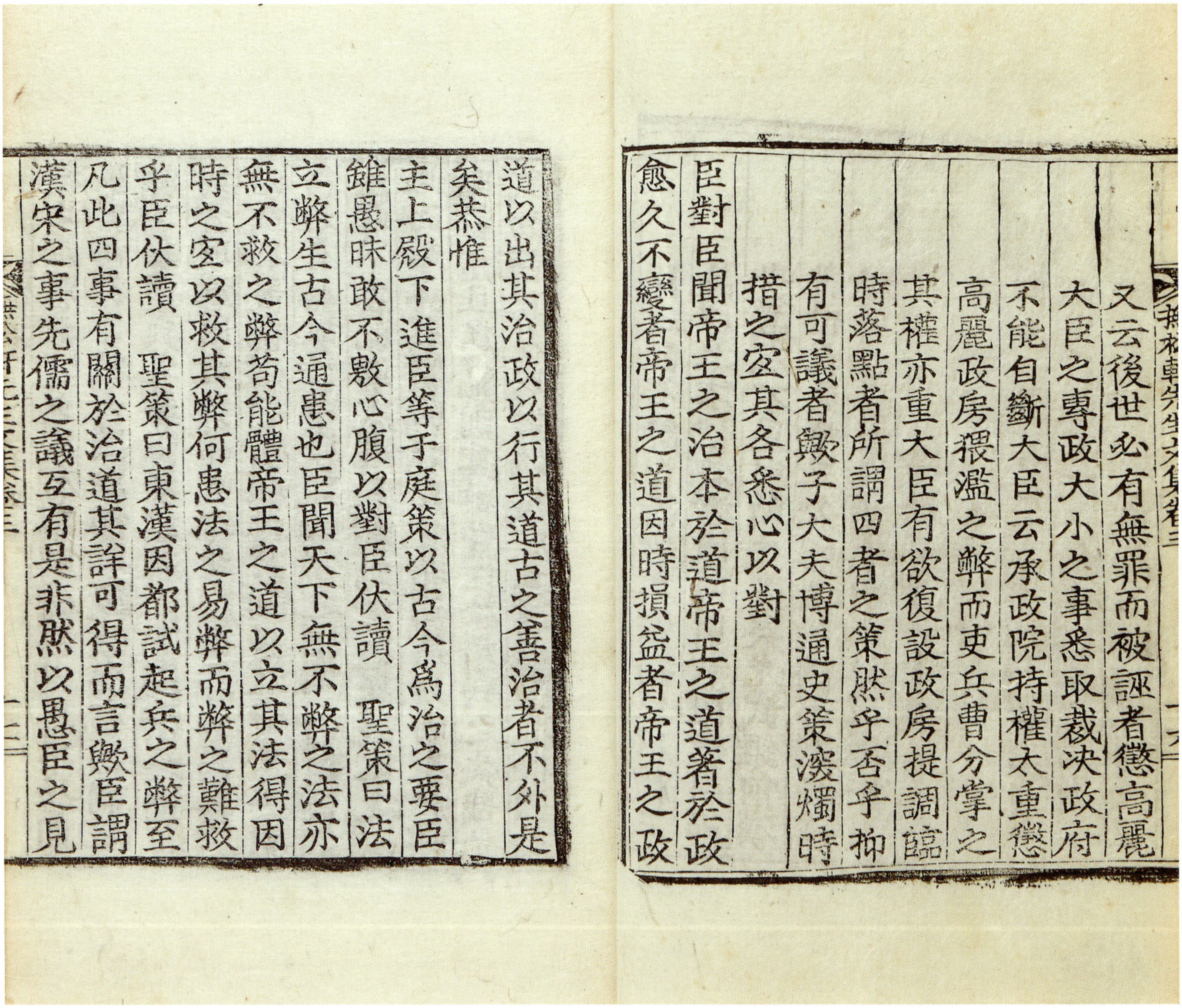

又云後世必有無罪而被誣者懲高麗
大臣之專政大小之事悉取裁決政府
不能自斷大臣云承政院持權太重懲
高麗政房猥濫之弊而吏兵曹分掌之
其權亦重大臣有欲復設政房提調臨
時落點者所謂四者之策然乎否乎抑
有可議者歟子大夫博通史策淺燭時
措之宜其各悉心以對
臣對臣聞帝王之治本於道帝王之道著於政
愈久不變者帝王之道因時損益者帝王之政

道以出其治政以行其道古之善治者不外是
矣恭惟
主上殿下進臣等于庭策以古今爲治之要臣
雖愚昧敢不敷心腹以對臣伏讀 聖策曰法
立弊生古今通患也臣聞天下無不弊之法亦
無不救之弊苟能體帝王之道以立其法得因
時之宜以救其弊何患法之易弊而弊之難救
乎臣伏讀 聖策曰東漢因都試起兵之弊至
凡此四事有關於治道其詳可得而言歟臣謂
漢宋之事先儒之議互有是非然以愚臣之見

고금으로부터 법을 새로 세우면 폐단이 생김[法立弊生]을 말하면서 조선조에 들어와 사병私兵을 두는 문제, 대신大臣을 예우하는 문제, 정권을 분리하는 문제, 정방을 복설해야 한다는 문제 등에 대해 고금의 사례를 살펴 자세히 논하라는 것이었다. 이에 김담은 천하에는 어그러지지 않는 법도 없고, 구제하지 못한 폐단도 없으니 왕께서 제왕의 도를 체득하여 법을 바로 세우라고 하면서 각 조목에 대하여 기술하였다.

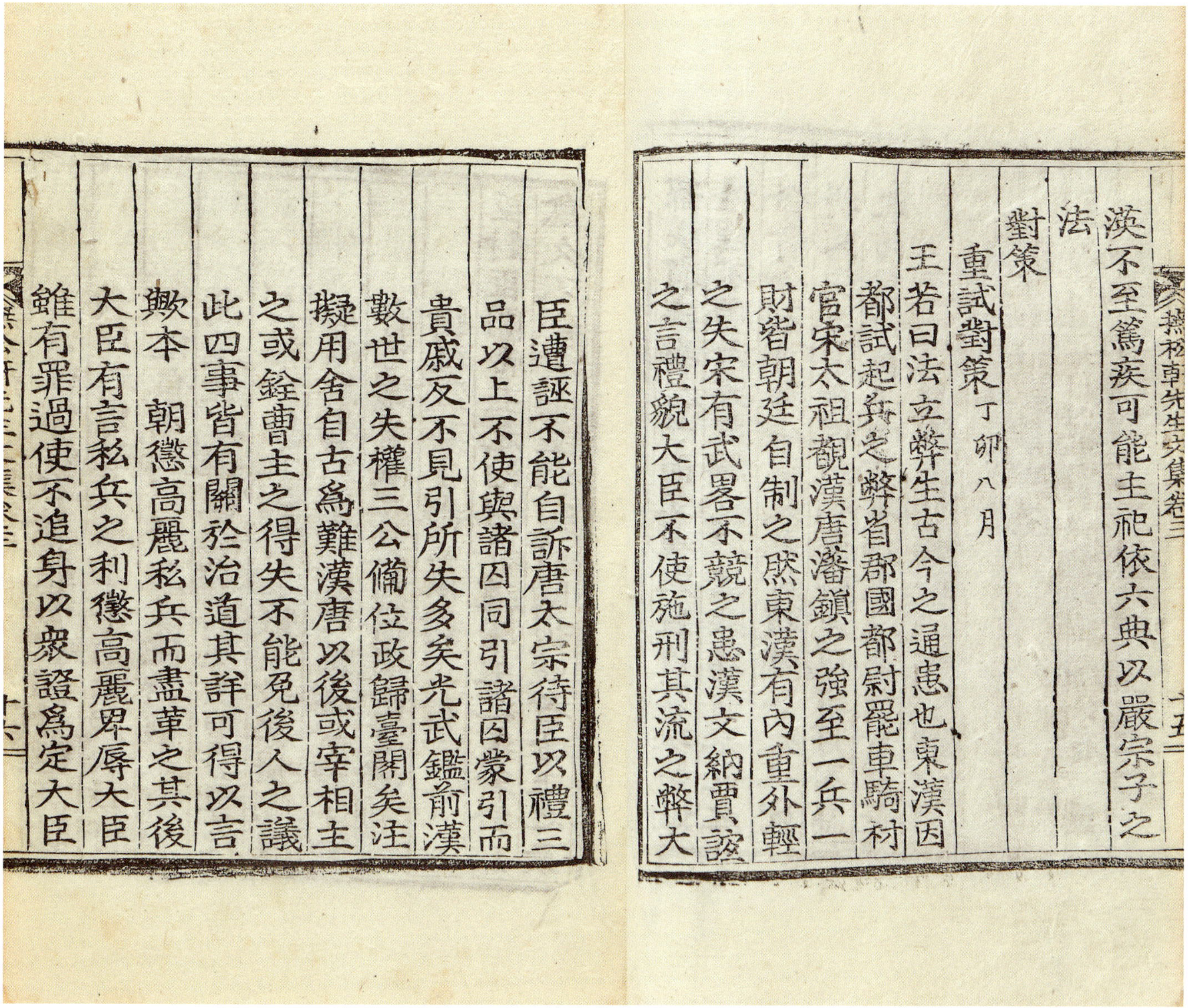
漢不至篤疾可能主祀依六典以嚴宗子之
法
對策
重試對策 丁卯八月
王若曰法立弊生古今之通患也東漢因
都試起兵之弊省郡國都尉罷車騎材
官宋太祖觀漢唐藩鎭之強至一兵一
財皆朝廷自制之然東漢有內重外輕
之失宋有武畧不競之患漢文納賈誼
之言禮貌大臣不使施刑其流之弊大
臣遭誣不能自訴唐太宗待臣以禮三
品以上不使與諸囚同引諸囚蒙引而
貴戚反不見引所失多矣光武鑑前漢
數世之失權三公備位政歸臺閣矣注
擬用舍自古爲難漢唐以後或宰相主
之或銓曹主之得失不能免後人之議
此四事皆有關於治道其詳可得以言
歟本 朝懲高麗私兵而盡革之其後
大臣有言私兵之利懲高麗畀辱大臣
雖有罪過使不追身以衆證爲定大臣

교남빈흥록
嶠南賓興錄

1792년(정조 16), 1책, 목판본, 32.2×20.0cm, 장서각(K4-5773)

1792년정조 16 도산서원에서 과거를 거행한 후에 합격자의 명단과 답안을 수록한 책이다. 1792년 3월에 정조는 이만수李晩秀를 도산서원과 옥산서원에 보내어 이황과 이언적에게 치제致祭하게 하였으며, 도산서원에서 치제하는 날에 참가한 유생에게 부賦와 시의詩義를 시험하였다. 『교남빈흥록』에는 당시 정조가 내린 전교傳敎와 도산서원에서 거행된 과거에서 삼상三上부터 삼하三下까지의 성적을 받은 명단을 수록하였으며, 이 가운데 강세백姜世白·김희락金熙洛·김상구金象九 등의 답안을 수록하였다.

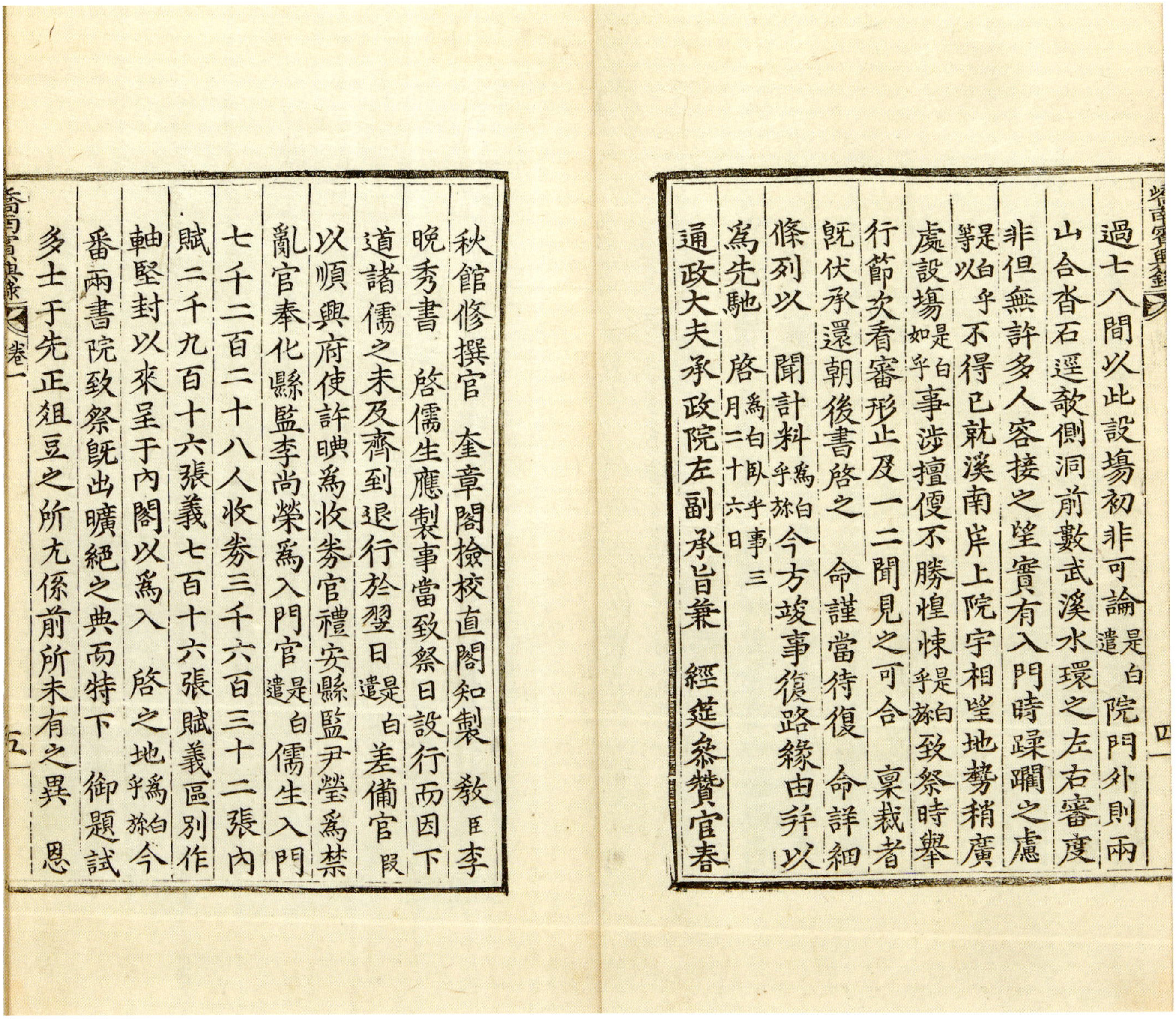
嶠南賓興錄 卷一 四

過七八間以此設場初非可論是白遣 院門外則兩
山合沓石逕攲側洞前數武溪水環之左右審度
非但無許多人容接之望實有入門時踈躙之慮
是白乎等以 不得已就溪南岸上院宇相望地勢稍廣
處設場是白如乎 事涉擅便不勝惶悚是白乎旀 致祭時舉
行節次看審形止及一二聞見之可合 稟裁者
旣伏承還朝後書啓之 命謹當待復 命詳細
條列以 聞計料爲白乎旀 今方竣事復路緣由幷以
爲先馳 啓爲白臥乎事 三月二十六日
通政大夫承政院左副承旨兼 經筵參贊官春

嶠南賓興錄 卷一 五

秋館修撰官 奎章閣檢校直閣知製 教臣李
晩秀書 啓儒生應製事當致祭日設行而因下
道諸儒之未及齊到退行於翌日是白遣 差備官 段
以順興府使許晪爲收券官禮安縣監尹塋爲禁
亂官奉化縣監李尚榮爲入門官是白遣 儒生入門
七千二百二十八人收券三千六百三十二張內
賦二千九百十六張義七百十六張賦義區別作
軸堅封以來呈于內閣以爲入 啓之地爲白乎旀 今
番兩書院致祭旣出曠絕之典而特下 御題試
多士于先正俎豆之所尤係前所未有之異 恩

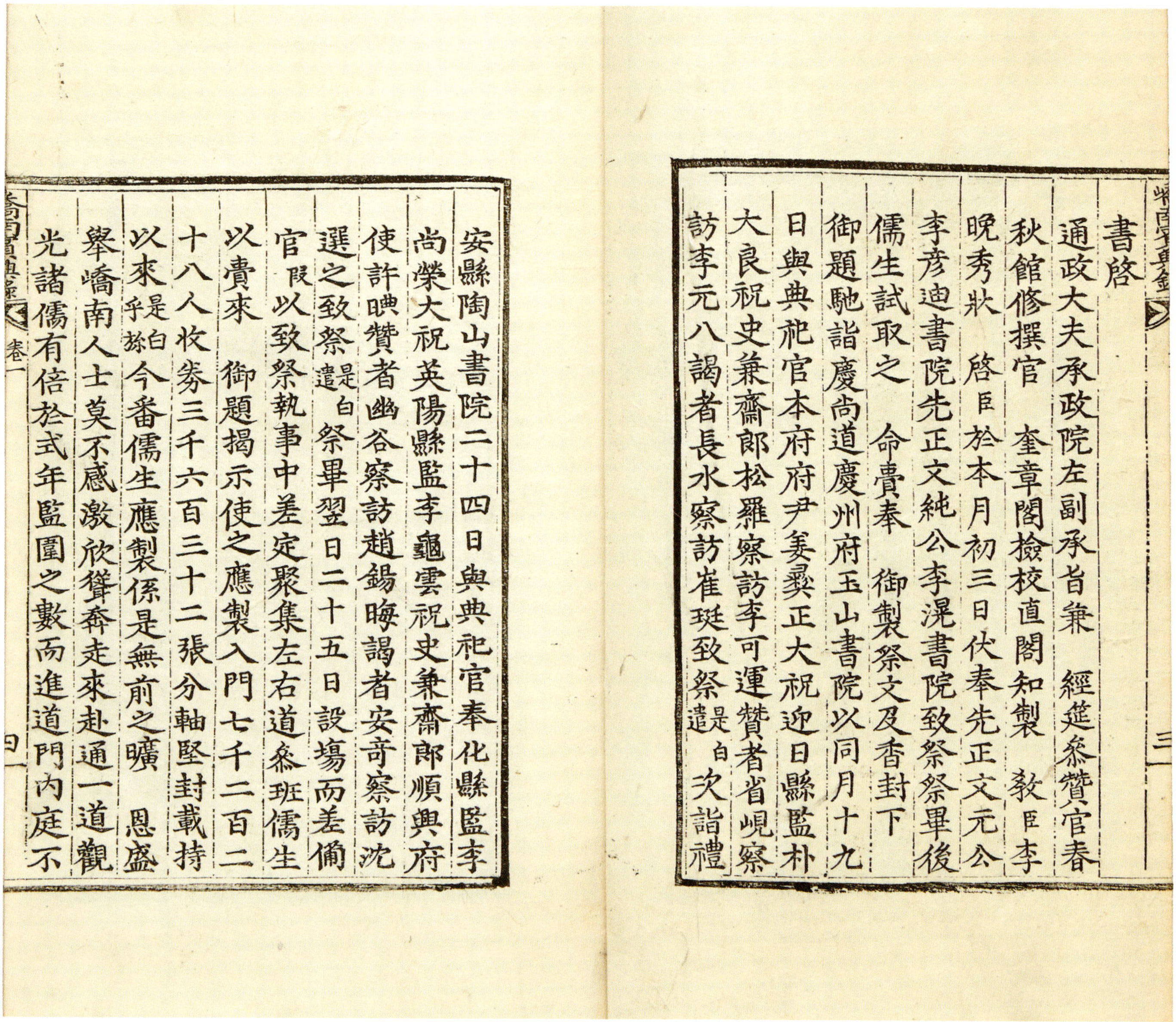
嶠南賓興錄 三

書啓

通政大夫承政院左副承旨兼 經筵參贊官春
秋館修撰官 奎章閣檢校直閣知製 敎臣李
晩秀狀 啓臣於本月初三日伏奉先正文元公
李彦迪書院先正文純公李滉書院致祭祭畢後
儒生試取之 命賫奉 御製祭文及香封下
御題馳詣慶尙道慶州府玉山書院以同月十九
日與典祀官本府府尹姜㬌正大祝迎日縣監朴
大良祝史兼齋郎松羅察訪李可運贊者省峴察
訪李元八謁者長水察訪崔珽致祭是白遣次詣禮
安縣陶山書院二十四日與典祀官奉化縣監李
尙榮大祝英陽縣監李龜雲祝史兼齋郎順興府
使許晪贊者幽谷察訪趙錫晦謁者安奇察訪沈
選之致祭是白遣祭畢翌日二十五日設場而差備
官良以致祭執事中差定聚集左右道參班儒生
以賫來 御題揭示使之應製入門七千二百二
十八人收劵三千六百三十二張分軸堅封載持
以來是白乎旀今番儒生應製係是無前之曠 恩盛
擧嶠南人士莫不感激欣聳奔走來赴通一道觀
光諸儒有倍於式年監圍之數而進道門內庭不

嶠南賓興錄 卷一 四

• 정규 과거의 시권: 가로형 시권

식년시와 같은 정규 과거의 시권은 장방형의 시지 2장 이상을 가로로 눕혀서 이어붙인 형태이다. 가로형 시권은 할봉선割封線, 騎縫處을 기준으로 크게 피봉부皮封部와 본체부本體部로 나눈다. 정규 과거의 시권은 보통 낱장의 시지 2장 이상을 연첩連貼하여 사용하므로, 풀을 발라 종이를 이어붙인 연폭처連幅處가 있다. 녹명 시에는 녹명관이 이 연폭처에 1건의 시권임을 확인해주는 외타인外打印을 찍어주는데, 대개 시권의 배면에 답인한다. 제문製文이나 주기註記 등은 시권의 뒷면도 사용할 수 있다.

안이룡 생원 시권
安爾龍生員試券

1801년(순조 1), 1장, 필사본, 66.5×216.6cm, 장서각(순흥안씨 정봉종택 기탁)

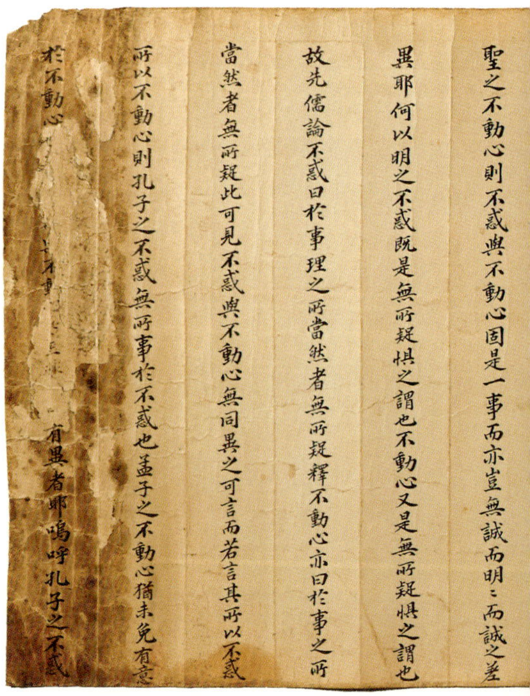
聖之不動心則不惑與不動心固是一事而亦豈無誠而明明而誠之差
異耶何以明之不惑既是無所疑惧之謂也不動心又是無所疑惧之謂也
故先儒論不惑曰於事理之所當然者無所疑釋不動心亦曰於事之所
當然者無所疑此可見不惑與不動心無同異之可言而若言其所以不惑
所以不動心則孔子之不惑無所事於不惑也孟子之不動心猶未免有意
於不動心 [illegible] 有異者耶嗚呼孔子之不惑

안이룡1764~1822이 1801년순조 1 생원시에 제출한 시권으로 문체는 의疑이다. 안이룡은 본관이 순흥이고, 아버지는 안민수安敏修이다. 1801년순조 1 생원시에서 1등 4인으로 입격하였다.

이때 설행된 과거는 순조의 즉위를 경하하기 위해 마련되었다. 생원시에서는 사서에 대한 의疑와 경서에 대한 의義를 물었는데, 이 시권은 공자가 말한 '사십불혹四十不惑'과 맹자가 말한 '사십부동심四十不動心'의 동이同異에 대해 논하라는 질문에 답한 것이다. 결론적으로 공자의 불혹과 맹자의 부동심은 같은 것이지만, 그 마음을 움직이지 않는 요인[其所以不動心]에 있어서는 차이가 없지 않다고 하였다.

(가) 피봉부

피봉부는 신원란身元欄과 여백 부분으로 나눌 수 있는데, 신원란은 본인과 사조四祖의 신원을 기재하는 난이고, 피봉 좌단의 여백 부분은 호봉糊封한 뒤 자호字號의 기입과 할봉割封, 등제等第의 기재 등을 위해 남겨놓은 부분이다. 신원란은 대개 호봉하여 할거하게 되는데, 이러한 신원란을 비봉秘封이라 이른다. 비봉을 피봉과 동일한 개념으로 사용하기도 한다.

(나) 할봉선割封線, 騎縫處

할봉선은 할봉하기 전에는 피봉부皮封部와 본체부本體部를 나누는 관념상의 종선縱線에 불과하나, 실제 할봉을 하고 난 뒤에는 피봉부와 본체부를 분리하는 절단선切斷線이 된다.

(다) 본체부

본체부는 시제란試題欄과 제문면製文面, 試文面으로 구성된다. 시제란의 오른쪽에도 역시 약간의 여백을 남겨두어 자호字號의 기입과 할봉割封, 등제等第의 기재 등에 대비한다. 제목란의 왼쪽부터는 시문면試文面으로, 여기에 제문製文을 찬사撰寫한다.

(라) 고권란考券欄

시관이 고권한 결과를 기재하는 난으로 대개 피봉부와 본체부의 적당한 부분을 활용하여 과차科次·등제等第·점수를 기입하거나 비점批點 등을 찍는 부위를 일괄하여 고권란이라 이른다.

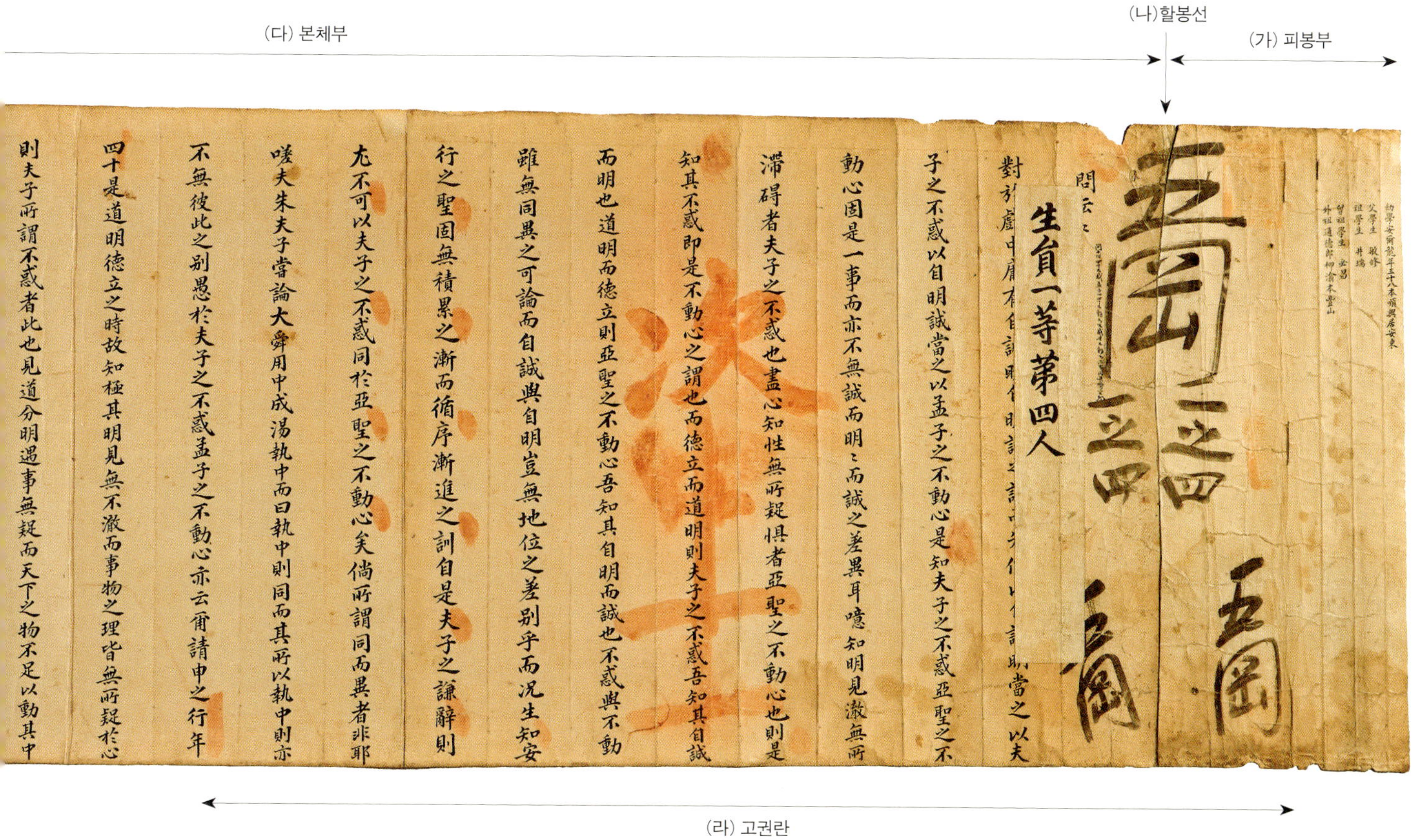

안이룡 생원 백패
安爾龍生員白牌

1801년(순조 1), 1장, 필사본, 88.0×48.0cm, 장서각(순흥안씨 정봉종택 기탁)

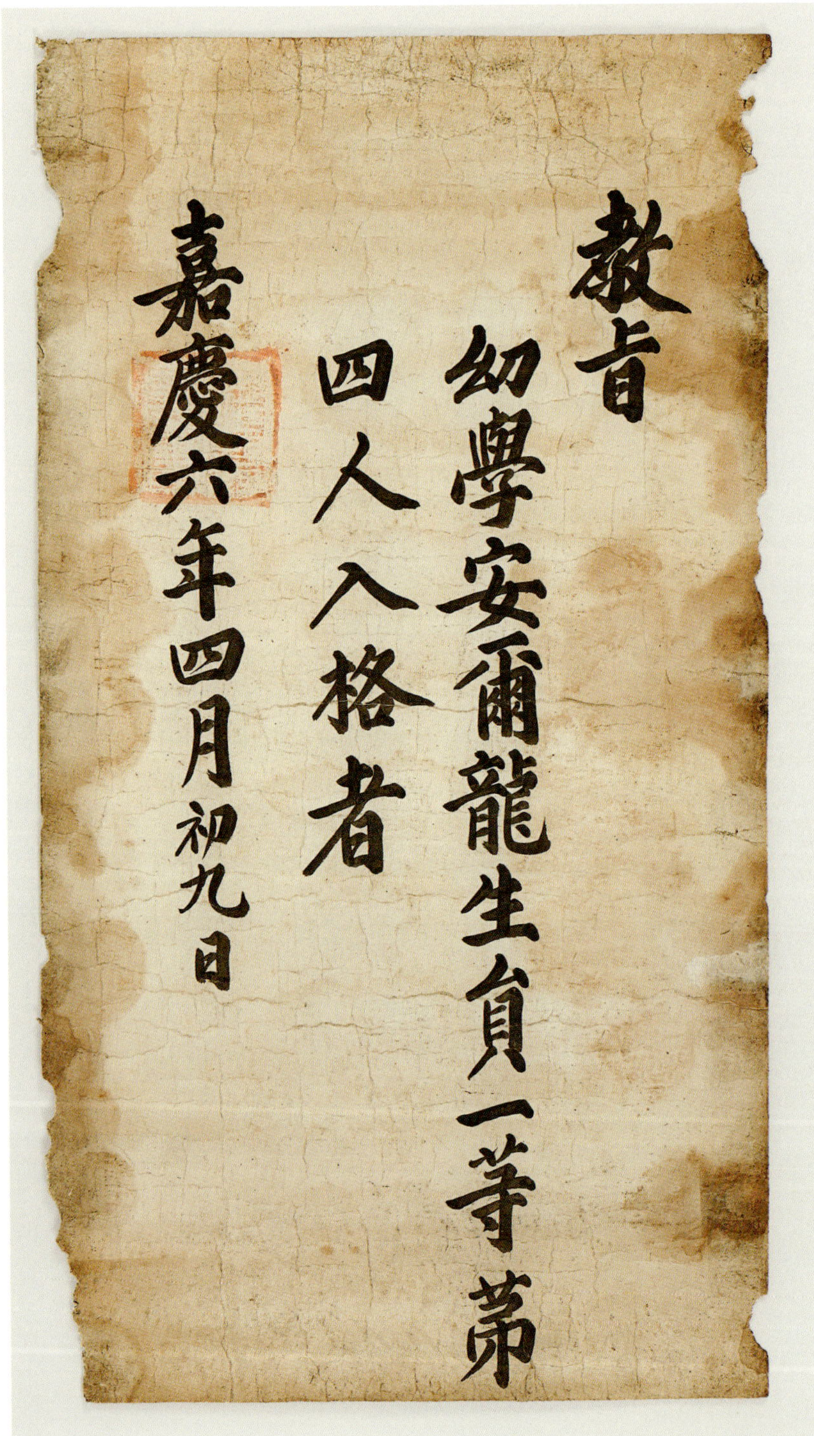

敎旨
幼學安爾龍生員一等第
四人入格者
嘉慶六年四月初九日

수오재 경침
守吾齋警枕

정조 연간, 목제, 높이 16.3cm, 윗지름 15.0cm, 아랫지름 22.0cm, 장서각(순흥안씨 정봉종택 기탁)

수오재守吾齋 안민수安敏修, 1724~1790의 목침이다. 목침은 옛날 선비들이 사랑채에서 책을 보다가 졸리거나 피곤하여 잠시 누울 때 사용한 도구이다. 목침은 대체로 직사각형으로 된 매끈하고 평범한 모양이 많은데, 이것은 특이하게도 목침 가운데가 뚫려 있고 불규칙적인 곡선으로 이루어져 있다. 마치 나무기둥 가운데 썩고 말라서 비틀어진 부분을 베어내어 아래와 윗부분만 매끈하게 다듬고, 나머지는 자연 상태 그대로 둔 듯한 모습이다.

목침 가운데에는 '경警'과 '침枕'이 각각 새겨져 있고, 목침의 아래바닥에는 "木山之假 岱石之恠 物非需用 玩有聖戒 豈若玆枕 乃資宴息 端重塑坐 恭默其德 着膺何物 若奉圭璧 厥象可敬 示我柯則 用代瞽史 隨之几席 匪直安身 要砭昏質"이라고 4언으로 된 잠언箴言이 새겨져 있다. 안민수는 일상생활에 소용되는 물건 중 가장 친근하고 편한 것에 잠언을 새겨, 평소에 그것을 읽으며 스스로를 다스리고 경계하고자 하였다. 이 목침은 편안히 쉴 때 사용하기 위한 것뿐만 아니라, 자신의 행동을 항상 가다듬을 수 있게 하기 위한 것이었다.

• 친림 사과詞科의 시권: 세로형 시권

국왕이 친림親臨하여 즉일 방방하는 사과의 시권은 대개 시지를 세로로 세워서 쓰는 세로형을 사용한다. 유생들의 권과勸課를 위한 관학과제시館學課製試에서도 세로형 시지를 사용하였다. 이는 고시과목이 대개 시詩·부賦 또는 표表이기 때문이다. 시·부·표는 시지를 세로로 세워서 쓰면 행과 열을 반듯하게 구획하여 서사할 수 있으므로 시문試文을 일목요연하게 파악할 수 있다.

(가) 비봉란秘封欄

응시자 본인과 아버지의 신원을 2행으로 열서列書한다. 본인의 경우 구함具銜·성명·나이·본관·거주지를 기재하고, 아버지의 경우 구함·이름을 기재한다. 본인이 입후하였을 경우에는 생부의 구함·이름을 양부의 다음 항에 기재한다. 신원을 기재한 다음, 비봉란의 좌측 실선 부분을 세로로 절개한 다음 하단에서 위쪽으로 말아 올려서 압착한 뒤 호봉糊封하고 근봉謹封 처리한다.

(나) 시제란試題欄

시제를 기재한다. 시제를 기록한 아래의 여백을 이용하여 시관이 자호字號 등을 기재한다. 비봉란과 시제란을 합하여 피봉부皮封部라 이른다.

(다) 제문란製文欄

제문란 곧 본체부本體部로, 여기에 시·부·표 등을 찬사撰寫한다. 대개 시詩의 경우 1련씩 3단 6열로 18련을 적고, 부賦의 경우 1련씩 5단 6열로 30련을 적는다. 표表는 1구의 글자 수가 일정하지 않으므로 1련씩2구 짝을 지어 열서해 내려간다. 과차科次도 이 난에 기재한다.

류동식 백일장 시권
柳東植白日場試券

1873년(고종 10), 1장, 필사본, 112.5×84.0cm, 장서각(전주류씨 수곡종택 기탁)

1873년고종 10에 류동식柳東植, 1832~1904이 백일장에서 작성한 답안지이다. 시험 과목은 부賦이고, 시제試題는 '충의기여추색쟁고忠義氣與秋色爭高'이며, 삼하三下의 성적을 받았다.

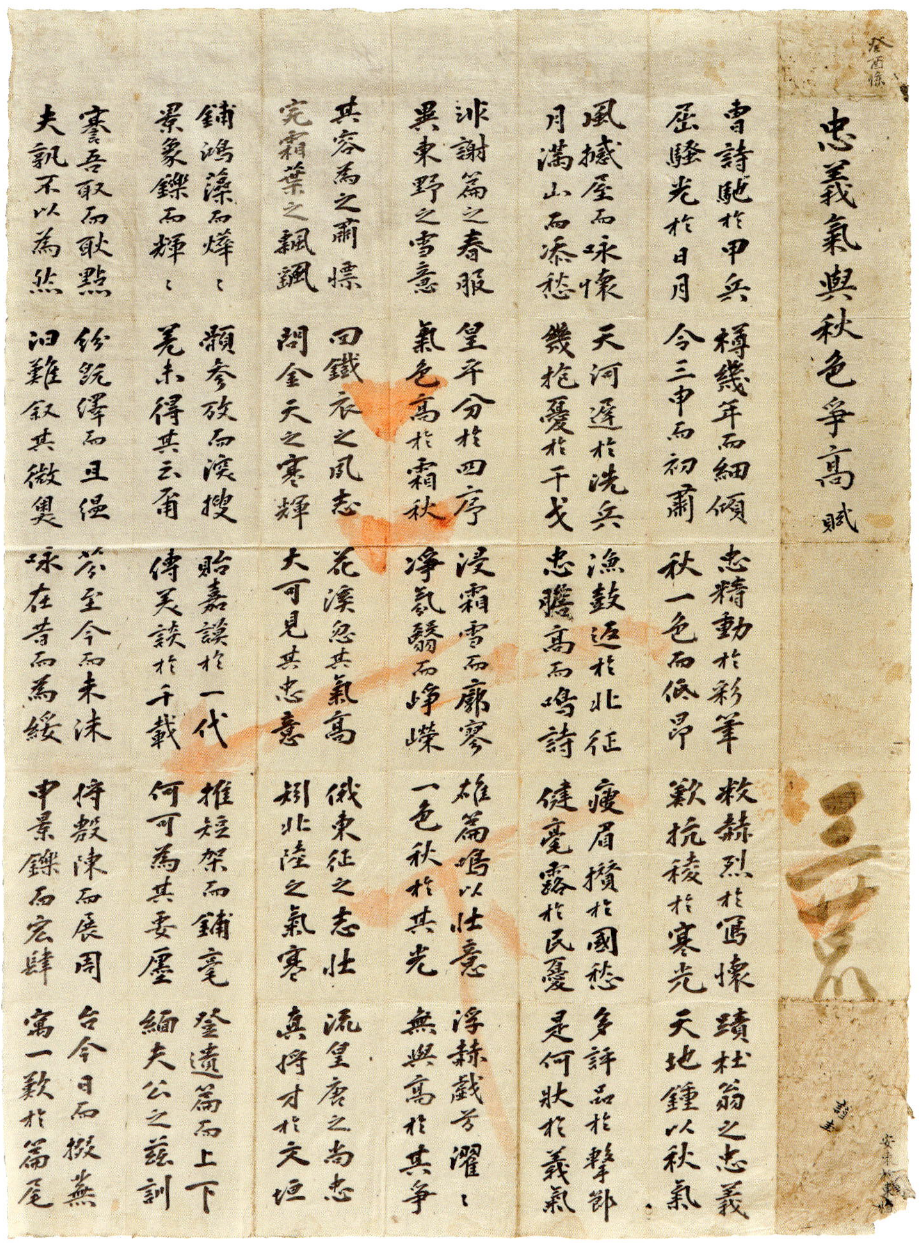

(나) 시제란

(가) 비봉란

(다) 제문란

책형
策型

연대 미상, 3책, 필사본, 24.3×16.4cm, 장서각(K4-319)

'책형'이란 표제標題에서 유추할 수 있듯이 대책문의 모범에 대해 설명한 책이다. 3책으로 구성되는데 각 책의 권수제는 '책형상策型上', '책형하策型下', '책형보유策型補遺'이다. 특기할 만한 점은 대책문의 형식과 작성 요령을 매우 구체적으로 제시한다는 것이다. 대책문은 기본적으로 허두虛頭, 중두中頭, 축조逐條, 대저大抵, 당금當今, 설폐設弊, 원폐原弊, 조사措辭, 구폐救弊, 편종篇終 등 10단계로 이루어진다. 『책형』에서는 각 단계의 기능, 하부 구성, 형식 요건, 문체적 특징, 고시관의 평가기준, 글자의 숫자에 이르기까지 응시자가 대책문을 작성할 때 유념해야 할 사항을 상세하게 설명했고, 이해와 응용력을 돕기 위해 해당 단계별로 이전 과거합격자의 대책문을 구체적인 본보기로 제시하였다. 인용된 대책문은 효종 연간부터 영조 연간 사이의 급제자가 지은 것인데 남구만南九萬을 위시하여 김석주金錫胄, 최창대崔昌大, 오광운吳光運, 김창협金昌協, 남하정南夏正 등 당대 문단의 우이牛耳를 잡았던 인물들이 상당수 포진되어 있다. 그리고 『책형』의 본문을 살펴보면 '동인東人', '여암旅菴' 등의 주석이 다수 보인다. 이것은 누구의 저술을 인용하였는지 밝힌 것인데 그 찬자를 확인할 수 없는 경우에는 '동인'이라 적었고, 신경준申景濬, 1712~1781이 지은 것이 분명한 부분은 '여암旅菴'으로 표시하였다. 이러한 점을 통해 이 책이 영조 연간 이후에 제작되었음을 확인할 수 있다. 훌륭한 대책문을 작성하기 위해서는 문사철文史哲을 아우르는 폭넓은 전고典故의 운용, 명료하면서도 긴장감을 잃지 않는 논리적 글쓰기, 단계별 내용의 유기적인 조응照應 등이 필수적이었다. 이에 전대 대책문 가운데 가작을 엄선한 뒤 그들의 형식적·내용적 공통점을 연역하여 대책문 작성 요령을 제시한 것이다. 보유補遺에 수록된 「전편총론全篇摠論」은 국립중앙도서관 소장본 『과책科策』의 서두에도 '책문준적策問準的'이라는 제목으로 실려 있다. 이 책의 독서층이 일부에 국한되지 않았음을 시사해준다. 그리고 『책형』에서 기술하고 있는 대책문은 전시殿試에서 작성하는 전책殿策이 아니라, 초시初試와 복시覆試의 종장終場에서 작성하는 집책執策이다. 일단 집책만 잘 지어도 33명의 최종 합격자에 선발될 수 있기 때문에 집책 습작에 주력한 것이다.

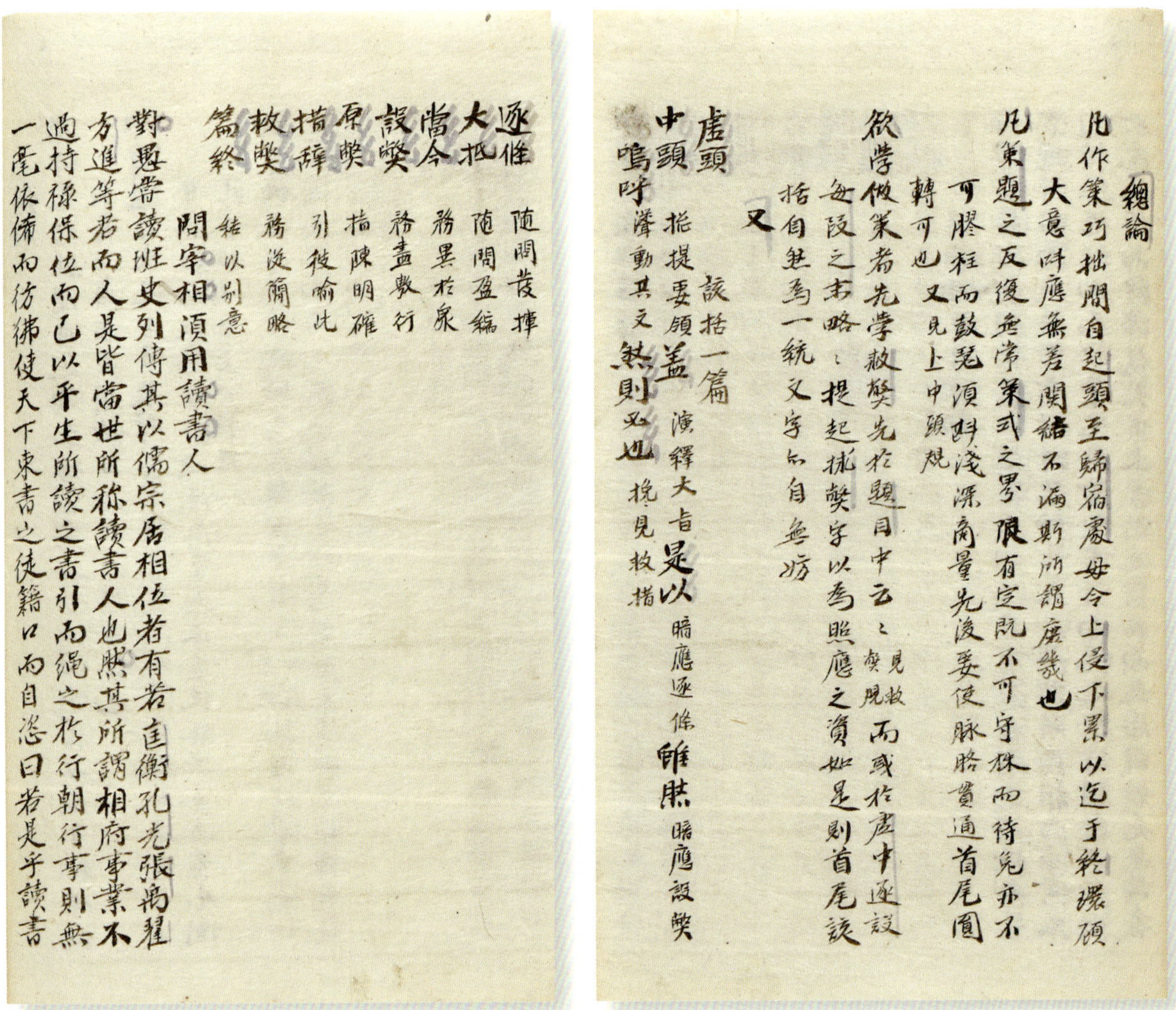

전록통고
典錄通考

1706년(숙종 32), 1책, 필사본, 31.5×21.9cm, 장서각(K2-2093)

1706년숙종 32에 최석정崔錫鼎 등이 숙종의 명에 따라 편찬한 책이다.『경국대전經國大典』의 각 조문 아래에『대전속록大典續錄』·『대전후속록大典後續錄』·『수교집록受敎輯錄』의 조문을 수록하였다. 과거 시권과 관련한 여러가지 규식들을 수록하고 있다.

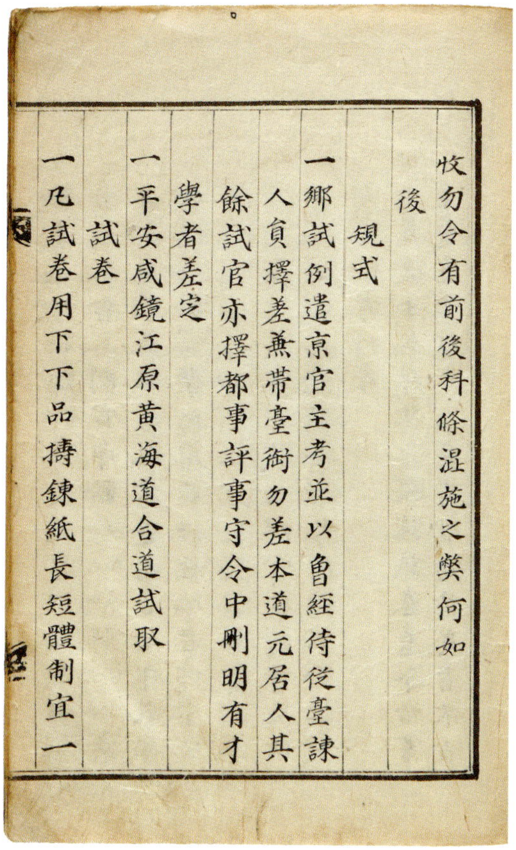

牧勿令有前後科條混施之弊何如
後
規式
一鄕試例遣京官主考並以曾經侍從臺諫人員擇差兼帶臺銜勿差本道元居人其餘試官亦擇都事評事守令中剛明有才學者差定
一平安咸鏡江原黃海道合道試取試卷
一凡試卷用下下品擣鍊紙長短體制宜一

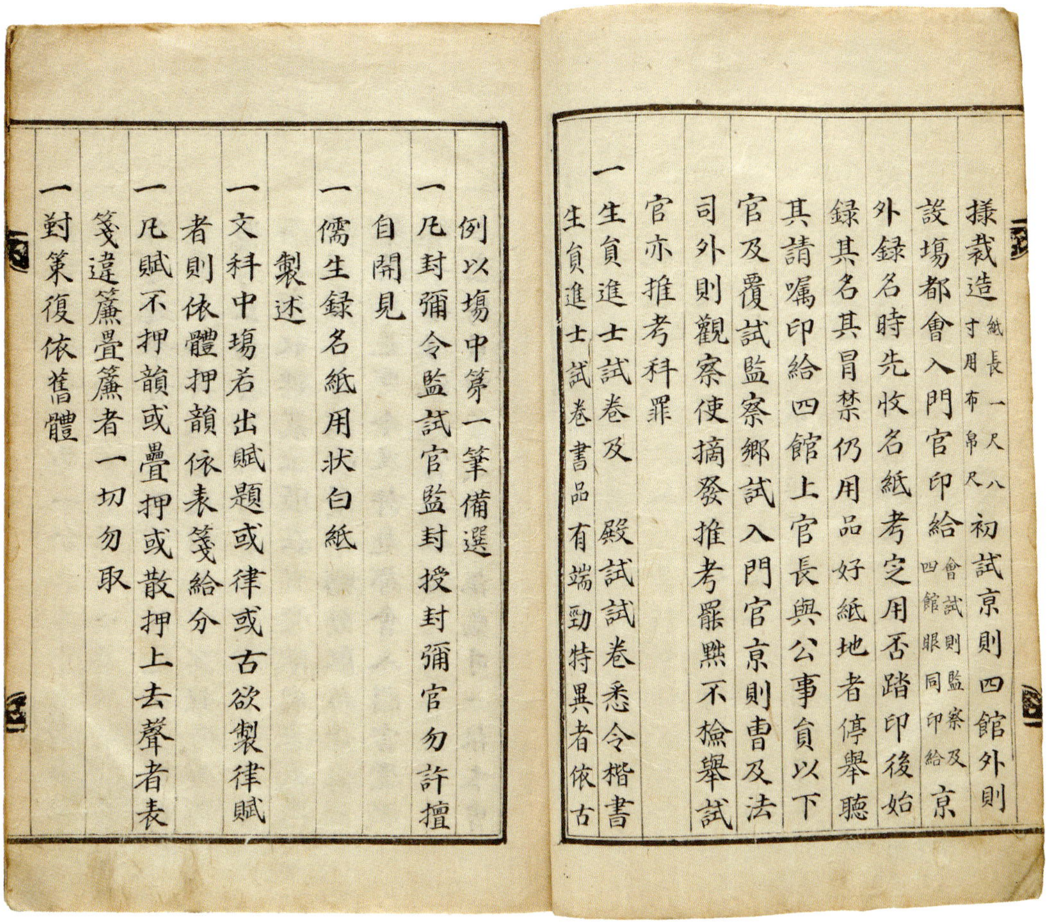

樣裁造紙長一尺八寸用布帛尺初試京則四館外則設場都會入門官印給會試則監察及四館服同印給京外錄名時先收名紙考定用否踏印後始錄其名其冒禁仍用品好紙地者停擧聽其請囑印給四館上官長與公事員以下官及覆試監察鄕試入門官京則曹及法司外則觀察使摘發推考罷黜不檢擧試官亦推考科罪
一生員進士試卷及殿試試卷悉令楷書生員進士試卷書品有端勁特異者依古例以場中第一筆備選
一凡封彌令監試官監封授封彌官勿許擅自開見
一儒生錄名紙用狀白紙
製述
一文科中場若出賦題或律或古欲製律賦者則依體押韻依表箋給分
一凡賦不押韻或疊押或散押上去聲者表箋違簾疊簾者一切勿取
一對策復依舊體

아들 필동에게 보낸 하응운의 서간

河應運書簡[寄必東]

1731년(영조 7)~1732년(영조 8), 1장, 필사본, 35.7×48.5cm, 진양하씨 담산문중

도암陶庵 이재李縡 문하에 유학 중인 아들 필동에게 보낸 하응운의 서간이다. 1731~1732년 사이에 작성된 것이다. 자신과 가족의 근황을 전하는 것으로 시작된 이 편지에서 흥미로운 점은 아들에게 녹명錄名하는 방법을 매우 자세하게 알려주고 있다는 점이다. 녹명은 과거 시험지, 즉 시권試券에 응시자 및 4조의 인적사항을 기록하는 것을 말한다. 녹명 시에는 응시자의 실명, 나이, 거주지, 본관은 물론 4조부·조·증조·외조의 관직·성명을 꼼꼼하게 기재해야 하는데, 규식을 어기면 실격 처리되었다. 실학자 성호 이익李瀷, 1681~1763이 녹명의 규식을 어겨 낙방한 일화는 녹명의 중요성을 일깨우게 한다. 바로 이런 이유로 하응운은 과거를 앞둔 아들에게 노파심에서 녹명 방식을 재삼 강조한 것이다.

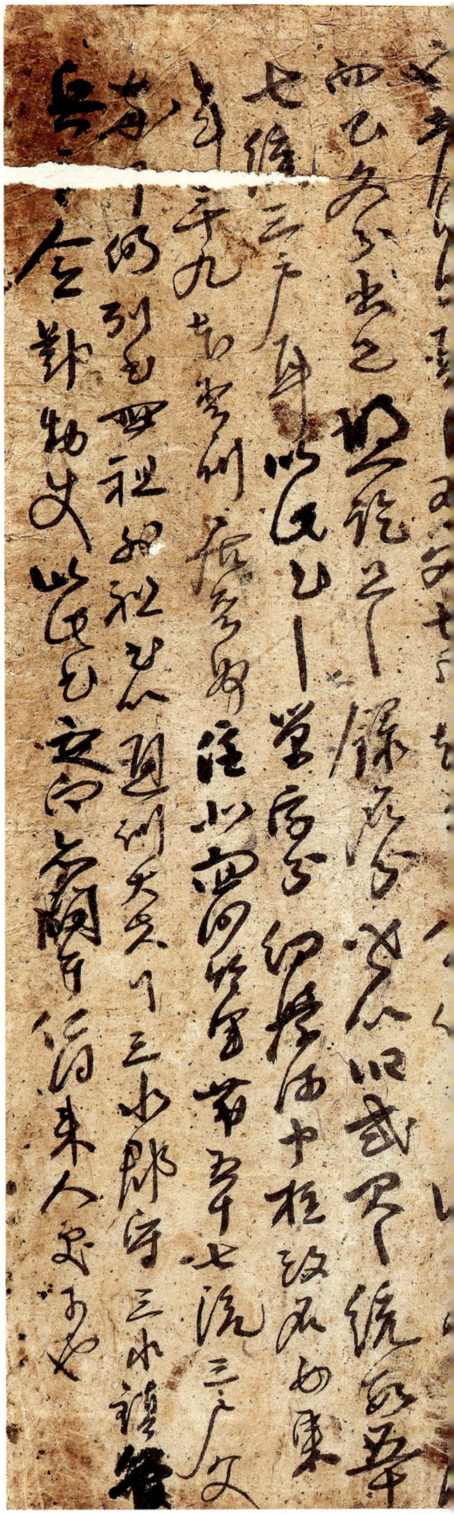

필동에게

노奴가 지난 달 18일에 오면서 네 편지를 전하여, 네가 별 탈 없이 당도한 것을 알았으니 다행이다. 여기 두 집은 모두 무사하다. 나 또한 기력이 평상시와 같으나 아직 몸이 완전히 회복되지는 않았다. 여기는 손님이 어제 저녁에 도착했기 때문에 한노汗奴에게 편지를 붙여 함께 가도록 하였다. 주인主人은 모두 잘 지내고 있느냐? 지난번에 와서 백량白良을 보고 함께 가기를 청했으나 백량은 내 말은 따르지 않고 정태웅에게는 곧 허락하고 오래 끌지 않았다. 저들의 일이 어찌될지 모르겠구나. 태웅泰雄과 명구命龜가 함께 백량에게 가면 백량은 생각건대 이 곳 사람들은 많이 이끌고 상전上典을 꾀어 모두 내게로 들어올 것이다. 지금의 집안에서는 네가 매우 중요하니 옮길 수 있겠느냐? 백량이 이미 집의 명령도 따르지 않는데, 하필 너의 말을 따르겠느냐? 통분하구나. 모든 일은 신중하고 면밀하게 처리해라. 그리고 곽만주郭萬周는 비록 순동順同과 같은 무리이나 그 마음은 알 수가 없구나. 서리胥吏 및 장교將校 중에 한 사람도 얻지 못했느냐? 쓴다면 네가 좋을 것이니 하필 사람을 구해야 하겠느냐. 네 단자單字는 모두 도목공문都目公文에서 나왔다. 저들을 위하여 공문公文을 내었지만 백량이 전하지 않았다.

여기는 명지明紙를 모두 5전錢에 사지만 시소試所는 생각건대 저렴할 것이니 이것을 알고 사서 써라. 네 형兄은 초 4일에 떠나 5일에는 마땅히 이 집에 들어가 별관別館에 머물 것이다. 네가 가서 만나 보는 것이 좋겠다. 나는 지금 집안이 요란하여 따로 자그마한 곳에 거처하려 한다. 네 집은 좋게 되도록 꾀하여라. 모두 발을 절룩거리고 네 말[馬]은 촌보도 움직일 수 없어 계만戒萬으로 하여금 침針을 놓게 하였는데 절룩거리는 모양이 더욱 심해졌으니 크게 걱정이 된다. 식량은 버틸 만하느냐? 모름지기 함부로 나가 교유하지 말고 글자를 익히는 것이 좋겠다. 도목都目에는 진주 문자를 아는 사람이 모두 나왔는데, 80여 명이나 된다고 하는구나. 네 형제는 모두 들어갔다.

공문이 나오면 보내고 조흘첩照訖帖도 보내마. 녹명錄名은 모두 구식舊式을 보거라. 통수統數는 57통 3호이니 이렇게 써라. 단자는 "유학 하중주 개명 필동 년이십구 본진주 거진주 주 북면 사죽리 제오십칠통 삼호幼學 河中柱 改名 必東 年二十九 本晉州 居晉州 住 北面 沙竹里 第五十七統 三戶"라 쓰고 아버지의 이름을 써라. 이어서 4조四祖를 나열하여 써라. 외조外祖는 "통훈대부 행삼수군수 삼수진관 병마첨절제사通訓大夫 行三水郡守 三水鎭管 兵馬僉節制使"라고 써라. 이렇게 쓰되 또한 인동仁同에서 온 사람에게 묻는 것이 좋겠다.

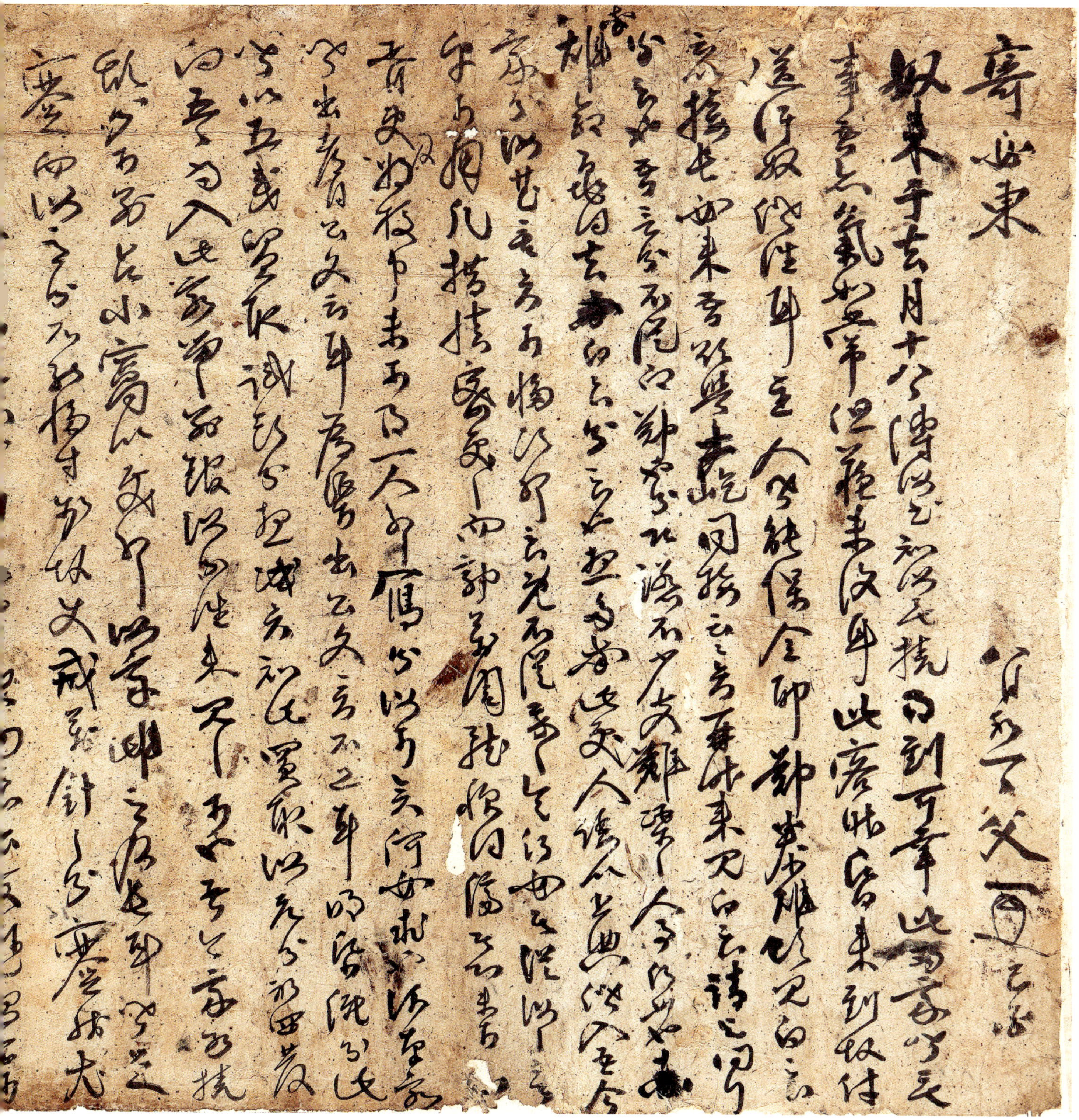

• 시권에서의 초서

16세기 말부터 18세기 초에 작성된 시권 가운데 초서로 작성된 시권들이 확인된다. 이는 당시 답안의 내용과 더불어 응시자의 글씨 수준도 살펴보았기 때문에 나타난 현상이다. 이 시기에는 출제된 문제 가운데 둘을 택하여 그에 대한 답을 작성하여 제출해야 했다. 이렇게 작성된 답안을 상편과 하편(또는 비편備篇)으로 구분하였고, 이 가운데 하편은 초서로 작성하게 하였다. 시권에 초서가 사용된 것은 서법 진흥책의 일환으로 이해할 수 있다. 따라서 시권에 나타난 초서체는 당시에 유행한 서풍과도 밀접한 관계가 있다.

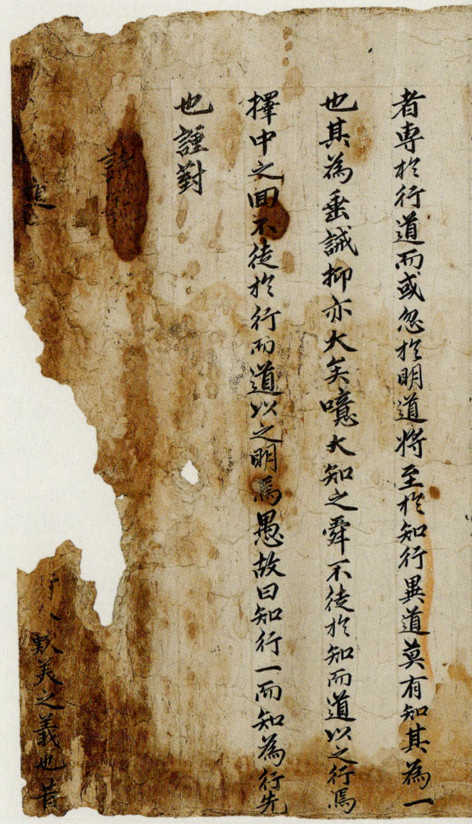
者專於行道而或忽於明道將至於知行異道莫有知其為一
也其為蚤識抑亦大矣噫大知之舜不徒於知而道以之行焉
擇中之間不徒於行而道以之明焉愚故曰知行一而知為行先
也謹對

윤인미 생원 시권
尹仁美生員試券

1630년(인조 8), 1장, 필사본, 44.0×210.0cm, 해남윤씨 녹우당

윤인미1607~1674가 1630년인조 8 생원시에 제출한 시권으로서 문체는 의疑와 의義이다. 윤인미는 본관이 해남이고, 아버지는 윤선도이다. 1630년인조 8에 생원시 3등 36인으로 입격하였고, 1662년현종 3 문과 증광시에 병과丙科 18인으로 급제하였다. 조선시대 시권은 대부분 해서체로 작성되었으나, 윤인미의 생원 시권과 같이 답안 가운데 초서로 작성된 부분이 포함된 경우도 있다. 이것은 응시자의 서법 능력을 보기 위한 것으로서 생원시에서는 사서의四書疑나 오경의五經義 가운데 한 편, 진사시에서는 시詩나 부賦 가운데 한 편을 초서로 쓰게 하였다.

이 시권의 초서는 전반적으로 정확한 초서를 유려하게 구사하였으며, 당시 유행한 명대의 초서풍을 윤인미가 수용하였음을 보여준다.

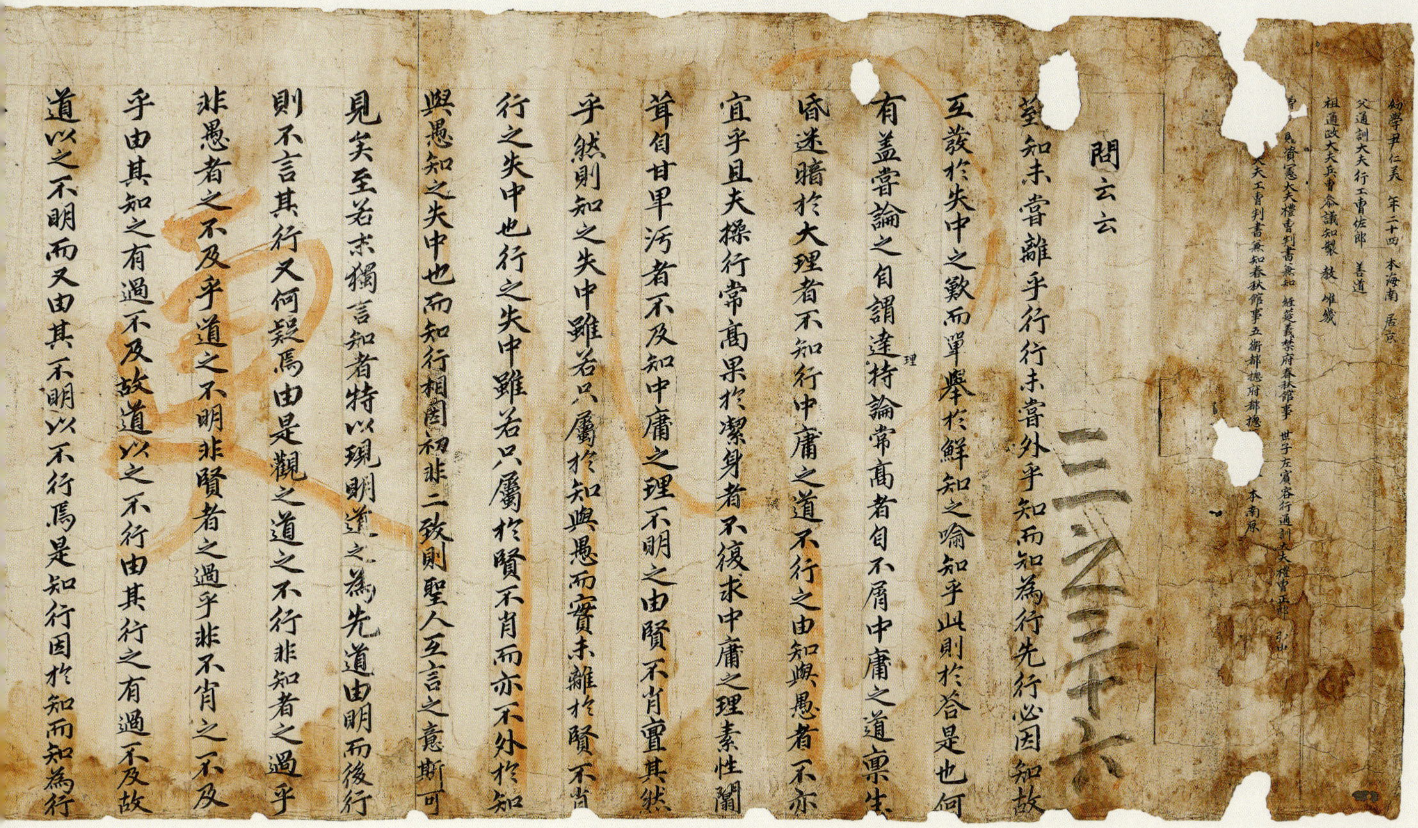

幼學尹仁美 年二十四 本海南 居京
父通訓大夫行工曹佐郎 善道
祖通政大夫兵曹參議知製 敎 唯幾
曾祖 資憲大夫禮曹判書兼知 經筵義禁府春秋館事 世子左賓客行通訓大夫禮曹正郎 弘中
外祖 大夫工曹判書兼知春秋館事五衛都摠府都摠 本南原

問云云

蓋知未嘗離乎行行未嘗外乎知而知爲行先行必因知故至於失中之歎而單擧於鮮知之喩知乎此則於答是也何有蓋嘗論之自謂達理持論常高者自不屑中庸之道稟生昏迷暗於大理者不知行中庸之道不行之由知與愚者不亦宜乎且夫操行常高果於潔身者不復求中庸之理素性闒茸自甘卑汚者不及知中庸之理不明之由賢不肖寔其然乎然則知之失中雖若只屬於知與愚而實未離於賢不肖行之失中也行之失中雖若只屬於賢不肖而亦不外於知與愚知之失中也而知行相因初非二致則聖人立言之意斯可見矣至若末獨言知者特以現明道之爲先道由明而後行則不言其行又何疑焉由是觀之道之不行非知者之過乎非愚者之不及乎道之不明非賢者之過乎非不肖之不及乎由其知之有過不及故道以之不行由其行之有過不及故道以之不明而又由其不明以不行焉是知行因於知而知爲行

앞면

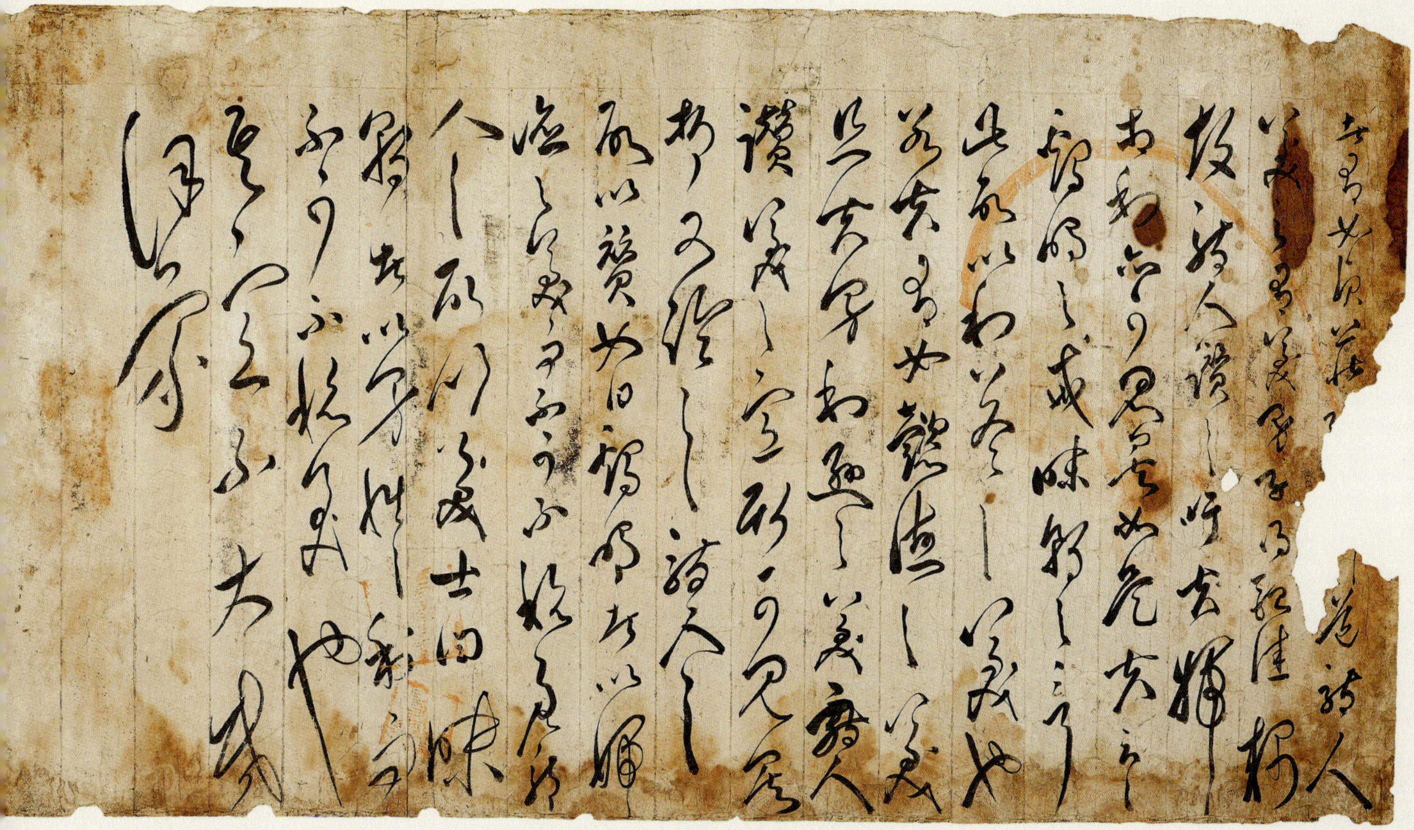

뒷면

• 시권의 재질과 규격

시지試紙는 식년시式年試에서와 같이 일반적으로 응거자가 자비自費로 마련함이 원칙이지만, 일부 경과慶科나 관학과제館學課製의 경우 국가에서 예외적으로 지급하였다. 즉 인재의 선발에 주된 목적이 있는 식년문과와 증광문과·별시문과, 그리고 생원·진사시의 경우에는 응거자가 자비로 시지를 마련하였다. 이에 비하여 국가적 경사의 기쁨을 공유한다는 취지에서 보이는 정시문과·알성문과·춘당대문과 등과 같은 국왕 친림시, 과업課業을 권면한다는 취지에서 보이는 절일제節日製·황감제黃柑製·통독通讀·도기과到記科, 지방에서 설행하는 취재取才 또는 외방별과外方別科 등의 경우 대개 호조戶曹에서 시지를 지급하였다.
시지로 많이 쓰인 종이의 명칭 중에는 중품中品·하품下品·하하품下下品의 도련지擣鍊紙 외에 장지壯紙, 狀紙, 대호지大好紙, 대후지大厚紙, 후지厚紙, 명지名紙, 백면지白綿紙, 초주지草注紙, 정초지正草紙, 부지付紙, 附紙 등이 있는데, 이들 가운데 특히 초주지가 널리 사용된 듯하다.

• 역서易書 제도

역서는 공정한 평가를 위하여 채점관이 응시자의 필체를 알아보지 못하도록 시권에 기재된 문장을 서리로 하여금 베껴 적게 한 뒤 그것을 가지고 채점하게 한 제도이다. 중국 송나라 때로부터 유래하였고, 조선에서도 문과의 식년시·증광시·별시에 원칙적으로 시행되다가 1835년헌종 1에 이르러 번거로움을 이유로 영구히 폐지하였다. 응시자가 쓴 원본 시권을 본초本草라고 하고, 서리가 베껴 쓴 시권을 주초朱草라고 일컬었다. 이 본초와 주초를 가지고 사동관查同官과 지동관枝同官이 각각 베끼는 과정에서 오류가 없었는지를 확인한 뒤 주초만 시관試官에게 넘겨 채점하게 하였다. 시권에 적혀 있는 '사동査同'과 '지동枝同'은 바로 사동관과 지동관이 시권을 직접 검토한 뒤 적은 것이다.

정연수 시권
鄭然洙試券

1877년(고종 14), 1장, 필사본, 70.0×146.0cm,
장서각(초계정씨 동계종택 기탁)

정연수1843~1885가 1877년고종 14에 작성한 시권이다. 정연수는 본관이 초계이고, 아버지는 정기상鄭璣相이다. 정연수는 후에 이름을 정연학鄭然學으로 바꾸었다. 초계정씨 집안에 전래된 고문서 가운데 1877년에 정연수가 작성한 시권과 1882년에 정연학이 작성한 시권이 포함되어 있다. 그런데 둘 다 생원시나 진사시 등에 합격한 시권은 아니다. 이 가운데 1877년의 시권은 앞부분이 공백으로 남아 있고, 뒷부분에만 문장이 기재되어 있다. 문서에 관인이 찍혀 있는 것으로 보아 미완성 상태로 제출한 것으로 보인다.

앞면

뒷면

• 과거 시험 과목의 종류

『속대전續大典』에 보이는 고시과목은 과문육체科文六體를 포함하여 모두 15종의 한문 문체인데, 그 명칭과 의미는 다음과 같다.

① 사서의四書疑 『대학』·『논어』·『맹자』·『중용』 중에서 상호 모순되거나 충돌하는 것처럼 의심이 드는 문구를 2개 이상 따다가 제시하면서 그것을 합리적으로 해설하여 모순·충돌을 해소할 것을 요구하는 데 대해 응시자가 그 해답을 진술하는 논변류 문체이다. 이를 간단히 의疑라고도 일컫는데, 의문疑問·의심疑心·석의釋疑라고도 이른다.

② 오경의五經義 『시경』·『서경』·『주역』·『예기』·『춘추』 중에서 난해한 단구短句 1개를 제시하고 그 의미를 분명하게 해설할 것을 요구하는 데 대해 응시자가 그 해답을 진술하는 논변류 문체이다. 이를 간단히 의義라고도 일컫는다.

③ 과시科詩, 古詩 고사나 시문 중의 문구를 시의 제목으로 제시하고 그에 응하여 고체시古體詩의 형식으로 짓는 한시의 일종이다. 그러나 조선 후기·말기로 내려오면서 일운一韻만으로 압운押韻하고 약간의 평측平仄과 대우對偶를 강구하면서 7언 18련의 형식을 취하였는데, 이를 행시行詩라 이른다.

④ 과부科賦 한시와 산문의 중간 형태를 띤 부賦 형식의 문체로서, 압운·평측·대우 격식에서 비교적 자유로운 서사敍事 위주의 문체이다. 원래 압운을 하였고 1구의 자수도 일정하지 않았으나, 후기로 내려오면서 점차 압운을 하지 않았으며, 말기에는 제4언에 허사虛詞를 쓰는 6언 30련의 체제로 굳어졌다.

⑤ 과표科表 신하가 임금에게 진정陳情·요청要請·사례謝禮·사양辭讓 등의 목적으로 올릴 때 사용하는 사륙문四六文 형식의 주의류奏議類 문체이다. 사륙문은 사륙변려문四六騈儷文 또는 변려문騈儷文 등으로도 일컬어지는데, 사자四字·육자六字의 대우구對偶句, 상구上句·하구下句 간 평측平仄의 상대相對, 용전用典과 수사修辭 등을 강구하는 것이 특징이다.

⑥ 내책對策 시무時務나 경의經義 또는 사실史實과 관련하여 제시한 국왕의 물음에 대해 응시자가 그 해결 방책方策이나 해답解答을 진술한 주의류奏議類에 속하는 산문 형식의 문체이다.

⑦ 논論 어떤 사안에 대해 자신의 주장을 피력하거나 도리를 천명하는 논변류論辨類의 문체이다.

⑧ 잠箴 과오를 예방하기 위해 경계警戒·규간規諫·권면勸勉하는 내용의 글을 적은 잠명류箴銘類의 문체이다. 대개 4언구의 운문체이며, 혹 서문을 곁들이는 경우도 있다.

⑨ 기記 망각에 대비하여 어떤 일의 전말 등을 적어두는 산문 형식의 기록문으로 잡기류雜記類의 문체에 속한다.

⑩ 명銘 기물器物이나 비석碑石 등에 경계警戒할 일 또는 공덕功德을 드러내는 일을 새기거나 기록하는 잠명류箴銘類의 문체이다. 대개 4언구의 운문체이며, 혹 서문을 곁들이는 경우도 있다.

⑪ 송頌 어떤 인물의 공적·업적을 가송歌頌·찬양讚揚하는 내용의 글을 적는 송찬류頌讚類의 문체이다. 대개 4언구의 운문체이며, 혹 서문을 곁들이는 경우도 있다.

⑫ 전箋 표表와 동일한 문체로서 다 같이 주의류奏議類에 속하는 것이지만, 그 올리는 대상의 고하에 따라 구별된다. 즉 표는 황제에게 올릴 때 쓰는데 반해, 전은 황후나 황태자, 그리고 제후국의 국왕·왕비에게 올릴 때 쓰는 것이다. 단, '올리는 대상의 고하'는 상대적인 개념이어서, 조선의 국내에서는 국왕에게 표를 올리고 왕비·왕세자에게는 전을 올리게 된다.

⑬ 조詔 임금이 신민臣民에게 포고布告할 때 내리는 명령서로서 조령류詔令類에 속하는 사륙문 형식의 문체이다.

⑭ 제制 임금이 신민臣民에게 중대한 상벌을 내리거나 중대한 관직에 제수除授할 때 내리는 명령서로서, 조령류詔令類에 속하는 사륙문 형식의 문체이다.

⑮ 율시律詩 당나라 이래로 자수字數, 구수句數, 압운押韻, 평측平仄, 대우對偶의 면에서 일정한 격식을 엄격하게 강구하는 시체詩體이다. 1구의 글자 수는 5언 또는 7언이고, 한 편篇의 구수句數는 4구 또는 8구이거나 10구 이상의 우구偶句이다. 평성平聲의 글자만으로 짝수 구에 압운押韻을 하고 도중에 환운換韻할 수 없다. 매 구에 평성자와 측성자를 조화롭게 놓아야 하고, 대우구對偶句를 강구하는 규칙도 있다.

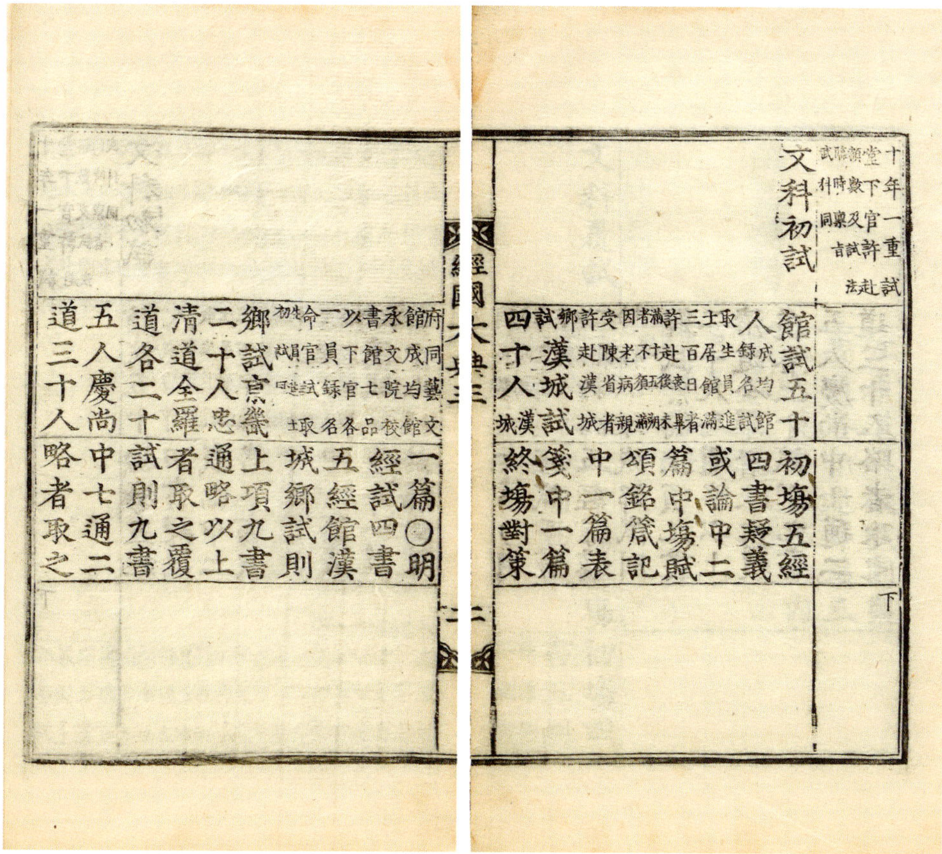

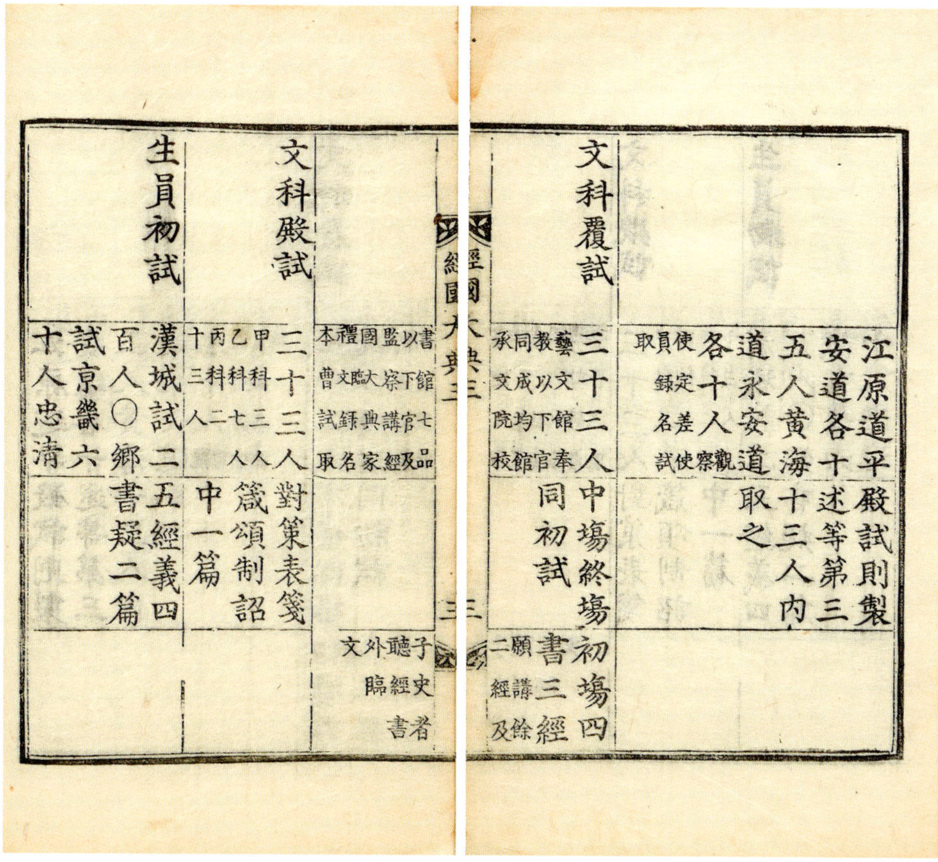

『경국대전』에 수록된 과거 시험 종류

이수담 생원 시권
李壽聃生員試券

1699년(숙종 25), 1장, 필사본, 69.0×191.0cm, 여주이씨 옥산정사 독락당 이해철

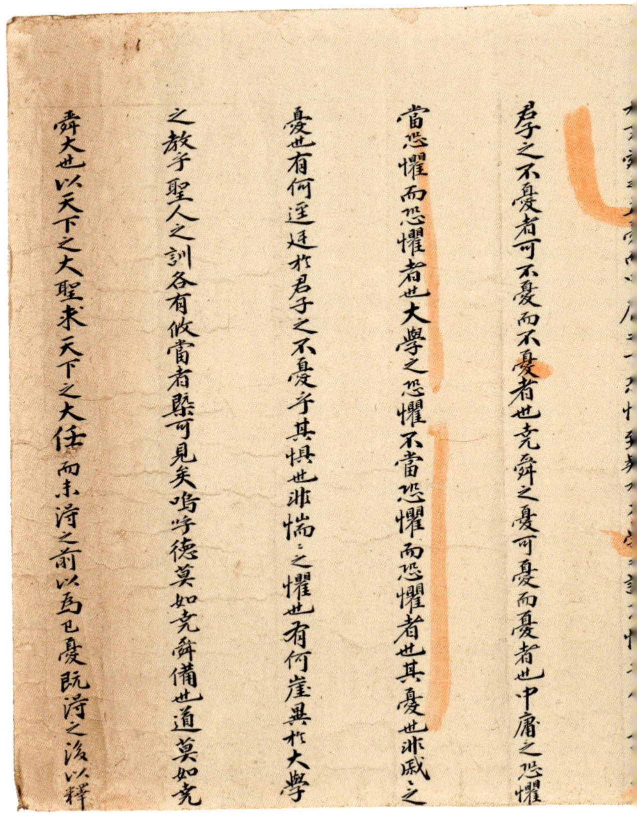

이수담1665~1704이 1699년숙종 25 생원시에서 제출한 시권으로서 문체는 의疑와 의義이다. 이수담은 본관이 여주이고, 이익규李益圭의 아들이다. 1699년숙종 25 생원시에 3등 40인으로 입격하였다. 당시 생원시와 진사시는 예조와 성균관에서 나누어 설행되었는데, 이수담은 성균관에서 시험을 보았다. 출제된 문제는 『대학』·『논어』·『맹자』·『중용』에 나오는 '요순의 근심'과 '군자의 근심', 『중용』의 '두려움'과 『대학』의 '두려움'이 어떤 차이인지를 묻는 것[疑]과 『예기』의 '백성의 힘을 쓸 때는 일 년에 삼일을 넘지 못한다[用民之力 歲不過三日]'는 구절의 뜻을 묻는 것[義]이었다. 이에 이수담은 『예기』의 구절을 풀이하면서 왕은 백성을 부림에 절제해야 하고 때에 맞게 해야 한다고 서술하였다.

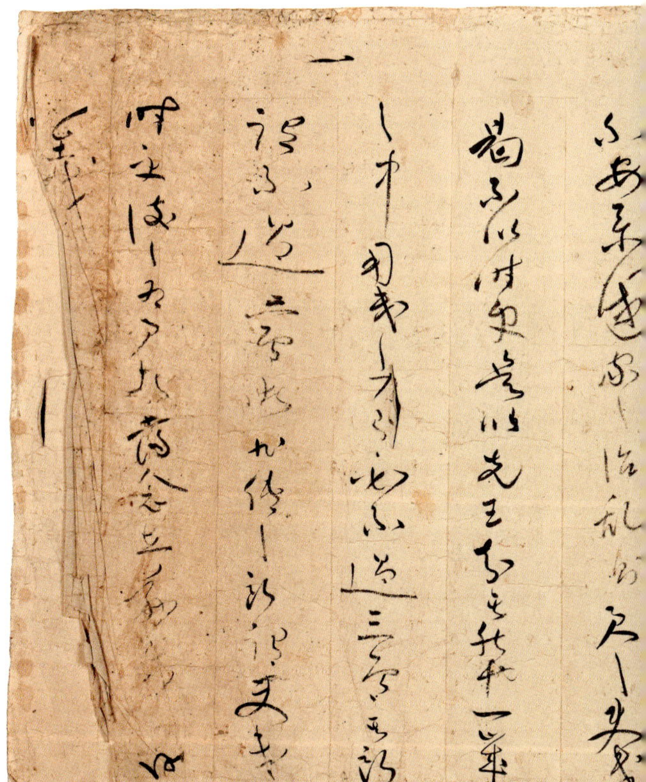

예의禮義 : 백성의 힘을 사용함에는 한 해에 사흘을 넘기지 않는다.[1]
아! 세상에서 치세治世에 놓아두고 그 백성을 편안하게 하는 방법은 어찌 역役을 줄이는 가운데에서 시작하지 않겠습니까. 삼가 『예경禮經』[2]을 살피건대 "백성의 힘을 사용함에는 한 해에 사흘을 넘기지 않는다"라고 하니, 저는 이 설에 징험한 것이 있습니다.
생각건대 백성은 나라의 근본입니다. 임금이 임금일 수 있는 까닭은 반드시 백성이 있기를 기다려서이니, 임금이 백성을 부리는 때에 절도節度가 있어야 하지 않겠습니까. 사용함에 절도가 있으면 백성은 보호받을 수 있고, 사용함에 절도가 없으면 백성은 편안할 수 없습니다. 편안함과 불안함은 국가의 치란治亂에 관계되니 임금이 백성을 부림에 어찌 때를 가리지 않겠습니까. 그러므로 선왕先王은 그러함을 알고서 한 해 가운데 백성의 힘을 사용함에 반드시 사흘간을 넘기지 않았습니다. 이른바 사흘간을 넘기지 않는다는 것은 전傳에 이른바 "백성을 부림에 알맞은 때로써 하여야 한다"[3]는 것이 아니겠습니까. 뒷날 임금이 되는 이는 이것을 염두에 두어야 할 것입니다. 삼가 뜻을 풀이합니다.

1 백성의……않는다 : 『예기(禮記)』「왕제(王制)」에 보인다.
2 예경(禮經) : 『예기(禮記)』를 이른다.
3 백성을……한다 : 『논어(論語)』「학이(學而)」에 보인다.

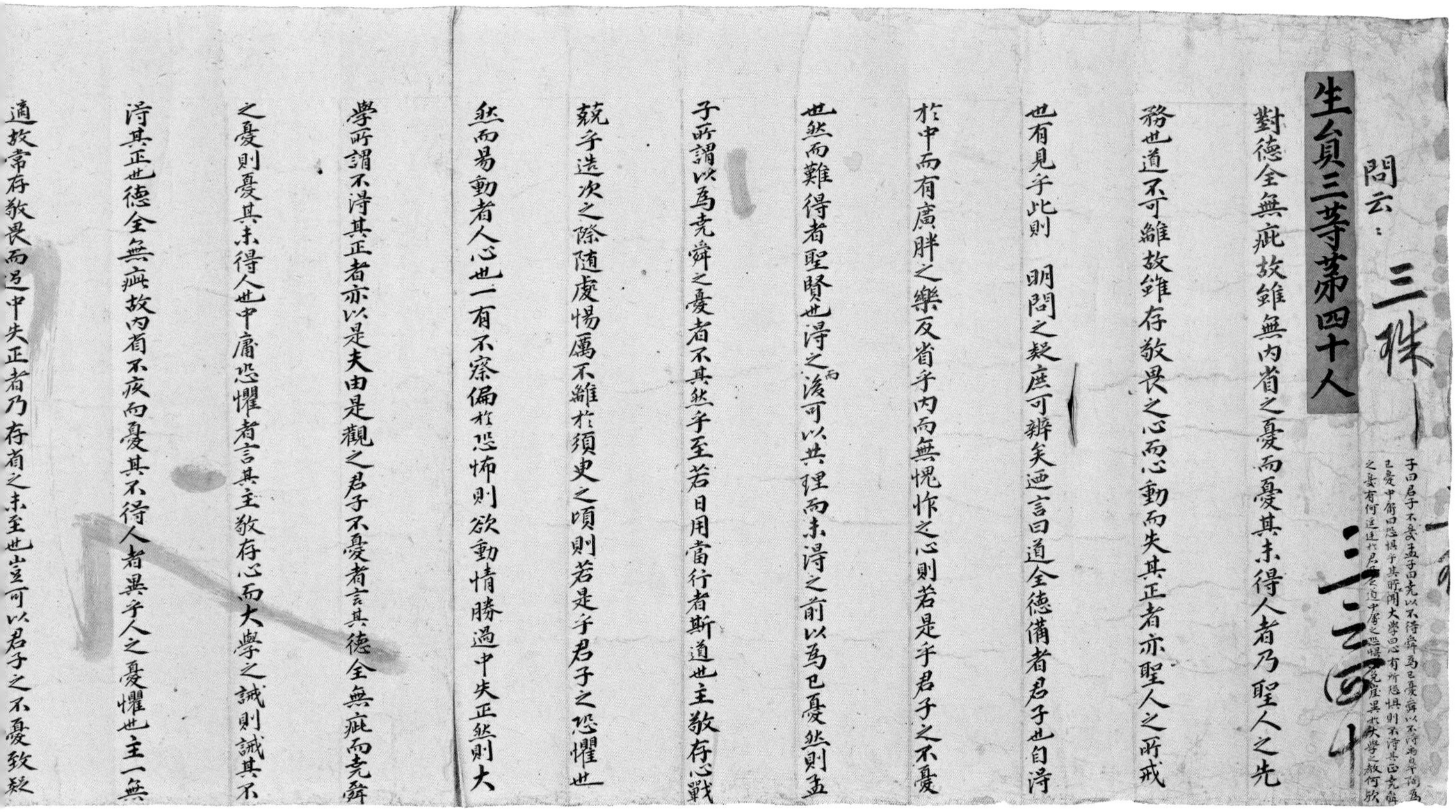
問云：
對德全無疵故雖無內省之憂而憂其未得人者乃聖人之先
務世道不可離故雖存敬畏之心而心動而失其正者亦聖人之所戒
也有見乎此則 明問之疑庶可辨矣迺言曰道全德備者君子也自得
於中而有廣胖之樂反省乎內而無愧怍之心則若是乎君子之不憂
也然而難得者聖賢也得之後可以共理而未得之前以爲已憂然則孟
子所謂以爲堯舜之憂者不其然乎至若日用當行者斯道也主敬存心戰
兢乎造次之際隨處惕厲不離於須臾之頃則若是乎君子之恐懼也
然而易動者人心也一有不察偏於恐怖則欲動情勝過中失正然則大
學所謂不得其正者亦以是夫由是觀之君子不憂者言其德全無疵而堯舜
之憂則憂其未得人也中庸恐懼者言其主敬存心而大學之誠則誠其不
得其正也德全無疵故內省不疚而憂其不得人者異乎人之憂懼也主一無
適故常存敬畏而過中失正者乃存省之未至也豈可以君子之不憂致疑

生員三等第四十人

앞면

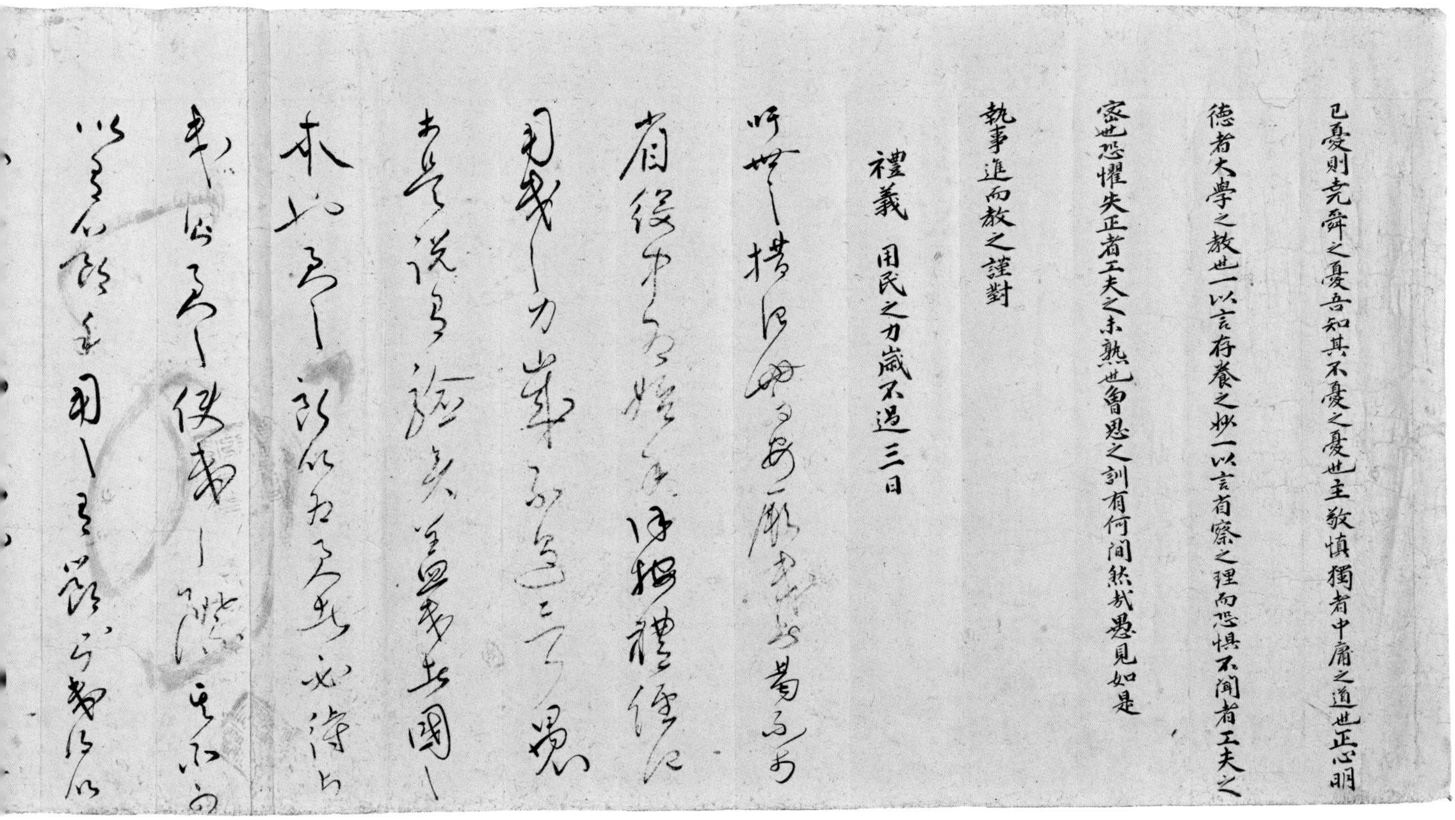
己憂則堯舜之憂亦知其不憂之憂也主敬慎獨者中庸之道也正心明
德者大學之教也一以言存養之妙一以言省察之理而恐懼不聞者工夫之
密也恐懼失正者工夫之未熟也曾思之訓有何間然哉愚見如是
執事進而教之謹對
禮義 用民之力歲不過三日

뒷면

이후영 강지
李後榮講紙

1684년(숙종 10), 1장, 필사본, 70.0×124.0cm, 장서각(고성이씨 임청각 기탁)

이후영1649~1712이 문과에 응시하여 강서講書한 과목별 점수가 적힌 강지이다. 이후영은 본관이 고성이고, 아버지는 이분李蕡이다. 1673년현종 14에 생원시 3등 25인으로 입격하였고, 1684년숙종 10 문과 식년시에 병과丙科 1인으로 급제하였다. 이 강지는 바로 1684년숙종 10 문과 식년시의 복시覆試 초장에서 실시한 강경 시험의 채점표이다. 『주역』·『시전』·『서전』·『논어』·『맹자』·『중용』에서 출제된 구절이 명시되어 있고, 그에 대한 점수가 각각 기재되어 있다. 『서전』·『맹자』에서는 '통通', 『중용』에서는 '순통純通', 『주역』·『시전』에서는 '약略', 『논어』에서는 '조粗'를 받아 전체적으로 11푼 반의 점수를 받았다.

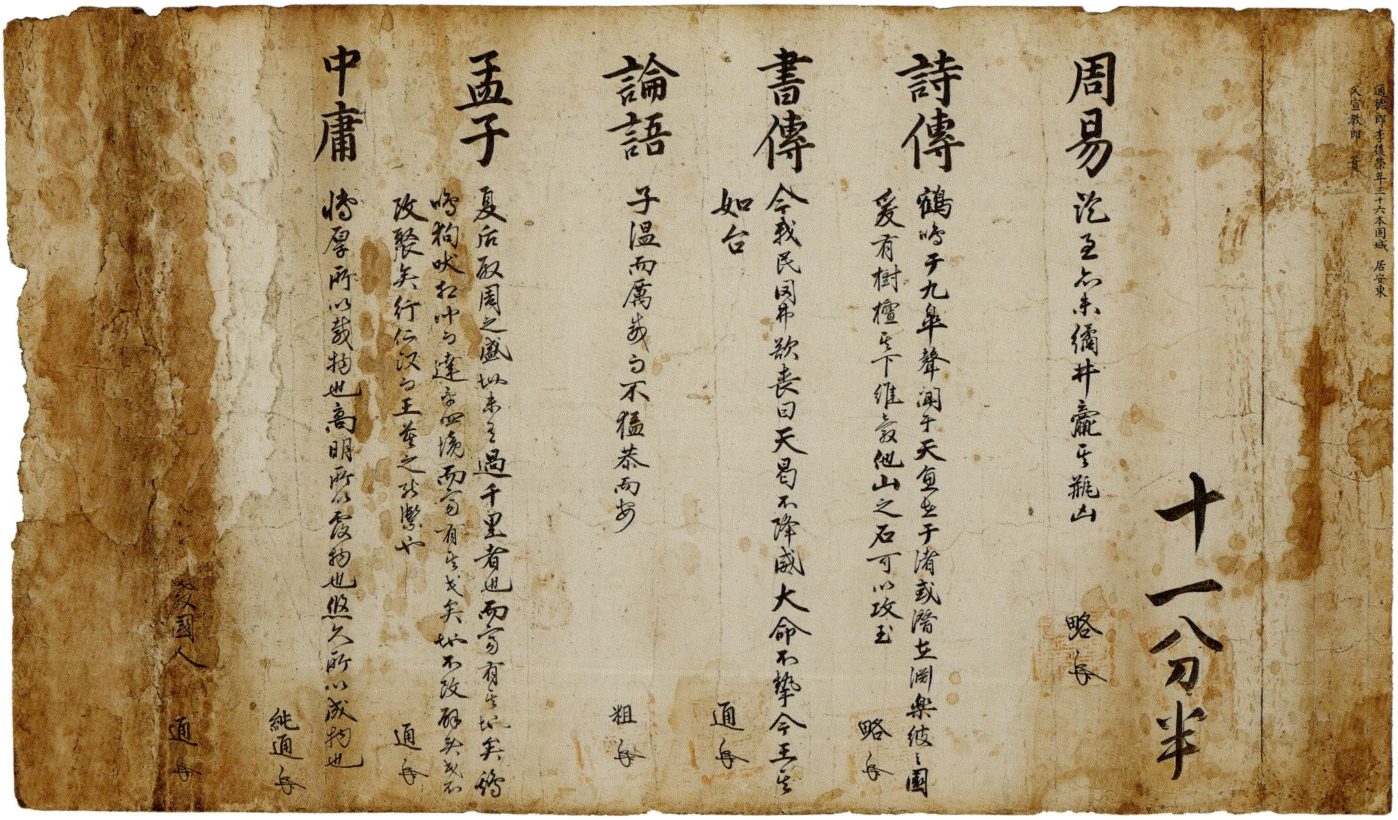

通德郎李後榮年三十六本固城 居安東
父宣敎郎 蕡

周易 汔至亦未繘井羸其瓶凶 略

詩傳 鶴鳴于九皋聲聞于天魚在于渚或潛在淵樂彼之園爰有樹檀其下維穀他山之石可以攻玉 略

書傳 今我民罔弗欲喪曰天曷不降威大命不摯今王其如台 通

論語 子溫而厲威而不猛恭而安 粗

孟子 夏后殷周之盛地未有過千里者也而齊有其地矣雞鳴狗吠相聞而達乎四境而齊有其民矣地不改辟矣民不改聚矣行仁政而王莫之能禦也 通

中庸 博厚所以載物也高明所以覆物也悠久所以成物也 純通

十一分半

이후영이 거주했던 안동 고성이씨 임청각(臨淸閣)

이익상 진사 시권
李翊相進士試券

1651년(효종 2), 1장, 필사본, 70.2×223.5cm, 장서각(연안이씨 매간종택 기탁)

이익상1625~1691이 1651년孝宗 2 진사시에 제출한 시권으로서 문체는 시詩와 부賦이다. 이익상은 본관이 연안이고, 아버지는 이소한李昭漢, 할아버지는 이정구李廷龜이다. 1651년孝宗 2 진사시에 장원으로 입격하였고, 1660년顯宗 1 문과 식년시에 을과乙科 2인으로 급제하였다. 『신묘식년사마방목』에 따르면, 이 당시 이익상은 동학東學에 설치된 시험장에서 시험을 보았다. 출제된 문제는 '푸른 시냇가 별서로 찾아온 황보 시어에 화답하다[碧澗別墅酬皇甫侍御]'에 대한 시詩와 '노인에게 비둘기 장식이 된 옥장을 내린[飾鳩賜玉杖]' 것에 대한 부賦를 지어 제출하는 것이었다. 앞의 시는 유장경劉長卿이 지은 당시唐詩를 소재로 한 것이고, 뒤의 부는 나이 70세가 넘으면 나라에서 옥장玉杖 또는 구장鳩杖을 내리는 전례를 소재로 한 것이다.

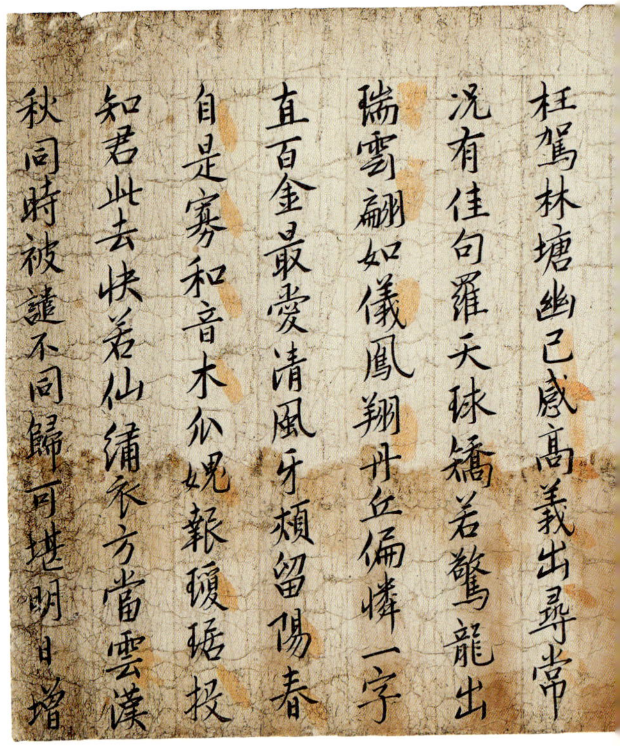
枉駕林塘幽已感高義出尋常
況有佳句羅天球鐫若驚龍出
瑞雲翩如儀鳳翔丹丘偏憐一字
直百金最愛清風牙頰留陽春
自是寡和音木瓜媿報瓊琚投
知君此去快若仙繡衣方當雲漢
秋同時被譴不同歸可堪明日增

푸른 시냇가 별서別墅로 찾아온 황보 시어皇甫侍御 시에 화답하다.

묵객墨客의 천 년 중에 세상을 같이 하며, 소단騷壇과 주사酒社에서 풍류를 같이하였네. 맑은 물과 연꽃은 절로 사랑스러운데, 문장의 벗을 돌아보며 다투어 인정하였네. 청운의 길로도 한 때 날아올랐으니, 옥당玉堂에서 금방울 울리며 함께 노닐었네. 곧은 붓을 종횡하며 천의天意를 경동시켰고, 맑은 때에 진퇴 또한 가지런했네. 각각 위수 북쪽과 장강 동쪽으로 어느 해 이별했던가? 옛 노닐 던 곳 돌아보니 하늘만 아득하네. 세모歲暮의 하늘 가 그리운 마음 끝이 없는데, 옛 친구 머무는 곳 지금은 어디인가? 초가 적막한 곳 객의 마음 괴로우니, 병을 안고서 멀리 떨어진 회포로 근심스럽네. 중울仲蔚의 쑥대 우거진 곳 지기知己는 끊어졌고, 진번陳蕃의 탁자에 먼지만 날리네. 아이가 원객遠客이 왔다고 문득 알리니, 즐겁게 상대하니 눈이 열리도다. 술 놓고 팔 잡아 회포를 말하자니, 말이 다함에 문득 흰 머리 놀라워라. 옛 생각 은근하여 한 편을 남기니, 읊어 감에 점점 두통이 더욱 나아지네. 이별에 임해 아름다운 선물을 어떻게 답할까? 새로 지은 글을 가지고 서로 화답할 뿐. 평소의 동병상련이 아니면, 누가 일부러 깊은 이곳 임당林塘에 올까? 이미 평상을 뛰어 넘는 높은 뜻에 감동하였는데, 하물며 아름다운 구절로 천구天球를 엮음에랴! 놀란 용이 높이 서운瑞雲을 나오듯이, 아름다운 자태의 봉황이 단구丹丘에서 날갯짓 하듯이. 유독 아낀 한 글자가 백금百金에 달하는데, 맑은 바람 입속에 머무는 것 가장 좋아라. 양춘곡陽春曲은 절로 화답할 사람 적으니, 모과로 경거瓊琚에 보답하기 부끄럽네. 그대 지금 가면 신선같이 빠를 줄을 알겠으니, 수의繡衣를 입은 그대에게 은하수 아롱진 때가 닥쳤으니, 같은 때 쫓겨났으나 함께 돌아가지 못하네. 이튿날 더욱 이별 근심을 어찌 견디랴? 그대 돌아감에 옛 풍모 떨치리니, 우리 그대 도리어 부끄러움 없기를. 한 잔 술 권함에 객이 문득 가버리니, 가을 산 색 높은 누만 아득하네.

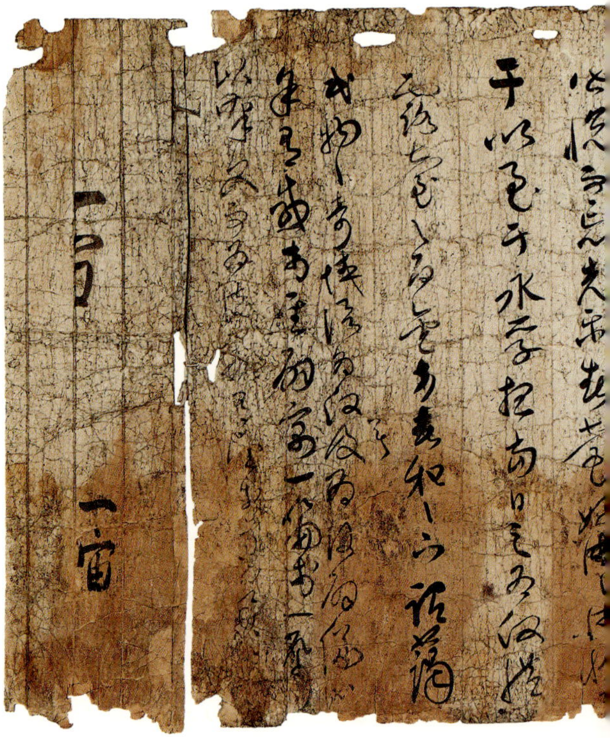

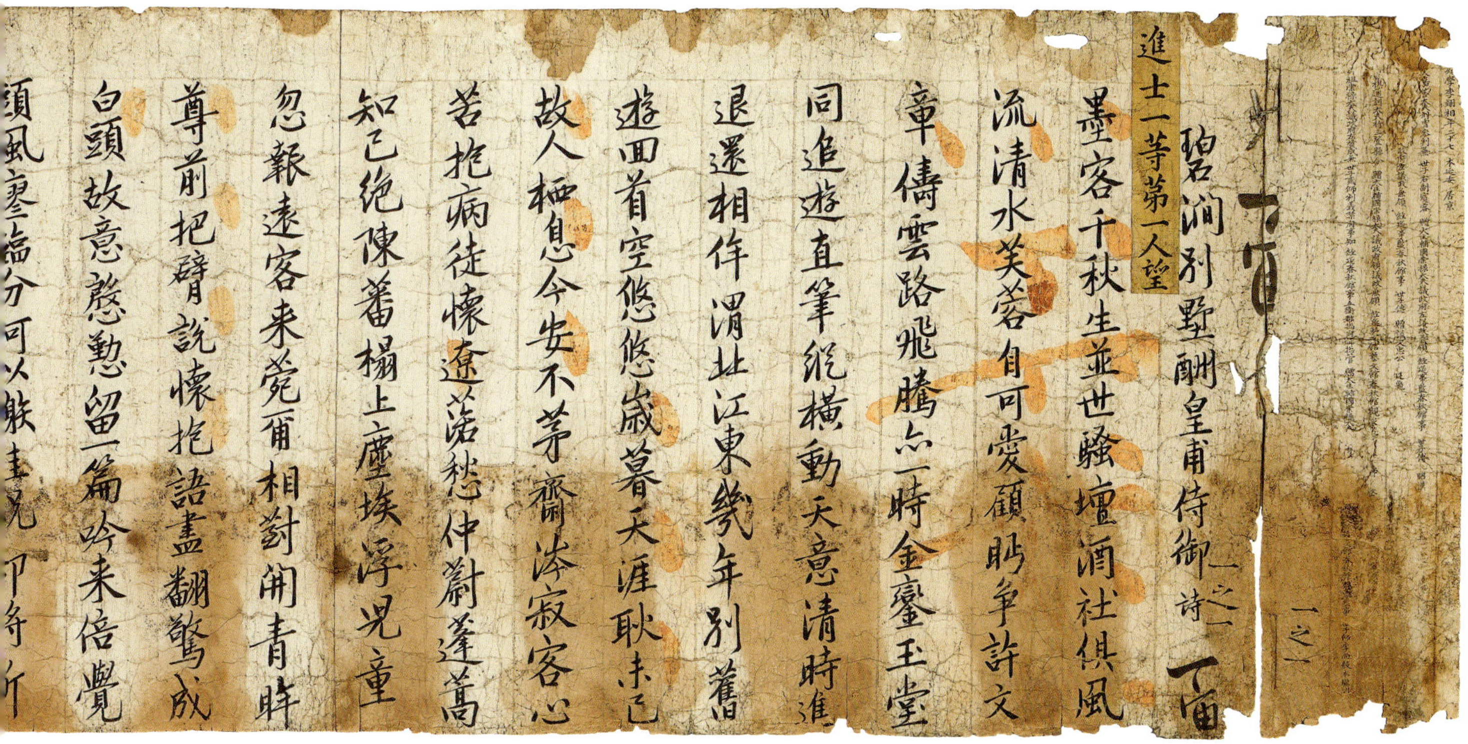
碧澗別墅酬皇甫侍御詩
進士一等第一人朢
墨客千秋生並世騷壇酒社倶風
流清水芙蓉自可愛顧盼爭許文
章儔雲路飛騰亦一時金鑾玉堂
同追遊直筆縱横動天意清時進
退還相伴渭北江東幾年別舊
遊回首空悠悠歲暮天涯耿未已
故人栖息今安否茅齋淡寂客心
苦抱病徒懷遼落愁仲蔚蓬蒿
知己絶陳蕃榻上塵埃浮兒童
忽報遠客來莞爾相對開青眸
尊前把臂說懷抱語盡翻驚成
白頭故意慇懃留一篇吟來倍覺

앞면

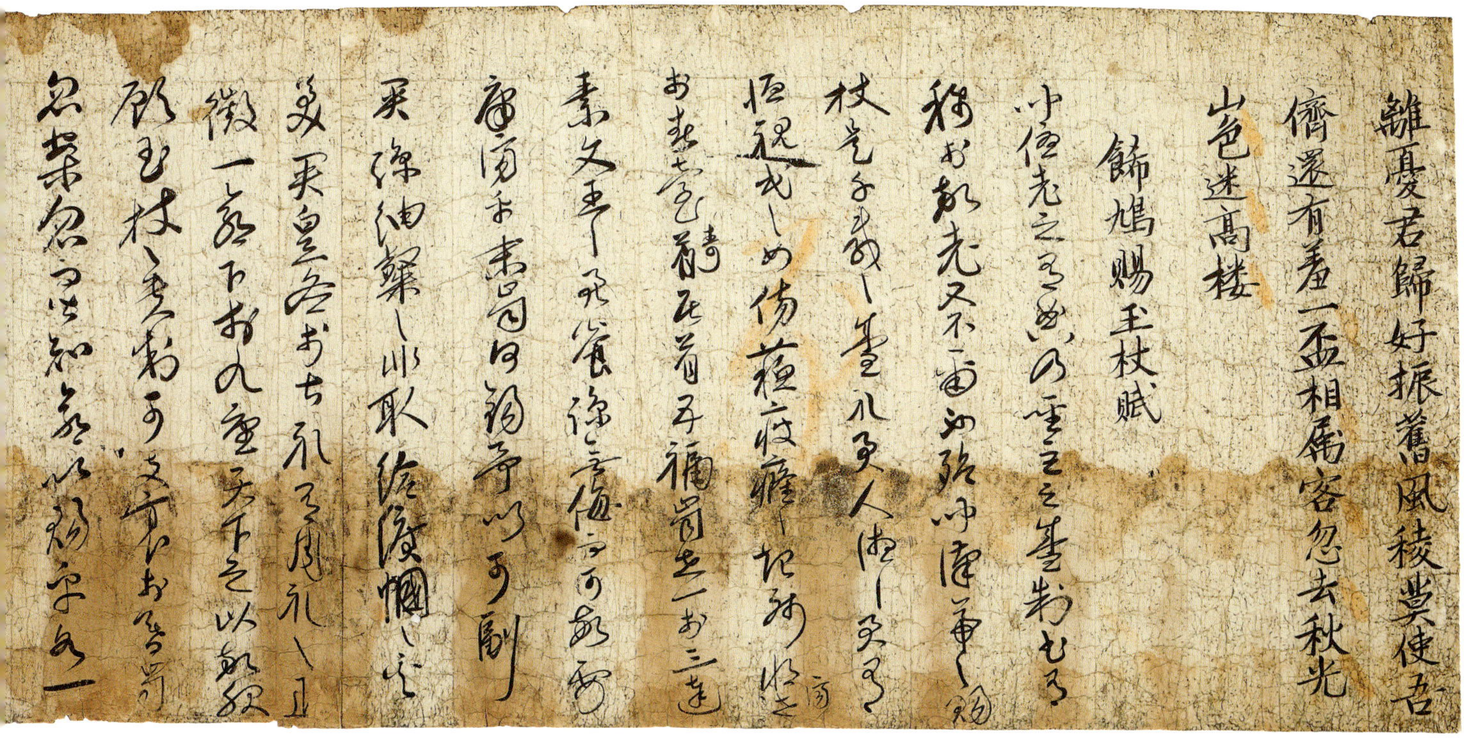
離憂君歸好振舊風稜冀使吾
儕還有差一盃相屬客忽去秋光
色迷高樓
歸鳩賜王杖賦

뒷면

이익상 진사 백패
李翊相進士白牌

1651년(효종 2), 1장, 필사본, 99.0×40.0cm,
장서각(연안이씨 매간종택 기탁)

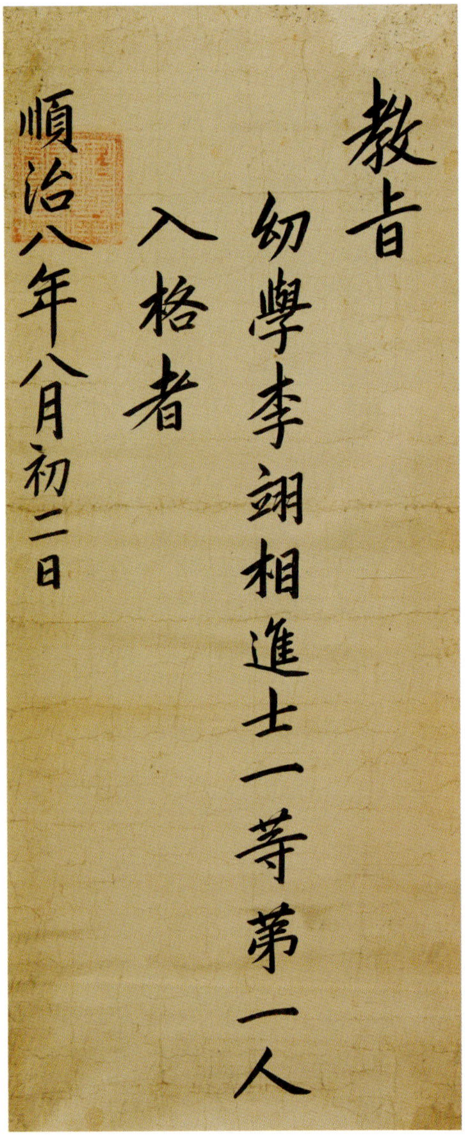
教旨
幼學李翊相進士一等第一人
入格者
順治八年八月初二日

이익상 문과 홍패
李翊相文科紅牌

1660년(현종 1), 1장, 필사본, 99.3×71.0cm,
장서각(연안이씨 매간종택 기탁)

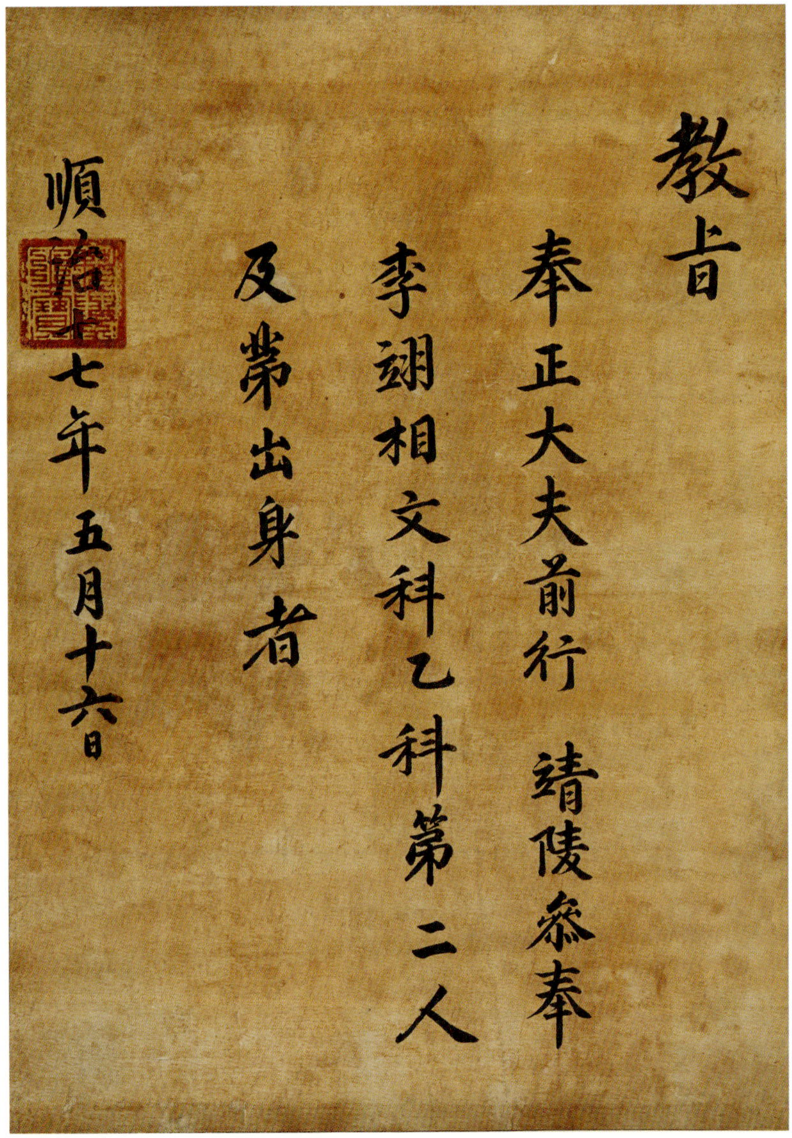
教旨
奉正大夫前行 靖陵參奉
李翊相文科乙科第二人
及第出身者
順治十七年五月十六日

과거 명문 : 연안이씨 이정구 가문

- 廷龜(1564~1635)
  文科 左議政
  月沙 文忠公
  - 明漢(1595~1645)
    文科 吏曹判書
    白洲 文靖公
    - 一相(1612~1666)
      文科 禮曹判書
      青湖 文肅公
    - 嘉相(1615~1637)
      文科 氷軒
      江都殉節
    - 萬相(1622~1645)
      司馬 贈吏曹判書
    - 端相(1628~1669)
      文科 副提學
      靜觀齋 文貞公
  - 昭漢(1598~1645)
    文科 刑曹參判
    玄洲 湖堂
    - 殷相(1617~678)
      文科 刑曹判書
      東里 文良公
    - 弘相(1619~1654)
      文科 副正字
      東郭
    - 有相(1623~1673)
      文科 應教
    - 翊相(1625~1691)
      文科 左參贊
      梅澗 文僖公

이도재 문과 홍패

李道宰文科紅牌

1882년(고종 19), 1장, 필사본, 87.5×63.4cm, 장서각(연안이씨 매간종택 기탁)

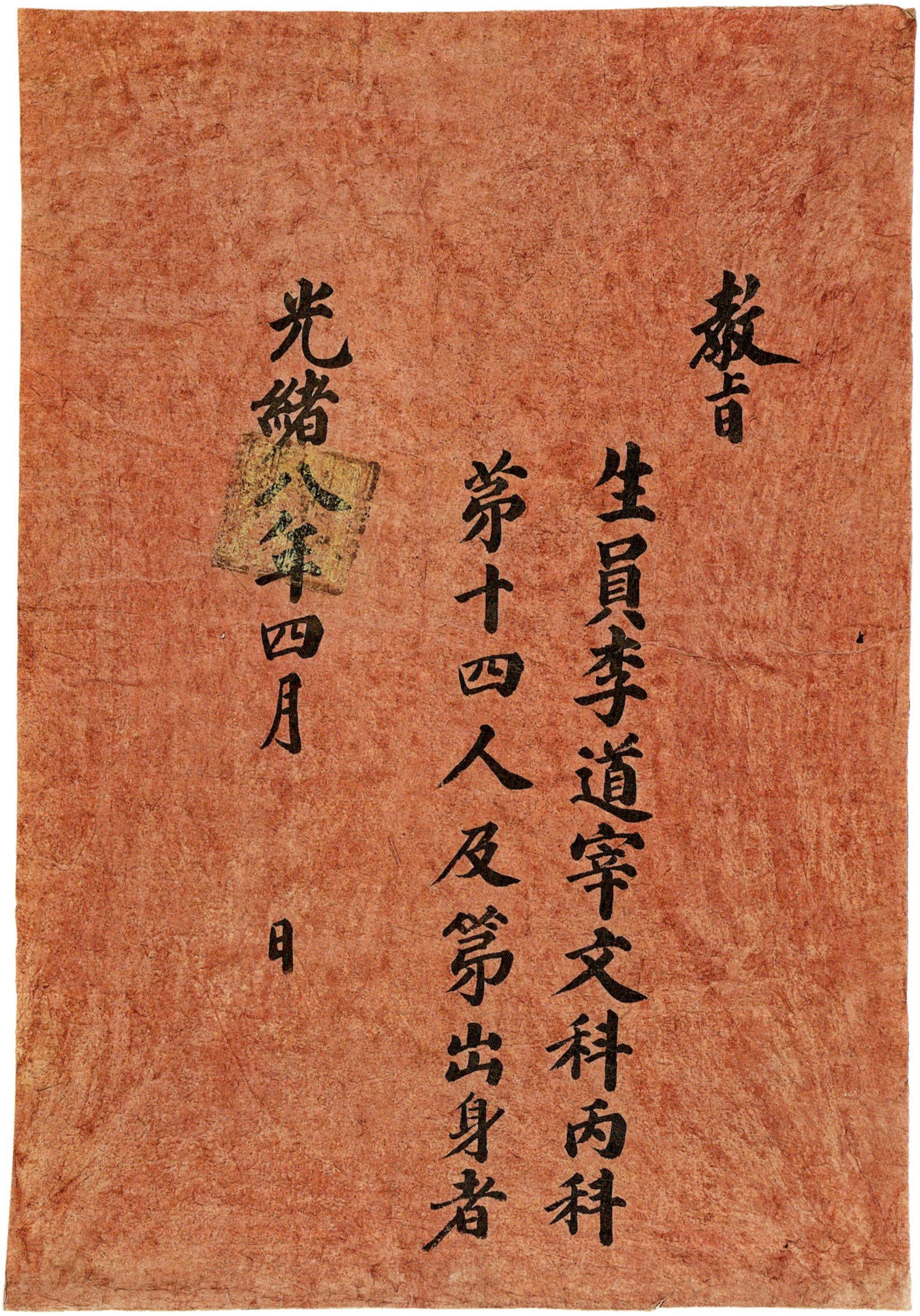

敎旨

生員李道宰文科丙科

第十四人及第出身者

光緖八年四月　日

이도재 금관
李道宰金冠

19세기, 높이 21.5cm, 폭 18.5cm, 장서각(연안이씨 매간종택 기탁)

1882년고종 19 문과에 급제한 이도재가 사용했던 금관이다. 금관은 국가의 대사大祀·경축일·원단元旦·동지 및 조칙詔勅을 반포할 때에 조복朝服과 함께 착용하는 관으로 품계에 따라 형태와 재질이 구분된다. 이 금관은 1품관이 사용하는 오량관五梁冠인데, 앞뒤 외관外冠을 꽃, 넝쿨, 쌍학무늬로 꾸며 금박을 입혔다. '량梁'은 말총으로 만든 검은 내관內冠의 앞쪽에서 뒤쪽까지 걸쳐 있는 가느다란 세로 대를 말하는데, 개수에 따라 품위를 구별한다. 금관 크기를 조절하여 턱에 묶거나 늘어뜨리는 술[流蘇] 달린 끈은 청향사靑鄕絲를 사용하였다. 각부의 형식과 문양, 술끈 등이 조선 말기 금관의 전형을 보여준다.

뒷면

앞면

김약제 문과 시권
金若濟文科試券

1886년(고종 23), 1장, 필사본, 108.5×79.0cm,
장서각(경주김씨 교리공가 기탁)

김약제1856~?가 1886년고종 23 문과에 제출한 시권으로서 문체는 부賦이다. 김약제는 본관이 경주이고, 아버지는 김상학金商鶴이다. 1885년고종 22에 진사시에 3등 160인으로 입격하였고, 이듬해에 문과에 응시하여 을과乙科 1인으로 급제하였다. 이때 설행된 정시庭試는 대전과 각 전궁이 환어還御한 지 1주년이 된 것, 대왕대비전의 팔순 축수와 존호를 가상한 일을 경하하는 과거와 문무과의 중시대거重試對擧를 통합하여 마련된 것이다. 시제試題는 "백성들이 모두 어질고 장수함은 요순과 같은 성상의 복덕이다[民皆仁壽 堯舜之福]"로서, 이것을 소재로 부賦를 지으라는 것이었다. 이에 임금의 인자함과 덕으로 인해 백성들이 천수를 누리고 집집마다 표창할 인물들이 많아짐을 노래하였고, 성상의 덕이 밝게 빛남을 찬양하였다.

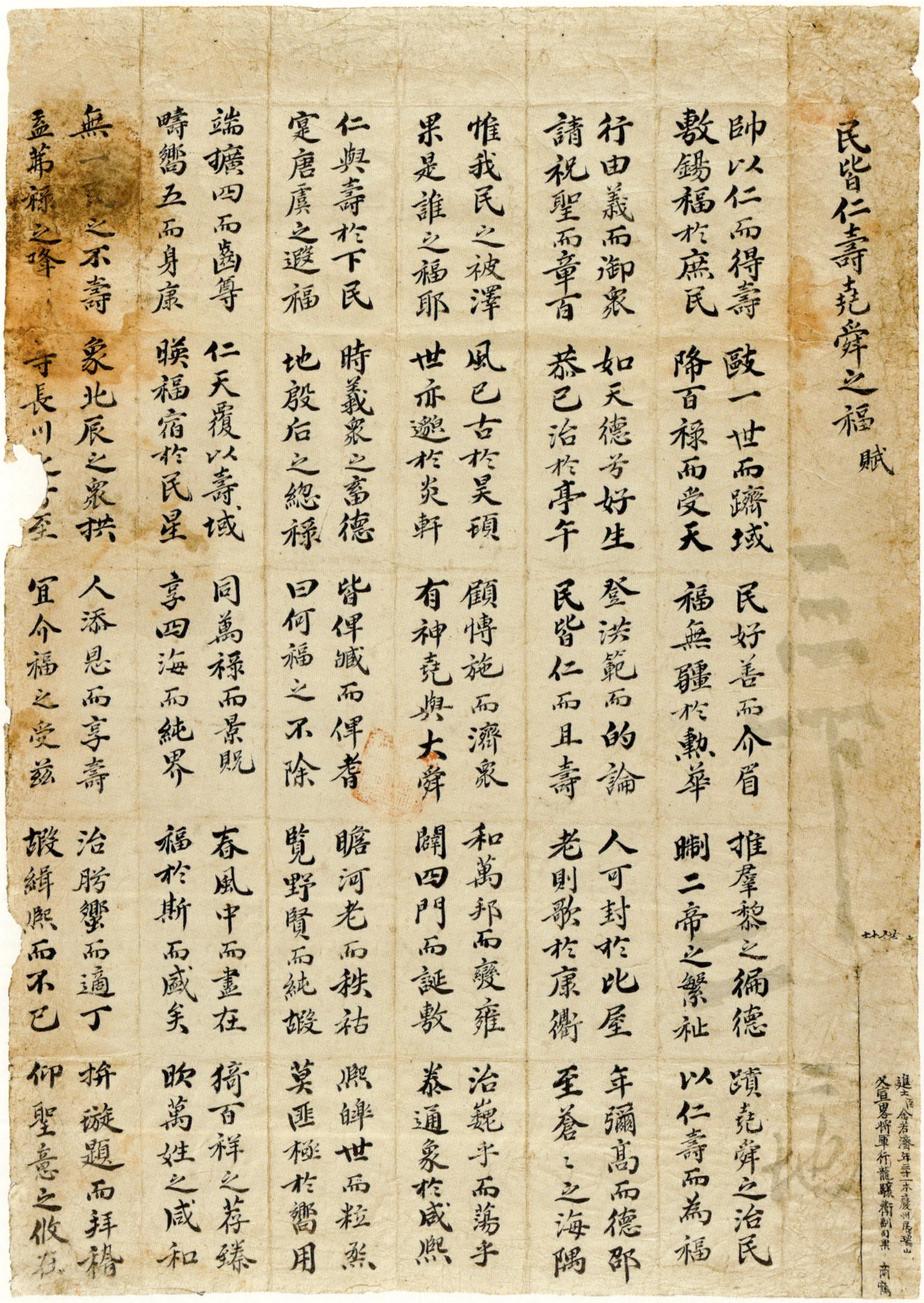

김약제 문과 홍패
金若濟文科紅牌

1886년(고종 23), 1장, 필사본, 82.0×53.8cm, 장서각(경주김씨 교리공가 기탁)

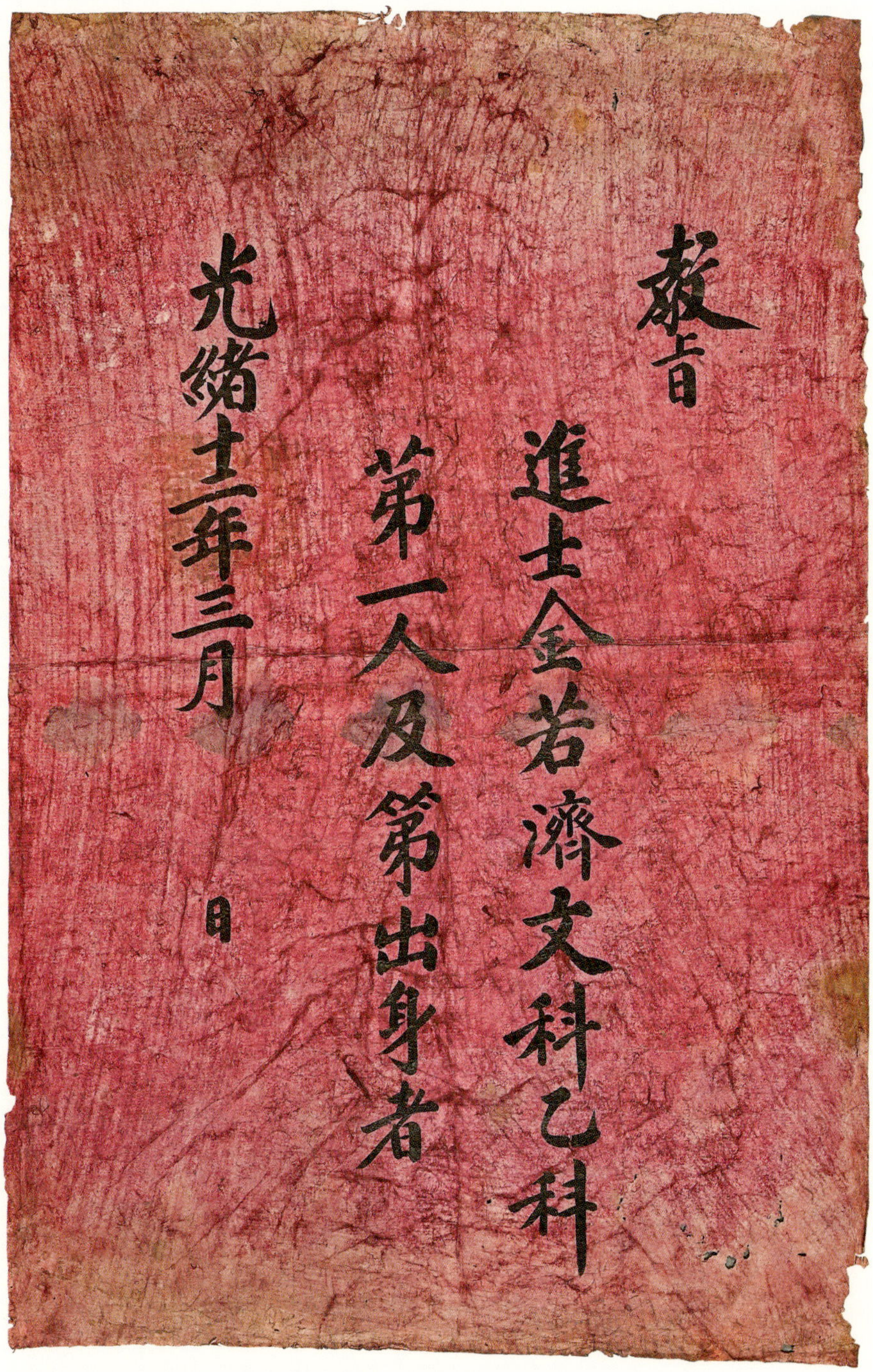
敎旨
進士金若濟文科乙科
第一人及第出身者
光緖十二年三月 日

정의묵 문과 시권
鄭宜默文科試券

1885년(고종 22), 1장, 필사본, 62.5×248.0cm, 장서각(진주정씨 우복종택 기탁)

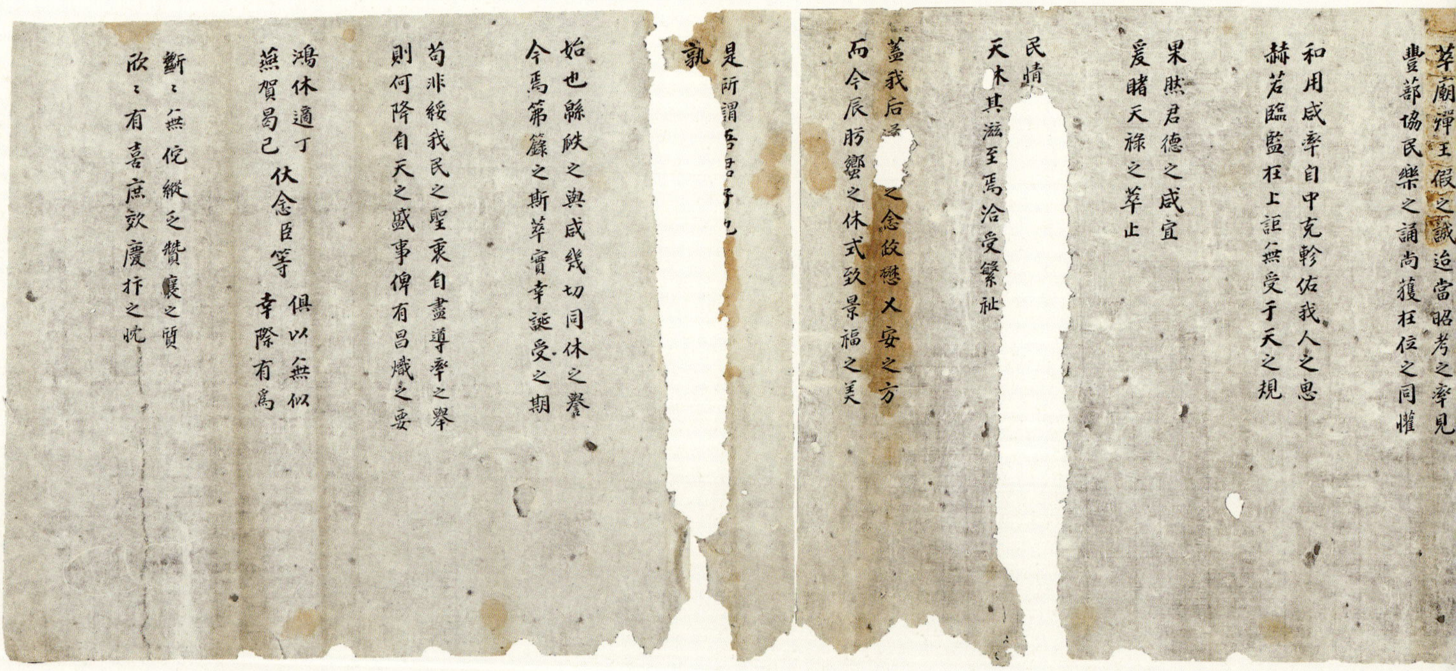

정의묵1847~1906이 1885년고종 22 문과에 제출한 시권으로서 문체는 표表이다. 정의묵은 본관이 상주이고, 아버지는 정동규鄭東奎이다. 1879년고종 16에 진사시 3등 28인으로 입격하였고, 1885년고종 22에 문과 증광시에 응시하여 병과丙科 4인으로 급제하였다.

당시 증광시는 대전과 중궁전이 환후에서 회복하고, 동궁 또한 홍역에서 회복한 것을 경하하기 위해 마련되었다. 출제된 문제는 '주나라의 여러 신하들이 천자가 백성과 사람들에게 마땅히 베풀어 하늘로부터 복을 받은 것을 경하[周群臣賀宜民宜人受祿于天]'한 것을 소재로 표表를 짓는 것이었다. 이 문제는 『시경』에 있는 고사를 인용한 것으로서 임금이 백성에게 어떻게 해야 하늘로부터 복을 받는지 물어본 것이다. 이 답안에서도 옛 성왕들의 모범을 본받아 하늘의 뜻을 따르고 백성을 아끼는 정치를 하면 하늘이 복을 내릴 것이라고 기술하였다.

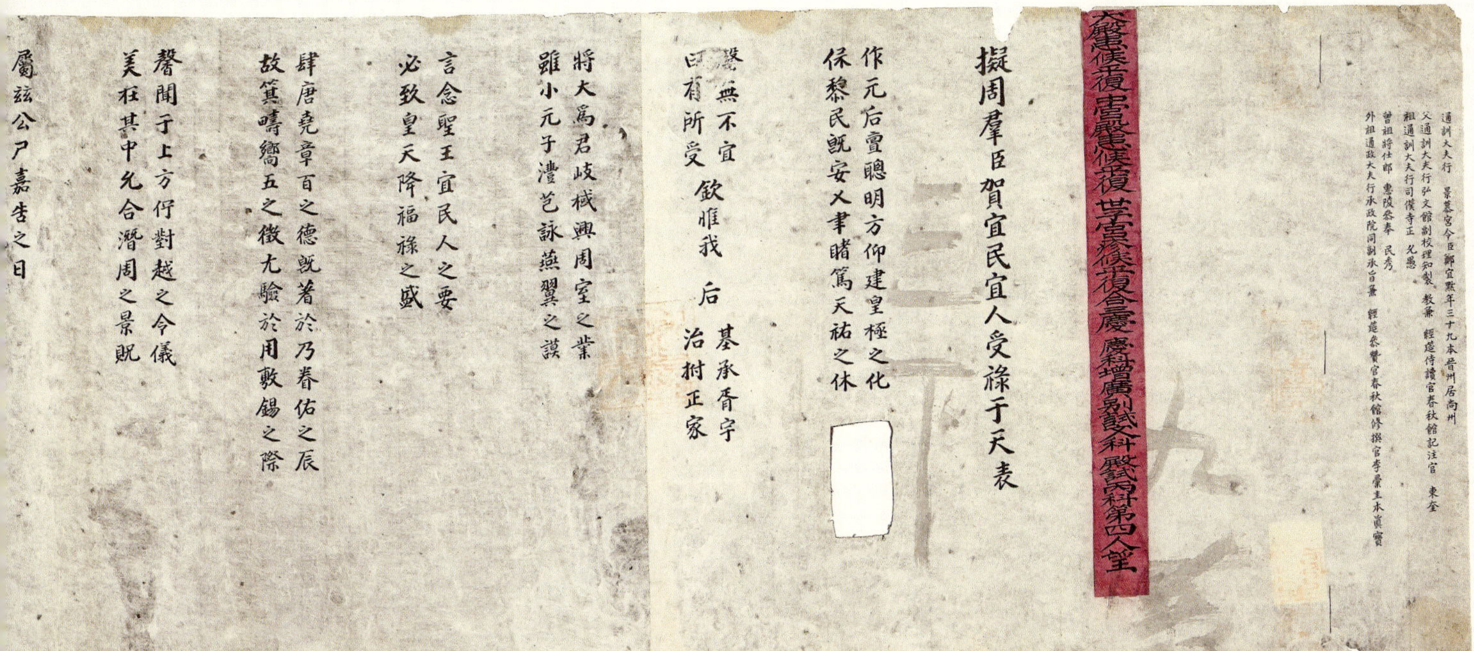
擬周羣臣賀宜民宜人受祿于天表

정의묵 진사 백패
鄭宜默進士白牌

1879년(고종 16), 1장, 필사본, 83.0×45.5cm,
장서각(진주정씨 우복종택 기탁)

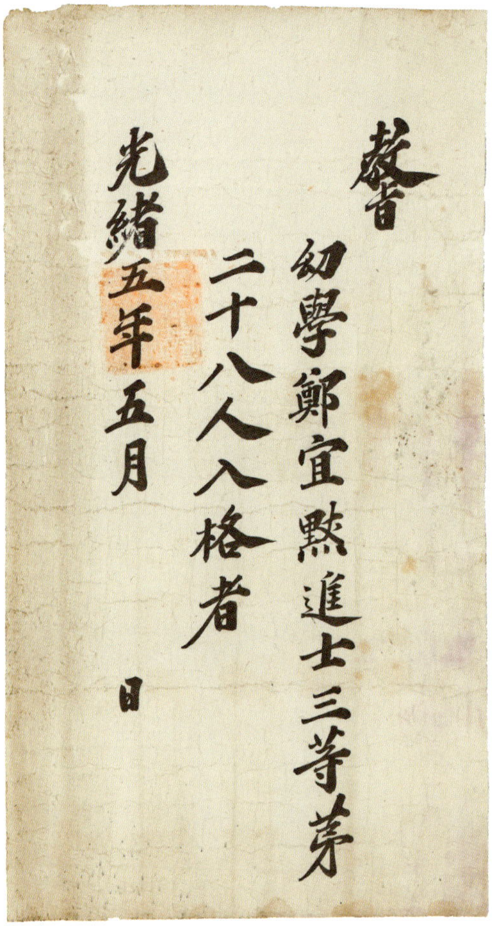

敎旨
幼學鄭宜默進士三等第
二十八人入格者
光緒五年五月 日

정의묵 문과 홍패
鄭宜默文科紅牌

1885년(고종 22), 1장, 필사본, 74.0×79.5cm,
장서각(진주정씨 우복종택 기탁)

敎旨
令鄭宜默文科丙科
第四人及第出身者
光緒十一年九月 日

정의묵 금관
鄭宜默金冠

19세기 후반, 높이 22.8cm, 진주정씨 우복종택

1885년고종 22 문과에 급제한 정의묵이 사용했던 금관이다.

뒷면

앞면

정의묵 상복과 각대
鄭宜默常服角帶

19세기 후반, 진주정씨 우복종택

정의묵의 관복으로서 조선 말기 관복의 전형을 보여준다. 문무백관의 집무복인 상복은 단령團領으로 가슴과 등에 흉배를 붙인다. 흉배는 신분을 구분하는 것으로 시대에 따라 문양을 달리하였다. 고종 때 문관 당상관은 쌍학雙鶴, 당하관은 단학單鶴, 무관 당상관은 쌍호雙虎, 무관 당하관은 단호單虎였다. 사모紗帽를 쓰고 흑화를 신고 각대를 두른다. 흑화는 목이 긴 신으로 방한防寒, 방침防浸에 적당한데, 흔히 목화木靴라 하며 겉감은 우단, 무명, 모직으로 하고 안감은 융으로 한다. 각대는 품계를 나타내는데, 1품 서대犀帶, 정2품 삽금대鈒金帶, 종2품 소금대素金帶, 정3품 삽은대鈒銀帶, 종3품과 4품 소은대素銀帶, 5~9품 흑각대黑角帶이다. 서대는 무소뿔로 만들지만, 조선 후기에는 나무로 만들기도 하였다.

각대

상복

단령의 흉배 부분

권벌 문과 시권

權橃文科試券

1507년(중종 2), 1장, 필사본, 85.5×210.5cm, 보물 제901호, 충재박물관

권벌1478~1548이 1507년중종 2 증광문과 전시殿試에서 작성한 시권이다. 권벌은 본관이 안동으로 자는 중허仲虛이고 호는 충재冲齋이며 생원 권사빈權士彬의 아들이다. 1496년연산군 2 식년 진사시에 2등 15인으로 입격했고, 중종 즉위를 경하하기 위해 실시한 증광시에서 병과丙科 2인으로 급제하였다. 본 시권은 대책對策으로 현전하는 조선시대 대책문 시권 가운데 가장 이른 시기에 작성되었으며 보물로 지정되었다. 모두冒頭에는 문제에 해당하는 책문策問의 전문이 150여 자로 기재되어 있는데, 권벌의 문집인 『충재집冲齋集』에는 〈선시선종책善始善終策〉으로 축약되어 있다. 질문의 주체인 중종中宗은 『시경』의 시구를 인용하며 삼대三代의 성왕聖王이 시작과 마무리를 모두 잘한 방도, 당나라 태종과 현종이 훌륭한 치적에도 불구하고 유종의 미를 거두지 못한 까닭, 중종 자신이 삼대의 치적을 이룩할 방책을 물었다. 이에 권벌은 『논어』, 『맹자』, 『서경』, 『주역』, 『예기』, 『당서唐書』, 『삼국지』 등의 다양한 전적을 인용하여 역사적 사례와 자신의 견해를 논리적으로 피력했는데 특히 마음의 보존, 한결같은 마음, 경敬과 신독愼獨의 중요성 등을 제시하였다. 시권의 맨 우측 비봉란秘封欄에는 권벌 본인과 사조四祖: 부, 조부, 증조부, 외조부의 신원이 기재되어 있다. 시권 우측 상단에 붙어 있는 '병과제이인망丙科第二人望'이라는 첨지는 이 답안지가 전시 병과 2위에 올랐음을 말하고, 굵은 획으로 적힌 '삼지이三之二'는 성적이 병과 2위로 확정되었다는 뜻이다. 답안 작성 과정에서 자구를 수정할 때 찍는 내타인內打印이 여러 곳에 보이고, 말미에는 원본 시권임을 의미하는 '지동枝同'이라는 글씨가 주묵朱墨으로 적혀 있다.

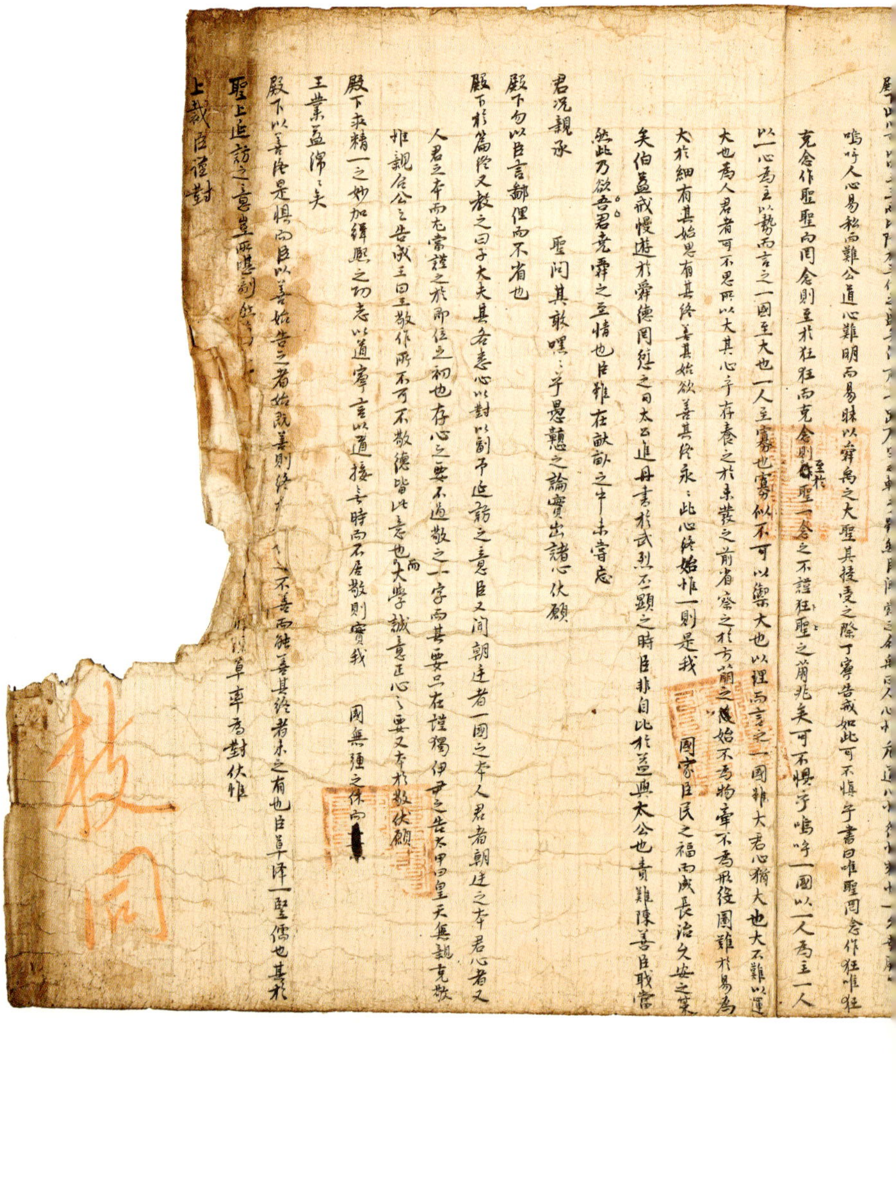

…… 신이 듣건대, 공자께서 이르기를 "잡고 있으면 보존되고, 놓아버리면 없어지며, 나가고 들어오는 것이 일정한 때가 없고, 어디로 향할지 알 수가 없다. 이것이 사람의 마음이다[操則存, 舍則亡, 出入無時, 莫知其鄕者, 人心也.]" 하였습니다. 생각건대 사람의 마음은 잡고 놓아버리는 것이 일정하지 않으므로, 선과 악의 구분이 모두 여기에서 결정되는 것입니다.
시작을 잘하는 사람은 능히 이 마음을 보존한 자이며, 끝에 가서 잘하지 못하는 사람은 이 마음을 잃어버린 자입니다. 마음을 보존하거나 잃어버림은 선과 악이 관계되는 바이니, 심히 두려워할 만합니다. 삼가 바라옵건대, 전하께서는 시종일관 이 마음을 한결같이 보존하시고 조금이라도 소홀히 하지 마시옵소서. ……

권벌 문과 홍패

權橃文科紅牌

1507년(중종 2), 1장, 필사본, 95.0×86.3cm, 보물 제901호, 충재박물관

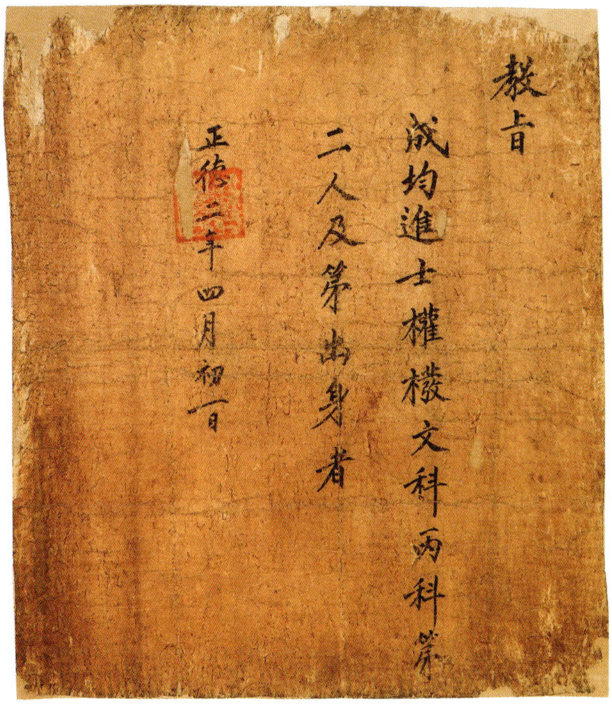

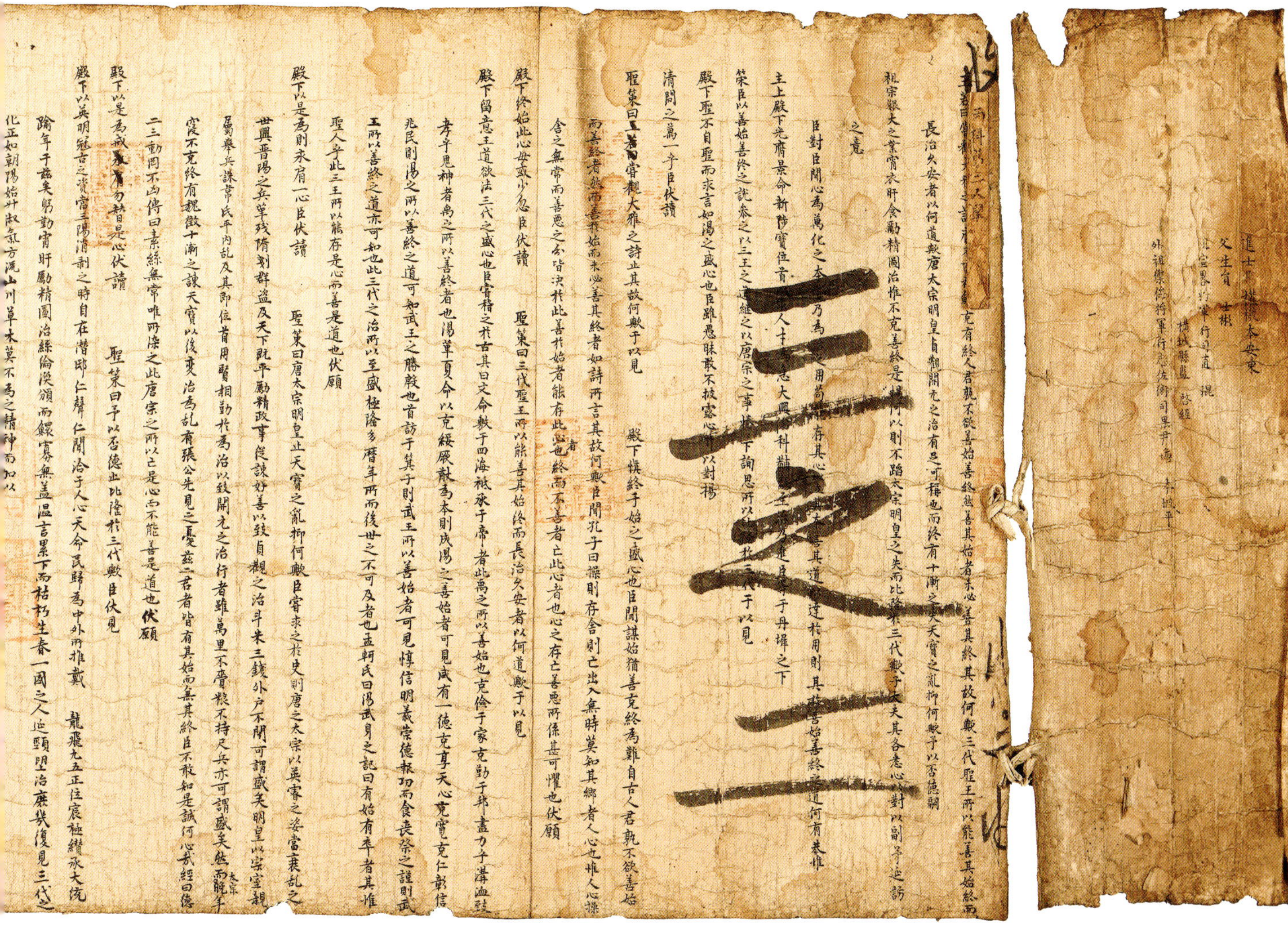

송시열 생원 시권
宋時烈生員試券

1633년(인조 11), 1장, 필사본, 91.0×200.5cm, 국립청주박물관

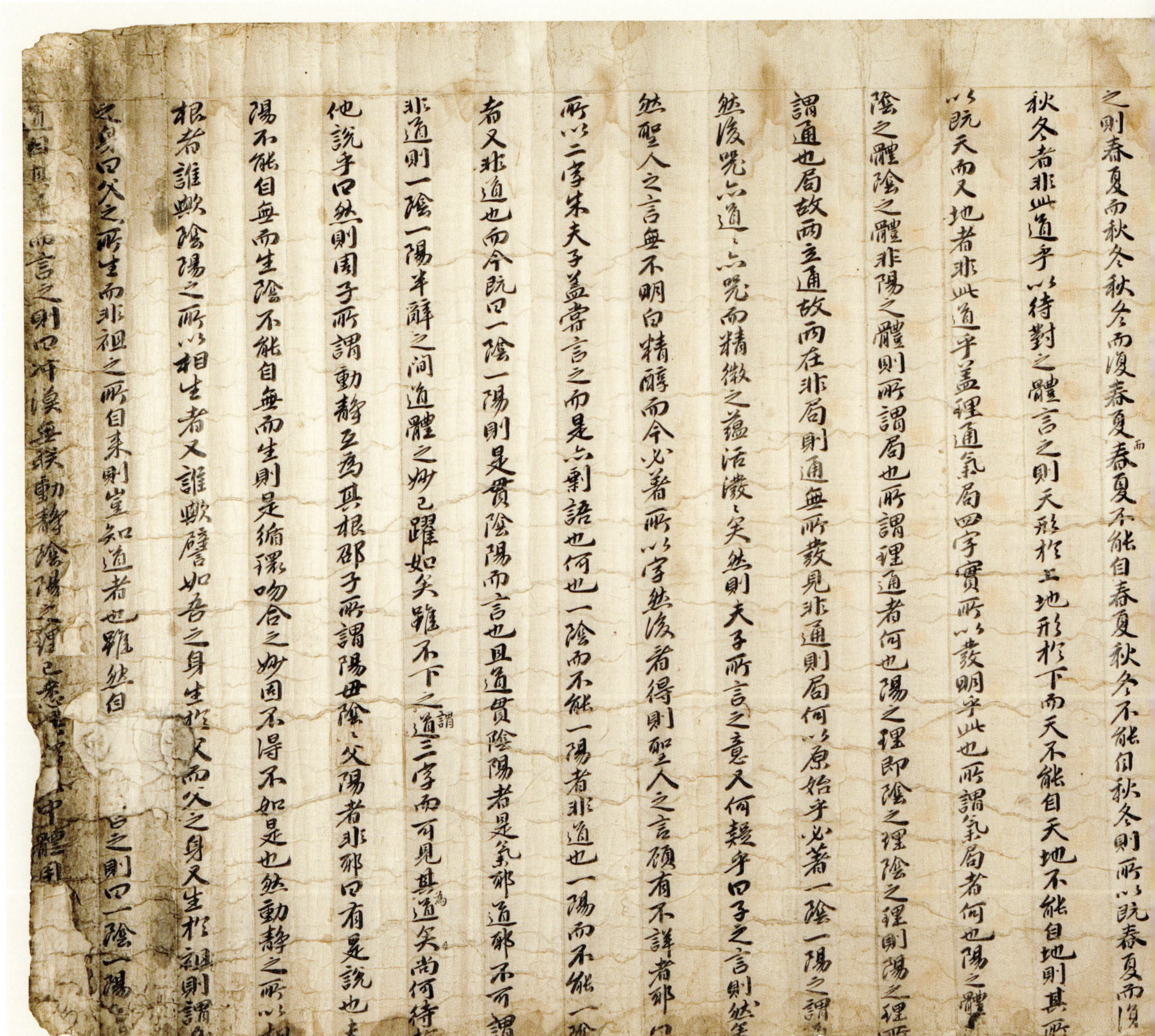
之則春夏而秋冬秋冬而復春夏(而)春夏不能自春夏秋冬不能自秋冬則所以旣春夏而復
秋冬者非此道乎以待對之體言之則天形於上地形於下而天不能自天地不能自地則其所
以旣天而又地者非此道乎蓋理通氣局四字實所以發明乎此也所謂氣局者何也陽之體
陰之體陰之體非陽之體則所謂局也所謂理通者何也陽之理即陰之理陰之理則陽之理所
謂通也局故兩立通故兩在非局則通無所發見非通則局何以原始乎必著一陰一陽之謂
然後見其道道亦見而精微之蘊活潑潑矣然則夫子所言之意又何疑乎曰子之言則然矣
然聖人之言無不明白精醇而今必著所以字然後看得則聖人之言頗有不詳者耶曰
所以二字朱夫子蓋嘗言之而是亦剩語也何也一陰而不能一陽者非道也一陽而不能一陰
者又非道也而今旣曰一陰一陽則是貫陰陽而言也且道貫陰陽者是氣耶道耶不可謂
非道則一陰一陽半辭之間道體之妙已躍如矣雖不下之(謂)道三字而可見其(爲)道矣尚何待於
他說乎曰然則周子所謂動靜互爲其根邵子所謂陽毋陰陰父陽者非邪曰有是說也夫
陽不能自無而生陰不能自無而生則是循環吻合之妙固不得不如是也然動靜之所以相
根者誰歟陰陽之所以相生者又誰歟譬如吾之身生於父而父之身又生於祖則謂吾
之身曰父之所生而非祖之所自來則豈知道者也雖然自[illegible]自之則曰一陰一陽
[illegible]而言之則曰沖漠無朕動靜陰陽之理已悉具於[illegible]中體用

송시열1607~1689은 조선 후기의 문신文臣으로, 자는 영보英甫, 호는 우암尤庵이다. 본관은 은진恩津이고, 시호는 문정文正이다. 벼슬은 왕세자 사부, 시강원 찬선, 이조 판서, 우의정, 좌의정, 봉조하奉朝賀 등을 지냈는데, 세자[景宗] 책봉에 반대하는 상소를 올렸다가 제주도로 유배되었다가 서울로 압송되어 오던 중 정읍井邑에서 사약을 받았다. 저서로는 『송자대전宋子大全』 등이 있다.

본 건은 송시열이 27세인 1633년인조 11 10월, 식년시式年試로 시행된 생원과生員科 복시覆試에 나아가 〈역의易義〉 1편을 지은 시권이다. "일음일양지위도一陰一陽之謂道, 한 번 음이었다 한 번 양이었다 하는 것을 도라 한다"라는 시제試題에 대해 송시열은 태극太極·음양陰陽의 이치와 천지 조화의 본원에 대해 회통會通하여 논하였는데, 여러 고관考官들이 정식程式이 아니라는 이유로 탈락시키고자 하였지만 시험을 주관한 지천遲川 최명길崔鳴吉이 "이 글을 지은 자는 세상에 이름을 날릴 대유大儒가 될 것이다. 세속 선비의 과거용 작문[科作]과 동일시해서는 안 된다"라고 하면서 상제上第 으뜸로 뽑았다. 답안에서, 일음一陰과 일양一陽은 기氣지만, 음이 되게 하고 양이 되게 하는 것은 이理이니, 이와 기는 두 가지도 아니고 일물一物도 아님을 설파하였고, 또 사람의 입장에서는 마음[心]이 도道가 되고 사물이 음양이 되는데, 천지는 마음이 없고 사람은 욕심이 있기 때문에 마음 기르는 데에는 욕심을 적게 하는 것보다 더 나은 것이 없고, 욕심을 적게 하는 도리는 경敬에 있다는 뜻을 밝혔다.

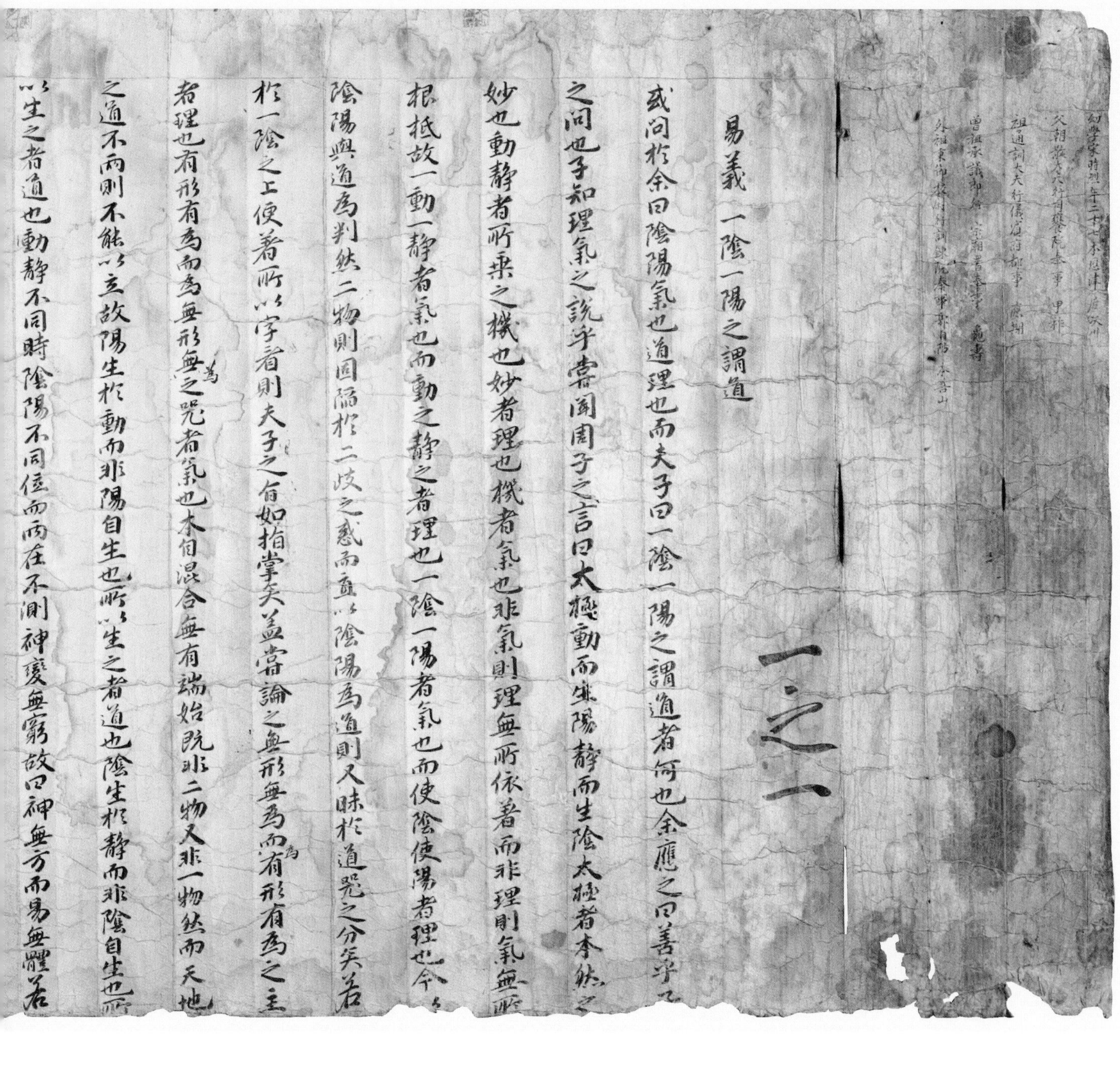
易義 一陰一陽之謂道
或問於余曰陰陽氣也道理也而夫子曰一陰一陽之謂道者何也余應之曰善乎子
之問也子知理氣之説乎嘗聞周子之言曰太極動而生陽靜而生陰太極者本然之
妙也動靜者所乘之機也妙者理也機者氣也非氣則理無所依著而非理則氣無所
根柢故一動一靜者氣也而動之靜之者理也一陰一陽者氣也而使陰使陽者理也今
陰陽與道爲判然二物則固隔於二岐之惑而直以陰陽爲道則又昧於道器之分矣若
於一陰之上便着所以字看則夫子之旨如指掌矣蓋嘗論之無形無爲而有形有爲之主
者理也有形有爲而爲無形無爲之器者氣也本自混合無有端始旣非二物又非一物然而天地
之道不兩則不能以立故陽生於動而非陽自生也所以生之者道也陰生於靜而非陰自生也所
以生之者道也動靜不同時陰陽不同位而兩在不測神變無窮故曰神無方而易無體若

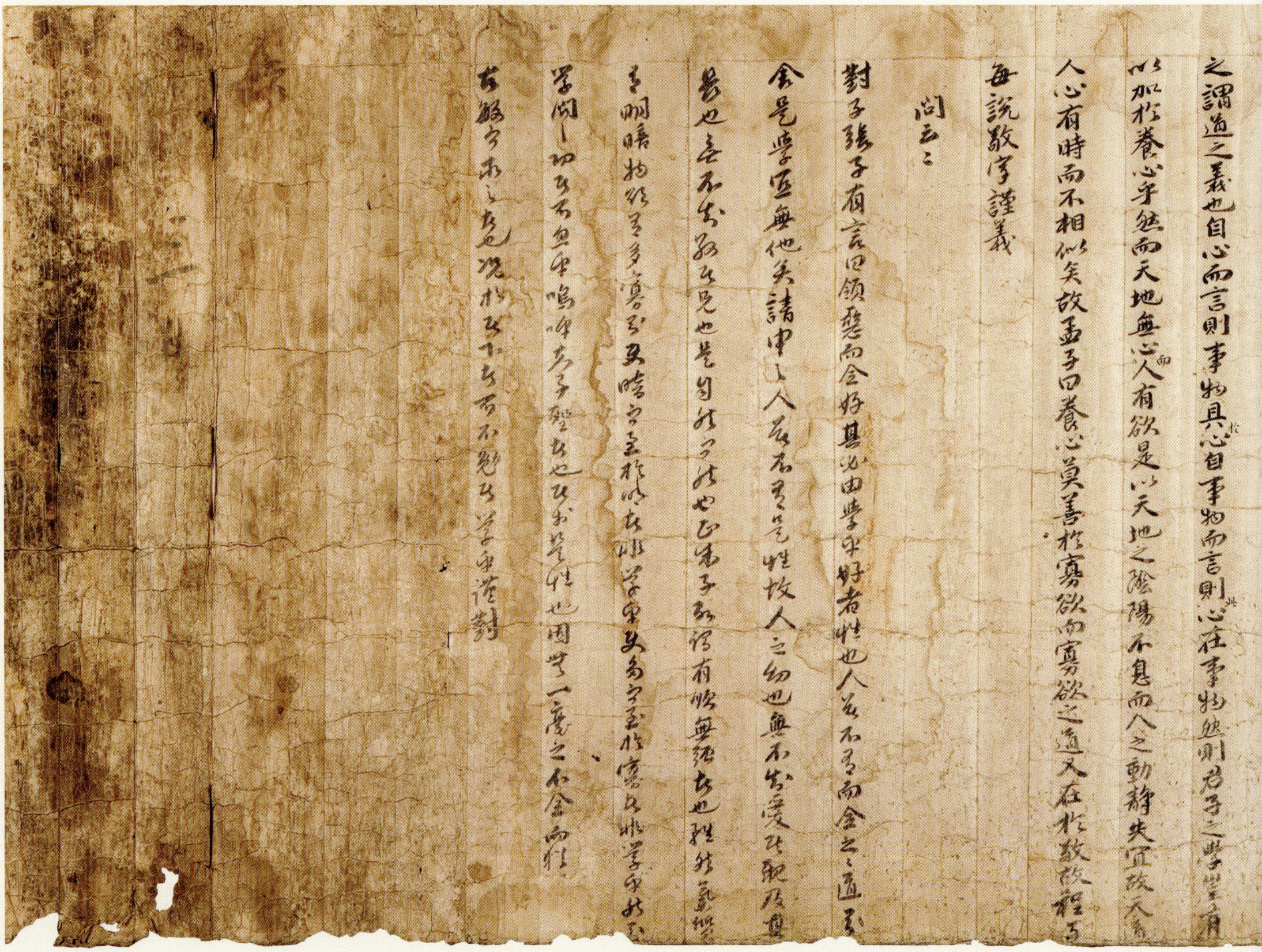
之謂道之義也自心而言則事物具心自事物而言則心在事物然則君子之學豈有
以加於養心乎然而天地無心而人有欲是以天地之陰陽不息而人之動靜失宜故天
人心有時而不相似矣故孟子曰養心莫善於寡欲而寡欲之道又在於敬故程子
每說敬字謹義
問云云
對子張子有言曰領惡而全好其必由學乎好者性也人莫不有而全之之道

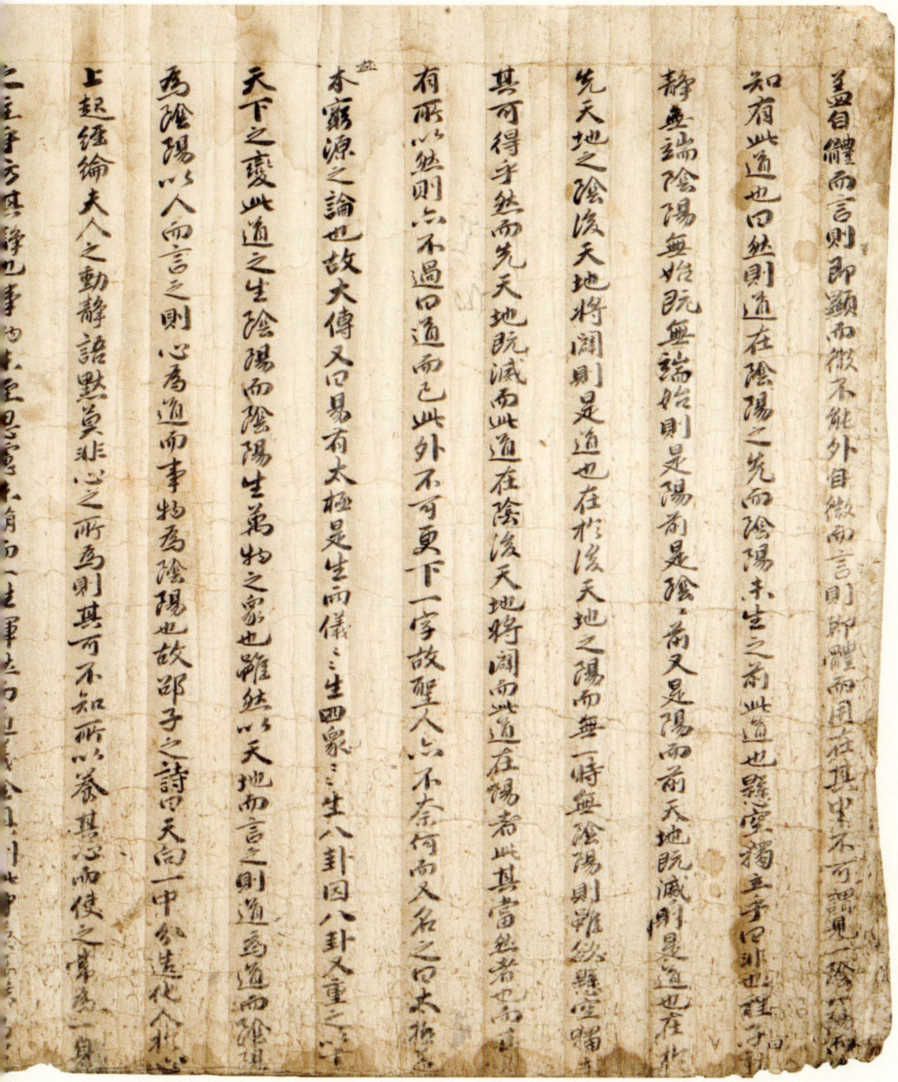

蓋自體而言則卽顯而微不能外自微而言則卽體而用在其中不可謂見一陰一陽
知有此道也曰然則道在陰陽之先而陰陽未生之前此道也雖寂獨立乎曰非也程子曰
靜無端陰陽無始既無端始則是陽前是陰陰前又是陽而前天地既滅則是道也在於
先天地之陰後天地將闢則是道也在於後天地之陽而無一時無陰陽則雖欲離陰陽
其可得乎然而先天地既滅而此道在陰後天地將闢而此道在陽者此其當然者也而
有所以然則亦不過曰道而已此外不可更下一字故聖人亦不奈何而名之曰太極
本窮源之論也故大傳又曰易有太極是生兩儀兩儀生四象四象生八卦因八卦又重之
天下之變此道之生陰陽而陰陽生萬物之象也雖然以天地而言之則道爲道而陰陽
爲陰陽以人而言之則心爲道而事物爲陰陽也故邵子之詩曰天向一中分造化人於心
上起經綸夫人之動靜語默莫非心之所爲則其可不知所以養其心而使之常爲一身

송시열 생원 시권 뒷면

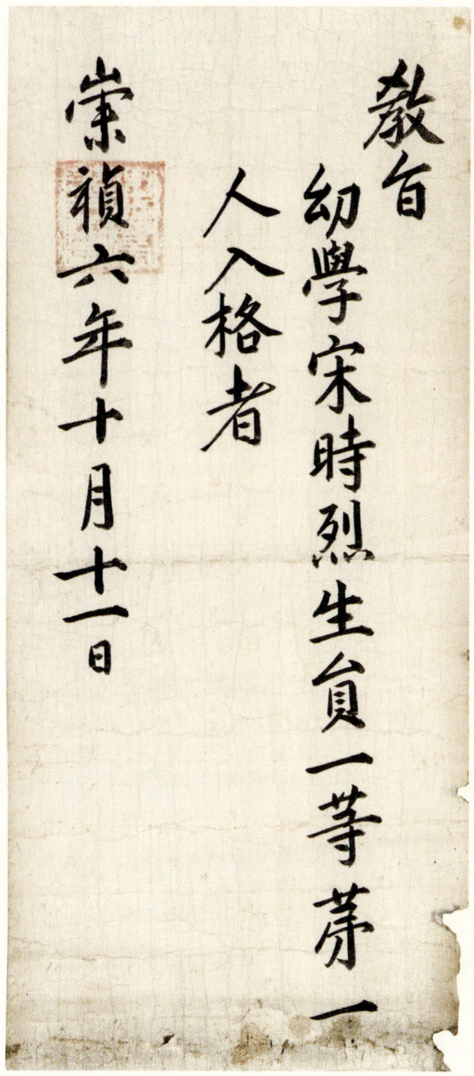

敎旨
幼學宋時烈生員一等第一人入格者
崇禎六年十月十一日

송시열 생원 백패

2장 과거의 생활문화사

용문龍門에 올라 어사화를 꽂고 금의환향한다는 것은 조선의 선비라면 누구나 열망했던 영광의 길이었다. 물론 그 길은 너무나 비좁았고, 그 문턱 또한 한없이 높았기에 영욕이 교차했지만 청운의 뜻을 품고 과장을 향하는 선비들의 발걸음을 막지는 못하였다.

과거는 천하의 준재들이 모여 오랜 세월 갈고 닦은 실력을 겨루는 불꽃 튀는 경쟁의 마당이었다. 요행은 통하지 않았고, 경전과 사서를 비롯한 다양한 서적을 섭렵하는 길 외에 다른 방도는 없었다. 무엇보다 과거는 개인의 출세를 넘어 집안의 경사였기에 재능을 지닌 아들과 조카에 쏠리는 관심 또한 유별났다. 오희문이 아들의 과거 합격을 위해 성균관이 있는 관동館洞으로 이사를 한 것을 보면 맹모삼천지교는 결코 진부한 격언이 아니었다.

공부를 위해 잡념은 금물이다. 그래서 선비들은 잡념을 떨치고 공부에 전념할 수 있는 청정 지역인 산사를 찾아 독서하는 것이 하나의 관행이 되었고, 때로 집안에서 운영하는 한적한 서당도 훌륭한 학습의 장이 되었다.

과거는 조선 최고의 국가고시답게 무수한 일화와 풍속을 남겼다. 거액의 방위성금을 납부하여 응시 자격을 부여받은 서자들의 사례에서는 역사의 발전성이 감지되고, 여러 번에 걸쳐 이름을 고치면서까지 합격을 희구했던 진주 유생의 삶에서는 과거를 향한 당시 사람들의 열망을 느낄 수 있다.

어떤 시험이든 희비는 교차하기 마련이다. 합격자는 홍패나 백패를 지닌 자랑스러운 아들과 후손이 되었고, 대부분의 부모들은 별급이라 불리는 보너스 지급을 통해 그간의 노고를 격려하였다. 비록 탈락자는 고배를 마시기는 했지만 그 고배는 더욱 치열하게 다음 시험을 대비하는 자양분이 되었다.

대과와 소과의 합격자들을 기록한 방목이라는 명부를 제작했는데, 이것은 당대의 인연을 넘어 후손들의 연대로 이어지는 단단한 세의世誼의 끈이 되었다. 특히 소과 동기생들의 유대감은 유난하였다. 이들은 벼슬이 정승·판서에 올라 백발이 성성해도 굳건한 동기애를 유지했고, 그런 마음은 때로 계모임으로 표현되었다. 1582년 생원·진사 동기생들이 1630년에 가진 동기회의 자취인 《임오사마방회지도壬午司馬榜會之圖》에서는 치열한 경쟁사회에서도 인간미를 잃지 않았던 우리 조상들의 삶의 숨결을 느낄 수 있다.

• 과거 공부를 위한 책

조선시대 사족士族의 자제라면 한문 문장을 구사할 능력을 길러야 했는데, 이는 기본적인 소양일 뿐만 아니라 과거 시험에서 요구하는 최소한의 자격이기도 하였다. 따라서 청소년기까지의 교육은 일반적인 소양 교육과 과거 시험공부를 구분하지 않고 『천자문』부터 시작하여 『사략史略』, 『통감通鑑』 및 사서와 삼경 등을 공부하였다. 보다 기능적인 과거용 수험서로 『삼장문선三場文選』이 있는데, 이는 원나라 때의 유림劉霖이 대책對策, 경의經疑, 고부古賦를 모아 과거 답안을 편집한 것으로, 고려시대부터 활용되었으며 조선 초에도 여러 번 번각되었다.

『문종실록』에 따르면 정인지鄭麟趾는 『어제대책御製對策』을 간행할 것을 청하였는데, 유생들이 독서를 소홀히 하고 선유先儒의 글을 표절하는 데 골몰할 우려가 있다는 이유를 들어 문종이 반대하여 무산되었다. 그 후 명종과 선조 연간에 목활자로 된 『전책정수殿策精粹』, 『동책정수東策精粹』가 간행되었고, 임진왜란 후에는 훈련도감자로 된 『진영수어震英粹語』가 간행되었다. 이 책들은 모두 우리나라 명신들이 전시殿試 또는 응지應旨로 작성하여 올린 책문策文 가운데 우수한 답안들을 뽑아 편찬한 책이다. 이런 책들의 등장은 문과를 겨냥한 전문적인 과거 수험서에 대한 요구가 그만큼 커지고 있었다는 것을 보여준다.

경쟁이 치열해질수록 합격이라는 목적을 보다 손쉽게 이루기 위해 만들어진 산물이 바로 명문을 발췌한 '초집抄集'이다. 조선 후기로 갈수록 잘 지은 과문科文을 뽑아 개인적으로 필사하여 초집을 만드는 것이 유행하였는데, 지금까지 『동책東策』, 『동부東賦』, 『동표東表』 등의 이름으로 전해지고 있다. 또한 『사문유취초事文類聚抄』나 『경서류초經書類抄』와 같은 부류의 책들도 같은 맥락에서 이해할 수 있다.

禮記 一
周易
書傳 一
書傳大全 目錄 一
孟子
論語 二
論語集註序說
論語集註大全卷之一
學而第一

• 백일장 시권

백일장이란 지방관·학교·사숙私塾, 또는 개인이 과거시험을 모방하여 설행하는 비공식 모의 과거시험을 이른다. 이는 국가에서 설행하는 정식 과거시험과 달리 사시私試의 성격이라고 할 수 있다. '백일장 시권'은 곧 백일장에서 작성한 답안지이다.

박재희 백일장 시권
朴載禧白日場試券

1800년대 후반, 1장, 필사본, 34.0×62.0cm, 장서각(무안박씨 무의공종택 기탁)

고종 연간에 박재희朴載禧, 1847~1916가 백일장에서 작성한 답안지이다. 시험 과목은 부賦이고, 시제試題는 '삼함기구三緘其口'이며, 삼하三下의 성적을 받았다. 삼함기구란 『공자가어孔子家語』 〈관주觀周〉 편에 수록된 내용으로 공자가 주周나라 태묘太廟에 가서 세 겹으로 입이 봉해진[三緘其口] 금인金人을 보았는데, 금인의 등에 새긴 명문銘文에 "옛날에 말을 삼가던 사람이다[古之緘言人也]"라는 내용이 있었다는 고사에서 온 말이다.

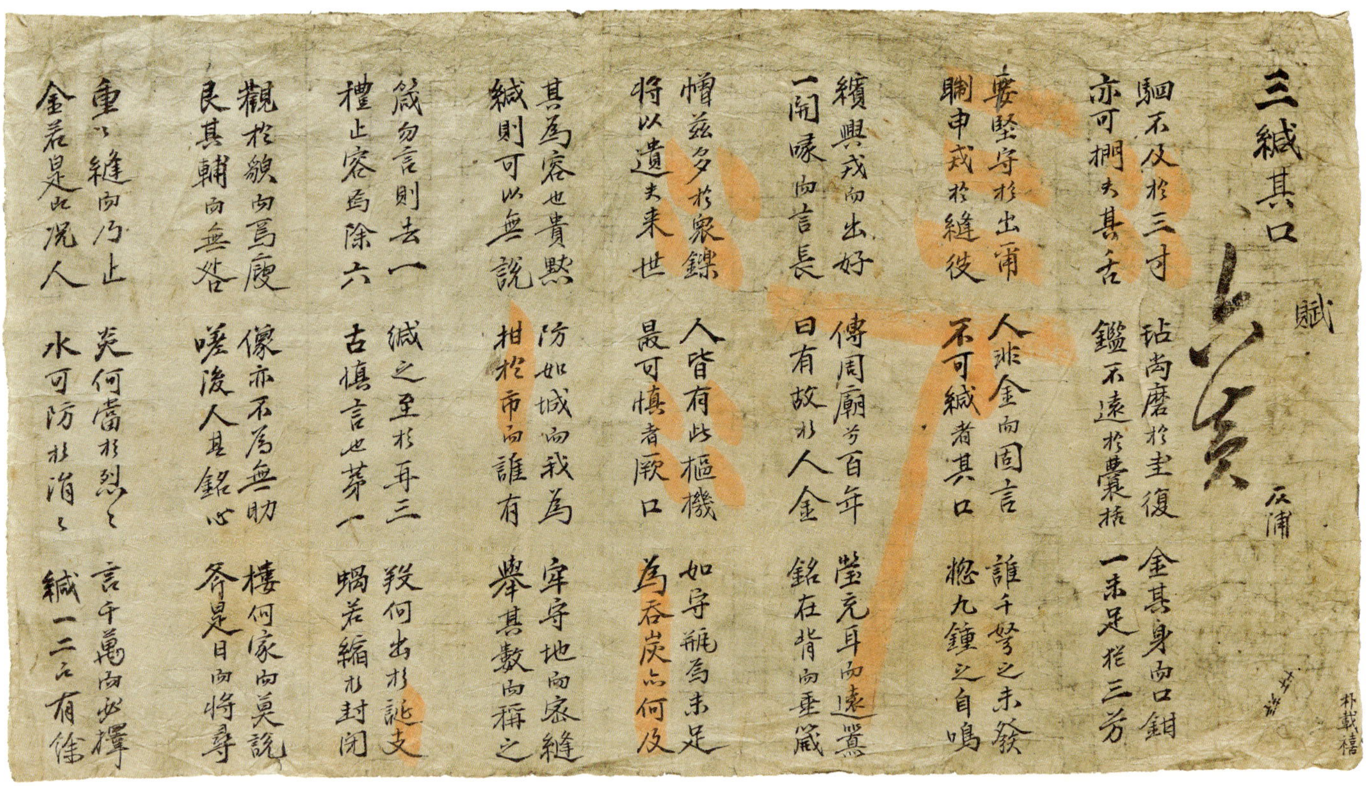

류정희 백일장 시권
柳鼎熙白日場試券

1891년(고종 28), 1장, 필사본, 115.0×82.5cm, 장서각(전주류씨 수곡종택 기탁)

1891년고종 28에 류정희柳鼎熙, 1867~1933가 백일장에서 작성한 답안지이다. 시험 과목은 부賦이고, 시제試題는 '득이천문得以薦聞'이며, 삼하三下의 성적을 받았다. 6언 30구의 형식으로 인재 천거의 중요성에 대해 기술하였다.

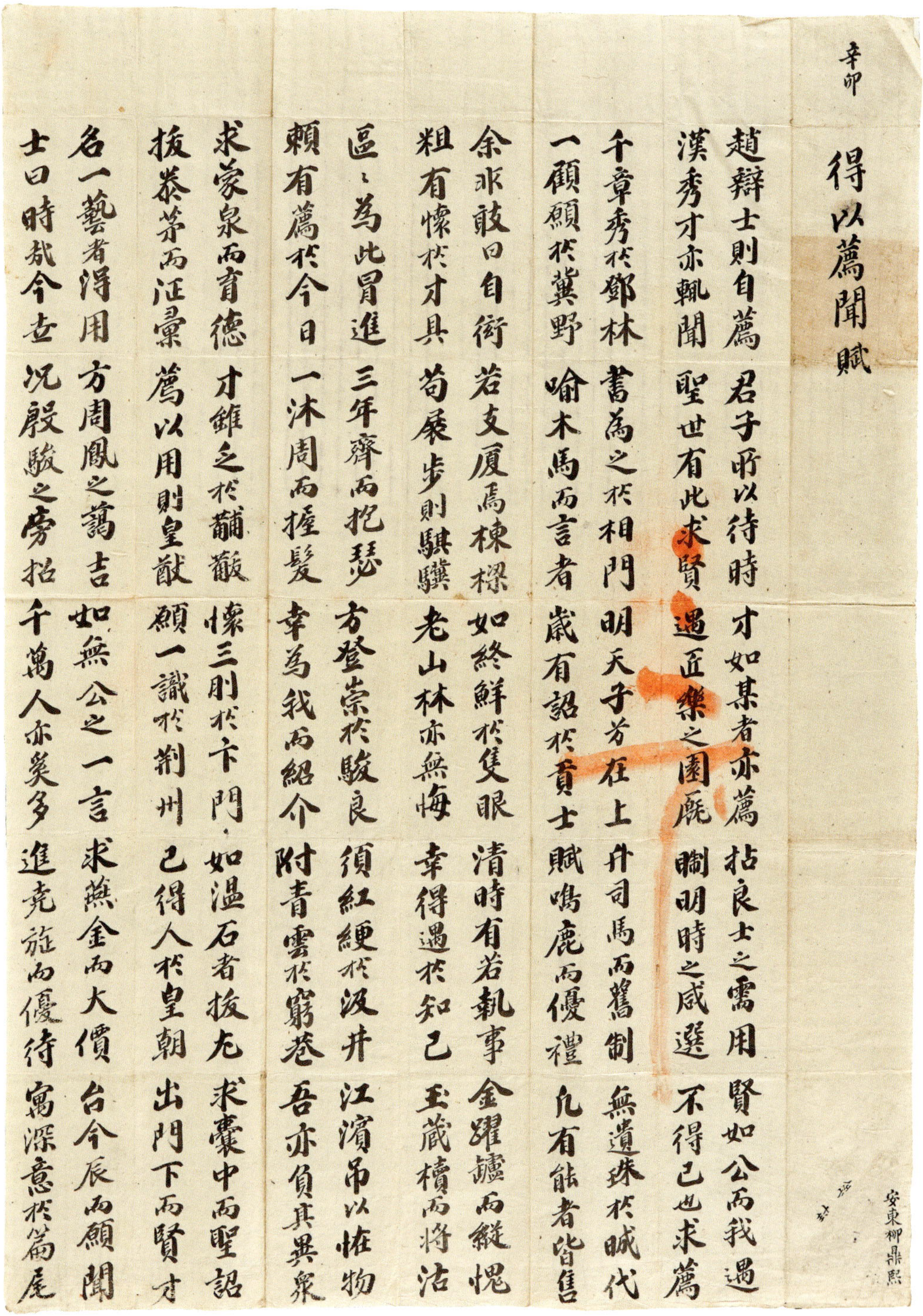

쇄미록
瑣尾錄

1591년(선조 24)~1601년(선조 34), 7책, 필사본, 보물 제1096호, 국립진주박물관(해주오씨 추탄종택)

오희문吳希文, 1539~1613의 일기이다. 1591년 11월 27일에서 1601년 2월 27일까지의 생활상을 간명한 필치로 적었다. 특히 임진왜란과 정유재란 때 겪은 풍상과 삶의 자취 속에는 시대의 애환이 알알이 맺혀 있어 감동을 준다. 『쇄미록』의 또 다른 명장면은 전란 속에서도 시들지 않았던 자녀의 출세에 대한 깊은 관심과 간절한 바람이었다. 오희문은 오윤겸吳允謙 등 여러 아들의 문과 합격을 위해 성균관이 있는 관동館洞으로 이사하는가 하면 난리 중에도 아들들을 서당으로 보내 학업을 독려하였다. 과장의 소식에 귀를 기울이며 일희일비했던 것은 여느 부모의 마음과 같았고, 1597년선조 30 오윤겸이 39세의 나이로 별시 문과에 합격했을 때는 온 세상을 다 가진 듯 기뻐하였다. 이 점에서 『쇄미록』은 과거를 향한 당시 사람들의 관념을 세밀하게 들여다 볼 수 있는 주요 기록이다.

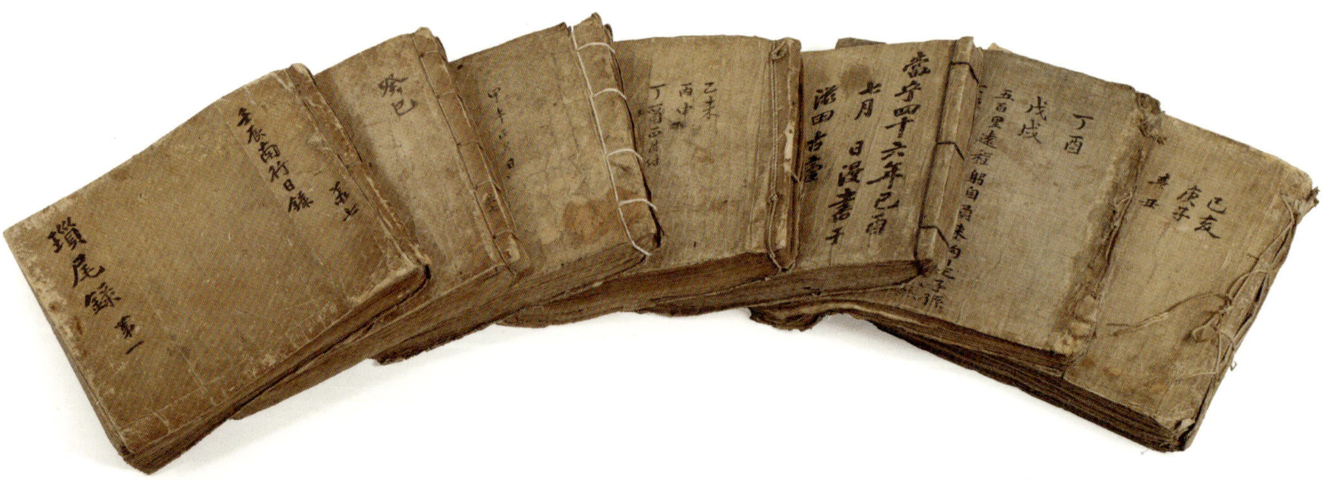

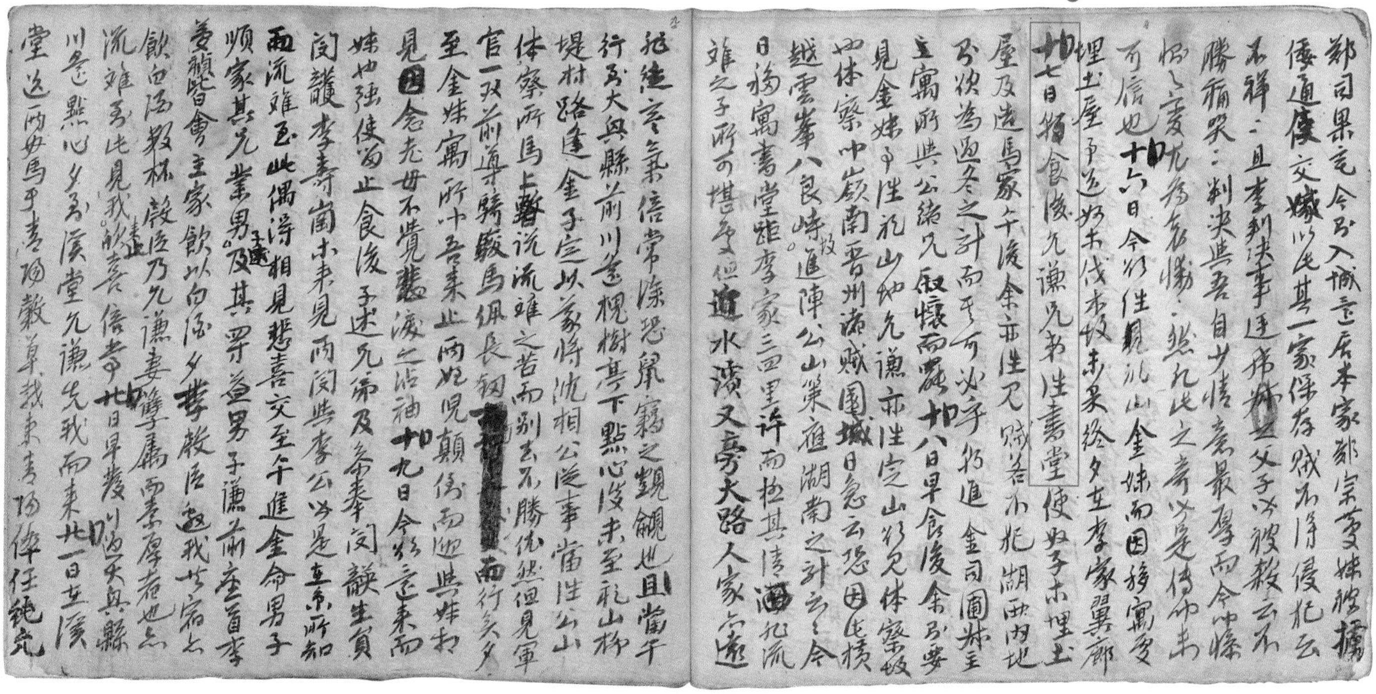

❶ 『쇄미록』 임진일록1592 10월 17일 – 피난살이의 와중에서도 오윤겸 형제를 서당으로 보내 학업에 전념할 수 있게 하는 모습
"아침 식사 후에 윤겸 형제는 서당에 갔다."

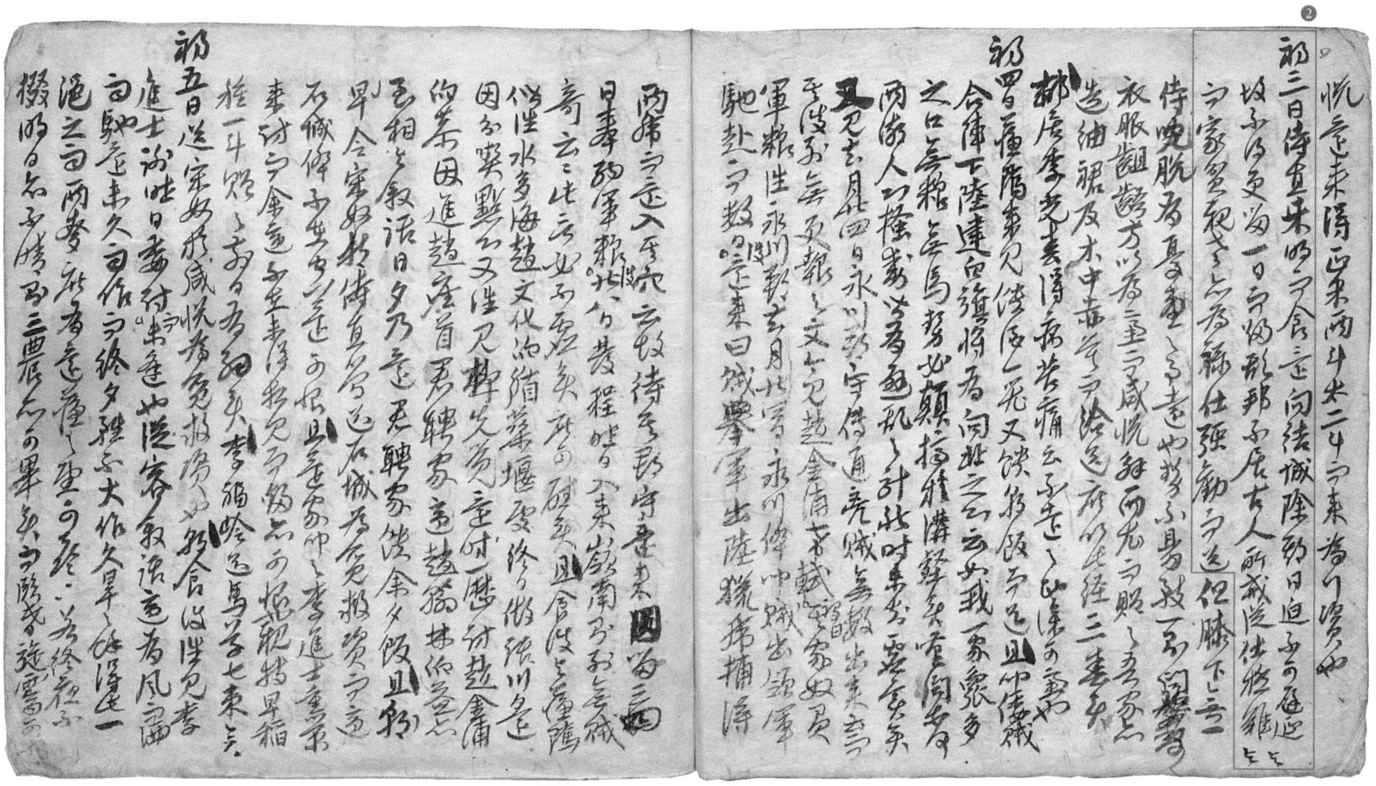

❷ 『쇄미록』 을미일록1595 3월 초3일 – 가난한 생활형편과 관직에 대한 욕구
"윤겸이 날이 밝기 전에 밥을 먹고 도로 결성으로 향했다. 부임할 기일이 박두하니 지체할 수 없기 때문에 다시 하루도 머무르지 못하고 떠났다. 어지러운 나라에 살지 말라는 것은 옛 사람의 경계인 바, 벼슬하기가 몹시 어려운데, 집은 가난하고 부모는 늙었으니 또한 녹을 위해서 벼슬해야 할 것이므로 억지로 권해서 보냈다."

3

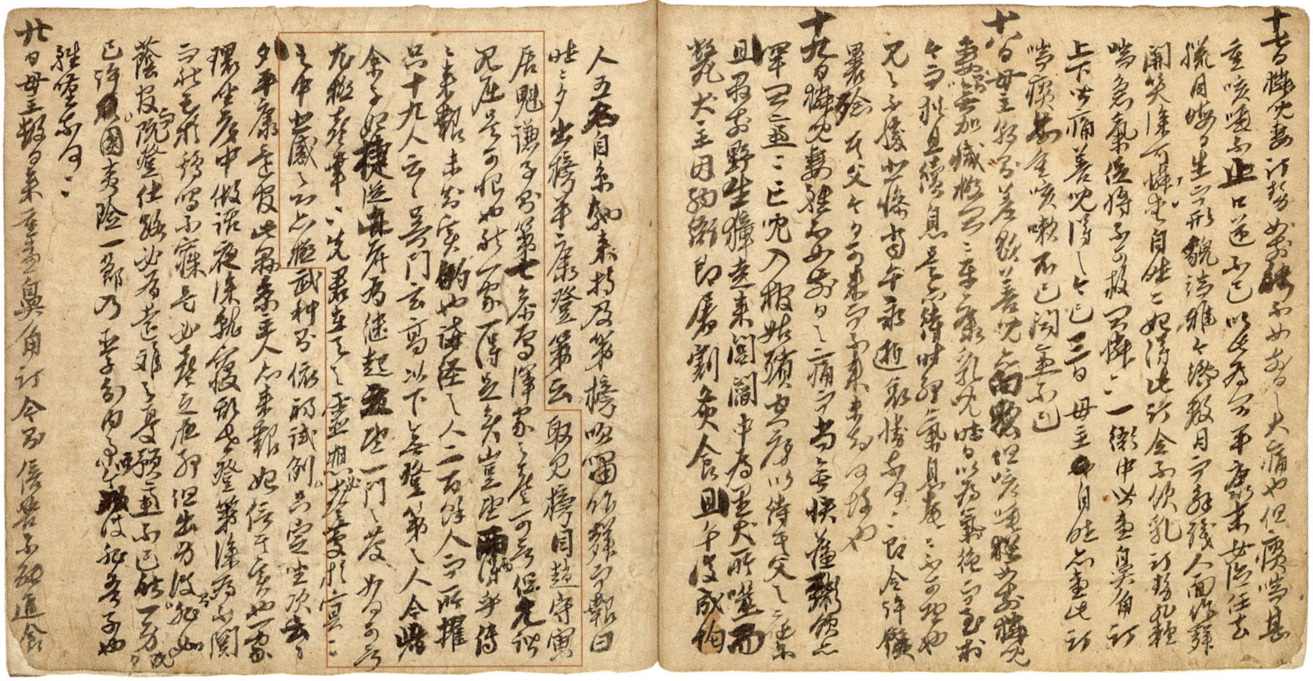

3 『쇄미록』 정유일록1597 3월 19일 - 오윤겸이 39세의 나이로 별시 문과에 합격했을 때의 기쁨

"방목을 보니 조수인趙守寅이 장원이고 윤겸은 일곱 번째로 급제하였다. 온 집안의 기쁨을 이루 말할 수 있겠는가! 다만 윤해가 실패한 것이 유감이라 하겠다. 그러나 한 집안에서 한 사람이 급제한 것만으로도 족한 일이니, 어찌 두 사람의 영광을 바랄 수 있겠는가! 전전해서 기별이 오나 사실 같지가 않다. 강경講經한 사람은 200여 명인데 급제자는 19인뿐이라고 한다. 문중門中의 5대조 이하는 등과가 없었는데, 이번에 나의 아들이 처음으로 이뤄낸 것이다. 지금부터 뒤를 이어서 일어날 희망이 있으니 일문의 경사를 어찌 말로 다 표현하리오. 한없는 기쁨이 넘친다. 하늘에 계신 아버님의 영혼이 필경 어둡고 어두운 저승에서도 기뻐하실 것을 생각하니 비감한 마음이 또한 지극하다."

오윤겸 영의정 고신
吳允謙領議政告身

1628년(인조 6), 필사본, 112.0×82.5cm, 장서각(해주오씨 추탄종손가)

1628년인조 6 11월 21일에 오윤겸吳允謙, 1559~1636을 의정부 영의정에 임명하는 문서이다. 인조는 오윤겸을 영의정에 임명하면서 노奴 3구, 비婢 3구를 내려주었다. 오윤겸은 조선 중기 문신으로 본관은 해주海州이고, 자는 여익汝益이며, 호는 추탄楸灘이다. 『쇄미록』을 저술하여 임진왜란과 정유재란 당시의 전란 사실을 기록한 아버지 오희문吳希文, 1539~1613은 부인 연안이씨延安李氏와의 사이에 윤겸允謙·윤해允諧·윤함允諴·윤성允誠 4형제를 두었다.

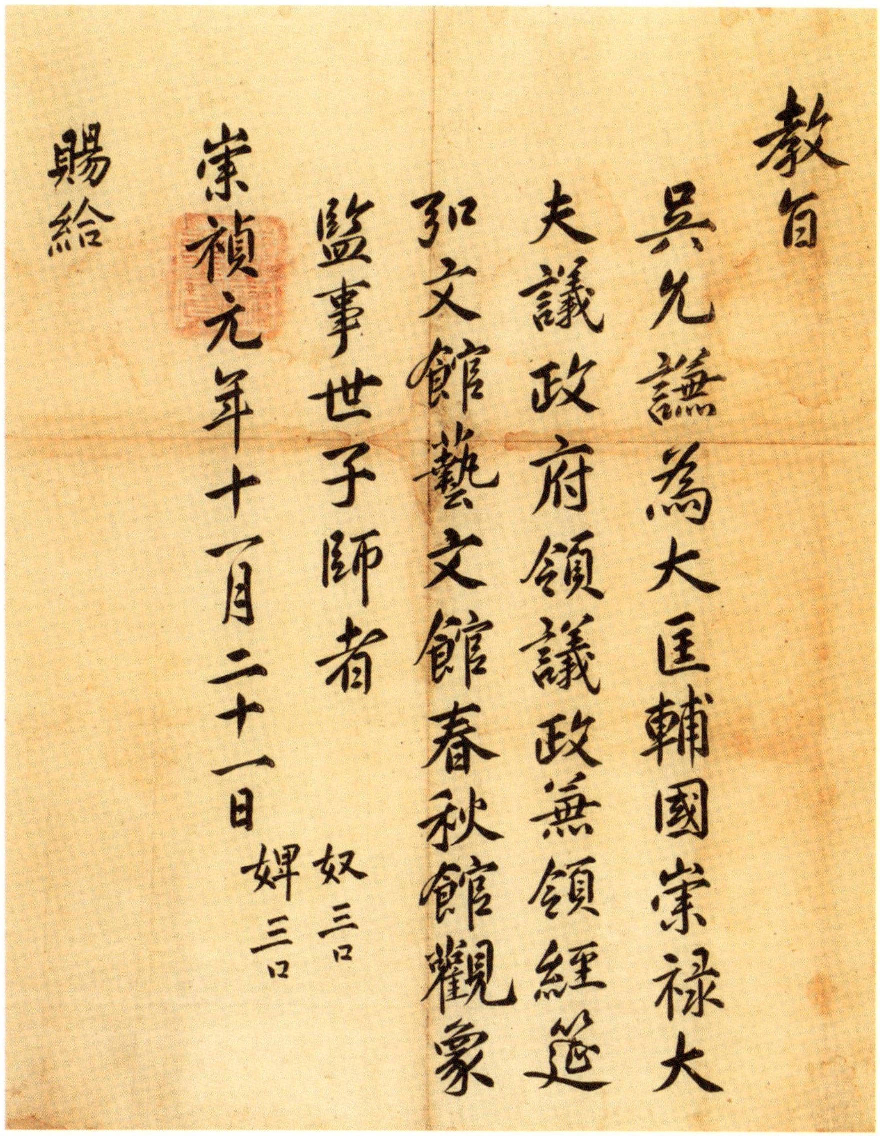
教旨
吳允謙爲大匡輔國崇祿大
夫議政府領議政兼領經筵
弘文館藝文館春秋館觀象
監事世子師者
奴三口
婢三口
崇禎元年十一月二十一日
賜給

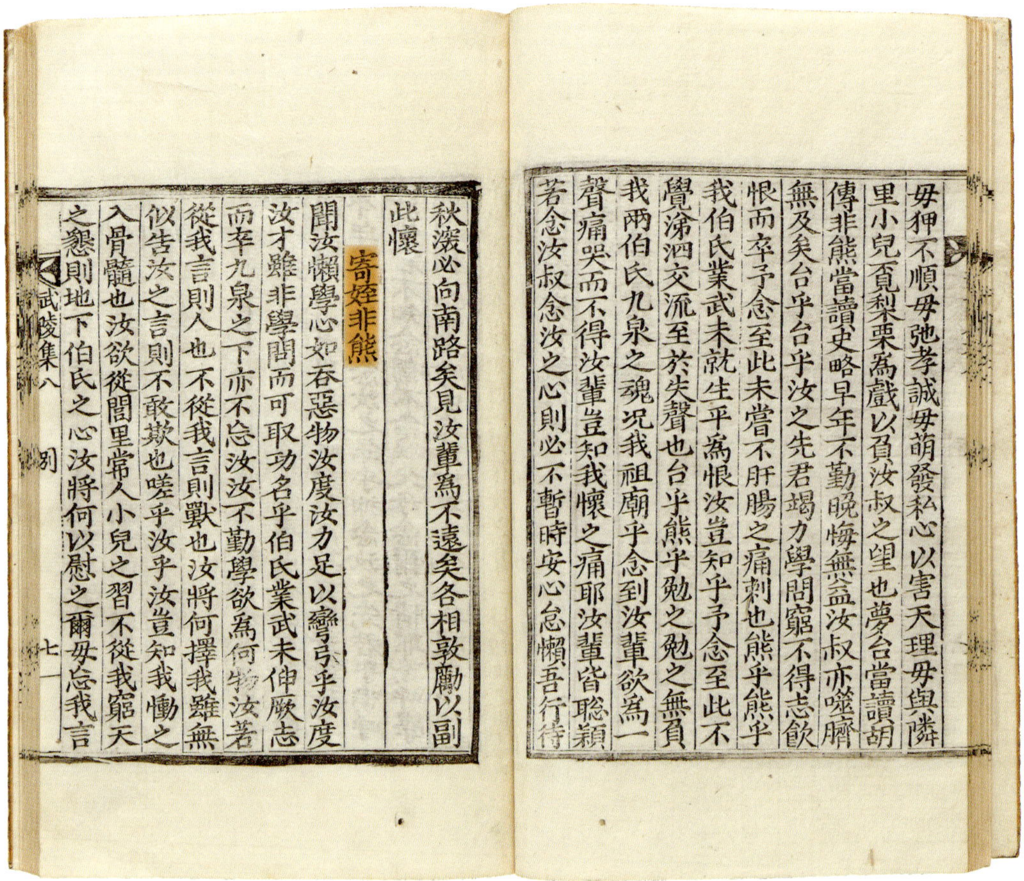
毋狎不順毋弛孝誠毋萌發私心以害天理毋與隣
里小兒覔覓梨栗爲戲以負汝叔之望也夢台當讀胡
傳非熊當讀史略早年不勤晩悔無益汝叔亦噬臍
無及矣台乎台乎汝之先君竭力學問窮不得志飮
恨而卒予念至此未嘗不肝腸之痛刺也熊乎熊乎
我伯氏業武未就生平爲恨汝豈知乎予念至此不
覺涕泗交流至於失聲也台乎熊乎勉之勉之無負
我兩伯氏九泉之魂況我祖廟乎念到汝輩欲爲一
聲痛哭而不得汝輩豈知我懷之痛耶汝輩皆聰穎
著念汝叔念汝之心則必不暫時安心怠懶吾行待

秋滚必向南路矣見汝輩爲不遠矣各相敦勵以副
此懷

寄姪非熊

聞汝懶學心如呑惡物汝度汝力足以彎弓乎汝度
汝才雖非學問而可取功名乎伯氏業武未伸厥志
而卒九泉之下亦不忘汝汝不勤學欲爲何物汝若
從我言則人也不從我言則獸也汝將何擇我雖無
似告汝之言則不敢欺也嗟乎汝乎汝豈知我慟之
入骨髓也汝欲從閭里常人小兒之習不從我窮天
之戀則地下伯氏之心汝將何以慰之爾毋忘我言

武陵集八　別　七

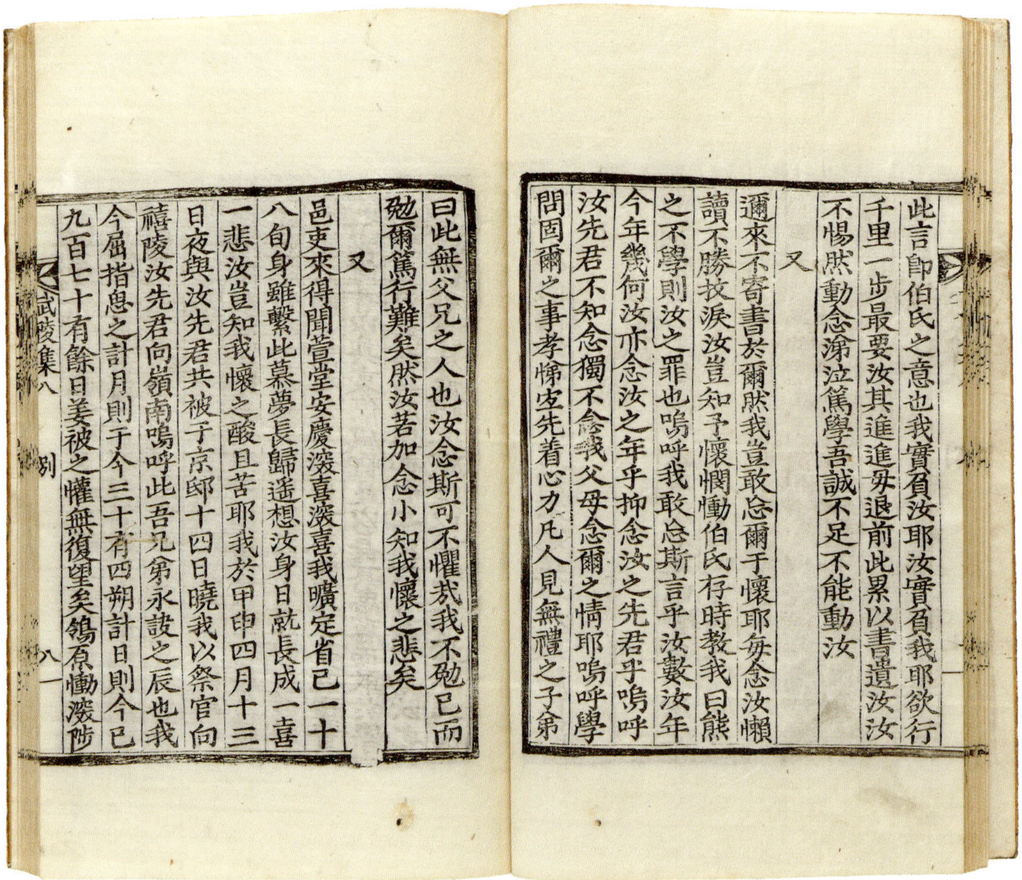
此言卽伯氏之意也我實負汝耶汝實負我耶欲行
千里一步最要汝其進進毋退前此累以書遺汝汝
不惕然動念涕泣篤學吾誠不足不能動汝

又

邇來不寄書於爾然我豈敢忘爾于懷耶每念汝懶
讀不勝抆淚汝豈知予懷憫慟伯氏存時教我曰熊
之不學則汝之罪也嗚呼我敢忘斯言乎汝數汝年
今年幾何汝亦念汝之年乎抑念汝之先君乎嗚呼
汝先君不知念獨不念我父母念爾之情耶嗚呼學
問固爾之事孝悌定先着心力凡人見無禮之子弟

曰此無父兄之人也汝念斯可不懼哉我不勉已而
勉爾篤行難矣然汝若加念小知我懷之悲矣

又

邑吏來得聞萱堂安慶滚喜滚喜我曠定省已一十
八旬身雖繫此慕夢長歸遙想汝身日就長成一喜
一悲汝豈知我懷之酸且苦耶我於甲申四月十三
日夜與汝先君共被于京邸十四日曉我以祭官向
禧陵汝先君向嶺南嗚呼此吾兄弟永訣之辰也我
今屈指息之計月則于今三十有四朔計日則今已
九百七十有餘日姜被之懽無復望矣鴒原慟滚陟

武陵集八　別　八

주세붕이 조카에게 보낸 편지
寄姪非熊

조선 후기, 『무릉잡고武陵雜稿』 수록, 31.6×19.6cm, 장서각(K4-6011)

주세붕周世鵬, 1495~1554은 조선 전기 문신으로 본관은 상주尙州이고, 자는 경유景游이며, 호는 신재愼齋·남고南皐·무릉도인武陵道人·손옹巽翁이다. 주세붕의 시문집인 『무릉잡고』 권8에 주세붕이 조카 비웅非熊에게 학문을 독려하는 편지寄姪非熊가 실려 있다.

조카 비웅에게

네가 공부를 게을리 한다는 소식을 들으니 내 마음이 마치 오물을 삼킨 듯하다. 네 힘이 활을 당기기에 충분하다고 생각하느냐? 네 재주가 학문이 아니더라도 공명을 취할 수 있을 거라 생각하느냐? 큰 형님(네 아비)이 무반에 종사했으나 뜻을 펴지 못한 채 돌아가셨으니 황천에서도 너를 잊지 못할 것이다. 너는 학문에 힘쓰지 않고 도대체 무슨 물건이 되려 하느냐! 내 말을 들으면 사람이요, 내 말을 듣지 않으면 짐승이다. 너는 무엇을 선택할 것이냐! 내 비록 변변치 못하나 어찌 네게 거짓을 말하겠느냐!

아아! 이 녀석아! 네가 어찌 골수까지 사무치는 내 비통함을 알겠느냐! 시정잡배의 버릇이나 따르면서 내 간절한 마음을 따르지 않는다면, 지하에 계신 네 아비의 마음을 너는 어떻게 위로하겠느냐! 내 말을 잊지 말아라. 이 말이 바로 네 아비의 뜻이다. 내가 너를 저버린 것이냐! 네가 나를 저버린 것이냐! 천 리를 가려면 한 걸음이 가장 중요한 법이니 앞으로 나아갈 뿐 뒷걸음치지 마라. 누차 네게 편지를 보내 당부했으나 마음을 고쳐먹고 눈물을 떨구며 공부에 매진하지 않았으니 내 정성이 부족해서 네 마음을 감동시키지 못했나 보구나.

하응운이 아들 필동에게 보낸 편지

河應運書簡[遣子北學書]

1731년(영조 7), 1장, 필사본, 42.0×66.5cm, 진양하씨 담산문중

하응운이 아들 필동必東, 1701~1732을 도암陶庵 이재李縡의 문하에 보내면서 학업을 권면하고, 선비로서의 올바른 행신을 당부하는 편지이다. 첫머리에는 주자가 아들 주숙朱塾을 여조겸呂祖謙의 문하에 보낼 때 써준 경계의 글인「여장자수지與長子受之」를 인용하였고, 후반부에는 자신의 당부를 실었다. 이 글은 하응운이 자녀 교육에 얼마나 정성을 쏟았는지를 실감케 한다. 하필동의 자는 사흘士屹, 호는 사고헌四顧軒이다. 이재의 문인으로 집안의 기대를 한 몸에 받았으나 1732년 32세로 단명하였다.

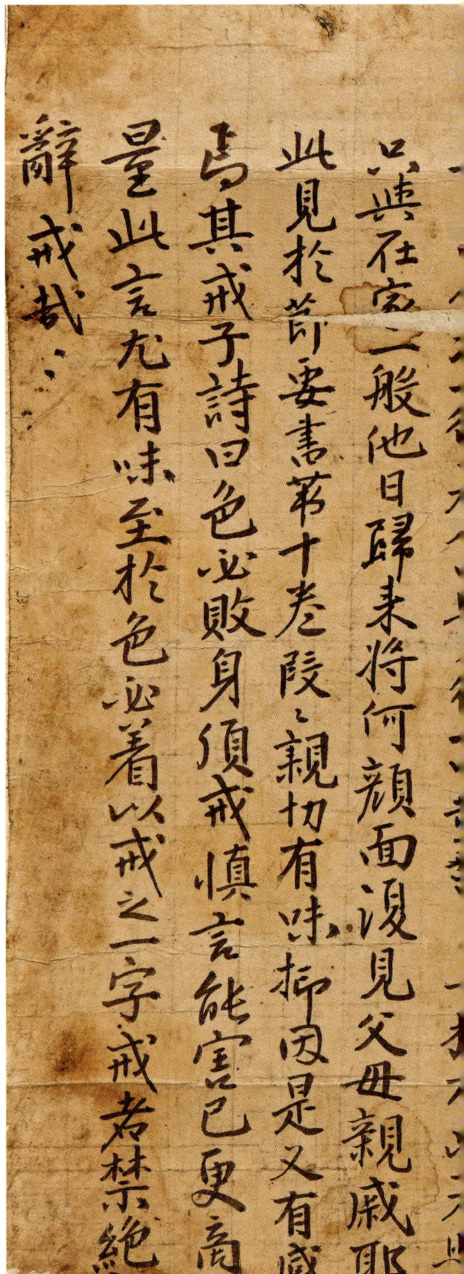

只與在家一般他日歸來將何顏面復見父母親戚耶
此見於節要書第十卷段段親切有味抑因是又有感
焉其戒子詩曰色必敗身須戒慎言能害己更商
量此言尤有味至於色必着以戒之一字戒者禁絶
辭戒哉

옛날 주자朱子가 장자長子 숙塾을 여백공呂伯恭: 呂祖謙에게 공부시키러 보낼 때에 글을 주어 경계하여 말하였다. "밤낮으로 공부하여 더욱 열심히 하여라. 게으름을 피우지 말고 몇 날을 깊이 생각하여도 의심나는 점이 있으면 책자册子에 직접 적고 좋은 문장을 발견하거든 또한 그것도 기록해 두었다가 돌아올 때 가지고 오너라. 출입을 네 멋대로 해서는 안 되니 다른 사람에게 갔다가 오는 문제는 선생께 여쭈어보고 만나보라고 한 사람은 보고, 보지 말라고 하시면 결코 가서는 안 된다. 거처할 때 반드시 공경恭敬을 다하고 거만하거나 방자하게 굴거나 게을러서는 안 된다. 말할 때는 요점만 말해야 하며 마땅히 쓸데없이 웃거나 농담하고 시끄럽게 떠들어서는 안 된다. 모든 일에 겸손하고 공경하며, 기氣를 자랑하여 남을 업신여겨 스스로 치욕을 부르는 일을 해서는 안 된다. 술을 마시거나 황망한 생각에 빠져 학업을 제쳐두어서는 안 된다. 다른 사람의 과오過惡를 말해선 안 된다. 사람을 사귈 때는 더욱 깊이 생각함이 마땅하다. 비록 동학同學이라 할지라도 친소親疎의 분별이 없을 수가 없는데 선생께 청하여 가르침대로 따르거라. 다른 사람의 좋은 말과 착한 행실을 보거든 공경하고 사모하며 그것을 기록해두어라. 이상의 몇 가지들은 매우 삼가 지켜야겠지만 부지런함[勤]과 삼감[謹] 두 자에 너는 더욱 힘써라."

또 말하였다. "네가 만약 배우기를 좋아한다면 집에서도 또한 충분히 책을 읽을 수 있을 것이니 반드시 부모의 슬하를 떠나 멀리 스승을 따를 필요는 없을 것이다. 그러나 너를 보내는 것은 네가 집에서 세속의 일에 머물러 뜻을 전일하게 하지 못할까 두려워서이고 또 부자父子 사이에 꾸짖고 책망하고 싶지 않은 까닭에 너에게 가기를 명한다. 만약 분발하여 힘써 행하고 한결같이 부지런하고 삼간다면 내가 기대할 바가 있겠지만, 그렇지 않다면 단지 집에 있는 것과 마찬가지일 것이니 다른 날 돌아올 때 장차 무슨 얼굴로 부모와 친척을 볼 것인가?"

이것은『절요서節要書』제10권에 보인다. 하나하나 친절하여 그 맛을 느끼게 하니, 도리어 이 때문에 느끼는 바가 있다. 아들을 경계하는 시[戒子詩]에 이르기를 "색色은 반드시 몸을 해치므로 모름지기 신중해야 하고, 말[言]은 자기를 해칠 수 있으므로 다시 생각해 보라"고 하니, 이 말은 더욱 의미심장하다. 색色의 경우에는 '경계하라[戒]'는 한 글자를 붙여야 한다. 계戒자는 금지하여 끊어버리라는 말이니, 경계하고 경계하라.

신해년 2월 초6일 노부 여등汝登

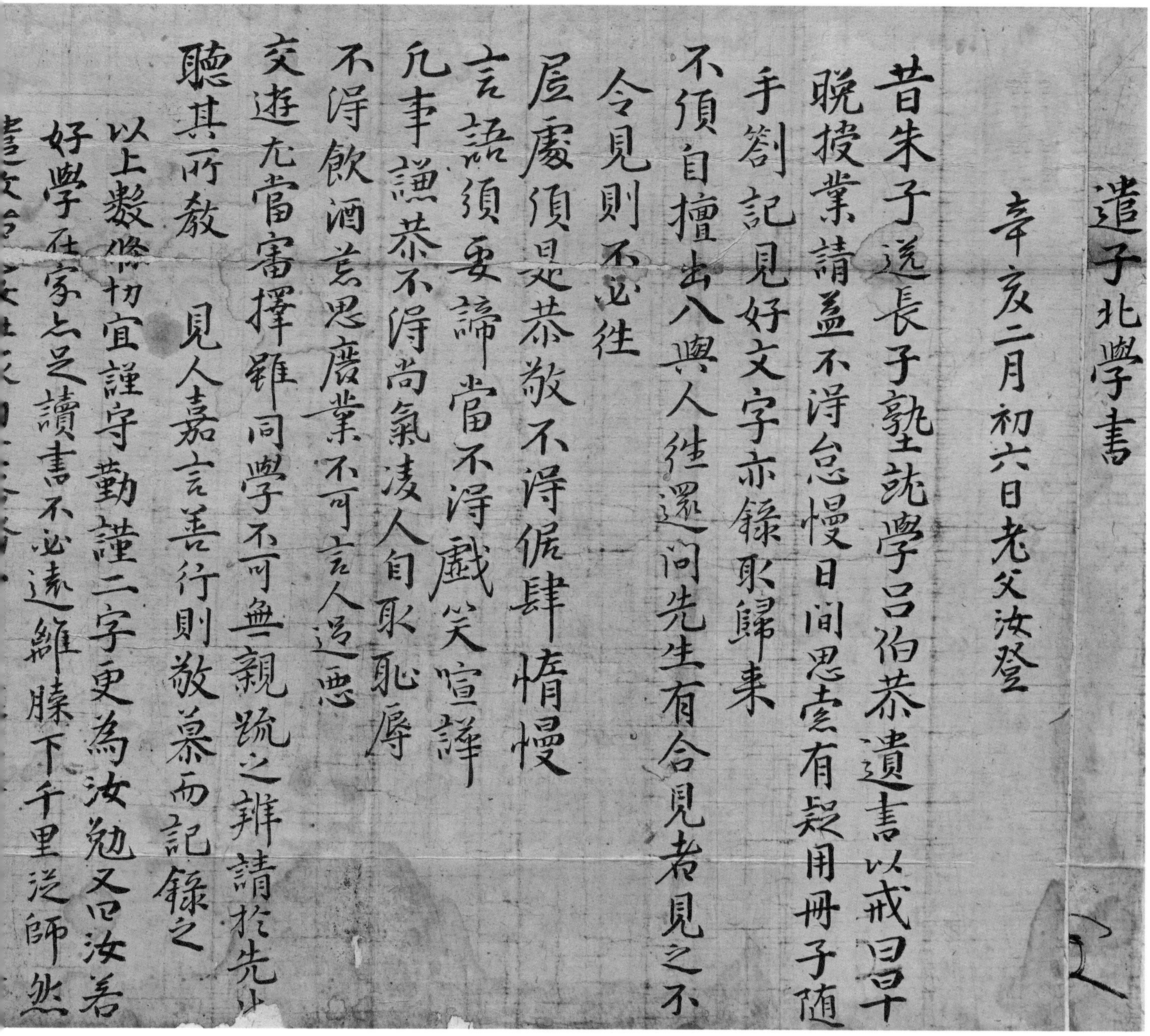
遣子北學書

辛亥二月初六日老父汝登

昔朱子送長子塾就學呂伯恭遺書以戒曰早
晩授業請益不得怠慢日間思量有疑用冊子隨
手箚記見好文字亦錄取歸來
不須自擅出入與人往還問先生有合見者見之不
令見則不必往
居處須是恭敬不得倨肆惰慢
言語須要諦當不得戲笑喧譁
凡事謙恭不得尚氣凌人自取恥辱
不得飮酒荒思廢業不可言人過惡
交遊尤當審擇雖同學不可無親疏之辨請於先生
聽其所敎　見人嘉言善行則敬慕而記錄之
以上數條切宜謹守勤謹二字更爲汝勉又曰汝若
好學在家亦足讀書不必遠離膝下千里從師然

하응운이 아들 필동에게 보낸 편지

河應運書簡[答寄必東書]

1731년(영조 7)~1732년(영조 8), 1장, 필사본, 35.5×46.0cm, 진양하씨 담산문중

아들 필동에게 보낸 하응운의 답신이다. 이 역시 1731년영조 7~1732년영조 8 사이에 작성한 것이다. 안부를 묻고 학업을 면려하려는 내용이다. 특별히 책문策文 공부에 공력을 기울일 것을 당부하는 점에서 과거합격에 대한 기대가 컸음을 알게 한다. 말미에 유학 자금을 염려하는 내용도 보이는데, 이 점은 예나 지금이나 차이가 없다.

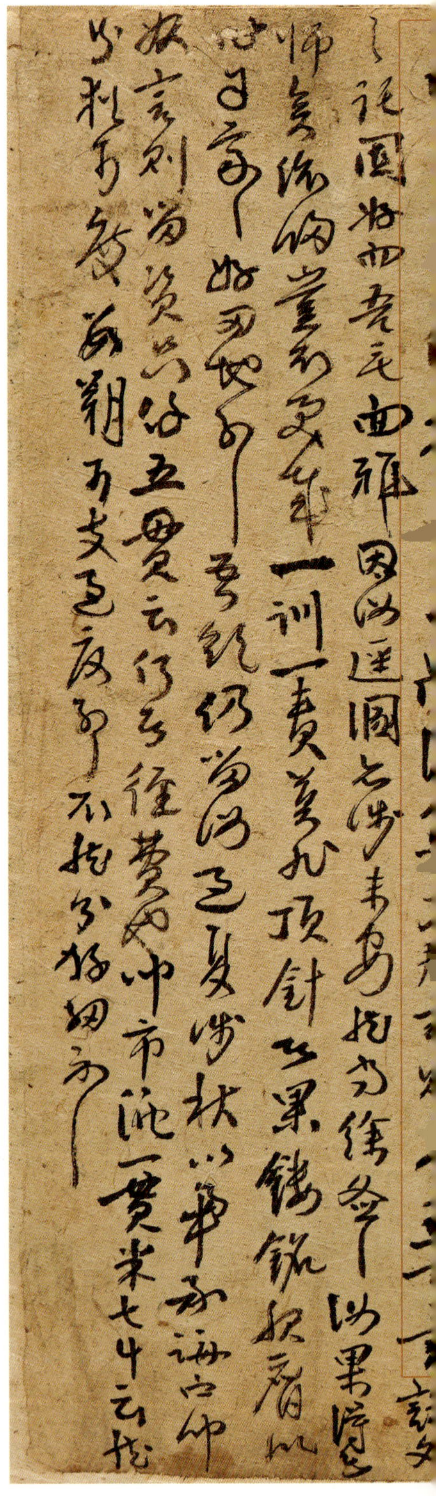

네가 힘쓸 일은 이미 북학서北學書에서 다 말했으니 다시 말할 필요가 없구나. 지금 『소학小學』을 읽는다고 들었는데, 사람 되는 모양은 모두 책 속에 있으니 어찌 내가 하나 둘 번거롭게 하랴. 과공科工은 비록 폐할 수 없으나 다만 이것은 두 번째 일이다. 어찌 위기지학爲己之學을 하여 수기치인修己治人의 방법을 다하는 것과 같겠느냐? 과거科擧는 하면 좋으나 또한 명命에 달려 있다. 내가 네게 바라는 것이 어찌 오로지 과거를 통해 벼슬하는 데 있겠느냐? 평생 이 책이 좋다는 것을 알았으나 늙어서도 크게 미치지 못하였다. 네가 힘을 써서 만분의 일이라도 그 도道를 얻는다면 어찌 내 뜻을 잇는 것이 아니겠느냐? 내가 다시 때때로 펴 보며 네 형에게 읽게 하지만 나를 믿지 않으니 딱하고 딱하구나. 네 일기日記를 보니 어찌 용문사 문답龍門舍問答과 무엇이 다르랴! 오히려 늙은 나도 천리의 밖에 흥기興起가 될 정도인데, 하물며 너처럼 아침저녁으로 친히 가르침을 받는 사람이야 말할 게 있겠느냐! 관감觀感하여 기질을 변화하지 못한다면 무딘 완금頑金이나 썩은 나무[朽木]를 장차 어디에 쓰겠느냐! 한강漢江 나루터의 진흙구덩이에서 노奴와 말[馬]에게 성을 낸 것은 너의 거칠고 사나운 병통이다. 꿈이 번거롭고 심회가 나쁜 것으로써 안심하여 오로지 하지 못하기에 이르고, 정情이 약하다는 훈계를 받기에 이르렀으니, 이것 또한 마음이 견고하지 못한 소치이다. 여러 가지로 바라건대, 그 뜻을 굳게 안정시키고 그 마음을 독실하게 하여 그 공부를 각고刻苦하여 세간의 어지럽고 도리에 어그러지며 자질구레하고 거친 일이 일호라도 마음속에 얽혀 있지 않도록 해야 한다. 내가 너를 보낸 것이 무슨 뜻인지를 늘 생각하고 네가 이리로 온 것이 무슨 일인지 항상 생각하며 아침저녁으로 부지런히 하고 힘써서 감히 태만하거나 소홀히 하는 일이 없기를 지극히 바라고 지극히 바란다. 너는 평소에 제술製述을 하는데 익숙하지 않았는데 학문學文의 여가에 또 과거 공부를 하면서 책문策文을 쓰는 규식을 배운다면 그 기쁨을 말로 할 수 있겠느냐!

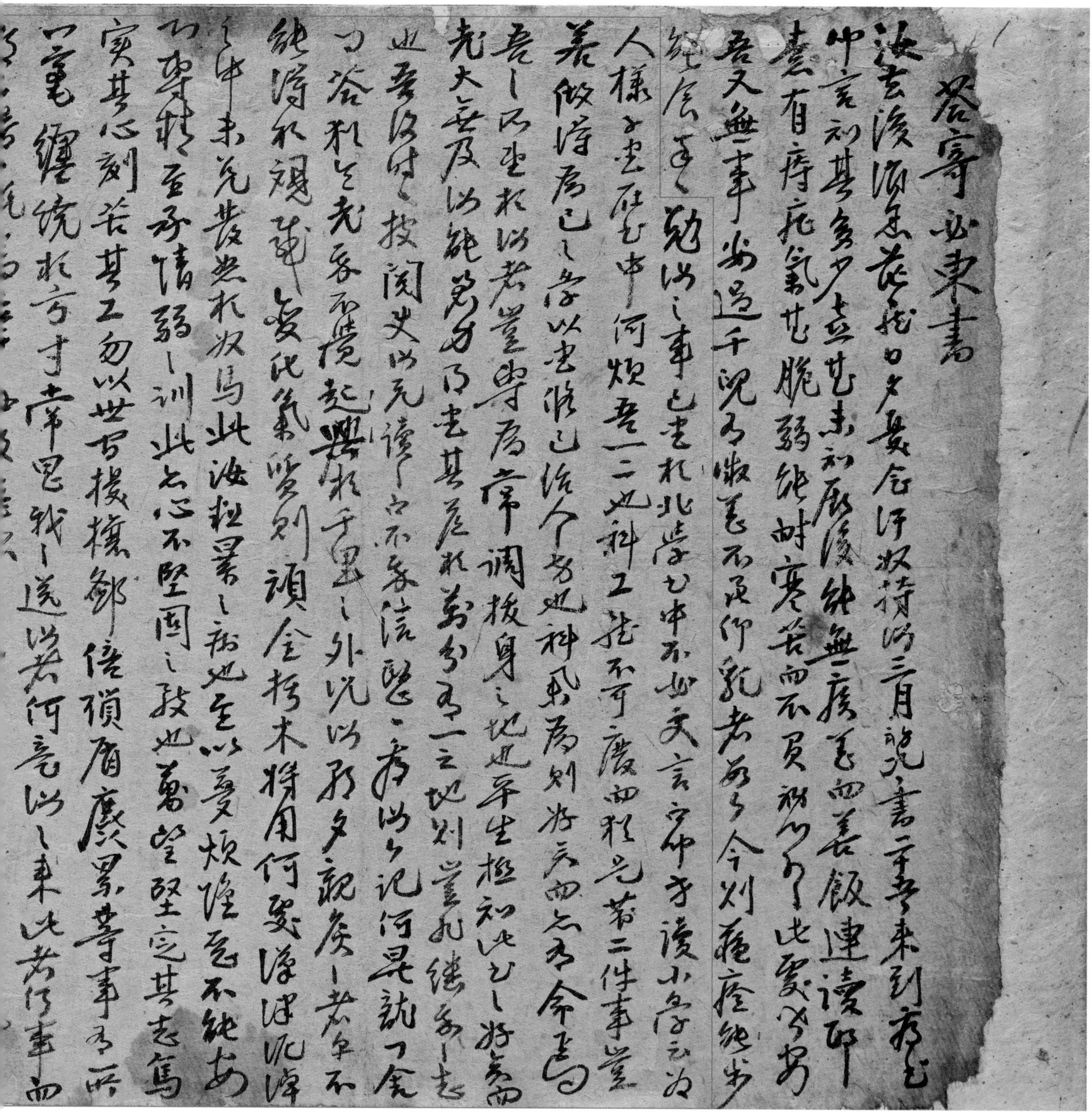

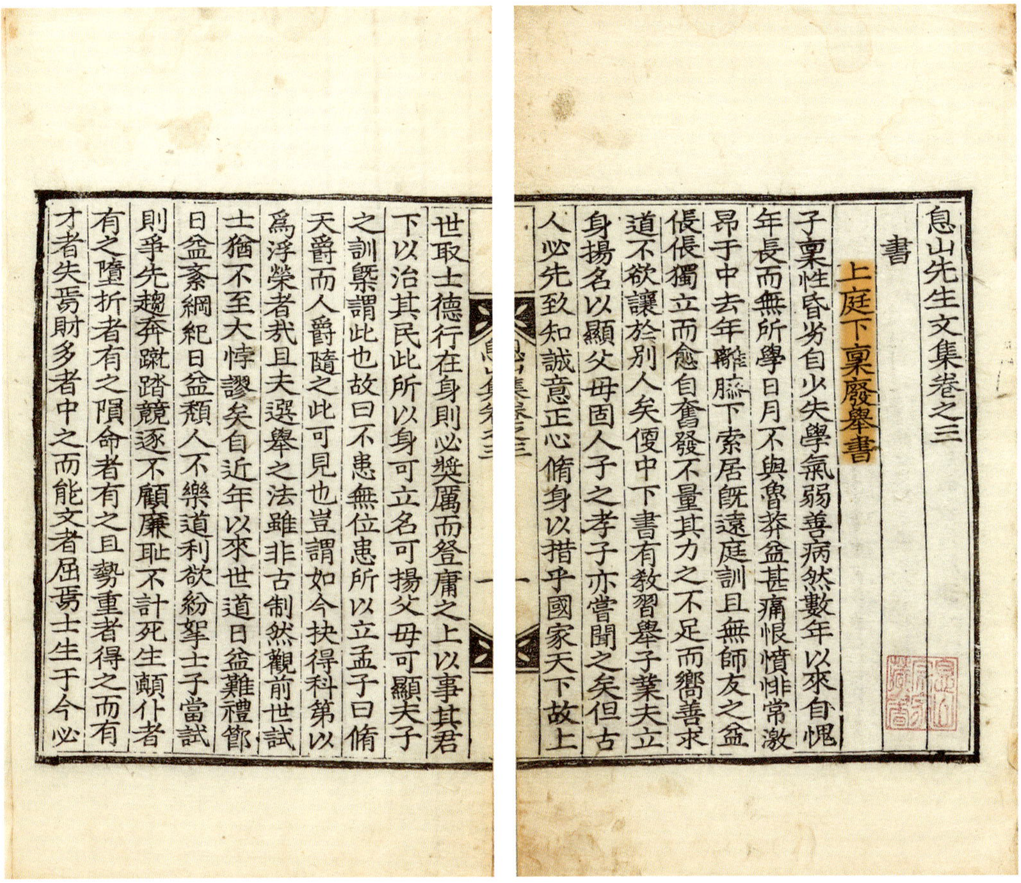
息山先生文集卷之三

書

上庭下稟廢擧書

子稟性昏劣自少失學氣弱善病然數年以來自愧年長而無所學日月不與魯莽益甚痛恨憤悱常激昂于中去年離膝下索居旣遠庭訓且無師友之益倀倀獨立而愈自奮發不量其力之不足而嚮善求道不欲讓於別人矣便中下書有教習擧子業夫立身揚名以顯父母固人子之孝子亦嘗聞之矣但古人必先致知誠意正心脩身以措乎國家天下故上世取士德行在身則必奬厲而登庸之上以事其君下以治其民此所以身可立名可揚父母可顯夫子之訓槩謂此也故曰不患無位患所以立孟子曰脩天爵而人爵隨之此可見也豈謂如今抉得科第以爲浮榮者哉且夫選擧之法雖非古制然觀前世試士猶不至大悖謬矣自近年以來世道日益難禮節日益紊綱紀日益頹人不樂道利欲紛拏士子當試則爭先趨奔蹴踏競逐不顧廉耻不計死生顚仆者有之墮折者有之隕命者有之且勢重者得之而有才者失焉財多者中之而能文者屈焉士生于今必

息山集卷之三 一

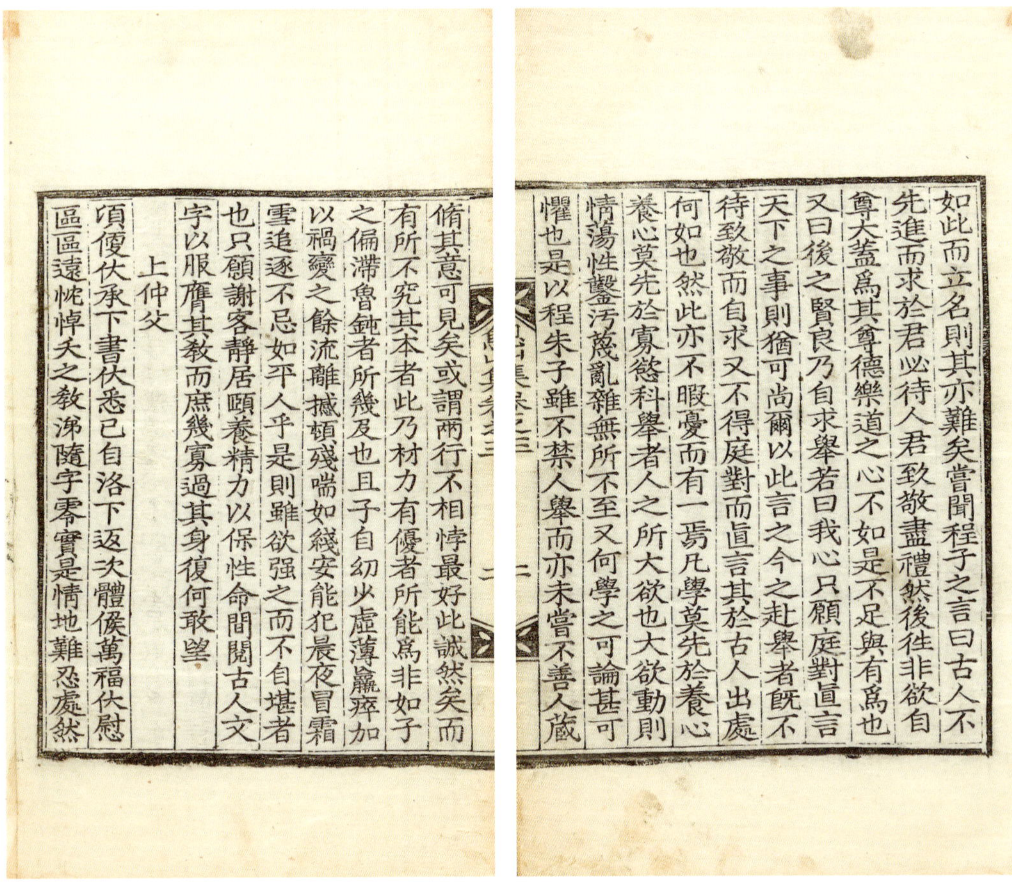
如此而立名則其亦難矣嘗聞程子之言曰古人不先進而求於君必待人君致敬盡禮然後往非欲自尊大蓋爲其尊德樂道之心不如是不足與有爲也又曰後之賢良乃自求擧若曰我心只願庭對直言天下之事則猶可尚爾以此言之今之赴擧者旣不待致敬而自求又不得庭對而直言其於古人出處何如也然此亦不暇憂而有一焉凡學莫先於養心養心莫先於寡慾科擧者人之所大欲也大欲動則情蕩性鑿汚蔑亂雜無所不至又何學之可論甚可懼也是以程朱子雖不禁人擧而亦未嘗不善人藏脩其意可見矣或謂兩行不相悖最好此誠然矣而有所不究其本者此乃材力有優者所能爲非如子之偏滯魯鈍者所幾及也且子自幼少虛薄羸瘁加以禍變之餘流離撼頓殘喘如綫安能犯晨夜冒霜雪追逐不已如平人乎是則雖欲強之而不自堪者也只願謝客靜居頤養精力以保性命間閱古人文字以服膺其教而庶幾寡過其身復何敢望

上仲父

頃便伏承下書伏悉已自洛下返次體候萬福伏慰區區遠悰悼夭之教涕隨字零實是情地難忍處然

息山集卷之三 二

아버지에게 과거를 그만두겠다는 뜻을 아뢰는 편지
上庭下稟廢擧書

이만부(李萬敷, 1664~1732), 『식산집息山集』 수록, 목판본, 33.2×21.1cm, 장서각(B3B 1373)

이만부가 아버지 이옥李沃에게 과거를 그만두겠다는 뜻을 피력한 서간이다. 이만부는 5대조와 고조, 조부와 아버지가 문과에 합격하여 관료를 지낸 사환가 연안이씨 가문의 자제였다. 따라서 아버지 이옥은 집안의 전통에 따라 과거에 응시하여 입신양명할 것을 권유하였다. 이 편지는 아버지의 당부에 대한 답신이다. 당시 이만부의 나이는 15세에 지나지 않았지만, 과장에 나아가 의롭지 못한 경쟁을 하기 보다는 세상에서 한 걸음 물러나 고인의 문자를 학습하며 선비로 살겠다는 뜻을 곡진하게 토로하였다. 사환 가문의 자제로서 과거를 포기한다는 것은 참으로 어려운 결단이다. 하지만 그는 젊은 날의 의지를 평생 동안 일관하여 18세기 영남을 대표하는 석학으로 성장하였다.

학교모범
學校模範

이이(李珥, 1536~1584), 『율곡집栗谷集』 수록, 10책, 필사본, 30.0×18.2cm, 장서각(K4-6389)

이이는 조선 중기의 문신으로 본관은 덕수德水이고, 자는 숙헌叔獻이며, 호는 율곡栗谷·석담石潭·우재愚齋이다. 『율곡집』 권7에 1582년선조 15 4월에 이이가 선조에게 지어 올린 〈학교모범學校模範〉이 수록되어 있다. 〈학교모범〉의 열한 번째 조목에 과거科擧에 대한 내용을 기술했는데 "뜻있는 선비가 애써 구할 바는 아니다"는 내용으로 시작해서 과거 공부와 함께 항상 자신을 바로 세우고 도를 행하여 임금에게 충성하고 나라의 은혜에 보답할 것을 강조하였다. 그리고 학문과 과거 모두 성취하지 못하는 것을 경계하는 내용으로 끝맺었다.

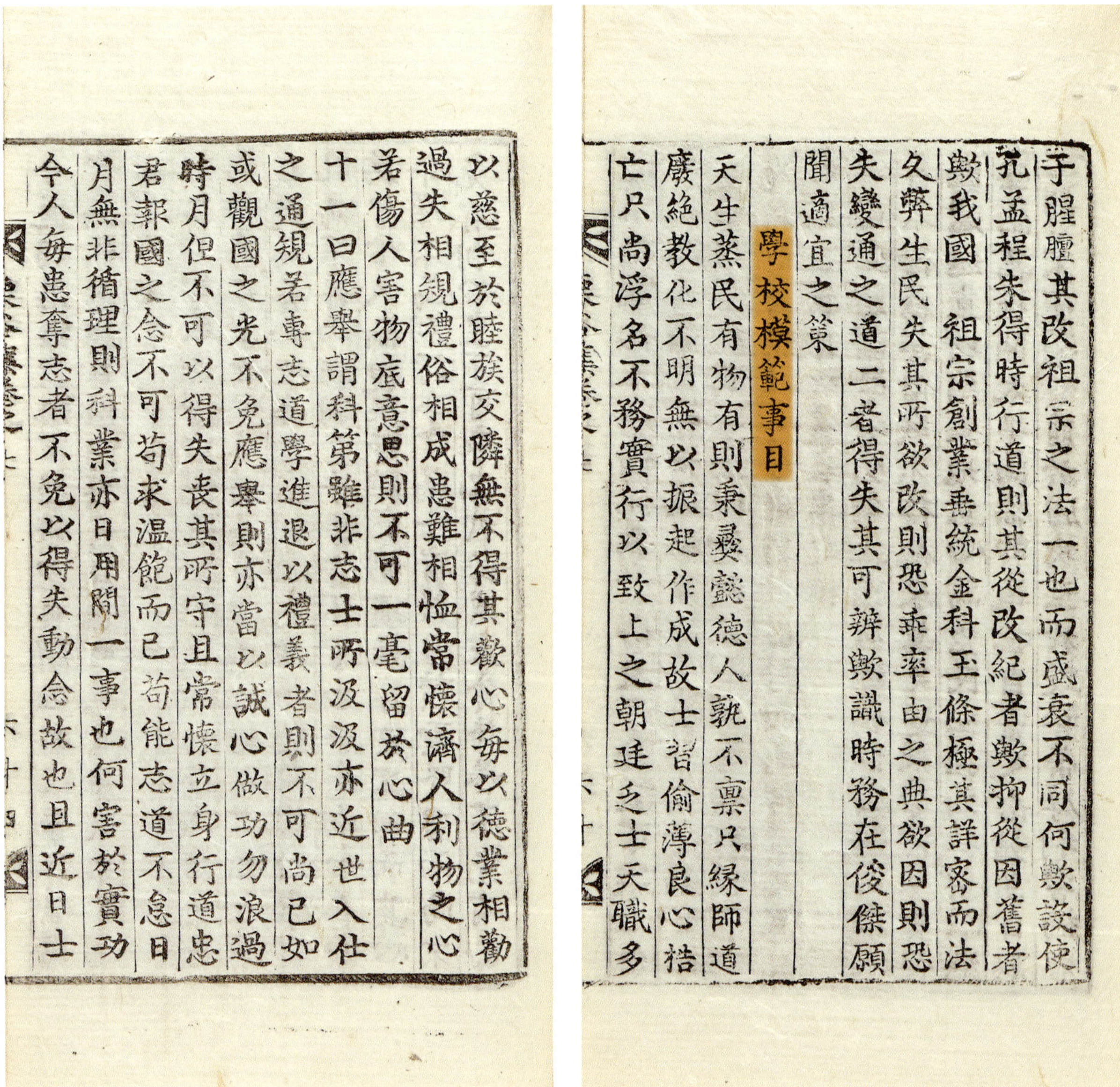
于腥膻其改祖宗之法一也而盛衰不同何歟設使孔孟程朱得時行道則其從改紀者歟抑從因舊者歟我國 祖宗創業垂統金科玉條極其詳密而法久弊生民失其所欲改則恐乖率由之典欲因則恐失變通之道二者得失其可辨歟識時務在俊傑願聞適宜之策

學校模範事目

天生蒸民有物有則秉彜懿德人孰不稟只緣師道廢絕敎化不明無以振起作成故士習偸薄良心梏亡只尙浮名不務實行以致上之朝廷乏士天職多

以慈至於睦族交隣無不得其歡心每以德業相勸過失相規禮俗相成患難相恤常懷濟人利物之心若傷人害物底意思則不可一毫留於心曲

十一曰應擧謂科第雖非志士所汲汲亦近世入仕之通規若專志道學進退以禮義者則不可尙已如或觀國之光不免應擧則亦當以誠心做功勿浪過時月但不可以得失喪其所守且常懷立身行道忠君報國之念不可苟求溫飽而已苟能志道不怠日用無非循理則科業亦日用間一事也何害於實功今人每患奪志者不免以得失動念故也且近日士

이산원규
伊山院規

이황(李滉, 1501~1570), 『퇴계집退溪集』 수록, 29책, 필사본, 32.2×21.6cm, 장서각(K4-6599)

이황은 조선 중기의 문신으로 본관은 진성眞城이고, 자는 경호景浩이며, 호는 퇴계退溪이다. 『퇴계집』 권41에 이산서원伊山書院의 원규院規인 〈이산원규伊山院規〉가 수록되어 있다. 〈이산원규〉에는 과거科擧와 관련해서 서원의 유생들이 여러 사서史書·자서子書·문집文集·문장文章과 함께 과거 공부에 힘쓰고 두루 통달하지 않으면 안 된다는 내용이 담겨 있다.

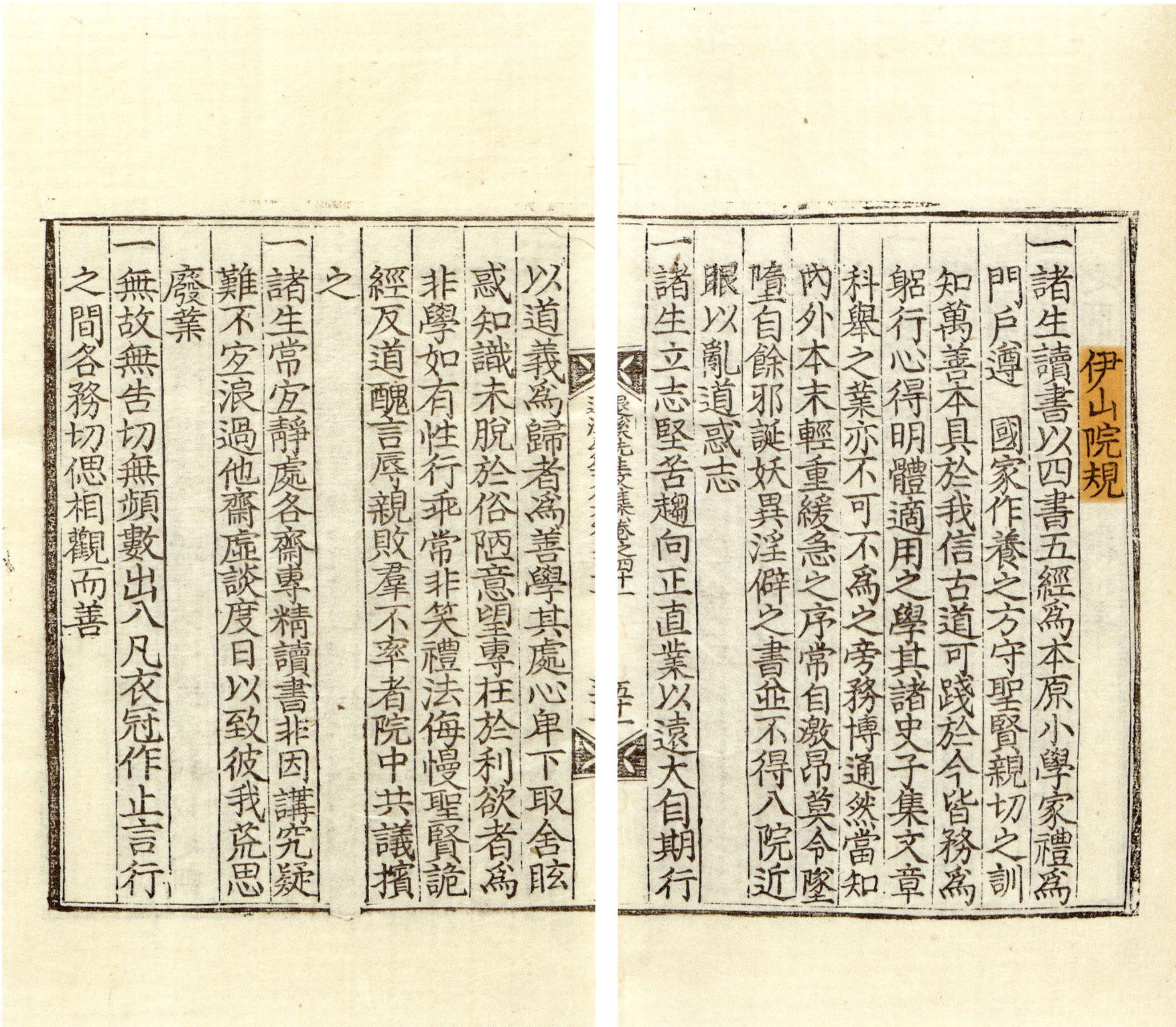
伊山院規

一諸生讀書以四書五經爲本原小學家禮爲門戶遵 國家作養之方守聖賢親切之訓知萬善本具於我信古道可踐於今皆務爲躬行心得明體適用之學其諸史子集文章科擧之業亦不可不爲之旁務博通然當知內外本末輕重緩急之序常自激昂莫令墜墮自餘邪誕妖異淫僻之書竝不得入院近眼以亂道惑志

一諸生立志堅苦趨向正直業以遠大自期行以道義爲歸者爲善學其處心卑下取舍眩惑知識未脫於俗陋意望專在於利欲者爲非學如有性行乖常非笑禮法侮慢聖賢詭經反道醜言辱親敗羣不率者院中共議擯之

一諸生常宜靜處各齋專精讀書非因講究疑難不宜浪過他齋虛談度日以致彼我荒思廢業

一無故無告切無頻數出入凡衣冠作止言行之間各務切偲相觀而善

• 조선시대 과거준비 장소와 방식

어려서 집안이나 인근 서당에서 천자문부터 사서삼경까지 공부한 조선시대 과거준비생들은 산사山寺 등지에서 선후배 동료들과 함께 거접居接하였다. 거접은 유생들이 산사와 서원 및 향교 등지에서 함께 숙식하며 경전을 배우고 제술을 익히는 행위를 말한다. 산사, 서원, 향교 등에서 짧게는 며칠부터 길게는 몇 달까지 머물면서 동료들과 함께 모여서 경서를 암송하는 강경講經은 물론 책문策文, 부賦, 의疑, 표表 그리고 시詩 등을 짓는 제술製述에 힘썼다. 거접의 장소로 산사, 서원, 향교 등을 선호한 이유는 어려운 과거시험에 합격하기 위해 세속적인 관심과 즐거움을 단절하는 것이 필요했고, 지치거나 무료할 때 서로 위로하기 위해 목적이 같은 수험생들끼리 함께 모여 생활하기 좋은 장소였기 때문이다. 숙종 연간부터 영조 대까지 활동한 권상일權相一, 1679~1759은 상주 대승사大乘寺와 금룡사金龍寺, 문경 오정사吳井寺, 예안 성천사聖泉寺 그리고 안동 이계서원伊溪書院 등 산사와 서원에서 과거공부를 하였는데 이러한 내용이 『청대일기淸臺日記』에 전한다.

다산 정약용의 독서처였던 남양주 수종사

• 과거길

영남의 선비들이 한양으로 올라가는 길은 일반적으로 '동래 – 대구 – 김천 – 상주문경새재 –충주 – 여주 – 이천 – 한양'을 거친다. 특히 과거를 보러 가던 선비들은 유독 문경새재를 고집하였다. 문경聞慶이라는 지명이 '경사스러운 소식을 듣는다'의 뜻이고, 옛 이름이었던 문희聞喜 역시 '기쁜 소식을 듣는다'라는 뜻이었기 때문이다. 반면, 죽령과 추풍령을 넘기 싫어한 이유는 죽령을 넘으면 과거시험에 '죽죽 미끄러지고', 추풍령을 넘으면 '추풍낙엽처럼 떨어진다'고 생각했기 때문이다. 부득이 추풍령 앞에 이르게 되면 우회하여 '괘방령掛榜嶺'을 넘었다. '괘방'이라는 지명에 '합격자 명단을 게시한다'는 뜻이 담겨 있지 않은가. 동래에서 한양까지 과거길에 오를 때 문경새재는 가장 짧은 길이었다. 통상 문경새재 길은 열나흘, 죽령길은 보름, 추풍령 길은 열엿새가 걸렸다. 조선 후기 정조의 전폭적인 신임을 얻었던 무관 노상추盧尙樞의 일기에서 상주를 떠나 한양으로 향하는 노정을 찾아볼 수 있다.

1월 21일
고향집 출발
30리, 상주 노곡참에서 말을 먹임
40리, 덕통참에서 유숙

1월 22일
덕통 출발
10리, 함창 당교참에서 진주의 과선, 곽진 형제와 의령의 조명계가 아들 석리를 데리고 합류, 상주 외남의 안민수도 동행
20리, 유곡역 도착
10리, 문경 신원참에서 말을 먹임
20리, 문경 읍참에서 유숙

1월 23일
걸어서 조령을 넘음
안보역참에서 말을 먹임
20리, 연풍 수교참에서 유숙

1월 24일
30리, 충주 단월역참에서 말을 먹임
60리, 충주 모도원참에서 유숙

1월 25일
30리, 돌원참에서 말을 먹임
50리, 죽산 주감참에서 유숙

1월 26일
40리, 용인 금령시참에서 말을 먹임
50리, 험천참에서 유숙

1월 27일
30리, 광주 신원참에서 말을 먹임 → 한강에 당도, 서빙고 나루에서 얼음 언 강을 건너 숭례문으로 들어감 → 침교 김성태 집에 유숙, 일행은 여사로 향함

2월 22일 무과 개장

예조 급첩
禮曹給牒

1583년(선조 16), 1장, 필사본, 98.5×75.5cm, 보물 제1473호, 여주이씨 옥산정사 독락당 이해철

1583년선조 16 12월, 예조에서 이준李浚, 1540~1623에게 내려준 허통첩許通牒이다. 같은 해 12월 초1일의 수교에 의하면 서얼庶孼로서 무재武才가 없더라도 납속納粟한 자는 모두 사로仕路를 허통하라는 내용이 있다. 이에 따라 학생學生 이준이 쌀 80석을 안변부安邊府에 납부하였으므로 사목에 의거하여 전후 소생 자손을 모두 허통한다는 첩을 내려주었다.

이준은 이언적李彦迪, 1491~1553의 유일한 혈손인 얼자孼子 이전인李全仁, 1516~1568의 맏아들이다. 할머니인 석씨石氏가 1517년중종 12에 속량贖良되었으므로 그 후손들도 면천免賤되었다. 그러나 서얼 자손인 까닭에 과거를 볼 수 없을 뿐만 아니라 설령 관직에 나아간다 하더라도 승진에 제약을 받았다. 그러나 이해 여진족 니탕개尼蕩介가 난을 일으켜 북변北邊 수호가 긴박해지자 서얼 및 공사천公私賤이 곡물을 바치거나 변지 방어에 임하면 벼슬길을 터주거나 또는 양민이 되게 해 주는 정책을 시행하였다. 이에 이준도 변방인 안변부에 많은 쌀을 바쳐 본인은 물론 전후 소생 자손 모두가 허통되었고, 과거 응시의 전기를 마련하였다. 이로써 법제적 차별로부터 완전히 자유로워졌으니 가문의 숙원을 푼 셈이다.

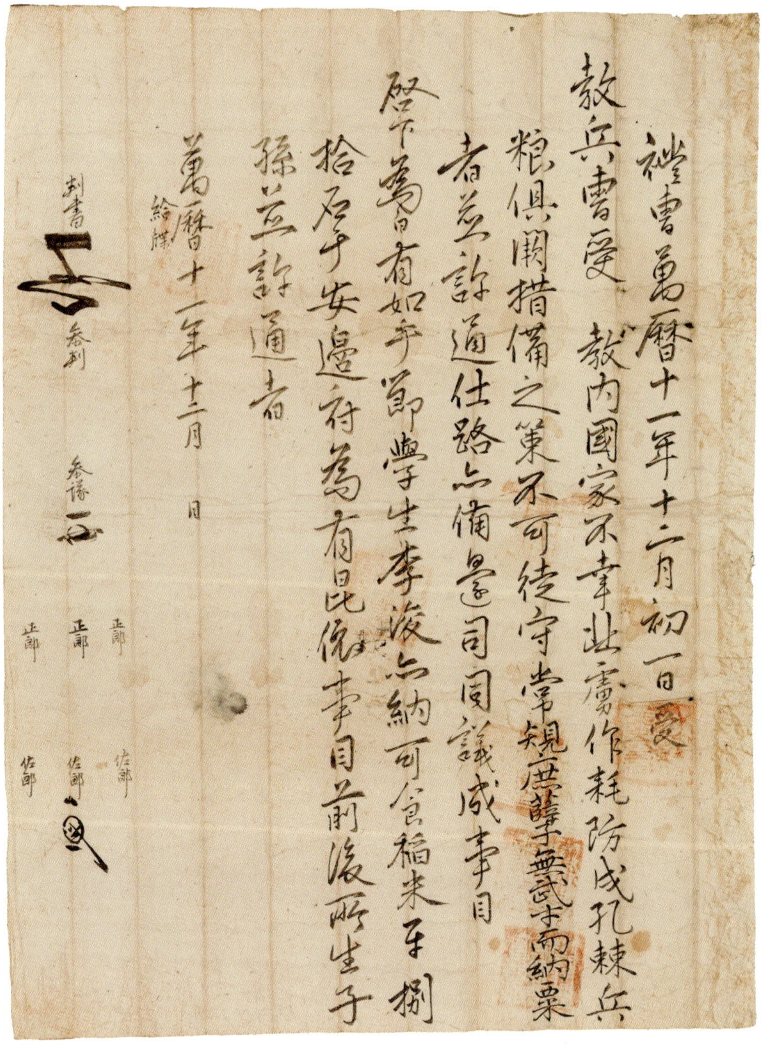
禮曹萬曆十一年十二月初一日受
敎兵曹受 敎內國家不幸北虜作耗防戍孔棘兵
粮俱闕措備之策不可徒守常規庶孼無武才而納粟
者並許通仕路亦備邊司同議成事目
啓下爲白有如乎節學生李浚亦納可食稻米平捌
拾石乎安邊府爲有昆依事目前後所生子
孫並許通者
萬曆十一年十二月 日
給牒
判書 參判 參議 正郞 正郞 正郞 佐郞 佐郞 佐郞

이준 무과 홍패
李浚武科紅牌

1599년(선조 32), 1장, 필사본, 72.5×46.5cm, 보물 제1473호, 여주이씨 옥산정사 독락당 이해철

1599년선조 32 8월 초3일, 이준李浚, 1540~1623이 무과에 급제하여 받은 홍패이다. 현령縣令을 지낸 이준은 이해 무과에 응시해 병과 제89인으로 급제하였다. 이준은 1583년선조 16의 허통첩에 의해 본인은 물론 전후소생까지 모두 허통 받은 까닭에 응시할 수 있었다. 그는 이미 종5품 수령인 현령을 역임하고 있었는데 이번 급제를 통해 더 높은 관직에 오를 수 있는 계기를 마련하였다.

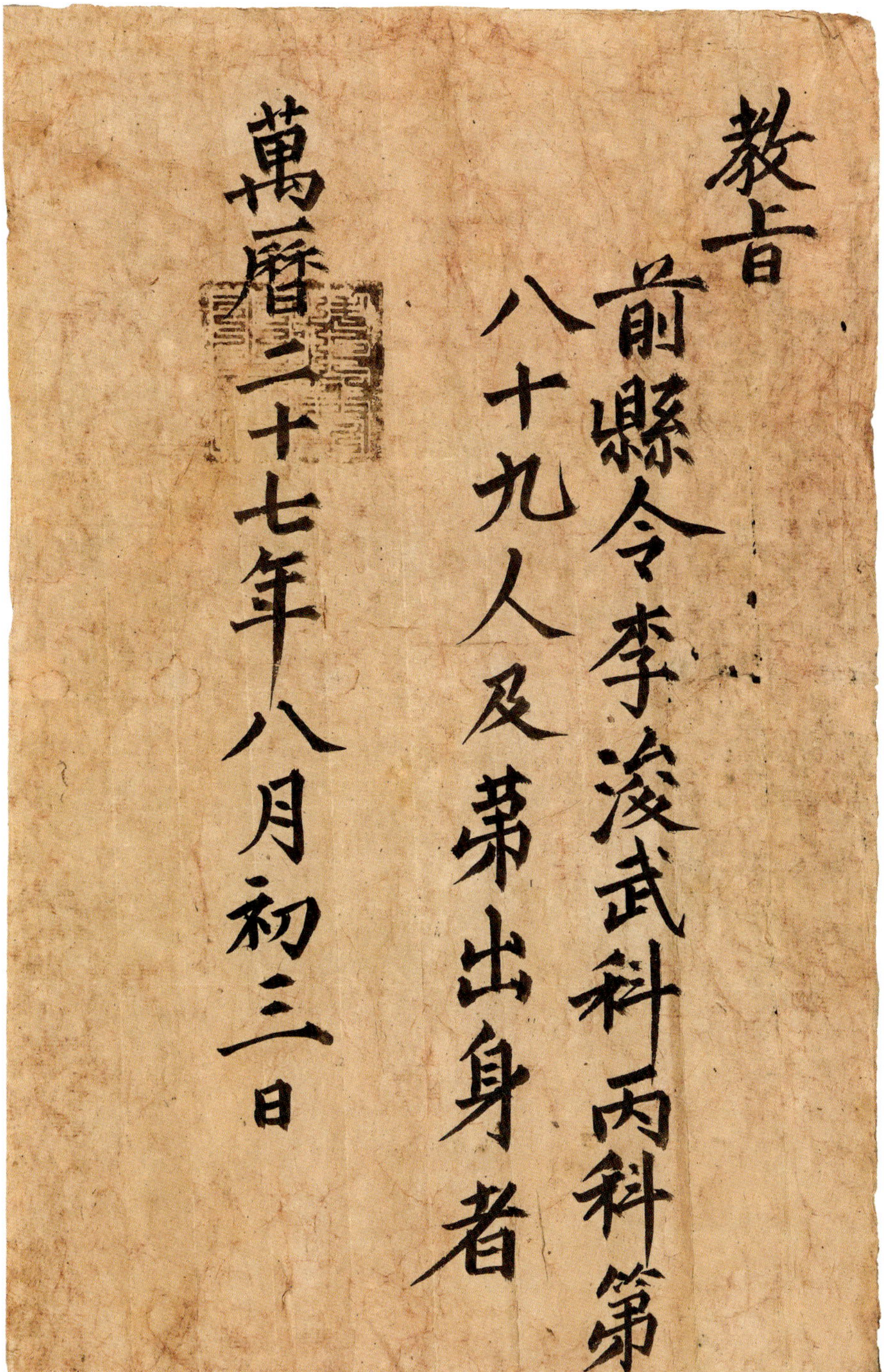
教旨
前縣令李浚武科丙科第
八十九人及第出身者
萬曆二十七年八月初三日

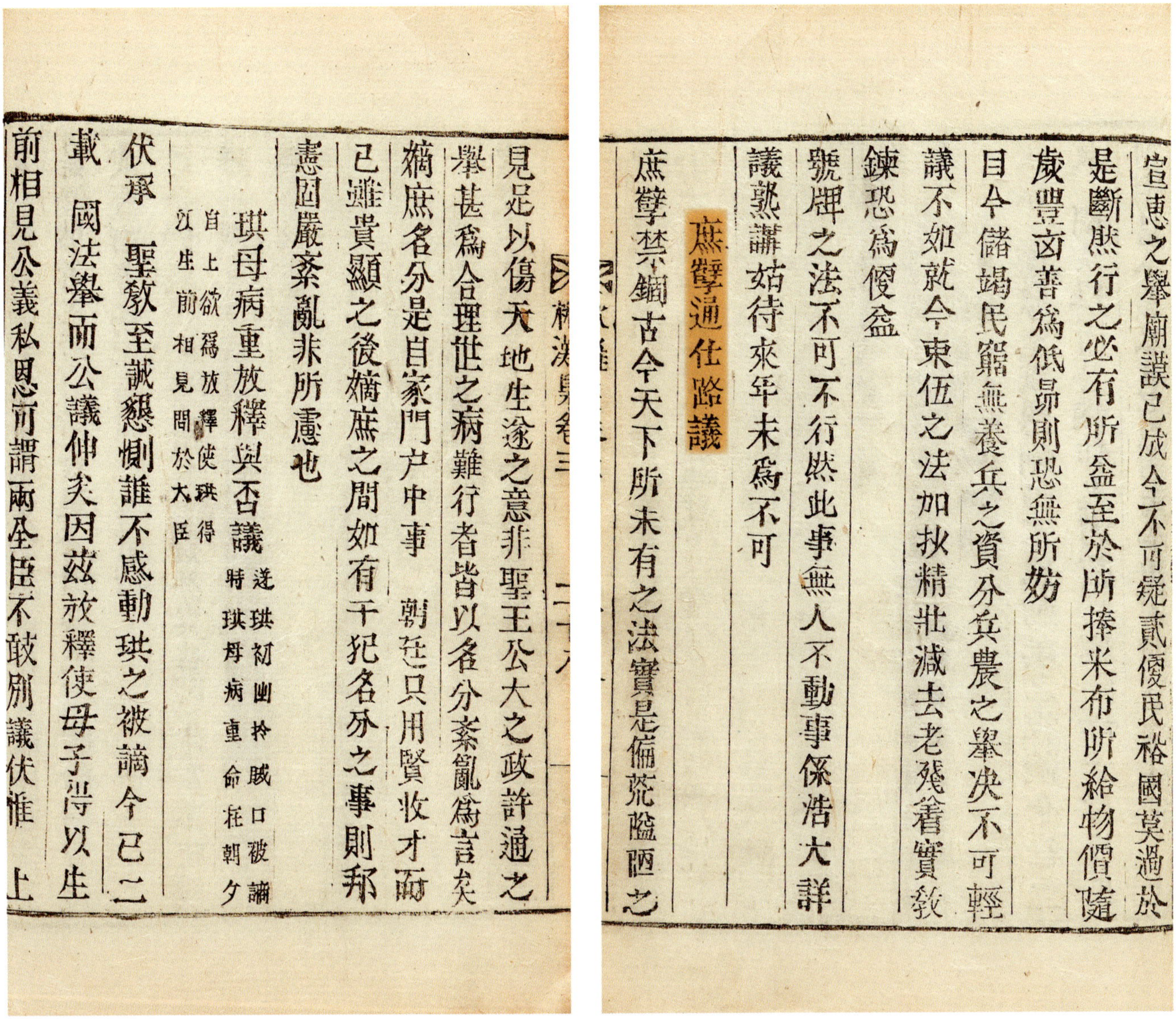

宣惠之擧廟議已成今不可遽貳便民裕國莫過於是斷然行之必有所益至於所捧米布所給物價隨歲豐凶善爲低昂則恐無所妨

目今儲竭民窮無養兵之資分兵農之擧決不可輕議不如就今束伍之法加抄精壯減去老殘看實教錬恐爲便益

號牌之法不可不行然此事無人不動事係浩大詳議熟講姑待來年未爲不可

庶孽通仕路議

庶孽禁錮古今天下所未有之法實是偏荒隘陋之見足以傷天地生途之意非聖王公大之政許通之擧甚爲合理世之病難行者皆以名分紊亂爲言矣嫡庶名分是自家門戶中事 朝廷只用賢收才而已雖貴顯之後嫡庶之間如有干犯名分之事則邦憲固嚴紊亂非所慮也

琪母病重放釋與否議 逆琪初出於賊口被謫時琪母病重命在朝夕自上欲爲放釋使琪得以生前相見問於大臣

伏承 聖敎至誠懇惻誰不感動琪之被謫今已二載 國法擧而公議伸矣因玆放釋使母子得以生前相見公義私恩可謂兩全臣不敢別議伏惟 上

서얼통사로의
庶孼通仕路議

오윤겸(吳允謙, 1559~1636), 『추탄집楸灘集』 수록, 목활자본, 28.3×19.3cm, 장서각(D3B 1577)

서얼들에게도 사로를 열어줄 것을 요청하는 내용의 헌의獻議이다. 적서의 명분은 개인 집에서 논할 일이며, 조정에서는 맹자가 말한 입현무방立賢無方의 원칙에 따라 서얼이라도 어진 인재라면 수용할 것을 강력하게 주장하였다. 오윤겸의 개방적 경세관이 집약된 건의이다.

서얼을 벼슬길에 나가게 하자는 논의

서얼庶孼을 금고禁錮 시키는 일은 천하 고금에 없었던 법으로서 실로 편벽되고 비루한 소견입니다. 천지 생성生成의 뜻을 손상시키기에 충분하니, 성왕聖王의 공명정대한 정치가 아닙니다. 그러니 이들을 벼슬길에 나가게 하는 것은 매우 이치에 맞는 일입니다. 세상에서 이것의 시행을 어렵게 여기는 자는 명분을 어지럽힌다고 말하고 있으나 대체로 적서의 명분은 개인의 집안일이니 조정에서는 다만 어진 이를 쓰고 인재를 수용할 뿐입니다. 비록 존귀하고 현달한 사람의 자손이라도 적서 사이에 명분을 범하는 일이 있으면 국법이 진실로 엄히 다스릴 것이니, 명분의 문란이란 걱정할 바가 아닙니다.

• 과거합격을 위해 이름을 바꾼 진주 유생 하명상

영조 시절 경상도 진주 땅에 하명상河命祥, 1702~1774이란 선비가 있었다. 비록 향반이라고는 하나 명색이 양반이었던 그에게는 과거에 합격하여 관료가 되겠다는 원대한 포부가 있었다. 그리하여 십여 세 무렵부터 여느 선비들과 마찬가지로 학업에 전념하며 청운의 꿈을 키웠다. 그러나 어찌된 영문인지 나이 50세가 되도록 행운은 찾아오지 않았고, 계속되는 낙방의 고배에 몸과 마음만 지쳐갈 뿐이었다. 다른 사람 같으면 벌써 과거를 단념할 나이였지만 그는 끝내 포기하지 않고 오히려 노익장을 불태웠다. 그런데 하명상에게는 남다른 이력이 하나 있었다. 그것은 다름 아닌 이름을 자주 바꾸는 것이었다. 원래 그의 이름은 자륜이었다. 그러던 것이 하세륜19세→대륜22세→즙34세→인즙43세을 거쳐 46세 때 하정황으로 바꾸기까지 무려 다섯 차례나 개명하였다. 그러나 이때까지만 해도 개명의 사유는 분명치 않았고, 아마도 과거시험 때문이라 짐작만 갈 뿐이었다. 그런데 1751년 하정황 명의의 진정서 한 통이 진주목사에게 접수되었다. 개명확인서의 발급을 요청한 이 진정서에는 과거에 대한 집념과 인간적 고충이 여과 없이 드러나 있었다. 내용인 즉, 낙방의 원인을 재주의 부족으로만 돌리기에는 너무도 미련이 컸던 하정황은 마침내 자신의 이름에 주목하였다. 오십평생을 살며 6개의 이름을 번갈아 사용한 행적을 고려할 때 과거 낙방을 이름의 불길함에서 구하는 것쯤은 하나도 이상할 것이 없었다. 하정황은 필시 이름이 불길하여 행운이 찾아오지 않는 것으로 여기고 1750년 일곱 번째 이름인 명상으로 개명해 버렸다. 그러나 당시의 법제상 개명은 식년 단위로 신청을 받았고, 나라에서 인준을 해야 효력이 있었다. 하지만 명상으로의 개명은 공식절차를 거친 것이 아니었고, 새 이름으로 응시했다가는 인적사항 불일치로 실격을 당할 판이었다. 절차를 따르자면 다음 식년인 1753년까지 기다려야 했다. 이에 당장 눈앞에 다가온 과거에 마음이 급했던 하정황은 자신의 처지를 토로하며 목사 명의의 개명확인서를 애청했던 것이다. 절절한 사연에 감동을 받은 목사는 서리들에게 확인서를 발급해 줄 것을 지시하였고, 그 해 가을 그는 하명상이란 이름으로 응시하여 당당히 과거에 합격하였다. 무려 6번의 개명을 통해 얻어진 광영이었으니, 다른 사람은 몰라도 하명상 자신만큼은 개명의 효험을 믿어 의심치 않았을 것이다.

하정황 소지
河挺黃所志

1751년(영조 27), 1장, 필사본, 61.7×44.2cm, 장서각(진양하씨 운문종택)

1751년영조 27에 하정황河挺黃이 하명상河命祥으로 개명改名하고 관官에 입지立旨의 발급을 요청하는 문서이다. 하정황은 여러 차례 과거에 응시했으나 급제하지 못했는데, 이름이 불길하여 과거에 낙방한 것으로 생각하여 하명상으로 개명하고 관에 입지의 발급을 요청하였다.

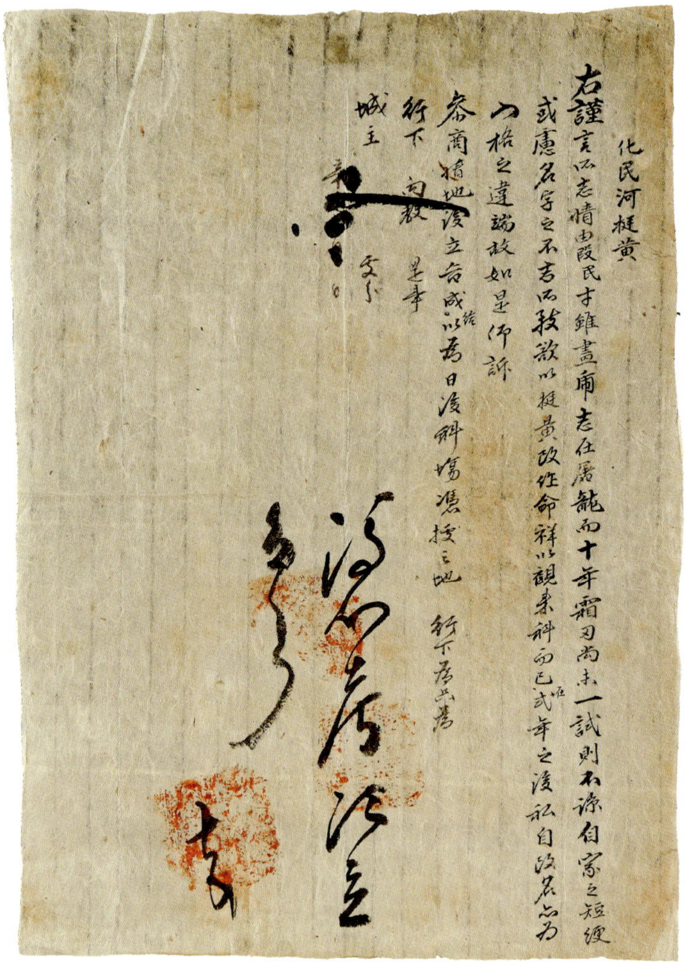

하명상 무과 홍패
河命祥武科紅牌

1751년(영조 27), 1장, 필사본, 85.0×60.6cm,
장서각(진양하씨 운문종택)

1751년영조 27 9월에 하명상河命祥, 1702~1774이 무과에 을과 제19인으로 급제하고 받은 문서이다.

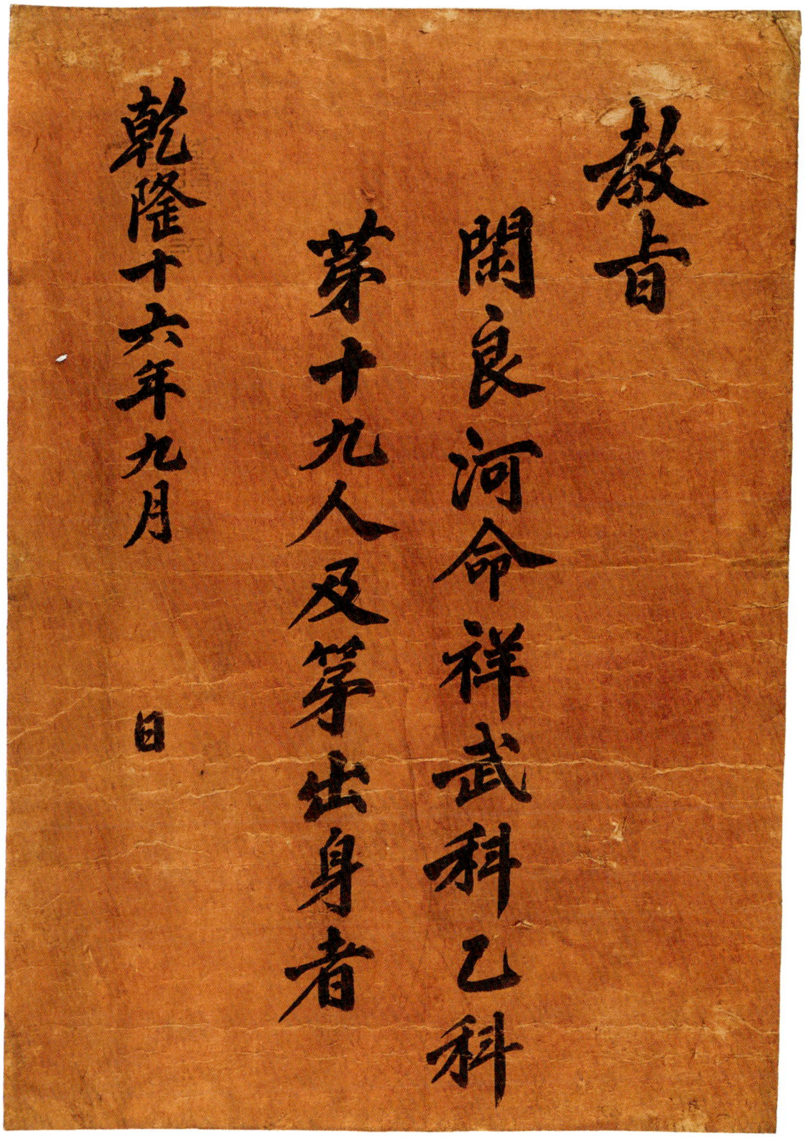
教旨
閑良河命祥武科乙科
第十九人及第出身者
乾隆十六年九月 日

하명상 고신
河命祥告身

1763년(영조 39), 1장, 필사본, 54.0×76.5cm,
장서각(진양하씨 운문종택)

1763년영조 39 6월 20일에 하명상을 통정대부通政大夫 기장현감機張縣監에 임명하는 문서이다. 하명상은 1751년영조 27 무과에 급제한 이후 첨지중추부사僉知中樞府事·오위장五衛將·기장현감·동래진관병마절제도위東萊鎭管兵馬節制都尉·동지중추부사同知中樞府事 등을 역임하였다.

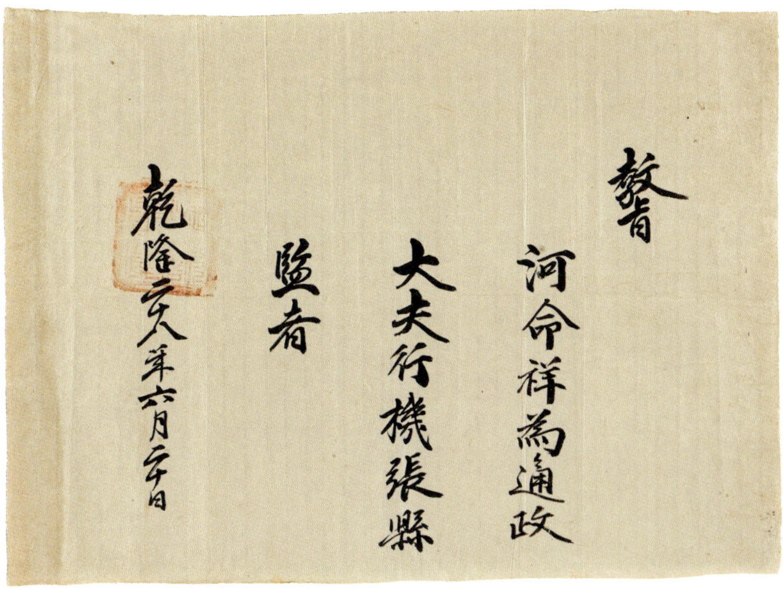
教旨
河命祥爲通政
大夫行機張縣
監者
乾隆二十八年六月二十日

• 과거가 치러진 공간

과거는 시험의 종류와 단계, 그리고 해당 과거가 설행된 당시의 상황에 따라 장소가 정해졌다. 우선 지방의 각 도에서는 중앙에서 시관試官이 내려와 정해진 인원수만큼 선발하는 초기 단계의 시험이 치러졌다. 그리고 생원과 진사를 뽑는 시험은 주로 서울에서 치러졌는데, 방목에 기재된 시소試所를 근거로 살펴보면 예조禮曹, 호조戶曹, 성균관成均館, 한성부漢城府, 서학西學, 동학東學, 장악원掌樂院, 장례원掌隷院, 태평관太平館, 군기시軍器寺, 삼군부三軍府, 금위영禁衛營, 비천당丕闡堂 등에서 거행되었다. 문과는 단계에 따라 몇 차례 시험으로 나눠 치렀지만, 최종시는 궐내에서 시행하는 것이 원칙이었다. 방목에 따르면 경복궁의 경우는 근정전勤政殿, 집현전集賢殿, 경회루慶會樓, 사정전思政殿, 집경당緝敬堂 등에서, 창덕궁의 경우는 광연루廣延樓, 인정전仁政殿 등에서, 창경궁의 경우는 명정전明政殿, 춘당대春塘臺 등에서, 경희궁의 경우는 숭정전崇政殿에서 치러졌다. 이밖에 알성시는 성균관의 명륜당明倫堂에서 치러졌고, 경우에 따라 특별히 설행된 지방 별시는 해당 지역에서 시행되었다. 대표적인 지방 별시로는 평양별시, 온양별시, 고성별시, 여주별시, 개성별시, 용만별시(의주), 전주별시, 해주별시, 수원별시, 공주별시, 강화별시, 함경도별시, 평안도별시 등이 있었다.

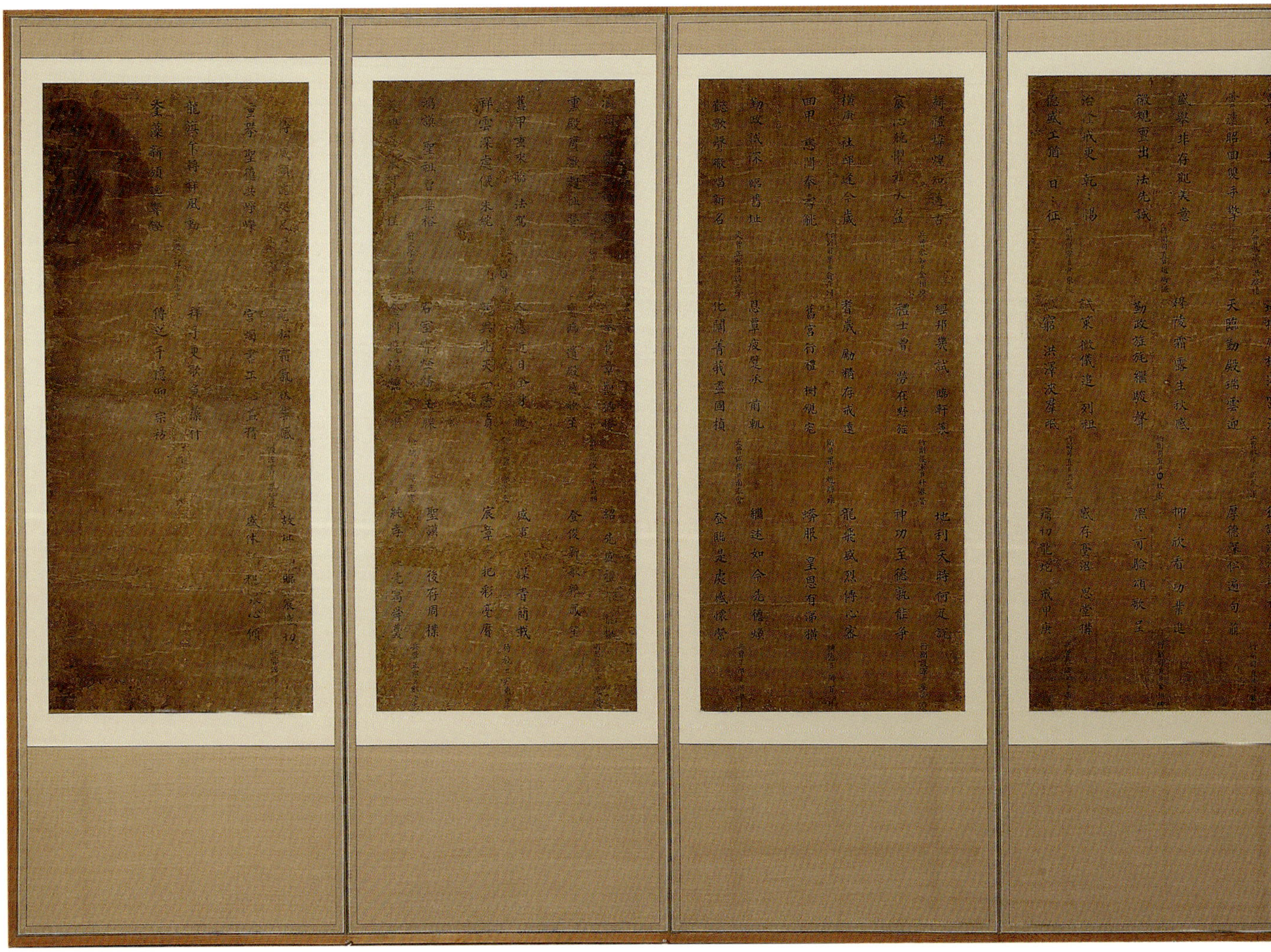

친림광화문내근정전정시시도
親臨光化門內勤政殿庭試時圖

1747년(영조 23), 8폭 병풍, 비단에 채색, 서울특별시 유형문화재 제138호, 서울역사박물관

이 병풍은 1747년영조 23 9월 19일 근정전에서 실시한 정시庭試에 영조가 친림하여 신하들에게 시제試題를 내려 시를 짓도록 한 것을 기념하기 위해 만든 것이다. 총 8폭 중 맨 우측 한 폭에만 그림이 그려져 있는데, 정시가 행해진 광화문 내 근정전을 표현하였다. 원경에는 농담이 있는 굵은 윤곽선과 짧게 찍은 가로점으로 북악산을 표시하였고, 중경에서는 건물 기단과 주춧돌만 남아 있는 근정전 터를 높은 곳에서 내려다보는 부감법俯瞰法을 구사하였다. 근정전 자리에는 백분으로 칠한 천막과 붉은 어좌를 그려 임금이 친림했음을 나타내었다. 원경과 중경 사이에 문인화풍의 소나무를 군데군데 그려 원근감을 표현하였다. 나머지 7폭에는 정시에 참여하여 시를 지은 관리들의 시구와 관직, 성명 등이 적혀 있다. 이 그림은 당시 폐허가 된 경복궁의 모습과 조정의 문풍文風을 알려주는 중요한 자료로 평가된다.

평생도
平生圖

19세기, 10폭 병풍, 종이에 채색, 130.0×36.0cm(1폭), 국립중앙박물관

이《평생도》는 높은 벼슬을 지낸 사대부의 일생 중에서 기념이 될 만한 일들을 골라 그린 일반적인《평생도》의 구성에, 소과에 응시하는 장면과 관직에 나아간 지 60주년을 기념하는 회방례 장면이 포함된 작품이다. 그림의 내용과 구성은 다른 것과 같으나 화면이 위아래로 늘어나 전체적으로 여백이 많아진 점은 다르다. 필치가 다소 굳어 있어 다양한 변화는 보이지 않지만 세부적인 묘사에서 어느 것 하나 소홀히 하지 않았으며, 등장인물들의 다양한 표정까지 잡아낸 점이 돋보인다.

회방례

회혼례

치사

지방관 부임

고관 행차

초사길

삼일유가

소과 응시

혼인식

돌찬치

10폭으로 된 《평생도平生圖》 가운데 한 폭인 〈소과 응시小科應試〉이다. 〈소과 응시〉는 시험이 진행되는 과장科場을 그린 그림으로는 지금까지 유일하게 알려져 있다. 화면 아래에 시험장의 출입문과 담장이 보여 유생들이 모여 앉은 장소가 시험장 내부임을 설명해 준다. 화면 위쪽의 대청에는 감독관이 앉아 있고, 주변에는 관리들이 제출 받은 시험지를 챙기거나 중간 현황을 감독관에게 보고하는 있다.
화면 속의 응시생들은 대부분 일산 아래에서 답안을 작성하고 있다. 그런데 과거시험을 보는 장면이라고 하기에는 납득이 가지 않는 모습들이 눈에 띈다. 그림 왼편 아래쪽을 보면, 두 명씩 한 조를 이룬 것처럼 모여 앉아 답안을 읽거나 작성하는 모습, 그 모습을 바라보고 있는 유생들의 모습, 그리고 답안을 읽으며 지적해 주는 모습으로 추정되는 장면들이 구체적으로 그려져 있다. 이러한 장면을 그린 이유는 부정행위가 난무하는 소과시험장에서 《평생도》의 주인공만은 부정한 행위를 하지 않고 정당하게 시험에 임했음을 강조하고자 한 것으로 해석된다.

• 남구만南九萬, 1629~1711의 『약천집藥泉集』에 나타나는 과장의 풍경

『약천연보藥泉年譜』 수록

명륜당明倫堂에서 알성謁聖하고 시사試士하는 것은 바로 조종조祖宗朝에서 정한 규칙입니다. 국가의 태평함이 명종明宗과 선조宣祖 두 왕조에 이르러 가장 지극하였으니, 유생儒生 수가 많은 상황이 반드시 오늘날보다 못하지 않았을 것이나 일찍이 장소가 좁아서 수용하기 어려운 폐단이 없었습니다. 그리고 10여 년 전만 해도 장소가 좁은 폐단이 없었는데 근래에는 명륜당에서부터 서쪽 편의 반수당泮水堂까지 통틀어 모두 시소試所의 극위棘圍 안에 들어갔으나 오히려 부족합니다. 병인년1686, 숙종 12에 고故 상신相臣 김수항金壽恒의 종자從子가 과장科場에서 밟혀 죽어서 선비를 선발하지 못하고 임금께서 즉시 환궁하셨습니다. 정시庭試는 으레 인정전仁政殿에서 시행하였는데, 어찌 일찍이 수용하기 어려운 때가 있었겠습니까. 그런데 갑자년1684 정시에는 병조의 앞뜰까지 통하게 하고도 오히려 부족할까 염려하였으니, 이는 다른 이유가 없습니다. 도성의 인사 중에 세력이 있는 자들이 대부분 서인書人, 협서인挾書人, 음식과 좌석을 가지고 오는 사람을 데려오며, 심한 경우에는 대술代述하는 사람을 데리오기도 합니다. 그러므로 한 명의 사인士人에 수행하는 자가 십수 명이나 되며 아무리 피폐한 자라도 이것을 본받아 풍속을 이루니, 이는 국가에 기강이 없어서 사람들이 모두 자기가 하고 싶은 대로 다하기 때문입니다. 이제 다시 새로운 명령을 내리면서 금지하지 못한다면 도리어 아랫사람들에게 경시당할 것이니, 매우 우려할 만합니다.

또 임금이 거둥할 때에 좌우에 군대를 두어 호위함은 불의의 사태에 대비하기 위한 것인데, 어두운 밤중에 대가大駕가 동가動駕하실 때에 수만 명의 잡인들이 앞뒤로 몰려들어 북적거리니, 지극히 보기 미안합니다. 또 날이 밝기를 기다려서야 비로소 대궐 문을 열고, 조사朝士의 숫자를 정하여 수행하게 함은 모두 궁금宮禁을 엄격히 단속하여 비상사태를 염려해서인데, 정시庭試에는 어두운 밤중에 무수히 많은 잡인들이 떠들썩하게 몰려와서 내정內庭과 외정外庭을 모두 꽉 채우니, 어찌 더욱 미안하지 않겠습니까.

또 과거를 보는 선비의 숫자가 많고 수행하는 자들을 이와 같이 구비하기 때문에 제출된 시권試券이 수천 장에 이릅니다. 그리하여 고시考試할 때 시각이 촉박하고 창방하기에 급하여, 처음에는 잘 지은 것도 빠뜨리다가 끝에 가서는 형편없는 것이라도 숫자를 채우지 않을 수 없습니다.
옛날에 제왕이 시학視學할 때에는 사람들이 교문橋門을 에워싸고 경전經典을 잡고 논란하는 것을 구경한 일이 있었는데, 지금은 선비들이 오직 과거만을 위주로 하고 국가에서도 선비를 선발하는 것만 중요하게 여겨서 자세히 살펴보지 않고 구차하게 충원하기를 이와 같이 합니다. 이 때문에 동표東表에서 널리 모여들어 글을 짓지도 못하고 쓰지도 못하면서 과거에 급제하는 자가 대다수이니, 이는 모두 오늘날 치료하기 어려운 고질병입니다. 신의 생각에는 정시와 알성시, 무과는 으레 초시를 거행하고, 문과 또한 규례를 따라서 초시에 600~700명을 뽑는다면 혼잡한 폐단을 없앨 수 있다고 봅니다. 그러나 전에 없던 규정이라서 새로 만들기가 어렵고, 또 세상 사람들의 의논에 자못 차이가 있습니다. 그러나 상례常例를 따라서 신칙한다면 이것을 금할 수 없을 것입니다.

• 과거의 첫 관문, 조흘강照訖講

천하의 준재들이 모여 그간에 갈고닦은 실력을 겨루는 곳이 과장이라고는 하지만 여기에도 수준 미달생은 있었다. 요행을 바라거나 배경을 믿고 응시하는 사람이 적지 않았기 때문이다. 응시생의 질적 저하는 과거의 수준과 직결되는 문제이고, 또 거기에 따른 국가 행정력의 낭비도 무시할 수 없었다. 이에 고안된 것이 일종의 예비시험인 조흘강인데, 생원·진사시의 경우 초시初試와 복시覆試 전에, 문과의 경우 복시 실시 전에 응시자에게 부과했던 예비시험이다. 소과의 경우 『소학小學』과 『가례家禮』를 시험하여 합격자에게 복시 응시자격을 부여했는데, 이를 일명 학례강學禮講이라 하였다. 문과의 경우는 『경국대전』과 『가례』를 시험했으므로 전례강典禮講이라 하였다.

결국 조흘강은 이른바 어중이떠중이를 가려내는 과거의 첫 관문인 셈이었다. 하지만 여기서조차 고배를 마신 사람이 적지 않았다. 합격자에게는 지정된 양식에다 응시자의 신분, 성명, 나이, 거주지와 시험 과목을 적은 증명서를 발급했는데, 이것이 조흘첩照訖帖이다. 조흘은 '확인대조필'이란 뜻이다. 조흘첩을 발급받은 유생들은 한숨 돌렸지만, 정작 치열한 경쟁은 이때부터 시작되었다.

박숭목 학례강 조흘첩
朴崇穆學禮講照訖帖

1874년(고종 11), 1장, 43.0×27.0cm, 장서각(밀성박씨 모선재 기탁)

1874년고종 11 4월에 학례學禮의 일소一所에서 유학 박숭목朴崇穆, 1846~1926이 『소학小學』의 고강考講에 입격入格한 사실을 증빙하는 문서이다.

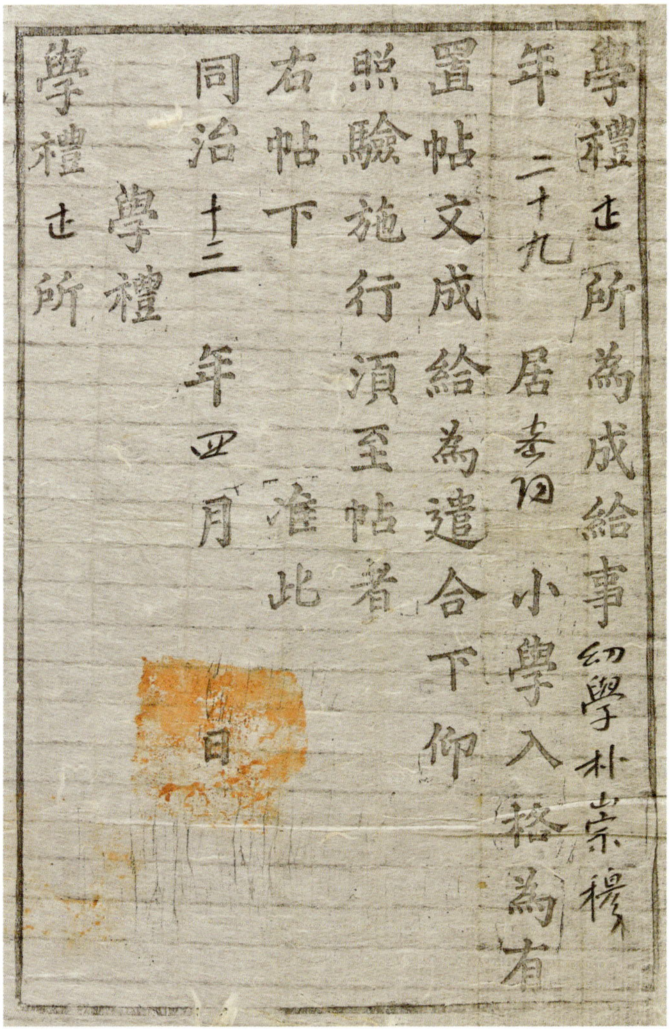

學禮正所爲成給事幼學朴崇穆
年二十九居[illegible] 小學入格爲有
置帖文成給爲遣合下仰
照驗施行須至帖者
右帖下 准此
同治十三年四月 日
學禮
學禮正所

유원성 급분첩
柳遠聲給分帖

1882년(고종 19), 1장, 48.4×27.8cm, 장서각(진주유씨 모산종택 기탁)

1882년고종 19 2월 30일에 승정원에서 생원 유원성柳遠聲, 1851~1945에게 이분二分을 급분給分한 사실을 증빙하는 문서이다. 2월 29일에 춘당대春塘臺에서 거행한 일차유생전강日次儒生殿講에서 유원성이 지차之次의 성적과 약略의 평가를 받아서 승정원에서 이분二分을 주었다.

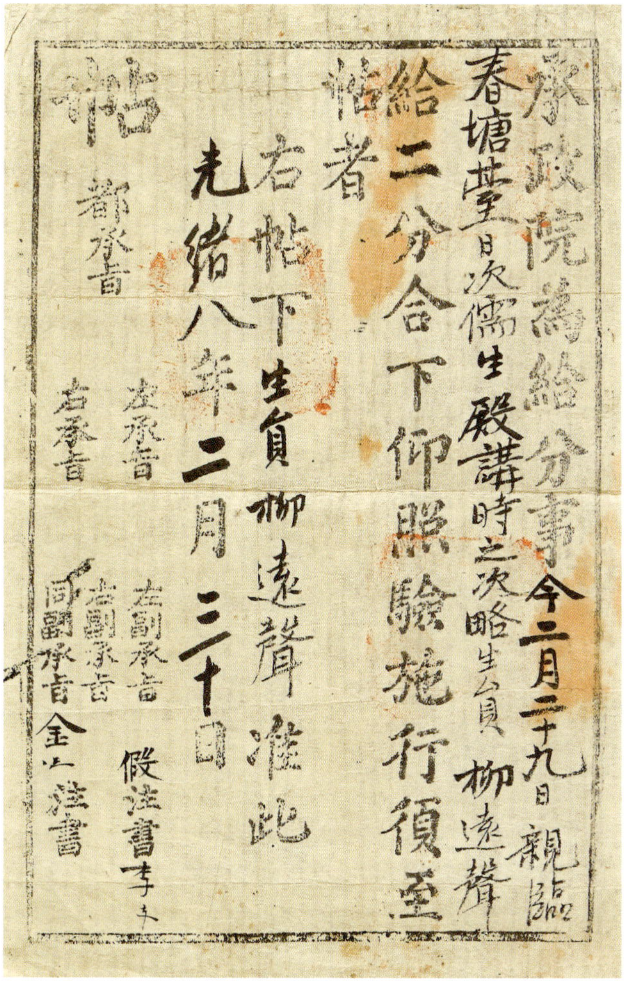
承政院爲給分事今二月二十九日親臨
春塘臺日次儒生殿講時之次略生員柳遠聲
給二分合下仰照驗施行須至
帖者
右帖下生員柳遠聲准此
光緖八年二月三十日

안긍원 직부첩
安兢遠直赴帖

1871년(고종 8), 1장, 51.2×31.4cm, 장서각(광주안씨 순암종택 기탁)

1871년고종 8 8월 13일에 승정원에서 진사 안긍원安兢遠, 1820~1875에게 전시殿試에 직부直赴한 사실을 증빙하는 문서이다. 8월 12일에 고종이 경무대景武臺에 친림하여 거행한 추도기유생시취秋到記儒生試取에서 안긍원이 표表에서 거수居首의 등수와 삼하三下의 성적을 받아서 전시에 직부하였다.

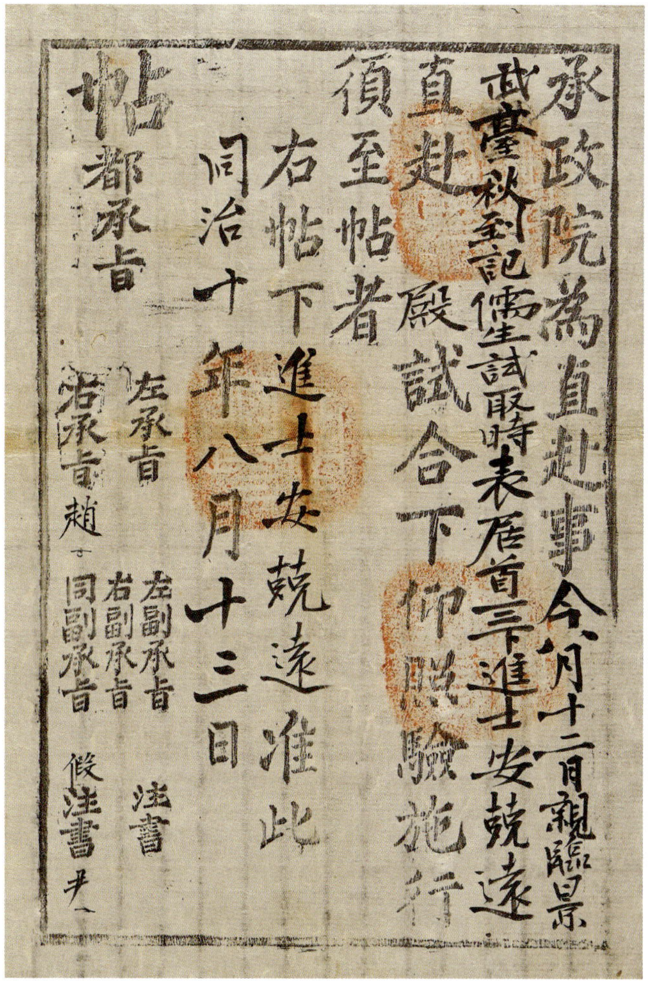
承政院爲直赴事今八月十二日親臨景
武臺秋到記儒生試取時表居首三下進士安兢遠
直赴殿試合下仰照驗施行
須至帖者
右帖下進士安兢遠准此
同治十年八月十三日

북새선은도-길주과시도
北塞宣恩圖-吉州科試圖

한시각(韓時覺, 1621~1691?) 그림, 1664년(현종 5), 1축, 비단에 채색, 57.9×674.1cm, 국립중앙박물관

《북새선은도》에는 1644년현종 5에 행한 시험 장면을 그린 〈길주과시도吉州科試圖〉와 〈함흥방방도咸興放榜圖〉가 하나의 횡권橫卷에 장황되어 있다. 두루마리의 앞부분에 "임금이 북쪽 변방에 은혜를 베풀었다"는 뜻을 지닌 '북새선은北塞宣恩'이라는 전서체篆書體 글씨가 있고, 다음에 문무과 시험을 치르는 장면인 〈길주과시도〉, 함흥 관아에서 합격자를 발표하고 의식을 거행하는 장면인 〈함흥방방도〉, 그리고 마지막에 시험관 명단, 시험일자, 제목, 합격자 명단, 합격자 출신군별 통계 등을 기록하였다. 길주과시는 변방인 함경도의 민심을 회유하고자 1664년현종 5 길주에서 실시한 문무과 별시의 합격자를 발표하는 장면이다. 함경도의 별시는 1664년 8월 20일에 있었고, 합격

자 발표와 시상施賞은 같은 해 10월 8일에 치러졌다. 〈길주과시도吉州科試圖〉 속의 공간은 길주성吉州城이며, 문무과의 시험 장면은 길주성을 배경으로 하여 화면의 중심에 그렸다. 〈길주과시도〉에는 중앙의 관아에서 시험을 주관하는 시관들의 모습이 등장한다. 화폭의 중앙에서 약간 사선방향으로 동향東向을 한 건물이 무과시험을 주관하는 곳이고, 그 아래에 남향南向한 건물은 문과의 시관들이 시험을 집행하는 장소이다. 문과시험장은 길주 관아의 남쪽 전각과 마당에 마련되었다. 전각 안쪽이 시관들의 처소인데, 중앙에 있는 빈 좌석이 경시관京試官의 자리이다. 오른쪽에 앉은 이가 시관 민정중閔鼎重이며, 그 아래가 시관 어진익魚震翼이다. 마당에는 시험의 진행을 맡은 군졸 두 사람이 보인다. 담으로 구획된 시험장 안에는 16명의 문과 응시생들이 모여 있다. 시제試題는 아직 게시되지 않아 시험이 시작되기를 기다리고 있는 모습이다. 《북새선은도》는 별시를 마친 뒤 제작하여 왕실이나 중앙 관청에 보고용으로 올린 그림일 가능성이 크다. 세부 묘사가 치밀하며 화격畵格이 높고 '북새선은北塞宣恩'이라는 표제를 크게 쓴 점, 두루마리의 마지막에 시관試官을 비롯한 합격자의 명단을 자세히 기록한 점이 그러한 정황을 뒷받침한다.

동소만록
桐巢漫錄

1925년 간행, 3권 2책, 신연활자본, 26.2×17.9cm, 장서각(K2-201)

남하정南夏正, 1678~1751이 저술한 야사로 남인의 정치적 입장이 강조된 것이 특징이다. 여기에는 임금과 조정의 중신들이 과거합격자의 등수를 정하는 내용이 담겨져 있어 주목된다. 1742년 영조는 춘당대春塘臺에서 양역良役·학교·군제·용인用人·전화錢貨 등 5조의 책문策問으로 정시庭試를 실시하여 총 10인을 합격 대상자로 선정했고, 시험 이튿날에 중신들과 등수를 정하는 자리를 가졌다. 10명의 답안 가운데 그 경륜과 식견에 있어 가장 주목을 받은 것은 이맹휴李孟休, 1713~1751의 시권이었고, 영조는 그에게 장원의 영광을 부여하고자 했다. 이때 원경하元景夏가 이맹휴의 가족관계를 문제 삼았는데, 이맹휴는 1706년 후일의 경종이 되는 세자보호론을 주장하다 죽임을 당한 이잠李潛, 1660~1706의 조카였기 때문이었다. 그러나 영조는 이에 아랑곳하지 않고 이맹휴를 장원으로 합격시킴으로써 군주로서의 포용과 결단을 보였다. 본 건은 합격자의 등수가 정치적 상황에 따라 조정될 수 있음을 보여주는 사례라 하겠다. 이맹휴는 18세기 남인계 실학의 영수 이익李瀷의 아들이다.

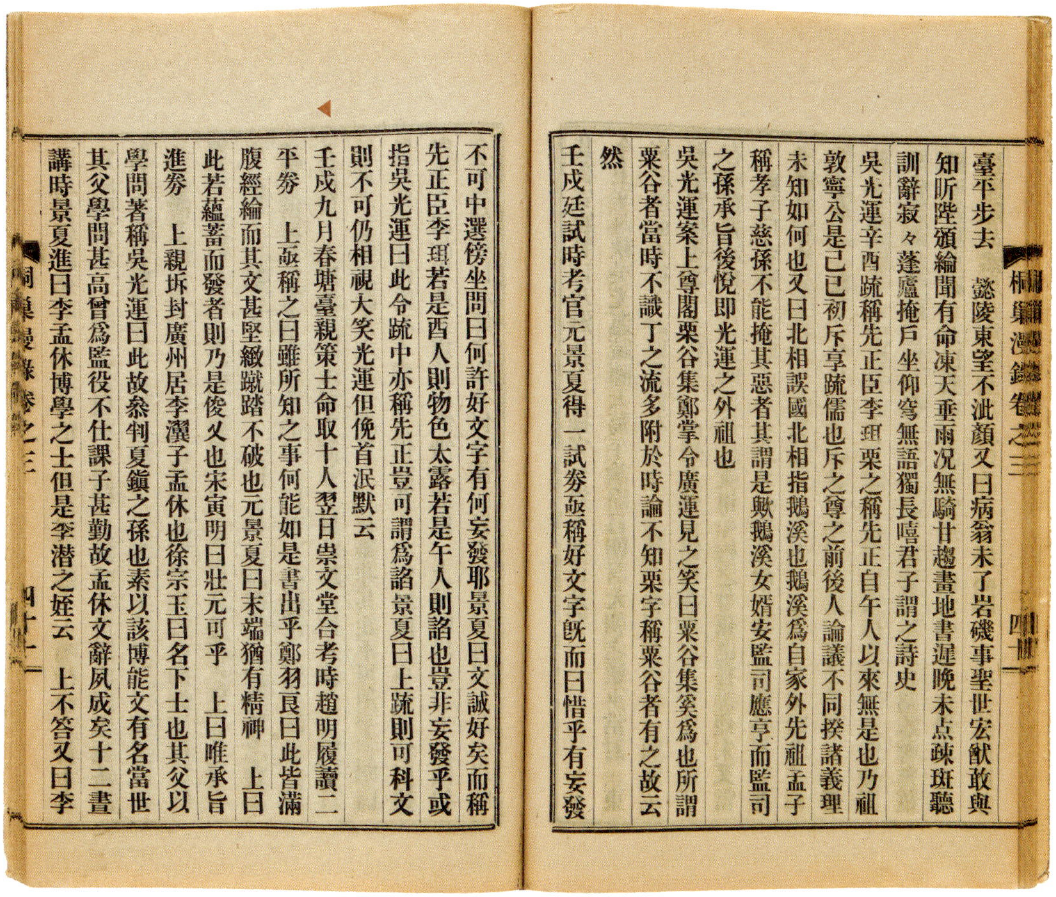

臺平步去　懿陵東望不泚顏又曰病翁未了岩磯事聖世宏猷敢與
知昕陛頒綸闈有命涷天垂雨况無騎甘趨畫地書遲晩未点疎斑聽
訓辭寂々蓬廬掩戶坐仰穹無語獨長噫君子謂之詩史
吳光運辛酉疏稱先正臣李珥栗之稱先正自午人以來無是也乃祖
敦寧公是己巳初斥享疏儒也斥之尊之前後人論議不同揆諸義理
未知如何也又曰北相誤國北相指鵝溪也鵝溪爲自家外先祖孟子
稱孝子慈孫不能掩其惡者其謂是歟鵝溪女婿安監司應亨而監司
之孫承旨後悅即光運之外祖也
吳光運案上尊閣栗谷集鄭掌令廣運見之笑曰粟谷集奚爲也所謂
粟谷者當時不識丁之流多附於時論不知栗字稱粟谷者有之故云
然
壬戌廷試時考官元景夏得一試券亟稱好文字既而曰惜乎有妄發
不可中選傍坐問曰何許好文字有何妄發耶景夏曰文誠好矣而稱
先正臣李珥若是西人則物色太露若是午人則諂也豈非妄發乎或
指吳光運曰此令疏中亦稱先正豈可謂爲諂景夏曰上疏則可科文
則不可仍相視大笑光運但俛首泯默云
壬戌九月春塘臺親策士命取十人翌日崇文堂合考時趙明履讀二
平券　上亟稱之曰雖所知之事何能如是書出乎鄭羽良曰此皆滿
腹經綸而其文甚堅緻蹴踏不破也元景夏曰末端猶有精神　上曰
此若蘊蓄而發者則乃是俊乂也宋寅明曰壯元可乎　上曰唯承旨
進券　上親坼封廣州居李瀷子孟休也徐宗玉曰名下士也其父以
學問著稱吳光運曰此故叅判夏鎭之孫也素以該博能文有名當世
其父學問甚高曾爲監役不仕課子甚勤故孟休文辭夙成矣十二晝
講時景夏進曰李孟休博學之士但是李潛之姪云　上不答又曰李

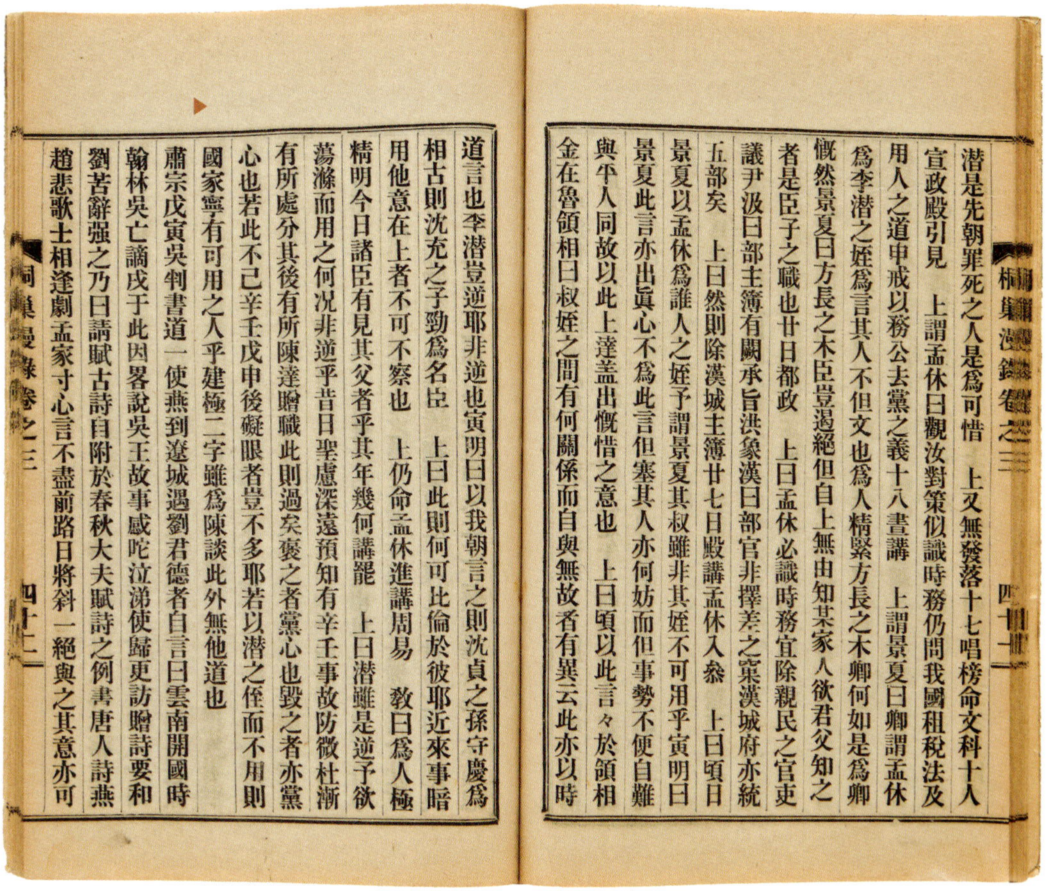

潛是先朝罪死之人是爲可惜　上又無發落十七唱榜命文科十人
宣政殿引見　上謂孟休曰觀汝對策似識時務仍問我國租稅法及
用人之道申戒以務公去黨之義十八晝講　上謂景夏曰卿謂孟休
爲李潛之姪爲言其人不但文也爲人精緊方長之木卿何如是爲卿
慨然景夏曰方長之木臣豈遏絕但自上無由知某家人欲君父知之
者是臣子之職也廿日都政　上曰孟休必識時務宜除親民之官吏
議尹汲曰部主簿有闕承旨洪象漢曰部官非擇差之窠漢城府亦統
五部矣　上曰然則除漢城主簿廿七日殿講孟休入叅　上曰頃日
景夏以孟休爲誰人之姪予謂景夏其叔雖非其姪不可用乎寅明曰
景夏此言亦出眞心不爲此言但塞其人亦何妨而但事勢不便自難
與平人同故以此上達盖出慨惜之意也　上曰頃以此言々於領相
金在魯領相曰叔姪之間有何關係而自與無故者有異云此亦以時
道言也李潛豈逆耶非逆也寅明曰以我朝言之則沈貞之孫守慶爲
相古則沈充之子勁爲名臣　上曰此則何可比倫於彼耶近來事晤
用他意在上者不可不察也　上仍命孟休進講周易　教曰爲人極
精明今日諸臣有見其父者乎其年幾何講罷　上曰潛雖是逆予欲
蕩滌而用之何况非逆乎昔日聖慮深遠預知有辛壬事故防微杜漸
有所處分其後有所陳達贈職此則過矣襃之者黨心也毁之者亦黨
心也若此不已辛壬戊申後礙眼者豈不多耶若以潛之侄而不用則
國家寧有可用之人乎建極二字雖爲陳談此外無他道也
肅宗戊寅吳判書道一使燕到遼城遇劉君德者自言曰雲南開國時
翰林吳亡謫戍于此因畧說吳王故事戲咤泣涕使歸更訪贈詩要和
劉苦辭强之乃曰請賦古詩自附於春秋大夫賦詩之例書唐人詩燕
趙悲歌士相逢劇孟家寸心言不盡前路日將斜一絕與之其意亦可

• 생삼진육生三進六 : 생원 제3등과 진사 제6등의 비밀

『성호사설星湖僿說』 권9, 인사문人事門 중에서

근래에 사마시司馬試에서 높은 성적으로 뽑힌 사람은 시문詩文의 우열優劣로써 정하지 않는다. 시관試官이 먼저 밀봉해 놓은 것을 떼어 보고서 문벌門閥이 좋고 성망이 있는 자를 가려서 수석으로 삼는다. 그리고 반드시 미천한 자를 뽑아 생원生員 제3등, 진사進士 제6등을 만든다. 망족望族들이 모두 이 등수를 수치로 여겨 피하기 때문이다.

과제科第에 손을 쓰는 일이 어느 시대인들 없으랴만, 고금을 통하여 이와 같은 일이 있었다는 것은 듣지 못했으니, 이 폐습이 어느 시대로부터 일어났는지 알 수 없다. 세간에 전하는 말에 의하면 예전에 생원 제3인이나 진사 제6인을 차지한 자는 대부분 불길했기 때문에 이와 같이 한다고 한다. 나는 일찍이 판서判書 윤돈尹暾의 행장行狀을 지은 일이 있다. 윤 판서는 만력萬曆 기묘년1579, 선조 12 사마시에 합격하였는데, 당시에는 생원 제3인과 진사 제6인을 극선極選으로 여겼다고 한다. 이를 보면 근세와 같지는 않았던 모양이나 마음대로 낮추고 올리고 하는 경우가 아마도 있었던 모양이다.

고려 충렬왕忠烈王 14년에 재상 채인규蔡仁規의 아들 우禑가 과거에 올라 동진사同進士의 수석을 차지한 적이 있는데, 옛 제도에 을과乙科가 3인, 병과丙科가 7인, 동진사가 23인으로 되었다. 세상에서 동진사의 수석이 되면 벼슬길이 트이지 않는다 하여, 사람들이 모두 싫어하며 동두同頭라 지칭하므로 왕은 혐의롭게 여겨 마침내 병과를 8인으로 추가하였으니, 그렇다면 옛날에도 역시 이 습속이 있었던 것이다.

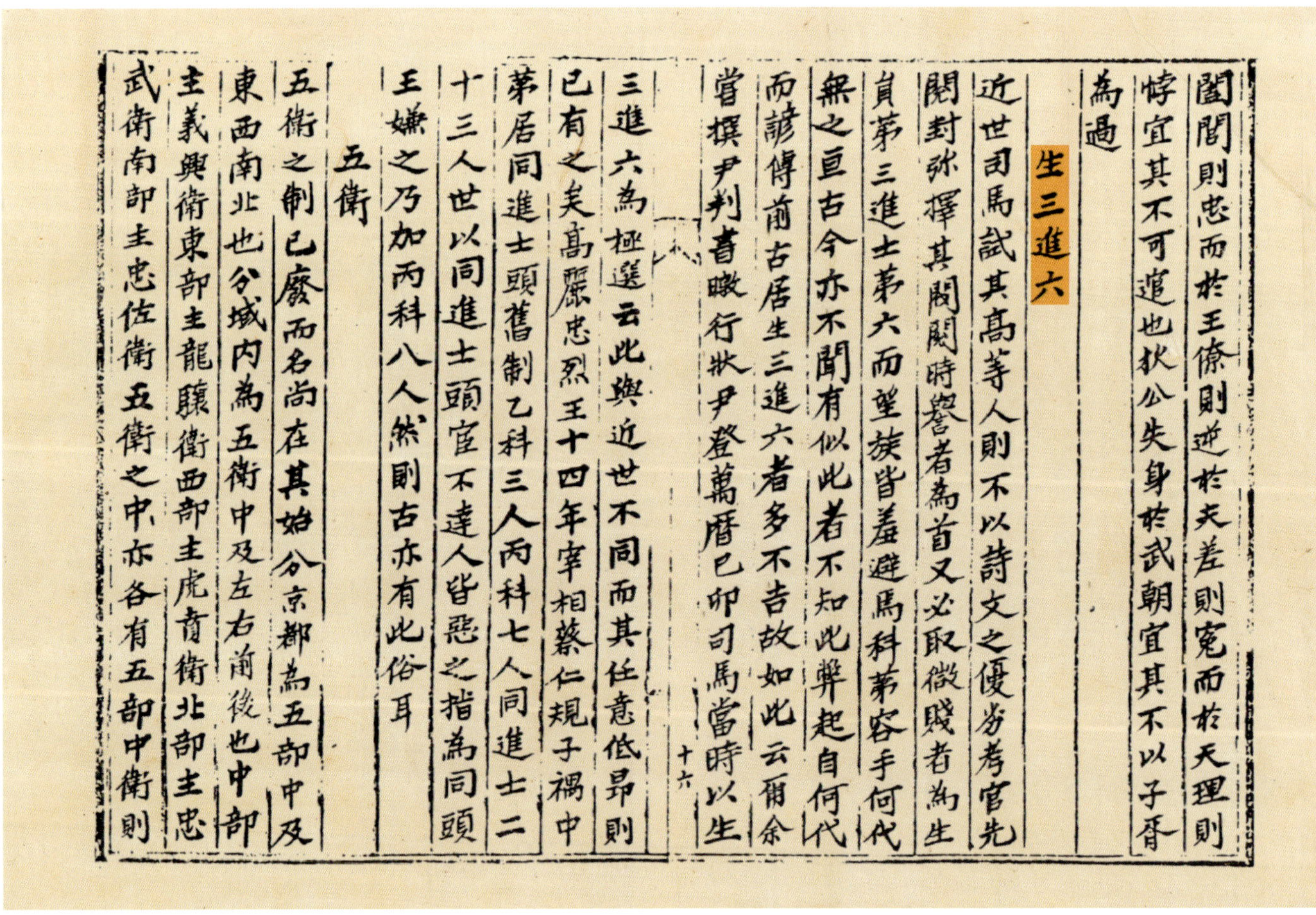
閭閻則忠而於王僚則逆於天差則寃而於天理則悖宜其不可進也狀公失身於武朝宜其不以子胥為過

生三進六

近世司馬試其高等人則不以詩文之優劣考官先閱封彌擇其閥閱時譽者為首又必取微賤者為生員第三進士第六而望族皆羞避馬科第容手何代無之亘古今亦不聞有似此者不知此弊起自何代而諺傳前古居生三進六者多不吉故如此云爾余嘗撰尹判書暾行狀尹登萬曆己卯司馬當時以生三進六為極選云此與近世不同而其任意低昂則已有之矣高麗忠烈王十四年宰相蔡仁規子禑中第居同進士頭舊制乙科三人丙科七人同進士二十三人世以同進士頭宦不達人皆惡之指為同頭王嫌之乃加丙科八人然則古亦有此俗耳

十六

五衛

五衛之制已廢而名尚在其始分京都為五部中及東西南北也分城內為五衛中及左右前後也中部主義興衛東部主龍驤衛西部主虎賁衛北部主忠武衛南部主忠佐衛五衛之中亦各有五部中衛則

• 과거 합격자가 가장 적었을 때와 가장 많았을 때는?

1776년영조 52 2월 영조가 융무당隆武堂에 나아가 문무 기구과文武耆耈科를 설행하였을 적에 왕세손이 시좌侍坐하여 64세 강세황姜世晃과 66세 김상무金相戊 두 사람만 뽑았으며, 1891년고종 28 7월 고종이 경무대景武臺에 나아가 문과 증광별시增廣別試를 설행하였을 적에 대전·중궁전·세자궁의 환후가 회복된 세 가지 경사를 합한 이유로 인해 송병찬宋秉瓚 등 78명을 뽑았다.

• 최연소와 최고령 급제자

문과 최연소 급제자

조선 말기 문신이자 문장가인 이건창李建昌, 1852~1898이다. 본관은 전주全州이며, 호는 영재寧齋, 자는 봉조鳳朝이다. 15세가 되는 1866년고종 3 강화 별시江華別試에서 병과丙科 3등으로 입격하여 조선시대 문과 합격자 1만 5151명 중에서 최연소 합격의 기록을 남겼다. 급제 당시 나이가 너무 어려 실제로는 19세가 되어서 홍문관의 관직에 나아갔다. 한말에 김택영金澤榮이 여한구대가麗韓九大家의 문호를 꼽을 때 이건창을 최후의 한사람으로 뽑았으며, 이건창의 『당의통략黨議通略』은 당파를 초월해 당쟁黨爭의 원인과 전개를 저술한 기록으로 평가된다.

문과 최연소 장원급제자

조선 중기 문신인 박호朴篪, 1567~1592이다. 본관은 밀양密陽, 자는 대건大建이다. 18세 때인 1584년선조 17 관학유생館學儒生 가운데 원점圓點이 찬 유생을 대상으로 선조가 서총대瑞葱臺에 거둥한 친시 문과親試文科에서 장원급제를 하였다. 임진왜란이 발발하자 종사관從事官으로 활약하다 전사하였는데, "나는 18세에 장원급제하여 나라의 후한 은혜를 입었는데, 지금 전세가 이처럼 불리하니 내가 살아서 무슨 면목으로 왕을 뵐 수 있겠는가?" 하였다고 한다.

최고령 급제자

고종 말기 정순교丁洵教, 1805~?이다. 본관은 나주羅州이고, 거주지는 수원水原이다. 86세인 1890년고종 27에 고종이 경무대景武臺에 친림하여 기로 유생耆老儒生들에게 응제應製 시험을 보일 때 급제함으로써 조선시대 문과 합격자 1만 5151명 중에서 최고령 합격의 기록을 남겼다. 당시 고종은 특별히 자급을 더해주어 첨지가설僉知加設 단망에 부친 다음 연회를 베풀어 주라고 하였다.

• 연벽聯璧

형제가 나란히 과거시험에 합격하는 것을 말하는데 '연벽連璧'이라고도 한다. 조선시대 과거는 경쟁률이 높아 합격하기가 매우 어려웠지만 형제가 같은 시험에 합격하는 경우도 적지 않았다. 그러므로 생원·진사시 합격자 명부인 『사마방목』에 이를 별도로 기록하는 '연벽'이라는 항목을 설정하였다. 조선시대 대표적인 연벽으로는 호론湖論의 주역인 윤봉구尹鳳九·봉오鳳五 형제가 있는데 이들은 갑오1714, 숙종 40 증광시 진사과에 나란히 합격하였다. 신유1681, 숙종 7 식년생원시에는 김가주金可柱·만주萬柱·동주東柱 삼형제가 연벽에 등재되기도 하였는데 매우 드문 경우이다.

문무과 방방의
文武科放榜儀

문과와 무과의 결과를 발표할 때 왕과 문무관료들은 물론 합격자들의 친척들도 함께 참여하여 축하하였는데, 이 의식을 '문무과 방방의文武科放榜儀'라고 한다. 합격증인 홍패는 문과 급제자에게는 이조 정랑이, 무과 급제자에게는 병조 정랑이 나누어 주었다. 홍패를 교부한 후에 왕은 급제자들에게 어사화와 주과酒果를 내려주었다. 이 '문무과 방방의'와 '생원진사 방방의'에 관한 기록이 『국조오례의』에 실려 있다.

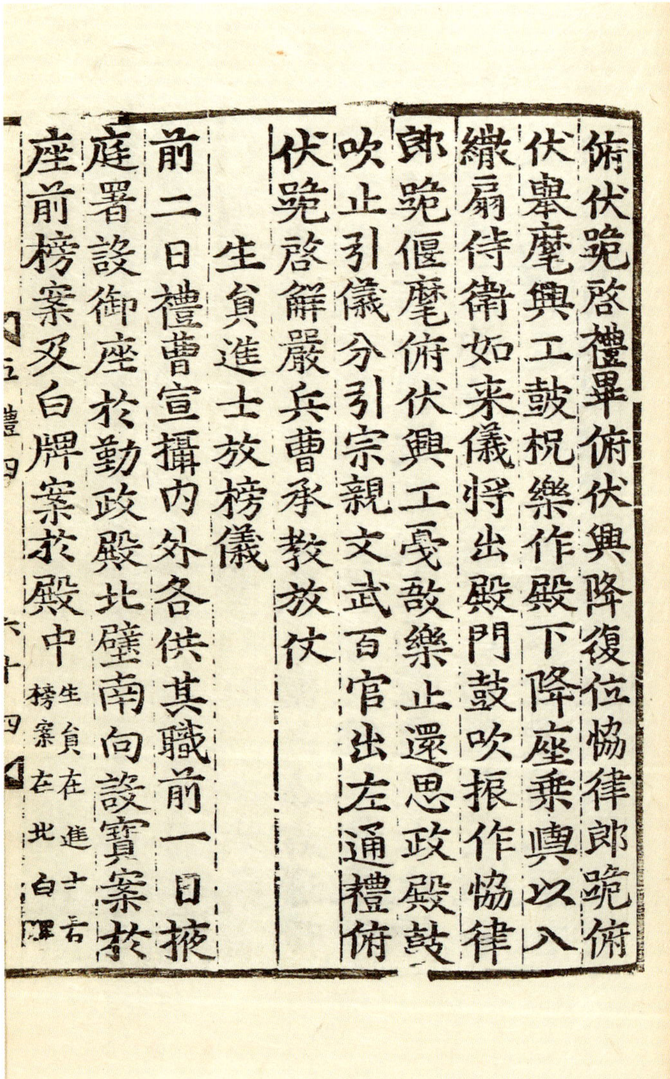
俯伏跪啓禮畢俯伏興降復位協律郎跪俯
伏擧麾興工鼓柷樂作殿下降座乘輿以入
繖扇侍衛如來儀將出殿門鼓吹振作協律
郎跪偃麾俯伏興工戛敔樂止還思政殿鼓
吹止引儀分引宗親文武百官出左通禮俯
伏跪啓解嚴兵曹承教放仗
生員進士放榜儀
前二日禮曹宣攝內外各供其職前一日掖
庭署設御座於勤政殿北壁南向設寶案於
座前榜案及白牌案於殿中生員在進士右榜案在北白牌

생원진사 방방의

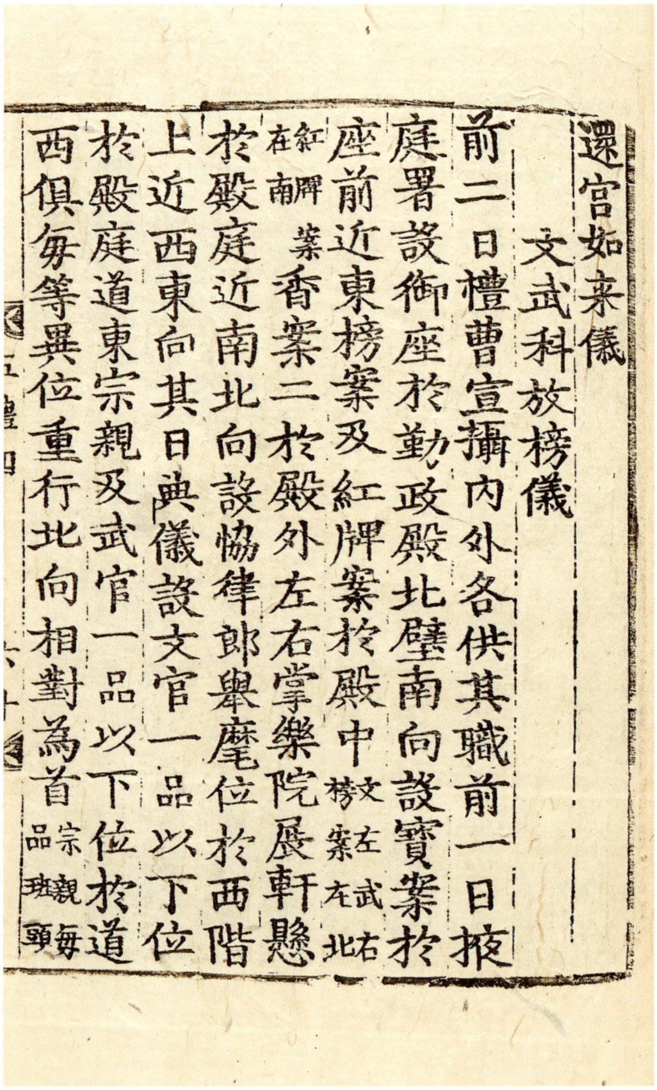
還宮如來儀
文武科放榜儀
前二日禮曹宣攝內外各供其職前一日掖
庭署設御座於勤政殿北壁南向設寶案於
座前近東榜案及紅牌案於殿中文左武右榜案在北紅牌案在南香案二於殿外左右掌樂院展軒懸
於殿庭近南北向設協律郎擧麾位於西階
上近西東向其日典儀設文官一品以下位
於殿庭道東宗親及武官一品以下位於道
西俱每等異位重行北向相對爲首宗親每品班頭

문무과 방방의

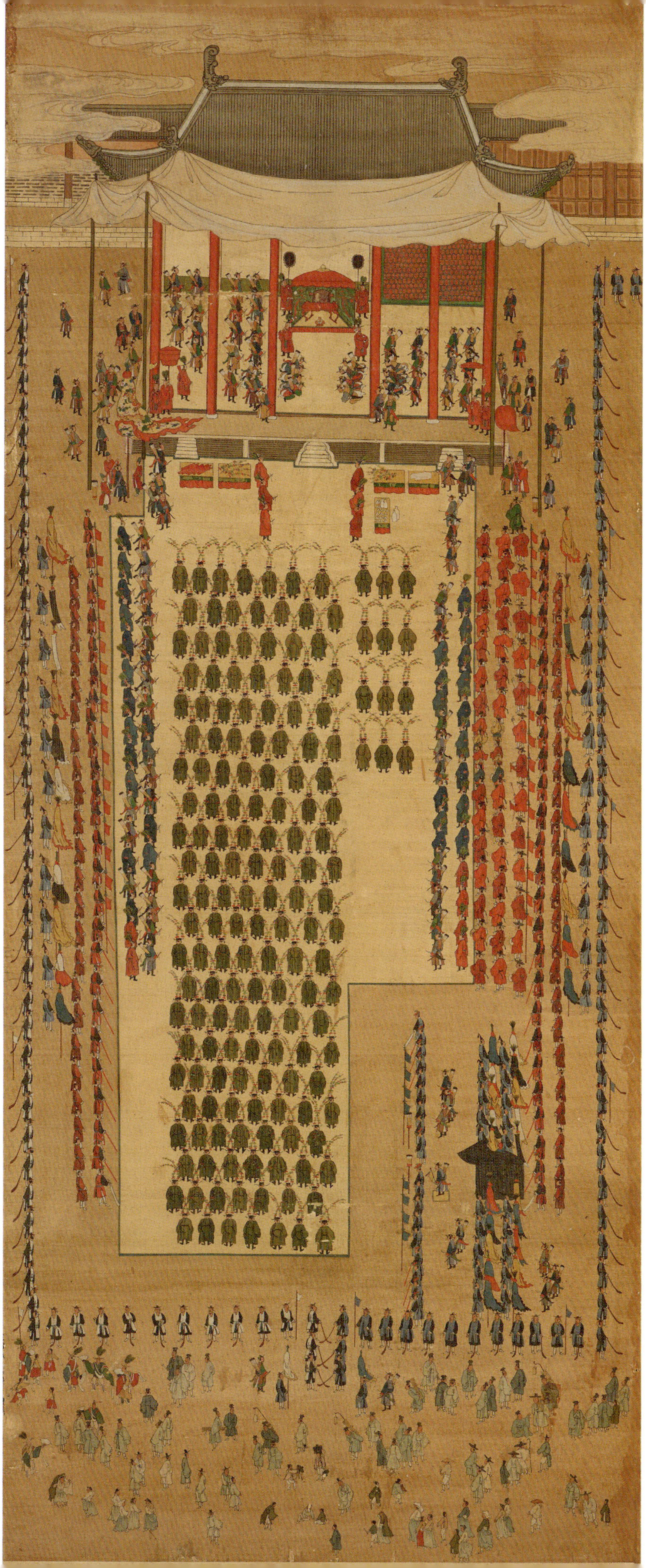

《화성능행도병》 제6폭 〈낙남헌방방도〉

화성능행도병
華城陵幸圖屛

1795년(정조 19), 8폭 병풍, 비단에 채색, 151.5×66.4cm(1폭), 삼성미술관 Leeum

이 병풍은 정조가 1795년정조 19 사도세자思悼世子, 1735~1762의 묘소가 있는 화성華城으로 어머니 혜경궁惠慶宮을 모시고 행차하여 거행한 주요 행사를 8첩 병풍에 그린 기록화이다. 정조의 부친 사도세자와 어머니 혜경궁 홍씨의 동년 회갑回甲을 맞이하여 결정한 행사였다. 〈낙남헌방방도洛南軒放榜圖〉는 화성행차의 셋째날인 윤2월 11일 오전에 낙남헌에서 과거시험을 실시한 뒤, 오후에 합격자를 발표하고 시상하는 장면을 그린 것이다. 이날 진시辰時, 아침 7~9시에 행궁 내 낙남헌에서 정조가 친림한 가운데 문무과 별시를 거행하는 의식을 가졌다. 이날의 과거는 문무과 정시별시로 화성부와 인근지역인 광주廣州, 시흥始興, 과천果川 출신의 유생과 무사武士들에게만 참가 자격이

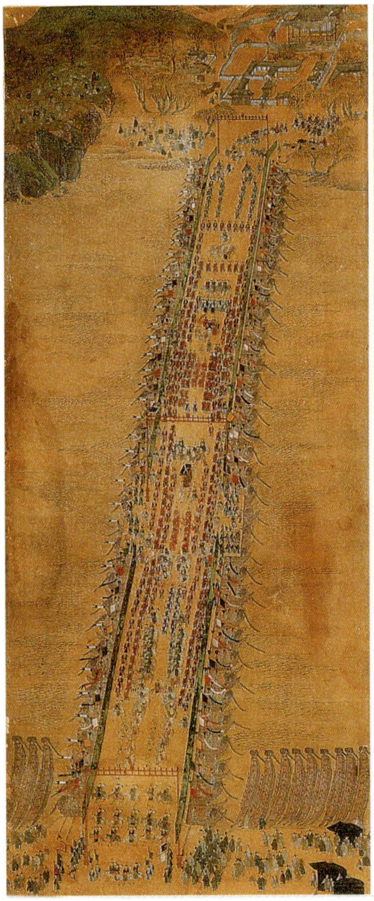

제8폭
노량주교도섭도(鷺梁舟橋渡涉圖)

제7폭
시흥환어행렬도(始興還御行列圖)

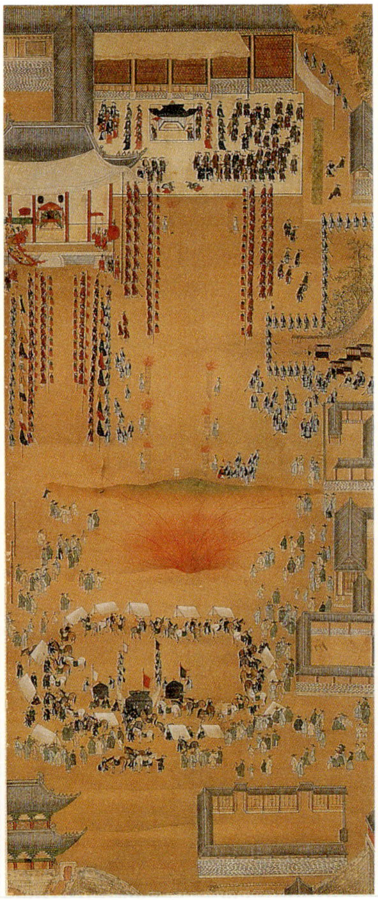

제6폭
득중정어사도(得中亭御射圖)

제5폭
서장대성조도(西將臺城操圖)

주어졌다. 급제한 사람은 문과 5명, 무과 56명이었다. 문무 합격자의 명단을 공개하는 의식인 방방의放榜儀는 미정未正, 오후 2시에 이루어졌다. 오전 9시부터 시험을 보았다 하더라도 채점과 합격자 발표까지 상당히 신속히 진행된 셈이다.

〈낙남헌방방도〉에 그려진 방방의의 절차는 『원행을묘정리의궤園幸乙卯整理儀軌』에 실린 의주儀註에 자세히 기록되어 있다. 〈낙남헌방방도〉의 장면을 보면, 전각 안쪽 어좌 뒤편의 오봉병五峯屛을 배경으로 정조가 좌정하였다. 승지 등 입시 관료들이 융복戎服을 입고 엎드려 있다. 계단 아래에는 급제자의 이름을 호명하는 방방관放榜官을 비롯하여 치사를 대신 낭독하는 대치사관代致詞官, 시험 감독을 한 이조 정랑과 병조 정랑 등의 집사관執事官 등이 서 있다. 합격증인 홍패가 놓인 홍패안紅牌案, 임금이 하사한 어사화가 놓인 어사화안御賜花案, 술과 안주가 마련된 주탁酒卓이 따로 준비되었다. 공복 차림의 문무과 급제자들이 각각 좌우에 나누어 섰는데, 복두에 어사화를 꽂고 있어 급제자들이 모두 어사화를 하사받은 뒤의 모습을 그린 것으로 이해된다.

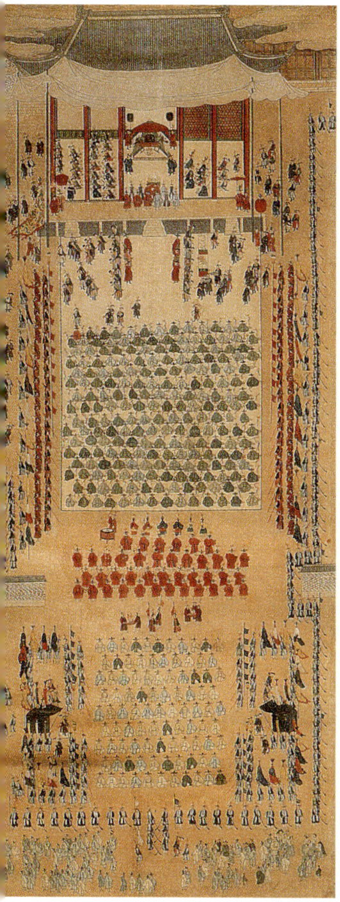
제4폭
낙남헌양로연도(洛南軒養老宴圖)

제3폭
봉수당진찬도(奉壽堂進饌圖)

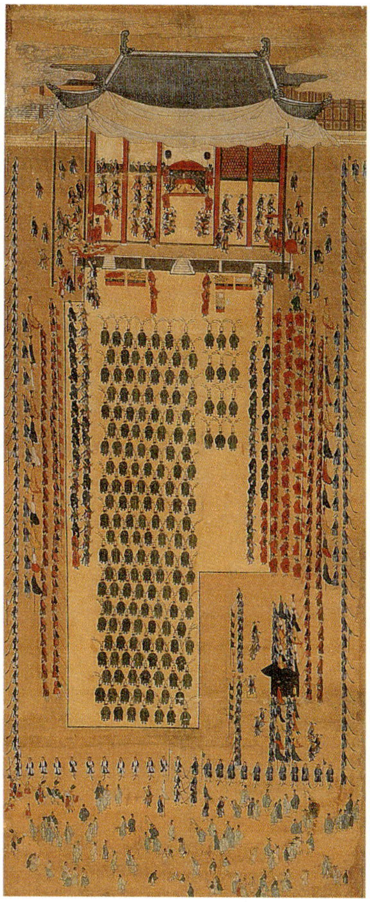
제2폭
낙남헌방방도(洛南軒放榜圖)

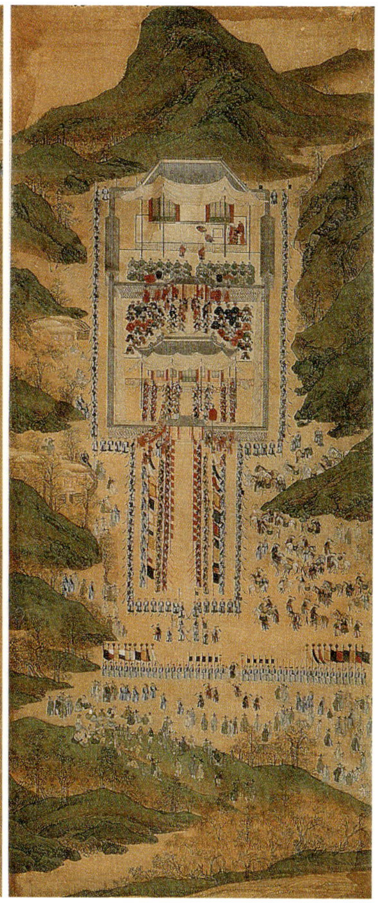
제1폭
화성성묘전배도(華城聖廟展拜圖)

북새선은도-함흥방방도

北塞宣恩圖-咸興放榜圖

한시각(韓時覺, 1621~1691?) 그림, 1664년(현종 5), 1축, 비단에 채색, 57.9×674.1cm, 국립중앙박물관

앞서 살펴본《북새선은도》의 일부로, 1664년현종 5 10월 8일 함흥의 객사인 함산관咸山館에서 시행된 방방의 장면을 그린 것이다. 이 그림에는 성천강이 지나는 반룡산 자락에 축성된 함흥부의 전경이 배경을 채우고 있다. 방방이 거행된 객사의 건물 안쪽에는 임금의 전패殿牌가 놓여 있다. 건물 안에 5명이 자리 잡고 있는데, 엎드려 있는 사람이 경시관 김수항金壽恒으로 추측된다. 전각 앞쪽의 대臺 위에는 합격자에게 줄 어사화와 홍패를 올린 안案이 동서로 각각 놓여 있다. 그 아래에 합격자의 이름을 호명하는 두 명의 문무과 방방관放榜官이 방안榜案 뒤에 서 있다. 이 별시의 합격자는 문과 3명, 무과 300명이다. 갑을병과의 순으로 대열을 맞추어 문반의 경우는 오른쪽에, 무반의 경우는 왼쪽에 서있다. 문무과의 장원급제자에게는 일산日傘을 내려주었다.『오례의五禮儀』에는 급제자가 오사모烏紗帽, 흑각대黑角帶, 백의白衣를 착용하도록 규정되어 있지만, 합격자들은 청, 홍, 녹의 삼색 의복을 착용한 모습이다.

• 영문록榮問錄

영문榮問은 남의 영예榮譽 또는 성문聲聞을 문후한다는 뜻이다. 조선시대에는 생원진사나 문무과에 합격하면 감사와 기쁨을 표하는 잔치를 열었다. 이때 초청되어 연회에 참석한 사람들의 명단이 바로 영문록이다. 초청의 범위는 합격자의 가격家格, 특히 할아버지나 아버지의 사회적 지위와 관련이 깊었다. 집안의 격이 높을수록 지체 높은 사람들이 참여했고, 현직 정승이나 판서가 참석하면 큰 영광으로 여겼다. 경우에 따라서는 시험관으로 활동한 관료들을 초청하여 감사와 위로의 마음을 표하기도 했다. 합격 잔치는 단순히 축하의 자리를 넘어 합격자가 중요 인사들과 교유하며 인적 관계망을 확충하는 계기가 된다는 점에서 그 의미가 컸다.

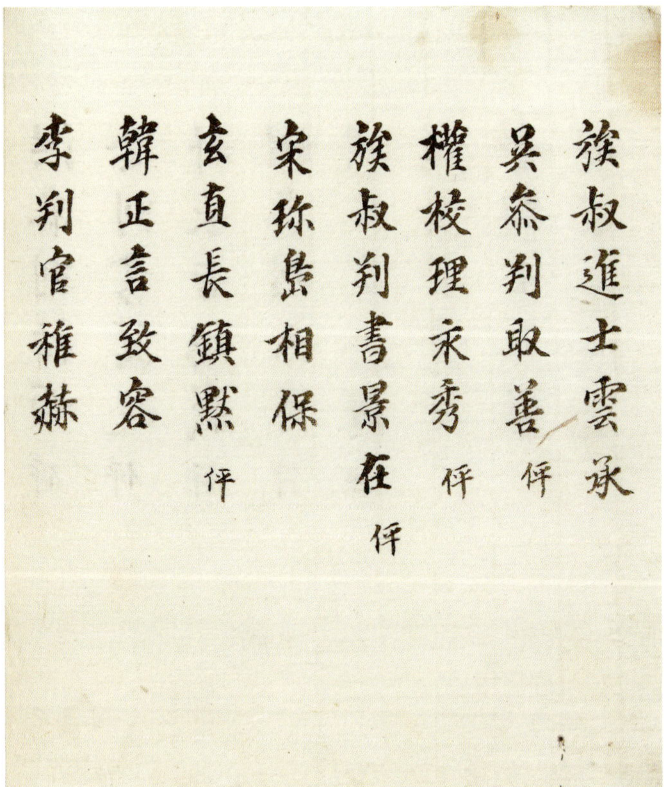

族叔進士雲承
吳參判取善 伻
權校理來秀 伻
族叔判書景在 伻
宋珍島相保
玄直長鎭默 伻
韓正言致容
李判官稚赫

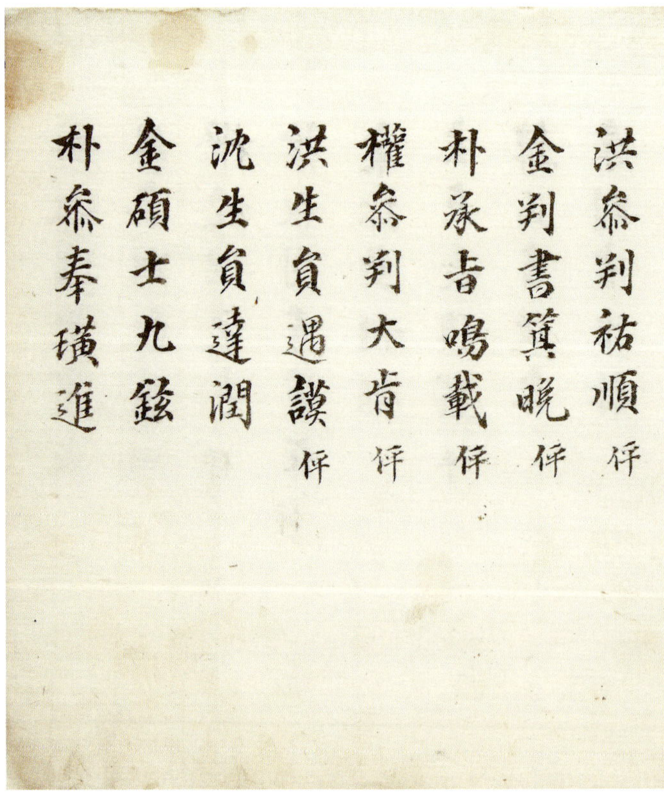

洪參判祐順 伻
金判書箕晩 伻
朴承旨鳴載 伻
權參判大肯 伻
洪生員遇謨 伻
沈生員達潤
金碩士九鉉
朴參奉璜進

이호직 영문록
李浩稙榮問錄

1848년(헌종 14), 2책, 필사본, 25.5×23.4cm/23.3×22.8cm,
장서각(한산이씨 수당고택 기탁)

1848년헌종 14 5월 2일 이호직李浩稙의 진사시 입격 잔치 때 직접 방문하거나 서한 또는 대리인을 보내 축하를 표시한 사람들의 인명록이다. 이호직은 진사시에서 1등 제2인으로 입격해 비록 장원은 아니었지만 차석으로서 문재를 크게 떨쳤다. 시관試官을 비롯하여 초청된 인사 355명의 명단이 열서되어 있다. 직접 방문하지 않고 종이나 하인 등 대리인을 보낸 사람은 이름 아래에 심부름꾼을 뜻하는 '팽伻'을 적었고, 서한을 보낸 사람은 '서書'라 표기하였다. 초청자는 정승·판서에서 참봉에 이르기까지 대부분 관료들로 구성되었다. 고위 관료의 비중이 높은 것은 한산이씨 아계가문鵝溪家門의 위상과 합격자의 아버지 이종병李宗秉의 사회적 지위와 관련이 깊다. 이 무렵 이종병은 우부승지, 좌부승지, 대사간, 병조·형조참의 등 당상관의 직책을 수행하여 관료적 기반이 탄탄하였다. 즉 영문록에 수록된 인물의 대부분은 이종병의 동료이거나 지우이다.

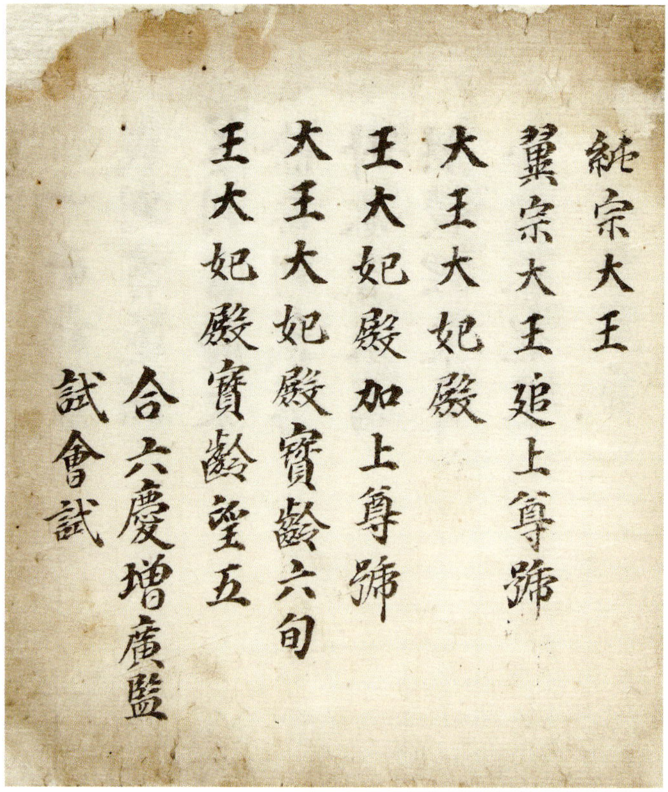
純宗大王
翼宗大王追上尊號
大王大妃殿
王大妃殿加上尊號
大王大妃殿寶齡六旬
王大妃殿寶齡望五
合六慶增廣監
試會試

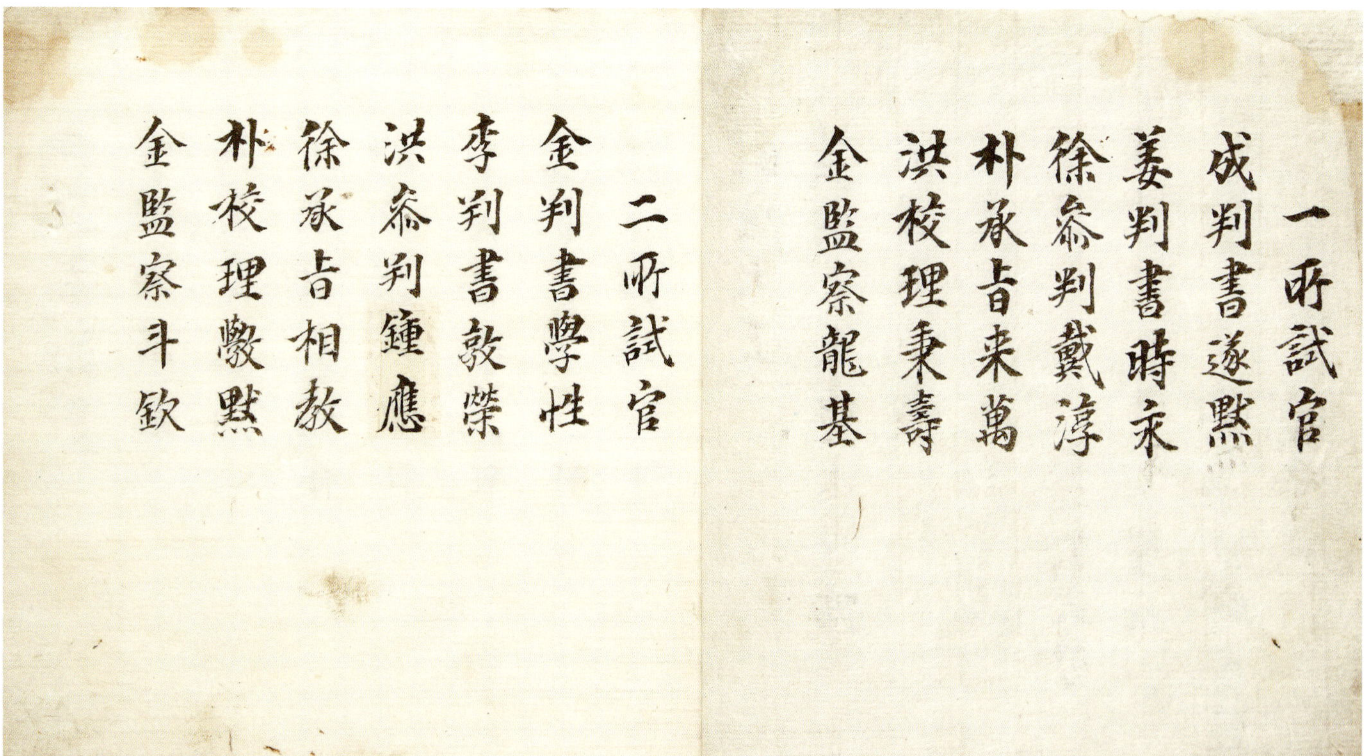
一所試官
成判書遂默
姜判書時永
徐參判戴淳
朴承旨來萬
洪校理秉壽
金監察龍基

二所試官
金判書學性
李判書敦榮
洪參判鍾應
徐承旨相教
朴校理徽默
金監察斗欽

• 과거 합격자의 삼일유가

과거에 급제한 사람은 사흘 동안 시관試官과 선배, 친척을 방문하며 인사를 올렸는데, 이를 삼일유가三日遊街라 한다. 유가는 일반 백성들이 구경하므로 이를 시행하여 인심을 흥기시키고 과거科擧의 중요성을 백성들에게 주지시키는 데 목적을 두었다. 국장國葬이나 흉년이 들더라도 문·무과 시험의 합격자들에게는 유가를 허락하였는데, 이때 풍악은 사용하지 않았다. 이처럼 삼일유가에는 가급적 많은 제재를 가하지 않았지만, 임금의 판단에 따라 금령이 내려질 경우에는 엄격히 제한하였다. 따라서 삼일유가는 많은 유생에게 과거의 합격이라는 영광의 순간을 선망하게 하고, 과거시험에 더욱 매진하게 하는 분위기를 조성하는데 일조하였다. 급제자는 단령團領을 입었고, 모자인 복두幞頭에 어사화御賜花를 꽂고서 말 위에 올랐다. 선두에는 붉은색 상의를 입은 천동天童이 앞장서고 그 뒤에 붉은색 천으로 싼 홍패紅牌를 든 사람들이 따랐다. 그 뒤를 악공들이 북, 장구, 해금, 대금, 향피리 등을 연주하며 행진하였다. 광대는 붉은 옷을 입고 깃털을 단 모자를 썼다. 유가는 가두행진만이 아니라 가내家內에서 이루어진 경우도 있는데, 이때는 재인才人과 가인歌人들이 춤과 재주를 펼치는 공연이 함께 진행되었다. 과거급제자에게 주어진 삼일유가는 고위 관직을 지낸 사람의 일생을 그린《평생도平生圖》에 구체적으로 잘 나타나 있다.《평생도》에 삼일유가가 포함된 것은 그만큼 일생에서 가장 기억에 남고, 영광스러운 순간으로 인식되고 있었음을 말해주는 것이다.

• 제마수齊馬首

방목에는 합격자 발표 때의 행사와 관련된 담당자色掌의 하나로 '제마수'가 등장한다. 제마수는 과거 합격자 중에서 1~3인을 선정하였다. 제마수는 '말머리를 나란히 한다'는 뜻이다. 생원시와 진사시에 새로 합격한 사람들이 경제력이 넉넉한 동료를 제마수로 선발하여 함께 급제한 동방同榜들에게 음식을 넉넉히 제공하게 했다. 그 대신 제마수는 장원급제한 동방과 말머리를 나란히 하며 유가遊街를 할 수 있었다. 방목에 기재된 제마수는 장원급제자와 나란히 유가할 수 있는 권한을 받는 대신, 동방들에게 음식을 대접하는 일을 담당한 자였다. 제마수를 통해 동방들 사이의 결속과 화합을 도모하고자 했던 과거 문화의 단면을 엿볼 수 있다.

《평생도》- 삼일유가(三日遊街),
19세기, 10폭 병풍, 종이에 채색, 130.0×36.0cm(1폭),
국립중앙박물관

應榜式

모당 홍이상공 평생도
慕堂洪履祥公平生圖

김홍도(金弘道, 1745~1816 이후) 그림, 1780년(정조 4), 8폭 병풍, 비단에 채색, 75.1×39.4cm(1폭), 국립중앙박물관

이 그림은 김홍도가 모당慕堂 홍이상洪履祥, 1549~1615의 일생을 그린 여덟 폭 병풍 가운데 삼일유가를 그린 〈응방식應榜式〉 부분이다. 《모당 홍이상공 평생도》는 돌잔치, 혼례식, 응방식應榜式, 한림겸수찬翰林兼修撰, 송도유수도임식松都留守到任式, 병조판서시兵曹判書時, 좌의정시左議政時, 회혼식回婚式의 여덟 폭으로 구성된다. 제8폭 위쪽의 "辛丑九月 士能畫于瓦署直中"이라는 기록을 통해 1781년 9월 김홍도가 와서瓦署 숙직 중에 그렸음을 알 수 있다. 사능士能은 『맹자』의 "항산이 없더라도 항심이 있는 것은 오직 선비라야 가능하다[無恒産而有恒心者 惟士爲能]"라는 구절에 빌어온 김홍도의 자字이다.

유가후 하인등처 하기
遊街後下人等處下記

1825년(순조 25), 『벽계영유록碧鷄榮遊錄』, 필사본, 27.0×18.3cm, 장서각(B9O 17)

1825년순조 25 식년시式年試에 진사로 입격한 24세의 심동규沈東圭, 1802~? 가 남긴 유가 관련 기록이다. 유가는 과거급제자가 스승과 친지들을 찾아 인사드리기 위해 받은 휴가를 가리킨다. 심동규는 유가를 치르면서 들어간 비용을 〈유가후 하인등처 하기遊街後下人等處下記〉라는 기록으로 남겼다. 심동규의 유가에는 총 465냥 7전의 비용이 들었다. 지출처를 보면, '주인主人'이라고 표기한 사람들에게 5냥부터 100냥에 이르는 돈을 주었다. 예컨대 '반주인泮主人'이란 시험에 응시하려고 서울에 올라온 선비가 성균관 근처에서 묵은 집주인을 이르는 말이다. 즉, 성균관 근처에서 며칠을 체류할 때 시험 정보를 알려주고, 응시 준비를 도와준 사람을 반주인이라 했던 것으로 추측된다. 다음으로는 광대 김경손金慶孫에게 가장 많은 금액인 155냥을 주었다. 유가에 동원된 인력들에게 준 돈으로는 금액이 가장 크다. 그만큼 유가에 있어 광대의 역할과 비중이 컸음을 말해준다. 심동규의 유가에는 삼일유가를 비롯한《평생도平生圖》에 등장하지 않은 사람들이 있다. 재인, 기생, 가인歌人 등이다. 이들에게 지급된 금액으로는 재인 강산천姜山川에게 135냥을 주었다. 재인에 딸린 비복婢僕들에게 준 금액도 나온다. 광대 다음으로 큰 비중을 차지한다. 악공에게는 13냥을 주었는데, 악공이 6명일 경우, 한 사람당 약 2냥씩 받은 셈이다. 또한 기생은 몇 명인지 알 수 없지만 12냥을 주었다. 다음으로는 노래를 부른 가인歌人들이 등장하는 데, 조임祖任에게 10냥을 주었, 보조로 추측되는 이들에게도 일정 금액을 주었다. 가인에는 재인 강산천의 형인 강산립姜山立과 광대 김경손의 처 한복汗福이 포함되어 있다. 다음으로는 재인과 비복婢僕들에게도 소량의 돈을 주었고, 초립 등 물품을 구입한 금액이 마지막에 적혀 있다.

〈표〉 유가후 하인등처 하기

구분	인물	금액
主人	泮主人 李年崇 路費	100냥 6냥
	洪川監試主人 李震哲	5냥 6전
	義洞舍館主人 林得春	
廣帶	呂州모라닐 金慶孫	155냥
才人	廣州盆原 姜山川	135냥
	後陪 卞五山	6냥
	驅奴 喆伊	3냥
	鳳得	2냥
樂工	樂工 6名	13냥
妓生	妓生	12냥
歌人	祖任	10냥
	乙得	1냥
	姜山立〔주: 山川兄〕	5냥
	汗福〔주: 慶孫家人〕	2냥
才人等婢僕輩給物	婢 4人	2냥
	奴 2人	1냥
	乙得	3전
	喆伊	4냥
物品	草笠 2介	1냥 4전
	唐鞋 2介	1냥 4전
총계 465냥 7전		

※윤진영, 「科擧 관련 繪畵의 현황과 특징」, 『大東漢文學』 40호, 대동한문학회, 2014, 252쪽 참조.

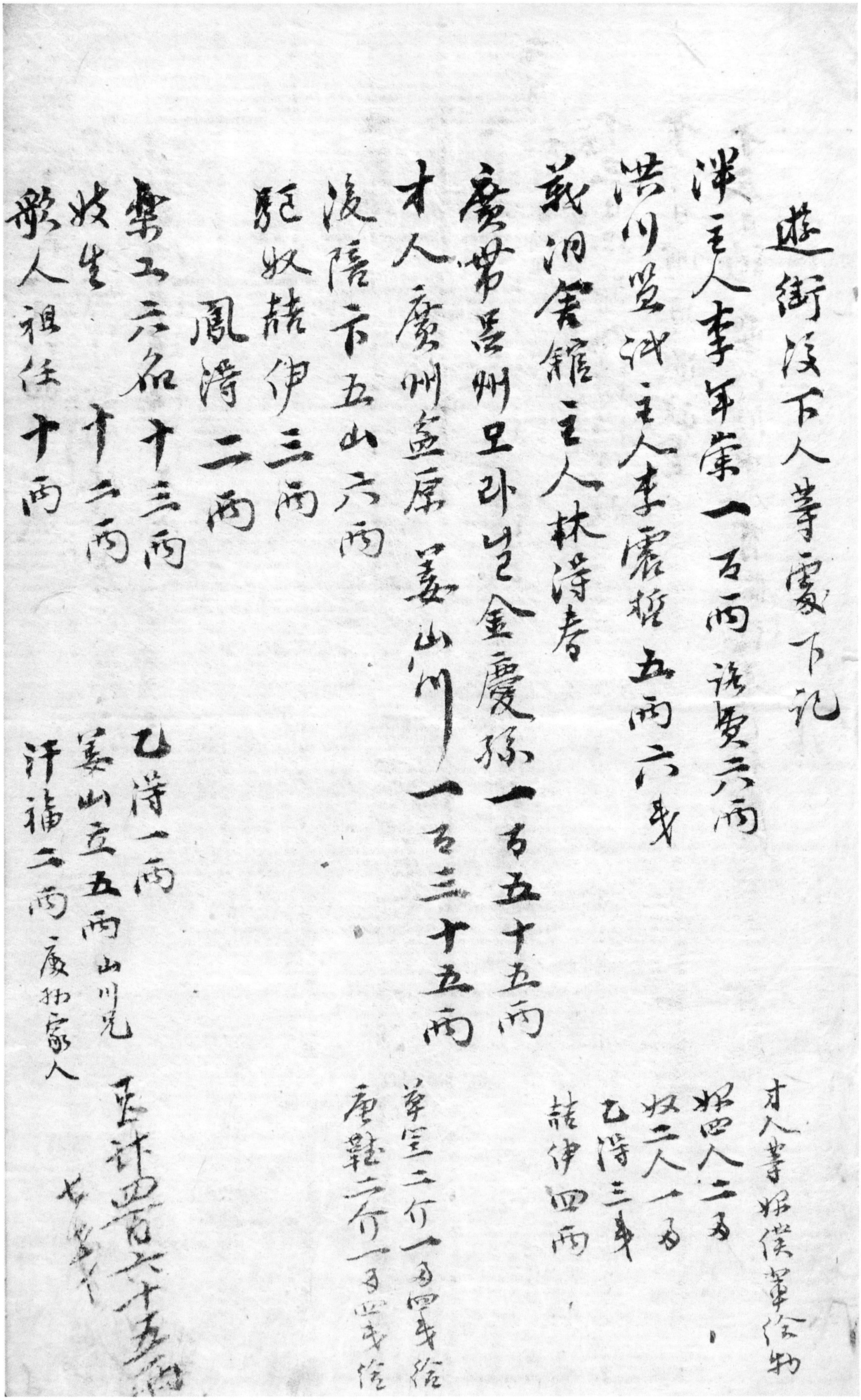
遊街後下人等處下記
泮主人李年榮 一百兩 諸費六兩
洪川邸主人李震極 五兩六錢
義州舍館主人林得春
廣帶邑州모라날金慶孫 一百五十五兩
才人廣州益原姜山川 一百三十五兩
後陪下五山六兩
驅奴諾伊三兩
鳳得二兩
樂工六名十三兩
妓生 十二兩
歌人祖任十兩

才人等奴僕輩給物
奴四人二兩
奴二人一兩
乙得三錢
諾伊四兩
華笠二竹一兩四錢給
唐鞋二竹一兩四錢給

乙得一兩
姜山立五兩 山川兄
汗福二兩 慶和家人

五計四百六十五兩

인동감시시관 계회도
仁同監試試官契會圖

1578년(선조 11)~1584년(선조 17)경, 1첩, 비단에 채색, 59.4×62.0cm, 여주이씨 무첨당(회재종택)

경상도 인동현仁同縣에서 감시監試를 주관한 시관試官 3인이 계회를 기념하여 남긴 계회도이다. 원래는 표제와 그림, 참석자의 인명을 기록한 좌목座目으로 구성된 족자형식이었으나 후대에 이를 각각 잘라서 첩帖으로 만들었다. 표제에는 '仁同監試試官契會圖'라고 썼고, 인동현의 객사客舍를 화면의 중앙에 배치하여 그렸으며, 좌목은 절반 이상이 훼손된 상태로 전한다.

인동은 지금의 경상북도 칠곡과 선산, 구미 일대에 해당하는 지역이다. 감시監試란 지방에서 치러지는 향시鄕試로서 각 도의 관찰사가 주관하여 생원, 진사를 뽑는 시험이다. 감시를 주관한 시관은 감사監司가 문과 출신의 수령이나 관리들 중에서 상시관上試官 1인과 참시관參試官 2인을 선발하여 임명하였다. 그러나 이들의 협잡이 많아서 1553년명종 8부터는 중앙에서 경관京官: 조선시대 서울에 있던 각 관아의 관원을 상시관으로 내려 보내 감독하게 하였다. 훼손된 좌목의 앞부분에는 서울에서 내려온 경시관京試官 병조정랑 윤선각尹先覺, 1543~1611을 비롯하여 시관 상주목사 유영길柳永吉, 1538~1601, 시관 함양군수 정희번鄭姬藩, 1543~1604 이후 등 3인의 인적사항이 적혀 있다. 시관 다음에는 감시의 실무를 맡은 차비관差備官들의 명단이 적혔는데, 인동현감 이 모某와 신령현감 이응인李應仁의 기록만이 확인된다.

감시를 치르는 장소는 일정하지 않고 관할 고을 가운데 순서를 정하여 시행하였다.《인동감시시관계회도》를 그린 당시의 감시는 경상좌도慶尙左道에서 실시한 것이며, 장소는 인동현이었다. 그림에 그려진 건물은 계회를 가진 장소인 인동현의 객사로 추측된다. 객사의 구조는 정당正堂을 중심으로 좌우에 익실翼室을 두고, 앞면에 중문中門·외문外門, 옆면에는 행랑을 두었다. 그림 속에 시관 3인이 모여 계회를 갖는 곳은 바로 객사에 딸린 행랑이다. 계회 장면을 크게 그리지 않고, 인원도 시관 3인만이 참여한 듯하다. 객사를 그림의 중심에 둠으로써 감시라는 공무를 무사히 마친 시관들의 계회라는 점을 암시하였다.

이 계회도는 이언적李彦迪, 1491~1553의 아들 이응인이 소유했던 것으로 전해오며, 그가 신령현감新寧縣監에 재직하던 1578년선조 11에서 1584년선조 17 사이에 제작한 것이다.

[illegible][illegible]監[illegible][illegible]官契會圖

[illegible]官[illegible]州大夫行兵曹正郎知[illegible]

贈通政大夫承政院左承旨兼經筵參贊官行中[illegible]大夫[illegible]山縣令大丘鎭管兵馬[illegible]都尉

試官通訓大夫尙州牧使尙州鎭管兵馬[illegible]節制使 [illegible] 永吉

朝奉大夫行 文昭殿參奉 儀

試官朝散大夫咸陽郡守晉州鎭管兵馬同僉節制使[illegible]郞[illegible] 李溫[illegible]

嘉善大夫司憲府大司憲 裕

差備官

朝散大夫行仁同[illegible] 大丘鎭管兵馬節制都尉[illegible]

內禁衛[illegible]信校尉 嚴壽

奉直郞行新寧縣監 大

贈大匡輔國崇祿[illegible]

行崇政大夫 議政府[illegible]

[illegible]州大[illegible]

정효준 별급문기

鄭孝俊別給文記

1657년(효종 8), 1장, 필사본, 97.9×433.3cm, 장서각(해주정씨 대종가)

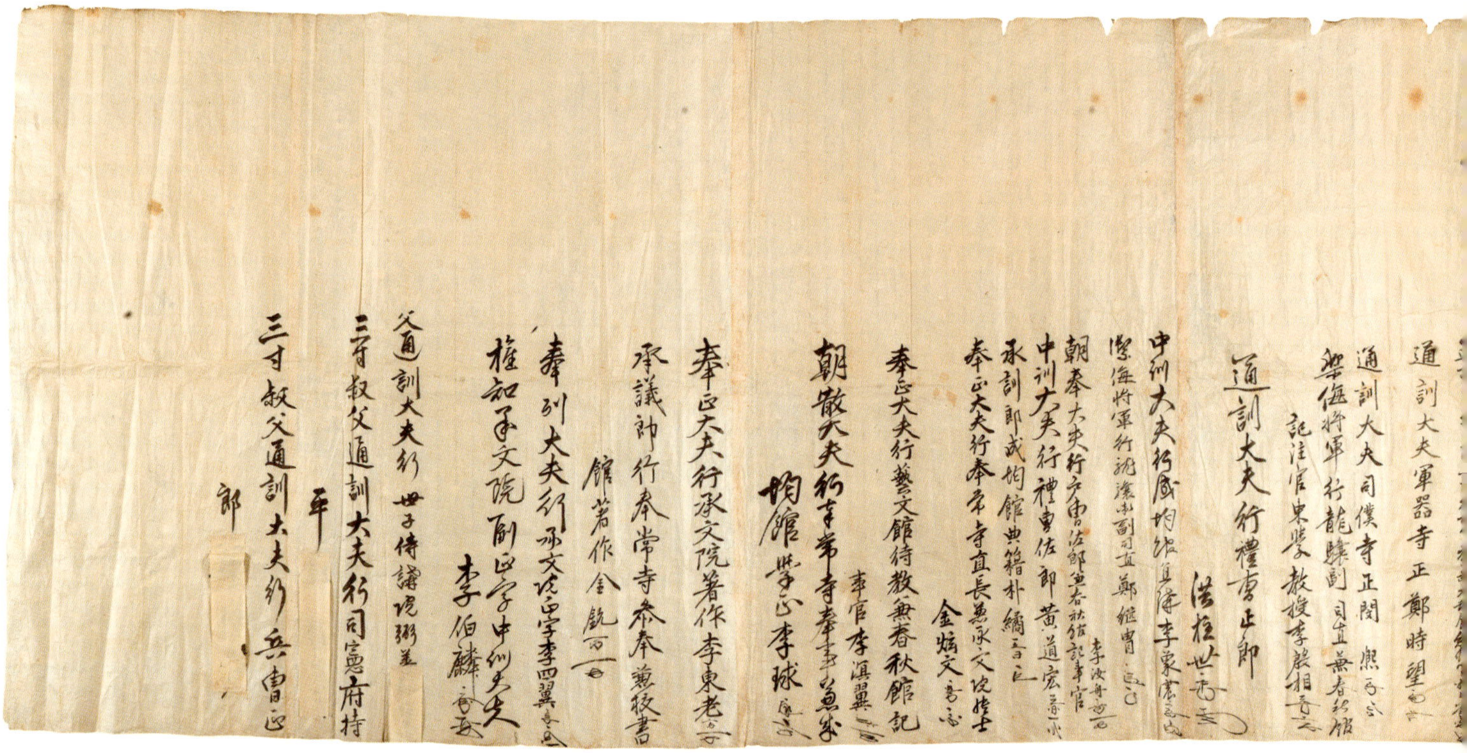

1657년효종 8 정효준이 손자 정중휘鄭重徽의 과거 합격을 축하하며 특별히 노비 7구를 주면서 작성한 문서이다. 손자에게 사내종 3구, 여자종 4구를 별도로 주었는데 이들은 모두 한양 가까운 곳에 거주하고 있어 부리기 좋을 뿐만 아니라 젊은 노비였기 때문에 활용 가치도 아주 높았다. 정효준의 나이 81세, 정중휘의 나이 27세 때의 일이다. 정효준은 과거 급제한 맏손자를 위해 평소 친분이 두터운 조정의 중신들을 초대하여 과거 합격 축하연을 베풀었다. 과거 합격 축하연에 참석했던 조정의 신망있는 신료들은 정효준이 손자에게 분재하며 작성하는 문서에 증인으로 동참하였다. 현직 영의정, 이조·예조·병조판서를 비롯한 각 조의 참판 등 명사들이 망라되고 있다. 영의정 정태화鄭太和, 영돈녕부사 김육金堉, 형조판서 윤강尹絳, 이조판서 홍명하洪命夏, 병조참판 조형趙珩, 한성부좌윤 여이재呂爾載, 성균관대사성 윤문거尹文擧 등이 대표적이다. 참석자 35명 모두 조정의 중신들이다. 특히 정태화, 김육, 오준吳竣, 이단상李端相, 민희閔熙 등은 17세기 중엽 조선의 정치 및 학계를 이끌던 명사들이었다. 분재에 증인으로 참석한 고관대작들은 당시 해주정씨를 비롯한 동시대 서울 양반들의 교유 문화를 전해준다.

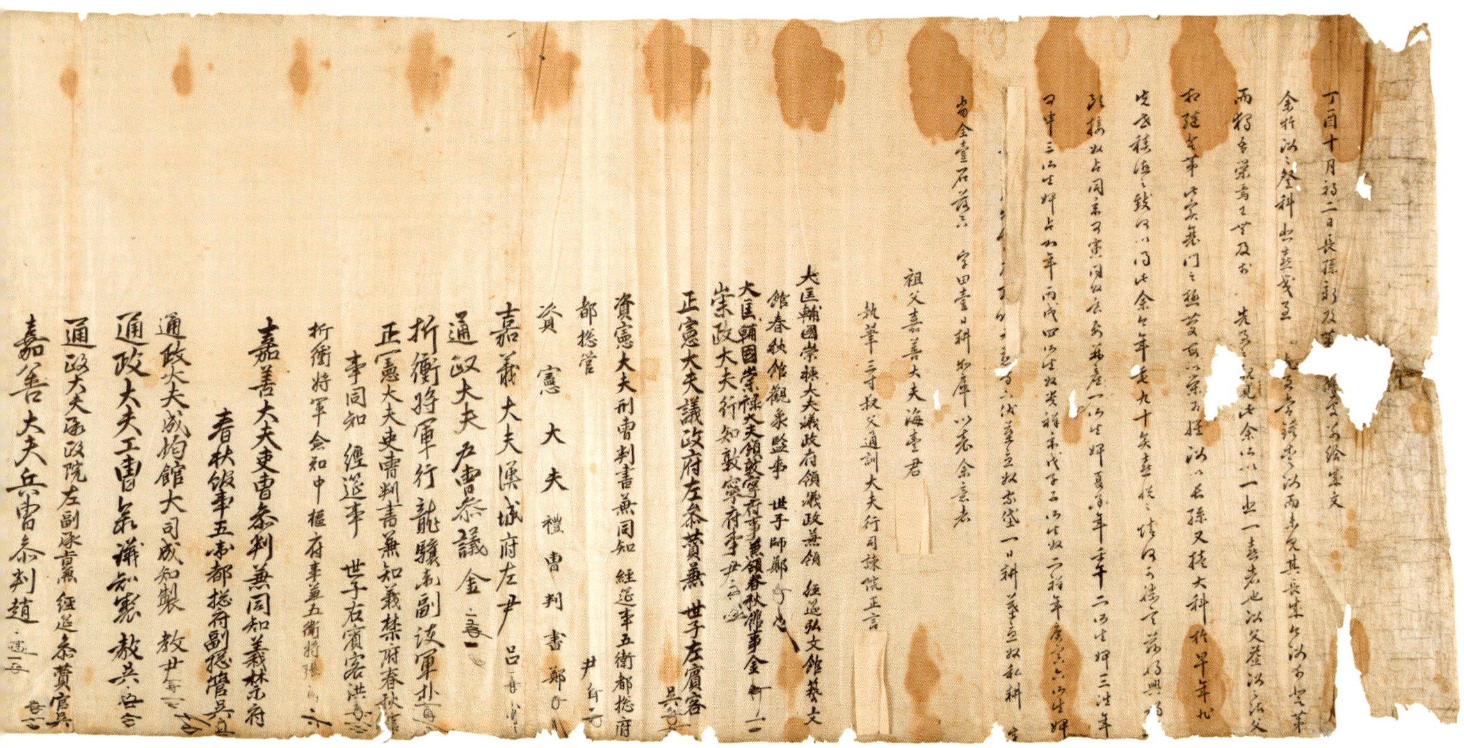

정유년효종 8, 1657 10월 초2일 장손 신급제자 중휘에게 별급하며 작성하는 문서

내가 너의 급제 소식을 들으니 희비가 교차하는구나! 돌아가신 아버지께서 너를 무척 아끼셨는데 네가 장성하여 급제한 것을 보지도 못하시고, 오로지 나만 그 영예를 보는구나. 이미 네 할아버지께서 친히 볼 수는 없으니 한편으론 슬프고 한편으론 기쁘다는 것이다. 네 아비와 여러 숙부들도 연이어 급제하였으니, 이는 실로 쇠락해진 가문에 큰 경사로되 매번 영화로써 두려움을 삼는다. 너는 장손으로서 또 젊은 나이에 대과에 급제하였으니 선세에서 쌓은 덕이 아니고서는 어찌 그 영예를 얻을 수 있었겠느냐? 내 나이 올해 90이로되 기쁜 마음을 어찌 말로 표현할 수 있겠느냐. …… 노비 및 전답 내역 생략 …… 이로써 내 뜻을 표한다.

조부 가선대부 해풍군 정 서명

필집 삼촌숙부 통훈대부 행사간원 정언 정 서명

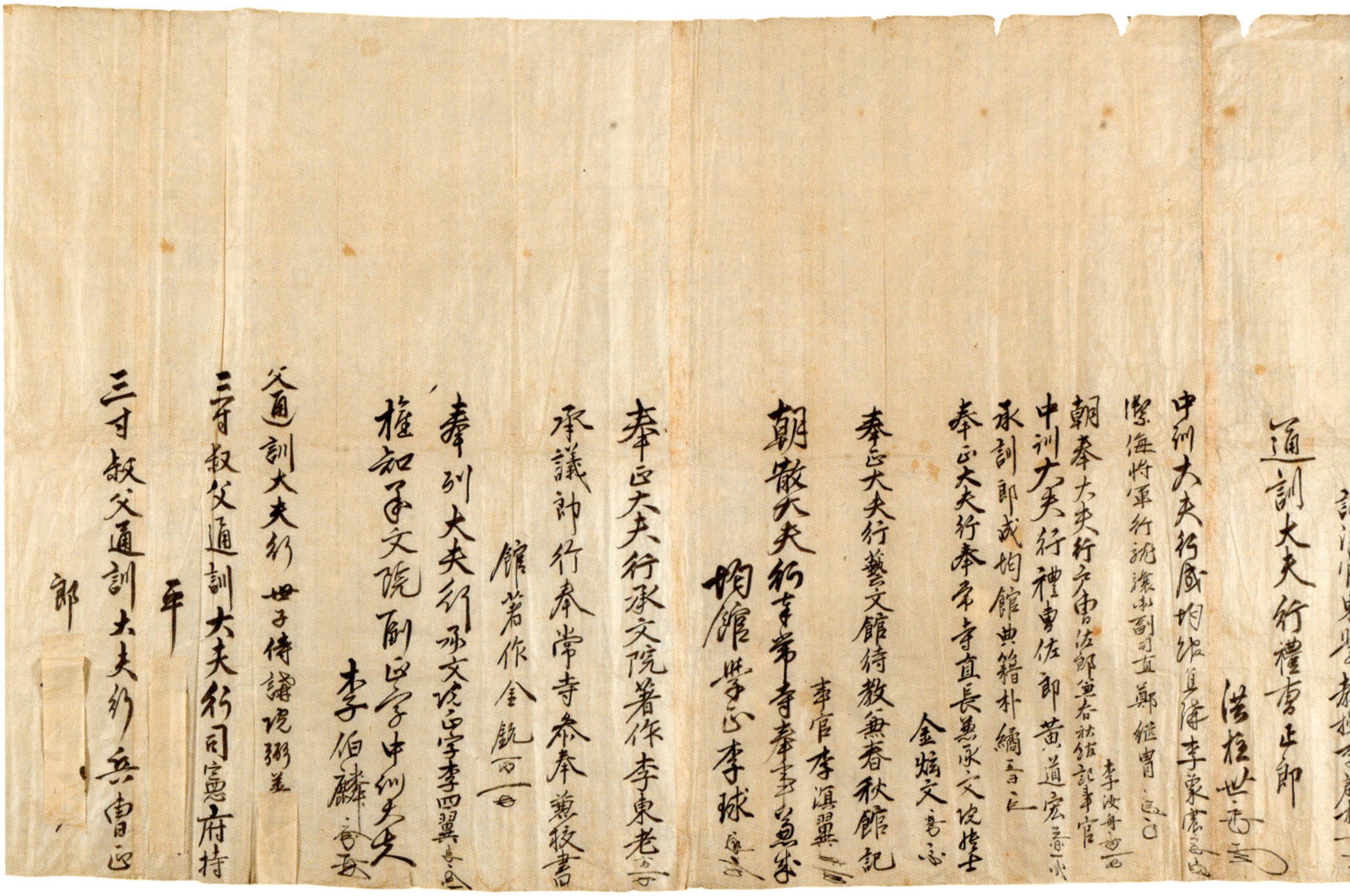

記注官東學教授 李殷相

通訓大夫行禮曹正郎 洪柱世

中訓大夫行成均館直講 李象震

禦侮將軍行龍驤衛副司直 鄭繼

朝奉大夫行戶曹佐郎兼春秋館記事官 李汝舟

中訓大夫行禮曹佐郎 黃道宏

承訓郎成均館典籍 朴

奉正大夫行奉常寺直長兼承文院博士 金炫文

奉正大夫行藝文館待教兼春秋館記

事官 李溟翼

朝散大夫行奉常寺奉事兼成

均館學正 李球

奉正大夫行承文院著作 李東老

承議郎行奉常寺參奉兼校書

館著作 金銑

奉訓大夫行承文院正字 李四翼

權知承文院副正字中訓大夫 李伯麟

父 通訓大夫行世子侍講院弼善 鄭植

三寸叔父 通訓大夫行司憲府持平 鄭晳

三寸叔父 通訓大夫行兵曹正郎 鄭樸

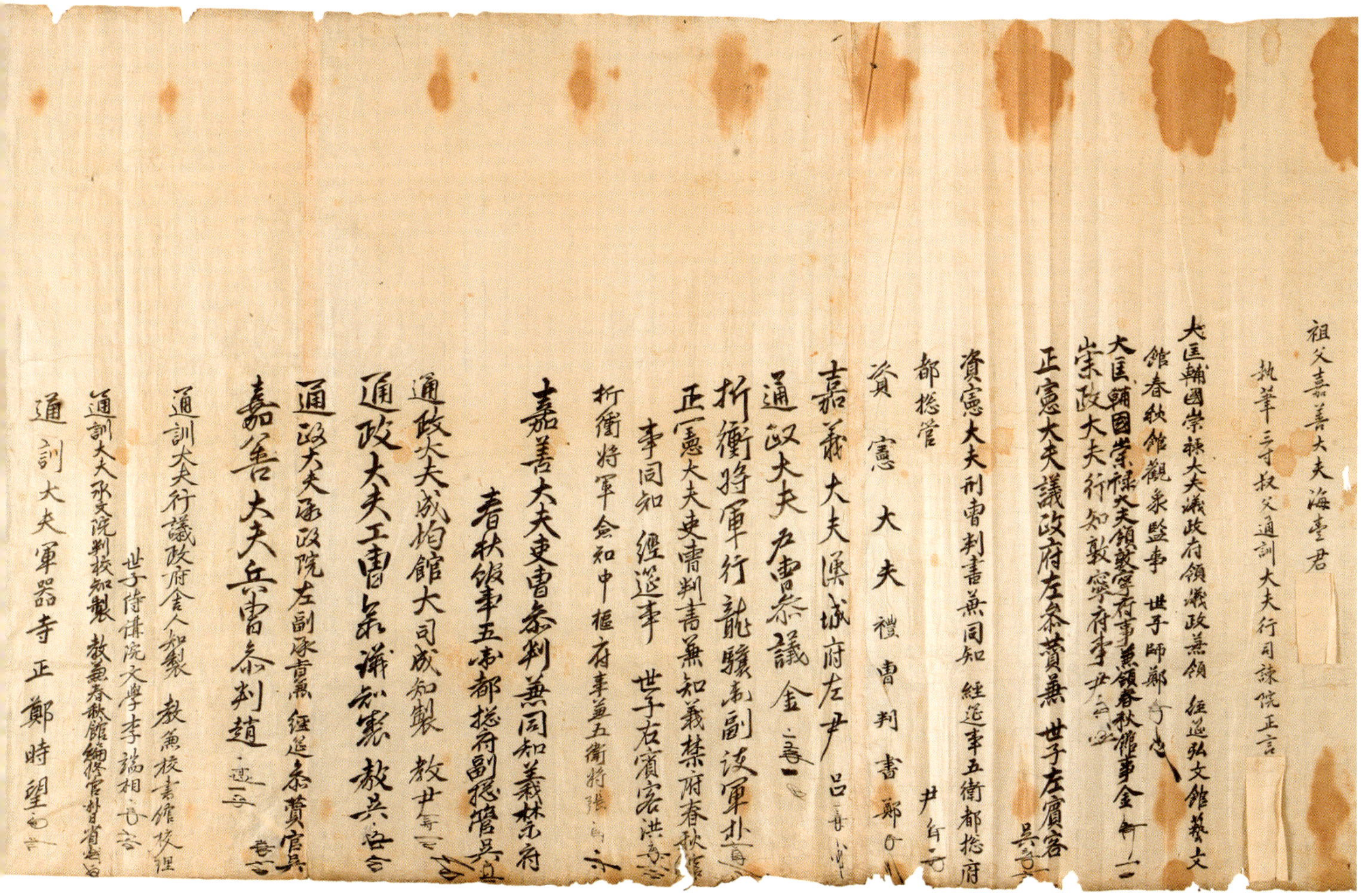

祖父 嘉善大夫海豊君 鄭孝俊
執筆三寸叔父通訓大夫行司諫院正言 鄭
大匡輔國崇祿大夫議政府領議政兼領 經筵弘文館藝文
館春秋館觀象監事世子師鄭太和
大匡輔國崇祿大夫領敦寧府事兼領春秋館事 金堉
崇政大夫行知敦寧府事 尹
正憲大夫議政府左參贊兼 世子左賓客 吳竣
資憲大夫刑曹判書兼同知 經筵事五衛都摠府
都摠管 尹絳
資憲大夫禮曹判書 鄭致和
嘉善大夫漢城府左尹 呂爾載
通政大夫戶曹參議 金始振
折衝將軍行龍驤衛副護軍 朴安悌
正憲大夫吏曹判書兼知義禁府春秋館
事同知經筵事 世子右賓客 洪命夏
折衝將軍僉知中樞府事兼五衛將 張仲仁
嘉善大夫吏曹參判兼同知義禁府
春秋館事五衛都摠府副摠管 吳挺一
通政大夫成均館大司成知製教 尹鏶
通政大夫工曹參議知製教 吳挺垣
通政大夫承政院左副承旨兼經筵參贊官 吳挺緯
嘉善大夫兵曹參判 趙壽益
通訓大夫行議政府舍人知製教兼校書館校理
世子侍講院文學 李端相
通訓大夫承文院判校知製教兼春秋館編修官 朴日省
通訓大夫軍器寺正 鄭時望

• 방목의 제작

방목榜目은 과거 합격자 명부이다. 방목은 단회방목과 종합방목으로 나뉘는데, 단회방목이 개별 과거의 합격자 명부인 반면, 종합방목은 일정기간에 설행된 과거를 대상으로 종류별로 묶은 방목이다. 과거가 실시되고 합격자 발표인 창방唱榜, 放榜이 이루어지면 같이 합격한 사람을 동방同榜이라 칭한다. 이들 동방의 개인정보를 수록한 책자가 바로 방목으로 과거 합격 동기생들의 명단이 된다. 이들 동방들은 일생 동안 특별한 동기의식을 형성하면서 인연을 지속하였다. 이러한 결속의 기반이 방목에 있었으며, 그 출발은 동기생들이 함께 방목을 제작하면서 시작되었다. 그러므로 단회방목을 통해 과거에서 기인하는 동기문화를 알 수 있다. 방목의 간행을 위해 과거 동기생의 소임이 각각 정해지고 그 비용을 염출하기도 하였다. 조선시대에는 과거 별로 방목이 작성되었다. 다만, 문과와 무과의 경우는 방목을 함께 작성했는데 이는 무과도 문과와 더불어 중시되었기 때문이다. 방목에는 과거 시험관인 은문恩門을 필두로 과거 합격자들의 성적科次에 따라 명단이 수록되었다. 명단에는 합격자의 신분, 생년, 본관, 거주지가 먼저 기록되고, 이어서 부모와 형제 등의 혈연관계를 밝혔다. 부모의 경우는 생존 여부와 함께 아버지의 신분과 이름이 기재되었는데, 양자일 경우 친아버지도 함께 적었다. 형제에 대한 기록은 안항雁行이라 하여 이름까지 밝혔다. 말미에는 방목의 출간에 참여한 동기들의 이름을 역할별로 구분하여 기록함으로서 방방 당시의 결속을 기억하고자 했다. 방목에는 조선시대 남성 중심의 사회구조 속에서 강한 동기 의식을 형성했던 문화의 단면이 담겨져 있다.

국조방목

國朝榜目

19세기 중반 이후, 11권 11책, 필사본, 23.4×15.0cm, 장서각(K2-3540)

1393년태조 2 식년시式年試부터 1836년헌종 2 중시重試까지 실시된 문과에 합격한 사람을 연대·시험·성적의 순서로 수록한 명단이다.

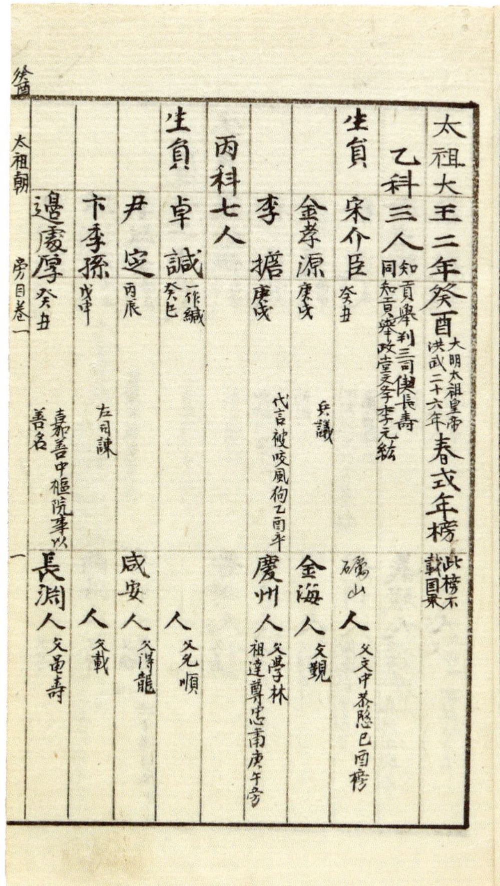
太祖大王二年癸酉 大明太祖皇帝洪武二十六年 春式年榜

丙科七人

生員 卓 誠

尹 定

卞季孫

邊處厚

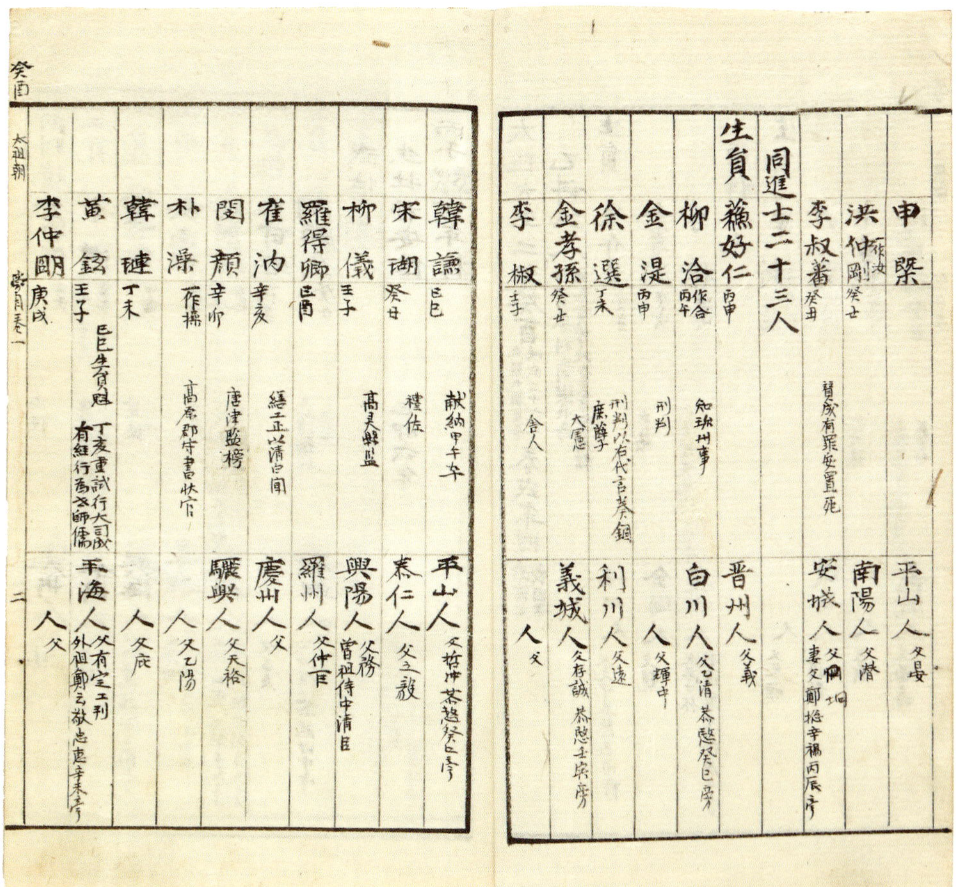

어제신은
御製新恩

1775년(영조 51), 1책, 필사본, 31.4×17.5cm, 장서각(K4-2961)

영조가 과거를 거행하고 급제자를 만난 후의 감회를 적은 글이다. 1775년영조 51 5월 26일에 영조는 환후患候가 평복平復된 것을 기념하여 경복궁 근정전勤政殿의 옛 터에 나아가 과거를 거행하였고, 과거에 급제한 20명을 만난 후에 3언 20구로 감회를 표현하였다. 신은新恩은 과거에 새로 급제한 사람을 의미한다.

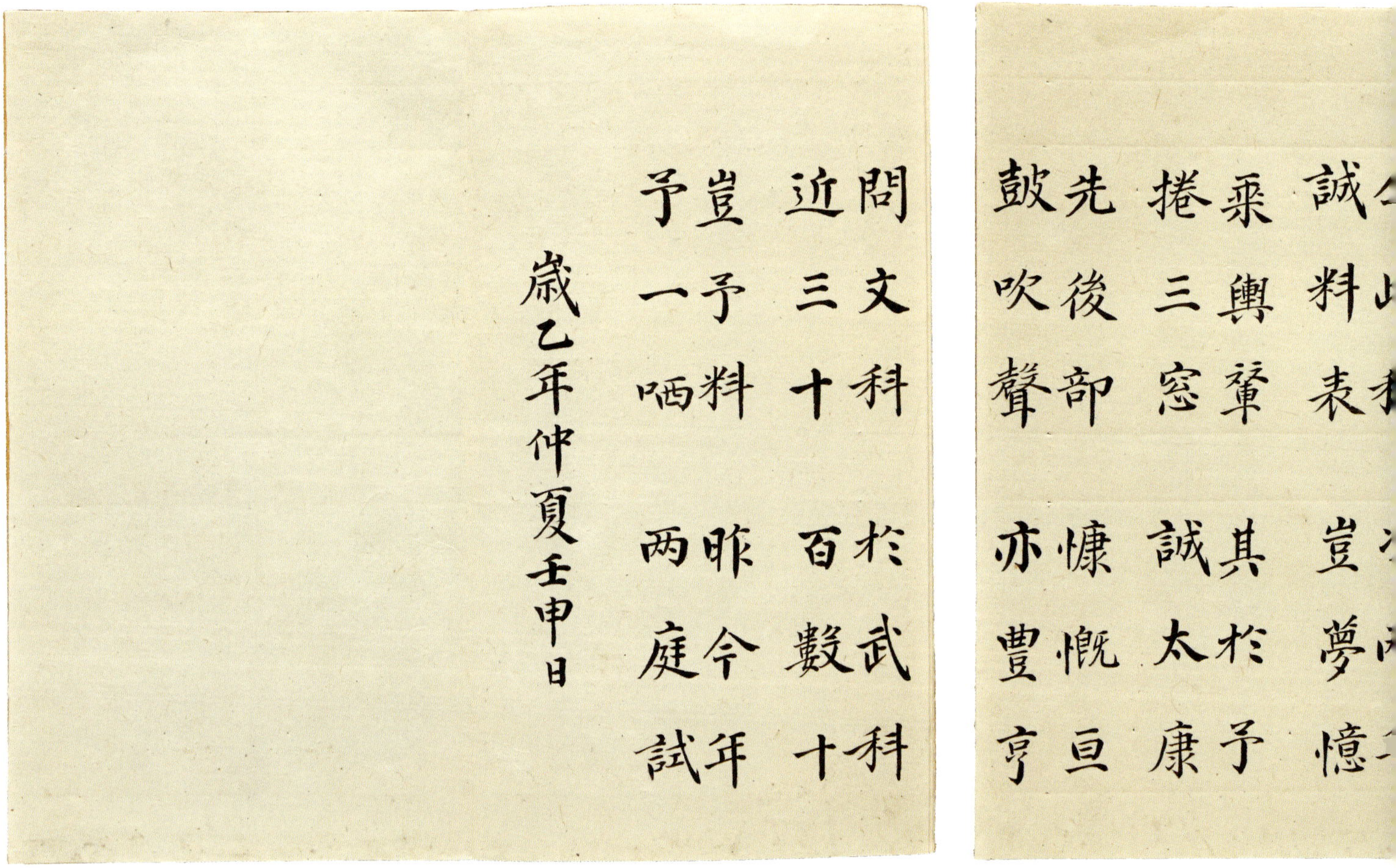
乘輿輦其於予
捲三窓誠太康
先後部慷慨亘
鼓吹聲亦豊亨

問文科於武科
近三十百數十
豈予料昨今年
予一哂兩庭試
歲乙年仲夏壬申日

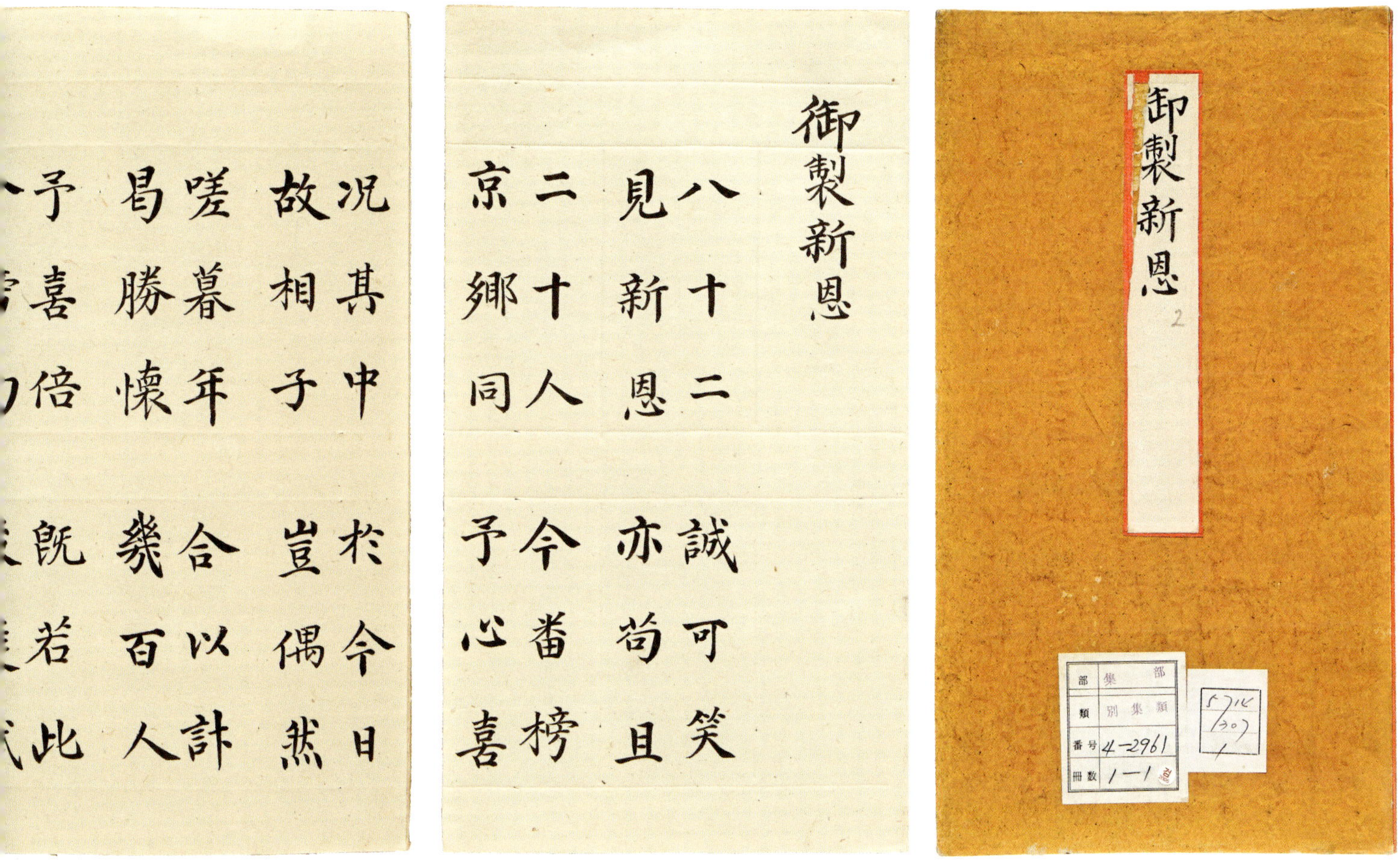

〈어제御製 신은新恩〉

八十二 見新恩　여든둘 나이에 새 급제자를 보니
誠可笑 亦苟且　진실로 가소롭고 또한 구차하구나.
二十人 京鄕同　스무 명 중에 한양과 지방 출신 반씩이니
今番榜 予心喜　이번 급제자 발표에 내 마음이 흐뭇하도다.
況其中 故相子　하물며 그 가운데 죽은 재상의 아들도 있으니*
於今日 豈偶然　오늘의 이 일이 어찌 우연일 뿐이리오!
嗟暮年 曷勝懷　아! 늘그막에 이내 회포를 어찌 견딜까!
合以計 幾百人　모두 합쳐 헤아려보니 수백 명이로구나.
予喜倍 今榜均　내 곱절로 기쁜 건 금번 발표가 균등하기 때문
既若此 後庭試　이미 이와 같으니 훗날의 정시도 마찬가지리라.
今此科 誠料表　오늘의 과거는 생각지도 못한 일이거니와
況兩年 豈夢憶　두 해에 연거푸 치를 줄은 꿈에서도 몰랐지.
乘輿輦 捲三窓　가마에 올라 세 개의 창문 걷어 올리니
其於予 誠太康　바깥세상이 참으로 태평한 시절이로구나.
先後部 鼓吹聲　선부와 후부에서 음악을 연주하기 시작하자
慷慨亘 亦豊亨　강개한 마음 지극하나 또한 형통한 세상 아닌가.
問文科 近三十　문과 응시자를 물으니 서른 명에 가깝고
於武科 百數十　무과 급제자는 백 수십 명에 이르는구나.
豈予料 予一哂　내 어찌 생각이나 했겠는가! 웃음만 나오노라
昨今年 兩庭試　작년과 올해 치러진 두 번의 정시를 생각하니.
을미년乙未年, 1775, 영조 51 중하仲夏, 5월 임신일26일

* 당시 을과(乙科) 1인으로 급제한 송익언(宋翼彦)은 고 정승 송인명(宋寅明, 1689~1746)의 아들이다.

• 과거 관련 화제의 인물과 지명

과거급제자를 많이 배출한 집안과 마을은 관심의 중심에 섰다. 고려시대에는 김부식金富軾, 1075~1151과 4형제가 과거에 합격하자 조정에서 그의 어머니에게 매달 곡식을 내려주었다. 조선 초기에 이극돈李克墩, 1453~1503과 5형제가 문과에 급제하여 그 부모가 쌀 20석을 하사받았다. 조선 후기에도 정식鄭植, 1615~1662과 5형제가 등과登科하자 효종은 그들의 부친에게 2품의 벼슬을 내려 우대하였다. 특히 인조는 김응조金應祖, 1587~1667와 5형제가 문과에 오른데 주목하고 그들이 살던 안동의 마을 이름을 '오미동五美洞'으로 하사하였다. 경남 밀양의 오방동五榜洞도 다섯 형제의 과거급제를 기념하여 작명한 것으로 전한다. 한 집안의 많은 형제가 급제한 것은 국가의 정치가 평안함을 보여주는 상징으로서 인식되기도 했다. 또한 과거급제자를 배출한 마을은 이름도 과거와 관련하여 새로 지어졌다.

• 허주산수유첩 〈운정풍범雲亭風帆〉: 오자등과자를 배출한 내앞마을

〈운정풍범〉은 18세기 안동의 선비화가 이종악의 화첩인 《허주산수유첩虛舟山水遺帖》에 수록되어 있다. 백운정白雲亭에서 강을 따라 하류로 내려가는 장면이 묘사되어 있다. 왼쪽에 보이는 정자가 바로 안동 8경의 하나인 백운정이다. 그리고 강 너머 오른쪽에 기와집이 가득 들어서 있는 양반마을은 의성김씨의 세거지 내앞마을川前里이다. 천전川前은 일명 대현大峴이라고도 한다. 이 마을의 입향조는 김진金璡의 조부 김만근金萬謹이며, 현재의 종가 자리에 가옥을 건립한 사람은 그의 아들 김예범金禮範이다. 이후 내앞마을은 김진과 그의 다섯 아들에 의해 문호가 크게 확충되면서 안동 굴지의 반촌으로 자리매김하였다. 특히 김진의 세 아들이 문과에 합격하고 두 아들이 생원시에 입격하여 세상에서는 이들을 '오자등과댁五子登科宅'이라 불렀다. 이중환이 『택리지』에서 '문족이 번성하여 이름난 마을이 되었다'고 한 것도 이런 이유에서였다.

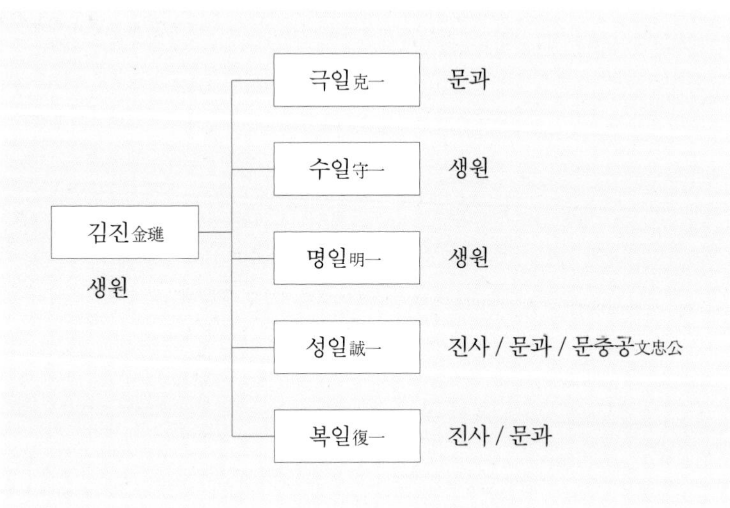

《허주산수유첩》의 한 장면인 〈운정풍범(雲亭風帆)〉.
왼편의 정자는 김진이 건립한 백운정이며, 오른편에 단청을 한 기와집이 의성김씨 청계종택이다.

김성일 진사 시권

金誠一進士試券

1564년(명종 19), 1장 , 필사본, 89.3×219.0cm, 보물 제906호, 의성김씨 학봉종택(운장각)

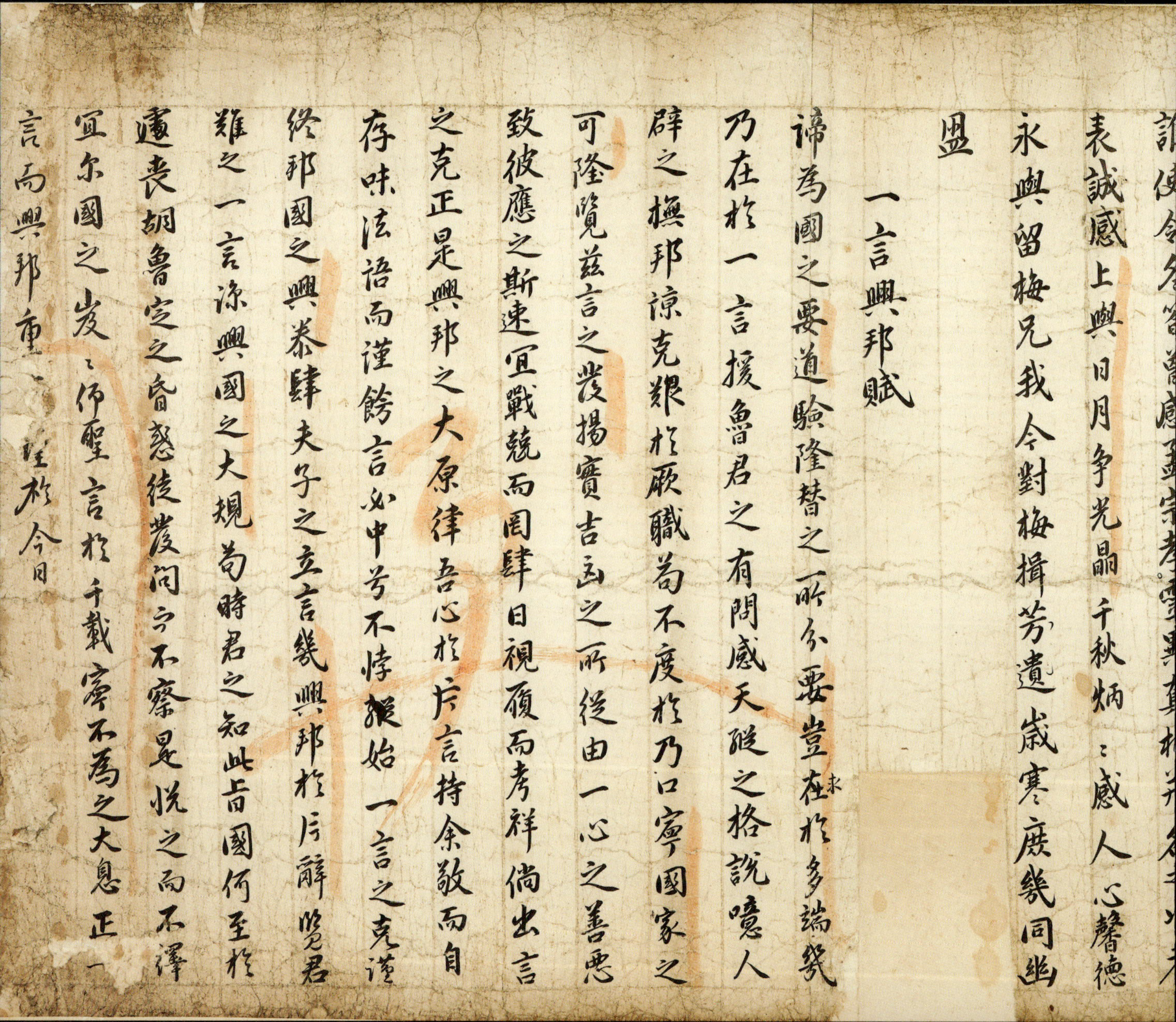
表誠感上興 日月爭光 千秋炳炳 感人心馨德
永興留梅兄我今對梅揖芳遺 歲寒庶幾同幽
盟
一言興邦賦
諦爲國之要道 驗隆替之所分 要豈在於多端 幾
乃在於一言 援魯君之有問 感天啓之格說 噫人
辟之撫邦 諒克艱於厥職 苟不度於乃口 寧國家之
可隆 覽茲言之發揚 寶吉凶之所從 由一心之善惡
致彼應之斯速 宜戰兢而罔肆 日視履而考祥 倘出言
之克正 是興邦之大原 律吾心於片言 持余敬而自
存 味法語而謹繹 言必中兮不悖 始 一言之克謹
終邦國之興 恭肆夫子之立言 幾興邦於片辭 覽君
難之一言 涼興國之大規 苟時君之知此 旨國何至於
遠 喪胡魯定之昏愚 徒發問兮不察 是悅之而不擇
宜爾國之岌岌 仰聖言於千載 寧不爲之太息 正一
言而興邦 重 於今日

와 '일언흥방一言興邦'이라는 시제試題로 각각 시와 부를 짓는 것이었다. '효매'는 용광한龍廣寒이라는 사람이 어머니를 위해 수연을 베풀고 축수하며 술잔을 올릴 때 매화가지 하나가 창 안으로 들어온 고사에 관한 것이고, '일언흥방'은 『논어』의 자로편에 정공定公이 공자에게 "한마디 말로 나라를 흥하게 할 수 있느냐"고 물은 것에 관한 것이다.

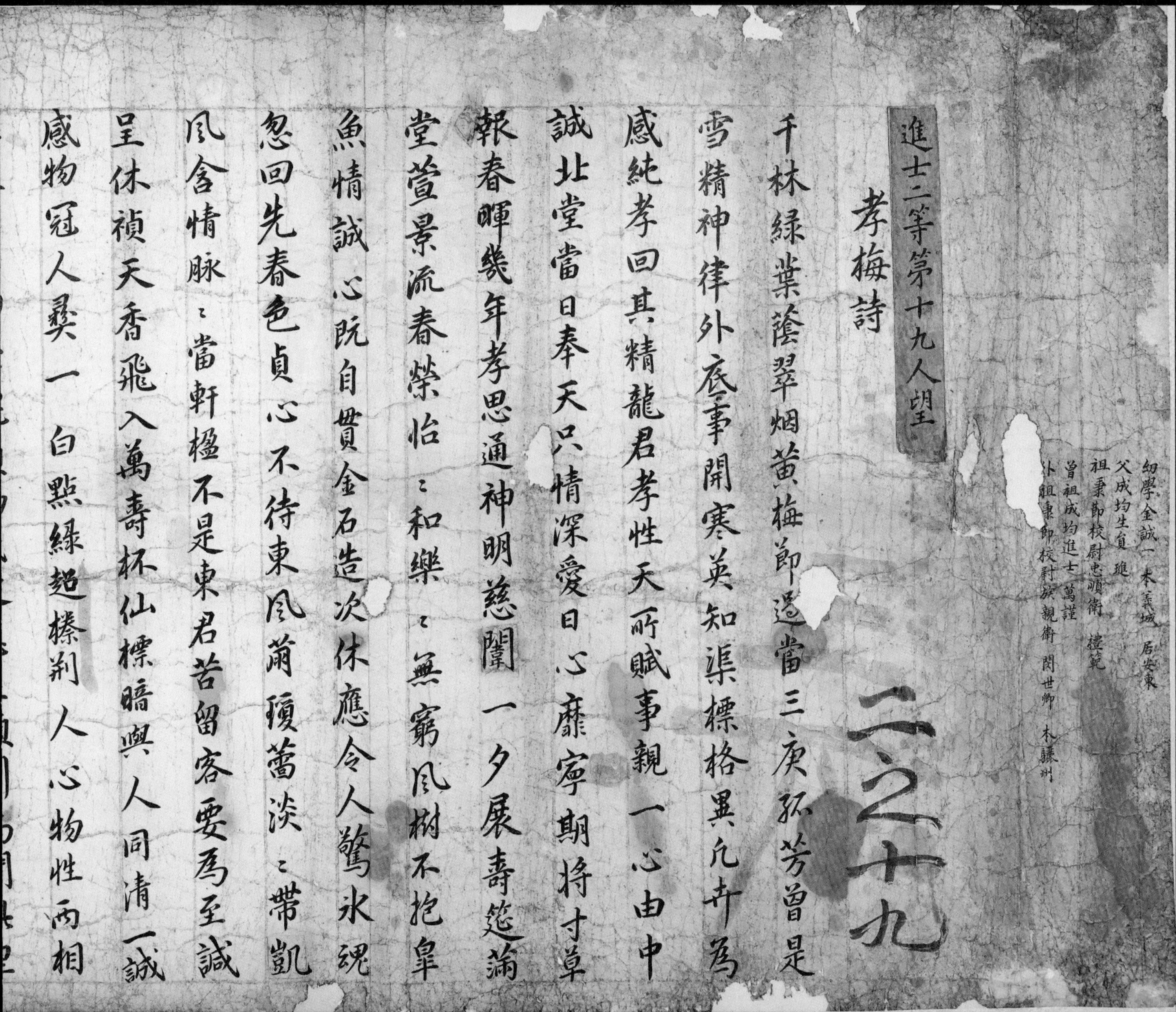
幼學金誠一 本義城 居安東
父成均生員 璡
祖秉節校尉忠順衛 禮範
曾祖成均進士 萬謹
外祖秉節校尉族親衛 閔世卿 本驪州
進士二等第十九人望
二之十九
孝梅詩
千林綠葉蔭翠烟黄梅節還當三庚孤芳曾是
雪精神律外底事開寒英知渠標格異凡卉為
感純孝回其精龍君孝性天所賦事親一心由中
誠北堂當日奉天只情深愛日心靡寧期將寸草
報春暉幾年孝思通神明慈闈一夕展壽筵滿
堂萱景流春榮怡々和樂々無窮風樹不抱臯
魚情誠心既自貫金石造次休應令人驚氷䰟
忽回先春色貞心不待東風萌穠蕾淡々帶凱
風含情脉々當軒楹不是東君苦留客要為至誠
呈休禎天香飛入萬壽杯仙標暗與人同清一誠
感物冠人㚇一白點綠超榛荊人心物性両相

시詩 효매孝梅

千林綠葉蔭翠煙　　온 숲의 푸른 잎새 푸른 연기 그늘지니
黃梅節過當三庚　　황매절 이미 지나 삼복더위 되었네
孤芳曾是雪精神　　외로운 꽃 일찍이 눈의 정신이었는데
律外底事開寒英　　철 아니게 무슨 일로 차가운 꽃 피웠는가
知渠標格異凡卉　　그 품격이 다른 꽃과 다른 줄을 알겠거니
爲感純孝回其精　　지극한 효 감동되어 그 마음을 돌린 거네
龍君孝性天所賦　　용군의 그 효성은 하늘에서 받은 거라
事親一心由中誠　　어버이를 섬긴 일심 맘속에서 우러났네
北堂當日奉天只　　북당에서 어머니를 받들던 그날에는
情深愛日心靡寧　　해 아끼는 정 깊어서 마음이 안 편했네
期將寸草報春輝　　촌초로 봄 햇볕에 보답을 하려 하자
幾年孝思通神明　　몇 년 간의 효성 생각 신명과 통하였네
慈闈一夕展壽筵　　어느 날 어머님의 수연 잔치 베풀자
滿堂萱景流春榮　　온 집안 가득하니 봄꽃 기운 흘렀다네
怡怡和樂樂無窮　　기쁘고 화락하여 즐거움 끝 없어서
風樹不抱臯魚情　　풍수는 고어의 정을 품지 아니했네
誠心旣自貫金石　　정성스러운 맘은 절로 돌과 쇠도 꿰뚫나니
造次休應令人驚　　순식간의 그 감응이 사람들을 놀래켰네
氷魂忽回先春色　　매화 혼에 홀연히 이른 봄빛 돌아오니
貞心不待東風萌　　매화 화심 동풍이 안 불어도 싹틔웠네
瓊蕾淡淡帶凱風　　꽃가지는 담박하게 봄바람 띠고서는
含情脉脉當軒楹　　서로서로 정 머금어 뜨락에 피어났네
不是東君苦留客　　동군이 애써 손님 머물게 한 게 아니라
要爲至誠呈休禎　　지극한 효성 위해 아름다움 바친 거네
天香飛入萬壽盃　　매화 향기 축수하는 술잔에 날아드니
仙標暗與人同淸　　신선 자태 은연중에 사람과 함께 맑네
一誠感物冠人彛　　사물 감응시킨 정성 인륜에 우뚝하고
一白點綠超榛荊　　푸름 속에 한 개 흰점 잡목들과 확 다르네
人心物性兩相宜　　사람 맘과 사물 품성 양쪽 서로 마땅하여
故故相向心魂傾　　항상 서로 향하면서 마음과 혼 기울이네
物我之應在頃刻　　물과 아가 응하는 게 순식간에 이뤄지니
爲問此理誰使令　　이 이치는 누가 시킨 것인가 내 묻누나
冬筍曾感孟宗孝　　맹종 효에 감응되어 겨울에 죽순 나니
彼此靈異眞相幷　　피차간에 그 기이함 정말 서로 똑같구나
名之以孝表誠感　　효로써 이름 붙여 정성 감응 드러내니
上與日月爭光晶　　해와 달과 더불어서 그 빛을 다투누나
千秋炳炳感人心　　천추토록 밝고 밝아 마음 감동시키나니
馨德永與留梅兄　　향그런 덕 매화꽃과 함께 길이 남으리라
我今對梅揖遺芳　　내 지금 매화 대해 그 향기에 읍하면서
歲寒庶幾同幽盟　　세한에도 변치 않길 한께 맹세하누나

효매 : 옛날에 용광한(龍廣寒)이란 사람이 지극한 효성으로 어머니를 섬겼다. 6월 1일에 어머니의 수연(壽筵)을 베풀면서 북창(北窓)을 열고 축수(祝壽)하는 술잔을 올리려고 하자, 홀연히 매화가지 하나가 창 안으로 들어왔는데, 향기가 몹시 좋았다. 이에 사람들이 이를 '효매'라고 칭하였으며, 사대부들이 각자 시를 지어서 선사하였다.

김성일 문과 시권
金誠一文科試券

1568년(선조 1), 1장, 필사본, 78.0×159.0cm, 보물 제 906호, 의성김씨 학봉종택(운장각)

김성일1538~1593이 1568년선조 1 문과에 제출한 시권으로서 문체는 대책對策이다. 김성일은 1568년선조 1 문과 증광시에서 병과丙科 23인으로 급제하였다. 당시 증광시는 선조의 즉위를 경하하기 위해 설행되었고, 전시殿試에서는 대책을 지어 제출하게 하였다. 김성일의 이 시권은 대책문의 양식에 맞게 시작되었고, 시권에 '과거지보科擧之寶'가 찍혀 있다. '지동枝同'이 기재된 것으로 보아 전시에서 작성한 시권이 틀림없다. 그러나 시권에 적힌 내용은 3행에 불과한 미완성 상태로 전한다. 같은 시험에서 갑과 2인으로 급제한 이정형李廷馨의 대책이 그의 문집『지퇴당집知退堂集』에 수록되어 있어 당시 시제試題가 경연의 득실[經筵之得失]에 대하여 묻는 것이었음을 알 수 있다.

丙科第二十三人望
臣對恭惟
主上殿下以堯舜之聖應千一之休期以成王之年嗣
無疆之曆服 踐祚之初不遑他務而首開經幄

김성일 진사 백패
金誠一進士白牌

1564년(명종 19), 1장, 필사본, 97.1×38.0cm,
보물 제 906호, 의성김씨 학봉종택(운장각)

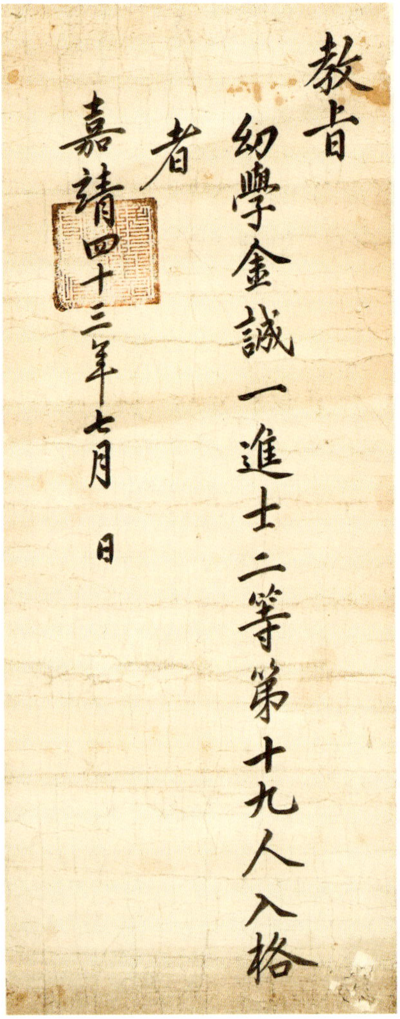
教旨
幼學金誠一進士二等第十九人入格
者
嘉靖四十三年七月 日

김성일 문과 홍패
金誠一文科紅牌

1568년(선조 1), 1장, 필사본, 91.0×76.5cm, 보물 제 906호, 의성김씨 학봉종택(운장각)

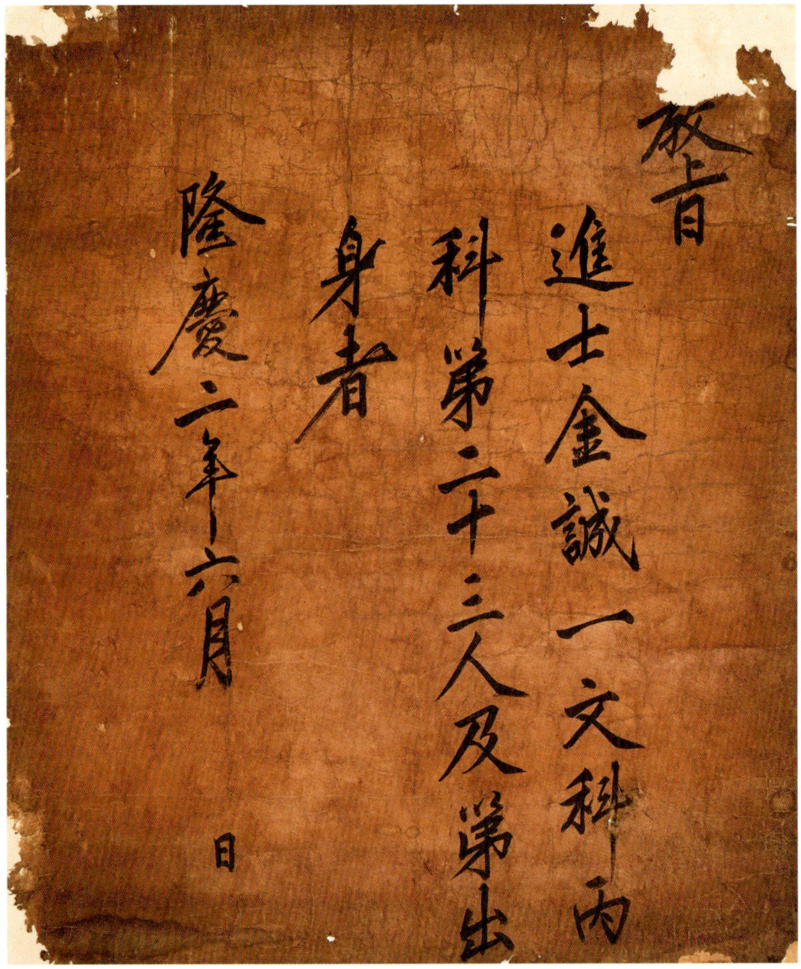
教旨
進士金誠一文科丙
科第二十三人及第出
身者
隆慶二年六月 日

김성일 안경
金誠一眼鏡

16세기 후반, 안경(대모, 수정, 10.0×14.0cm), 안경집(나무, 8.2×13.0cm),
의성김씨 학봉종택(운장각)

김성일1538~1593의 안경과 안경집으로, 우리나라에 현존하는 안경 가운데 가장 오래된 것이다. 대모거북의 등껍질로 만들어 졌으며, 접었다 폈다 할 수 있는 경첩을 가운데 달았다. 렌즈 옆에 구멍을 내고 끈을 꿰어 귀에 고정하게 되어 있는데, 끈은 후세에 다시 만든 것으로 보인다. 안경집은 나무를 파서 안경을 접어 넣게 되어 있고, 뚜껑은 옆으로 비껴 열 수 있다. 이 안경의 발견으로 임진왜란 전부터 안경이 이미 존재했음이 확인되었다.

• 과거와 관련된 관리들의 계회도

조선시대의 관료사회에는 친목 모임인 계회契會가 유행하였다. 이 가운데 가장 결속이 강한 모임은 과거합격 동기생들의 계회였다. 계회가 열릴 때면 모임의 장면을 그린 계회도를 제작하여 만남을 기념하였다. 과거합격 동기생들의 모임인 방회榜會, 과거 합격 60주년을 기념한 회방回榜이 대표적인 예이고, 과거시험에 시관試官으로 참여한 관리들도 계회를 갖고 계회도를 제작하였다. 계회도에는 모임의 장면을 그리고, 참석자들의 인적사항을 기재하여 기록물로서의 요건을 갖추었다. 과거시험의 합격자를 알리는 방榜에 이름이 함께 오른 동기생들을 '동방同榜'이라 불렀고, 그들의 모임을 방회라고 하였다. 방회는 소과인 사마시나 대과인 문과에 합격한 자들 사이에서 이루어졌으며, 동기생들 간의 우호를 다지기 위한 모임이었다. 과거시험의 합격 동기생들은 관직생활을 하는 동안 강한 연대감을 유지하였고, 이는 계회를 꾸준히 시행하고 계회도를 제작하는 동기가 되었다. 회방과 관련한 계회도에는 회방례回榜禮와 회방연回榜宴을 기념하여 제작한 사례가 전한다. 회방례는 60년 전 과거에 합격하여 유가遊街를 행하던 장면을 그대로 재현한 의식이며, 회방연은 과거합격 60주년을 기념하기 위하여 설행한 동기생들과의 모임이다. 그러나 두 모임 모두 80세 이상 장수해야만 가능하였다. 지방에서 치러진 감시監試를 주관한 시관試官들이 모임을 갖고 제작한 시관계회도도 전한다. 향시鄕試의 경우 문과는 각 도의 문과 출신 수령과 교수관이, 무과는 각 도의 병마절도사兵馬節度使가 시관으로 임명되었다. 이들의 시관계회도는 시관으로서 감시를 주관한 사실과 인근 지방관들이 함께 참여한 것을 기념하기 위해 제작하였다. 지방의 감시에 참여한 시관들의 구성과 그들의 동료의식을 엿볼 수 있는 자료이다.

기축사마방회도
己丑司馬榜會圖

1602년(선조 35), 1첩, 비단에 채색, 33.8×28.5㎝, 장서각(진주유씨 모산종택 기탁)

기축년인 1589년선조 22 사마시에 합격한 동기생 5인이 1602년선조 35 함경도 의주義州에서 만나 계회를 갖고 제작한 계회도이다. 과거시험에 함께 합격한 동기생들은 동방同榜이라 불렀으며, 이들은 형제관계에 비유될 만큼 긴밀한 관계를 유지하였다.《기축사마방회도》는 의주 인근의 관료들과 중국으로 가던 사신 일행, 그리고 어사御使로 파견된 동기생이 우연히 만나게 된 것을 기념하여 계회를 갖고 제작한 것이다. 방회의 장소는 용만龍灣 지금의 의주의 객관客館 청심당淸心堂이며, 용천군수 유시회柳時會, 1562~1635를 비롯한 다섯 사람이 참석하였다.

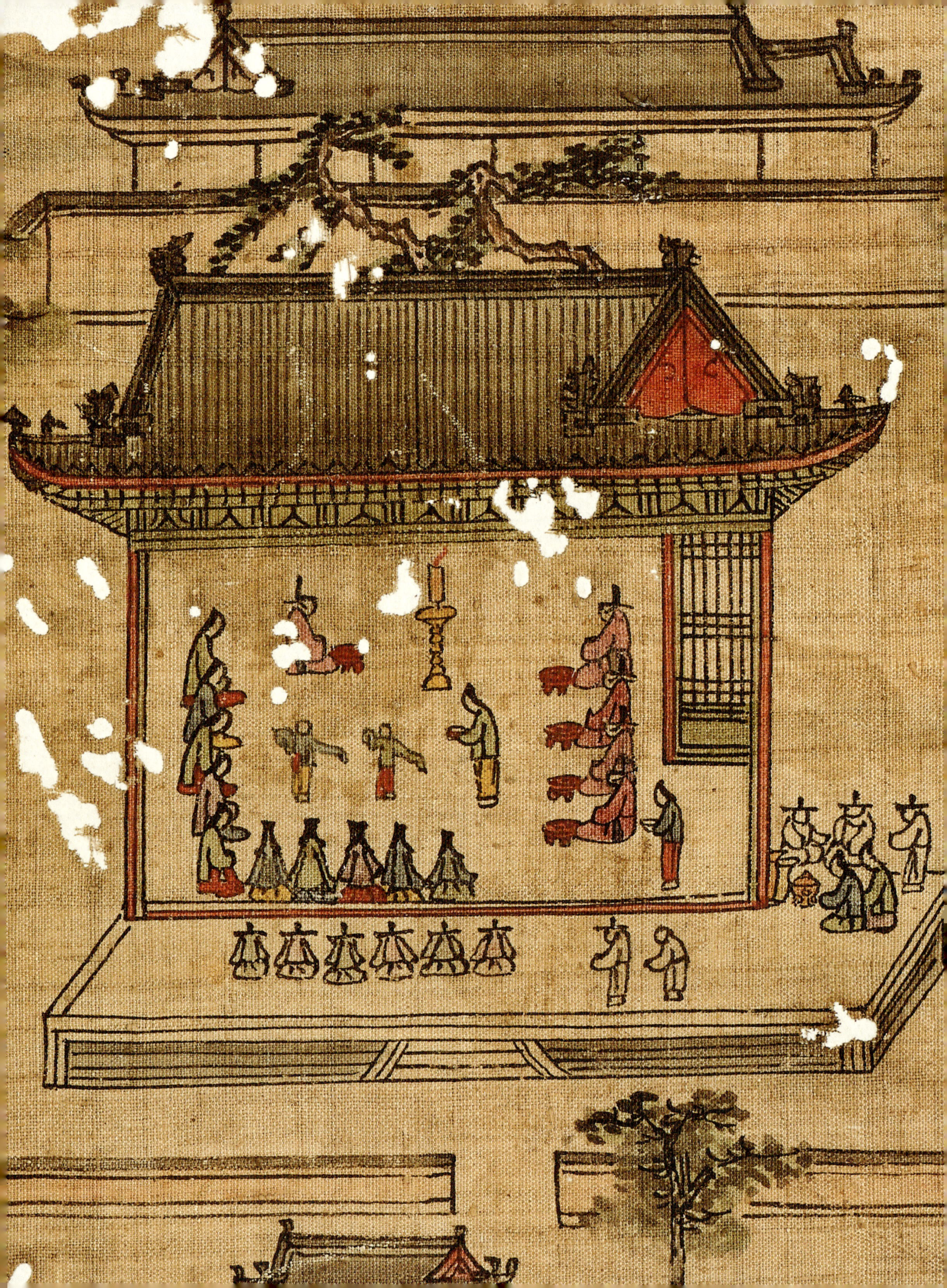

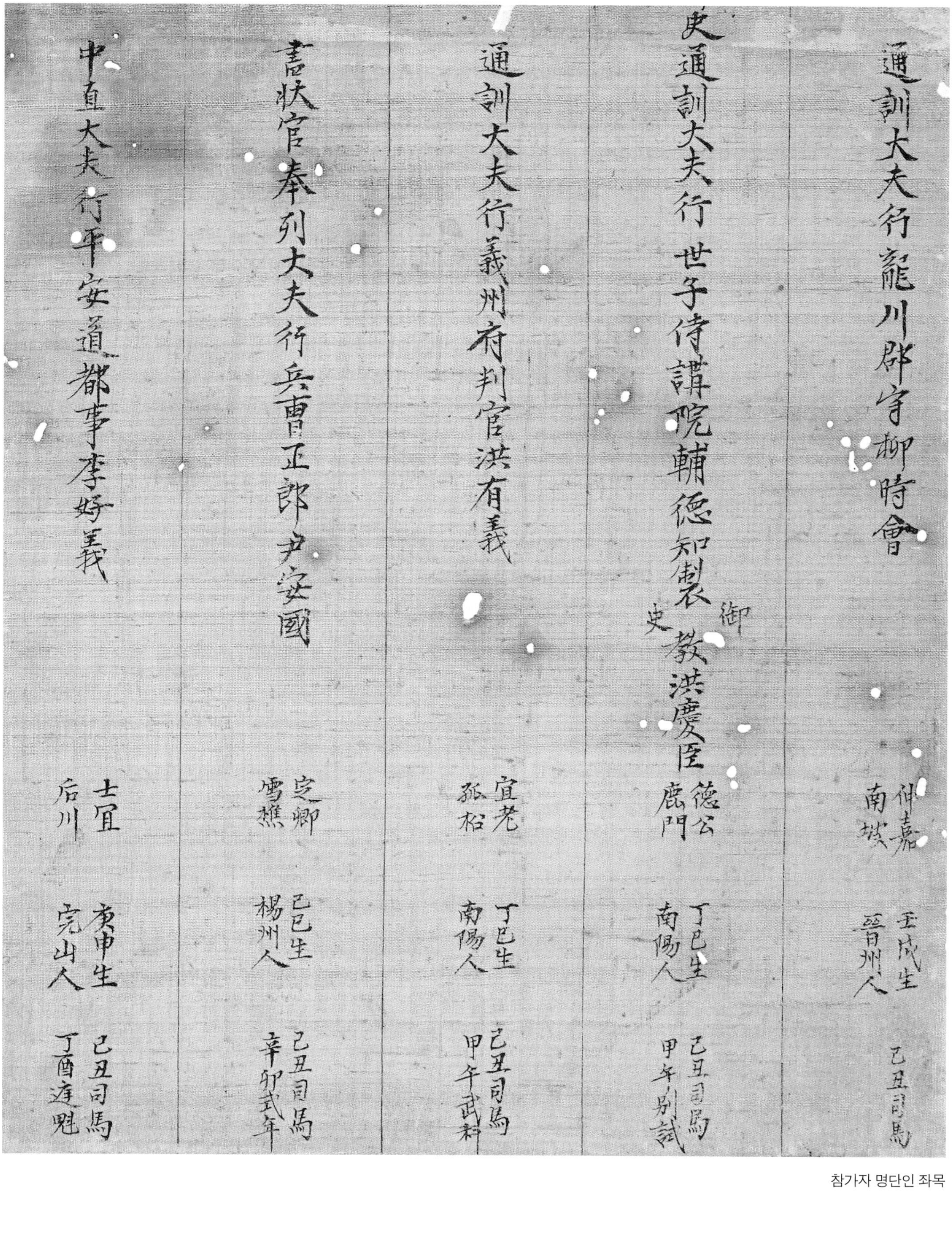

참가자 명단인 좌목

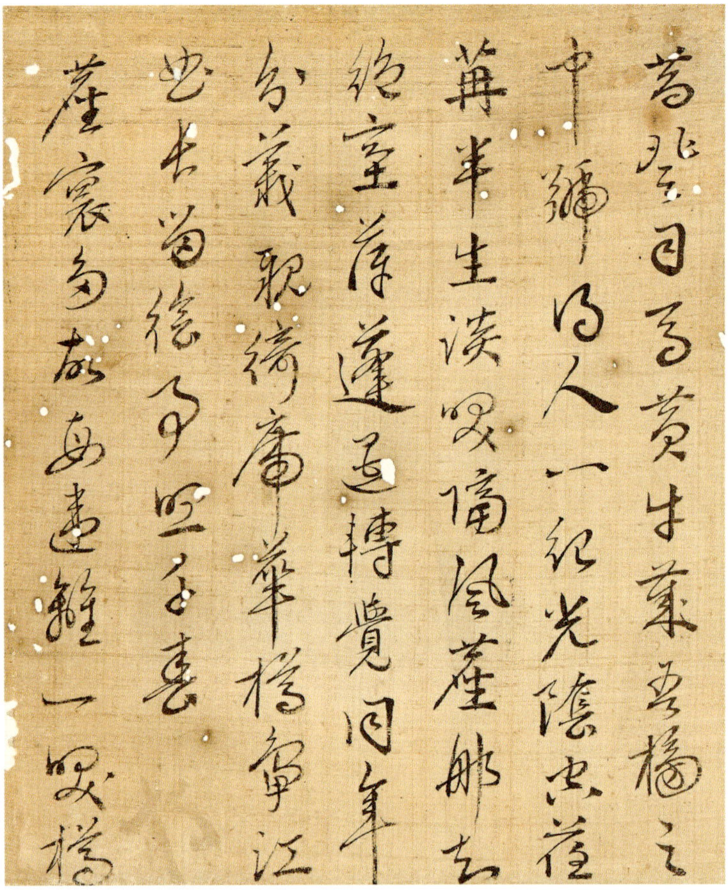

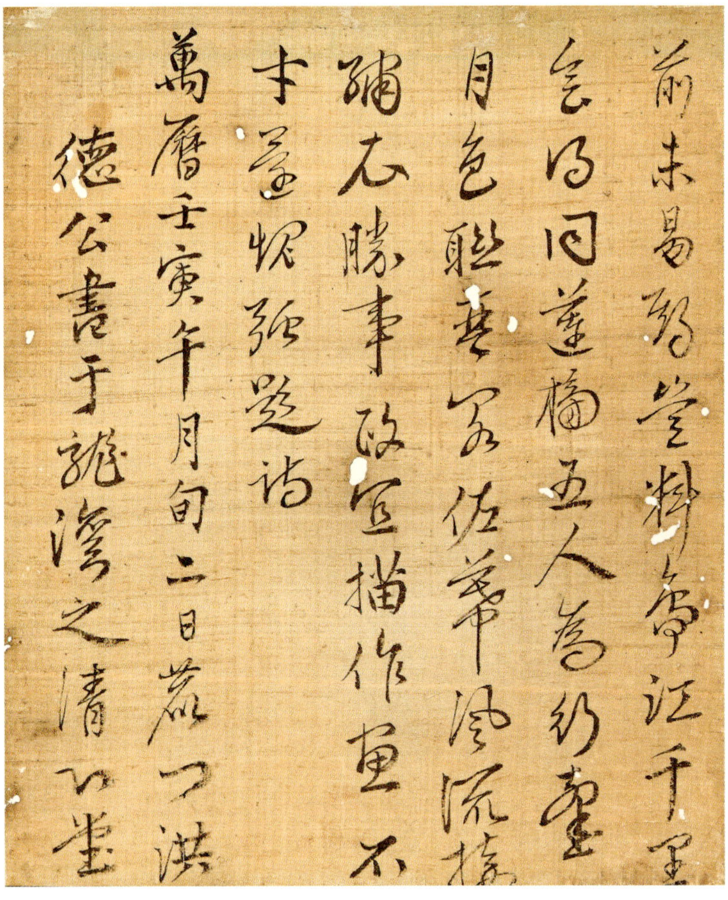

방회의 소감을 노래한
홍경신의 시

昔登司馬黃牛歲　옛적 기축년 사마시에 합격하였을 적에,
吾榜之中號得人　우리 합격자들 가운데 인재가 있다고 하였다네
一紀光陰空荏苒　열두 해의 세월이 덧없이 흐르는 동안,
半生談笑隔風塵　반평생 풍진세상과 떨어져 담소나 즐겼다네
那知絶塞萍蓬遇　어찌 알았겠나 외딴 변방에서 떠돌다 만날 줄을,
轉覺同年分義親　도리어 동기생의 친분을 알게 되었다네
綺席華樽鴨江曲　압록강 구비에서 좋은 자리 맛난 술을 마시는 것을,
長留繪事照千春　길이 그림으로 남겨 천년토록 보고 싶네

塵寰多故每違離　세간엔 일이 많아 매양 못 만나니,
一笑樽前未易期　술동이 앞에서 한번 웃기란 기약하기 쉽지 않네
豈料鴨江千里會　어찌 생각이나 하였겠나 천리 압록강 가에서 모일 줄을,
得同蓮榜五人爲　사마시 동기생 다섯 사람이 함께하게 되었다네
釣壑月色聯琴客　낚시하는 계곡의 달빛은 거문고 타는 이에 잇닿아 있고,
佐幕風流接繡衣　좌막의 풍류는 어사에 이어지네
勝事政宜描作畫　아름다운 일은 참 그림으로 그려야 하거니와,
不才還愧强題詩　재주 없는 내가 억지로 시를 붙이려 하니 도로 부끄럽네

萬曆壬寅午月旬二日 鹿門洪德公 書于龍灣之清心堂
만력 임인년1602, 선조 35 5월 12일에 녹문 홍경신덕공은 字이 의주의 청심당에서 쓰다

太平館
龍頭會

송도용두회첩
松都龍頭會帖

1772년(영조 48), 1첩, 종이에 채색, 31.1×23.5cm, 고려대학교박물관

1612년광해군 4 개성부開城府의 동료 네 명이 모두 장원급제자였던 사실을 특별히 여겨 사장원계四壯元契를 개최하고 제작한 계회도이다. 송도는 개성, 용두는 장원급제자의 별칭이다. 네 명의 장원은 기유년1579, 선조 12 식년문과에서 장원한 개성부 유수留守 홍이상洪履祥, 1549~1615, 경자년1600, 선조 33 별시문과에서 장원한 경력經歷 이시정李時楨, 1568~?, 무자년1588, 선조 21 사마시에서 장원한 도사都事 윤영현尹英賢, 1557~?, 계미년1583, 선조 16 알성문과에서 장원한 교수教授 차운로車雲輅, 1559~?이다. 홍이상은 1591년 이항복·이덕형과 함께 재상이 될만한 인재로 천거될 만큼 신망이 두터운 관료였고, 1609년에는 서경덕을 제향하는 개성 화곡서원의 건립 주체로 활약하였다.

1612년 당시에는 6폭의 계병禊屛을 제작하였지만 세월이 지나며 모두 유실되었으므로 160년이 지난 1772년영조 48에 홍명한洪明漢, 1724~1774이 이를 중수하여 두 벌의 계병을 제작하였다. 홍명한은 홍이상의 7세손으로 1772년 당시 마침 개성부 유수로 부임해 있었다. 중수된 계병은 원작의 모습대로 사장원계의 장면, 송도 일대 명소의 사계四季 풍경, 유근柳根, 1549~1627이 1624년 8월 5일자로 쓴 용두회계병서龍頭會禊屛序로 구성하고 마지막 첩에 홍명한이 1772년 6월에 중수기를 써서 덧붙였다. 고려대학교박물관 소장의 이 계회도는 계병의 중수 이후에 다시 화첩으로 이모移摹 한 것이다.

사장원계의 한 장면을 그린 그림을 위시하여 유근과 홍명한의 글을 수록하였으며, 후반부에는 한명상韓明相, 김성행金聖行, 김종수金宗洙, 홍신규洪信圭, 이양호李養浩, 홍진룡洪震龍, 허인許寅, 이환룡李煥龍, 이장오李章五, 마지광馬之光, 김광국金匡國, 차석오車錫五 등 12명의 시를 실었다. 이 시들은 홍명한이 계병을 중수하면서 후손 및 지인들에게 청해서 받은 것이다. 마지막의 차석오는 차운로의 후손으로 홍명한이 중수한 두 벌의 계병 중 하나를 소장하게 된 인물이기도 하다.

화면에 '용두회龍頭會', '태평관太平館'이라는 글씨가 쓰여 있어 태평관에서 열린 장원급제자들의 모임을 주제로 그렸음을 알 수 있다. 용두회는 고려시대부터 전래된 유습이며 태평관은 고려시대 정동행성征東行省을 고쳐 부른 이름으로서 중국사신의 숙소로 이용되던 곳이다. 태평관 안에는 붉은색 공복을 입은 홍이상과 나머지 세 명이 품계에 따라 자리를 달리하여 앉아있다. 문 밖에는 이들이 타고 온 호피 깔린 가마와 세 필의 말이 보인다. 개울과 그곳에 걸쳐 있는 판교板橋, 먼 산 뒤에 돌출한 흑색 바위가 장소의 현실감을 더해준다.

1582년선조 15 생원진사시에 입격入格한 200명의 동기생들 가운데 12명의 동기생들이 48년이 지난 1630년에 가진 방회를 그린 것이다. 이들은 모두 한양에 거주했고 당상관 이상의 신분이었다. 이 날의 모임은 삼척부사三陟府使로 떠나는 동기생 이준李埈, 1560~1635의 전별연餞別宴을 겸한 것이라 했다. 이들은 동기생들 가운데 고령에 이른 자와 고위 관직자가 많다는 사실에 큰 자부심을 갖고 있었다.《임오사마방회지도》에서 눈여겨 볼 것은 동방들이 노년에 이르러 잦은 모임을 갖고 기록물을 남겨 옛 인연을 기념하고 있다는 점이다. 임오년 사마시 동기생들은 1630년에 모임을 가진 이후, 4년 뒤인 1634년에도 방회를 열고 계회도를 제작하였다. 국립중앙도서관의《임오사마방회지도》가 그것이다. 그런데 1630년에 모였던 동기생들 가운데 6명이 보이지 않는다. 그 사이에 세상을 떠난 것이다. 그 대신 경기도에 사는 동기생 두 사람이 연락을 받고 이 자리에 나와 모두 8명이 모였다.

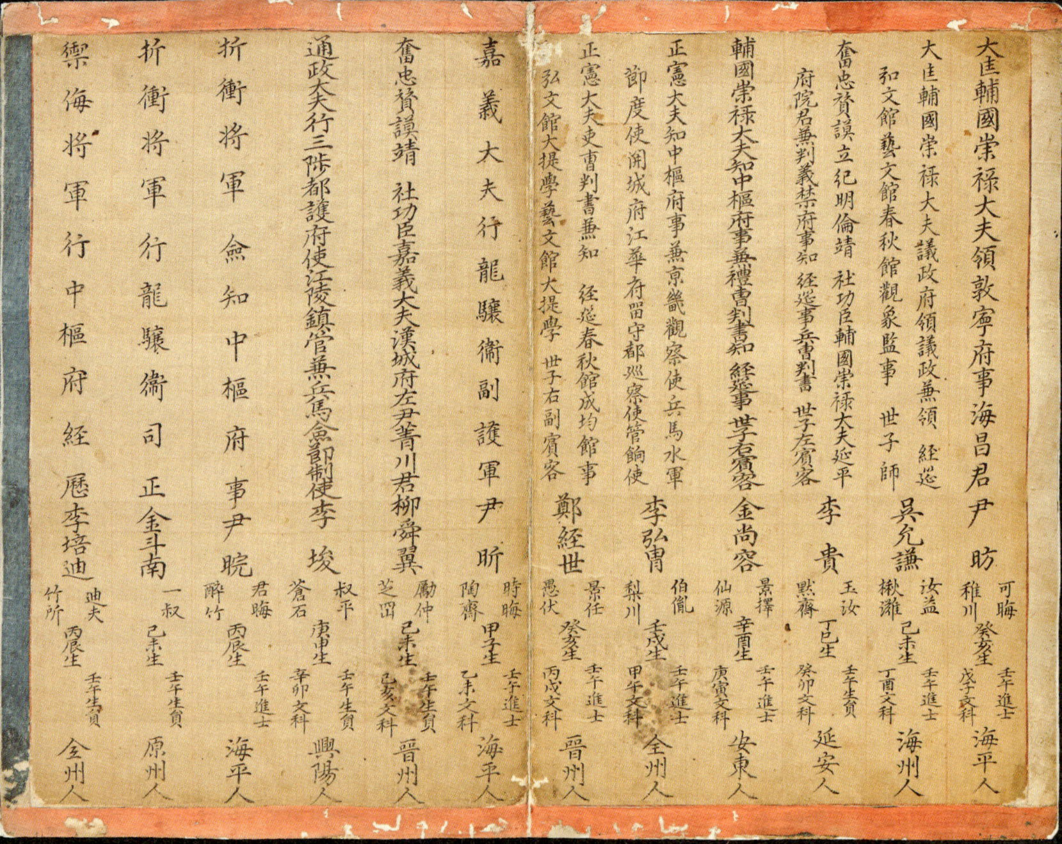

大匡輔國崇祿大夫領敦寧府事海昌君尹昉 可晦 稚川 癸亥生 壬午進士 戊子文科 海平人
大匡輔國崇祿大夫議政府領議政兼領經筵弘文館藝文館春秋館觀象監事 世子師 吳允謙 汝益 楸灘 己未生 壬午進士 丁酉文科 海州人
奮忠贊謨立紀明倫靖社功臣輔國崇祿大夫延平府院君兼判義禁府事知經筵事春秋館事 世子左賓客 李貴 玉汝 默齋 丁巳生 壬午生員 癸卯文科 延安人
輔國崇祿大夫知中樞府事兼禮曹判書知經筵事 世子右賓客 金尚容 景擇 仙源 辛酉生 壬午進士 庚寅文科 安東人
正憲大夫知中樞府事兼京畿觀察使兵馬水軍節度使開城府江華府留守都巡察使管餉使 李弘胄 伯胤 梨川 壬戌生 壬午進士 甲午文科 全州人
正憲大夫吏曹判書兼知經筵春秋館成均館事弘文館大提學藝文館大提學 世子右副賓客 鄭經世 景任 愚伏 癸亥生 壬午進士 丙戌文科 晉州人
嘉義大夫行龍驤衛副護軍尹昕 時晦 陶齋 甲子生 壬午進士 丁未文科 海平人
奮忠贊謨靖社功臣嘉義大夫漢城府左尹菁川君柳舜翼 勵仲 芝田 己巳生 壬午生員 乙亥文科 晉州人
通政大夫行三陟都護府使江陵鎭管兵馬僉節制使李埈 叔平 蒼石 庚申生 壬午生員 辛卯文科 興陽人
折衝將軍僉知中樞府事尹晥 君晦 醉竹 丙辰生 壬午進士 海平人
折衝將軍行龍驤衛司正金斗南 一叔 己未生 壬午生員 原州人
禦海將軍行中樞府經歷李培迪 迪夫 竹所 丙辰生 壬午生員 全州人

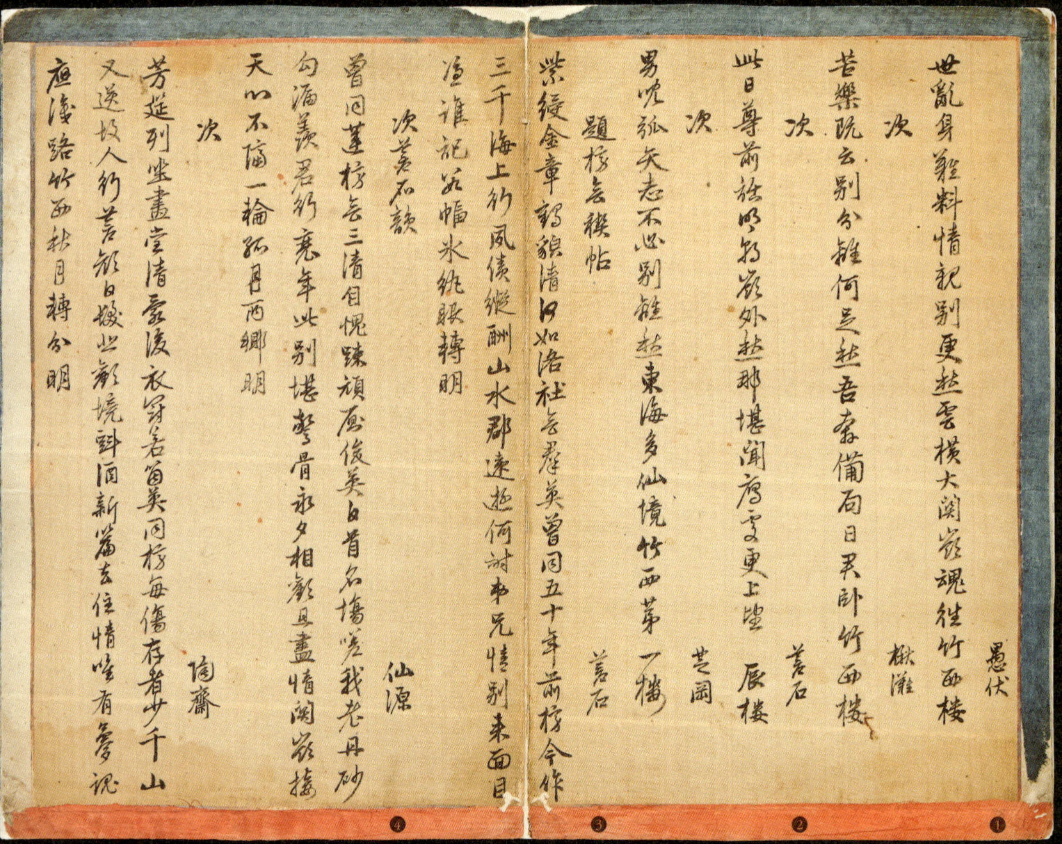

방회 참가자들의 시문. 정경세 · 오윤겸 · 이준 · 김상용 등의 원운 및 차운이 보인다.

❶

世亂身難料	난세인지라 이내 신세 예측하기 어려운데
情親別更愁	절친한 벗과 이별하려니 더욱 근심스럽네.
雲橫大關嶺	구름이 대관령을 가로지를 때
魂往竹西樓	이내 혼은 죽서루로 날아가리[1]【愚伏鄭經世】

❷

此日尊前話	오늘은 술잔을 마주하고 얘기하지만
明朝嶺外愁	내일 아침엔 대관령 너머에서 근심할 터.
那堪聞鴈處	차마 어찌 기러기 울음 들리는 곳에서
更上望辰樓	북극성 바라보는 누각에 다시금 오를까![2]【蒼石 李埈】

❸

〈題榜會禊帖	방회계첩에 쓰다[3]〉
紫綬金章鶴貌淸	붉은 인끈, 황금 도장 차림의 학처럼 청아한 외모
何如洛社會群英	어찌하여 일군의 영준한 이들이 한양에 모였는가?
曾同五十年前榜	일찍이 50년 전, 같은 방목에 함께 올랐거늘
今作三千海上行	지금은 3천 리 아득한 바닷가로 길을 나서네.
夙債縱酬山水郡	산수의 고을에서 원 없이 묵은빚 갚겠으나
遠遊何耐弟兄情	먼 곳 노닐면서 형제의 정을 어이 견딜까!
別來面目憑誰記	이별한 뒤 무엇에 의지해 그대 얼굴 기억할까
數幅氷紈眼轉明	희고 깨끗한 명주 몇 폭에 눈이 번쩍 뜨일 터.【蒼石】

❹

〈次蒼石韻	창석蒼石의 시에 차운하다〉
曾同蓮榜會三淸	일찍이 연방蓮榜[4]에 함께 올라 삼청동에 모일 때
自愧踈頑厠俊英	부끄럽게도 보잘것없는 재주로 준걸 사이에 끼었지.
白首名場嗟我老	벼슬살이에 백발이 된 이내 노쇠한 신세 한심커늘
丹砂句漏羨君行	구루句漏[5]에서 단약 만들 자네 발걸음 부럽구려.
衰年此別堪驚骨	늘그막에 이렇게 헤어지면 매우 심란한 법
永夕相歡且盡情	밤새도록 즐기며 남김없이 회포를 풀어야지.
關領接天心不隔	대관령이 하늘까지 닿아도 마음은 막히지 않으니
一輪孤月兩鄕明	휘영청 외로운 달이 양쪽 고을을 훤히 비추리로다.【仙源】

1 『愚伏集』 권2에 〈送李叔平赴任三陟 庚午〉라는 시제로 실려 있다.

2 『蒼石集』 권3에 〈又次愚伏贈別韻〉이라는 시제로 실려 있다.

3 『蒼石集』 권3에 〈題榜會禊帖〉이라는 시제로 실려 있다. 장문의 시서(詩序)도 함께 보인다.

4 연방(蓮榜) : 생원과 진사를 선발하는 소과의 별칭. 혹은 소과 합격자 명부.

5 구루(句漏) : 중국 광서성(廣西省) 북류현(北流縣) 동북쪽에 있는 산. 진(晉)나라 도가(道家) 갈홍(葛洪)이 구루 지방에 선약의 재료가 되는 단사(丹砂)가 생산된다는 말을 듣고 자청하여 구루영(句漏令)이 되어 그곳에서 단사를 제련한 바 있다. 도가에서 말하는 서른여섯 소동천(小洞天) 중에 스물두 번째 동천이다.

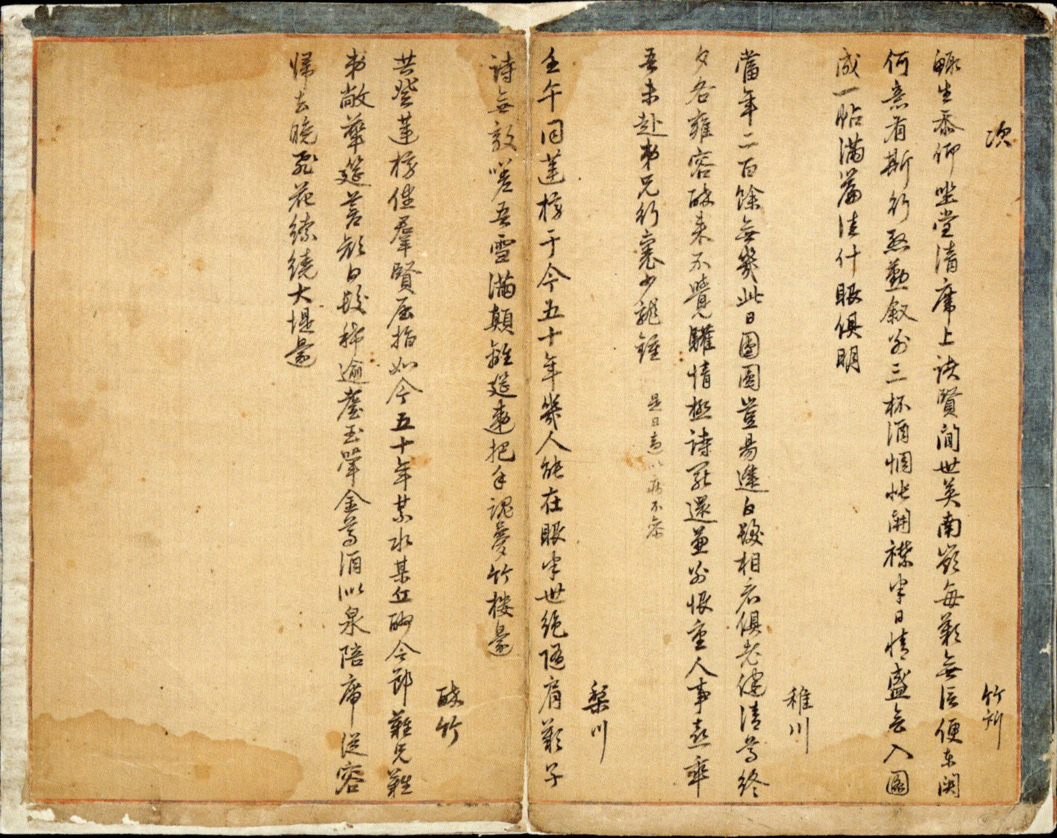

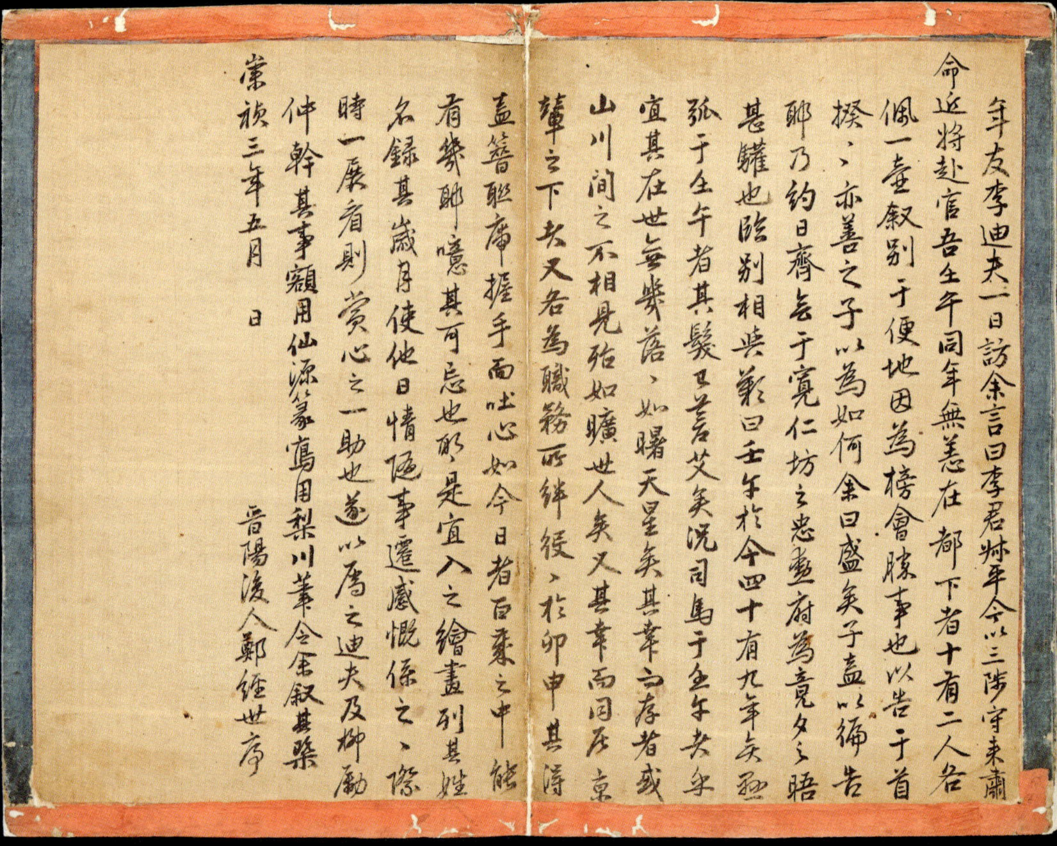

年友李迪夫一日訪余言曰李君焯年今以三陟守来肅
命近將赴官吾壬午同年無恙在都下者十有二人若
佩一壺叙別于便地因爲榜會賸事也以告于首
揆ヽ亦善之子以爲如何余曰盛矣子盍以徧告
卿乃約日齊會于寬仁坊之忠勳府爲竟夕之晤
甚懽也臨別相與歎曰壬午於今四十有九年矣獨
孤于壬午者其髮且蒼艾矣況司馬于壬午者乎
宜其在世無幾落ヽ如曙天星矣其幸而存者或
山川間之不相見殆如曠世人矣又其幸而同在京
輦之下者又各爲職務所絆綴ヽ於卯申甚得
盍簪聯席握手而吐心如今日者百最之中能
有幾耶噫其可忘也耶是宜入之繪畫列其姓
名錄其歲月使他日憑此事還感慨係之ヽ際
時一展看則賞心之一助也遂以屬之迪夫及柳勵
仲幹其事顧用仙源篆寫用梨川筆令余叙其槩
崇禎三年五月 日
晉陽後人鄭經世序

방회의 개최 취지를 기록한 정경세의 발문

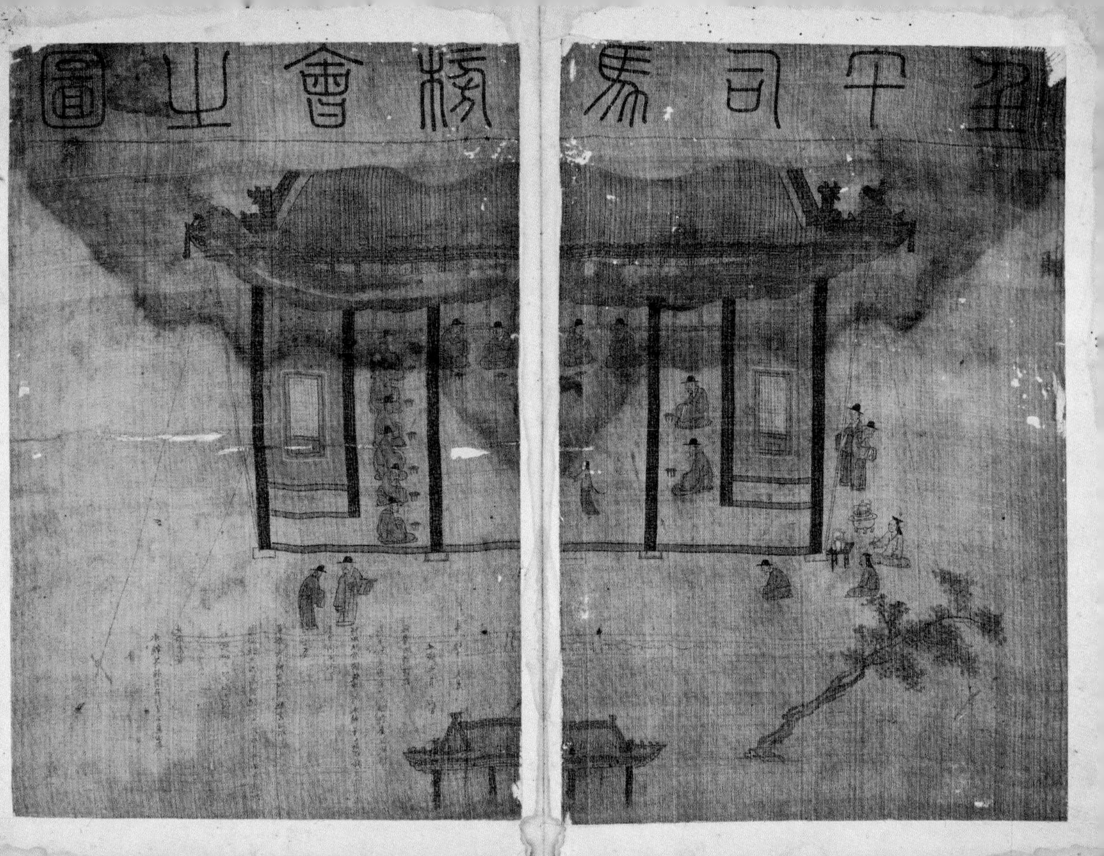

《임오사마방회지도》, 1630년(인조 8), 1첩, 비단에 채색, 55.7×41.3cm, 고려대학교박물관

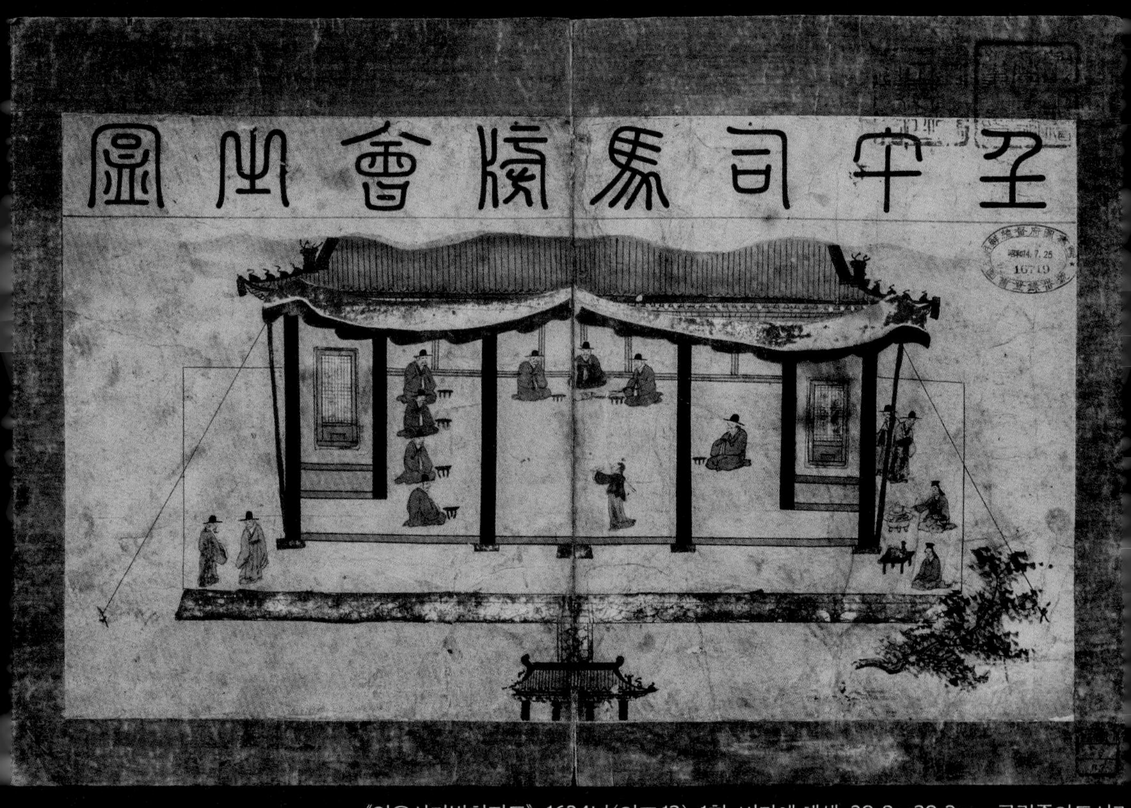

《임오사마방회지도》, 1634년(인조 12), 1첩, 비단에 채색, 39.8×29.2cm, 국립중앙도서관

평생도-회방례
平生圖-回榜禮

19세기, 10폭 병풍, 종이에 채색, 130.0×36.0cm(1폭), 국립중앙박물관

《평생도》에 수록된 〈회방례〉 장면은 이 《평생도》 속의 주인공이 60년 전 과거에 급제했을 때 행한 유가遊街 장면을 재현한 그림이다. 주인공은 앵삼鶯衫을 입고 복두幞頭에 어사화御賜花를 꽂고 가마를 탄 채 이동하고 있다. 말이 아닌 가마를 탄 점이 이채롭다. 앵삼은 꾀꼬리와 같은 연두색 겉감에 황색 안을 받친 단령포이다. 일산日傘을 든 사람, 홍패를 싼 비단을 든 인물이 선두에 보이고, 악공과 광대가 그 뒤를 따르고 있다. 회방례는 60년 전 급제 당시의 삼일유가를 실제 재현하는 방식으로 이루어졌음을 알 수 있다. 이는 회혼례를 치르며 60년 전 혼례장면을 재현하는 것과 동일한 방식이다.

기유사마방회도
己酉司馬榜會圖

1669년(현종 10), 1첩, 비단에 채색, 41.8×59.2cm, 고려대학교박물관

이 방회도는 1609년광해군 1 사마시司馬試 동기생들이 합격한 해로부터 60년이 지난 1669년현종 10에 회방연을 갖고 이를 기념하기 위해 만든 기념첩이다. 대체로 회방연은 80세 이상의 고령이 되어야 가능하기에 방회 중에서도 매우 드문 사례에 속한다. 참석자는 81세의 이조참판 이민구李敏求, 1589~1670, 91세의 동지돈녕부사 윤정지尹挺之, 1579~?, 85세의 동지중추부사 홍헌洪憲, 1585~1672 3명이다. 구성을 살펴보면, 좌목, 홍헌의 글, 3명의 방회 구점口占, 허목許穆의 서문, 참연參宴한 이경석李景奭, 박장원朴長遠, 심유沈攸, 이정李程, 권해權瑎의 차운시, 권협權悏에 대한 제망제문祭亡弟文 등이 차례로 수록되어 있다. 연회의 장소는 1등으로 합격했던 이민구의 집이다. 이수광의 아들인 이민구는 17세기 서울 지역 남인을 대표하던 문신이다. 마당의 넓은 공간에 차일과 병풍을 설치하고 지의地衣를 깔았다. 차일 아래에는 회방자 3명이 북쪽에 앉고 이경석을 비롯한 5명의 손님이 남쪽에 마주 앉았다. 노란색 관을 쓴 무동이 춤을 추고 다섯 명의 기녀와 네 명의 악공이 음악을 연주하고 있다. 회방연에 참석한 동방同榜들은 대부분 장수하고, 높은 관직에 이른 사람들이다. 회방연은 수연壽宴을 축하하는 의미도 겸하였다.

조정표 역과 백패
趙正杓譯科白牌

1792년(정조 16), 1장, 필사본, 90.6×42.7cm, 국립중앙도서관

사역원司譯院 한학전함漢學前銜 조정표趙正杓 1774~?가 1792년정조 16 식년역과式年譯科에서 3등 제2인으로 입격하고 받은 백패이다. 잡과의 백패는 예조가 왕명을 받아 발급하므로 '예조지인禮曹之印'을 찍었다.

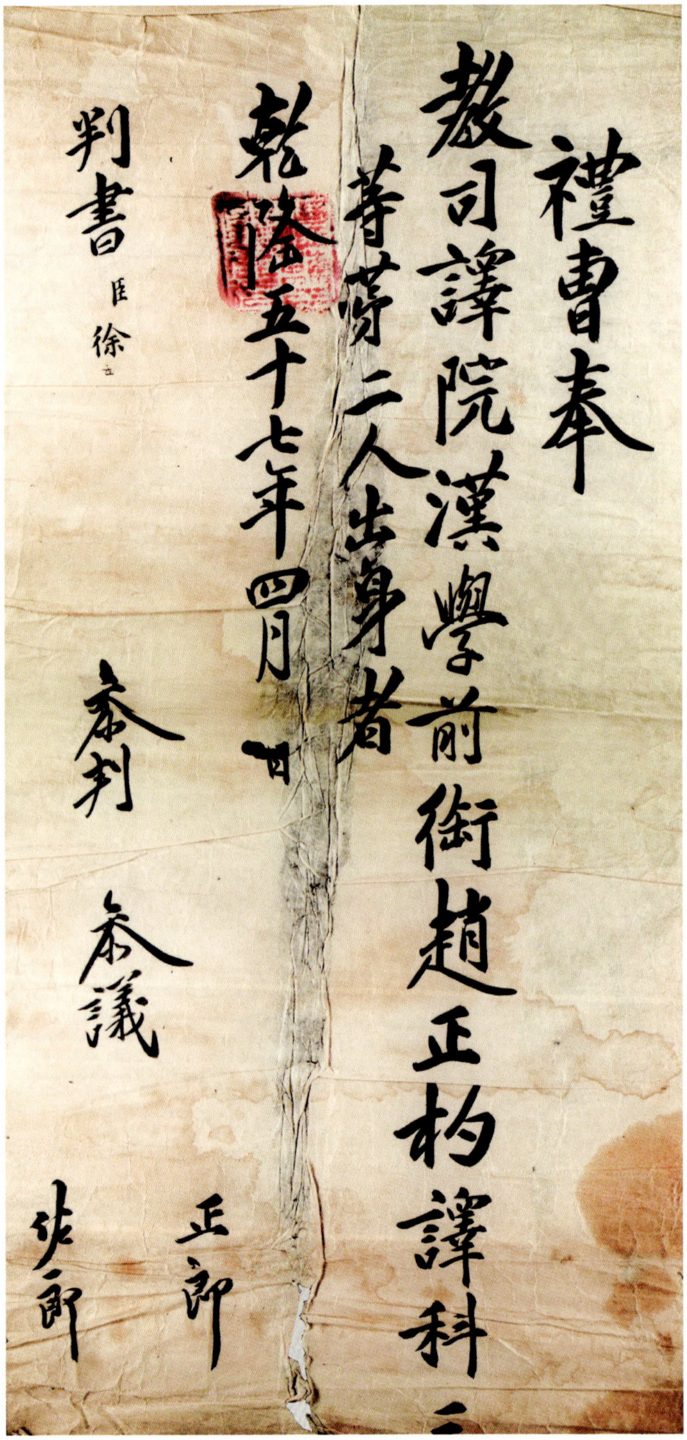
禮曹奉
敎司譯院漢學前銜趙正杓譯科三
等第二人出身者
乾隆五十七年四月 日
判書 臣 徐
參判
參議
正郞
佐郞

조정표 역과 회방백패
趙正杓譯科回榜白牌

1852년(철종 3), 1장, 필사본, 72.3×39.8cm, 국립중앙도서관

가선대부嘉善大夫 조정표가 역과에 합격한 해로부터 60년이 지난 1852년철종 3에 회방回榜이 되어 받은 백패이다.

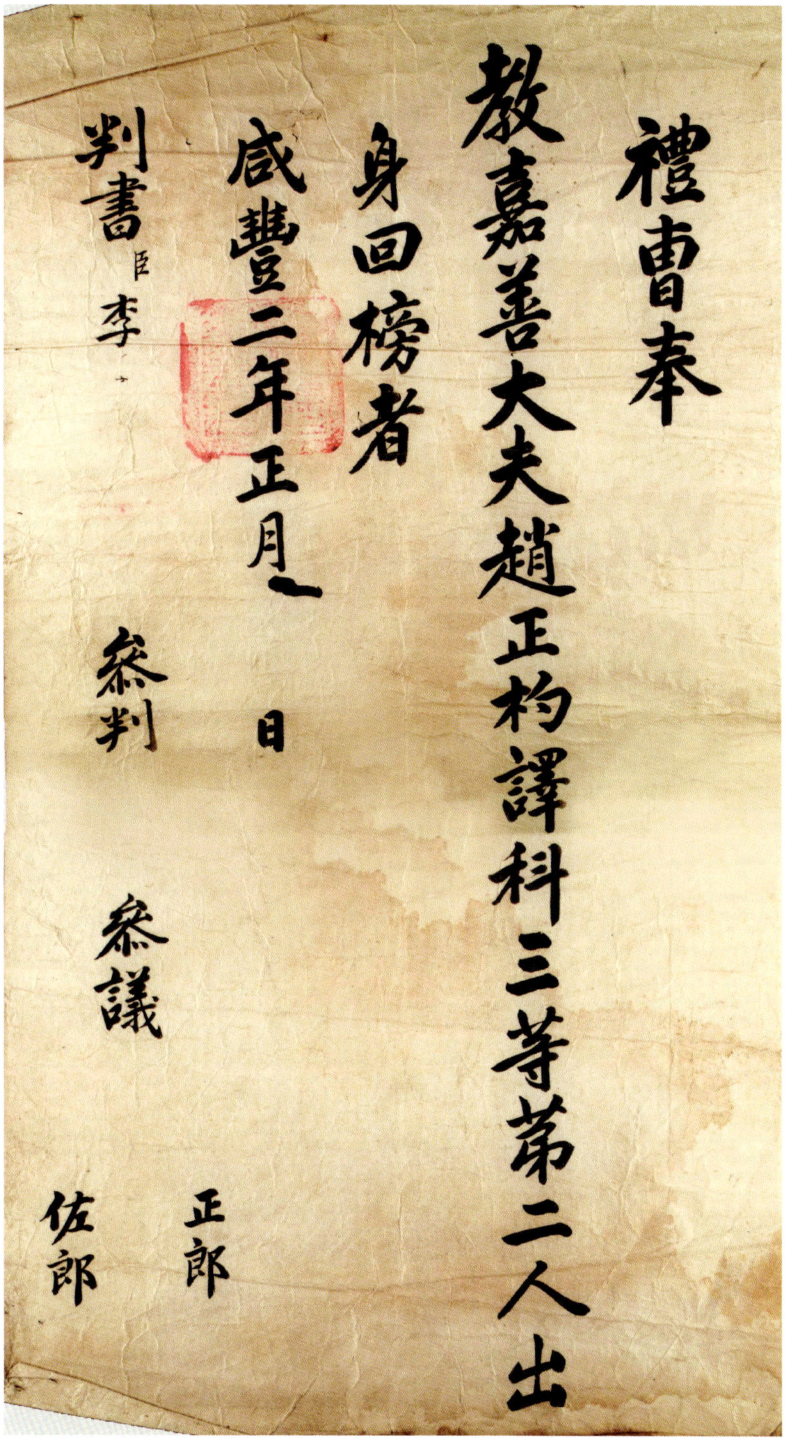
禮曹奉

教嘉善大夫趙正杓譯科三等第二人出

身回榜者

咸豐二年正月 日

判書臣李

參判

參議

正郎

佐郎

정원용 문과 홍패
鄭元容文科紅牌

1802년(순조 2), 1장, 필사본, 90.5×60.0cm, 광명시중앙도서관

유학幼學 정원용鄭元容이 1802년순조 2 정시문과에서 을과 제2인으로 급제하고 받은 홍패이다.

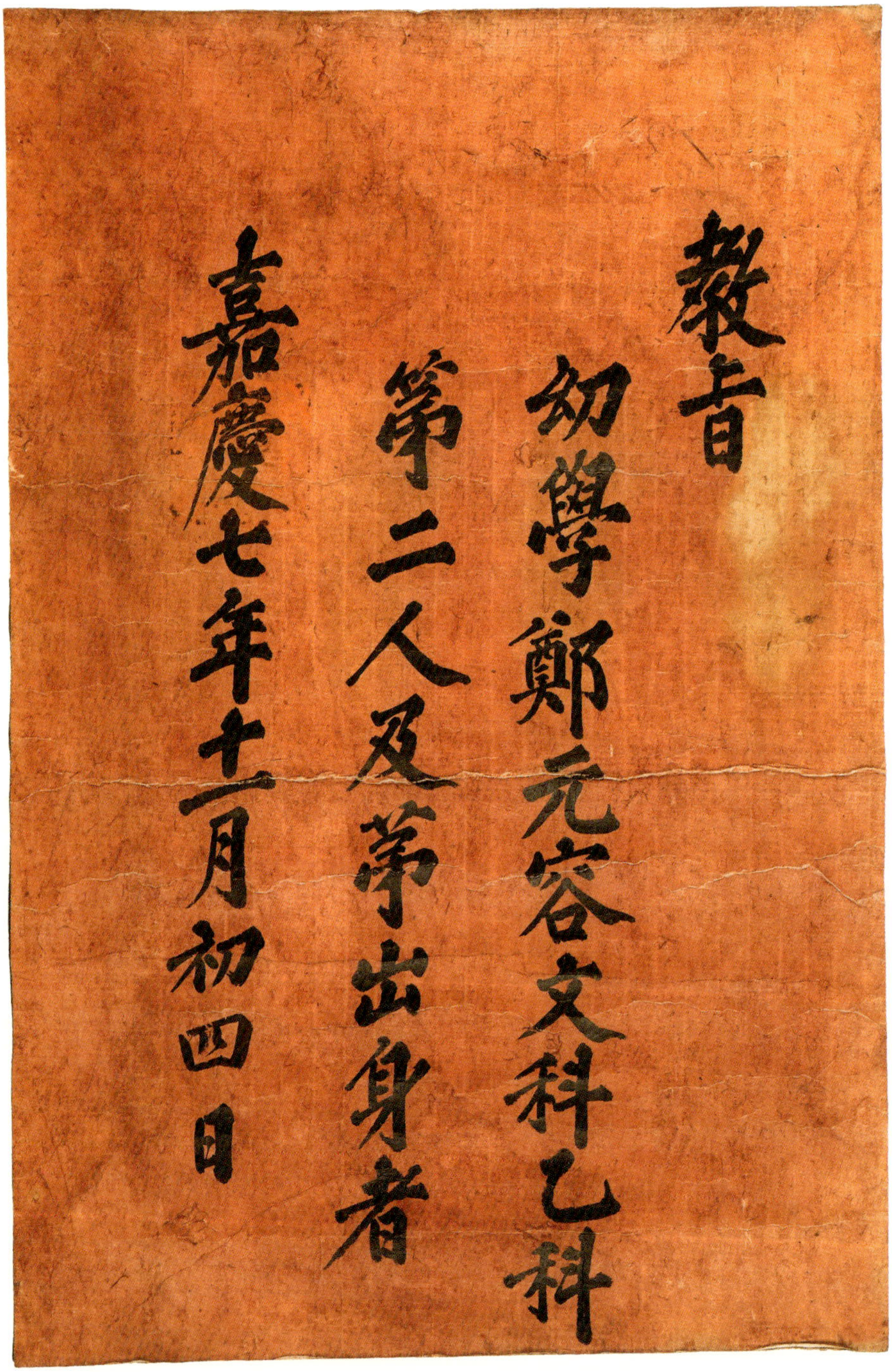

敎旨
幼學鄭元容文科乙科
第二人及第出身者
嘉慶七年十一月初四日

정원용 문과 회방홍패
鄭元容文科回榜紅牌

1862년(철종 13), 1장, 필사본, 91.0×60.2cm, 광명시중앙도서관

대광보국숭록대부大匡輔國崇祿大夫 영중추부사領中樞府事 정원용이 정시문과에 급제한 해로부터 60년이 지난 1862년철종 13에 회방回榜이 되어 받은 홍패이다.

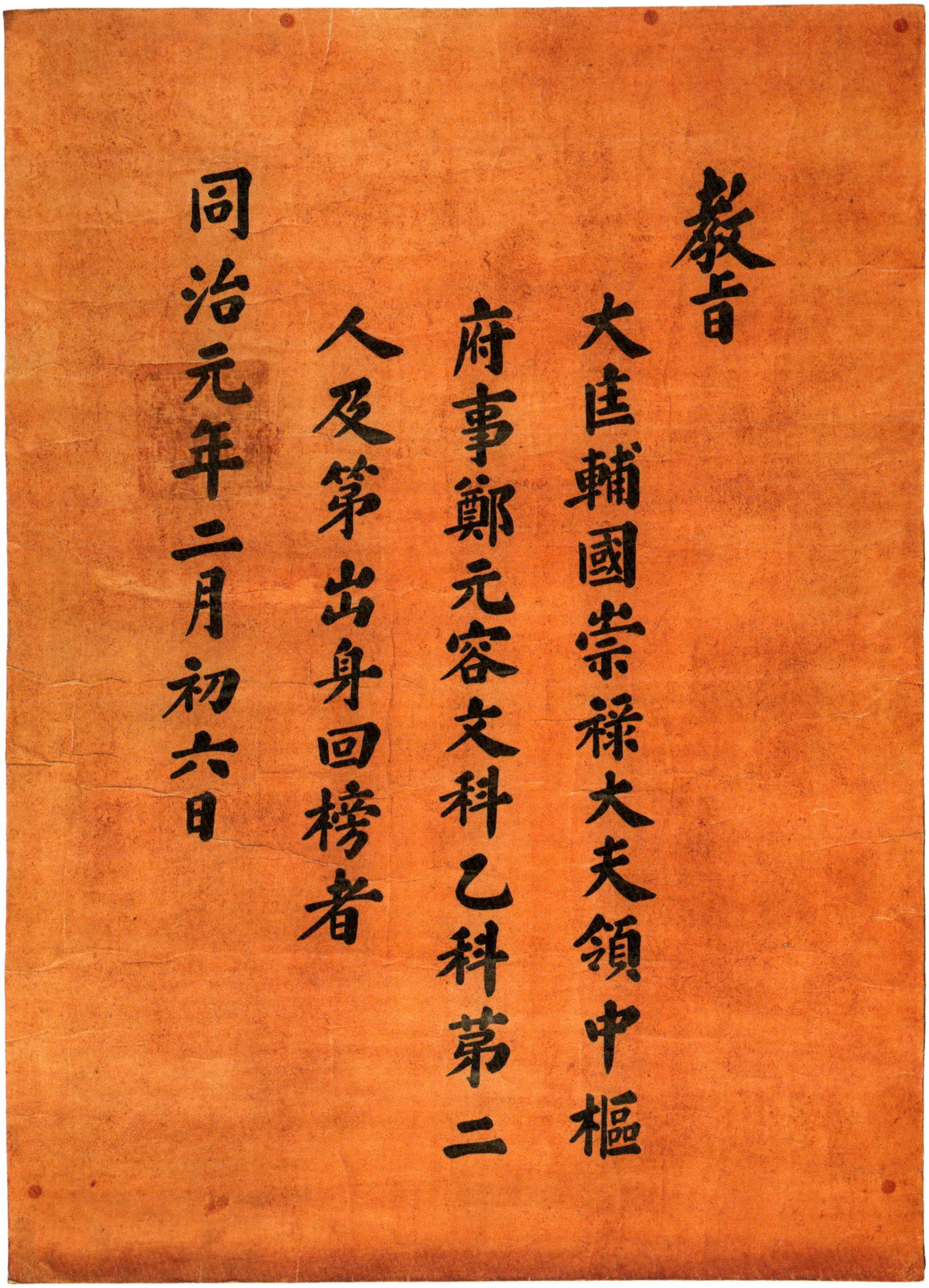

敎旨
大匡輔國崇祿大夫領中樞
府事鄭元容文科乙科第二
人及第出身回榜者
同治元年二月初六日

• **구도장원**九度壯元

율곡栗谷 이이李珥, 1536~1584가 과거 시험에 아홉 차례 장원을 하였다는 의미로, 그의 천재성과 학문적 성취를 단적으로 나타내는 말이기도 하다. 이이는 13세의 어린 나이 때부터 소과小科에 응시하였으며, 23세 때 별시에 응시하여 제출한 〈천도책天道策〉은 중국 사신들에게까지 널리 알려진 명작이다. 율곡 이이의 과거 이력을 박세채朴世采의 『남계집南溪集』에 수록된 〈율곡이선생연보栗谷李先生年譜〉에 근거해 정리하면 아래 표와 같다. 13세 때의 진사 초시 합격은 약관弱冠, 20세 이전의 일로 '장원壯元'이나 '괴魁' 또는 '수首'라는 표현이 없고, '중中, 합격'이라고만 하였다.

	연도	나이	과거 시험	연보 내용	해당 방목	該榜의 장원
1	1548년 (명종 3 무신)	13	식년진사과 초시	中進士解	嘉靖二十八年己酉九月初九日司馬榜目	이형 (李泂)
2	1556년 (명종 11 병진)	21	별시문과 초시	對策魁漢城試	丙辰十一年別試榜	이민각 (李民覺)
3	1558년 (명종 13 무오)	23	별시문과 초시	冬入別試解圍 對天道策 遂魁其榜	戊午十三年別試榜	오운기 (吳雲驥)
4	1564년 (명종 19 갑자)	29	식년진사과 초시	是歲魁監試兩場	嘉靖四十三年甲子七月二十日司馬榜目	조원 (趙瑗)
5	1564년 (명종 19 갑자)	29	식년생원과 초시	是歲魁監試兩場	嘉靖四十三年甲子七月二十日司馬榜目	이이 (李珥)
6	1564년 (명종 19 갑자)	29	식년생원과 복시	又魁生員會試	嘉靖四十三年甲子七月二十日司馬榜目	이이 (李珥)
7	1564년 (명종 19 갑자)	29	식년문과 초시	是歲魁…文科解	甲子十九年式年榜	이이 (李珥)
8	1564년 (명종 19 갑자)	29	식년문과 복시	又魁文科覆試	甲子十九年式年榜	이이 (李珥)
9	1564년 (명종 19 갑자)	29	식년문과 전시	又魁文科…殿試	甲子十九年式年榜	이이 (李珥)

한편 백사白沙 이항복李恒福, 월사月沙 이정구李廷龜, 신독재愼獨齋 김집金集 등은 이이가 갑자년에 사마시와 문과에서 장원했다고 하였고, 이유원李裕元의 『임하필기林下筆記』와 고종 때 증보된 『증보문헌비고增補文獻備考』에서는 "(갑자년) 한 해 동안에 아홉 번의 시험에서 으뜸을 차지하였다"라 하였다. 이들 기록에 초점을 맞춰 정리하면 아래 표와 같다.

	연도	나이	과거 시험	기록 내용	해당 방목	該榜의 장원
1	1564년 (명종 19 갑자)	29	식년생원과 초시	魁生員初(會)試	嘉靖四十三年甲子七月二十日司馬榜目	이이 (李珥)
2	1564년 (명종 19 갑자)	29	식년생원과 복시	魁生員(初)會試	嘉靖四十三年甲子七月二十日司馬榜目	이이 (李珥)
3	1564년 (명종 19 갑자)	29	식년문과 초시의 초장	文科又魁初(會殿三)試	甲子十九年式年榜	이이 (李珥)
4	1564년 (명종 19 갑자)	29	식년문과 초시의 중장	〃	甲子十九年式年榜	이이 (李珥)
5	1564년 (명종 19 갑자)	29	식년문과 초시의 종장	〃	甲子十九年式年榜	이이 (李珥)
6	1564년 (명종 19 갑자)	29	식년문과 복시의 초장	文科又魁(初)會(殿三)試	甲子十九年式年榜	이이 (李珥)
7	1564년 (명종 19 갑자)	29	식년문과 복시의 중장	〃	甲子十九年式年榜	이이 (李珥)
8	1564년 (명종 19 갑자)	29	식년문과 복시의 종장	〃	甲子十九年式年榜	이이 (李珥)
9	1564년 (명종 19 갑자)	29	식년문과 전시	文科又魁(初會)殿(三)試	甲子十九年式年榜	이이 (李珥)

현재 방목을 기준으로 보면, 율곡 이이는 29세갑자년 때 생원시에 장원을 했고, 연속하여 문과에서도 장원을 차지하였다. 또한 각 단계별 초시와 복시에서도 각각 1등을 차지하여 그 당시 사람들이 과거 시험만 보면 1등을 한다는 의미로 구도장원이라 칭했던 것 같다. 박세채는 이이의 묘비명 초고를 작성하면서 송시열과 편지를 주고받았는데, 송시열은 다음과 같이 말하였다. "'구장장원'이 어찌 선생[이이]을 중요시하기 위하여 반드시 지칭되어야 할 것이겠는가. 그 동안 사람들이 큰일로 여기는 것이 매번 우스웠다九場壯元 何足爲先生重而必稱之也 每笑前後人之以爲大事也."

3장

시권에 담긴 국가경영의 현안과 지혜

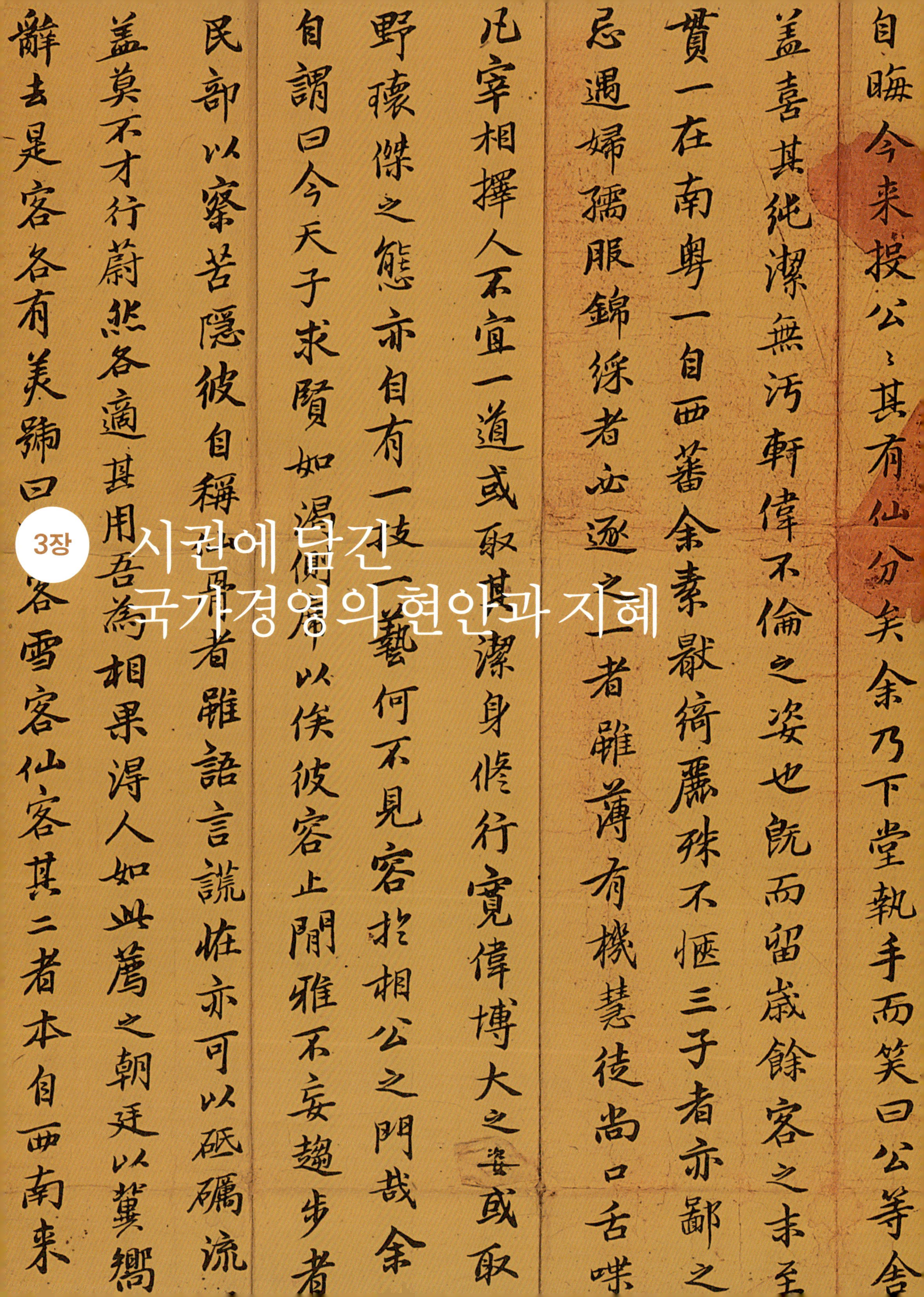
自晦今来投公、其有仙分矣余乃下堂執手而笑曰公等舍
蓋喜其純潔無汚軒偉不倫之姿也旣而留歲餘客之未至
貫一在南粤一自西蕃余素獻倚麗殊不愜三子者亦鄙之
忌遇婦孺服錦綵者必逐之二者雖薄有機慧徒尚口舌喋
凡宰相擇人不宜一道或取其潔身脩行寬偉博大之姿或取
野穠傑之態亦自有一技一藝何不見容於相公之門哉余
自謂曰今天子求賢如渴側席以俟彼容止閒雅不妄趨步者
民部以察苦隱彼自稱[illegible]者雖語言譏姤亦可以砥礪流
蓋莫不才行蔚然各適其用吾爲相果得人如此薦之朝廷以冀鸑
辭去是客各有美稱曰[illegible]客雪客仙客其二者本自西南来

왕조 국가에서의 임금은 신민의 생사여탈권을 지니고 만기를 총람하는 절대자였다. 그러나 아무리 군주의 절대성을 인정한다 할지라도 결코 임금 혼자서 나라를 다스릴 수는 없었다. 결국 임금은 관료라는 특정 집단을 활용하여 국정을 운영할 수밖에 없었고, 유능한 관료를 선발하는 제도인 과거가 필요하였다.

임금이 국정을 운영하는 과정에서 신민들의 의견을 구하는 방법은 적지 않았다. 기존 관료들을 대상으로 하는 헌의나 초야의 유생까지 포괄하는 구언 등도 물론 효과적인 방안이었지만 정례화 된 최고 권위의 수렴 장치는 역시 과거였다.

조선의 역대 임금이 나라를 경영하면서 가장 목말라했던 것은 '어진 인재'였고, 가장 절실하게 여겼던 것은 백성들의 삶의 질을 높이는 것이었으며, 가장 부담스럽게 생각한 것은 외교·국방의 문제였다. 이밖에 풍속을 교화하여 국가의 사회문화적 건전성을 높이고, 사회적 약자에 대한 배려를 통해 신분 또는 계층 간의 갈등을 해소하는 것 또한 초미의 관심사였다.

바로 이런 현안과 고민은 시험 문제로 집약되어 천하의 준재들에게 주어졌고, 준재들은 군주의 고충과 나라의 현안에 대해 정성을 다해 답안을 작성함으로써 자신의 역량과 식견을 인정받으려 했다.

명답을 얻기 위해서는 그 질문의 수준이 높아야 했다. 때문에 왕은 최고의 식견과 경륜을 지닌 신하를 시관으로 삼았다. 결국 과거는 국가경영과 관련된 온 나라의 안목과 지혜를 한 데 모으는 장치였고, 이 과정에서 도출된 탁월한 견해들이 '급제'라는 이름을 획득했다. 그리고 그것은 개인의 영예를 넘어 국익에 이바지한다는 점에서 막중한 공공성을 지녔다.

혹자는 조선의 부정부패, 특히 과거의 부정을 문제 삼아 조선왕조를 평가절하한다. 물론 부정과 비리가 조선의 과거제를 얼룩지게 한 측면이 있는 것은 사실이지만 조선왕조가 세계사적으로 유례없이 장수할 수 있었던 요인 중의 하나가 과거제가 추구했던 군신소통의 정신에 있었음을 간과하지 말아야 한다.

• 출제의 경향

조선시대 과거에서는 크게 경학과 문학, 경세관을 평가하였다. 경학은 사서의四書疑와 오경의五經義로 시험했고, 문학은 시詩·부賦·표表·전箋 등의 제술 능력으로 평가했으며, 경세관은 책문策文으로 시험하였다. 책문은 출제 문제에 해당하는 책문策問과 응시자의 답안에 해당하는 대책對策으로 구성되는데, 답안뿐만 아니라 문제 자체도 논리와 전거典據, 시사성을 갖춘 하나의 논술문이었다. 따라서 문신들은 왕을 대신하여 책문策問을 짓는 연습도 평소 부지런히 하였다.

책문을 내용별로 분류하면 정치, 경제, 사회, 풍속, 문학, 역사, 외교, 국방, 사상, 자연과학 등 거의 모든 분야에 걸쳐 있다. 그러나 그 분야가 아무리 다양해도 기본적으로는 국가의 정책과 경륜에 관련된 문제였고, 답안 또한 그에 대한 정치적 해결책이 대다수이다. 조선 초의 책문에는 왕도정치의 이념을 세우고 국가 기강을 확립하는 방안에 대해 묻는 경우가 많고, 중기에는 네 차례의 사화士禍 이후 혼란한 사회를 수습하고 사림士林 주도의 이상적인 사회 건설과 전란 후 무너진 국가 체제를 재정비하려는 내용이 중심을 이룬다.

현재까지 확인된 917편의 책문을 15개의 주제로 분류하였는데, 구체적인 내용은 아래 표와 같다.

	주 제	책제 (策題)
1	도학의 정통	治道, 中 · 極, 道學, 道統之傳, 攻異端, 師古, 聖賢之學
2	제왕의 덕목	敬天勤民, 必守先王之法, 安危治亂, 興邦之道, 帝王之德
3	인재의 등용	作成人才, 得賢用人之術, 君子之出處, 政在得人, 進賢退邪
4	풍문의 개선	文體乎道, 書籍, 文章與世運, 六書, 時體, 八子百選, 騈儷
5	신하역할 및 선비기상	救輪對, 立師道, 士論, 養士氣, 儒, 使价之爲任重矣, 朋黨
6	역사적 사실고증	先秦古書, 治亂興亡, 國朝制度, 創業守城, 沿革損益, 作史
7	경학의 개념 정의	皇帝王覇之道, 天生烝民, 聖賢述作, 經傳史記, 六經, 太極道
8	자연현상의 해석	海之爲物, 災變, 靈草, 星變, 氣化, 聲, 春, 橘, 雪, 霜
9	출처관	立身行道, 修進之方, 致仕, 黜陟, 立賢無方, 名分, 語默
10	심성론과 성정론	心術, 心與事, 心學, 恒政, 恒心, 性氣說, 心者一身之主宰
11	삼정의 문란	田制, 三政捄弊, 官兵田三制, 還餉, 井田, 鄕貢, 蠲租之政
12	화폐제도의 개선	經濟, 食貨, 財用盈虛, 備荒, 錢幣, 理財, 律度量衡, 衣食
13	과거제도의 개선	科擧之規, 科目之設, 設科取士, 公選擧, 學制, 薦擧, 科弊
14	군사 및 외교	用兵之法, 待野人 · 備戰艦, 禦倭之策, 軍旅之事, 固邊圉
15	풍속의 개선	冠婚喪祭, 習尙, 革舊俗, 辟暑之方, 崇禮讓, 深衣喪服制度

※朴在慶, 『조선시대 策問 연구』, 서울대학교 박사학위논문, 2014, 121~155쪽.

• 세종이 직접 출제한 문제

『세종실록』 권19, 1423년세종 5 3월 28일기유 1번째 기사

인사人事가 아래에서 감동되면, 천도天道는 위에서 반응하게 되니 이것은 고금 자연의 이치이다. 경서經書와 사서史書를 상고해 보건대, 혹은 그 반응이 있기도 하고, 혹은 그 반응이 없기도 하니, 그것이 그렇게 된 이유를 얻어 들을 수 있겠는가. 봉황이 와서 희롱하고, 바다에서 물결이 일어나지 않고, 보정寶鼎이 나온 것은 모두 상서祥瑞이고, 9년의 홍수와 7년의 가뭄과 부시罘罳에 화재火災가 난 것은 모두 재이災異인 것이다. 이것이 모두 감응感應이 있어서 온 것인지, 감응이 없이 자연히 온 것인지. 창린蒼麟·백록白鹿·천서天書·지초芝草 등은 의심할 만한 상서인데, 송宋의 진종眞宗은 거의 태평 세상을 이루었으나, 조趙의 석륵石勒은 마침내 나라가 떨치지 못했으니, 사건은 같은데도 성함과 쇠함이 다른 것은 무슨 이유인가.

내가 왕위를 계승한 이후로 태조·태종의 서업緖業의 중대함과 이를 지키기가 어려움을 우러러 생각하여, 만분의 일이라도 보답하기를 희망하여, 이른 아침부터 밤늦게까지 부지런히 한 것이 대개 몇 해가 되었다. 그러나 하늘과 사람의 이치에 어두워, 시행하는 즈음에 그 적당함을 얻지 못하였다. 금년에 수재水災와 한재旱災가 서로 잇달아 일어나고, 근년에 와서는 흉년이 거듭 들어서, 백성들이 고향을 떠나 흩어지게 되고, 평안도와 강원도의 두 도道가 더욱 심하니, 이런 일이 오게 된 것은 무슨 까닭인가. 오사五事의 실책이 있었던가. 혹시 교조敎條가 사리에 어긋났던가. 혹은 유사有司들이 봉행할 제 한갓 실속은 없이 형식만 잘 꾸며서 성심으로 백성을 사랑함이 없었던가. 혹시 백성들이 원망이 있는데도 내가 미처 듣지 못했던가. 재이災異를 변하여 화기和氣를 띠게 하는 그 방법은 무엇인가.

흉년을 구제하는 정사를 강구講求하여, 창고를 열어 백성을 구제했는데도 백성이 굶주린 기색을 면하지 못한 것은 어떤 이유인가. 백성들로 하여금 굶주림으로 울면서 호소함이 없게 하고, 들에는 버려둔 송장이 없게 하는 방법은 어디 있을까. 평안도와 함길도는 야인野人과 이웃하여, 여러 번 경보警報가 있었으니, 두 도道에 저장된 곡식을 만일 흉년 구제하는 데만 다 써 버리면, 뜻밖의 변고가 발생하였을 때 장차 무엇으로 군량을 준비하겠는가. 경經에, '중中과 화和를 사람으로서 다하면 천지도 그 자리를 정할 것이며, 만물이 양육된다'고 하였으니, 이 도리를 다한다면, 재이도 소멸될 수 있고, 태화泰和한 세상도 기약할 수 있을 것인가.

나의 대부들은 경술經術에 통달하여, 정치하는 본의 대체를 잘 알아서 말을 할 만한 시기를 기다린 지가 오래되었을 것이니, 마음에 있는 것을 다하여 대답하라. 내가 장차 친히 볼 것이다.

정조의 책문
正祖策問

1801년, 『홍재전서(弘齋全書)』 수록, 184권 100책, 금속활자본(整理字), 34.1×21.5cm, 장서각(K4-5699)

정조1752~1800가 생전에 지은 글은 184권 100책의 『홍재전서』에 수록되어 있는데, 그 가운데 권 48부터 52까지가 〈책문策問〉이다. 이 〈책문〉은 성균관 유생이나 규장각 초계문신抄啓文臣 등을 대상으로 정조가 직접 출제한 문제다. 총 78편의 질문이 연도순으로 편차되어 있는데, 다양한 정치·경제적 사안부터 유교 경전에 관한 것, 황극皇極·경敬·심心과 같은 성리학 주제, 사습士習·언로言路와 같은 풍습에 이르기까지 그 주제의 범주가 매우 다양하다.

『홍재전서』에 수록된 정조의 78가지 책문策問

권48 책문1	
丙申, 1776년	치란(治亂), 문(文)과 무(武), 중(中), 황극내편(皇極內篇), 주례(周禮)
丁酉, 1777년	규장각(奎章閣), 신(信)
戊戌, 1778년	봄(春), 오행(五行), 사(史), 의(義)와 이(利)
己亥, 1779년	기(氣)
庚子, 1780년	본업(本業)을 권장하고 말리(末利)를 억제함(擧本業抑末利), 언로(言路)
권49 책문2	
辛丑, 1781년	지(知), 고식(姑息), 삼일(三日), 마정(馬政), 잠(箴)
壬寅, 1782년	조운(漕運), 사습(士習), 명경(明經)
癸卯, 1783년	주진(賙賑), 대학연의보(大學衍義補), 사치(奢侈), 악기(握奇), 책규(策規), 지인(知人), 귤(橘), 출척(黜陟)
甲辰, 1784년	규모(規模), 문체(文體), 현인을 등용함에는 정해진 틀이 없음(立賢無方), 명분(名分)
권50 책문3	
丙午, 1786년	유(儒), 시(時)
丁未, 1787년	언(言), 황극(皇極), 상서(尙書), 어묵(語默)
戊申, 1788년	인일(人日), 학문(學), 맹자(孟子)
己酉, 1789년	지세(地勢), 천문(天文), 문체(文體)
庚戌, 1790년	인재(人才), 십삼경(十三經), 중용(中庸), 농사(農)
辛亥, 1791년	경(敬), 대학(大學), 논어(論語), 속학(俗學)
권51 책문4	
壬子, 1792년	팔대가(八大家), 칠칠(七七), 판적(版籍), 문자(文字), 마음(心), 의례(儀禮), 음악(樂), 통서(通書), 시(詩), 위서(僞書), 춘추(春秋)
癸丑, 1793년	관동(關東), 천거(薦擧)
甲寅, 1794년	탐라(耽羅), 수(壽), 팔자백선(八子百選)
乙卯, 1795년	환향(還餉), 경술(經術)
권52 책문5	
丙辰, 1796년	남령초(南靈草), 폐습(弊習)
丁巳, 1797년	노인을 쉬게 하고 농부를 위로함(休老勞農), 관북(關北)
戊午, 1798년	호남(湖南)
庚申, 1800년	과강(科講)

치란治亂

〔출전 : 『홍재전서』 권48, 책문 1〕

1776년, 정조가 즉위 직후에 도기유생到記儒生을 대상으로 가을 시험[秋試]에서 처음 출제한 문제이다. 도기는 성균관과 사학四學 거재유생居齋儒生의 근태勤怠를 살피기 위해 그들이 조석으로 식당에 들어오는 횟수를 기록한 장부를 말한다. 아침과 저녁 두 끼를 1점으로 셈하여 50점정조 이후 30점이 되면 봄과 가을의 반제泮製, 到記科에 응시할 수 있었다. 특히 제술과 강講에서 1등을 한 자[居首]에게는 과거 급제의 자격을 주었다. 이 책문의 골자는 역대 왕조의 흥망성쇠이다. 어느 시대에는 치도治道가 잘 이루어졌는데, 왜 어느 시대는 난세인지, 그것이 기수氣數 즉 선천적으로 이미 정해져 있는 운수 때문에 그러한 것인지, 아니면 인사人事 즉 당대 임금과 이를 보필하는 신민들의 역량과 의지에 달려 있는 것인지를 묻고 있다. 또한 우리나라의 단군檀君과 기자箕子를 거론한 뒤, 장구한 우리 역사상의 치란득실治亂得失을 낱낱이 서술하고 이것을 중국의 역사와 견주어 기술할 것을 요구하였다.

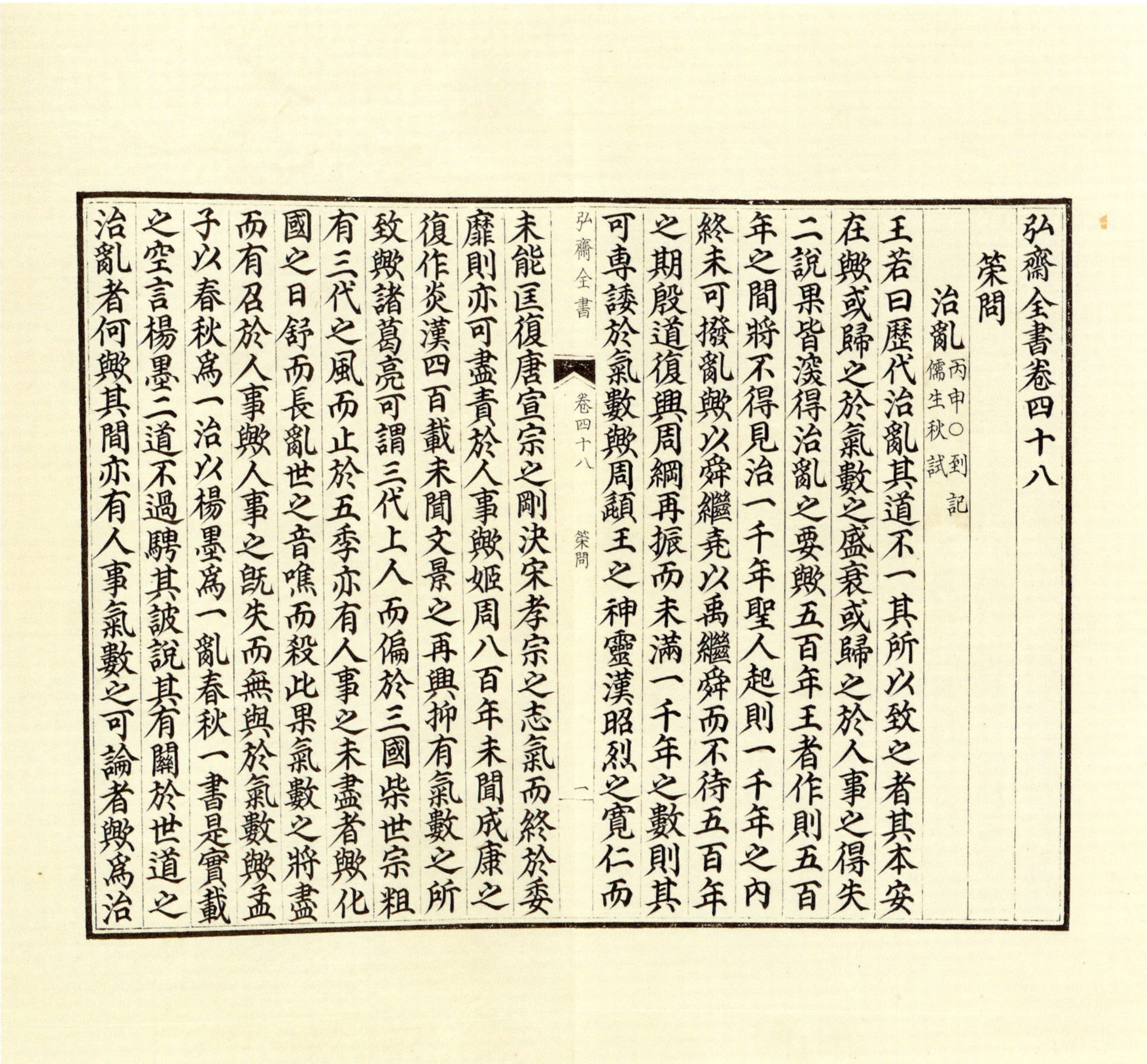
弘齋全書卷四十八

策問

治亂 丙申○到記儒生秋試

王若曰歷代治亂其道不一其所以致之者其本安在歟或歸之於氣數之盛衰或歸之於人事之得失二說果皆濲得治亂之要歟五百年王者作則五百年之間將不得見治一千年聖人起則一千年之內終未可撥亂歟以舜繼堯以禹繼舜而不待五百年之期殷道復興周綱再振而未滿一千年之數則其可專諉於氣數歟周顚王之神靈漢昭烈之寬仁而未能匡復唐宣宗之剛決宋孝宗之志氣而終於委靡則亦可盡責於人事歟姬周八百年未聞成康之復作炎漢四百載未聞文景之再興抑有氣數之所致歟諸葛亮可謂三代上人而偏於三國柴世宗粗有三代之風而止於五季亦有人事之未盡者歟化國之日舒而長亂世之音噍而殺此果氣數之將盡而有召於人事歟人事之旣失而無與於氣數歟孟子以春秋爲一治以楊墨爲一亂春秋一書是實載之空言楊墨二道不過騁其詖說其有關於世道之治亂者何歟其間亦有人事氣數之可論者歟爲治

弘齋全書　卷四十八　策問　一

정몽주 시권병
鄭夢周試券屛

10폭 병풍, 172.0×44.0cm(1폭), 개인 소장(정의화)

정몽주1337~1392는 고려 말기의 학자로, 자는 달가達可, 호는 포은圃隱이다. 본관은 영일迎日이고, 시호는 문충文忠이다. 벼슬은 태상소경太常少卿, 조전원수助戰元帥, 예문관 대제학, 성균관 대사성, 문하시중 등을 지냈으며, 명明에 여러 차례 사신으로 다녀왔다. 저서로는 『포은집圃隱集』 등이 있다. 이 병풍에는 정몽주가 24세인 1360년공민왕 9에 시행된 과거시험에서 작성한 대책문이 적혀 있다. 이 대책문은 일본으로 유출되어 나고야시名古屋市 호사문고蓬左文庫에서 소장하던 『책문집策文集』에 소개된 글이다. 2008년에 연세대학교 도현철 교수가 발굴하였고, 이듬해 6월 포은학회에서 『포은학연구』 제3집을 통해 전체를 공개하였다. 이 병풍은 포은공파 20대손이자 당시 국회의원인 정의화 의원의 요청으로 서예가인 수원대학교 권상호 교수가 정몽주의 〈대책문〉 부분만 행초서로 다시

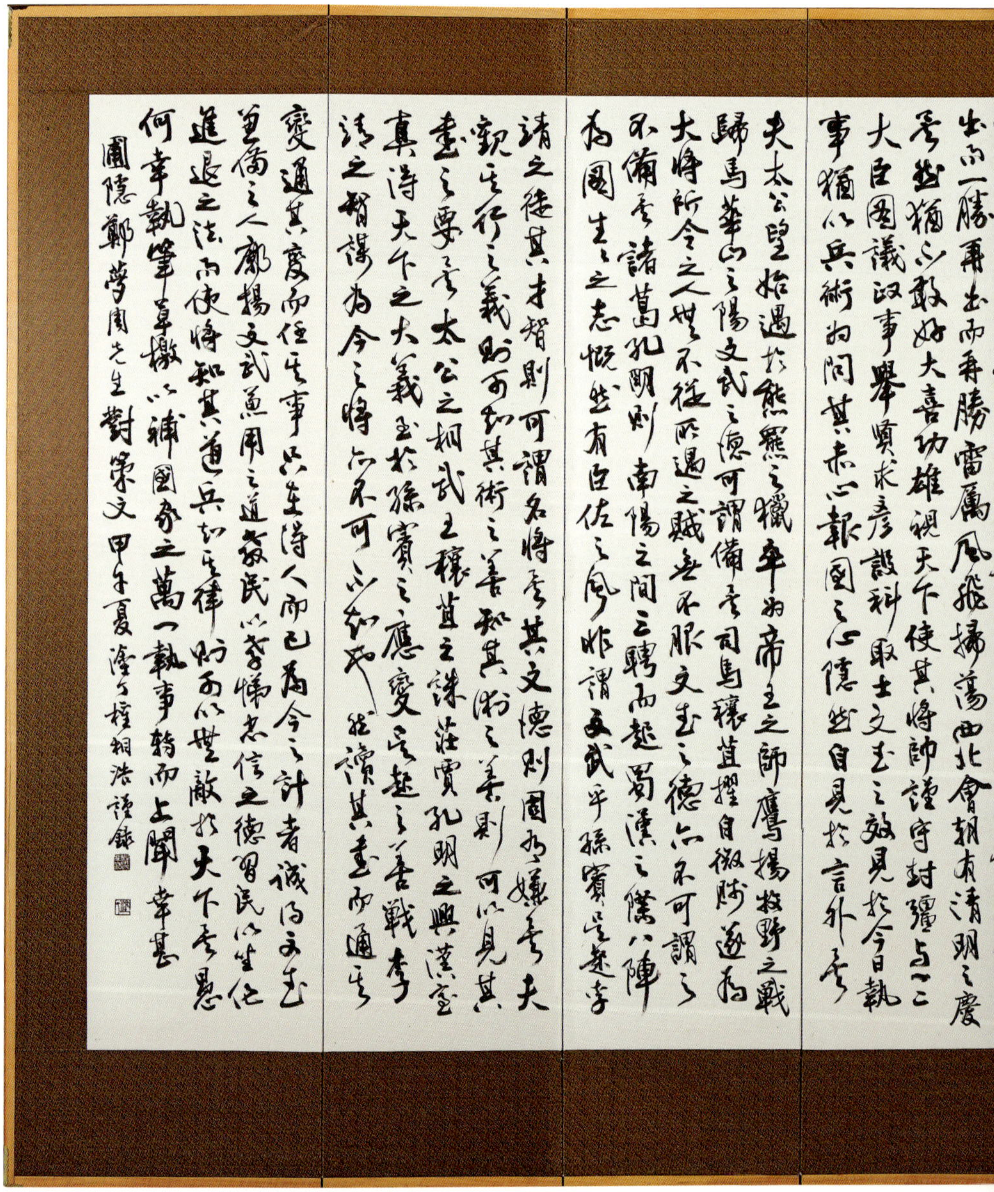

옮겨 쓴 것이다. 이 대책문의 책문策問은 고금치란古今治亂의 까닭과 각 병서兵書의 핵심이 무엇인지를 묻고 있다. 정몽주는 답안에서, 문文과 무武를 병용竝用하는 것은 모든 왕의 대법大法이고 만세의 떳떳한 원칙이라고 서술하여 장원 합격의 영광을 차지하였다. 이를 병용하여야 천하의 치세治世를 이룰 수 있다고 서술하여 장원 합격의 영광을 차지하였다. 역사적으로 문무의 덕을 겸비한 자로 태공망太公望·사마양저司馬穰苴·제갈공명諸葛孔明을 뽑았다. 당시 북쪽 오랑캐의 침입이 잦은 상황에서 문무를 겸비한 인재를 얻어 이를 겸용하고, 백성에게 효제충신孝悌忠信을 가르치며, 장수는 그 도리를 알게 하고, 병사들은 군율을 알게 한다면 대적할 자가 없을 것이라고 논술하였다.

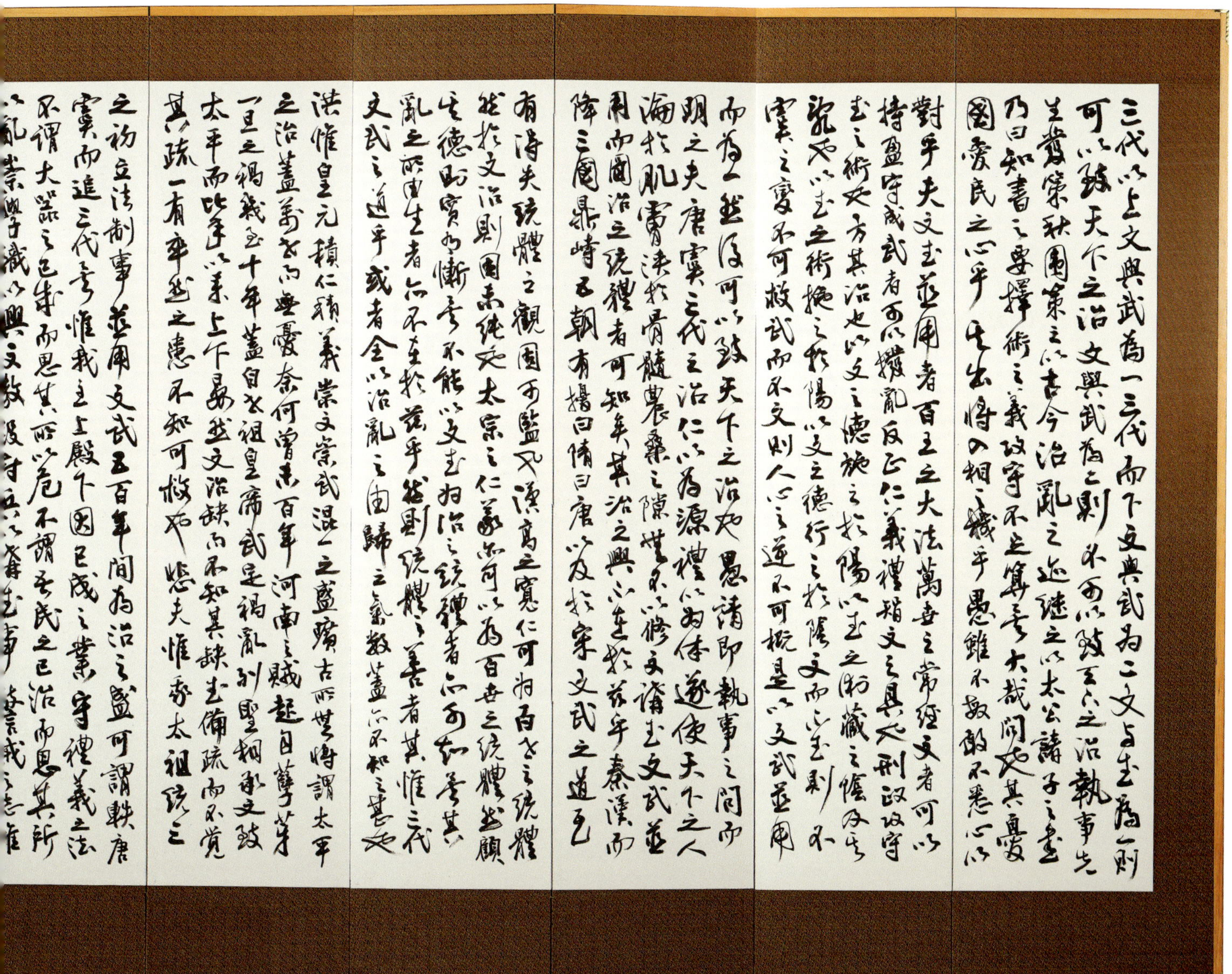

嘗謂夫文武並用者百王之大法漢世之常經文者可以
持盈守成武者可以撥亂反正仁以義禮猶文之具也刑政設守
武之術也方其治也以文之德施之於陽以武之術藏之陰及其
亂也以武之術施之於陽以文之德行之於陰文而以武則不
寇之變不可救武而不文則人心之逆不可挽是以文武並用

而爲之然後可以致天下之治也愚請即執事之問而
明之夫唐虞三代之治仁以爲源禮以爲体遂使天下之人
淪於肌膚浹於骨髓農桑之隙以修文講武並
用而圖治之統體者可知矣其治之興以至於秦漢而
降三國鼎峙五朝有據曰隋曰唐以及於宋文武之道已

有得失統體之觀固可監也漢高之寬仁可謂百世之統體
然於文治則固未純也太宗之仁義亦可以爲百世之統體然顧
其德政實有慚焉不能以文武爲治之統體者亦可知矣其
亂之所由生者亦不在於茲乎然則統體之善者惟三代
文武之道乎戎者全以治亂之由來之氣殺盡亦不知之甚也

…… 대개 문과 무를 병용竝用하는 것은 모든 왕의 대법大法이고 만세의 떳떳한 원칙입니다. 문은 융성한 것을 유지하며 완성된 것을 지킬 수 있게 해주고, 무는 난세를 바로잡아 정도를 회복할 수 있게 해줍니다. 인의 예지는 문의 도구이고, 형정刑政과 공수攻守는 무의 기술입니다. 치세에는 문의 덕을 양陽에 베풀고 무의 기술은 음陰에 감추어 두며, 난세에는 무의 기술을 양에 베풀고 문의 덕은 음에 행해야 합니다. 문만 사용하고 무를 쓰지 않으면 예기치 않은 변고를 구제할 수 없고, 무만 사용하고 문을 쓰지 않으면 인심이 어긋나는 것을 고르게 할 수 없습니다. 그러므로 문과 무를 병용하여 하나로 한 뒤에야 천하의 치세를 이룰 수가 있습니다. 제가 집사의 물음에 대해 이를 밝혀보겠습니다.

당·우唐虞 삼대의 정치는 인仁을 근본으로 삼고 예禮를 본체로 삼으매, 마침내 천하 사람들로 하여금 살갗에 젖어들고 뼛속에 스며들게 하였습니다. 농사짓는 틈틈이 문을 닦고 무를 익히지 않음이 없었으니, 문무를 병용하면서 다스림의 통체統體를 도모하였음을 알 수 있습니다. 그러니 그 다스림의 흥기가 이에 달려 있지 않겠습니까?

진·한秦漢 이래 삼국이 대치하고 다섯 조대朝代에 소요가 있었으며, 수隋와 당唐을 거쳐 송宋에 이르기까지 문무의 도道에는 득실이 교차하였었으니, 통체를 관찰함에 있어 참으로 거울이 될 만합니다. 한 고조漢高祖의 관대함은 백세의 통체로 삼을 만합니다만 문치의 측면에서는 진실로 아직 순수하지 못하며, 태종太宗의 인의仁義 역시 백세의 통체로 삼을 만합니다만 그 덕을 살펴보면 실로 부끄러운 점이 있었으니, 문과 무를 다스림의 통체로 삼지 못하였던 것을 알 수 있습니다. 혼란이 발생한 이유가 또한 여기에 있지 않겠습니까? 그렇다면 통체가 훌륭하였던 것은 오직 삼대 시절 문무의 도일 것입니다. 어떤 이는 치란의 이유를 온전히 기수氣數로 돌리는데, 이 또한 정말 모르는 소리입니다.

위대한 원元나라가 인과 의를 쌓고 문과 무를 숭상하여 통일을 이룬 성대함은 옛적에도 없던 일이니, 장차 태평의 치세가 만세토록 이어져 근심이 없으리라고 할 만하였습니다. 그런데 어찌하여 100년도 채 안 되어 하남河南의 도적떼가 싹이 터 하루아침의 화란禍亂이 거의 10년이나 이른단 말입니까? 대개 세조 황제世祖皇帝가 무위武威로써 통해 화란을 평정시키고서 열성列聖들이 서로 계승하되 문치文治로써 태평을 이루었습니다. 하지만 근년 이래로 상하가 안일하여 문치에 흠이 있어도 흠이 있는 줄을 모르고, 무비武備가 소홀하여도 소홀한 줄을 깨닫지 못하니, 한번 갑작스런 우환이 생기면 구제할 수 있을지 모르겠습니다. 서글픈 일입니다!

우리 태조가 삼국을 통일한 초기에 법을 세우고 사무를 제정함에 있어 문과 무를 병용함으로써 500년간 성대한 치세를 이루었으니, 당·우를 좇고 삼대를 따랐다고 할 만합니다. 우리 주상 전하께서는 이미 이루어 놓은 업적을 기반으로 예의의 법도를 지키시면서 대기大器가 이미 이루어졌다고 하지 않고 위태로워질 때를 생각하시며, 우리 백성들이 이미 다스려졌다고 하지 않고 혼란해질 때를 생각하십니다. 그러므로 학식을 숭상하여 문교를 진흥시키고, 부병府兵을 설치하여 무사武事를 강습시키면서도 경계하는 뜻이 아직 충분하지 않다고 여기셨습니다. 근래 도적떼가 오합지졸을 거느린 채 승기勝機를 타고 멀리서 공격해 오니, 이르는 곳마다 그 기세를 보고 무너져 마침내 압록강을 건너오기에 이르렀습니다. 이에 장수에게 군사를 출동하도록 명하니, 당당한 군진軍鎭과 굳센 병사들로 한 번 나가면 한 번 승리하고 두 번 나가면 두 번 승리하였습니다. 우레처럼 날쌔게 몰아쳐 서북지역을 소탕하매 조정에 청명淸明한 경사가 있게 되었습니다. 그런데도 오히려 감히 큰 공을 기뻐하며 천하에 과시하는 일을 하지 아니하고 장병들로 하여금 국경을 삼가 지키게 하였습니다. 한두 대신들과 정사를 의논하는 한편, 어진이를 들어 쓰고 선비를 구하며 과거를 설행하여 인재를 취하니, 문무의 효과가 오늘날에 나타나고 있습니다. 그런데도 집사께서 오히려 병술兵術을 가지고 질문을 하시니, 그 적심赤心으로 나라에 보답하고자 하는 마음이 은연중에 말 밖에서 절로 드러납니다.

저 태공망太公望은 곰을 사냥하는 사냥터에서 처음으로 만나 제왕의 스승이 되었고, 목야牧野의 전쟁에서 용맹을 떨쳐 말들을 화산華山 남쪽으로 돌려보냈으니, 문무의 덕이 갖추어졌다고 할 만합니다. 사마양저司馬穰苴는 미천한 출신에서 발탁되어 마침내 대장이 되매, 명령을 하면 따르지 않는 사람이 없고 만나는 적마다 복종하지 않는 자가 없었으니, 문무의 덕이 또한 갖추어지지 않았다고 할 수 없습니다. 제갈공명諸葛孔明은 남양南陽에서 세 번 부름을 받고 일어나 촉한蜀漢 시절에 팔진八陣으로 진영을 이루어 만물을 살리려는 뜻을 가지고 신하로서 보좌하고자 하는 풍도를 분연히 가졌으니, 문무를 이름이 아니겠습니까?

손빈孫賓, 오기吳起, 이정李靖 등은 그 재주와 지식으로 보면 명장名將이라고 할 만하 지만, 그 문덕文德으로 보면 본시 부족한 점이 있습니다. 대개 그 행동의 취지를 살펴보면 그 술수의 장점을 알 수 있고, 그 술수의 장점을 안다면 그 책의 요체를 알 수 있습니다. 태공이 무왕武王을 돕고, 사마양저가 장가莊賈를 주살하고, 제갈공명이 한나라 왕실을 흥기시킨 것은 참으로 천하의 대의大義를 얻은 것입니다. 손빈이 변화에 대응한 것, 오기가 전투를 잘 한 것, 이정이 지혜로운 계책을 낸 것을 지금의 장수들이 또한 몰라서는 안 될 것입니다. 그러나 그 책을 읽어 변화에 통달하며, 그 변화에 통달하여 그 일을 맡기는 것은 오직 적임자를 얻는 데에 달려 있을 뿐입니다.

오늘날의 계책을 만드는 자가 참으로 문무를 겸비한 사람을 얻어 문무를 겸용하는 도리를 널리 드날리고, 효제충신孝悌忠信의 덕목을 백성들에게 가르치고, 앉고 일어나며 나가고 물러나는 법도를 백성들에게 익히게 하는 한편 장수로 하여금 그 도를 알게 하고, 병사들로 하여금 그 군율을 알게 한다면 천하에 대적할 자가 없을 것입니다. 제가 붓을 잡고 글을 써 만에 하나라도 나라에 보탬이 된다면, 얼마나 다행이겠습니까? 집사께서 임금께 전하여 아뢰어 주시면 매우 다행이겠습니다.

정몽주 묘소

정몽주의 제향처, 충렬서원

御考

次上

五客記

世之位卿相者多烜爀其門客於是華焉皆丹其轅而翠其蓋珠其履而貝其纓䔍其熏炙外焰沾丐餘瀝蟻聚蠅營以喧藉一時獨深州相國李公不然性澹素不喜膠擾位列三事而門庭常寂然幾乎雀羅可設於是遂廣求山澤之間羅以致之者凡五至乃館而留之管其飲啄相與羽翼人有難於公者曰天子任用公謂公能以人事君吐餔握髮開東閣延天下賢士以羽儀王庭今獨與彼五子者相善處之門下日翺翔其間僕竊為公弗取也公曰否否吾於是五子者有以得宰相薦人之法及天子用人之道將以謦欬于朝廷君請為我聽之始余閒居有五客及門皆衣裳奇偉顏貌皓白余使各言其志其一曰吾生平喜閒暇行止未嘗忙遽遇雪失素乃李白輕慢我欲以白璧一雙買我為僕吾恚甚其一曰吾少貧賤游齊魯霜雪滿衣為人舂鋤以資終身誤被舂杵所傷遂拳一足老至鏡湖自號碧絲翁偶浴鹽澗乃子美疑我心性不亦過乎其一引頸自傲欲壓倒此二客乃強為大言曰吾自来仙骨世居青田間遊華表乃莊叟妄欲齊物議我脛長能不悲哉後仕衛位至乘軒至晉時不幸與陸氏善華亭之禍遂劃迹自晦今来投公公其有仙分矣余乃下堂執手而笑曰公等舍此奚適其館于我三子者相顧勉從遂朝夕相守許以襟期蓋喜其純潔無汚軒偉不倫之姿也既而留歲餘客之未至者又報客有二少年入謁皆錦冠綺襖金碧玲瓏問其鄉貫一在南粤一自西蕃余素猒綺靡殊不愜三子者亦鄙之然特取其文明敏給姑許信宿以觀其性行乃一者性多妬忌遇婦孺服錦綵者必逐之一者雖薄有機慧徒尚口舌喋喋無謹訒之意余欲屏之三子者請曰相公何器量之小耶凡宰相擇人不宜一道或取其潔身脩行寬偉博大之姿或取其文采藻麗機敏使令之才彼二子者雖生長綺紈無山野猿傑之態亦自有一技一藝何不見容於相公之門哉余笑而曰善並許館留五客繞席各有異趣余顧而樂之遂自謂曰今天子求賢如渴側席以俟彼容止閒雅不妄趨步者可任之閣局以矜式百僚彼身債舂鋤能經霜雪者可任之民部以察苦隱彼自稱仙骨者雖語言詭恠亦可以砥礪流俗而二子者或任之文苑以黼黻皇猷或任之喉舌以出納王言蓋莫不才行蔚然各適其用吾為相果得人如此薦之朝廷以冀嚮用不亦善乎難者曰諾僕知公館養是五客者亦有寓爾遂辭去是客各有美號曰閑客雪客仙客其二者本自西南来者囙以是呼之云 臣謹記

二天

丁茶山

정약용 친시 시권
丁若鏞親試試券

1790년(정조 14), 1장, 필사본, 119.3×87.5cm, 장서각(김영호 기탁)

다산 정약용1762~1836은 1789년정조 13 식년문과에 갑과 2인으로 급제한 뒤 규장각 초계문신抄啓文臣으로 선발되었다. 본 시권은 초계문신을 대상으로 설행한 친시親試에서 작성한 것이다. 『일성록日省錄』의 기사를 참조했을 때 1790년정조 14 5월에 작성한 것으로 추정된다. 『여유당전서』에도 이 글이 수록되어 있는데 제목 옆에 "규장각에서 왕명에 응하여 지음[內閣應敎]"이라는 주석이 달려 있다. 문체는 기記이고 제목은 '오객기五客記'이다. 심주深州 이상국李相國이 다섯 문객門客을 초치하여 응대한 내용을 기술하면서 사람마다 지닌 장단점을 간파하여 그 재능에 따라 적재적소에 기용하는 것이 인재 등용의 핵심임을 피력하였다. 다섯 문객은 흰 꿩, 공작, 앵무새, 학, 백로이다. 정약용은 다양한 고사를 활용하여 다섯 종류의 새들을 의인화했고 문답問答 기법을 통해 작품에 생동감을 더하였다. 시권 전면에 주묵朱墨으로 적힌 '차상次上'이라는 글씨는 정조가 본 시권에 매긴 점수이고 상단에 부착된 '어고御考'라는 작은 첨지는 이러한 정황을 입증한다. 정조는 즉위하자마자 규장각을 설치하여 자신의 세력 기반이자 문화 정책의 추진 기관으로 삼았고 어제御製의 전수典守와 편차編次를 담당케 하였다. 그리고 그 임무를 체계적으로 진행할 인적 인프라를 구축하기 위해 초계문신 제도를 만들었다. 37세 이하의 문신 중에서 재능이 출중한 자를 엄선한 뒤 규장각에서 과강課講과 과제課製의 교육 과정을 통해 그들이 40세가 될 때까지 학문적 역량을 심화시켰다. 과강은 매달 15일 전과 20일 후 두 번 행해졌고 과제는 20일 후에 한번 시행하였다. 또한 임금이 친히 주관하는 친강親講과 친시親試를 매달 설행함으로써 이들을 독려하는 것도 빠뜨리지 않았다. 1781년정조 5 이시수李時秀 등 16인을 처음 초계문신으로 선발한 이래로 정조가 승하할 때까지 총 열 차례에 걸쳐 138인을 배출하였다.

오객기 五客記 규장각에서 왕명에 응하여 지음

세상에서 지위가 경상卿相에 오른 사람은 대개 위세가 대단하기 마련이어서 문객門客들이 모여들게 됩니다. 이 문객들은 모두 그 수레 멍에를 붉게 칠하고 수레 덮개는 푸른색으로 칠하며, 그의 신발은 구슬로 장식하고 갓끈에는 아름다운 조개껍질로 장식을 하고서, 그 경상의 세력을 의지하고 여택餘澤을 입기 위하여 마치 개미처럼 떼 지어 모이고 파리같이 웅성거리면서 한 시대를 떠들썩하게 합니다.

그러나 유독 심주深州 이상국李相國만은 그렇지 않아서, 성품이 담담하고 소박하여 시끄럽고 떠들썩한 것을 좋아하지 않습니다. 그래서 지위가 삼공三公에 이르렀으나 집안이 조용하여 새그물을 칠 만합니다. 그러자 산택山澤에서 문객을 널리 구하여 가까스로 초치한 문객이 모두 다섯 사람이었습니다. 곧 집을 지어서 그곳에 머물게 하고, 먹을 것을 보살펴 주어, 서로 우익羽翼이 되었습니다. 어떤 사람이 공을 비난하면서 말하기를, "천자天子가 공을 임용할 때 공에게 말하기를 어진 사람을 얻어 임금을 잘 섬기되 먹던 음식을 뱉고 감던 머리를 움켜잡으며, 동각東閣을 열어서 천하의 어진 선비를 맞이하여 왕실에 의표儀表가 되게 하라고 했습니다. 그런데 지금 공은 유독 저 다섯 분들과 서로 친하여 그들을 문하에 두고 날마다 그 사이에서 유유자적하니, 공으로서는 바람직하지 못한 일입니다" 하니, 공이 이렇게 말했습니다.

"그렇지 않다. 내가 이 다섯 분에게서 재상이 사람 천거하는 법을 얻었으므로, 조정에 천거하려 하니 그대는 들어 보아라. 내가 처음 한가하게 있을 때 세 나그네가 나에게 찾아왔는데, 모두 의상衣裳이 기이하고 얼굴도 희었다. 그 중 한 나그네가 말하기를 '내 성품은 한가한 것을 좋아하여 행동거지를 바삐 한 적이 없는데, 눈을 만나 흰 빛을 잃었다. 그러자 이백李白이 나를 업신여겨 흰 구슬 한 쌍으로 나를 사서 비복으로 삼으려고 하였으니, 될 법이나 한 일인가?' 하였다.

또 다른 나그네가 말하기를 '나는 어려서 빈천할 때 제齊 나라와 노魯 나라에 유람한 적이 있었는데, 그때는 서리와 눈이 옷에 가득 내렸고, 남을 위해 절구질과 호미질을 해 주다가 절구공이에 잘못 맞아 한쪽 발이 오그라들었다. 늙어서는 경호鏡湖에 이르러 자호自號를 벽계옹碧溪翁이라 하고 우연히 저 소용돌이에서 목욕을 하였는데, 자미子美가 나의 심성心性을 의심하였으니, 또한 지나친 것이 아닌가?' 하였다.

또 다른 나그네가 목을 길게 빼고 오만스럽게 애써 큰소리로 말하기를, '나는 본래 선골仙骨로서 대대로 청전靑田 신선이 산다는 곳에 살고 한가롭게 화표주華表柱에 노닐었는데, 이에 장자莊子가 망령되이 제물齊物을 하고자 하여 나의 다리가 긴 것을 의논하였으니, 슬프지 아니한가? 뒤에 위衛 나라에 벼슬하여 지위가 승헌乘軒에 이르렀는데, 진晉 나라 때에 이르러 불행하게도 육씨陸氏와 잘 지낸 탓으로 화정華亭의 화禍가 있었다. 그 뒤 마침내 종적을 감추고 스스로 숨어 살다가 지금 공에게 의탁하오니 공은 불쌍히 여겨 주소서' 하였다. 내가 손을 잡고 웃으며 말하기를, '공公들은 이곳을 버리고 어디로 가겠는가?' 하였다.

그들이 여기에 머문 지 1년 남짓 되었을 때 나그네 중에서 맨 나중에 온 자가 또 보고하기를, '두 나그네가 뵙고자 합니다' 하였다. 그런데 그 두 나그네는 모두 비단 관冠에 비단 옷을 입고 금金과 벽옥碧玉으로 영롱하게 꾸몄다. 그 관향貫鄕을 물으니, 하나는 남월南粵에 있다 하고, 다른 하나는 서번西番에 있다고 하였다. 나는 평소에 화려한 것을 싫어하였고, 앞의 세 나그네도 그것을 더럽게 여겼다. 그러나 유별나게 말주변이 좋으므로 하룻밤 묵어갈 것을 허락하였다. 그러고 보니, 한 나그네는 성품이 시기가 많아서 무늬 놓인 비단옷 입은 아녀자를 보면 반드시 쫓아내었다. 또 다른 나그네는 영민하기는 하나 수다스럽게 입놀림만을 숭상하여 말을 조심하는 뜻이 없었다.

그래서 나는 그들을 물리치려고 하였으나, 앞에 온 세 나그네가 청하기를, '상공相公은 어찌하여 기량器量이 그렇게 작습니까? 대체로 재상이 사람을 택하는 데 있어서는 혹 몸을 깨끗이 하고 행동을 잘 닦은 사람을 택하기도 하고, 혹은 문채가 아름다운 것을 택하기도 하는데, 저 두 나그네가 비단옷만을 입고 자라나서 산야山野 사람들에게서 볼 수 있는 괴걸한 모습은 볼 수 없으나, 또한 스스로 재주를 한 가지씩은 가지고 있는데, 어찌 상공의 문하에서 용납이 되지 않겠습니까?' 하였다. 그래서 나는 '좋다'고 하고, 아울러 객관에 머물도록 하였다. 다섯 나그네가 둘러앉으니, 각기 다른 정취가 있었다.

나는 그들을 돌아보고 기뻐서 말하기를, '지금 천자가 어진이를 목마르게 구하느라 자리에 바르게 앉지 못하고 어진이를 기다리고 있으니, 저 기거동작이 얌전하고 우아하여 망령되이 바쁜 걸음을 걷지 않는 나그네는 한가한 자리에 임용하여 백관百官의 법이 되게 할 만하다. 그리고 저 몸소 절구질과 호미질을 하는 등 온갖 풍상[霜雪]을 많이 겪은 나그네는 호부戶部에 임용하여 백성들의 숨은 고통을 살피게 할 만하다. 저 자칭 선골仙骨이라고 한 나그네는 말이 허황되기는 하나 또한 세상 풍속을 연마시킬 만하다. 맨 나중에 온 두 나그네는 혹은 문원文苑에 임용하여 임금의 정사를 보필하게 하고, 혹은 왕명을 출납하는 직책[喉舌職]에 임용하여 왕의 말을 출납케 할 만하다' 하였다. 이들은 대체로 재주와 행실이 뛰어나니, 각기 그 적재적소에 맞추어 쓰면 된다. 내가 재상이 되어서 과연 사람을 이와 같이 얻어서 조정에 천거하면 또한 좋지 아니한가?"

그러자 비난하던 자도 '좋다'고 말하였습니다. 이에 각각 아름다운 호號를 주어 한객閑客·설객雪客·선객仙客이라 하였습니다. 그 나중의 두 나그네는 본래 서쪽 지방과 남쪽 지방에서 왔으므로, 농객隴客·남객南客으로 부르게 되었다고 하옵니다. 신臣은 삼가 기記를 씁니다.

오객(五客) : 정조가 1790년 5월에 초계문신을 대상으로 친시(親試)에서 출제한 시제(試題)로서 다섯 종류의 새를 가리킨다. 송나라 재상 이방(李昉)은 치사한 뒤 집의 후원에 다섯 종류의 새를 길렀다. 새들에게 모두 '객(客)'이라는 이름으로 붙여주었는데 흰 꿩은 한객(閑客), 공작은 남객(南客), 앵무새는 농객(隴客), 학은 선객(仙客), 백로는 설객(雪客)이라 명명했다. 훗날 화원으로 하여금 그림으로 그리게 하여 '오객도(五客圖)'라 불렀고 매 그림마다 5수의 시를 써 넣었다. 이에 관한 기사가 『동파시집주(東坡詩集注)』, 『운부군옥(韻府群玉)』, 『패문운부(佩文韻府)』 등에 전한다. 정약용은 이 새들의 특징과 관련 전고 등에 착안하여 인재 등용에 관한 자신의 견해를 제시하였다.

정약용 생가

정약용과 그의 부인 풍산홍씨의 묘

• 십세옥당十世玉堂

문예부흥기로 일컬어지는 18세기 후반에 나주정씨羅州丁氏 일문에서 다산 정약용이란 걸출한 인물을 배출한 것은 결코 우연이 아니다. 나주정씨 가문은 적잖은 기간 동안 문한文翰과 덕행德行의 전통을 구축해 왔고, 이러한 토양 속에서 실학의 거봉巨峰이 자연스럽게 배태된 것이다. '십세옥당'이란 표현 속에 당시 정씨 일문의 가격家格이 여실히 드러난다. 옥당은 홍문관의 별칭으로 경상卿相에 비견할 만한 조선시대의 대표적 청현직이다. 옥당에 임명된 사실을 문과방목에 따로 명시할 만큼 개인과 가문으로서 커다란 영예였고 시종신으로서의 출세를 상당부분 보장하는 관문이기도 했다. 정약용에 앞서 옥당에 임명된 인물은 정자급丁子伋, 1423~?, 정수강丁壽崗, 1454~1527, 정옥형丁玉亨, 1486~1549, 정응두丁應斗, 1508~1572, 정윤복丁胤福, 1544~1592, 정호선丁好善, 1571~1633, 정언벽丁彦璧, 1612~1652, 정시윤丁時潤, 1646~1713, 정도복丁道復, 1666~1720이었다. 이들은 무려 230여 년 동안 한 가문에서 9대에 걸쳐 연거푸 배출된 문과 급제자이자 홍문관에 제수된 엘리트 관료였다. 여기에 정약용이 포함되어 '십세옥당'이 완성되었다. 나주정씨 가문의 십세옥당은 조선조를 통틀어 전례가 없는 성사盛事였거니와 전언에 따르면 정조正祖조차 옥당은 정씨가문의 세전물世傳物이라고 칭탄했다고 한다.

조선의 문한가 : 나주정씨 10세 옥당

정자급丁子伋 : 부교리

정수강丁壽崗 : 부제학

정옥형丁玉亨 : 부제학

정응두丁應斗 : 응교

정윤복丁胤福 : 응교

정호선丁好善 : 응교

정언벽丁彦璧 : 전한

정시윤丁時潤 : 부교리

정도복丁道復 : 부수찬

정약용丁若鏞

玉堂十世

여유당전서
與猶堂全書

19세기, 154권 76책, 활자본, 26.2×16.7cm, 장서각(K4-6268)

정약용은 조선 후기 실학자로 본관은 나주羅州이고, 자는 미용美鏞이며, 호는 다산茶山·사암俟菴·여유당與猶堂이다. 그의 시문집인 『여유당전서』에는 『경세유표經世遺表』·『목민심서牧民心書』·『흠흠신서欽欽新書』 등의 저술과 함께 정약용이 과거에 응시하여 제술한 대책문對策文이 수록되어 있다.

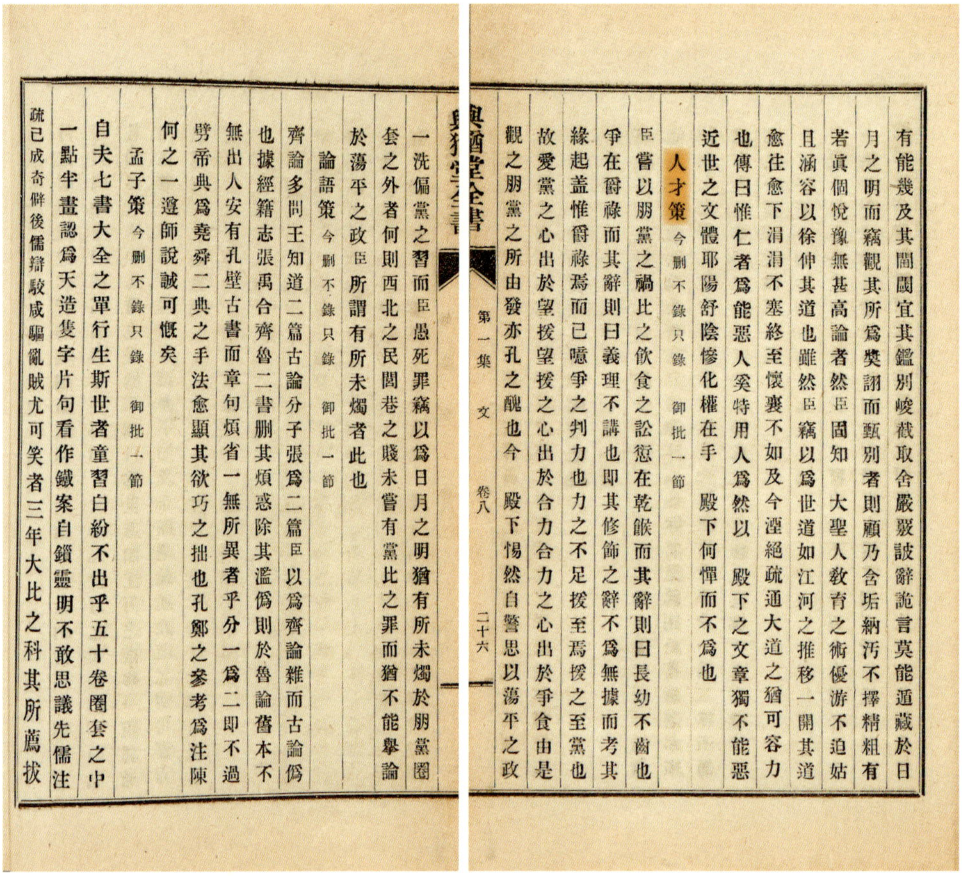

與猶堂全書 第一集 文 卷八 二十六

有能幾及其閭閻宜其鑑別峻截取舍嚴覈詖辭詭言莫能遁藏於日月之明而竊觀其所爲奬詡而甄別者則顧乃含垢納汚不擇精粗有若眞個悅豫無甚高論者然臣固知大聖人敎育之術優游不迫姑且涵容以徐伸其道也雖然臣竊以爲世道如江河之推移一開其道愈往愈下涓涓不塞終至懷襄不如及今遏絕疏通大道之猶可容力也傳曰惟仁者爲能惡人奚特用人爲然以殿下之文章獨不能惡近世之文體耶陽舒陰慘化權在手 殿下何憚而不爲也

人才策 今刪不錄只錄 御批一節

臣嘗以朋黨之禍比之飮食之訟愆在乾餱而其辭則曰長幼不齒也爭在爵祿而其辭則曰義理不講也卽其修飾之辭不爲無據而考其緣起蓋惟爵祿焉而已噫爭之判力也力之不足援至焉援之至黨也故愛黨之心出於望援望援之心出於合力合力之心出於爭食由是觀之朋黨之所由發亦孔之醜也今 殿下惕然自警思以蕩平之政一洗偏黨之習而臣愚死罪竊以爲日月之明猶有所未燭於朋黨圈套之外者何則西北之民閭巷之賤未嘗有黨比之罪而猶不能擧論於蕩平之政臣所謂有所未燭者此也

論語策 今刪不錄只錄 御批一節

齊論多問王知道二篇古論分子張爲二篇臣以爲齊論雜而古論僞也據經籍志張禹合齊魯二書刪其煩惑除其濫僞則於魯論舊本不無出入安有孔壁古書而章句煩省一無所異者乎分一爲二卽不過劈帝典爲堯舜二典之手法愈顯其欲巧之拙也孔鄭之參考爲注陳何之一遵師說誠可慨矣

孟子策 今刪不錄只錄 御批一節

自夫七書大全之單行生斯世者童習白紛不出乎五十卷圈套之中一點半畫認爲天造隻字片句看作鐵案自鎖靈明不敢思議先儒注疏已成奇僻後儒辯駁咸驅亂賊尤可笑者三年大比之科其所薦拔

인재책人才策

……신이 일찍이 붕당의 화를 음식 다툼에 비교하였습니다. 왜냐하면 만약 연회가 있어 열 사람이 한 상床에 모였을 때, 예양禮讓이 없고 서로 많이 먹기만을 위주하면 반드시 다툼이 생기게 됩니다. 그 다툼에 있어 '네가 나보다 많이 먹고 네가 나보다 자주 마셨다'고 말하지 않고, 반드시 '장유長幼를 따지지 않으니 너는 어찌 그리 무례하며, 크게 떠서 먹고 흘려 마시니, 너는 어찌 그리 불경不敬한가?'라고 말할 것이니, 이 수식하는 말이 근거가 없지 않으나 그 원인을 따지면 다 마시고 먹는 것일 뿐입니다. 붕당 역시 그러합니다. …… 아, 다툼의 결판은 힘입니다. 힘이 부족하면 후원이 따르고 후원이 따르면 붕당이 되므로 당을 아끼는 마음은 후원을 바라는 데서 생기고 후원을 바라는 마음은 힘을 합하려는 마음에서 나오고 힘을 합하려는 마음은 먹을 것을 다투는 데서 나옵니다. 이를 미루어보면 붕당이 발생된 그 원인은 참으로 추醜한 것입니다. 지금 전하께서 척연惕然히 반성하여 탕평蕩平의 정책으로써 편당의 풍습을 한 번 씻으려 하시나, 신은 우매하여 죽을 죄를 모르고 그윽이 전하의 일월日月 같은 밝음으로도 오히려 붕당 밖의 것을 살피지 못하신 바가 있다고 생각합니다. 왜냐하면 서북西北 지방의 백성과 여항閭巷의 천류賤流가 일찍이 붕당에 가담한 죄가 없는데도, 오히려 탕평의 정책에서 거론하지 않으시므로 신이 이른 '살피지 못한 것'이란 바로 이것입니다. 지금 만약 신장을 강화하고 편사偏私를 개혁시키시면, 인재가 비로소 모두 등용되고 국가의 다행이 이보다 더 클 수 없을 것입니다.

與猶堂全書

이곡 향시 대책
李穀鄕試對策

1320년(충숙왕 7), 『가정집稼亭集』 수록, 장서각(D3B 1064)

이곡1298~1351이 고려 말 향시에 제출한 시권으로서 문체는 대책對策이다. 이곡은 고려 말의 학자로 본관은 한산韓山이고, 자는 중부仲父이며, 호는 가정稼亭이다. 아버지는 이자성李自誠이다. 1320년충숙왕 7 고려 문과에서 을과乙科 3인으로 급제하였다. 이 시권이 제출된 향시가 언제 있었는지는 명확하지 않다. 이때 제출된 문제는 나라의 재용財用과 호구의 수가 줄어드는 것에 대해 구체적인 해결 방안을 제시하라는 것이었다. 유한한 재물은 사용에 있어 절제해야 하고, 재물이 있는 곳에 백성도 있다고 기술하였다. 요컨대, 나라의 재물을 필요한 데에만 적절히 사용한다면 그 수가 유지될 것이고, 호구도 그에 따라 안정되게 유지될 것이라는 주장이다.

『가정집稼亭集』은 이곡李穀의 시문집으로 20권 4책으로 구성되어 있다.

…… 집사께서는 "삼대三代의 성왕이 다스린 것을 보면, 백성들에게서 거두는 것이 십일什一의 세법에 불과하였지만, 이것을 가지고 군국軍國의 수요를 충당함에 재용이 항상 여유가 있었고, 백성의 구역을 정하는 것이 인보隣保의 제도에 불과하였지만, 이것을 가지고 공가公家의 사업에 복무하게 함에 호구가 날로 증가하였다. 그런데 쇠한 세상에 이르러서는 백성들에게서 과반수의 세금을 징수하고 관시關市와 산택山澤의 부세를 거두었는데도 재용이 항상 부족하였고, 관애關隘를 방수防守하는 법령과 잡아서 신문하고 형벌로 엄금하는 법령을 두었는데도 호구는 갈수록 감소하였다. 그 이유는 무엇인가?"라고 물으셨습니다.

제가 듣건대, 선왕이 나라를 다스릴 때에는 백성에게 거두는 데에 제도가 있고 백성을 부리는 데에 법도가 있었는데, 쇠한 세상에 이르러서는 이것과 모두 거꾸로 되었다고 하였습니다. 공자孔子가 이르기를 "천승千乘의 나라를 다스릴 적에는 모든 일을 공경히 행하여 믿을 수 있게 해야 하며, 씀씀이를 절도 있게 하여 백성을 사랑해야 하며, 백성을 부리기를 때에 맞게 해야 한다[道千乘之國 敬事而信 節用而愛人 使民以時]"라고 하였습니다. 제후가 다스리는 천승의 나라도 오히려 그러한데, 하물며 천하를 다스리는 법도가 그렇지 않다고 말할 수 있겠습니까.

대개 모든 일을 공경히 행하여 믿을 수 있게 하는 것이야말로 왕정王政의 대강大綱이라고 할 것입니다. 삼대의 성왕이 백성에게 거둘 때에 중용의 도에 맞는 세도를 수립하여 천하 후세로 하여금 그 법을 본받게 하였으니, 그것이 바로 십일의 세법입니다. 그렇기 때문에 "이보다 많게 하면 폭군 걸의 방법이 되고, 이보다 적게 하면 맥국貊國의 방법이 된다[多則桀 寡則貉]"라고 한 것이니, 백성의 이해관계가 여기에 매어 있다고 할 것입니다. 참으로 씀씀이를 절도 있게 하여 백성을 사랑하고, 백성을 부리기를 때에 맞게 하여 정사를 행하면서, 반드시 공경히 행하여 반드시 믿을 수 있게만 한다면, 재용에 어찌 영허盈虛의 현상이 있겠으며, 호구에 어찌 증감의 차이가 있겠습니까.……

鄕試策

問財用之盈虛戶口之增減乃王政得失之端國體
安危之本有國者所當深計也三代聖王之爲理也
取民不過什一之法以此應軍國之須而財用常有
餘域民不過隣保之制以此服公家之事而戶口日
增及乎衰世取大半之稅關市山澤之利而財用常
不足置關隘防守之法執訊刑禁之令而戶口漸減
何也夫天下之財必有是數不在官則在民而財之
出入常在官民之內財用殫竭則上下同時俱乏當
此之時天下之財聚在何所四海之民亦有是數兵
革飢饉死亡之外凡有生齒雖有散亡但自此移彼
而民之流寓不出率土之濱然戶口凋弊則彼此同
時俱臧當此之時四海之民散在何地苟知所在則
將何以發其財而上下俱足將何以聚其民而戶口
復全乎歷代財用戶口之額史具可見而代各不同
至于隨唐梁有疑焉隨高祖平陳之始戶口四百餘
萬至煬帝大業五年殆至八百九十餘萬而府庫盈
溢自漢以來未有若此之盛也及唐有天下自高祖
至高宗二年戶口減至三百八十餘萬故太宗心服
其盛隨自高祖至大業五年不過三十年有煬帝窮

奢極侈而其盛如彼唐自高祖至高宗二年亦不過
三十餘年而有太宗勤儉致理而其減若此何也然
唐享國錦遠而隋旋踵而亡以此觀之財用戶口不
足恃以爲長久之業者也然則守全盛之基享無疆
之業者果何事歟若曰爲善而理爲惡而亡則此陳
言淺論也諸生表出前古未陳之議悉心以對

對愚不佞竊有志於世理嘗念王政得失之端國體
安危之本而未究其所以然講之師友則不過曰爲
善而理爲惡而亡愚以爲此其大槩也而其所以爲
之之具則必有在也今執事以財用之盈虛戶口之
增減爲有國者之深計而諏之以聖王之理衰世之
弊與夫發財聚民之術終之以隋唐之事享國之道
此愚平日所願講者敢不悉心對明問曰三代聖王
之爲理也取民不過什一之法以此應軍國之須而
財用常有餘域民不過鄰保之制以此服公家之事
而戶口日增及乎衰世取大半之稅關市山澤之利
而財用常不足置關隘防守之法執訊刑禁之令而
戶口漸減何也愚聞先王之爲國也取民有制使民
有度至于衰世一切反之孔子曰道千乘之國敬事
而信節用而愛人使民以時千乘之國猶然而謂理

성삼문 문과중시 대책
成三問文科重試對策

1447년(세종 29), 『매죽헌집梅竹軒集』 수록, 장서각(D3B 759)

성삼문1418~1456이 1447년세종 29 문과중시에 제출한 시권으로서 문체는 대책對策이다. 성삼문은 본관이 창녕이고, 아버지는 성승成勝이다. 1435년세종 17 생원시에 3등 56인으로 입격하였고, 1438년세종 20 문과 식년시에 정과丁科 19인으로 급제하였다. 이후 1447년세종 29 문과중시에서 을과乙科 1인, 즉 당시 제도에서 장원으로 급제하였다. 성삼문의 시문집인 『매죽헌집梅竹軒集』 권2에 1447년세종 29 중시重試에 성삼문이 작성한 대책문이 수록되어 있다. 당시 문과중시에 제출된 문제는 조선 초에 들어와 논란이 된 사병私兵을 두는 문제, 대신大臣을 예우하는 문제, 정권政權을 분리하는 문제, 정방을 복설해야 한다는 문제 등에 대해 고금의 사례를 살펴 자세히 논하라는 것이었다. 이에 대해 성삼문은 사병은 두어서는 안 되고, 대신은 예우해야 하며, 정권은 정부를 중심으로 예우하고, 정방의 복설은 필요하지 않음을 논술하였다.

…… 신이 삼가 성책聖策을 읽어 보니 "법을 세우면 폐단이 생긴다.……이 네 가지는 모두 나라를 다스리는 도리에 관련이 있으니, 그 자세한 것을 들을 수 있겠는가?" 하셨습니다. 신이 듣건대, 법을 세우면 폐단이 생기는 것은 형세가 반드시 그렇게 될 수밖에 없다고 하였습니다. 비록 이제와 삼왕의 법이라 할지라도 그 끝에 가서는 폐단이 없지 않았습니다. 더구나 그보다 후세의 법이야 말할 것이 있겠습니까. 그러나 이제二帝와 삼왕三王은 이 마음을 보존하여 다스리는 근본을 삼았기 때문에 법이 오래된 뒤에야 폐단이 생겼고 그 폐단이 생겼을 때에 구제하기가 쉬웠으니, 이른바 "황제黃帝와 요순堯舜이 나와서 변變을 통달하여 백성들로 하여금 게으르지 않도록 하였고, 신묘하게 화化하여 백성들로 하여금 알맞게 하였다"라는 것이 바로 그것입니다. 후세의 임금들은 이 마음을 간직하여 나라를 다스리는 근본으로 삼아야 한다는 것을 모르고 한결같이 법만 믿고 나라를 다스렸기 때문에 그 법에 한번 폐단이 발생하면 다시 구제하지 못하고 마침내 어지러워져서 멸망에 이르고 말았던 것입니다.……

신이 삼가 성책聖策을 읽어 보건대 "본조가……의논할 만한 것이 있는가?" 하셨습니다. 사병私兵을 두는 한 가지 일을 가지고 말씀드리면, 『예기禮記』에 "병기나 갑옷을 사가私家에 보관하는 것은 예가 아니다. 이것은 임금을 위협하는 행위이다" 하였는데, 신하이면서 사병을 두게 되면 그 조짐이 점점 확대되어 반드시 그 임금을 위협하는 데에 이르게 됨을 말한 것입니다. 전조前朝의 말기에 대신으로 병권을 맡은 자들이 각자 무리를 형성하여 주권이 분산되고 통제가 없어지더니 마침내 국가를 위태롭게 하는 상황에 이르고야 말았습니다. 우리나라도 초기에는 종실宗室과 대신大臣들이 오히려 병권兵權을 가지고 있었습니다. 골육骨肉이 이러한 이유 때문에 서로 보전하지 못하고, 공훈功勳이 이러한 이유 때문에 유종의 미를 얻지 못하였으니, 개탄스럽지 않을 수 없습니다. ……

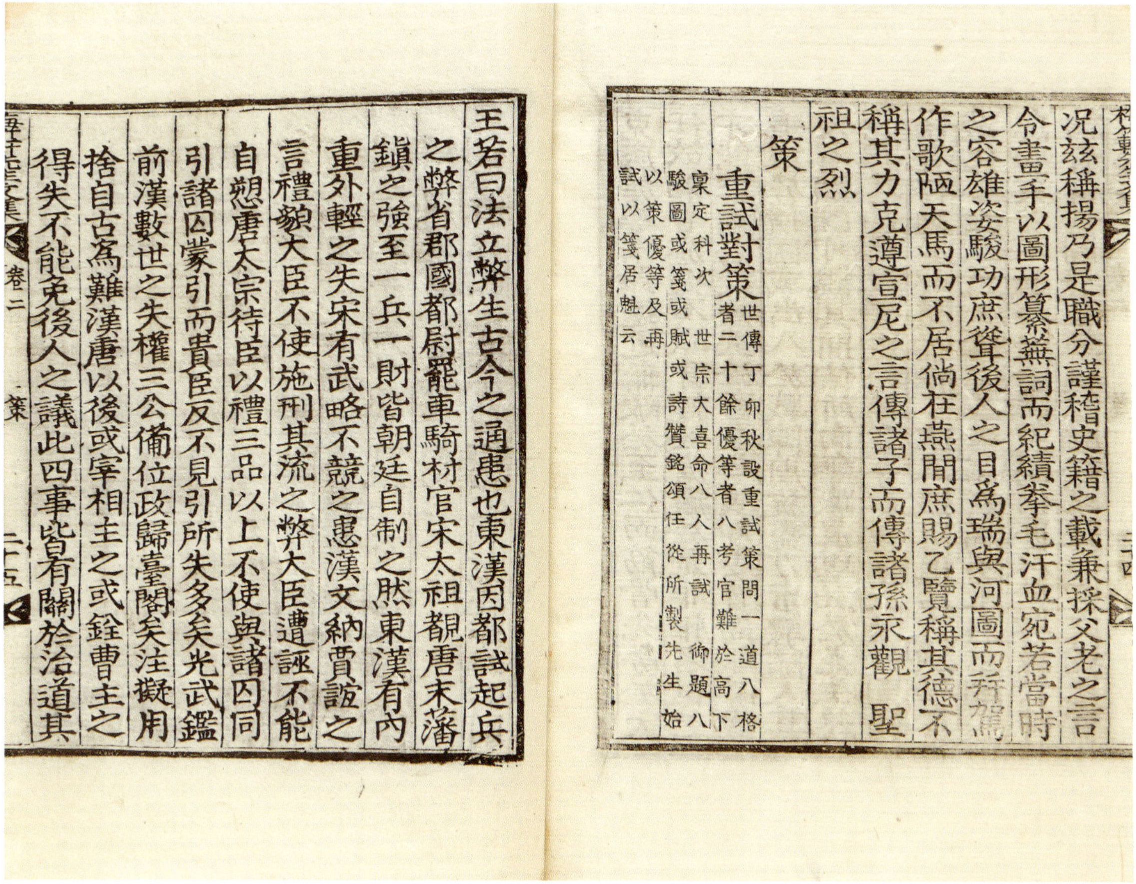
況玆稱揚乃是職分謹稽史籍之載兼採父老之言
令畫手以圖形纂無詞而紀績拳毛汗血宛若當時
之容雄姿駿功庶聳後人之目爲瑞與河圖而并駕
作歌陋天馬而不居尙在燕閒庶賜乙覽稱其德不
稱其力克遵宣尼之言傳諸子而傳諸孫永觀 聖
祖之烈

策

重試對策 世傳丁卯秋設重試策問一道八格者二十餘優等者八考官難於高下稟定科次 世宗大喜命八人再試御題八駿圖或箋或賦或詩贊銘頌任從所製先生始以策優等及再試以箋居魁云

王若曰法立弊生古今之通患也東漢因都試起兵
之弊省郡國都尉罷車騎材官宋太祖覩唐末藩
鎭之强至一兵一財皆朝廷自制之然東漢有內
重外輕之失宋有武略不競之患漢文納賈誼之
言禮貌大臣不使施刑其流之弊大臣遭誣不能
自愬唐太宗待臣以禮三品以上不使與諸囚同
引諸囚蒙引而貴臣反不見引所失多矣光武鑑
前漢數世之失權三公備位政歸臺閣矣注擬用
捨自古爲難漢唐以後或宰相主之或銓曹主之
得失不能免後人之議此四事皆有關於治道其

梅軒先生文集 卷二 策 二十五

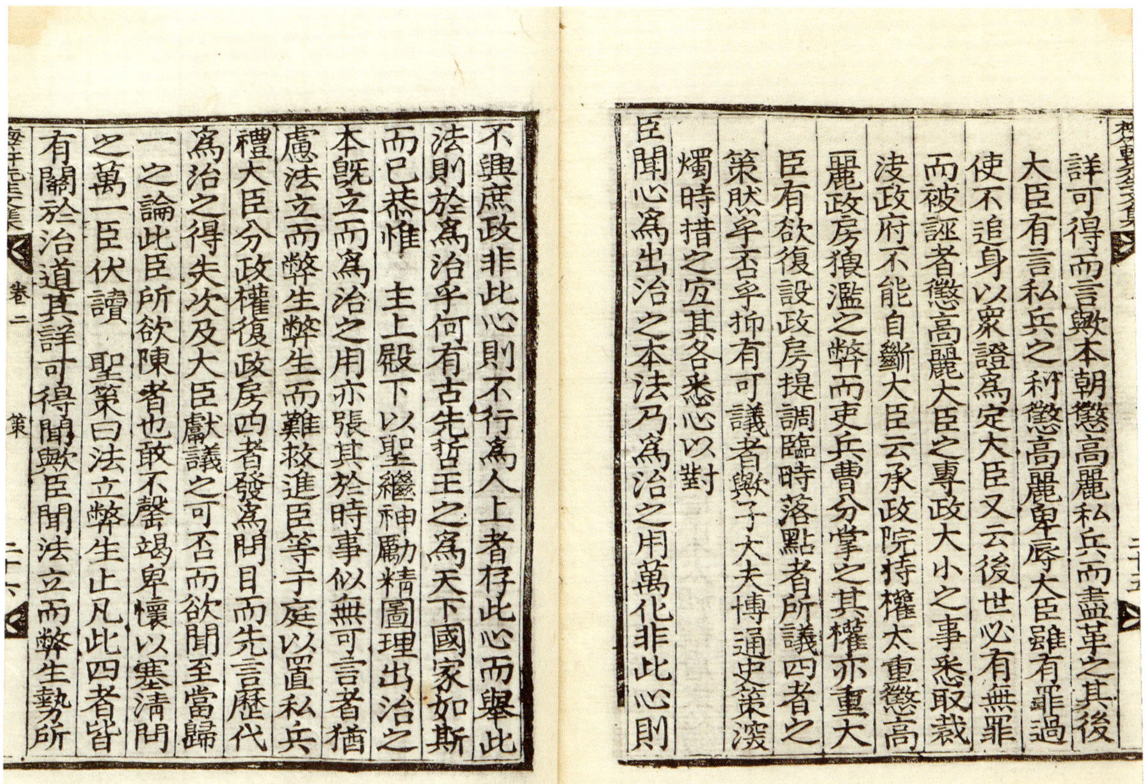
詳可得而言歟本朝懲高麗私兵而盡革之其後
大臣有言私兵之利懲高麗卑辱大臣雖有罪過
使不追身以衆證爲定大臣又云後世必有無罪
而被誣者懲高麗大臣之專政大小之事悉取裁
淩政府不能自斷大臣云承政院持權太重懲高
麗政房猥濫之弊而吏兵曹分掌之其權亦重大
臣有欲復設政房提調臨時落點者所議四者之
策然乎否乎抑有可議者歟子大夫博通史策浚
燭時措之宜其各悉心以對
臣聞心爲出治之本法乃爲治之用萬化非此心則

不興庶政非此心則不行爲人上者存此心而擧此
法則於爲治乎何有古先哲王之爲天下國家如斯
而已恭惟 主上殿下以聖繼神勵精圖理出治之
本旣立而爲治之用亦張其於時事似無可言者猶
慮法立而弊生弊生而難救進臣等于庭以置私兵
禮大臣分政權復政房四者發爲問目而先言歷代
爲治之得失次及大臣獻議之可否而欲聞至當歸
一之論此臣所欲陳者也敢不罄竭卑懷以塞淸問
之萬一臣伏讀 聖策曰法立弊生止凡此四者皆
有關於治道其詳可得聞歟臣聞法立而弊生勢所

梅軒先生文集 卷二 策 二十六

박세당 문과 시권
朴世堂文科試券

1660년(현종 1), 1장, 필사본, 73.0×281.0cm,
장서각(반남박씨 서계종택 기탁)

박세당1629~1703은 조선 후기의 학자로, 자는 계긍季肯, 호는 잠수潛叟·서계西溪이다. 본관은 반남潘南이고, 시호는 문절文節이다. 주자학朱子學 지상주의 시절 노론에 의해 사문난적斯文亂賊이라는 비판을 받기도 하였고, 당쟁의 소용돌이 속에서 맏아들 박태유朴泰維와 둘째 아들 박태보朴泰輔를 잃자 학문 연구와 제자 양성에만 힘썼다. 저서로는 『서계집西溪集』, 『사변록思辨錄』, 『색경穡經』 등이 있다. 박세당은 32세인 1660년현종 1 11월에, 현종의 즉위를 축하하기 위해 시행된 증광별시의 전시에서 이 표表를 제술하여 장원으로 합격했다.

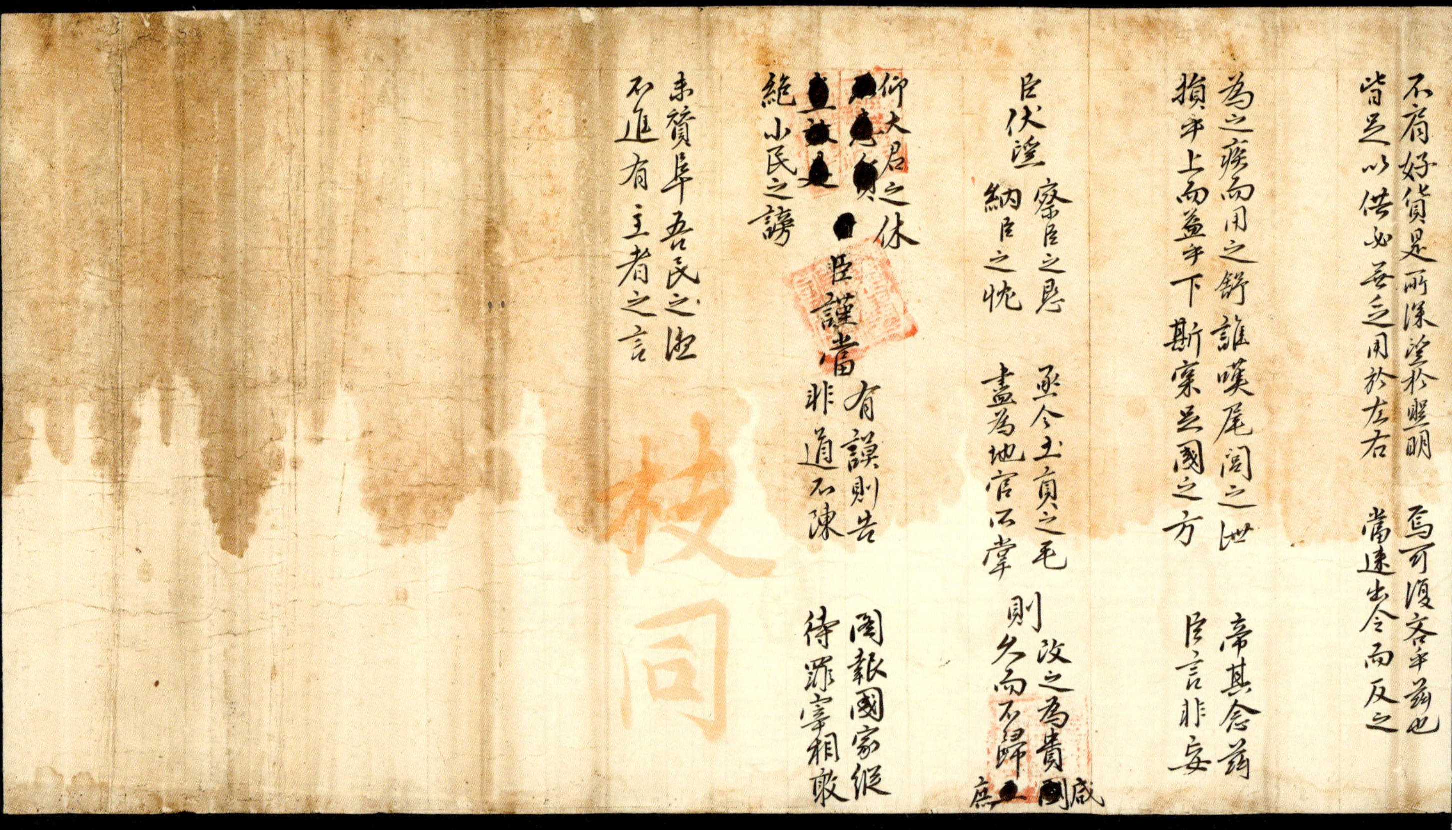

당시의 선비들은 20세 무렵이면 과장科場에 출입하였지만 박세당은 한창 과거 공부에 전념할 나이인 21세에 어머니를 여의고, 22세에는 할머니와 셋째 형의 상을 당하였다. 박세당이 사환가仕宦家의 자제로서 그간에 온축한 학업을 바탕으로 과거에 응시한 것은 어머니의 상을 마친 1652년효종 3으로 당시 그의 나이 24세였다. 유생정시儒生庭試에서 우수한 성적을 받았지만 무슨 이유에서인지는 모르나 향후 약 7년 동안 그는 과장에 나가지 않았다. 그러다 1660년 11월에 설행된 과거에서 박세당은 자신의 문장과 경륜을 유감없이 발휘하게 된다. 이 표表의 시제試題는 〈당나라 동평장사 양염이 '천하의 재부財賦를 전부 국고國庫에 귀속시켜야 한다고 청한 것'을 의작擬作한 표[擬唐同平章事楊炎請天下財賦盡歸左藏表]〉이다. 박세당은 표에서, "백성이 풍족한데 임금이 누구와 풍족하지 않을 수 있으며, 백성이 부족한데 임금이 누구와 풍족할 수 있겠습니까?"라고 하면서, 왕자王者에게는 사사로운 재물이 없으니 나라의 재정은 담당 관리에 맡겨야 한다고 서술하였다.

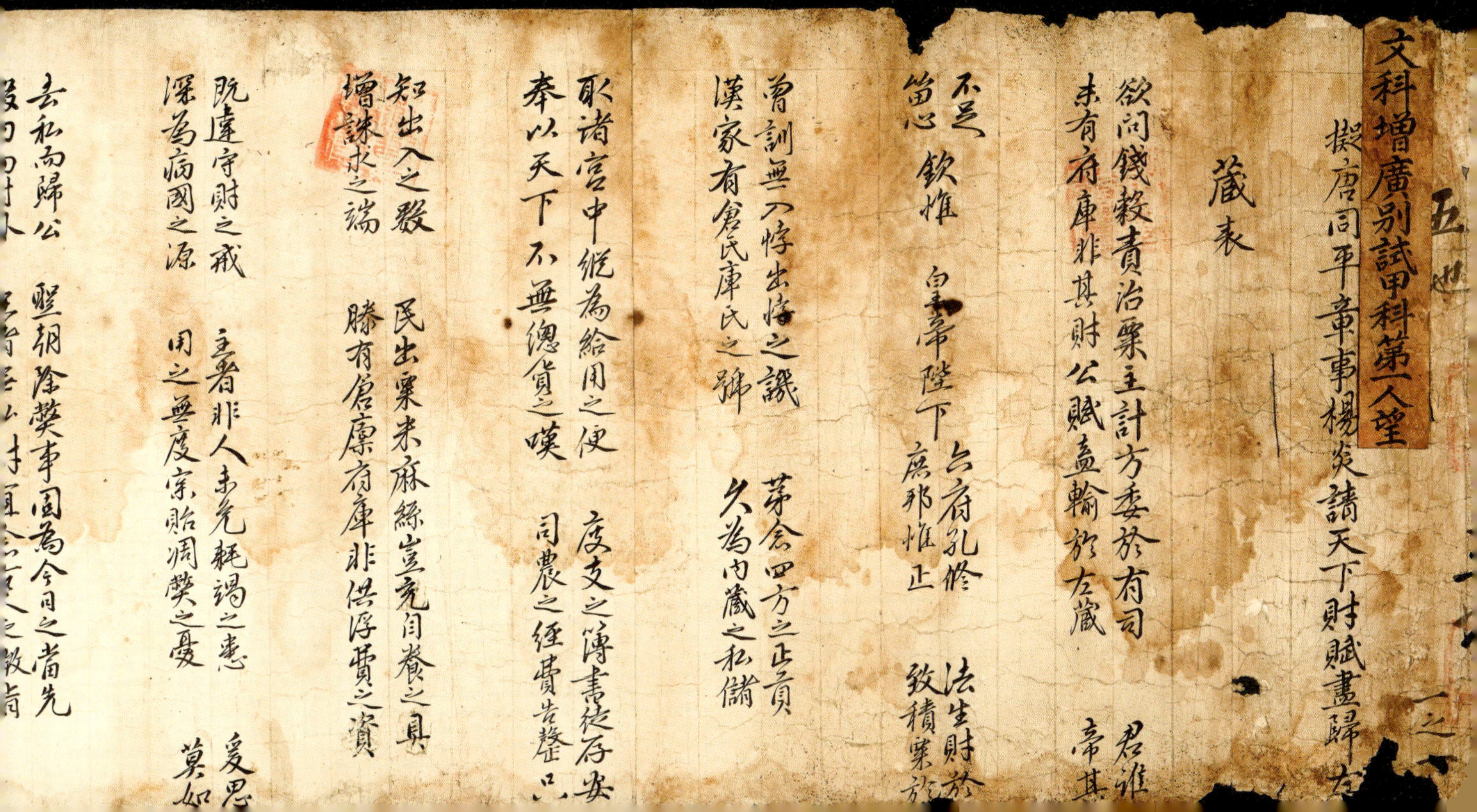

시제試題 · 당唐나라 동평장사同平章事 양염楊炎이 천하의 재부財賦를 전부 좌장左藏에 귀속시켜야 한다고 청한 것을 의작擬作한 표表

전곡錢穀에 대해 알아보고자 한다면 곡물을 치리治理하는 이에게 요구해야 하는데, 재정을 주관한 승상께서는 그 일을 유사有司에게 맡겼습니다. 어느 창고인들 그 재물이 아님이 있겠으며 공부公賦 또한 어찌 좌장으로 옮기지 않을 수 있겠습니까. '백성이 풍족한데 임금이 누구와 풍족하지 않을 수 있으며, 백성이 부족한데 임금이 누구와 풍족할 수 있겠습니까?'라는 말에 대해 황제께서는 이를 유념하소서.

공경히 생각건대, 황제 폐하! 육부六府를 매우 잘 관리하시고, 여러 제후국에는 오직 바른 부세賦稅로만 하소서. 옛 가르침에서 부세를 만들어내는 방법을 본받는다면, 어그러져 들어온 것은 어그러져 나간다는 나무람이 없을 것입니다. 한漢나라에서 곡식을 쌓아둘 수 있게 되자, 창고倉庫라는 명칭이 있게 되었습니다.

그런데 생각건대 사방의 정공正貢이 오래토록 내장內藏의 사적私的인 비축물이 되었습니다. 궁중에서 취하는 것이 설령 내어 쓰기에 편리함을 위한 것이라 할지라도, 천하를 가지고 받드는데 재물을 모으려 한다는 탄식이 없지 않습니다. 탁지度支의 장부책은 그저 안일하게 보존될 뿐이고 사농司農의 경비는 텅 비었음을 고하고 있습니다.

들고 나는 수량을 알려고 하는 것은 주벌誅罰을 불러들이는 단서를 늘릴 뿐입니다. 백성들이 곡식과 삼베를 내다 바치니, 어찌 스스로 부양할 수단을 보충할 수 있겠습니까. 등滕나라에 곡식과 재물을 보관하는 창고가 있었던 것은 헛되이 낭비할 자원을 공급하기 위함이 아니었습니다.

이미 재물을 지키는 원칙에 대한 경계를 어겨버렸으니, 나라를 병들게 하는 큰 근원처입니다. 주관하는 자가 적임자가 아니라면, 고갈될 우환에서 벗어날 수 없습니다. 쓰임에 한도가 없다면 실로 피폐해질 근심을 끼칠 것입니다.

이에 생각건대, 사적인 비축을 제거하고 공적인 창고로 귀속시키는 것은 안에다 쌓는 일을 그만하고 밖에다 풀어주는 것만 못합니다. 성조聖朝에서 없애야 할 폐단으로 진실로 오늘날 먼저 해야 할 일입니다. 왕자王者는 사사로운 재물이 없으니, 옛사람의 은미한 뜻을 잘 생각해야 합니다.

재물을 탐하는 이에게 맡기지 않을 것 이것이 밝으신 성상께 깊이 바라는 바입니다. 모두 넉넉하게 공급될 것이니 필시 좌우에 결핍되는 것이 없을 것입니다. 어찌 이 상황에서 다시 아까워해서야 되겠습니까. 당연히 속히 명령을 내려 돌이켜야 합니다. 생산은 빠르고 소비를 천천히 한다면 누가 미려尾閭처럼 새나간다고 탄식하겠습니다. 위에서 덜어내어 아래를 더해주는 것 이것이 실로 나라를 풍족하게 할 방도입니다. 임금께서는 이 점을 생각하소서. 신의 말은 망녕된 것이 아닙니다.

신은 엎드려 바라옵건대, 신의 간절한 심정을 살피시고 신의 진정한 마음을 받아주시어 속히 하찮은 토공土貢이라 하더라도 전부 지관地官으로 하여금 관장하게 하소서. 그런 즉, 고치는 것이 귀하니, 모두 위대한 군주의 훌륭함을 우러를 것입니다. 오래 지나도 이전으로 돌아가지 않는다면, 백성들의 비방은 거의 사라질 것입니다.

신은 삼가 마땅히 계책이 있으면 고해야 합니다만, 올바른 도리가 아니라면 아뢰지 않습니다. 나라에 보답하려고 도모함에 설령 우리 백성들의 덕을 크게 키우는 것을 돕지 못한다 하더라도 자신의 직분을 맡고 있는 분께서 주관하는 자가 있다는 말을 감히 진언해주지 않겠습니까.

文科增廣別試甲科第一人 望

擬唐司平章事楊炎請天下財賦盡歸左

藏表

欲問錢穀責治粟主計方委於有司 君誰

未有府庫非其財公賦盡輸於左藏 帝其

不足

留心

欽惟

皇帝陛下

六府孔修

庶邦惟正

法生財於

致積案於

박세당 생원 백패
朴世堂生員白牌

1660년(현종 1), 1장, 필사본, 102.0×44.5cm,
장서각(반남박씨 서계종택 기탁)

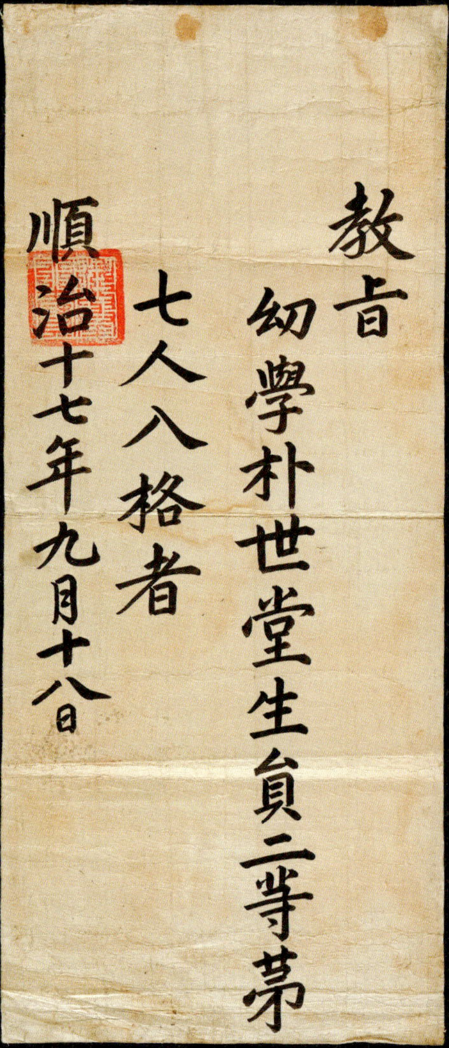

教旨
幼學朴世堂生員二等第
七人入格者
順治十七年九月十八日

박세당 문과 홍패
朴世堂文科紅牌

1660년(현종 1), 1장, 필사본, 111.5×88.0cm, 장서각(반남박씨 서계종택 기탁)

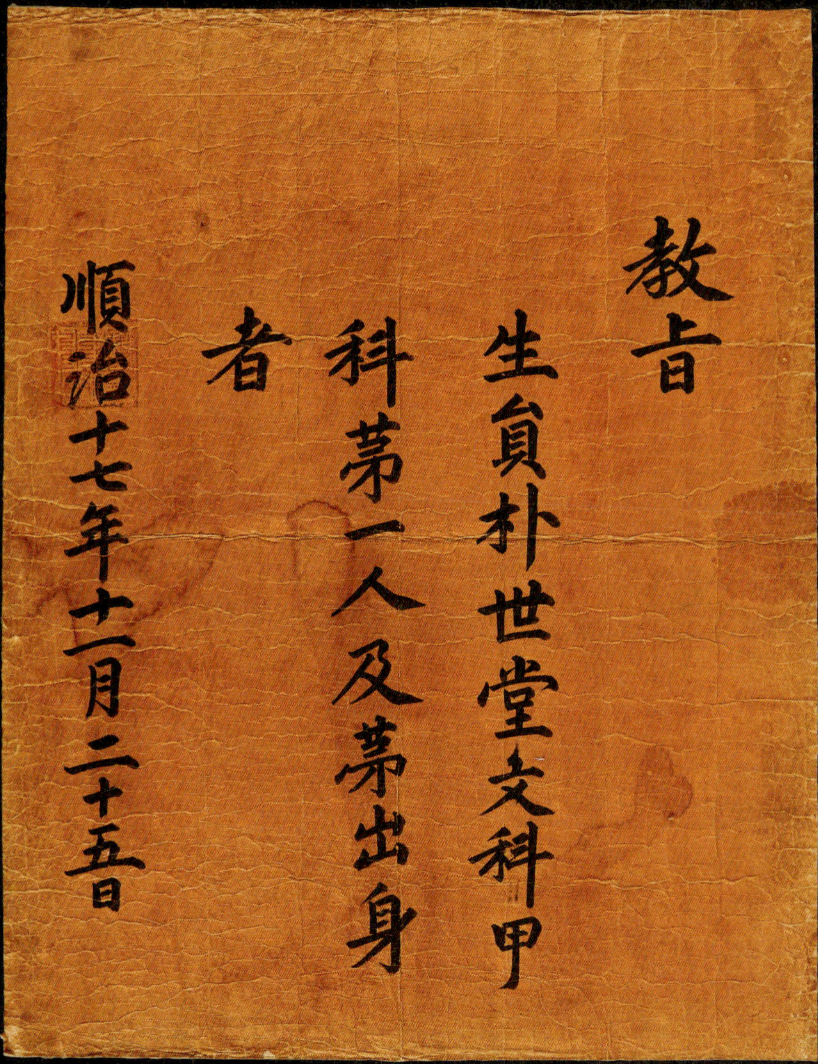

教旨
生員朴世堂文科甲
科第一人及第出身
者
順治十七年十二月二十五日

박세당이 1660년현종 1 현종의 즉위를 축하하기 위해 시행한 증광시增廣試에서 생원 2등 제7위에 입격하고 수여받은 백패와 같은 해 문과에 장원급제하여 받은 홍패이다.

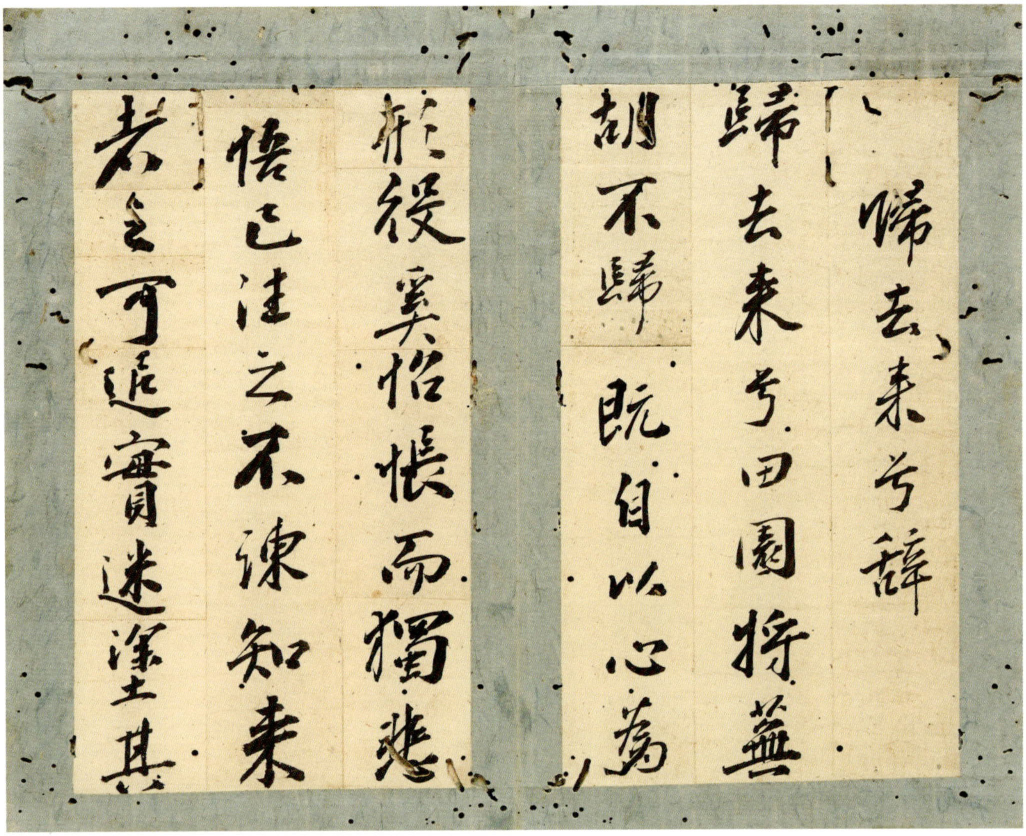

서계유묵(上), 귀거래사

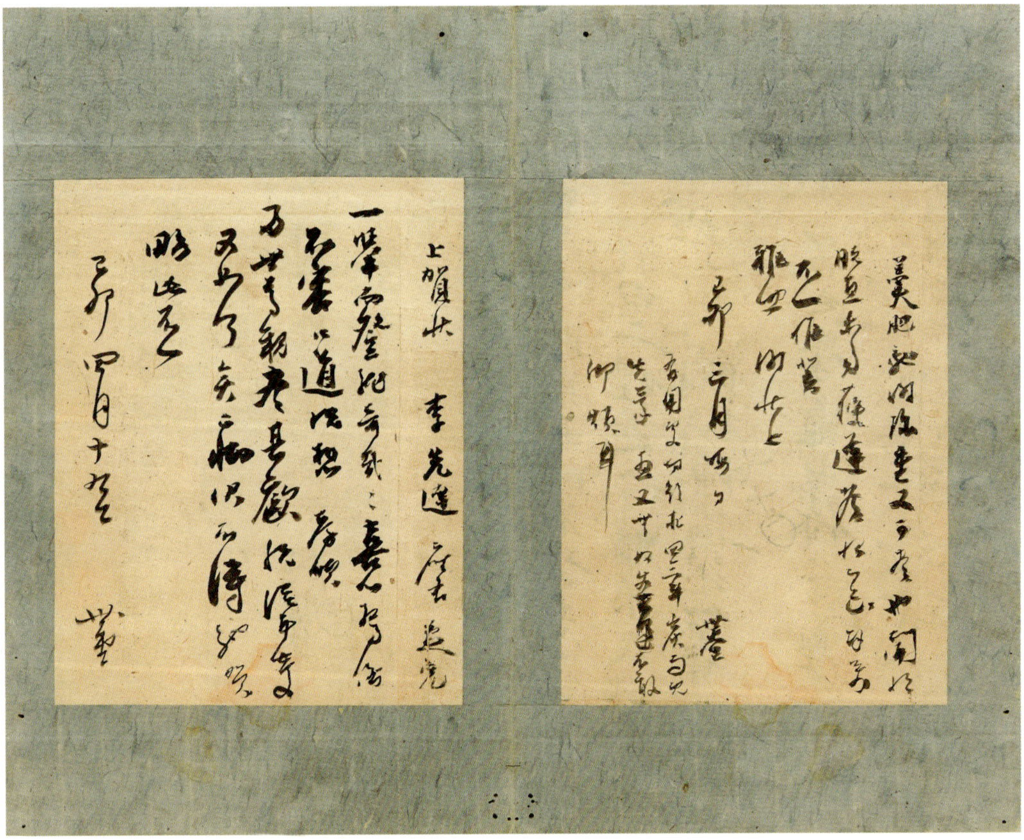

서계유묵(下), 이정신에게 보내는 서간

서계유묵
西溪遺墨

1679년(숙종 5)~1702년(숙종 28), 3첩, 종이에 먹, 41.6×26.3cm, 보물 제1674호,
장서각(반남박씨 판관공종택 기탁)

박세당의 시문과 간찰을 모아 3첩으로 구성한 유묵첩이다. 세 첩 중 첫 번째는 시문을 수록하고 나머지에 간찰을 연대순으로 실었다. 해서와 행초로 크기를 달리하여 박세당의 서풍을 일람할 수 있는 매우 좋은 예이다. 작품은 그가 50세 이후 정계에 염증을 느끼고 의정부 수락산에 은거한 이후의 것이다.

• 서계유묵의 〈귀거래사〉와 〈1699년 4월 19일 서간〉

박세당의 『서계유묵』上에서 가장 인상 깊은 작품은 도연명의 저작인 〈귀거래사歸去來辭〉와 〈오류선생전五柳先生傳〉이다. 이 두 작품은 각기 1699년과 1696년에 쓴 것인데, 모두 이정신李正臣에게 증정한 것이다.

둘 다 세간의 영욕에서 벗어나 은자적 삶을 희구하던 도연명의 대표작임은 두 말할 나위가 없다. 이 두 작품은 매우 흥미로운 사연을 담고 있다. 특히 〈귀거래사〉는 애제자에 대한 박세당의 관심과 사랑 그리고 우려를 담고 있어 더욱 주목된다.

박세당이 〈귀거래사〉를 써 준 1699년숙종 25은 이정신이 막 문과에 합격하던 해였다. 1681년숙종 7 사마시에 입격한 지 18년 만에 정시 문과에 합격하여 당당히 문신의 반열에 올랐다. 이때 그의 나이가 꼭 마흔이었다.

박세당은 이정신의 급제 소식을 접하고는 아래와 같이 편지를 보내 과경科慶을 크게 축하하였다.

> 일거에 등용문에 올랐으니 기특하고 기특하네. 기쁜 마음 가눌 수 없어 말로 할 수가 없네. 더구나 양세 존친의 영령들께서도 그 기쁨을 다하고 계시리라 생각되니 넘치는 경사가 또 어떠하겠는가. 병들어 누워 있는지라 달려가 하례도 하지 못하고 간략하게 이 정도로만 쓰고 일일이 다하지 않네.
>
> 『서계유묵』下, 기묘1699 4월 19일

과거에 막 합격한 제자에게 박세당은 왜 하필이면 은퇴를 암시하는 도연명의 〈귀거래사〉를 써 준 것일까? 박세당은 자신이 그랬던 것처럼 이정신 또한 환해宦海에서 수없이 부침할 것이니, 사환에 대한 염증이 생기면 언제라도 과감하게 그 짐을 내려놓을 것을 미리 당부한 것이다. 이 점에서 귀거래사는 사師가 제弟에게 내린 준엄한 출처의 지침이자 훈계였던 것이다. 스승이 제자를 진심으로 아끼고, 바르게 인도한다는 것의 참된 의미를 느끼게 하는 대목이라 하겠다.

정윤우 시권
鄭允愚試券

1862년(철종 13), 1장, 필사본, 61.7×406.5cm, 장서각(진주정씨 우복종택 기탁)

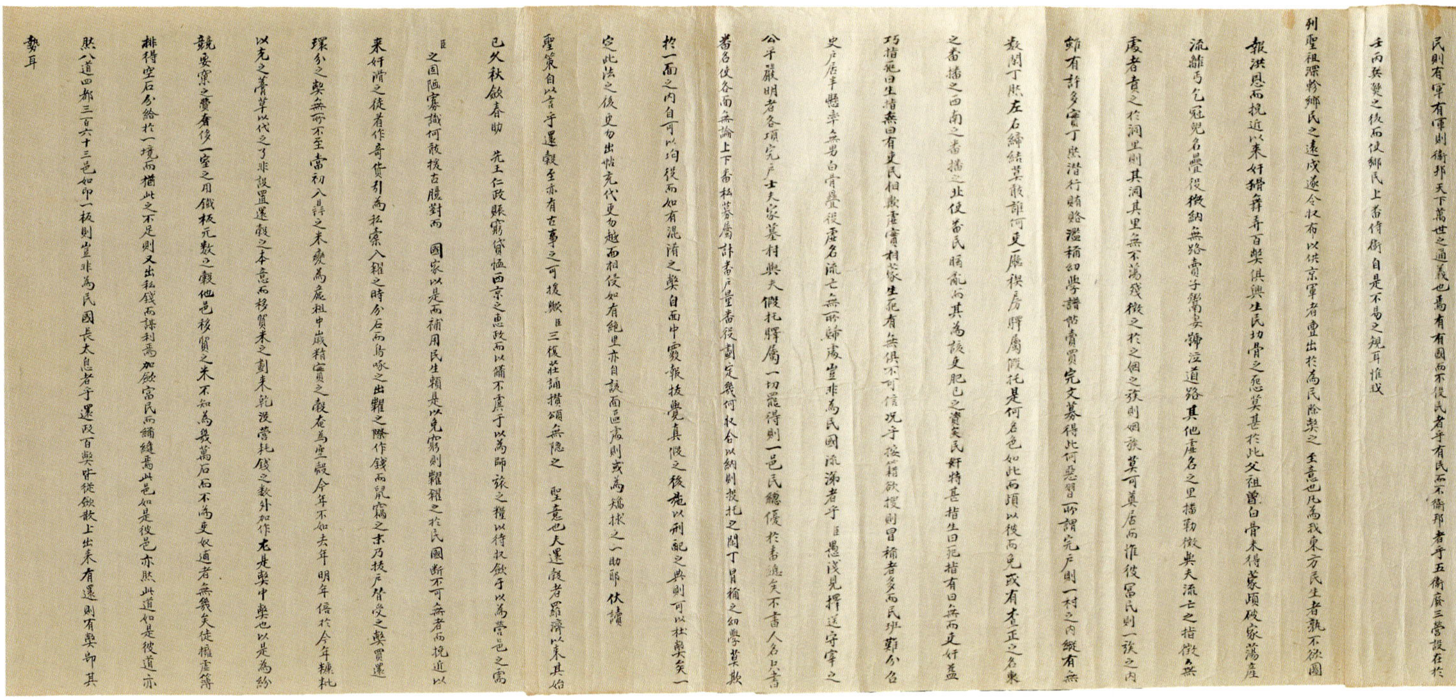

정윤우1804~1869가 1862년철종 13에 제출한 시권으로서 문체는 대책對策이다. 정윤우는 본관이 진주이고, 정민수鄭民秀의 아들이다. 정윤우가 과거에 합격한 기록은 남아 있지 않다. 다만, 『진신보搢紳譜』 등을 통해 음직으로 관직에 나간 사실이 확인된다. 시권에 '통훈대부 전설서 별제 정윤우'라고 기재되어 있고, 『진신보』에 '임술사월설별壬戌四月設別', '임술팔월감찰壬戌八月監察'이라 적혀 있어 1862년철종 13, 임술에 제출된 시권으로 추정된다.

대책의 내용은 환곡의 폐단에 대해 기술한 것이다. 환곡은 본래 백성들을 구제하기 위해 마련된 제도이지만, 세월이 지나면서 각종 비리가 생겨나 도리어 백성들이 굶어 죽고 있다고 지적하였다. 따라서 환곡제도를 악용한 간악한 이들을 잘 다스려야 하지만, 이것이 잘되지 않을 경우에는 환곡제도 자체를 없애야 한다고 서술하였다.

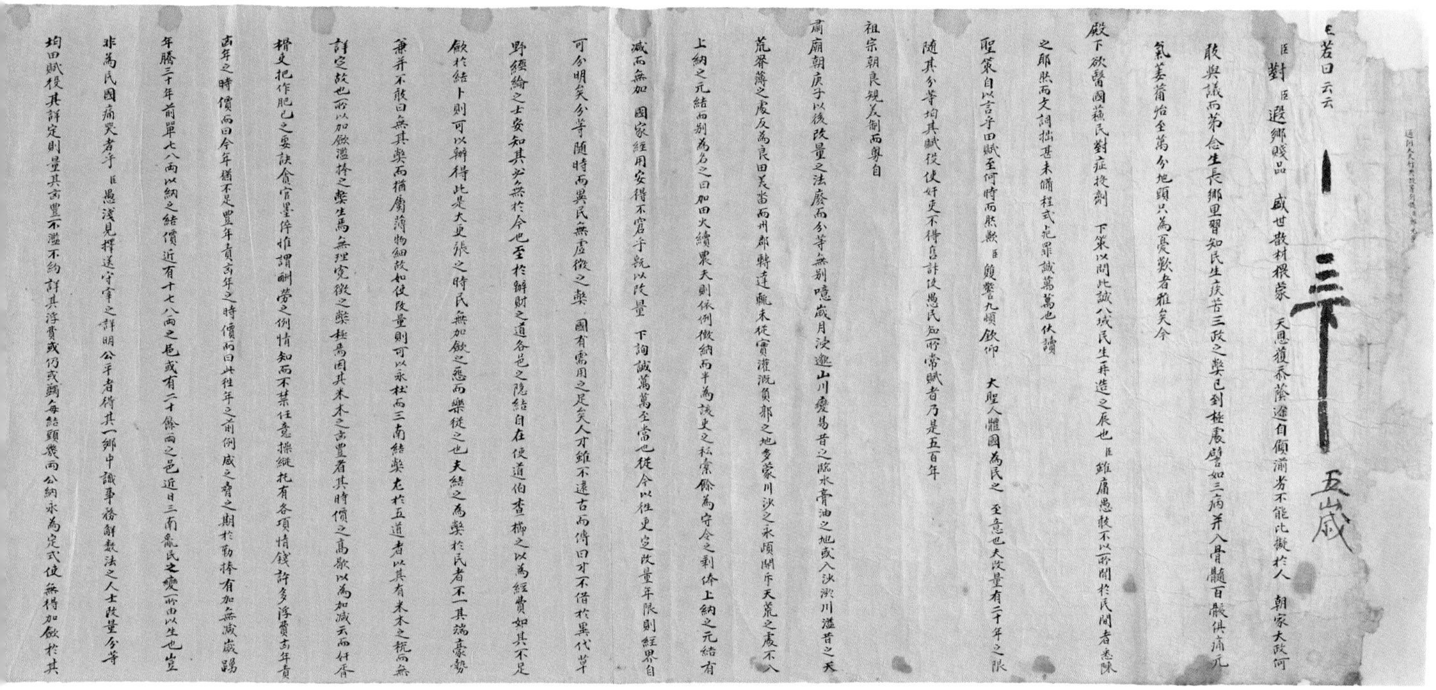

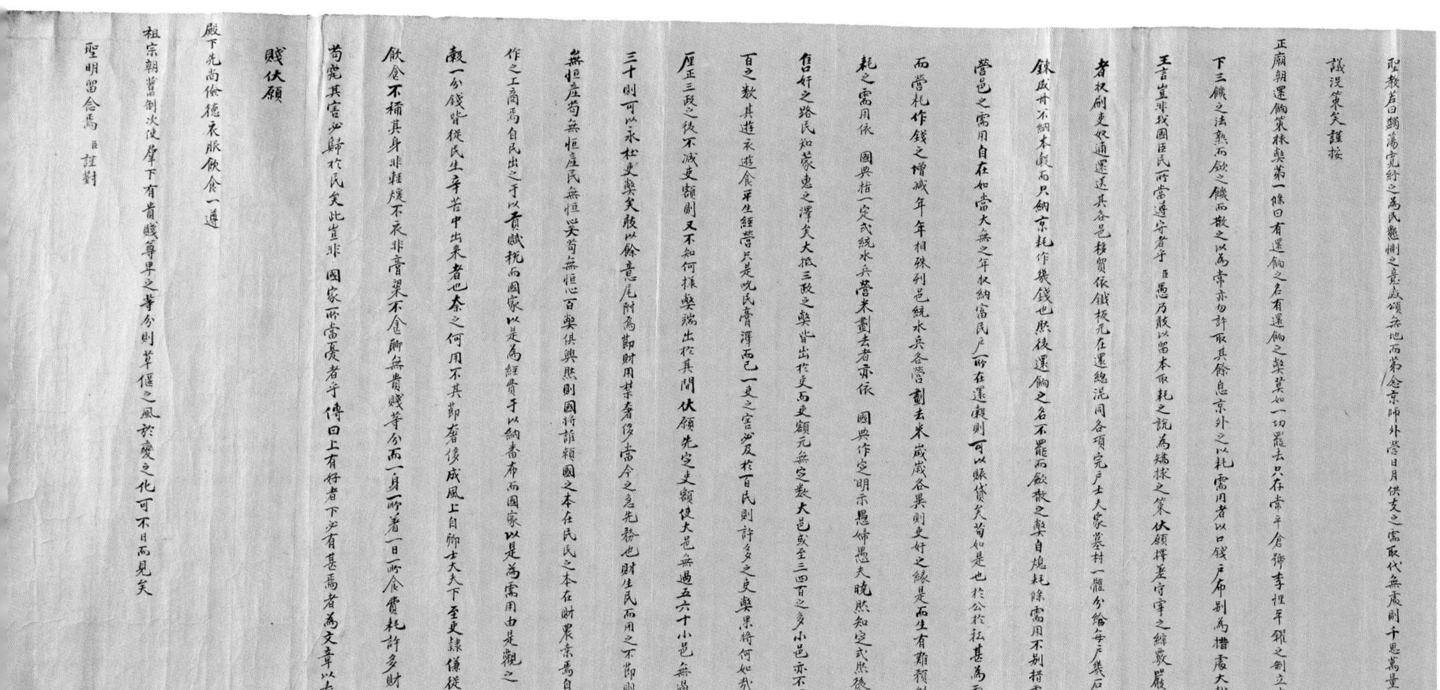

김윤식 문과 대책
金允植文科對策

1862년(철종 13), 『운양집雲養集』 수록, 장서각(K4-6352)

김윤식1835~1922이 제출한 시권으로 문체는 대책對策이다. 김윤식은 본관이 청풍이고, 아버지는 김익태金益泰이다. 1865년고종 2 진사시에 3등 62인으로 입격하였고, 1874년고종 11 문과 증광시에 병과丙科 7인으로 급제하였다. 이 시권의 원본은 현재 전하지 않고, 김윤식의 문집인 『운양집』에 수록되어 있다. 문집에 기재된 주에 따르면, 1862년철종 13 6월 12일에 철종이 친히 진신搢紳과 유생들을 불러 모아 문란해진 삼정三政을 바로잡을 계책을 열흘 내에 제출하라는 명을 내렸고, 김윤식도 이때 이 답안을 기술하여 성균관에 제출하였다. 요지는 삼정 가운데 전부田賦는 방전법方田法을 시행함으로써, 군정軍政은 군포의 부담을 결포結布를 시행함으로써, 환곡還穀은 양전을 다시 시행하고 환자를 없앰으로써 해결할 수 있다고 하였다.

……신은 먼저 전부田賦에 대해 말씀드리고 싶습니다.……삼대三代의 정전 제도는 신 또한 반드시 회복할 수 없다는 것을 압니다. 한나라와 당나라의 한전·균전의 법은 신 또한 반드시 이룰 수 없다는 것을 압니다. 옛 법에 어긋나지 않으면서도 오늘날에 효과를 볼 수 있는 것은 오직 방전법方田法 뿐입니다. 그 법은 송나라에서 시작하여 명나라 때 완성되어 지금도 중국에서는 여전히 그것을 준용하고 있으니, 『어린도책魚鱗圖冊』이 바로 그것입니다. 우리나라에서도 이미 시험해 보았습니다. 숙종 때 평천군平川君 신완申琓이 상소하여 양전법의 잘못된 점을 힘써 말하고, 또 유집일兪集一의 방전법을 서술하였기에 황해도 지방의 네 읍에 먼저 시행하여 공평하게 하고 이름을 구정양법丘井量法이라 했습니다. 장부가 상세하고 엄밀하며 부負를 나눈 것이 지극히 균등했습니다. 돈대를 쌓아 방方을 정하고 각각 양전하여 열흘이나 보름 사이에 일을 끝마칠 수 있었습니다. 그 구정丘井의 구획에 따라 거리를 재었기에 한 읍 안에 동서남북의 거리와 산천과 전야田野의 형세가 한 번 장부를 펴기만 하면 일목요연하게 구분되었습니다. 중국에서 오륙백 년간 적용해왔는데도 문제가 없었고, 우리나라에서 시험해 보아도 여러 읍에서 효과를 보았으니, 이는 참으로 천하의 좋은 법입니다.

신은 이 법을 본받아 시행해야 한다고 생각합니다. 새끼로 세로줄과 가로줄을 설치하여 해당 토지 모두 1천보로 방方을 삼습니다. 봇도랑과 밭두둑이 교차하거나 지세가 들쑥날쑥해도 그대로 두고 바꾸지 않도록 합니다. 가로 세로 기준선만을 정확하게 하고 면적을 공평하게 하는 법만 명확하면 됩니다. 사방의 모서리에는 돈대를 쌓고 나무 기둥을 세운 다음 함부로 훼손하지 못하게 하여 쉽게 알아볼 수 있게 합니다. 걸음 수에 따라 결結을 삼고, 토지 등급을 살펴 세稅를 정하여 장부에 기재하는 것을 『어린도책』과 같이하면, 종횡을 구별하지 못하는 사람이라도 한눈에 계산할 수 있을 것입니다. 땅이 묵히는 것인지 경작하는 것인지, 수확에 결손이 있는지 충실한지 여부를 스스로 보고하도록 하면 노련하고 교활한 자들도 농간을 부릴 수가 없을 것입니다. 만약 이와 같이 하면 정식 세금이 저절로 많아져서 나라의 재용이 저절로 넉넉해질 것이니, 전날 과외科外로 걷던 어지러운 부세가 모두 줄어들거나 없어지고 모두 질서 정연해질 것입니다. 이는 불과 몇 년의 노력으로 만 세대의 이익을 여는 것입니다.

어떤 사람은, "근래 백성들 풍속이 무너져서 새 법을 시행하면 소요와 격변을 불러오기 십상이다"라고 말하지만, 이는 그렇지 않습니다. 이 백성들로 하여금 풍속을 무너뜨리고 교화를 따르지 않게 한 것이 누구의 허물입니까? 윗사람이 항산恒産을 마련해 주지 않기 때문에 아랫사람이 항심恒心이 없는 것입니다. 이제 전하께서 백성을 사랑하여 과감히 행하실 수 있다면, 어찌 이루어지지 않음을 걱정하겠습니까?

신이 지난번 영남 사람의 말을 들었는데, 민란이 일어난 읍에 대해 조정에서 포흠逋欠을 덜어주고 군정軍丁을 뽑는 것은 그저 몇 년의 피해를 덜어주는 데 지나지 않는데도, 백성들은 기뻐 날뛰며 국가의 은혜를 우러러 칭송했다 합니다. 다투고 송사하려는 사람이 있으면 곧 서로 저지하면서, "우리가 이전에 어떻게 살았던가? 이제는 구덩이에 빠져 죽는 것을 면하고, 바야흐로 너와 함께 안락을 누리고 있는데, 무엇 때문에 다투고 송사하려는가?"라고 했답니다. 신은 이 말을 듣고 저도 모르게 눈물이 났습니다. 백성들의 마음은 이와 같은 것입니다. 신은 조정에서 아직도 그런 점을 다 알지 못한다고 생각합니다.

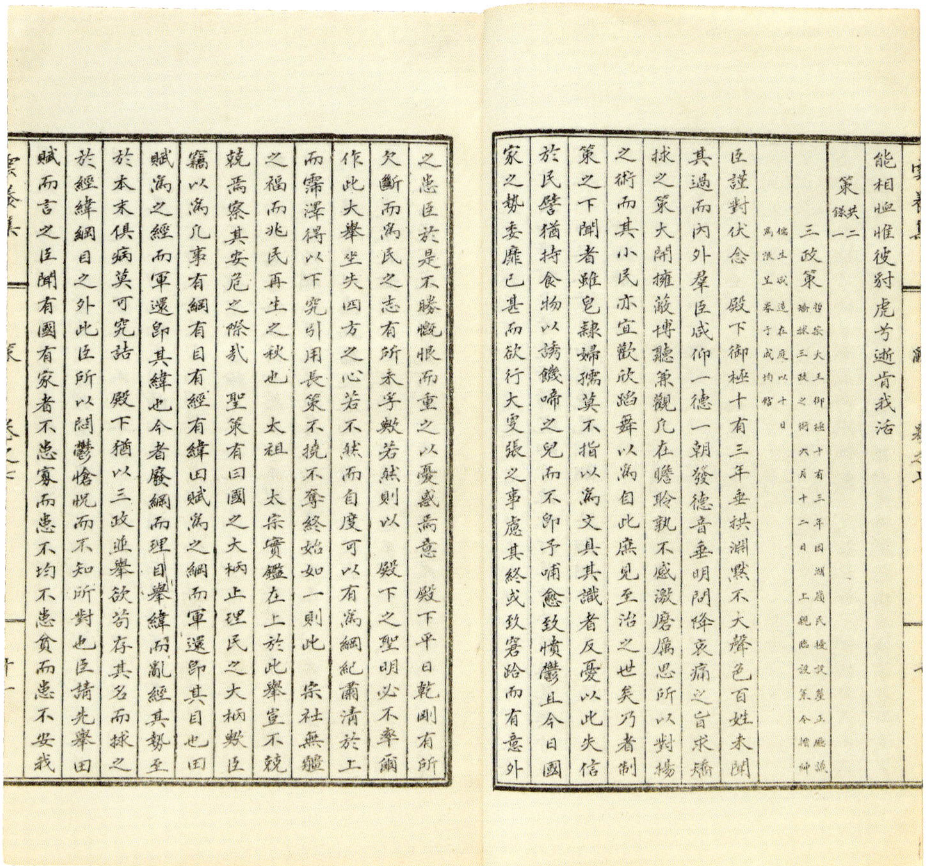

能相恤惟彼豺虎兮逝肯我活
策 共二錄一
三政策 哲宗大王御極十有三年因湖嶺民擾設釐正廳頒掄三政之術六月十二日 上親臨設策令儒紳
儒生試選在庭以十日爲限呈券于成均館
臣謹對伏念 殿下御極十有三年垂拱淵默不大聲色百姓未聞
其過而內外羣臣咸仰一德一朝發德音垂明問降哀痛之旨求矯
捄之策大開擁蔽博聽兼觀凡在瞻聆孰不感激磨厲思所以對揚
之術而其小民亦宜歡欣蹈舞以爲自此庶見至治之世矣乃者制
策之下聞者雖皂隷婦孺莫不指以爲文具其識者反憂以此失信
於民譬猶持食物以誘饑啼之兒而不卽予哺愈致憤鬱且今日國
家之勢委靡已甚而欲行大更張之事慮其終或致窘跲而有意外
之患臣於是不勝慨恨而重之以憂慼焉意 殿下平日乾剛有所
欠斷而爲民之志有所未孚歟若然則以 殿下之聖明必不率爾
作此大舉坐失四方之心若不然而自度可以有爲綱紀肅淸於上
而霈澤得以下究引用長策不撓不奪終始如一則此 宗社無疆
之福而兆民再生之秋也 太祖 太宗實鑑在上於此舉豈不競
競焉察其安危之際哉 聖策有曰國之大柄止理民之大柄歟臣
竊以爲凡事有綱有目有經有緯田賦爲之綱而軍還卽其目也田
賦爲之經而軍還卽其緯也今者廢綱而理目舉緯而亂經其勢至
於本末俱病莫可究詰 殿下猶以三政並舉欲苟存其名而捄之
於經緯綱目之外此臣所以悶鬱愴恍而不知所對也臣請先舉田
賦而言之臣聞有國有家者不患寡而患不均不患貧而患不安我

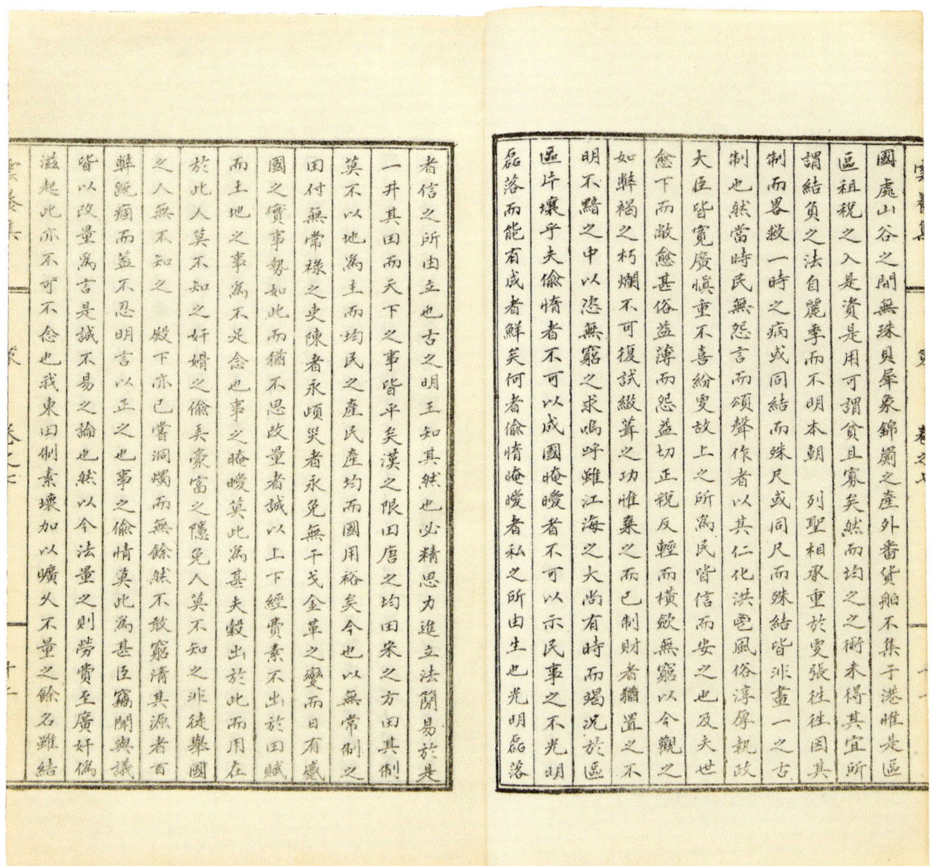

國處山谷之間無珠貝犀象錦罽之產外番貨船不集于港惟是區
區租稅之入是資是用可謂貧且寡矣然而均之之術未得其宜所
謂結負之法自麗季而不明本朝 列聖相承重於更張往往因其
制而畧救一時之病或同結而殊尺或同尺而殊結皆非畫一之古
制也然當時民無怨言而頌聲作者以其仁化洪鬯風俗淳厚親政
大臣皆寬廣愼重不喜紛更故上之所爲民皆信而安之也及夫世
愈下而澆愈甚俗益薄而怨益切正視反輕而橫斂無窮以今觀之
如弊褐之朽爛不可復試緻葺之功惟棄之而已制財者猶置之不
明不黯之中以恣無窮之求嗚呼雖江海之大尚有時而竭況於區
區片壤乎夫偸惰者不可以成國晻曖者不可以示民事之不光明
磊落而能有成者鮮矣何者偸惰晻曖者私之所由生也光明磊落
者信之所由立也古之明王知其然也必精思力進立法簡易於是
一井其田而天下之事皆平矣漢之限田唐之均田宋之方田其制
莫不以地爲主而均民之產民產均而國用裕矣今也以無常制之
田付無常祿之吏陳者永頃災者永免無干戈金革之變而日有蹙
國之實事勢如此而猶不思改量者誠以上下經費素不出於田賦
而土地之事爲不足念也事之晻曖莫此爲甚夫穀出於此而用在
於此人莫不知之奸猾之偸長豪富之隱免人莫不知之非徒舉國
之人無不知之 殿下亦已嘗洞燭而無餘然不敢窮清其源者百
弊蹤痼而益不忍明言以正之也事之偸惰莫此爲甚臣竊聞輿議
皆以改量爲言是誠不易之論也然以今法量之則勞費至廣奸僞
滋起此亦不可不念也我東田制素壞加以曠久不量之餘名雖結

이황 향시 시권
李滉鄕試試券

1527년(중종 22), 1장, 필사본, 74.0×217.0cm, 경북대학교박물관

이황1501~1570이 향시에 제출한 시권으로 문체는 의疑와 의義이다. 이황은 본관이 진성이고, 자는 경호景浩이고, 호는 퇴계退溪이며, 부친은 좌찬성 이식李埴이다. 1527년 진사시 초시에 합격한 뒤 이듬해 복시覆試에서 2등 10인으로 입격했고, 1534년중종 29 식년문과에서 을과乙科 1인으로 급제하였다. 이 시권은 이황이 진사시에 입격하기 한 해 전에 식년 생원시 초시[향시]에 제출한 것이다. 출제된 문제는 사서의 구절에 대한 질문과 『예기』에 나오는 "하늘은 기름진 이슬을 내리고 땅은 단술의 샘을 내보낸다[天降膏露 地出醴泉]" 구절의 뜻을 묻는 것이었다. 전반부의 사서의四書疑와 후반부의 오경의五經義에 각각 '삼하三下'와 '삼상三上'이라는 과차가 매겨져 있고, 등차는 '일지이一之二'이다.

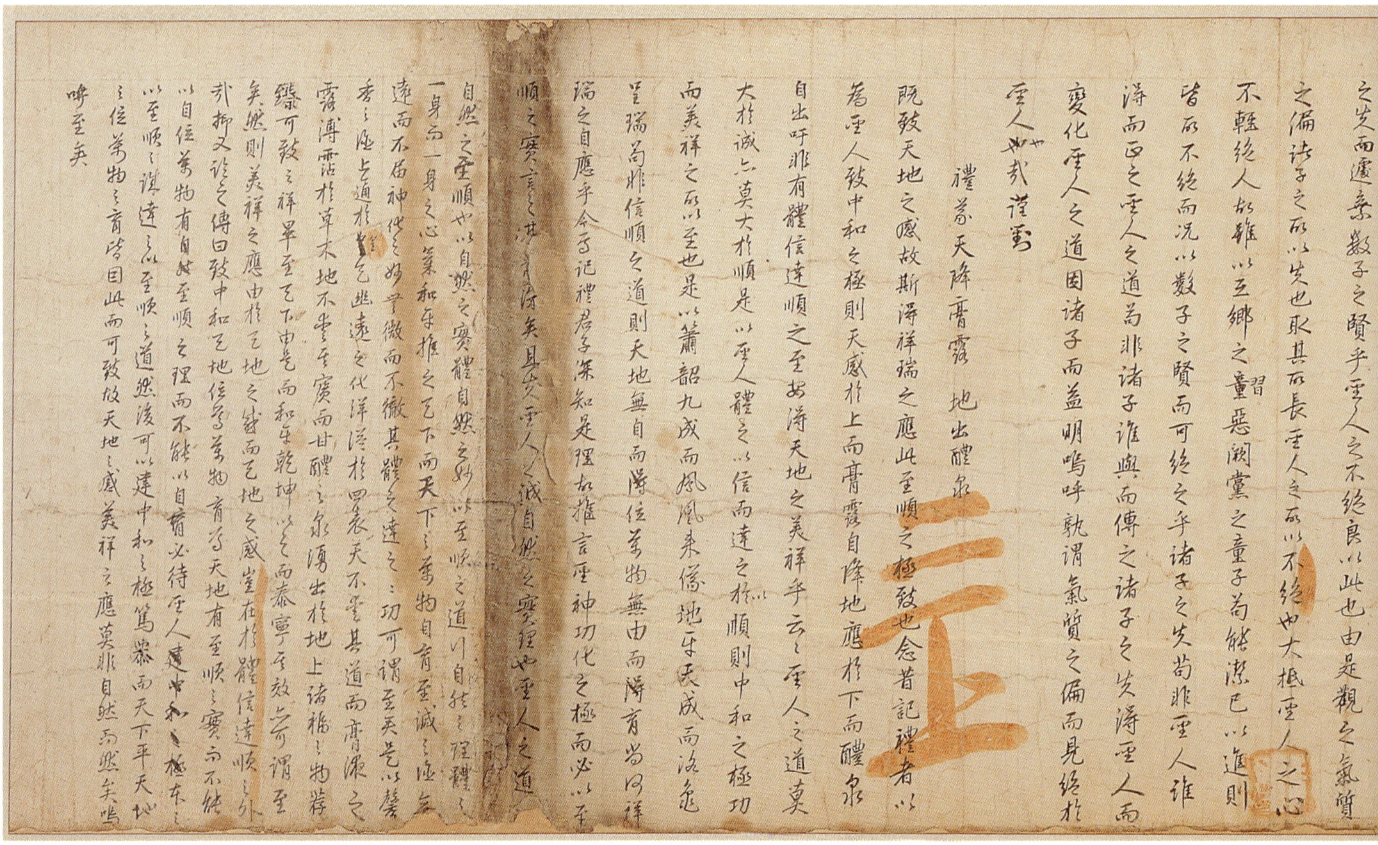

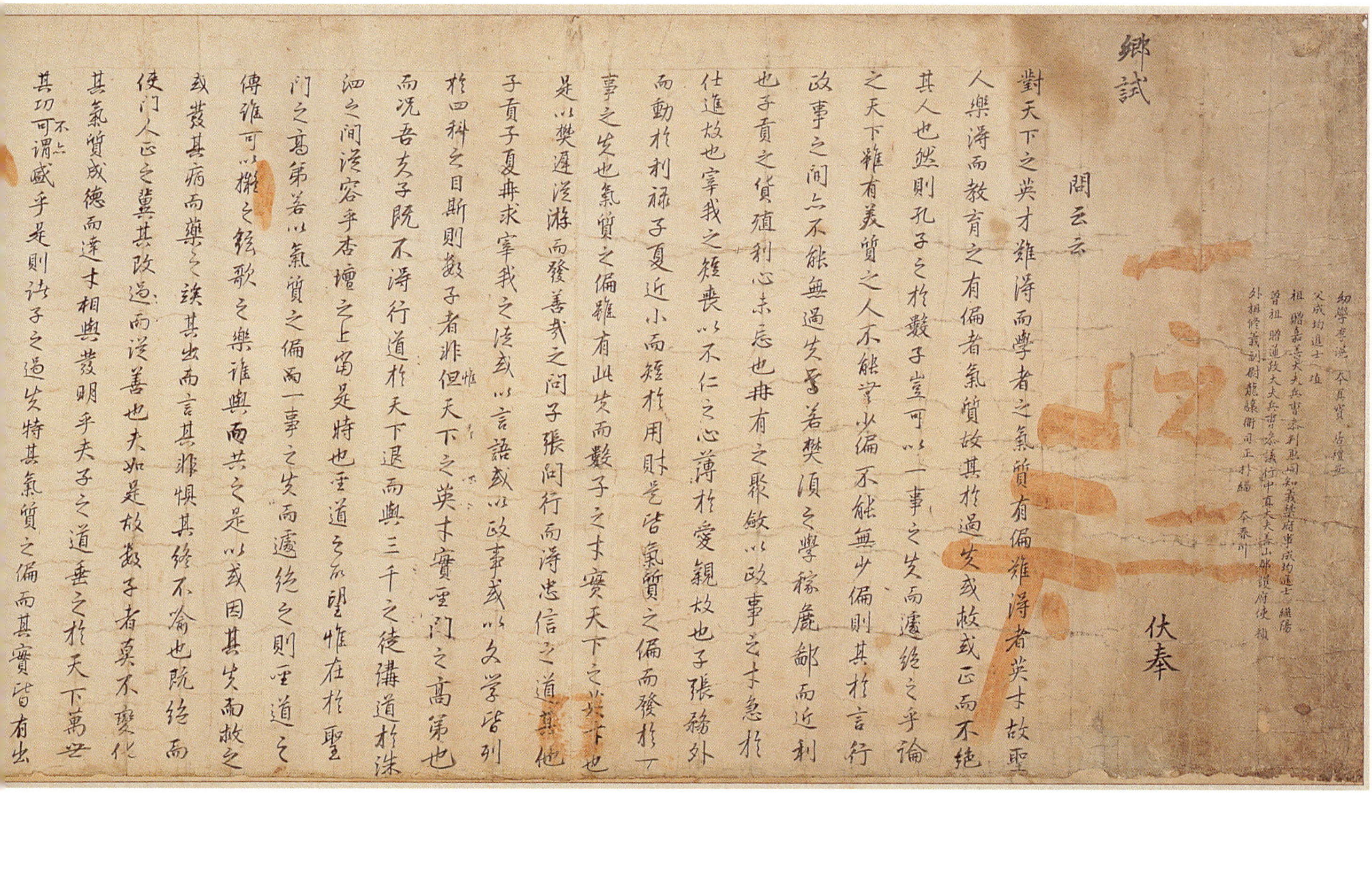
幼學李滉 本眞寶 居禮安
父成均進士 埴
祖 贈嘉善大夫兵曹參判兼同知義禁府事成均進士 繼陽
曾祖 贈通政大夫兵曹參議行中直大夫善山都護府使 禎
外祖修義副尉龍驤衛司正朴緇 本春川

鄕試

問云云

對天下之英才難得而學者之氣質有偏難得者英才故聖
人樂得而教育之有偏者氣質故其於過失或救或正而不絶
其人也然則孔子之於數子豈可以一事之失而遽絶之乎論
之天下雖有美質之人不能無少偏不能無少偏則其於言行
政事之間亦不能無過失學者須之學稼麤鄙而近利
也子貢之貨殖利心未忘也冉有之聚斂以政事之未急於
仕進故也宰我之短喪以不仁之心薄於愛親故也子張務外
而動於利祿子夏近小而短於用貽是皆氣質之偏而發於一
事之失也氣質之偏雖有此失而數子之才實天下之英才也
是以樊遲從游而發善哉之問子張問行而得忠信之道其他
子貢子夏冉求宰我之徒或以言語或以政事或以文學皆列
於四科之目斯則數子者非但天下之英才實聖門之高第也
而況吾夫子既不得行道於天下退而與三千之徒講道於洙
泗之間從容乎杏壇之上當是時也聖道之所望惟在於聖
門之高第若以氣質之偏而一事之失而遽絶之則聖道之
傳誰可以推之絃歌之樂誰與而共之是以或因其失而救之
或發其病而藥之誅其出而言其非憫其終不喩也既絶而
使門人正之冀其改過而從善也夫如是故數子者莫不變化
其氣質成德而達才相與發明乎夫子之道垂之於天下萬世
其功可謂盛乎是則諸子之過失特其氣質之偏而其實皆有出

伏奉

이황 향시 시권
李滉鄕試試券

1527년(중종 22), 1장, 필사본, 74.0×176.0cm,
한국국학진흥원(진성이씨 퇴계종택 기탁)

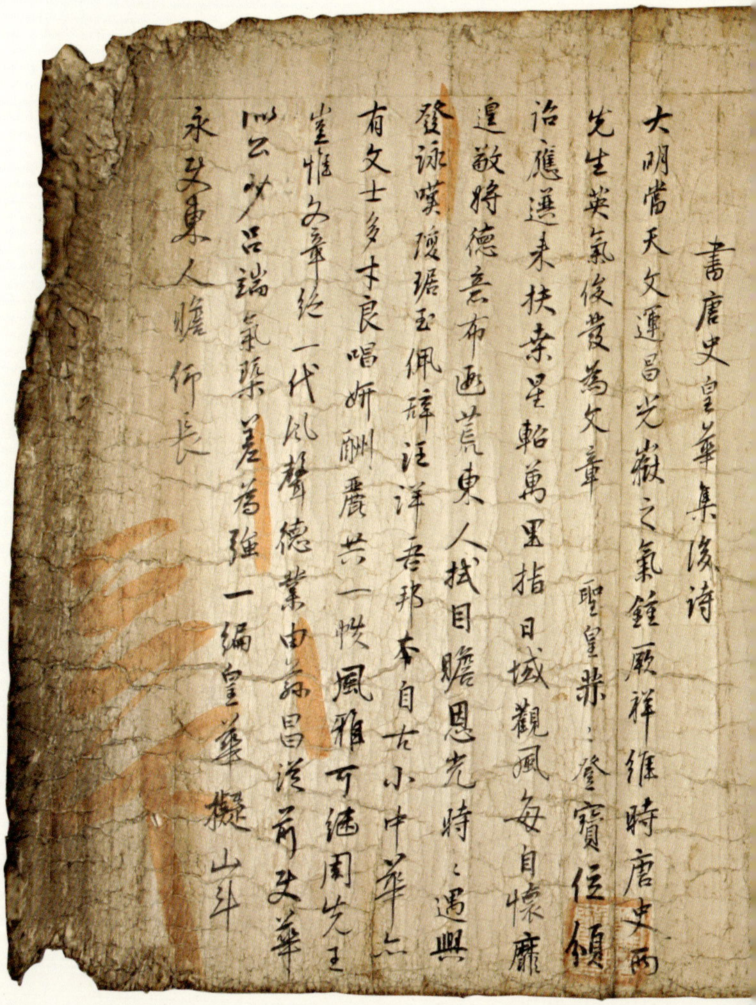

이황1501~1570이 1527년중종 22 식년 진사시 초시[향시]에서 작성한 시권이다. 이 시권의 문체는 부賦와 고시古詩이다. 전반부의 〈이곽선주부李郭仙舟賦〉는 동한東漢의 명사名士 이응李膺과 곽태郭泰의 절의와 풍류를 찬미한 작품으로 이응이 낙향하는 곽태를 전송하며 함께 배에 오른 성대한 장면을 중심으로 묘사하였다. 특히 후반부에서는 말세의 절의가 붕당의 재앙을 야기하여 민생이 도탄에 빠지고 동한 역시 망국의 길로 접어들게 되었음을 지적하며 역사적 견해를 개진하였다. 부분적으로 압운했고 매구의 자수字數도 일정치 않다.

후반부의 〈서당사황화집후시書唐史皇華集後詩〉는 1521년중종 16 당고唐皐와 사도史道가 명나라 세종世宗의 등극을 반포하는 사신으로 왔을 때 조선 문사와 수창한 시편을 엮은 『황화집』에 부친 고시이다. 당시 조선에서는 이행李荇, 정사룡鄭士龍, 소세양蘇世讓 등 당대 최고의 문인을 엄선하여 그들과 시편을 수창하게 하였다. 이황은 7언 22구 전편에 걸쳐 평성平聲 양운陽韻으로 격구압운隔句押韻했고, 두 사신의 탁월한 문장력, 명 황제의 등극과 선정善政, 소중화小中華로서의 자부심과 조선의 문치文治 등을 칭송하였다. 〈이곽선주부〉와 〈서당사황화집후시〉의 과차科次는 각각 '이하二下'와 '삼하三下'이고, 최종 등차는 '일지일一之一, 장원'이다.

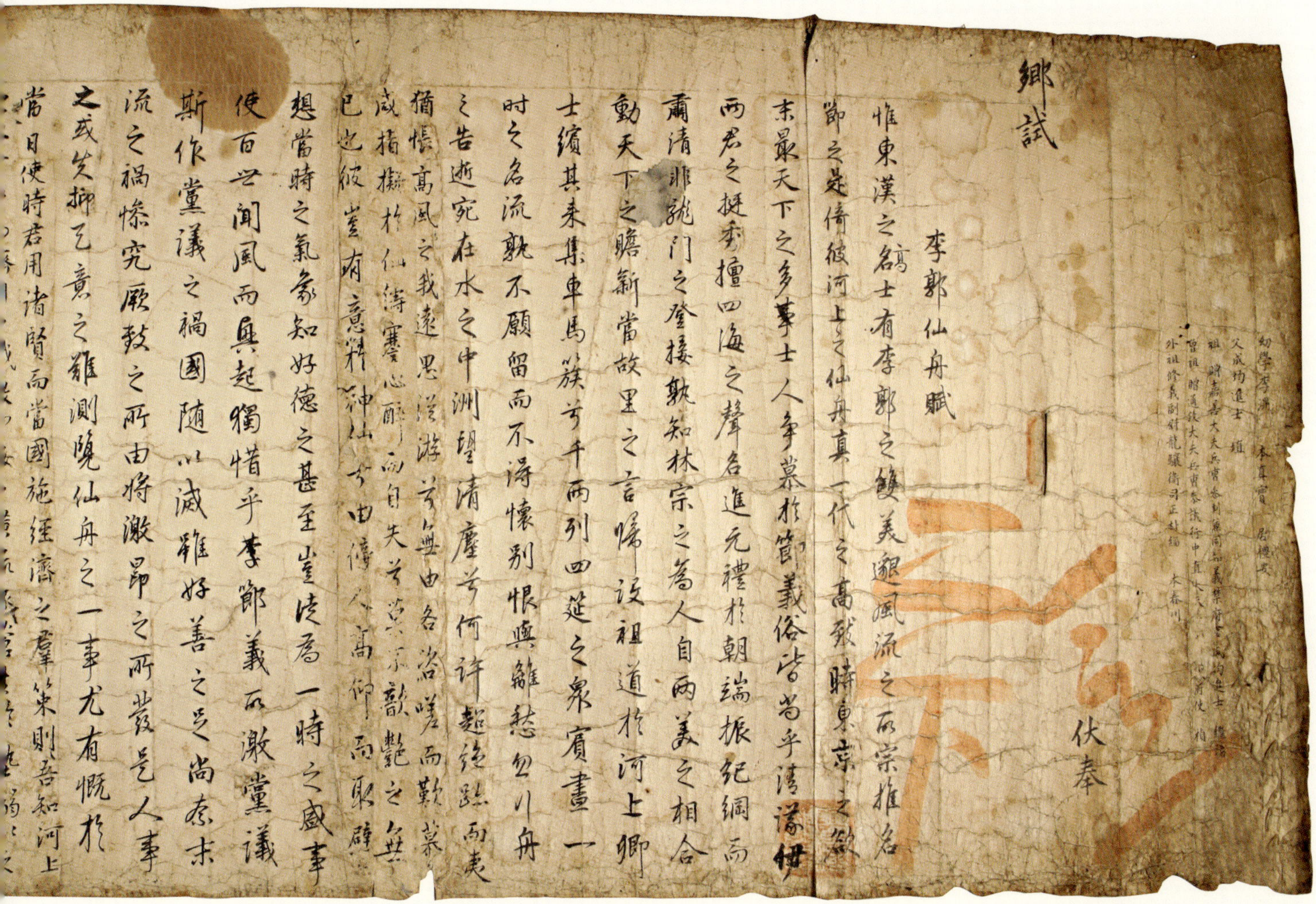

당사唐使의 황화집皇華集[1]의 뒤에 쓴 시[書唐史皇華集後詩]

대명大明이 세상을 다스리니 문운文運이 창성하며, 광악光嶽[2]의 기운이 상서祥瑞를 모았네. 이때의 두 선생[3]은 영기英氣가 빼어난 문장가라. 성황聖皇이 찬란하게 보위에 올라 정치를 펴고 선발하여 부상扶桑 우리나라으로 왔네. 성초星軺[4]가 만 리를 달려와 일역日域 일본을 가리키니, 바람만 보고서도 절로 쓰러졌네. 덕의德意를 삼가 가지고 와서 하황遐荒[5]에 선포하니, 동인東人이 눈을 비비고 은광恩光을 바라보았네. 때때로 흥興을 만날 때마다 노래를 발하였으니 경거瓊琚와 옥사玉辭가 흘러넘쳤네. 우리나라는 예부터 소중화小中華이니, 또한 재주 있는 문사文士가 많았네. 창수唱酬한 아름다운 시를 한 책으로 묶으니 주나라 선왕先王의 풍아風雅[6]를 이을 만하네. 어찌 문장文章이 한 대代에 끊어지겠는가? 풍성風聲과 덕업德業이 이로 말미암아 창성하네. 이전 사신은 공들 같은 사람이 적은데 여단呂端[7]의 기개가 조금 강했네. 한 편의 황화집은 태산과 북두에 비기니 동인東人이 영원히 쳐다보며 우러르리라.

1 당사(唐使)의 황화집(皇華集) : 당사는 중국 사신을 말하며, 《황화집》은 우리나라에 온 중국 사신과 접대관이 화답한 시문을 엮은 책이다. 여기서 말한 《황화집》은 1521년에 온 명(明)나라 세종(世宗)의 등극 조서를 가지고 온 중국 사신 당고(唐皐)와 사도(史道)와 조선의 접반관들이 창수(唱酬)한 시를 묶은 것으로 추측된다. 원문은 "唐史"인데 일반적인 용례를 따라 '唐使'로 글자를 바꾸어 번역하였다.《朝鮮王朝實錄》

2 광악(光嶽) : 삼광(三光)과 오악(五嶽)을 말한다. 삼광은 해와 달과 별이며, 오악은 중국의 동서남북과 중앙의 방위를 대표하는 산이다.

3 두 선생 : 1521년 사신으로 왔던 당고(唐皐)와 사도(史道)를 말한다.

4 성초(星軺) : 사신의 수레를 말한다.

5 하황(遐荒) : 변방의 황량한 곳이란 말로 여기서는 우리나라를 말한다.

6 풍아(風雅) : 《시경》에 실려 있는 주나라의 시를 말한다.

7 여단(呂端) : 고려 성종 7년(988)에 우리나라에 온 송나라 사신이다. 송나라 태종이 개원(改元)하고서, 여단을 보내와 왕을 책봉하였다.《高麗史》

윤선도 문과 시권
尹善道文科試券

1633년(인조 11), 1장, 필사본, 68.0×256.0cm, 장서각(해남윤씨 녹우당)

윤선도1587~1671가 1633년인조 11 문과 증광시 전시에 제출한 시권으로 문체는 대책對策이다. 윤선도는 본관이 해남이고, 아버지는 윤유기尹惟機이다. 1612년광해군 4 진사시에 1등 2인으로 입격하였고, 1633년 문과 증광시에 병과丙科 17인으로 급제하였다.

당시 증광시는 인조의 아버지를 원종대왕으로, 어머니를 인헌왕후로 추숭한 일을 경하하기 위해 마련되었고, 전시殿試에서 경전經傳의 종지宗旨에 대한 대책을 짓도록 하였다. 이에 대해 윤선도는 구서九書의 핵심을 지목하였다. 『시詩』에서는 '사무사思無邪', 『예禮』에서는 '무불경毋不敬', 『서書』에서는 '윤집궐중允執厥中', 『역易』에서는 '시승육룡지심時乘六龍之心', 『춘추春秋』에서는 '근엄일통지심謹嚴一統之心', 『중용』에서는 '성誠', 『대학』에서는 '경敬', 『논어』에서는 '돈인박의敦仁博義', 『맹자』에서는 '알욕존리遏欲存理'를 거론하였다. 요컨대, 마음으로부터 진심으로 경전의 대의를 배워 실천해야함을 강조하였다.

…… 신이 엎드려 생각건대 성현의 책은 어떤 물건입니까. 도道를 싣는 도구[載道之器]입니다. 성현의 도는 어떤 물건입니까. 마음을 전하는 법칙입니다. 성현의 책이 아직 지어지기 전에는 성현의 도가 성현의 마음에 있었으나, 성현의 책이 지어진 뒤에는 성현의 마음이 성현의 책에 있게 되었습니다. 책 속의 말씀은 만 가지로 다르고 취지는 각기 다르지만, 도는 한 가지로 꿰어 있고 마음은 한 가지로 헤아려집니다. 그러니 이 책을 말미암아 이 마음을 구한다면 이 책은 도에 들어가는 나침반일 것이지만, 이 마음을 버려두고 이 책을 본다면 이 책은 많은 사람이 지나간 휴게소일 뿐입니다. 만일 성현의 마음을 얻는다면 성현의 책은 나에게 있는 것이니, 천만 마디 말씀의 오묘한 작용[妙用]은 작은 마음에서 벗어나지 않으며, 성현의 마음을 얻지 못한다면 책은 책 그대로이고 나는 나 그대로라서, 차근차근 잘 이끄시는 취지조차 도리어 빈말로 돌아가게 될 것입니다.

그런 즉 구서九書의 대지大旨는 자질구레하게 설명할 것 없겠으며, 일심一心의 요법要法은 간곡하지 않을 수 있겠습니까. 성현이 지으신 글을 헤아려보면 각각 한 편마다의 요령이 있습니다. '착한 마음을 감동시켜 분발하게 하고 방탕한 마음을 징계懲戒하는[感發懲創]' 것을 곧바로 가리킨 것을 찾는다면 '생각에 사특邪慝함이 없다[思無邪]'고 할 것이며, '넉넉히 크다[優優大哉]'는 것을 한 마디 말로 개괄하면 '삼가지 않음이 없다[毋不敬]'고 할 것이며, 이제삼왕二帝三王의 책 58편의 요점은 집중執中에 지나지 않을 뿐입니다. 때에 따라서 변화하는[隨時而變] 것은 384효爻가 소장消長하는 의리이며, 하나의 통일을 중시한[大一統] 것은 242년 동안의 근엄謹嚴한 법도입니다. 『중용中庸』의 '성誠', 『대학大學』의 '경敬', 『논어論語』의 '인仁을 돈독히 하고 의義를 넓힘[敦仁博義]', 『맹자孟子』의 '인욕人欲을 막고 천리天理를 보존함[遏欲存理]'이 모두 이른바 대지大旨라는 것입니다.

그러나 내 마음에 이해되는 것을 고려하지 않고 그저 저 책들에서 대지를 강론하기만 한다면 우리 도道가 얹혀 있는 바가 언어와 문자의 사이를 넘지 못할 터이니, 비록 많다 한들 또한 무엇하겠습니까. 증씨曾氏의 전傳만이 홀로 그 종지宗旨를 얻었으니 이것은 이른바 "성인의 도를 능히 얻어 성인의 마음을 능히 전한다"는 것이요, 이른바 "다만 성인의 책을 알 뿐이요, 다만 성인의 말씀을 이야기할 뿐이다"는 것이 아닙니다. 하루에 세 번 내 몸을 반성하고 마음[內]에 힘을 써서 참된 공부를 쌓고 오랫동안 힘쓰되 노둔함으로 얻으면, 이것이 진실로 천년만년 동안 성경聖經의 모범이 되는 것입니다. ……

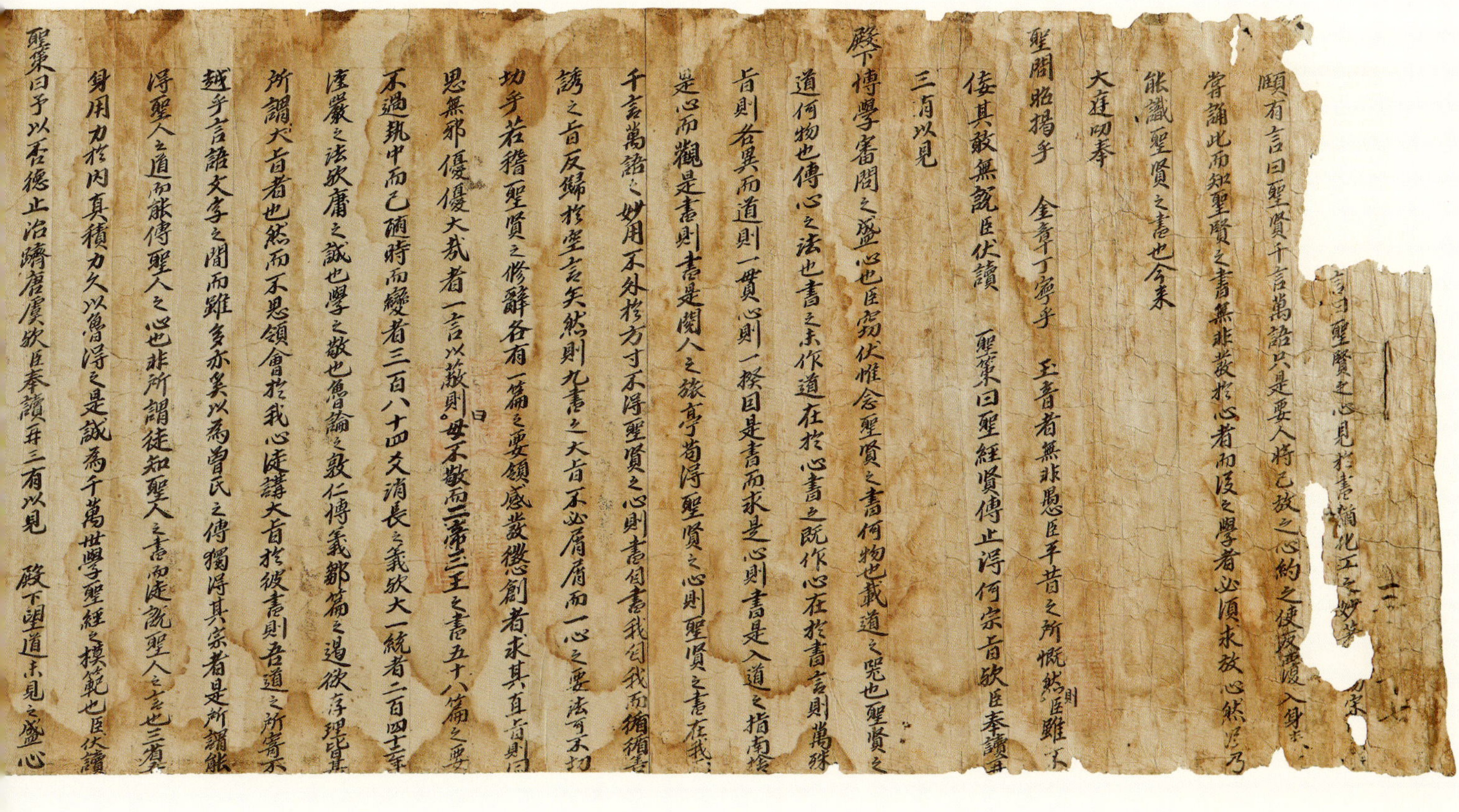

김면주 문과 시권
金勉柱文科試券

1776년(정조 즉위), 1장, 필사본, 66.0×192.0cm, 장서각(경주김씨 직각종택 기탁)

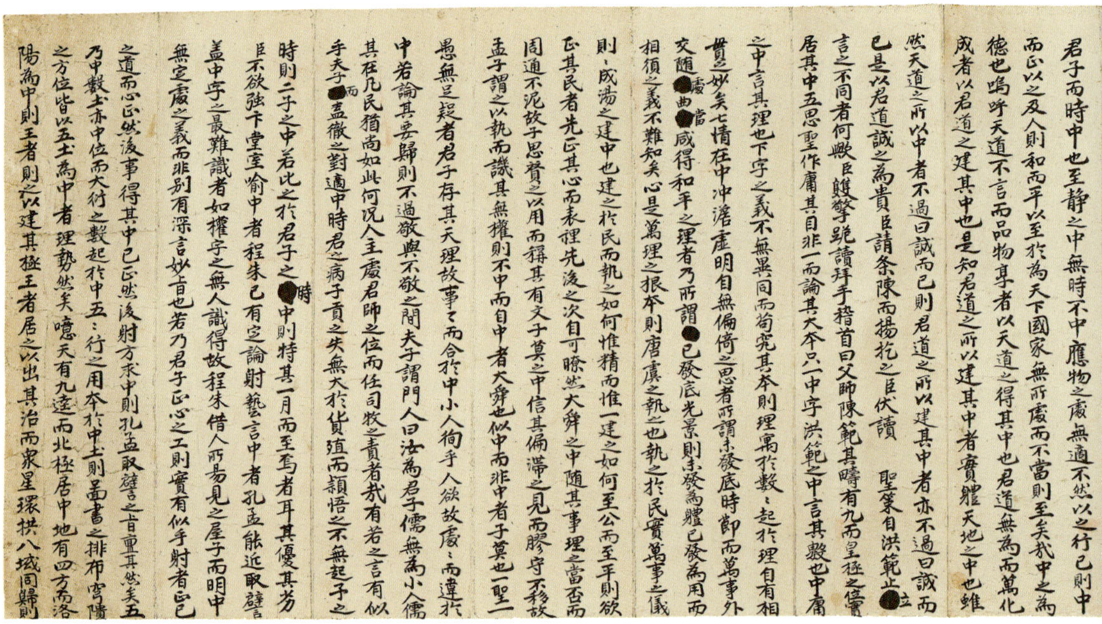

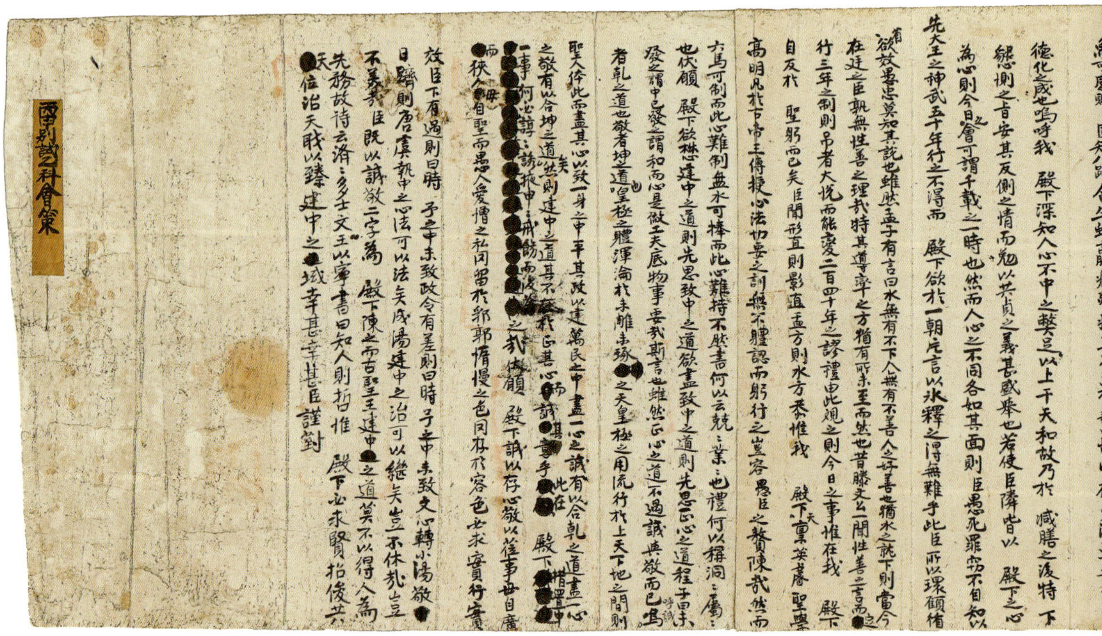

김면주1740~?가 1776년정조 즉위 문과 정시 전시에 제출한 시권으로 문체는 대책對策이다. 김면주는 본관이 경주이고, 아버지는 김한희金漢禧이다. 김면주가 생원시나 진사시에 입격한 기록은 확인되지 않고, 1776년 문과 정시에 을과 2인으로 급제한 사실만 확인된다. 정조 즉위년에 창경궁 명정전明政殿에서 치러진 이 시험의 책문策問은 명확히 알려져 있지 않지만, 대책의 내용으로 미루어보건대 '시중時中의 도'에 대한 물음으로 보인다. 이에 김면주는 역대 성인들과 경전의 '중中'에 대해 서술하고, 군자의 '시중' 및 '인심도심설'까지 언급하였다. 끝으로 새 왕이 등극하였으니 참신한 인재를 찾아 '건중建中'을 이룰 것을 말하였다.

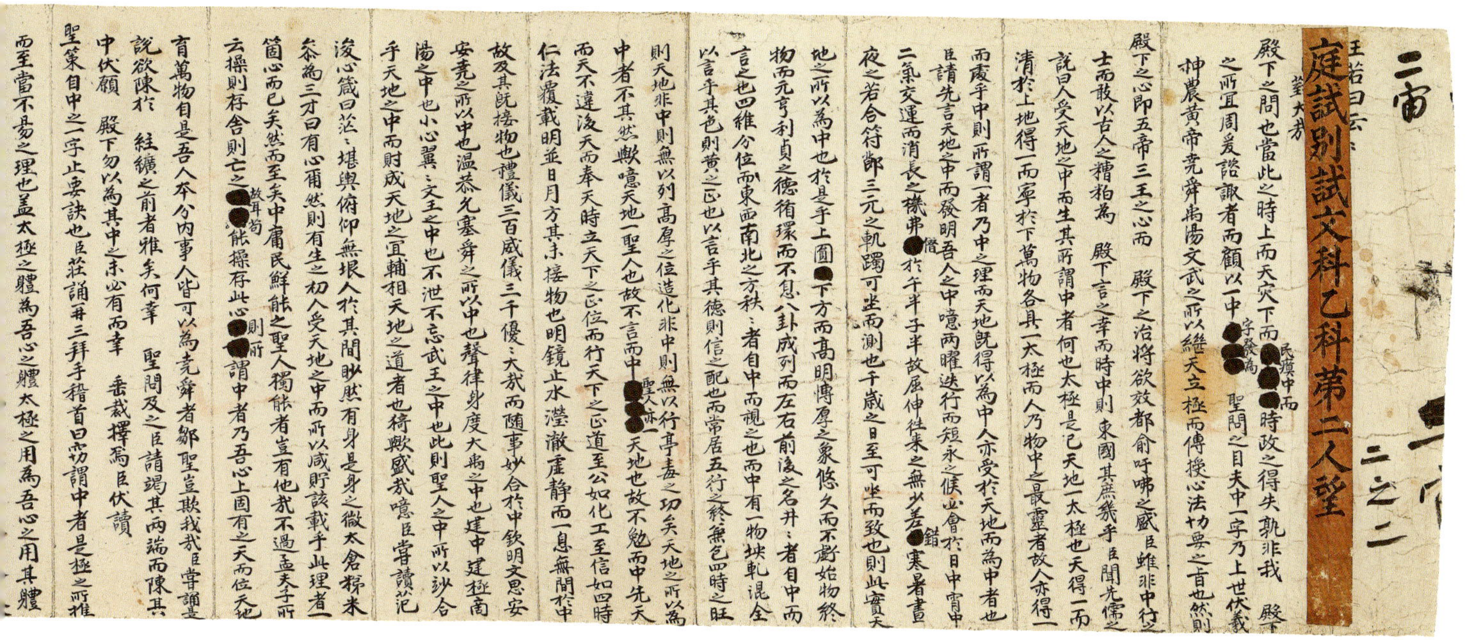

앞면

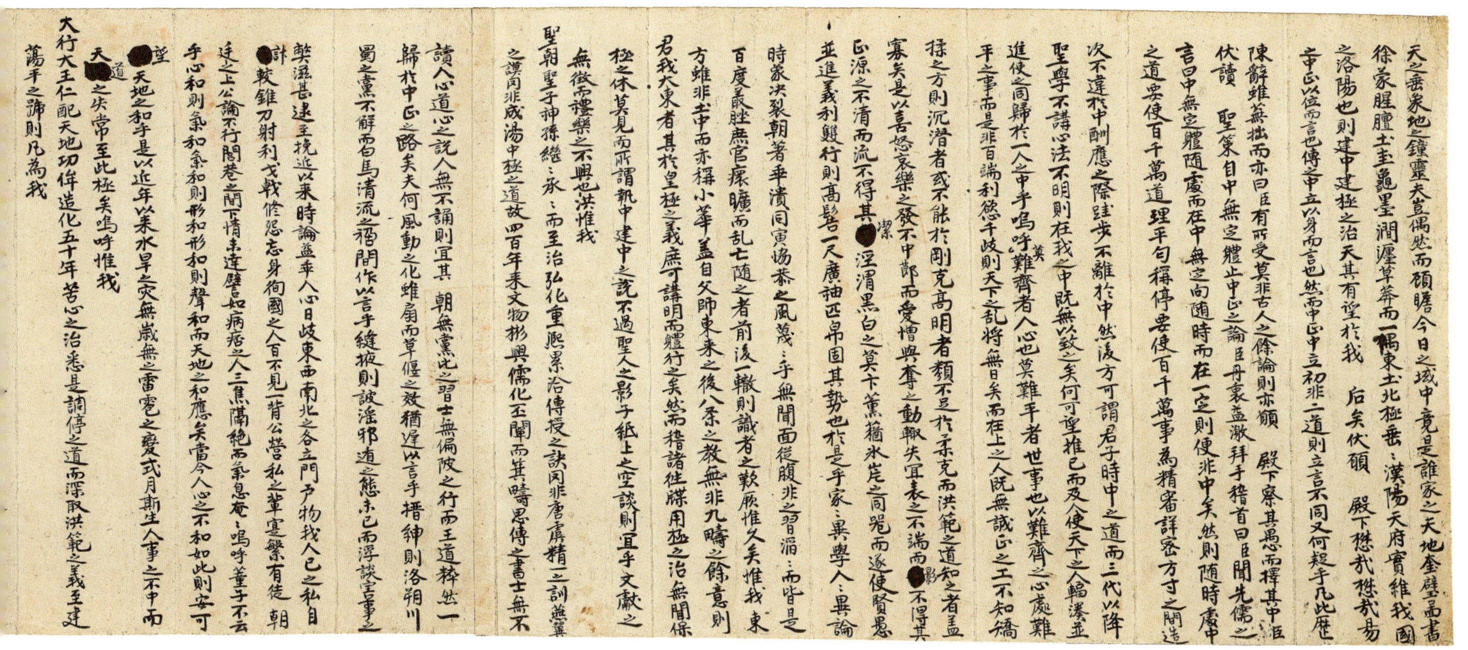

뒷면

김준 문과 시권
金準文科試券

1852년(철종 3), 1장, 필사본, 131.2×75.9cm, 장서각(선산김씨 점필재종택 기탁)

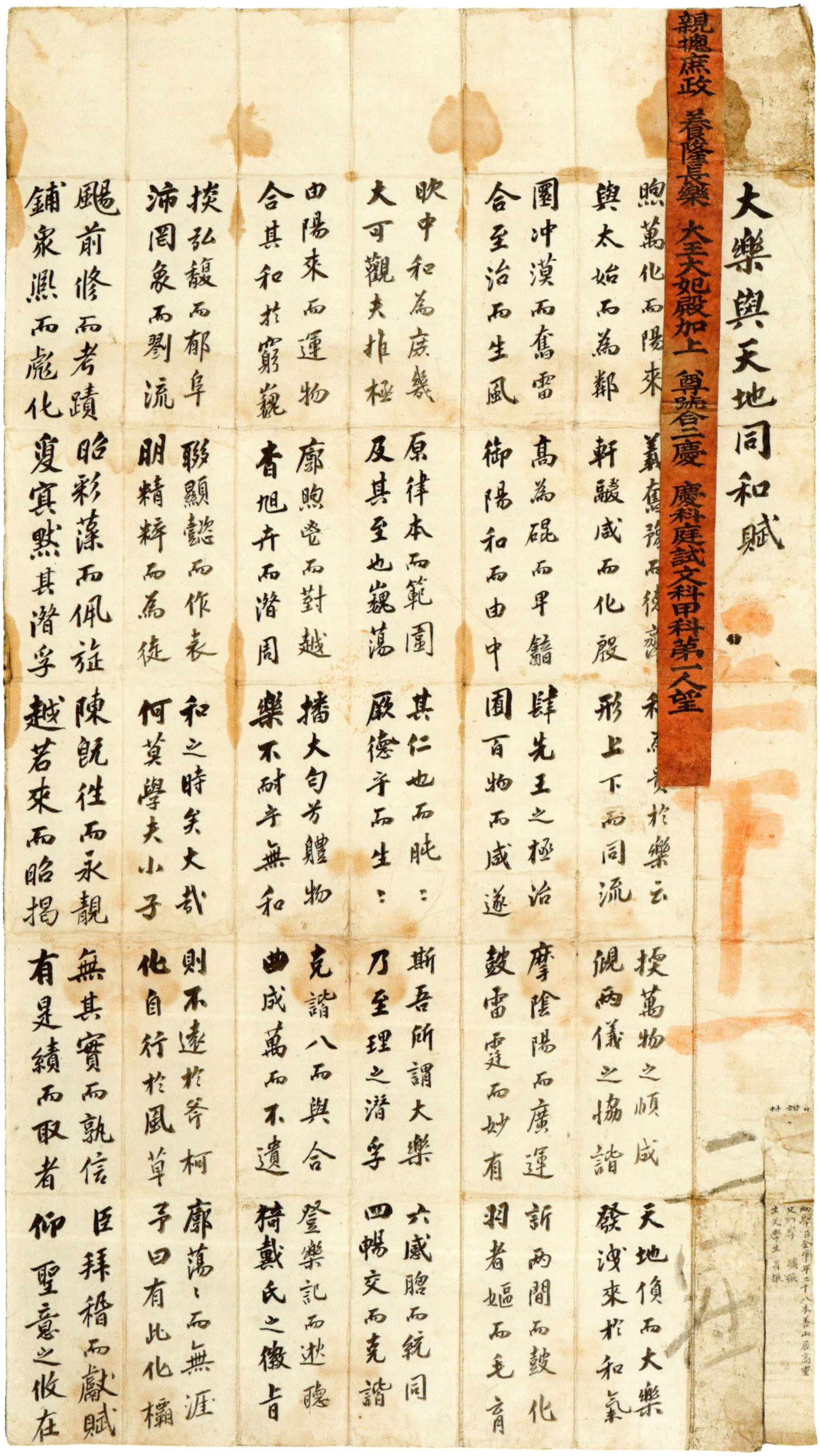
大樂與天地同和賦

김준1825~1853이 1852년철종 3 문과에 제출한 시권으로서 문체는 부賦이다. 김준은 본관이 선산이고, 아버지는 김용진金鏞振이다. 사림파의 영수 김종직의 세손이다. 김준이 생원시나 진사시에 입격한 기록은 남아있지 않고, 유학幼學의 자격으로 1852년철종 3 문과 정시庭試에 나아가 갑과甲科 1인, 즉 장원으로 급제하였다. 춘당대에서 설행된 이 정시에서 “대악은 천지와 조화를 함께 한다[大樂與天地同和]”는 시제로 부賦를 짓게 하였다. 이 구절은 『예기禮記』의 〈악기樂記〉에 나오는 구절인 “대악은 천지와 조화를 함께하고, 대례는 천지와 절문을 함께 한다[大樂與天地同和 大禮與天地同節]”에서 따온 것이다.

김준의 거주지 선산김씨 점필재 종택

대악大樂은 천지와 조화를 함께한다[大樂與天地同和][1]는 것에 대한 부賦

훈기가 만물을 화육하며 양기가 오니,
태시太始의 기운과 이웃이 되네.

복희伏羲는 예괘豫卦에서 음악으로 덕을 가지런하게 하였고,[2]
헌원軒轅은 모든 것을 성하게 화육하였네.

악樂에 화和가 중요하다 하는데,
하늘과 지상의 모든 것이 함께 흐르네.

만물을 비벼 순리대로 이룩하고,
음양을 기울여 조화롭게 화합하네.

천지가 이에 의지하여 대악大樂을 이루고,
조화[和]의 기운으로 흘러나오네.[3]

아득한 기운 둥글게 어려 우레로 솟아나고,
지극한 기운의 다스림은 합하여 바람으로 불어 나오네.

높게는 곤碮 소리, 낮게는 암韽 소리,[4]
천지로 흘러나온 양화陽和는 중中에서 말미암았네.[5]

이에 선왕先王의 극도의 정치는,
백물百物을 아울러 다함께 이루어 주네.

음양을 문질러 널리 움직여,
우레를 울려 묘한 존재를 이룩하네.

천지가 교합하여 화육을 북돋우니
날짐승이 길러지고 길짐승이 자라네.[6]

1 대악(大樂)은……함께한다 : 『예기(禮記)』「악기(樂記)」의 한 구이다. 다음 구인 "대례(大禮)는 천지와 절조를 함께한다[大禮與天地同節]"는 것과 짝을 이루고 있다.
2 복희(伏羲)는……하였고 : 원문은 "奮豫"인데, 『주역』「예괘(豫卦)」 상사(象辭)에 "우레가 땅에서 분출하는 것이 예(豫)이니 선왕이 이를 본받아 음악을 만들어 덕을 숭상하였다[雷出地奮 豫 先王以作樂崇德]"라고 한 것을 가리켜 말한 것이다.
3 조화의……흘러나오네 : 「악기」에서 "악(樂)은 천지의 조화이다[樂者 天地之和也]"라고 한 것을 가리켜 말한 것이다.
4 높게는……소리 : 『주례(周禮)』에 "高聲碮 正聲緩 下聲肆 陂聲散 險聲斂 達聲贏 微聲韽 回聲衍 侈聲筰 弇聲鬱 薄聲甄 厚聲石"이라고 하였는데 이 중 "高聲碮", "微聲韽"만을 뽑아 천지의 소리를 대변하여 말한 것이다.
5 천지로……말미암았네 : 「악기」에서 "악(樂)은 속에서 나온다[樂由中出]"라고 하였고, "악(樂)은 천지의 명(命)이며 중화(中和)의 기(紀)이다[樂者 天地之命 中和之紀]"라고 한 것을 가리켜 말한 것이다.
6 날짐승이……자라네 : 「악기」에서 "천지가 합하여 음양이 섞이고 만물을 길러낸다[天地訢合 陰陽相得 煦嫗覆育萬物]"라고 한 것을 가리켜 말한 것이다.

정기상 문과 시권

鄭璣相文科試券

1874년(고종 11), 1장, 필사본, 56.0×160.0cm, 장서각(초계정씨 동계종택 기탁)

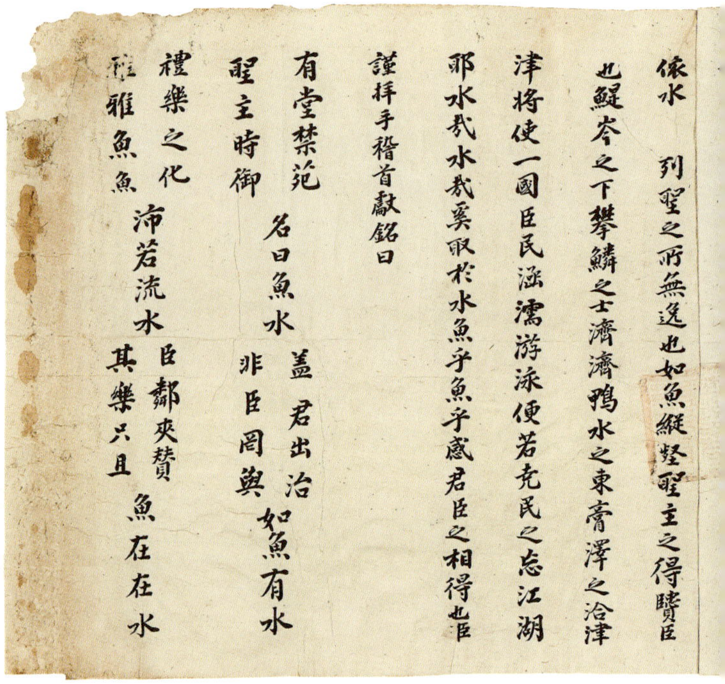

依水 列聖之所無逸也如魚縱壑聖主之得賢臣
也鯉岺之下攀鱗之士濟濟鴨水之東膏澤之洽津
津將使一國臣民涵濡游泳便若充民之忘江湖
邪水哉水哉奚取於水魚乎魚乎感君臣之相得也臣
謹拜手稽首獻銘曰
有堂禁苑 名曰魚水 蓋 君出治
聖主時御 非臣罔與 如魚有水
禮樂之化 沛若流水 臣鄭夾贊 魚在在水
雝雅魚魚 其樂只且

금원禁苑에 집이 있어, 때로 성주께서 거둥하시니
어수당魚水堂*이라 이름 하였도다.
군주께서 정사하심에 신하들이 참여하지 않는 것이 없으니
마치 물고기가 물을 만난 것 같도다.
예악이 교화는 위의가 정돈되고 엄숙하여
마치 성대히 물 흐르듯 하고
신하들이 옆에서 도우니 즐겁기도 하여라.
물고기와 물이 함께 기뻐하도다.
동쪽에는 성균관의 못이 이웃하고 오른쪽에는 석거문石渠門이 있으니
물을 바라보는 것도 방법이 있는 것이로다.
이름을 바라보며 뜻을 생각하고 바다 같은 은혜로 서로 도와주니
물고기가 물을 만났도다.

* 어수당(魚水堂): 창덕궁 불로문(不老門)을 지나 왼편에 자리하고 있는 애련지(愛蓮池) 옆에 효종 때 지은 건물로 돌을 깎아 문을 만들었다고 한다. 현재 이 건물은 남아 있지 않고, 애련지 옆 애련정만이 있다. 『동국여지비고』 권1.

정기상1825~1886이 1874년고종 11 문과에 제출한 시권으로서 문체는 명銘이다. 정기상은 본관이 초계이고, 아버지는 정종필鄭宗弼이다. 1865년고종 2 생원시에 2등 4인으로 입격하였고, 1874년고종 11 문과 증광시에 병과丙科 30인으로 급제하였다. 당시 증광시는 원자의 탄생을 경하하기 위해 설행되었고, 왕이 친히 춘당대에 나아와 '어수당魚水堂'이라는 시제試題를 내렸다. '어수'는 물고기와 물로서 곧 임금과 신하를 뜻한다. 이에 정기상은 춘당대 옆에 어수당을 마련한 것은 군신이 함께 즐거움을 나누기 위함이라고 하면서 군신 간에 흡족하고 즐거워하는 모습에 대하여 명銘을 지었다.

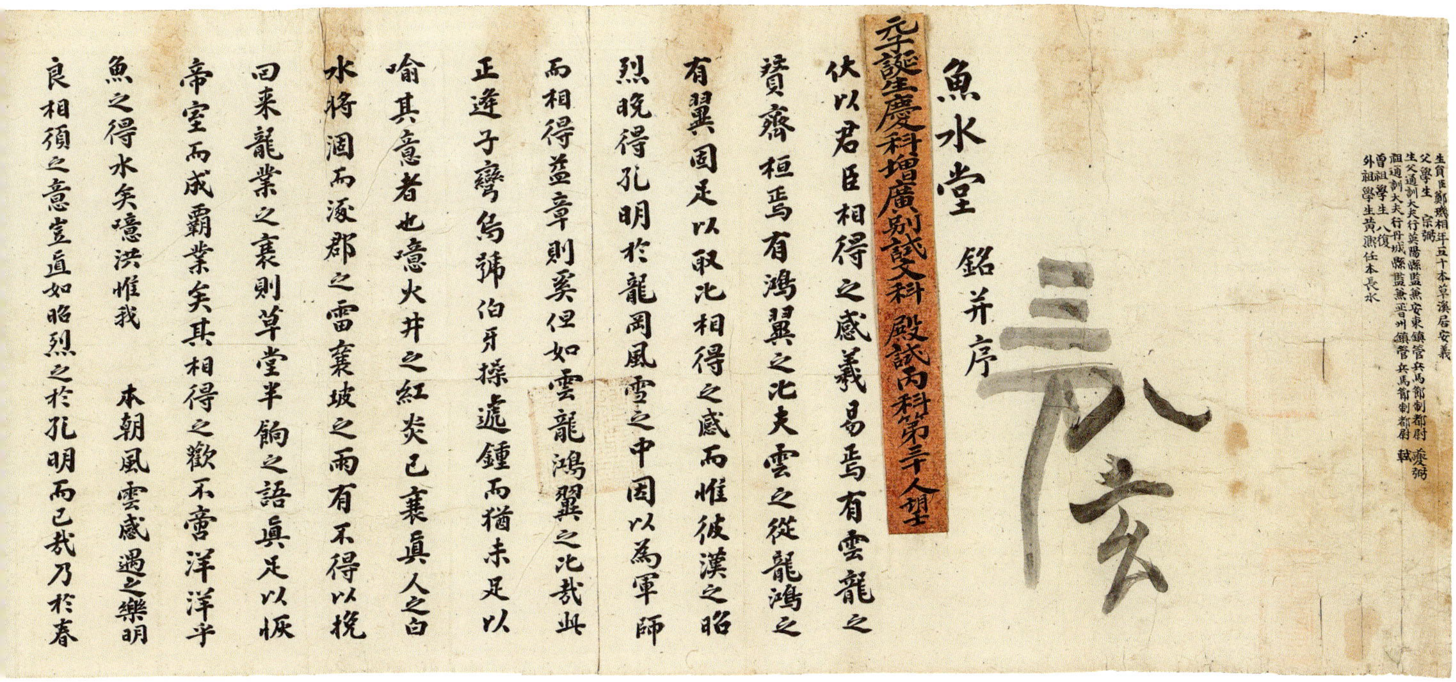

生員臣鄭璣相年五十本草溪居安義
父學生 宗弼
生父通訓大夫行英陽縣監兼安東鎮管兵馬節制都尉 夔弼
祖通訓大夫行丹城縣監兼晉州鎮管兵馬節制都尉 軾
曾祖學生 八復
外祖學生黃㴻 任本長水

元子誕生慶科增廣別試文科 殿試丙科第三十人望

魚水堂 銘并序

伏以君臣相得之感義易焉有雲龍之
賛齊桓焉有鴻翼之比夫雲之從龍鴻之
有翼固足以取比相得之感而惟彼漢之昭
烈晩得孔明於龍岡風雪之中因以爲軍師
而相得益章則奚但如雲龍鴻翼之比哉此
正逢子孿烏彿伯牙操遞鍾而猶未足以
喩其意者也噫火井之紅炎已衰真人之白
水將涸而涿郡之雷襄坡之雨有不得以挽
回來龍業之衰則草堂半餉之語眞足以恢
帝室而成霸業矣其相得之歡不啻洋洋乎
魚之得水矣噫洪惟我
本朝風雲感遇之樂明
良相須之意豈直如昭烈之於孔明而已哉乃於春

앞면

東隣泮沼
右挾居渠 有衙觀水
顧名思義 恩海相濡 魚之得水

뒷면

정기상에게 보내는 어머니의 편지

1865년(고종 2), 1장, 필사본, 24.0×80.0cm, 초계정씨 동계후손가

1865년고종 2 4월 초에 정기상鄭璣相, 1825~1886의 어머니가 아들의 사마시 입격을 기뻐하면서 쓴 편지이다. 정기상은 3월 20일에 열린 사마시에서 생원 2등 4인으로 입격하여 4월 4일에 방방례放榜禮를 치렀다. 이에 어머니가 기쁜 마음을 감추지 않으며 4월 초9일에 집으로 오라고 전하였다.

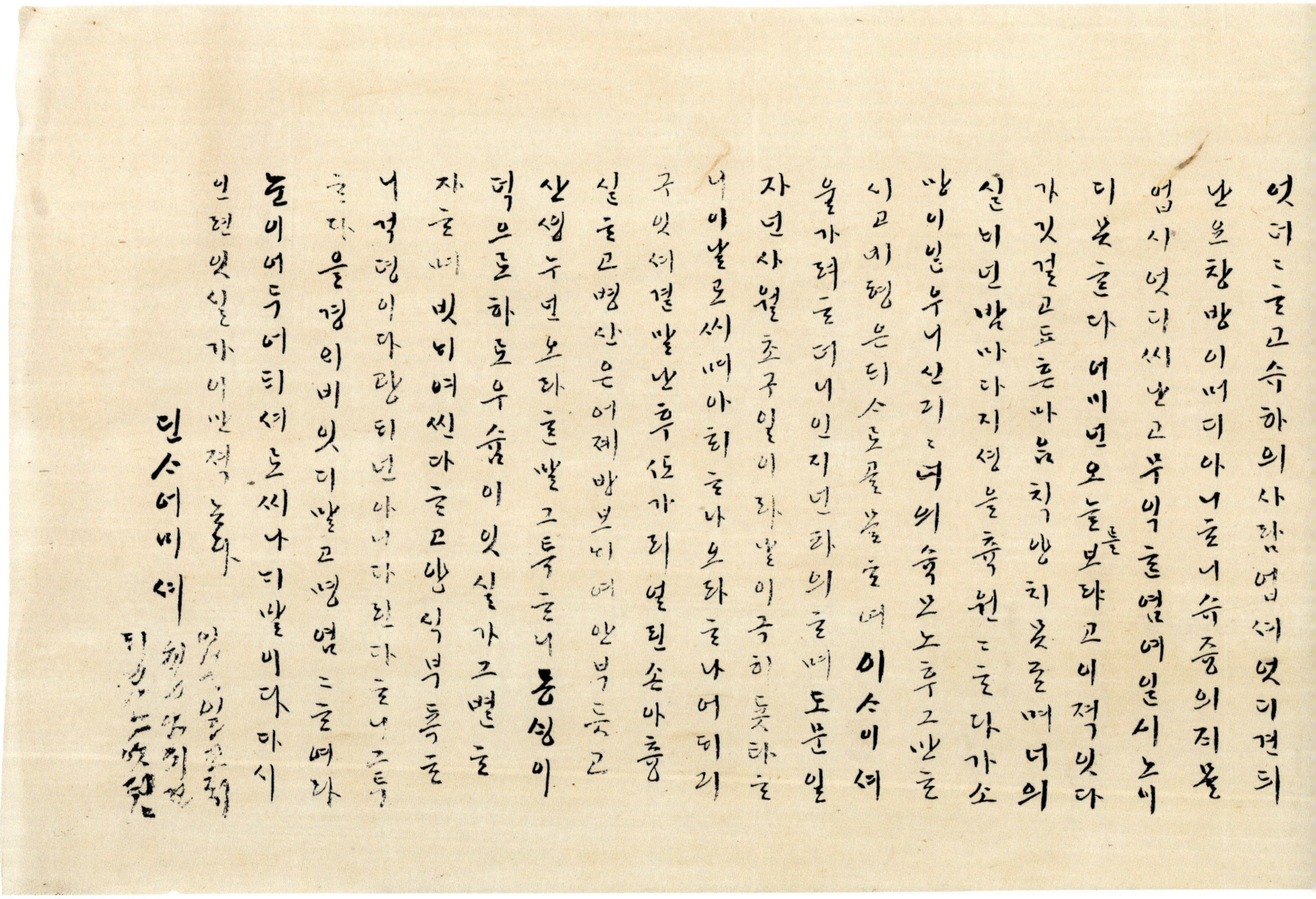

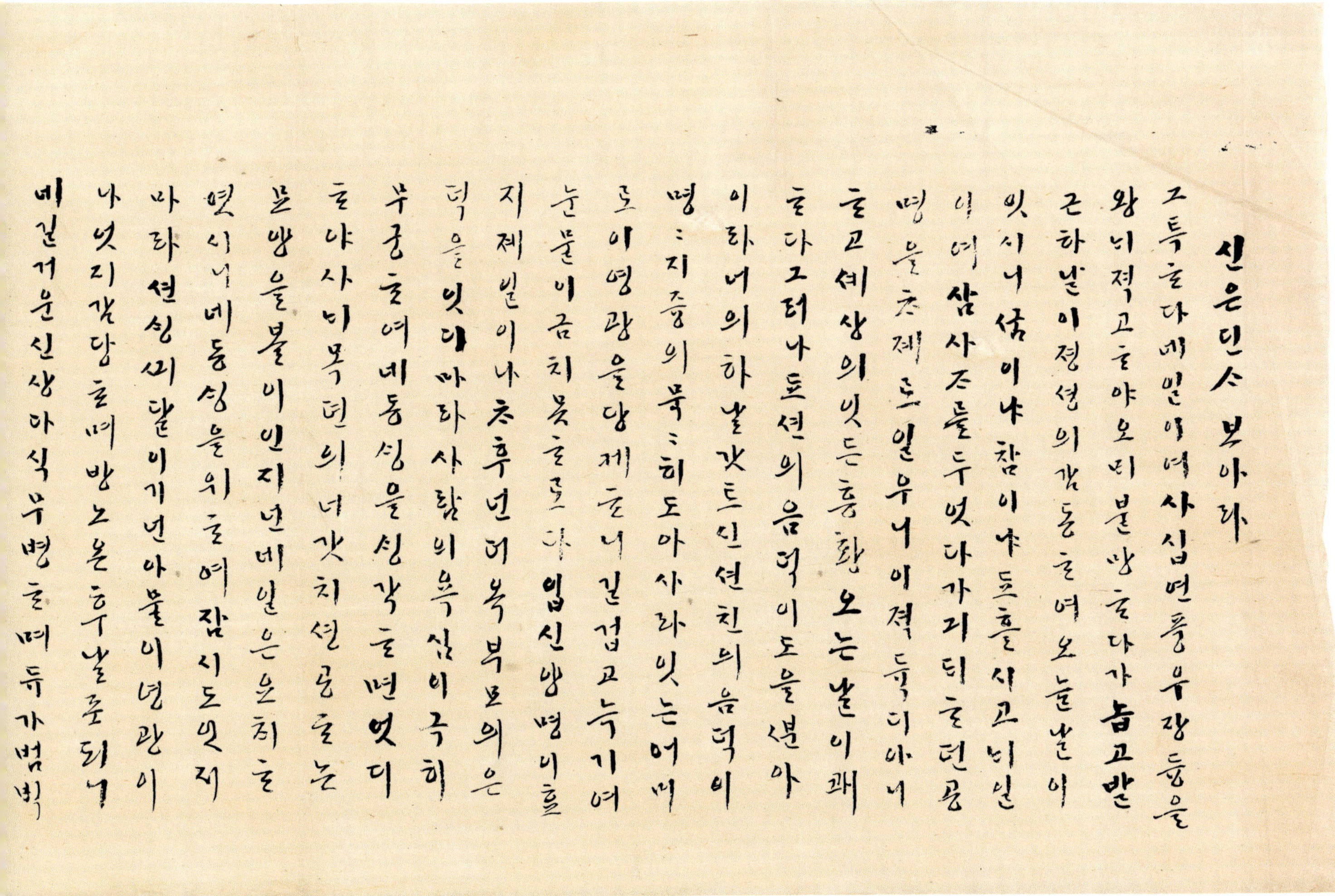
신은단ᄉᆞ 보아라
그특ᄒᆞᆫ다ᄒᆡ민이여사십연ᄒᆞᆼ우쟝듕을
왕니적고ᄒᆞ야오ᄃᆡ불망ᄒᆞ다가놉고반
근하날이경션의감동ᄒᆞ여오늘날이
잇시나셤이나참이나도흘시고니인
이여삼사조를두엇다가자리ᄃᆡᄒᆞ던공
명을초제로일우나이젹듁디아니
ᄒᆞ고셰상의잇든훙황오는날이괘
ᄒᆞ다그터나도션의음덕이도을생아
이라너의하날갓트신션친의음덕이
명〻지즁의묵〻히도아사라잇는어미
로이영광을당제ᄒᆞ니길겁고누기여
눈물이금치못ᄒᆞ로다입신양명이효
지제일이나초후년어복부모의은
덕을잇다마라사람의욕심이극히
무궁ᄒᆞ여네동싱을싱각ᄒᆞ면엇디
ᄒᆞ야사니목던의너갓치션곤ᄒᆞ논
몬양을불이인지난네일은운치ᄒᆞ
엿시나네동싱을위ᄒᆞ여잠시도잇지
마라션싱ᄭᅴ달이기년아물이년관이
나엇지갈당ᄒᆞ며방노온후날로되나
네길거운신상아식무병ᄒᆞ며듀가범벽

신은딘ᄉᆞ 新恩進士 보아라

그특奇特 ᄒᆞ다 네 일이여 사십연四十年 풍우장듕風雨場中을 왕ᄂᆡ往來 젹고 ᄒᆞ야 오ᄆᆡ불망寤寐不忘ᄒᆞ다가 놉고 발근 하날이 정셩精誠의 감동感動ᄒᆞ여 오늘날이 잇시니 ᄭᅮᆷ이냐 참이냐 됴ᄒᆞᆯ시고 ᄂᆡ 일이 여삼사ᄌᆞ汝三四子를 두엇다가 긔ᄃᆡ企待ᄒᆞ던 공명功名을 ᄎᆞ졔次第로 일우니 이젹 듁디 아니ᄒᆞ고 세상의 잇든 홍황興況 오는 날이 쾌快ᄒᆞ다 그러나 됴션祖先의 음덕蔭德이 도을 ᄡᅳᆫ아이라 너의 하날 갓트신 션친先親의 음덕蔭德이 명명지즁冥冥之中의 묵묵默默히 도아 사라잇는 어미로 이 영광榮光을 당當케 ᄒᆞ니 길겁고 늑기여 눈물이 금치 못ᄒᆞ로다 입신양명立身揚名이 효지졔일孝之第一이나 ᄎᆞ후此後넌 더옥 부모父母의 은덕恩德을 잇디 마라 사람의 욕심慾心이 극히 무궁無窮ᄒᆞ야 네 동ᄉᆡᆼ同生을 ᄉᆡᆼ각ᄒᆞ면 엇디ᄒᆞ야 사ᄂᆡ 목뎐目前의 너 갓치 셩공成功ᄒᆞ는 모양을 볼이인지넌 네 일은 요ᄎᆡ耀彩ᄒᆞ엿시니 네 동ᄉᆡᆼ을 위ᄒᆞ여 잠시暫時도 잇지 마라 션ᄉᆡᆼ先生끠 달이기넌 아물이 영광榮光이나 엇지 감당堪當ᄒᆞ며 방榜 노온 후 날포 되니 네 길거운 신상身上 다식무병多食無病ᄒᆞ며 듀가범ᄇᆡᆨ主家凡百 엇더엇더ᄒᆞ고 슈하手下의 사람 업셔 엇디 견듸난요 창방唱榜이 머디 아니ᄒᆞ니 슈즁手中의 ᄌᆡ믈才物 업시 엇디 씨난고 무익無益ᄒᆞᆫ 염여念慮 일시一時 노이디 못ᄒᆞᆫ다 어미넌 오늘를 보랴고 이젹 잇다가 깃걸고 됴ᄒᆞᆫ 마ᄋᆞᆷ 칙양測量치 못ᄒᆞ며 너의 실ᄂᆡ室內넌 밤마다 지셩至誠을 츅원 츅원祝願祝願ᄒᆞ다가 소망所望이 일우니 신긔 신긔神奇神奇 너의 슉모叔母 노후老候 그만ᄒᆞ시고 네 형은 ᄃᆡᄉᆞ大事로 골몰汨沒ᄒᆞ여 이ᄉᆞ이 셔울 가려 ᄒᆞ더니 인지넌 파의罷意ᄒᆞ며 도문일자到門日子넌 사월 초구일四月初九日이라 날이 극히 돗타 ᄒᆞ니 이날로 씨며 아ᄒᆡ ᄒᆞ나 오라 ᄒᆞ나 어ᄃᆡ 긔구 잇셔 결말結末 난 후 ᄯᅩ 가리 얼린 손아孫兒 츙실充實ᄒᆞ고 병산屛山은 어제 방榜 보ᄂᆡ여 안부安否 듯고 산셩누山城樓넌 오라 ᄒᆞᆫ 말 그특奇特ᄒᆞ니 동ᄉᆡᆼ이 덕德으로 하로 우슘이 잇실가 그별寄別ᄒᆞ자 ᄒᆞ며 빗ᄂᆡ여 씬다 ᄒᆞ고 양식糧食 부독不足ᄒᆞ니 걱정이다 광ᄃᆡ넌 아니 다린다 ᄒᆞ니 그특奇特ᄒᆞ다 을경ᄋᆡ비 잇디 말고 명염 명염銘念銘念ᄒᆞ여라 눈이 어두어 ᄃᆡ셔代書로 씨나 ᄂᆡ 말이다 다시 인편人便 잇실가 이만 젹는다

딘ᄉᆞ어미 셔書

새로 입격한 진사進士 보아라

기특하다, 너의 사마시 입격이여!
사십 여년 고단한 과거 시험을 치르면서 편지 왕래도 적어 자나 깨나 입격 소식을 기다렸는데, 높고 밝은 하늘이 정성에 감동하여 오늘날 경사가 났구나. 꿈이냐 생시냐, 좋을시고! 내 이리 네 아들을 두었다가 기대하던 공명을 차례로 이루니, 이제껏 죽지 않고 세상의 흥겨운 일을 맞이하여 즐겁구나. 그러나 조상의 음덕이 도왔을 뿐만 아니라 너의 하늘같으신 선친의 음덕이 저승에서 묵묵히 도와 살아있는 어미가 이 영광을 맞이하게 하니 즐겁고 감격하여 눈물을 금치 못하겠노라.
출세하여 이름을 떨치는 것이 효孝의 으뜸이나 이후에 더욱 부모의 은덕을 잊지 말아라. 사람의 욕심은 끝이 없어 네 동생을 생각하면 어찌 살지, 지금의 너처럼 성공하는 모습을 볼 수 있을지 걱정이구나. 네 일은 잘 되었으니 네 동생을 위하여 잠시도 잊지 마라.
선생께 다니는 것은 아무리 영광스러우나 어찌 감당하느냐? 방문榜文이 나온 지 하루 지났으니 너의 즐거워하는 모습이 눈에 선하구나. 잘 먹고 무탈하며 본가의 일은 어떠한지, 또 수하에 사람이 없으니 어찌 견디느냐? 방방례放榜禮가 머지 않은데 수중에 재물 없이 어떻게 쓰느냐? 쓸데없는 걱정을 조금도 놓지 못한다.
어미는 오늘날 경사를 보려고 이제껏 살았으니, 즐겁고 좋은 마음 헤아릴 수 없구나. 네 부인은 밤마다 지극한 정성으로 빌고 빌다가 바라는 바가 이루어졌으니 신기하구나.
너의 숙모는 노병이 그만저만하시고, 네 형은 과거 시험에 골몰하여 요사이 서울 가려 하더니 이제는 뜻을 버렸다. 집에 당도하는 날짜는 4월 초9일이 매우 좋다고 하니 이 날로 하며, 아이 하나 오라 하였으나 어디 기구가 있어 결말이 난 뒤에 또 갈 것이다. 어린 손자는 튼튼하고, 병산 집은 어제 방문을 보러 보내어 안부를 들었으며 산성루에서는 오라 하니 기특하다. 동생이 그 덕으로 하루 웃을 수 있을까 기별하자 하여 빗대어 쓴다고 한다. 양식이 부족하니 걱정이다. 광대는 데리고 오지 않는다고 하니 기특하다. 을경애비는 잊지 말고 명심하고 명심하여라.
눈이 어두워 대신 쓰게 하였으나, 내가 하는 말이다. 다시 인편 있을 것이니 이만 적는다.

진사어미 씀

원자탄생 증광문과 영문록
元子誕生增廣文科榮問錄

1874년(고종 11), 1책, 필사본, 30.7×19.2cm, 장서각(초계정씨 동계종택 기탁)

1874년고종 11에 원자의 탄생을 기념하여 거행한 증광문과에 합격한 정기상의 합격 축하연에 참여한 사람의 명단이다. 영문록의 앞부분에 시관試官의 명단이 수록되어 있으며, 이어서 축하한 사람의 명단이 수록되어 있다.

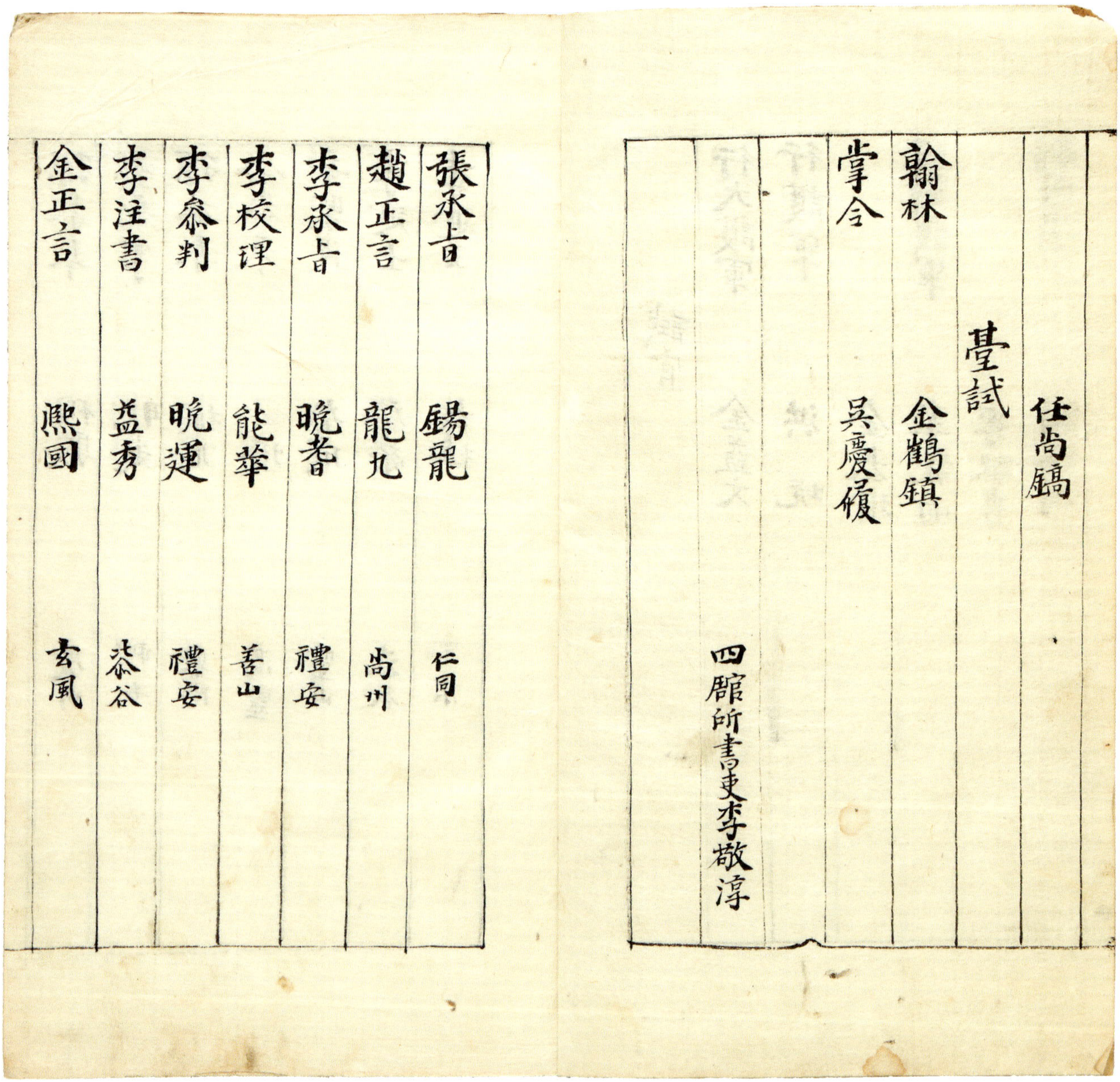

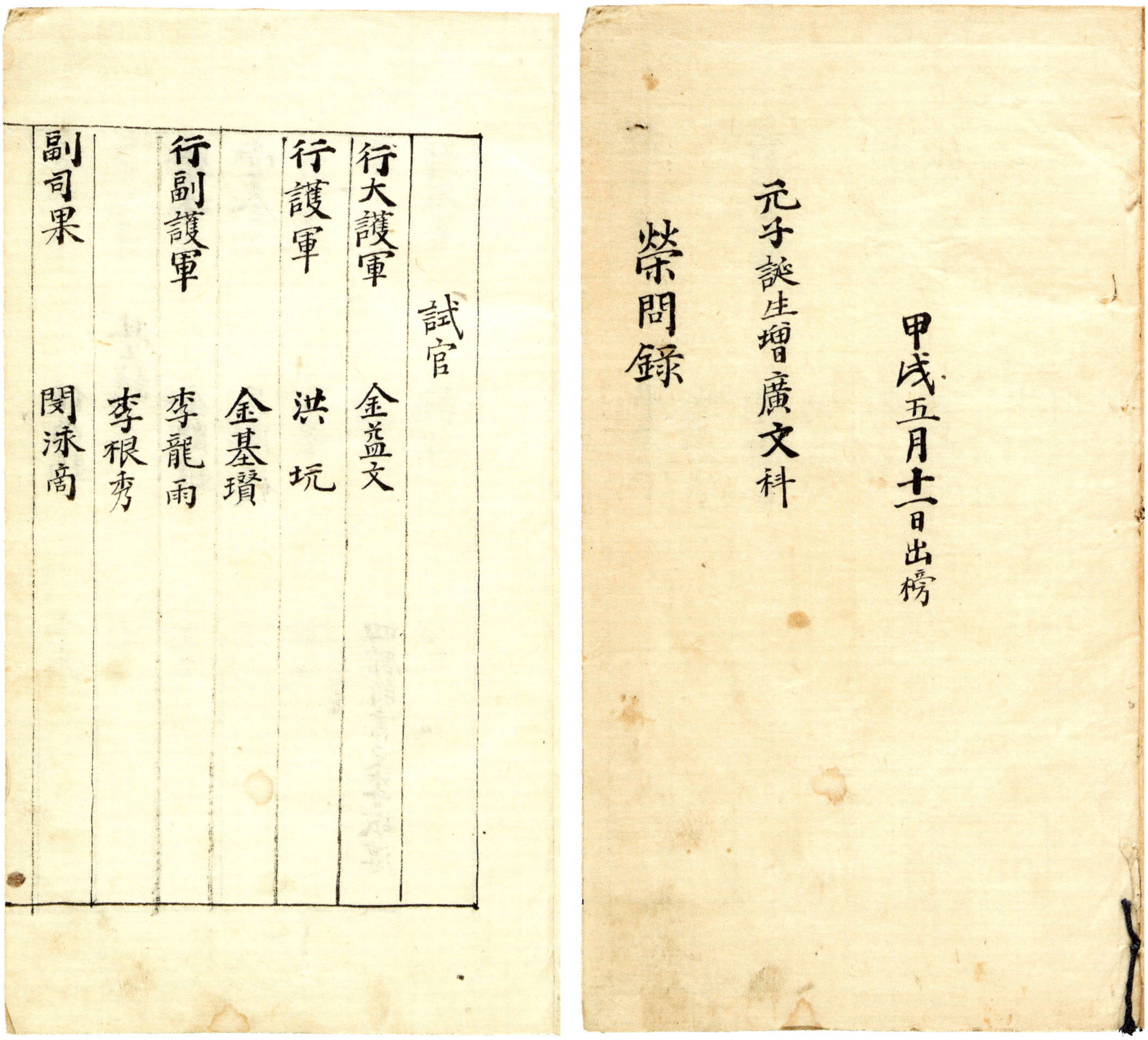

甲戌五月十一日出榜

元子誕生增廣文科

策問錄

試官

行大護軍 金益文

行護軍 洪 垸

金基瓚

行副護軍 李龍雨

李根秀

副司果 閔泳商

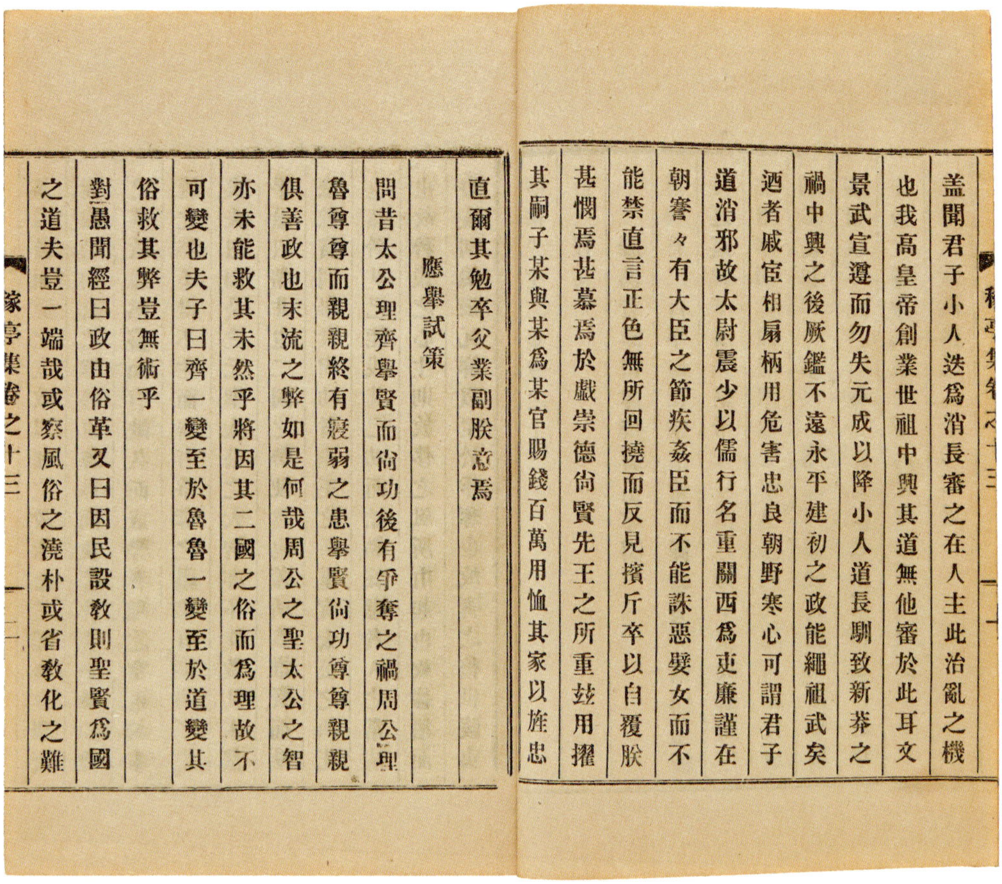
稼亭集卷之十三

蓋聞君子小人迭爲消長審之在人主此治亂之機
也我高皇帝創業世祖中興其道無他審於此耳文
景武宣遵而勿失元成以降小人道長馴致新莽之
禍中興之後厥鑑不遠永平建初之政能繩祖武矣
洒者戚宦相扇柄用危害忠良朝野寒心可謂君子
道消邪故太尉震少以儒行名重關西爲吏廉謹在
朝謇々有大臣之節疾姦臣而不能誅惡嬖女而不
能禁直言正色無所回撓而反見擯斥卒以自覆朕
甚憫焉甚慕焉於戲崇德尙賢先王之所重玆用擢
其嗣子某與某爲某官賜錢百萬用恤其家以旌忠
直爾其勉卒父業副朕意焉

應擧試策

問昔太公理齊擧賢而尙功後有爭奪之禍周公理
魯尊尊而親親終有寖弱之患擧賢尙功尊尊親親
俱善政也末流之弊如是何哉周公之聖太公之智
亦未能救其未然乎將因其二國之俗而爲理故不
可變也夫子曰齊一變至於魯魯一變至於道變其
俗救其弊豈無術乎

對愚聞經曰政由俗革又曰因民設敎則聖賢爲國
之道夫豈一端哉或察風俗之澆朴或省敎化之難

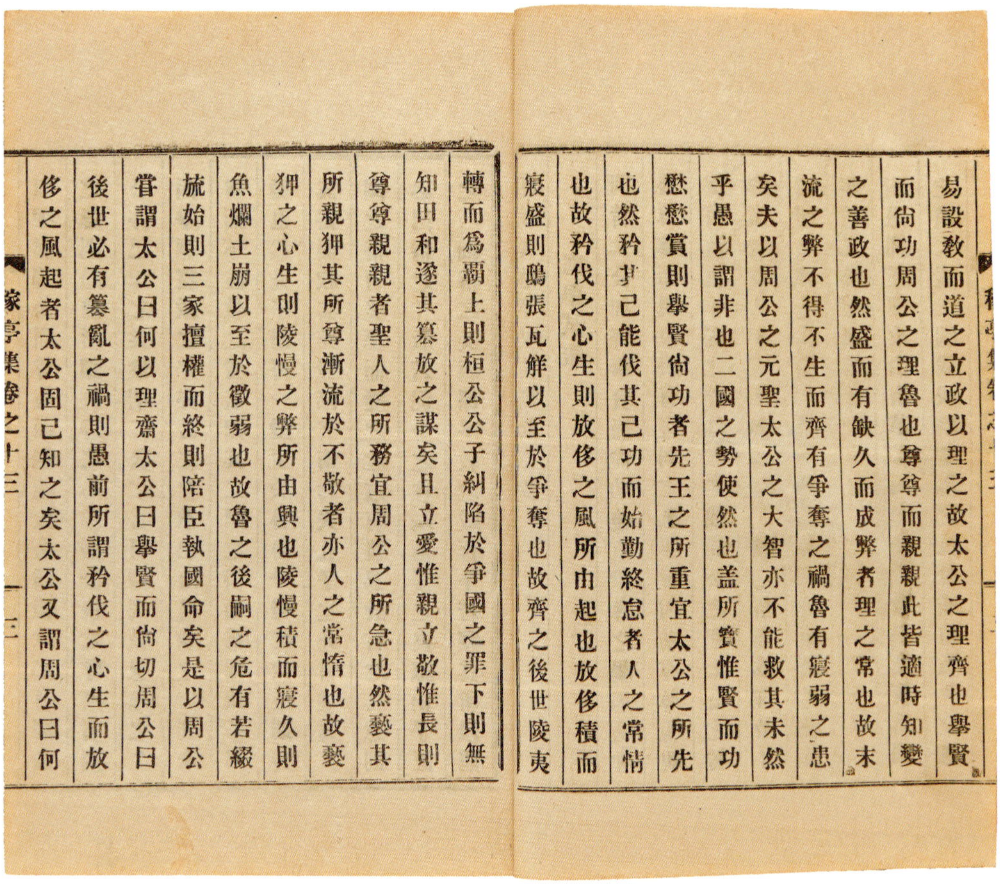
稼亭集卷之十三

易設敎而道之立政以理之故太公之理齊也擧賢
而尙功周公之理魯也尊尊而親親此皆適時知變
之善政也然盛而有缺久而成弊者理之常也故末
流之弊不得不生而齊有爭奪之禍魯有寖弱之患
矣夫以周公之元聖太公之大智亦不能救其未然
乎愚以謂非也二國之勢使然也蓋所貴惟賢而功
懋懋賞則擧賢尙功者先王之所重宜太公之所先
也然矜其己能伐其己功而始勤終怠者人之常情
也故矜伐之心生則放侈之風所由起也放侈積而
寖盛則鴟張瓦解以至於爭奪也故齊之後世陵夷
轉而爲覇上則桓公公子糾陷於爭國之罪下則無
知田和遂其簒放之謀矣且立愛惟親立敬惟長則
尊尊親親者聖人之所務宜周公之所急也然褻其
所親狎其所尊漸流於不敬者亦人之常情也故褻
狎之心生則陵慢之弊所由興也陵慢積而寖久則
魚爛土崩以至於微弱也故魯之後嗣之危有若綴
旒始則三家擅權而終則陪臣執國命矣是以周公
嘗謂太公曰何以理齊太公曰擧賢而尙功周公曰
後世必有簒亂之禍則愚前所謂矜伐之心生而放
侈之風起者太公固已知之矣太公又謂周公曰何

이곡 대책
李穀對策

1320년(충숙왕 7), 『가정집稼亭集』 수록, 장서각(D3B 1064)

이곡1298~1351이 "정치는 풍속을 통해 참작하여, 백성을 살펴 교화를 편다[政由俗革因民設敎]"라는 주제로 책문策問에 대해 답안을 낸 것이다.
풍속을 바꾸고 폐단을 방지하는 방법에 대하여 폐단이 생기는 것은 자연스러운 것이며, 이는 그 풍속에 따라 사랑[愛]과 공경[敬]의 도리를 바로 세우는 것을 통하여 해결할 수 있다고 서술하였다.
『가정집』 권13에 수록되어 있다.

…… 대개 현능한 사람을 오직 보배로 여긴다고 하였고, 공을 힘쓰는 자에게 상을 주어 장려한다고 하였습니다. 그러고 보면 현능한 사람을 등용하고 공을 숭상하는 것이야말로 선왕先王이 소중하게 여긴 바이니, 태공이 이를 급선무로 삼았던 것도 당연한 일입니다. 그렇긴 하지만 자기의 재능을 과시하고 자기의 공을 자랑하다 보면 처음에는 근실하다가도 나중에는 태만해지는 것 또한 인지상정이라고 할 것입니다. 그러므로 과시하고 자랑하는 마음이 생기면 방벽放辟하고 사치하는 풍조가 일어나게 되고, 방벽하고 사치하는 풍조가 계속되어 점점 치성해지면 내부에서 붕괴되는 현상이 일어나면서 권력을 쟁탈하는 지경에 이르게 되는 것입니다. 그렇기 때문에 제나라는 후대에 쇠퇴하여 패도로 전락한 가운데, 위로는 환공桓公과 공자公子 규糾가 나라를 쟁탈하는 죄에 빠지게 되고, 아래로는 무지無知와 전화田和가 찬탈하고 방축放逐하는 모략을 이루게 된 것입니다.
그리고 사랑의 도리를 세우되 친한 이로부터 하며, 공경의 도리를 세우되 어른으로부터 해야 한다고 하였습니다. 그러고 보면 어른을 어른으로 여기고 친한 이를 친하게 여기게 하는 것이야말로 성인이 힘쓴 바이니, 주공周公이 이를 급선무로 삼았던 것도 당연한 일입니다. ……그러나 부자夫子는 "제나라를 한 번 변화시키면 노나라의 경지에 이르게 할 수 있고, 노나라를 한 번 변화시키면 선왕의 도의 경지에 이르게 할 수 있다"라고 하였습니다. 그렇다면 그 풍속을 바꾸고 그 폐단을 방지하는 데에 어찌 방법이 없겠습니까. 대저 공자孔子의 이 말은 두 나라의 풍속에 비록 미악美惡의 차이가 있다고는 할지라도, 그 풍속을 바꾸는 도에 난이의 정도가 다르다는 입장에서 나온 것이라고 해야 할 것입니다. 공자의 본의는 필시 "풍속은 교화에 달려 있으니, 이는 마치 이금泥金이 도야에 의해서 결정되는 것과 같다. 그릇이 좋고 나쁘게 되는 것이 장인의 솜씨가 훌륭하냐 졸렬하냐에 달려 있는 것처럼, 풍속이 아름답고 그렇지 못한 것도 교화를 잘 펼치느냐의 여부에 의해 결정된다"라고 하는 것일 겁니다.

임영 생원 시권
林泳生員試券

1666년(현종 7), 1장, 필사본, 피봉부 75.5×25.8cm,
본체부 75.5×197.8cm, 나주임씨 창계후손가

임영1649~1696이 1666년현종 7 식년 생원시에서 장원으로 입격할 때 작성한 시권이다. 임영은 본관이 나주羅州로서 자는 덕함德涵이고 호는 창계滄溪이다. 부친은 임일유林一儒이고 이단상李端相과 박세채朴世采의 문하에서 배웠다. 임영은 위 생원시에서 장원으로 입격한 뒤, 1671년현종 12 정시 문과에서 을과乙科 1인으로 급제했고 숙종 연간에는 독서당讀書堂에 피선되었다. 시권의 문체는 오경의이다. 시권의 첫 부분에 '서의書義 목탁순우로木鐸徇于路'라는 시제試題가 적혀 있다. '서의'는 『서경』을 대상으로 그 함의를 묻는다는 뜻이고 '목탁순우로'는 구체적인 문제이다. 즉 『서경』「하서夏書 윤정胤征」에 수록된, '목탁을 치며 길을 순행하다[木鐸徇于路]'의 의미에 대한 질문인 것이다.

고대 중국에서는 매년 초봄이 되면 전령관이 목탁을 치며 길을 순행하면서 법령을 선포하고 백관들을 경계시켰다. 임영은 이 시권에서 목탁의 형상, 옛 선왕이 목탁을 만든 취지, 목탁을 치며 길을 순행하는 의미를 차근차근 설명한 뒤, 법령 선포와 규제라는 제도적 측면도 중요하지만 통치자의 솔선수범이 더 본질적이고 긴요하다는 뜻을 설파했다. 당시 생원시와 진사시는 한성부와 성균관에서 설행하였는데, 임영은 이소二所인 성균관에서 시험을 치렀다. 생원시에서 출제된 문제는 위에서 설명한 오경의 외에도 『맹자』를 대상으로 한 사서의가 포함되어 있었다. 시권 우측 상단에 붙어 있는 '생원일등제일인망生員一等第一人望'이라는 첨지는 본 답안지가 생원시 장원 후보에 올랐음을 말하고, 그 아래 적힌 '일지일一之一'이라는 글씨는 최종적으로 장원에 뽑혔음을 뜻한다. 제목 아래의 '이린二鱗'은 시권을 제출한 순서를 천자문 순으로 표시한 것으로 자호字號, 혹은 자표字標라 칭한다.

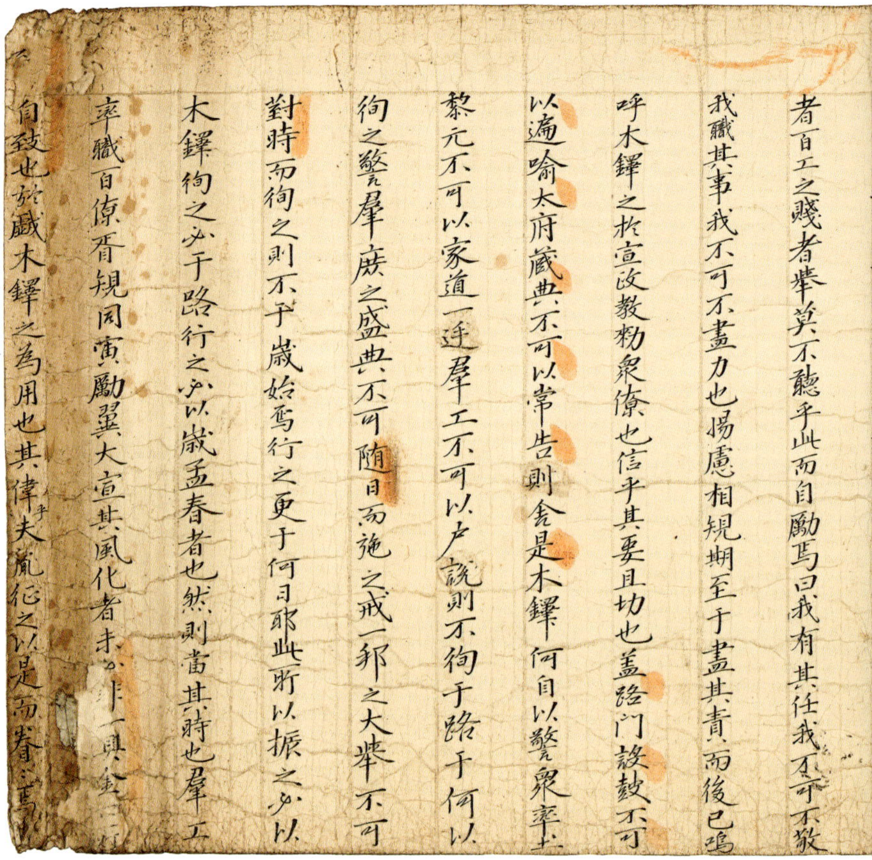

서의書義 "목탁을 가지고 길을 다니다*[木鐸徇于路]"

아! 옛 선왕의 제도는 다스리는 도구입니다. 대중은 경계하지 않을 수 없으므로 목탁木鐸으로 진작시키고, 경계시킴에는 두루 알리지 않을 수 없으므로 반드시 길을 다닙니다. 알림에는 때에 맞추지 않을 수 없으므로 반드시 한 해의 맹춘孟春에 시행합니다.

아! 그 일을 정성스럽게 하는 것과 훈계하고 경계하는 것은 어떻게 해야 하겠습니까? 대개 목탁은 쇠의 입에 나무 혀로 만든 한 가지 물건일 뿐입니다. 인군이 명령을 내리고 가르침을 베푸는 데 있어 아무 상관이 없는듯하지만, 그 소리가 사람의 귀로 들어감에는 게으른 사람으로 하여금 분발하게 할 수 있고, 쓰러진 사람으로 하여금 스스로 떨치고 일어나게 할 수 있고, 태연한 사람으로 하여금 겁을 먹도록 할 수 있고 느긋한 사람으로 하여금 경계심이 일어날 수 있도록 할 수 있어서, 각자가 마음을 경계하여 자신의 직책을 다할 수 있게 됩니다.

그러므로, 선왕이 이와 같음을 보고서 한 해의 시작하는 달 정시正時의 첫머리에 반드시 주인遒人을 명령하여 이에 돌아다니게 하되, '너희 백료百僚들아 너희의 직책을 신중히 하라. 너희 군공羣工들아 너희 책무를 다하라. 너희가 따르지 않으면 나라

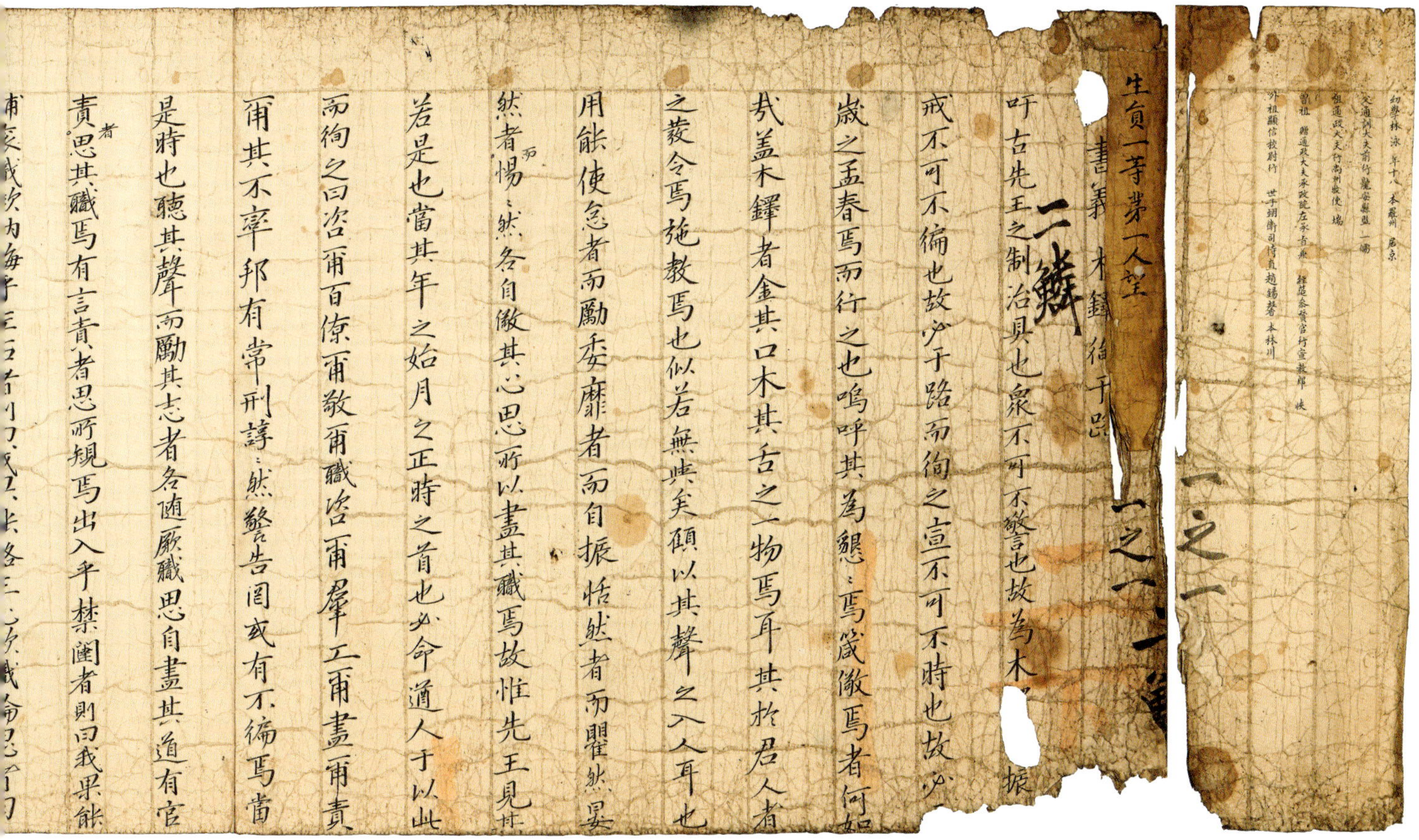

에 정한 형법이 있다'라고 정성스럽게 말하며 혹 두루 미치지 않을까 경계시키며 고하였습니다.

이하 중략

이러하므로 이때에 군공群工이 직무에 종사하며 백료百僚가 서로 규찰하며 화합하고 격려하며 도와서 크게 풍화風化를 펴는 것이 반드시 한 가지의 쇠와 나무의 도구로 이룩하지 않은 것이 아닙니다. 아! 목탁의 쓰임이여! 그 위대합니다! 대저 〈윤정胤征〉에서 이에 대해 애쓰고 애쓴 것이 진실로 까닭이 있습니다! ……

대개 성誠은 도리이며 목탁木鐸은 기물입니다. 성誠은 내적인 것이며 길에 돌아다니는 것은 외적인 것입니다. 성誠은 쉬지 않는 것입니다. 맹춘의 한 시기로 하는 이유는 그 경중에 있어 어찌 참으로 차이가 매우 크지 않겠습니까? 그러므로 선왕이 목탁을 가지고 다니게 함에 있어 중요하게 생각한 바는 정성[誠]이고 헛된 도구가 아닙니다. 만약 꼭 진작시키는 데는 반드시 목탁으로 해야만 가르침을 펼 수 있고, 다니는 데는 반드시 큰 길로 나가야만 대중에게 똑같이 전할 수 있고, 시행하는 데는 반드시 맹춘에 해야만 때를 잃지 않았다고 말한다면 거의 고루한 사람이 아니겠습니까? 왜 그런가 하면, 성탕成湯이 왕위에 경계하며 있음에 목탁으로써 했다는 말을 듣지 못했는데 이윤伊尹이 칭송했으며, 반경盤庚이 대중을 가르침에 넓은 길에서 했다는 말을 듣지 못했는데 『상서商書』에서 찬미했으며, 위무공衛武公이 매일 경계시킴에 있어서 맹춘으로써만 하지 않았는데 시인詩人이 찬송했습니다. 이것은 그 정성으로써 하였고 그 헛된 도구로 하지 않은 것입니다. 이렇게 하지 않으면 이와 반대가 되니 그 경중輕重이 과연 어떠하겠습니까? 아! 군주가 된 사람이 두 가지 중에 어느 것을 택하겠습니까? 삼가 의義를 아룁니다.

* 목탁을……다니다 : 『서경』 윤정(胤征)에 있는 한 구이다. "매해 맹춘(孟春)에 주인(遒人)이 목탁을 가지고 길을 돌아다니며 명령을 선포한다[每歲孟春 遒人以木鐸徇于路.]"라고 하였다.

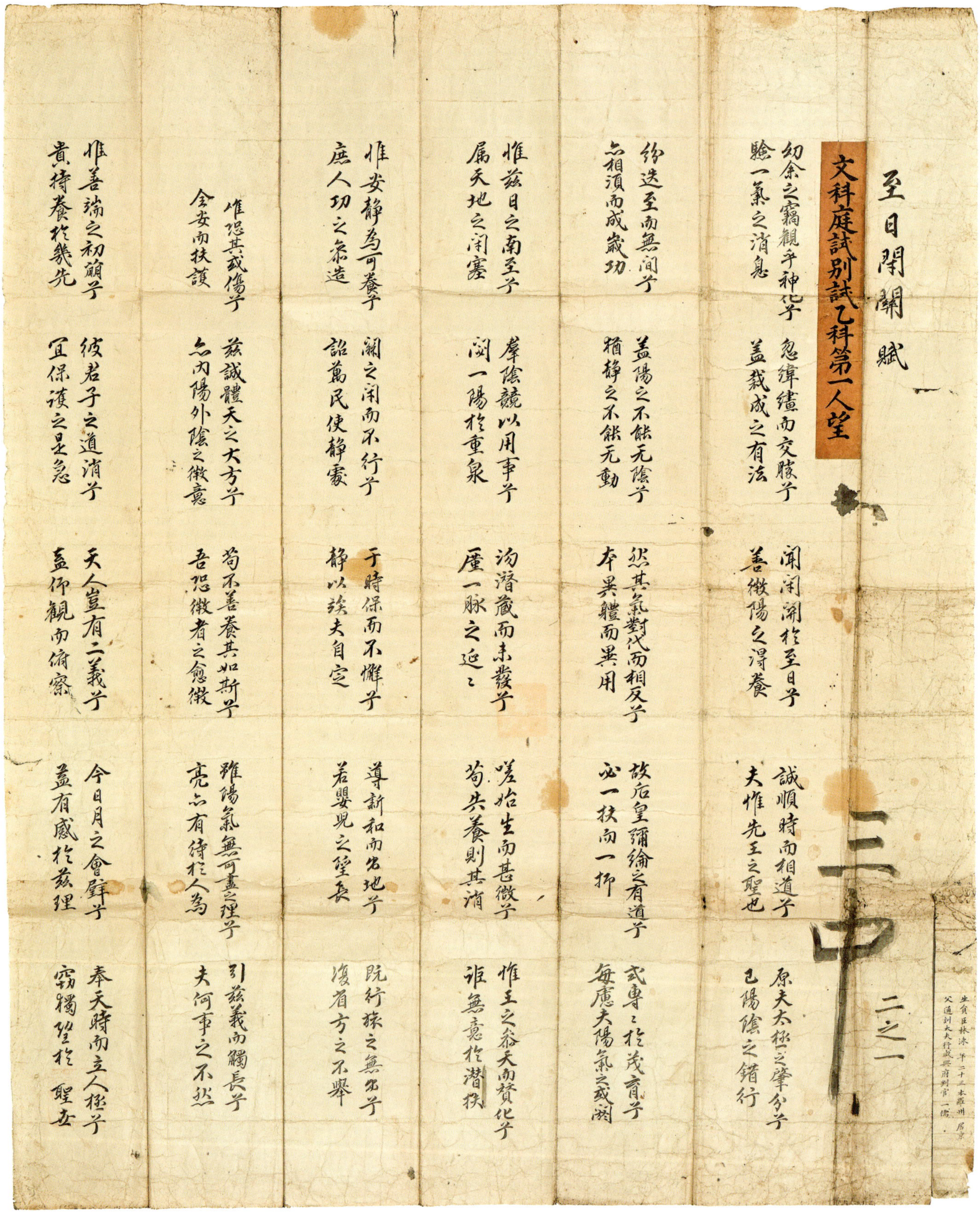

至日閉關賦

文科庭試別試乙科第一人望

三中

二之一

生員臣林泳 年二十三 本羅州 居京
父通訓大夫行咸興府判官 一儁

幼余之竊觀乎神化兮 驗一氣之消息
忽緯繣而交騰兮 蓋栽成之有法
閑閑關於至日兮 善微陽之得養
誠順時而相道兮 夫惟先王之聖也
原夫太極之肇分兮 已陽陰之錯行
紛迭至而無間兮 亦相須而成歲功
蓋陽之不能无陰兮 猶靜之不能无動
然其氣對代而相反兮 本異體而異用
故后皇彌綸之有道兮 必一扶而一抑
式專專於茂育兮 每慮夫陽氣之或剝
惟茲日之南至兮 屬天地之閉塞
羣陰競以用事兮 閟一陽於重泉
渺潛藏而未發兮 厪一脈之延延
嗟始生而甚微兮 苟失養則其消
惟王之爲天而贊化兮 詎無意於潛扶
惟安靜爲可養兮 庶人功之希造
闢之閉而不行兮 詔萬民使靜處
于時保而不懈兮 靜以竢夫自定
導新和而出地兮 若嬰兒之望長
既行旅之無出兮 復有方之不舉
惟恐其或傷兮 全安而扶護
茲誠體天之大方兮 亦內陽外陰之微意
苟不善養其如斯兮 吾恐微者之愈微
雖陽氣無可盡之理兮 亮亦有待於人爲
引茲義而觸長兮 夫何事之不然
惟善端之初萌兮 貴持養於幾先
彼君子之道消兮 宜保護之是急
天人豈有二義兮 蓋仰觀而俯察
今日月之會辟兮 益有感於茲理
奉天時而立人極兮 竊獨望於 聖世

임영 문과 시권
林泳文科試券

1671년(현종 12), 1장, 필사본, 145.2×120.3cm, 나주임씨 창계후손가

임영1649~1696이 1671년현종 12 문과에 제출한 시권으로서 문체는 부賦이다. 임영은 본관이 나주이고, 아버지는 임일유林一儒이다. 1666년현종 7 생원시에서 1등 1인, 즉 장원으로 입격하였고, 1671년현종 12 문과 정시에서 을과乙科 1인으로 급제하였다. 당시 '지일폐관至日閉關'이라는 시제試題를 가지고 부賦를 짓는 것이 출제되었는데, 즉 동짓날 관문을 닫는 이유를 묻는 것이었다. 임영은 동지에 관문을 닫는 것은 음양의 조화에 맞고 천시에 부합하는 일이라 답하였다.

至日閉關 賦	동짓날 관문을 닫는 것[至日閉關]*에 대한 부賦
幼余之竊觀乎神化兮 驗一氣之消息	내 어릴 때 신神의 조화를 삼가 보고서, 일기一氣가 소식消息하는 것을 경험했도다.
忽緯繣而交勝兮 蓋裁成之有法	문득 이리저리 얽혀 나솟는 듯하였는데, 대개 이룩됨에 법칙이 있었도다.
聞閉關於至日兮 善微陽之得養	듣건대, 관문을 동짓날 닫는다 하였으니, 미약한 양기를 잘 길러낼 수 있도다.
誠順時而相道兮 夫惟先王之聖也	참으로 계절에 따라 서로 인도해 가니, 오직 선왕先王의 성덕이로다.

이하 중략

彼君子之道消兮 宜保護之是急	저 군자의 도리가 사라지려 하니, 마땅히 급히 보호해야 하리로다.
天人豈有二義兮 盍仰觀而俯察	하늘과 사람이 어찌 두 가지 뜻이 있으랴? 어찌 우러러 보고 굽어 살피지 않으랴?
今日月之會璧兮 益有感於玆理	지금 해와 달이 만남에, 더욱 이 이치에 감흥이 있도다.
奉天時而立人極兮 竊獨望於聖世	천시天時를 받들어 인극人極이 서니, 삼가 홀로 성세聖世를 바라도다.

* 동짓날……닫는 것 : 『주역』 복괘(復卦)의 상사(象辭)이다. 동짓날 관문을 닫는 이유에 대해 송나라 정이(程頤)는 미약하게 일어나는 양기를 위해 안정하기 위해서라고 풀이하였다.

임영 생원 백패
林泳生員白牌

1666년(현종 7), 1장, 필사본, 100.8×39.8cm, 나주임씨 창계후손가

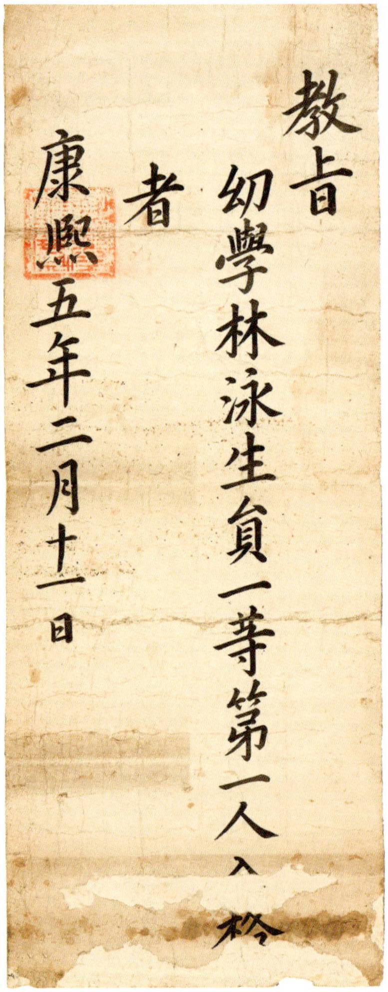

教旨
幼學林泳生員一等第一人入格者
康熙五年二月十一日

임영 문과 홍패
林泳文科紅牌

1671년(현종 12), 1장, 필사본, 103.5×89.0cm, 나주임씨 창계후손가

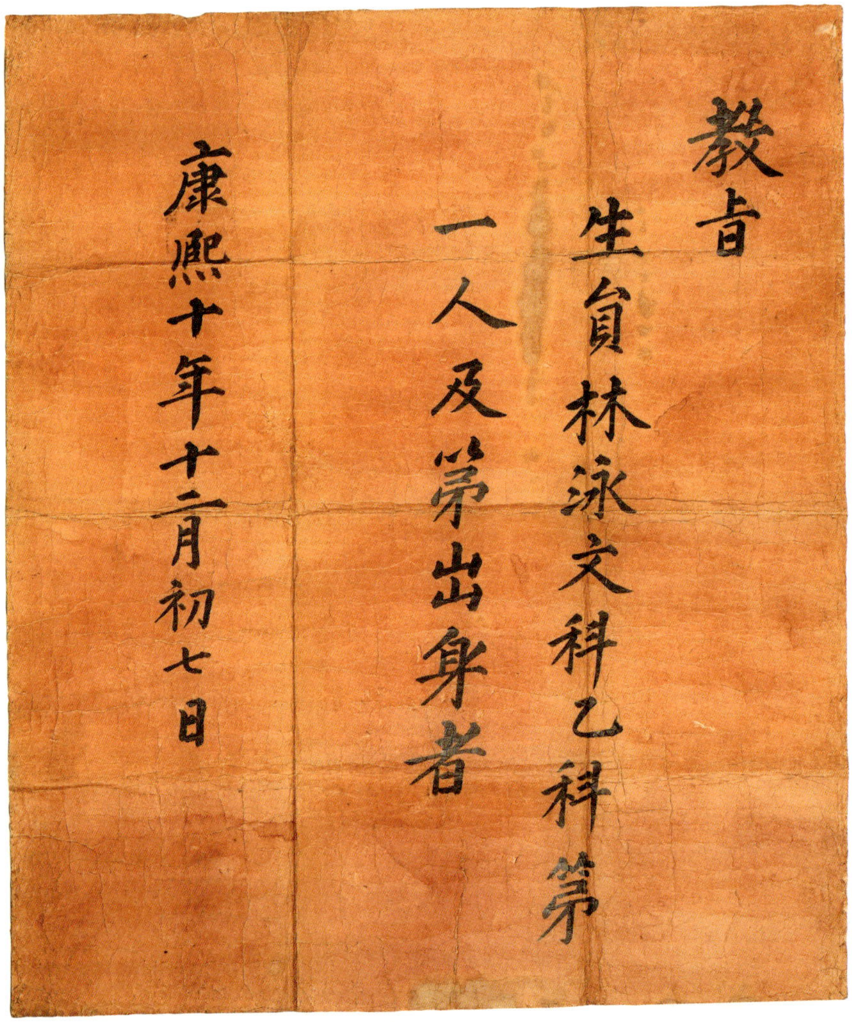

教旨
生員林泳文科乙科第一人及第出身者
康熙十年十二月初七日

창계 해치흉배 · 백한흉배
滄溪獬豸胸背 白鷴胸背

17세기, 비단에 자수, 33.6×34.7cm(1면), 나주임씨 창계후손가

임영1649~1694은 조선 중기의 문인이다. 자는 덕함德涵, 호는 창계滄溪이며 사마시에 합격한 후 여러 벼슬을 거쳐 대사헌을 지냈다.
이 흉배는 붉은 색 바탕에 뿔 하나가 달린 전형적인 해치의 모습을 하고 있다. 해치는 두 사람이 싸우면 바르고, 그르고, 선하고, 악하고를 외뿔을 갖다 대어 즉각 판단하는 신수神獸로 간주되었기 때문에 『경국대전』에 대사헌의 흉배로 규정하였다. 그러나 임진왜란 이후에는 호랑이 흉배보다도 더 높은 공신들이 사용하였으며, 영·정조 대에는 사헌부 안에 보관만 하였을 뿐 실제 사용하지는 않았던 것으로 보인다.

백한흉배는 『경국대전』에 문관 3품이 사용하는 흉배로 규정하였으나, 『속대전』에는 당하 3품 이하가 사용하도록 개정되어 고종 대까지 시행되었다. 백한은 꼬리의 깃털모양이 마치 봉황꼬리와 같이 다섯가닥으로 되어 있으며, 다리는 붉고 발톱이 길다. 백한 두 마리가 상하로 마주보고 있으며, 구름문은 백한의 날개 위쪽에 위치하며 날개 아래로는 목단이 활짝 펴있다.

조덕순 문과 시권
趙德純文科試券

1690년(숙종 16), 1장, 필사본, 77.4×311.4cm, 장서각(한양조씨 참의공파 종중 기탁)

조덕순1652~1693이 1690년숙종 16 문과에 장원으로 합격할 때 제출한 시권으로서 문체는 대책對策이다. 조덕순은 본관이 한양이고, 아버지는 조군趙頵이다. 1679년숙종 5 생원시에 2등 9인으로 입격하였고, 1690년숙종 16 문과 식년시에 갑과甲科 1인, 즉 장원으로 급제하였다. 당시 출제된 문제는 나라 곳곳에서 근심거리가 된 도적을 다스리는 방도[治盜之策]를 묻는 것이었다. 이에 대해 조덕순은 도적도 본성은 선한 백성이니 백성들의 풍속을 바로잡아 다시금 선한 본성으로 돌아가게 해야 한다고 답했다.

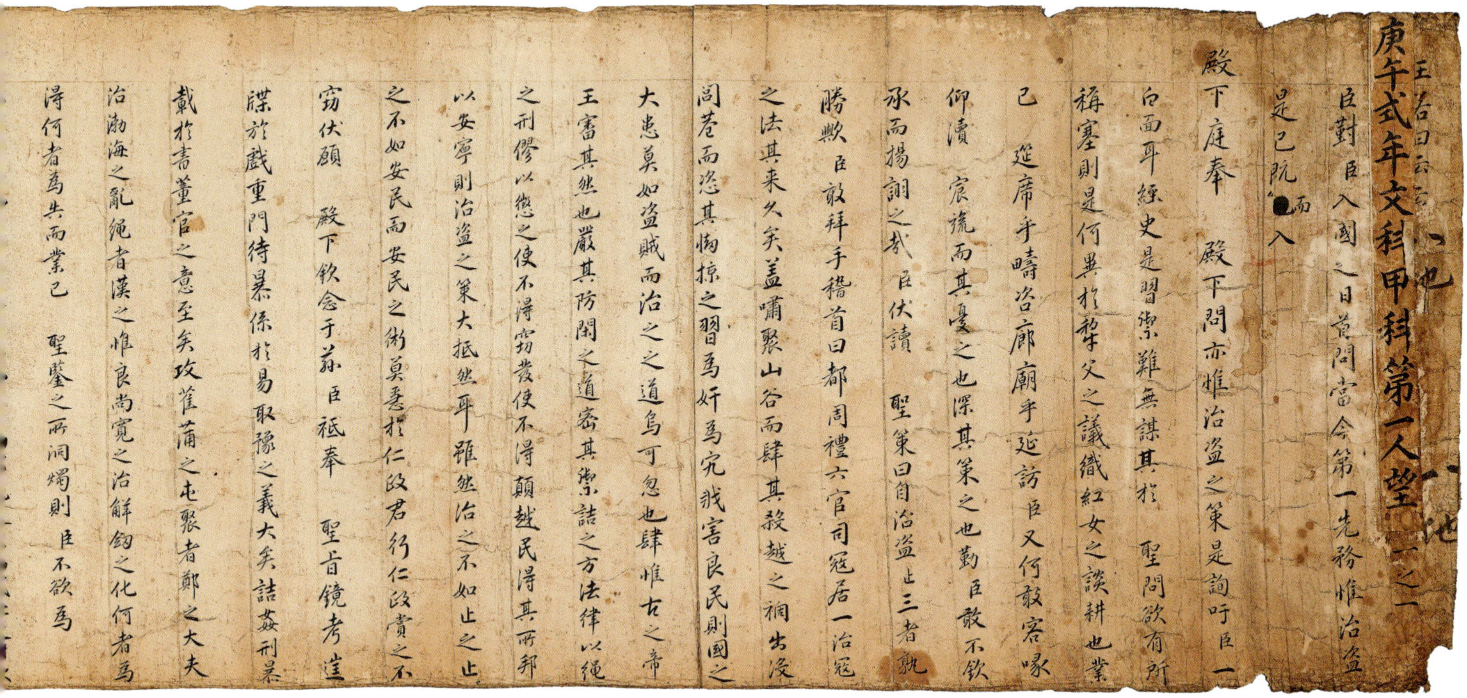

앞면

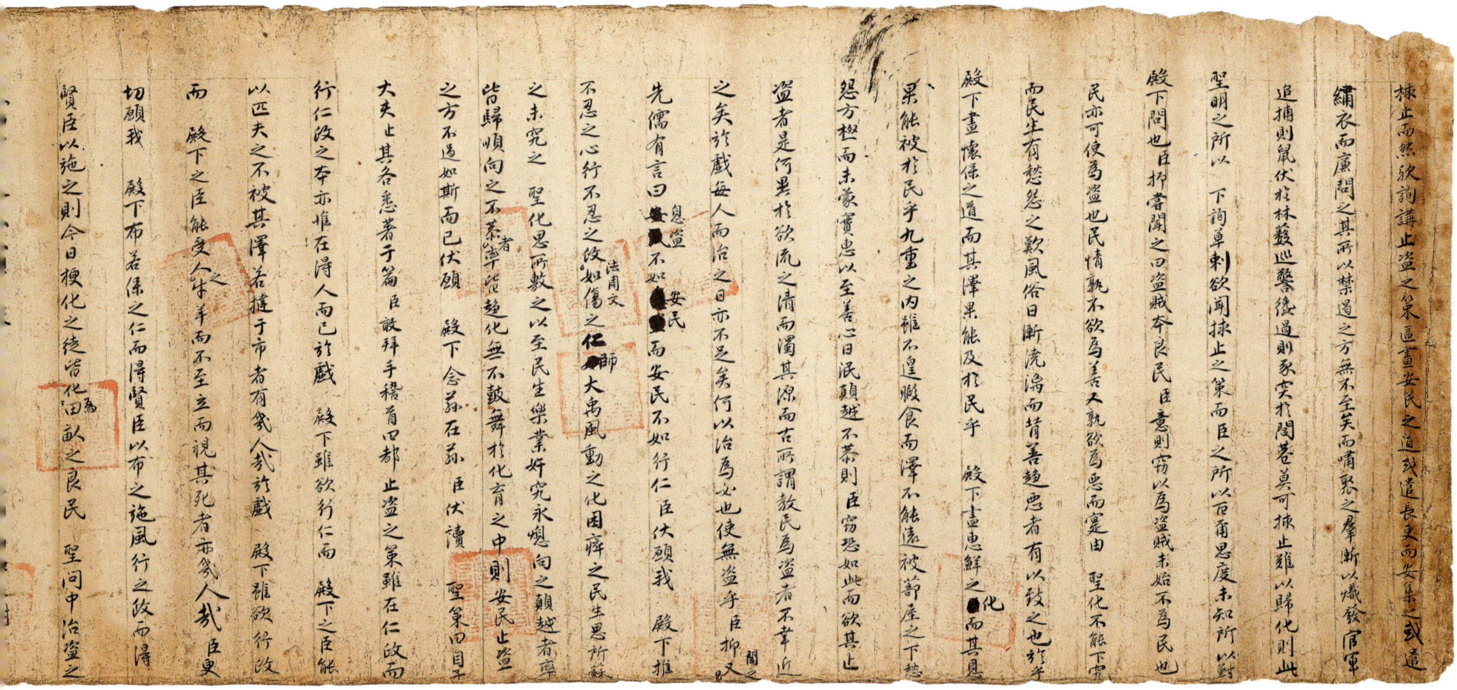

뒷면

신은 대답합니다.

신이 국도國都에 들어오던 날에 지금의 제일 급선무를 먼저 물으셨는데, 그것은 오직 도적을 다스리는 것일 뿐입니다. 이윽고 전하의 대궐에 들어와서 전하의 물음을 받드오니 또한 오직 도적을 다스림이라는 물음이셨습니다. 아! 신은 한 명의 백면서생일 뿐이라, 경사經史는 익혔지만 국난國難을 막자니 계책이 없습니다. 성상聖上의 물음에 책임을 완수하려고 하니 이것이 견우가 베짜기를 논의하고 직녀가 밭갈기를 이야기하는 것과 무엇이 다르겠습니까. 이미 연석筵席에서 자문을 구하셨고 낭묘廊廟에 가르침을 청하셨으니, 신이 또한 어찌 감히 주둥이를 놀려 성상을 우러러 더럽히겠습니까. 하지만 전하의 근심이 깊으시고 계책함이 근면하시니 신이 감히 공경히 받들어서 찬양하지 않겠습니까.

신이 엎드려 성책聖策을 읽으니, "도적을 다스림……세 가지 중에 무엇이 나은가?"라고 하셨습니다. 신은 감히 손을 들어 절하고 머리를 조아리며 말씀드립니다. "아!『주례周禮』의 육관六官 중에 사구司寇가 하나이니, 도둑을 다스리는 법은 그 유래가 오래되었습니다. 산골짜기에서 휘파람으로 불러 모아 사람을 죽이는 죄악을 마구 저지르고, 마을에 출몰하여 힘으로 빼앗는 습관을 거리낌 없이 하여, 간악한 짓을 하여 선량한 백성을 해칩니다. 그런 즉, 나라의 큰 우환은 도적만한 것이 없으니 그것을 다스리는 방도를 어찌 소홀하게 할 수 있겠습니까. 이에 옛날 제왕들께서는 그러함을 살피시어 도적질을 말리는 방도를 엄격하게 하시고 도적질을 막는 방법을 치밀하게 하시되 법률로 얽어매고 형벌로 처벌하여 훔치지 못하게 하고 죽이지 못하게 하셨기에 백성들이 나라를 안녕하게 여기게 되었으니, 도적을 다스리는 계책은 대체로 그러합니다. 비록 그렇지만 다스림은 방지함만 못하고 방지함은 백성을 편안하게 함만 못합니다. 그런데 백성을 편안하게 하는 방법으로는 인정仁政보다 시급한 것이 없습니다. 임금이 인정을 행하면 도둑질하지 않음으로 보상받습니다. 바라건대 전하께서는 이것을 생각하십시오.

신은 삼가 성지聖旨를 받들고서 지난날의 전적典籍들을 환히 살펴보았습니다. 아아! 문을 겹으로 하여 포악한 손님에 대비하는 것이『주역周易』에 계사繫辭로 기록되어 있으니 예괘豫卦를 취한 뜻이 큽니다. 간특한 자를 국문鞫問하고 포악한 자에게 형벌을 주는 것이『서경書經』에 실려 있으니 관리를 감독하는 뜻이 지극합니다. 물풀 가득한 갯가에 진치고 모인 도적을 공격한 것은 정鄭나라 대부이고, 발해渤海의 어지러운 고을을 다스린 자는 한漢나라의 현능賢能한 관리입니다. 관대함을 숭상하는 정치와 칼을 풀어놓게 하는 교화는 어떤 것이 득이 되고 어떤 것이 실이 되겠습니까. 하지만 이미 성상聖上께서 훤하게 비추어 보시는 바이니 신은 전하께 번거롭게 해드리려고 하지 않습니다. 큰 것은 변새邊塞의 도적이 되고 작은 것은 군읍郡邑의 도둑이 되어, 혹은 큰 돼지와 긴 뱀에 비유되기도 하고 혹은 쥐나 개가 훔치는 것에 비유되기도 합니다. 하지만 활활 타오르는 불을 끄지 않으면 반드시 불길이 들을 태우는 데까지 이르고, 졸졸 새나오는 물줄기를 막지 않았다가는 반드시 큰물이 하늘에까지 넘치게 될 것이라, 근심이 되는 것은 마찬가지이니 경중輕重을 어찌 논하겠습니까.

아! 천하가 생겨난 것이 오래되었습니다. 어느 시대인들 도둑이 없고 어느 나라인들 도적이 없으랴만, 그것을 다스리는 법은 세대마다 각기 같지 않습니다. 혹은 법을 엄격하게 하여 다스리는 자가 있었고, 혹은 교화를 행하여 그치게 하는 자가 있었습니다. 신은 이 세 가지 중에서 무엇이 더 나은지 알 수는 없습니다. 하지만 인仁으로 백성에게 젖어들게 하여 스스로 교화되도록 하는 것이 어찌 임금 된 이가 먼저 해야 할 바가 아니겠습니까. 원컨대 전하께서는 힘쓰십시오. 힘쓰십시오." ……

조덕순 생원 백패
趙德純生員白牌

1679년(숙종 5), 1장, 필사본, 97.7×43.0cm, 장서각(한양조씨 참의공파 종중 기탁)

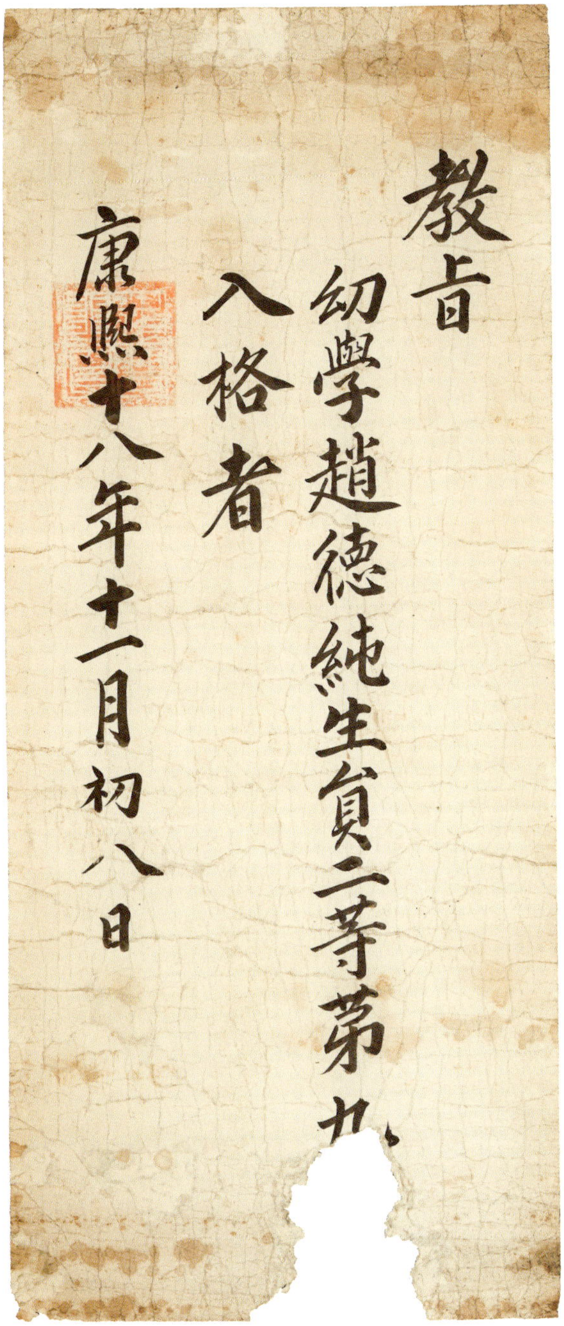
教旨
幼學趙德純生員二等第九
入格者
康熙十八年十一月初八日

조덕순 문과 홍패
趙德純文科紅牌

1690년(숙종 16), 1장, 필사본, 102.3×70.3cm, 장서각(한양조씨 참의공파 종중 기탁)

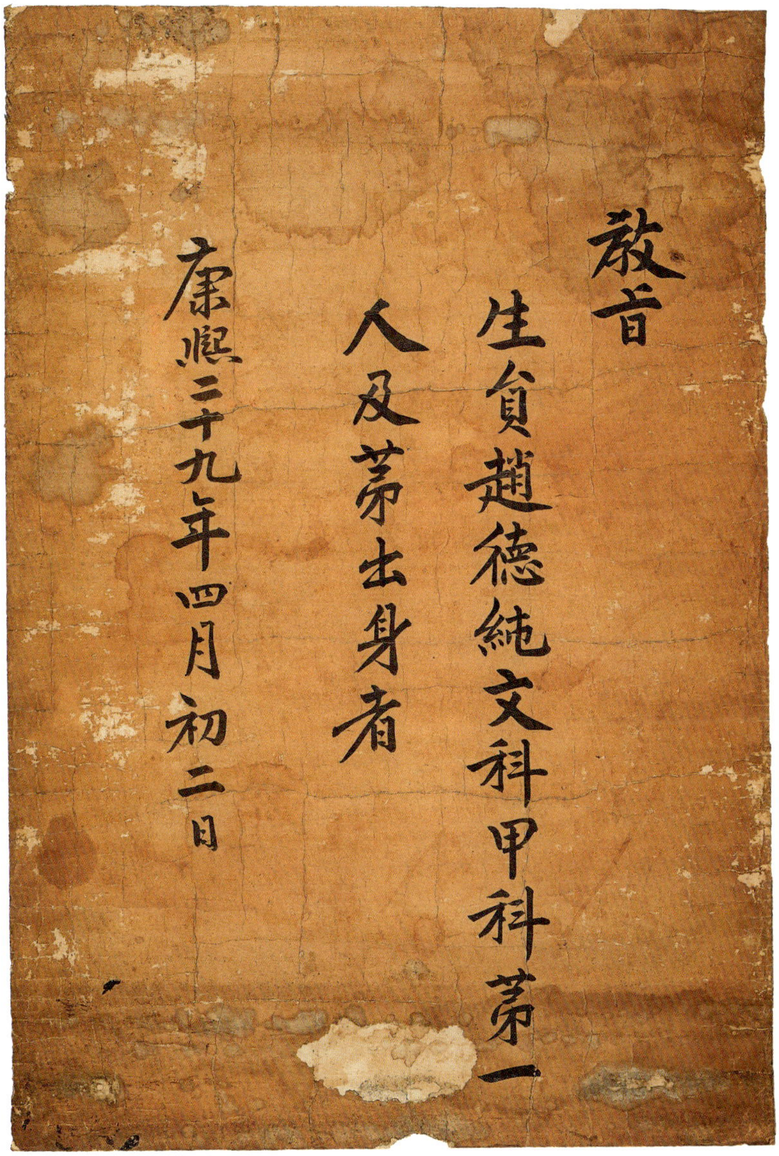
教旨
生員趙德純文科甲科第一
人及第出身者
康熙二十九年四月初二日

조광조 문과 시권
趙光祖文科試券

1515년(중종 10), 『정암집靜菴集』 수록, 장서각(K4-6459), 김명균金明鈞 정사淨寫

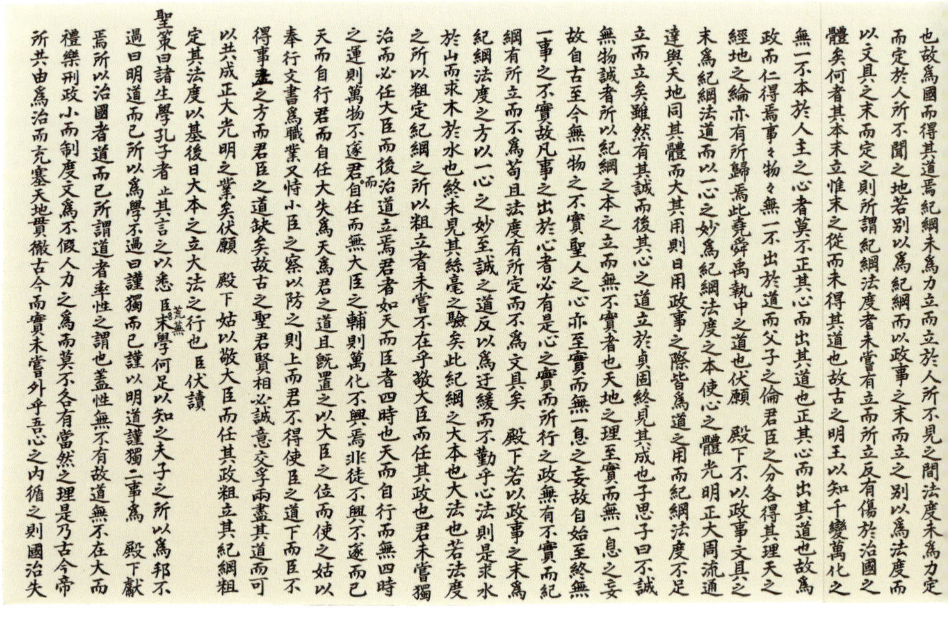

也故爲國而得其道焉紀綱未爲力立而立於人所不見之間法度未爲力定
而定於人所不聞之地若別以爲紀綱而以政事之末而立之別以爲法度而
以文具之末而定之則所謂紀綱法度者未嘗有立而所立反有傷於治國之
體矣何者其本未立惟末之從而未得其道也故古之明王以知千變萬化之
無一不本於人主之心者莫不正其心而出其道也正其心而出其道也故爲
政而仁得焉事々物々無一不出於道而父子之倫君臣之分各得其理天之
經地之綸亦有所歸焉此堯舜禹執中之道也伏願　殿下不以政事文具之
末爲紀綱法道而以一心之妙爲紀綱法度之本使心之體光明正大周流通
達與天地同其體而大其用則日用政事之際皆爲道之用而紀綱法度不足
立而立矣雖然有其誠而後其心之道立於貞固終見其成也子思子曰不誠
無物誠者所以紀綱之本之立而無不實者也天地之理至實而無一息之妄
故自古至今無一物之不實聖人之心亦至實而無一息之妄故自始至終無
一事之不實故凡事之出於心者必有是心之實而所行之政無有不實而紀
綱有所立而不爲苟且法度有所定而不爲文具矣　殿下若以政事之末爲
紀綱法度之方以一心之妙至誠之道反以爲迂緩而不勤乎心法則是求水
於山而求木於水也終未見其絲毫之驗矣此紀綱之大本也大法也若法度
之所以粗定紀綱之所以粗立者未嘗不在乎敬大臣而任其政也君未嘗獨
治而必任大臣而後治道立焉君者如天而臣者四時也天而自行而無四時
之運則萬物不遂君(而)自任而無大臣之輔則萬化不興焉非徒不興不遂而已
天而自行君而自任大失爲天爲君之道且旣置之以大臣之位而使之姑以
奉行文書爲職業又恃小臣之察以防之則上而君不得使臣之道下而臣不
得事盡之方而君臣之道缺矣故古之聖君賢相必誠意交孚而盡其道而可
以共成正大光明之業矣伏願　殿下姑以敬大臣而任其政粗立其紀綱粗
定其法度以基後日大本之立大法之行也 臣伏讀
聖策曰諸生學孔子者止其言之以悉 臣(荒蕪)末學何足以知之夫子之所以爲邦不
過曰明道而已所以爲學不過曰謹獨而已謹以明道謹獨二事爲　殿下獻
焉所以治國者道而已所謂道者率性之謂也蓋性無不有故道無不在大而
禮樂刑政小而制度文爲不假人力之爲而莫不各有當然之理是乃古今帝
所共由爲治而充塞天地貫徹古今而實未嘗外乎吾心之內循之則國治失

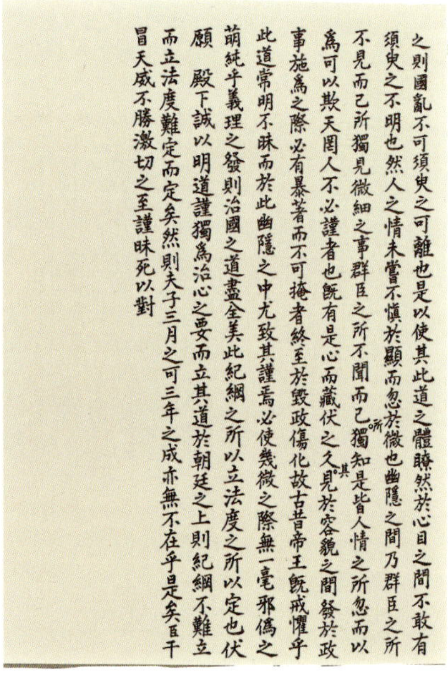

之則國亂不可須臾之可離也是以使其此道之體瞭然於心目之間不敢有
須臾之不明也然人之情未嘗不愼於顯而忽於微也幽隱之間乃群臣之所
不見而已所獨見微細之事群臣之所不聞而已(所)獨知是皆人情之所忽而以
爲可以欺天罔人不必謹者也旣有是心而藏伏之久(其)見於容貌之間發於政
事施爲之際必有暴著而不可掩者終至於毁政傷化故古昔帝王旣戒懼乎
此道常明不昧而於此幽隱之中尤致其謹焉必使幾微之際無一毫邪僞之
萌純乎義理之發則治國之道盡全美此紀綱之所以立法度之所以定也伏
願　殿下誠以明道謹獨爲治心之要而立其道於朝廷之上則紀綱不難立
而立法度難定而定矣然則夫子三月之可三年之成亦無不在乎是矣臣干
冒天威不勝激切之至謹昧死以對

조광조1482~1519는 조선 중기의 문신으로, 자는 효직孝直, 호는 정암靜菴이다. 본관은 한양漢陽이고, 시호는 문정文正이다. 김굉필金宏弼에게 수학하였으며, 후에 김종직金宗直의 학통을 이은 사림파士林派의 영수가 되었다. 중종반정 이후 지치주의至治主義를 표방하였으며, 신진사류를 조정에 본격적으로 진출시키기 위해 현량과賢良科를 적극 추진하기도 하였다. 그러나 훈구파勳舊派의 강한 반발로 종당에는 사사賜死되기에 이른다. 저서로는 『정암집靜菴集』 등이 있다. 이 시권은 조광조가 34세인 1515년중종 10에, 중종이 문묘文廟에 작헌례酌獻禮를 행하고 실시한 알성시謁聖試에서 대책對策을 올린것으로 『정암집』 권2에 수록되어 있다. 이 시권은 한국한문학 전공자인 김명균金明鈞 박사가 서사書寫하였다.

이 대책문은 요순堯舜 시대와 같은 훌륭한 정치를 이룩하려면 급선무가 무엇인지를 말해보라고 한 중종의 물음에 대한 조광조의 답변이다. 그는 시시비비是是非非와 선선오악善善惡惡이 모두 나의 마음에서 벗어나는 일이 아니라고 하면서 마음의 성誠으로부터 시작할 것을 강조하였으며, 실천적 방도로 대신大臣을 공경하여 정사를 맡긴다면 정대광명正大光明한 위업을 함께 이룰 수 있다고 하였으며, 마지막에 다시 도리를 밝히고[明道] 홀로 있을 때도 삼가는 것[謹獨]이야말로 마음을 다스리는 요체임을 설파하였다. 결국 임금의 일심一心이 바르면 요순과 같은 치세治世를 이룰 수 있다는 논리이다.

…… 하늘과 사람은 근원이 동일하여 하늘이 올바른 이치를 사람에게 없도록 하지 않았고, 임금과 백성은 근원이 동일하여 임금이 올바른 도를 백성에게 없도록 하지 않았습니다. 그러므로 옛날의 성인들은 큰 천지와 수많은 백성을 하나로 여겨, 올바른 이치를 보고 올바른 도에 처하게 하였습니다. 이치를 보았기 때문에 천지의 정기를 지니고 신명한 덕에 통달하였으며, 도를 지니고 처리하였기 때문에 정미하고 조잡한 물체들을 조화롭게 하고 인륜의 절차를 이끌어 갔습니다. 그리하여 시시비비是是非非와 선선오악善善惡惡이 자신의 마음에서 벗어날 수가 없어 천하의 일이 모두 올바른 이치를 얻고, 천하의 물건이 모두 공평함을 얻었으니, 이것이 모든 조화가 수립되고 다스리는 방법이 이루어진 까닭입니다.

비록 그렇지만 도는 마음이 아니면 의지하여 설수가 없고, 마음은 지성이 아니면 또한 힘을 받아 시행될 수가 없습니다. 임금이 만일 천리를 관찰하여 도에 따라 처리하고, 지성으로 일을 해나가면 나라를 다스리는데 무슨 어려움이 있겠습니까? ……

…… 한사람에서 천만인에 이르기까지 많지 않은 것이 아니며, 한 가지 일에서 천만가지 일에 이르기까지 번거롭지 않은 것이 아닙니다. 그러나 이른바 마음과 도는 그 사이에서 동일하지 않은 적이 없고, 천만인과 천만가지 일은 비록 다르지만 그 도道와 마음이 하나가 될 수 있는 것은 하늘이 한 가지 이치에서 근본 하였기 때문입니다. 그러므로 천하를 함께 할 수 있는 도로 나와 하나가 될 수 있는 사람을 인도하고, 천하를 함께 할 수 있는 마음으로 나와 하나가 될 수 있는 마음에 감동을 줍니다. 이

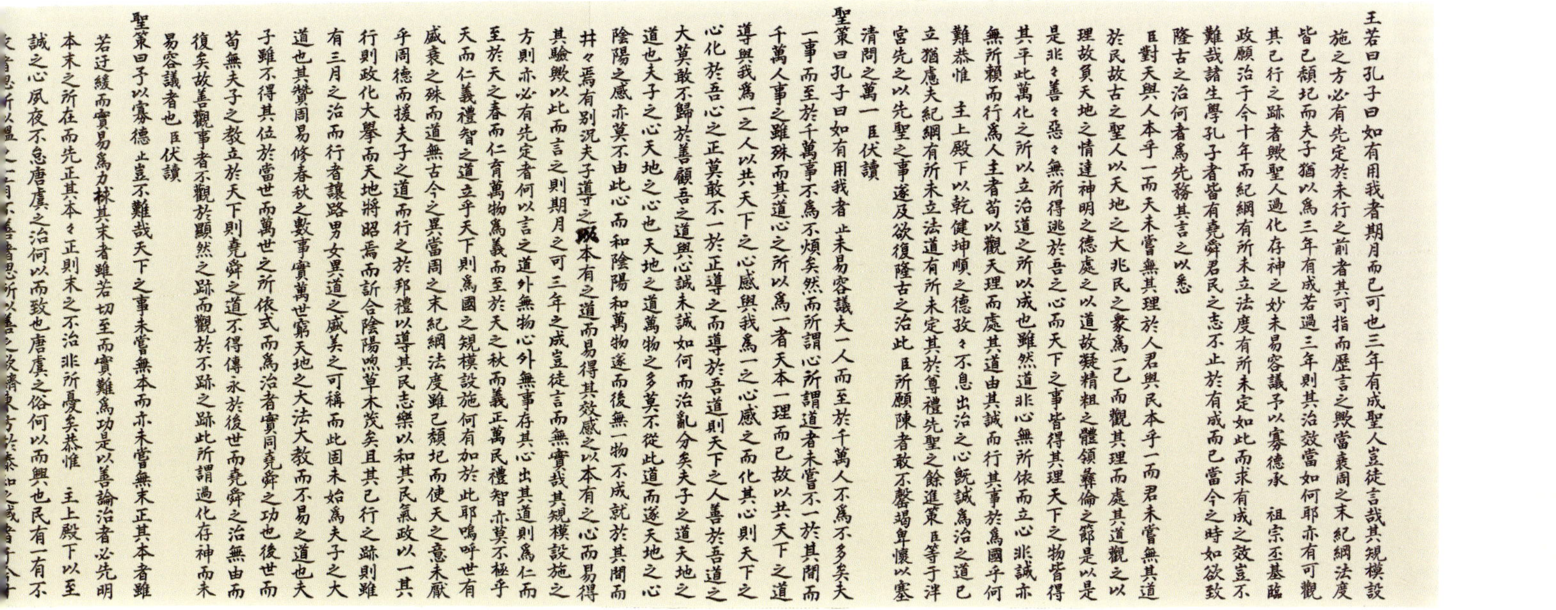

런 마음을 지닌 사람에게 감동을 주어 그 마음을 감화시키면 천하 사람들의 마음도 내 마음의 올바름에 감화되어 감히 올바른 길을 함께 하지 않을 수 없을 것이며, 그를 이끌어서 나의 도로 인도하면 천하의 사람들이 나의 도가 큰 것을 좋게 여겨 감히 선한 곳으로 돌아가지 않을 수 없을 것입니다.

돌아보건대 나의 도와 마음이 성실한지 여부에 따라 치란治亂이 나누어집니다. 공자의 도는 곧 천지의 도이며, 공자의 마음은 곧 천지의 마음입니다. 천지의 도와 만물의 허다한 것들은 모두 이 도를 따라서 이루어지지 않는 것이 없고, 천지의 마음과 음양의 감응도 또한 이 마음으로 말미암아 조화를 이루지 않는 것이 없습니다. 음양이 조화를 이루고 만물이 이루어진 뒤에야 어떤 물건도 그 사이에서 성취되지 않는 것이 없어 조리 있게 구별되는 데, 더군다나 공자께서는 본래 지니고 있는 도를 가지고 인도하였기에 그 효과를 얻기가 쉬웠고, 본래 가지고 있는 마음으로 감동을 주었기에 그 효험을 얻기가 쉬웠을 것입니다. 이를 가지고 말한다면 1년만 하더라도 괜찮을 것이라 한 것이나 3년이면 이루어짐이 있을 것이라 한 것을 어찌 공연한 말로 실제가 없는 것이겠습니까?

그 규모와 실천하는 방안으로 말하자면 또한 필시 먼저 정해진 것이 있었을 것입니다. 이렇게 말할 수 있는 이유는 도 밖에 물건이 없고, 마음 밖에 일이 없으니, 마음을 보존하고 도를 펴나가면 인仁이 되어 천리天理 봄기운과 같이 만물을 인으로 길러내는데 이르며, 의義가 되어 하늘의 가을 기운과 같이 만민을 의로 바르게 하는데 이르기 때문입니다. 예禮와 지智도 천리에 극진하지 않음이 없어 인의예지仁義禮智의 도가 천하에 서게 되면 나라를 다스리는 규모와 시설에 있어 여기에 무엇을 더하겠습니까? ……

…… 도道는 하늘에 근본을 두지만 사람에게 의지하고 일하는 사이에 행해져 나라를 다스리는 방법이 됩니다. 그러므로 나라를 다스릴 적에 도를 얻으면 힘써 기강을 세우지 않더라도 사람들이 보지 못하는 사이에 확립되고, 힘써 법도를 정하지 않더라도 사람들이 듣지 못하는 곳에서 정해집니다. 만일 별도로 기강을 만들어 정사의 말단만을 가지고 세우거나, 별도로 법도를 만들어 문서 도구의 말단만 가지고 정한다면, 이른바 기강과 법도는 확립되지 못할 것이며, 확립된 것은 나라를 다스리는 체모에 도리어 해를 끼칠 것입니다. 왜냐하면 근본이 확립되지 않은 상황에서 오직 말단 말을 추종하여 도를 얻지 못했기 때문입니다. 그러므로 옛날의 명철한 임금은 모든 변화가 어느 하나 임금의 마음에서 근본하지 않는 것이 없다는 점을 알아서 마음을 바르게 하여 도를 실천하지 않는 이가 없었습니다. 마음을 바르게 하고 도를 실천하였기 때문에 정치를 하면서는 인仁을 얻고, 일을 처리하면서는 의義를 얻어 모든 일마다 어느 하나 도道에서 나오지 않는 것이 없어 부자의 윤리와 군신의 구분이 각각 그 이치를 얻고 하늘과 땅의 경륜도 또한 귀결하게 된 것이니, 이것이 요堯, 순舜, 우禹께서 중용의 도를 잡았던 방법입니다. 엎드려 바라건대 전하께서는 정사와 문서 도구의 말단으로 기강과 법도를 삼지 마시고, 마음의 오묘한 이치로 기강과 법도의 근본을 삼으셔서 이 마음의 본체로 하여금 광명정대하고 두루 통달하여 천지와 더불어 본체를 같이하고 쓰임을 크게 하신다면 날마다 실시하는 정치가 모두 도道의 운용이 되어 기강과 법도를 확립하지 않아도 절로 확립될 것입니다. ……

조광조 신도비

• 현량과

1519년중종 14에 설행된 별시이다. 현량과는 중국 한漢나라 때의 현량방정과賢良方正科를 본떠 만든 것으로 학문과 덕행이 뛰어난 인재를 천거에 의해 대책對策만을 시험보고 채용하는 제도이다. 서울은 사관四館이 인재를 성균관에 천거하면 성균관은 예조에 보고하였고, 지방은 유향소留鄕所에서 수령에게 인재를 천거하면 수령이 관찰사에게, 관찰사는 예조에 보고하였다. 천거된 인물들을 궁궐에 모아 왕이 참석한 가운데 대책을 시험하여 관리로 선발하였다. 120명의 후보자들이 모여 시험을 본 결과 28명이 선발되었다. 기묘사화로 조광조가 실각된 후에 이 시험은 파방罷榜이 되었다가 이준경李浚慶의 건의로 1568년선조 1에 복과復科되었다.

• 현량과賢良科 급제자 명단

인명	자	호	생몰년	본관	합격등급
김식(金湜)	노천(老泉)	동천(東泉)	1482～1520	청풍(淸風)	1등 1위〔壯元〕
조우(趙佑)	성지(誠之)		1484～?	한양(漢陽)	2등 1위〔亞元〕
이연경(李延慶)	장길(長吉)	탄수(灘叟)	1484～1548	광주(廣州)	3등 1위〔探花郞〕
안처근(安處謹)	정부(靜夫)		1490～1521	순흥(順興)	3등 2위
김명윤(金明胤)	회백(晦伯)		1493～1572	광산(光山)	3등 3위
안정(安珽)	정연(珽然)	죽창(竹窓)	1494～1548	순흥(順興)	3등 4위
안처겸(安處謙)	백허(伯虛)	허재(虛齋)	1486～1521	순흥(順興)	3등 5위
권전(權磌)	군안(君安)		1490～1521	안동(安東)	3등 6위
신잠(申潛)	원량(元亮)	영천자(靈川子)	1491～1554	고령(高靈)	3등 7위
정완(鄭浣)	신지(新之)		1473～1521	영일(迎日)	3등 8위
민회현(閔懷賢)	계사(季思)	일재(一齋)	1482～1550	여흥(驪興)	3등 9위
안처함(安處諴)	윤숙(允叔)		1488～?	순흥(順興)	3등 10위
박훈(朴薰)	형지(馨之)	강수(江叟)	1484～1540	밀양(密陽)	3등 11위
김익(金釴)	군거(君擧)		1486～1548	안동(安東)	3등 12위
신준미(申遵美)	사휴(士休)		1491～1562	평산(平山)	3등 13위
김신동(金神童)	성이(聖而)		1485～?	광산(光山)	3등 14위
강은(姜濦)	청로(淸老)	규정(葵亭)	1492～?	진주(晉州)	3등 15위
방귀온(房貴溫)	옥여(玉汝)		1465～?	남양(南陽)	3등 16위
유정(柳貞)	복원(復元)		1491～1549	진주(晉州)	3등 17위
박공달(朴公達)	대관(大觀)	강호(江湖)	1470～?	강릉(江陵)	3등 18위
이부(李阜)	자릉(子陵)	행원(杏院)	1482～1552	고성(固城)	3등 19위
김대유(金大有)	천우(天佑)	삼족당(三足堂)	1479～1552	김해(金海)	3등 20위
도형(都衡)	국전(國銓)	행정(杏亭)	1480～1547	성주(星州)	3등 21위
송호지(宋好智)	경우(景愚)		1474～1527	여산(礪山)	3등 22위
민세정(閔世貞)	정숙(正叔)		1471～?	여흥(驪興)	3등 23위
김옹(金顒)	대이(大而)	외재(畏齋)	1484～1567	상산(商山)	3등 24위
경세인(慶世仁)	심중(心仲)	경재(敬齋)	1491～?	청주(淸州)	3등 25위
이령(李翎)	여익(汝翼)	성재(惺齋)	1483～1519	함안(咸安)	3등 26위

기묘제현수첩
己卯諸賢手帖

1519년(중종 14), 1첩, 종이에 먹, 38.0×27.0cm, 보물 제1198호, 장서각(순흥안씨 사제당종중)

1519년을 전후하여 구례현감을 지낸 안처순安處順, 1493~1534에게 보내온 간찰을 모은 필첩이다. 조광조趙光祖, 김정金淨 등 기묘명현 12명이 쓴 39통의 간찰로 이루어져 있다.

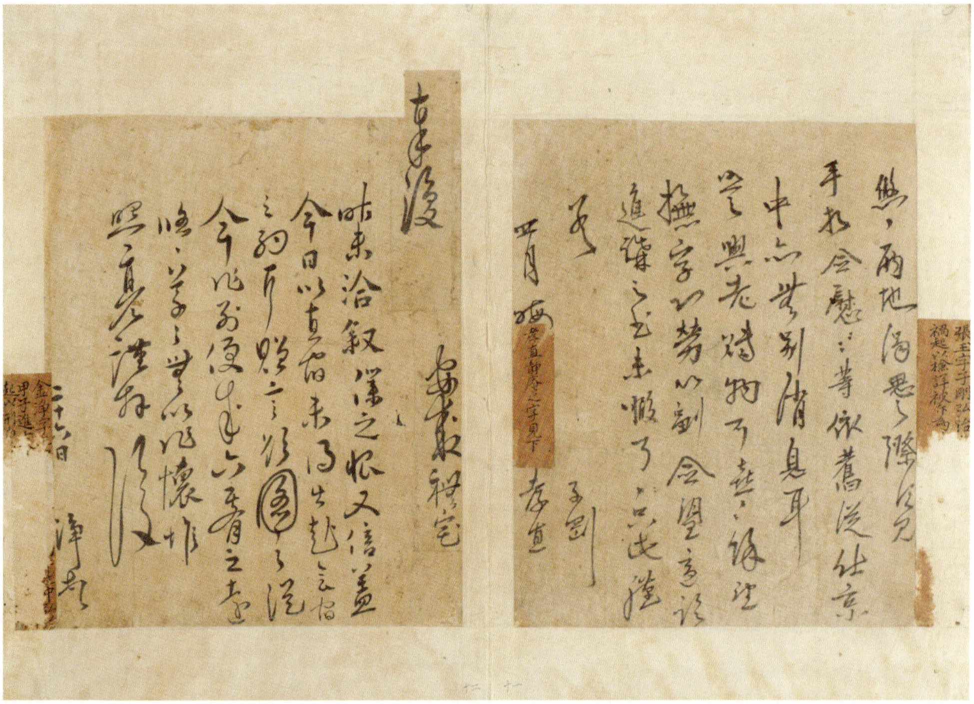

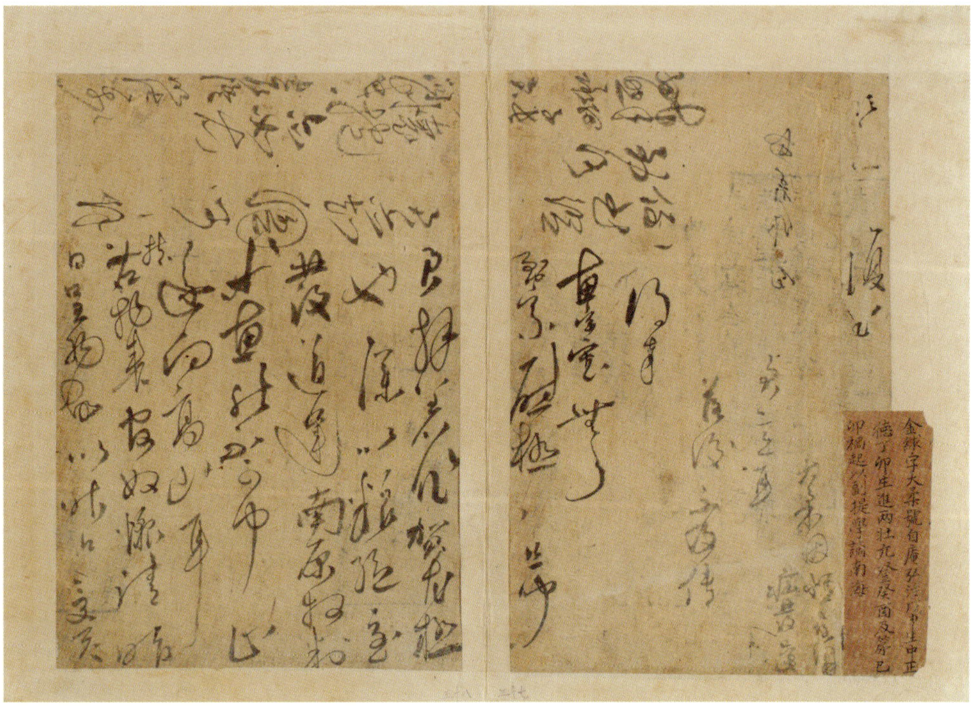

悠悠兩地 渴思之際 得見
手札 僉慰僉慰 等依舊從仕 京
中亦無別消息耳
照之 興老賻物 可喜可喜 餘望
撫字心勞 以副僉望 適論
進講之書 未暇了了 只此謹
答
四月晦 子剛孝直

아득히 떨어진 두 곳에서 간절히 그리워하던 즈음에 손수 쓴 편지를 받아 보니 우리는 매우 위안이 되네. 우리는 예전처럼 벼슬하고 있거니와 서울에 별다른 소식이 없네. 헤아려주게나. 홍로興老께서 부의賻儀를 보내주셨으니 기쁘기 그지없네. 백성을 어루만지고 사랑하는 데 마음을 수고롭혀서 우리의 기대에 부응하기를 바랄 뿐이네. 마침 진강進講할 책을 논하고 있기에 자세히 이야기할 겨를이 없으니 다만 이렇게 답장을 올리네.
4월 그믐에 자강子剛 : 張玉과 효직孝直 : 趙光祖

〈奉復安求禮宅〉
昨未洽敍 僕之恨又倍 盖
今日以直宿 未得出赴會宿
之約耳 贈言欲圖之 從
今作別 便成六期之遠
悠悠草草 無以作懷 惟
照亮 謹拜復
二十六日 淨頓

〈구례현감 안처순安處順에게 답장하며〉
어제 흡족히 인사를 나누지 못한 탓에 한스러운 마음이 곱절이나 되네. 오늘은 숙직 때문에 회합하여 하룻밤 묵자는 약속에 달려갈 수 없기에 전별하는 글을 짓고자 하네. 지금 작별하면 6년이란 세월 동안 만나지 못할 테니 안타깝고 근심스러워 이내 마음을 가눌 길 없네. 바라건대 헤아려주게나. 삼가 절하고 답장을 쓰네.
26일에 김정金淨이 머리를 조아리다.

조광조의 주향처 심곡서원

장응일 문과 시권
張應一文科試券

1629년(인조 7), 1장, 필사본, 72.5×270.0cm, 장서각(인동장씨 여헌종택 기탁)

장응일1599~1676이 1629년인조 7 문과에 제출한 시권으로서 문체는 대책對策이다. 장응일은 본관이 인동이고, 아버지는 장현광張顯光이다. 장응일이 생원시나 진사시에 입격한 기록은 확인되지 않고, 1629년인조 7 문과 별시에 병과丙科 11인으로 급제한 사실만 확인된다. 이때 별시는 명나라 황태자의 탄생을 축하하기 위해 설행되었고, 일명 '육백별시六百別試'라 하여 서울과 지방에서 문과 초시에 600인을 시험 보게 하였다. 최종적으로 전시에는 25인이 나아갔는데, 시제試題는 '체천지도體天之道'이다. 이에 장응일은 군주가 하늘의 도리를 체득하여 그 순리에 따르고 백성을 긍휼히 여겨야 함을 강조하였다.

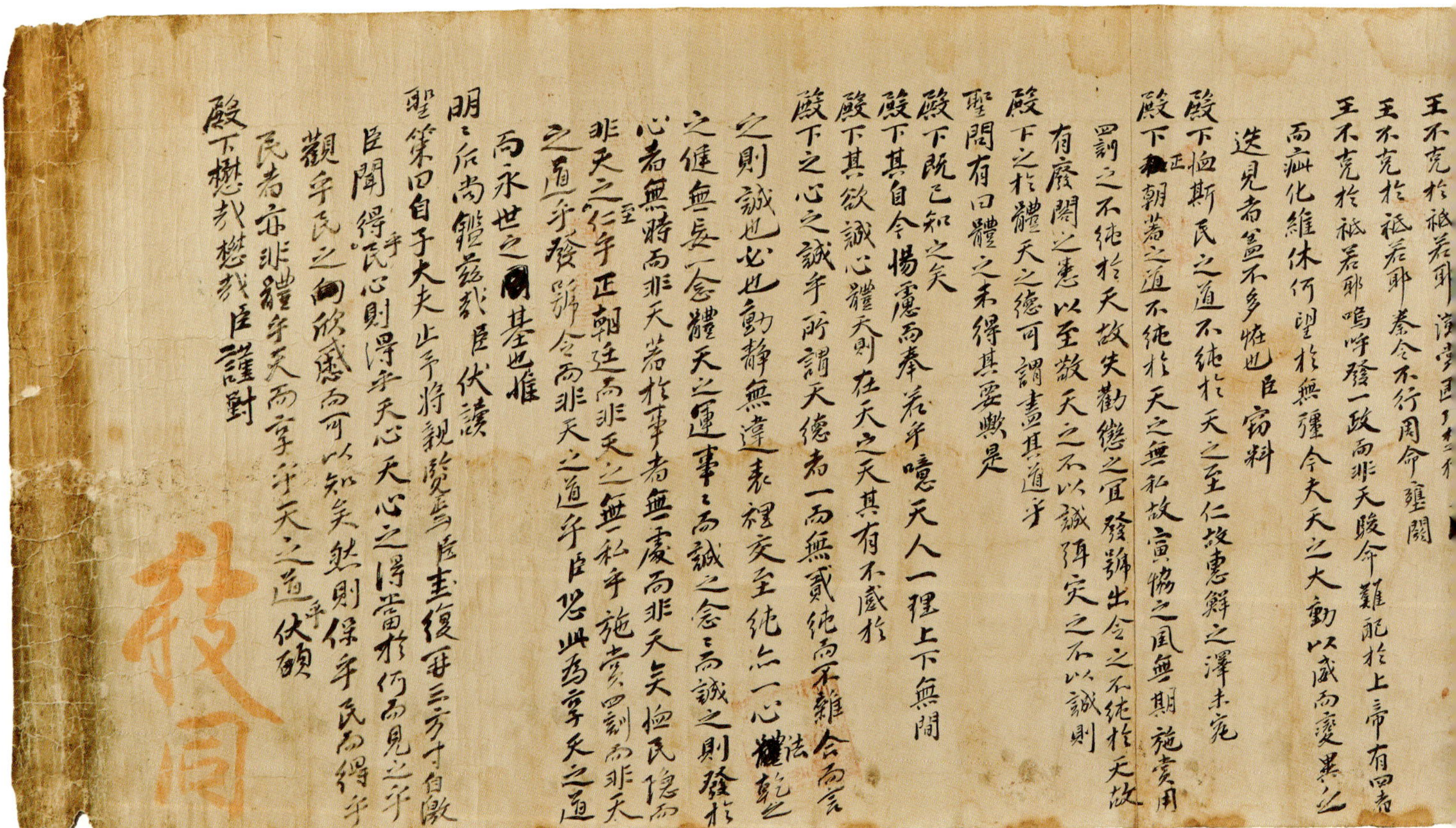

신이 엎드려 성책聖策을 읽으니, "하늘은 하토下土를 덮어주고……차례대로 말하라"라고 하셨습니다. 신이 두세 번 반복하여 읽어보니 마음속이 절로 격동합니다.

신이 적이 엎드려 생각건대, 하토下土를 덮어주지만 하늘이 무엇을 말하겠습니까. 억조창생은 수가 많아 스스로 다스릴 수 없으니 귀 밝고 눈 밝은 이임금가 이에 명령하여 그 직책을 대신합니다. 대개 임금의 지위는 천위天位이지 자신의 지위가 아니며, 임금의 직임은 하늘이 준 직임이지 자신의 직임이 아닙니다. 천위에 자리 잡고서 천공天工을 다스리는 이는 반드시 하늘을 체득하여 다스림을 내어야 합니다. 이런 까닭에 옛날의 제왕帝王들은 이것을 잘 알아서 천심天心의 어짊[仁]을 체득하여 그 인을 함께 하고 천덕天德의 굳셈[健]을 체득하여 그 건을 함께 하셨습니다. 천심이 자기 마음에서 서로 신뢰하고 천덕이 그 덕과 차이가 없으니 천심을 누려 천명을 보전하는 까닭은 그 도道를 가졌기 때문입니다.

아아! 소리도 냄새도 없습니다. 하늘의 현묘함이여! 비록 '보기 어렵다'고 하지만 실로 거짓이 없으니[無妄] 하늘의 도道 역시 쉽게 구할 수 있습니다. 만일 쉼이 없는 성실함을 더하여 하늘에 동참할 수 있고, 거짓이 없는 진실함을 다하여 하늘에 부합할 수 있다면, 하늘이 정성을 흠향함은 메아리보다 빠를 것이요, 하늘이 보우하시어 긴 세월을 거듭 누리도록 할 것입니다. 옛날 일을 깊이 헤아려보건대 덕德이 더 이상 성스러울 수 없었던 것이 요임금, 순임금과 하夏·은殷·주周 삼대三代 때였으며, 정치가 더 이상 융성할 수 없었던 것도 요임금, 순임금과 하·은·주 삼대 때였습니다. 하늘의 덕을 체득하여 자신의 덕으로 짝지었으므로, 요·순·삼대는 위대하게 아름다운 명을 받으셨습니다. 그러나 후세 임금들은 하늘을 두려워할 줄을 몰라 천명天命을 하찮게 여겨 내버리니 하늘을 체득하여 다스림을 편안하게 할 수 있을 만한 사람이 거의 없으며, 하늘을 누리지 못하고 혼란스러워져 망한 자들이 서로 이어졌습니다. 그러니 본받을 만한 것이 삼대가 아니겠으며, 경계할 만한 것이 후세가 아니겠습니까! 오직 밝음을 밝히는 임금이라야 이것을 본받고 이것을 경계할 것입니다.

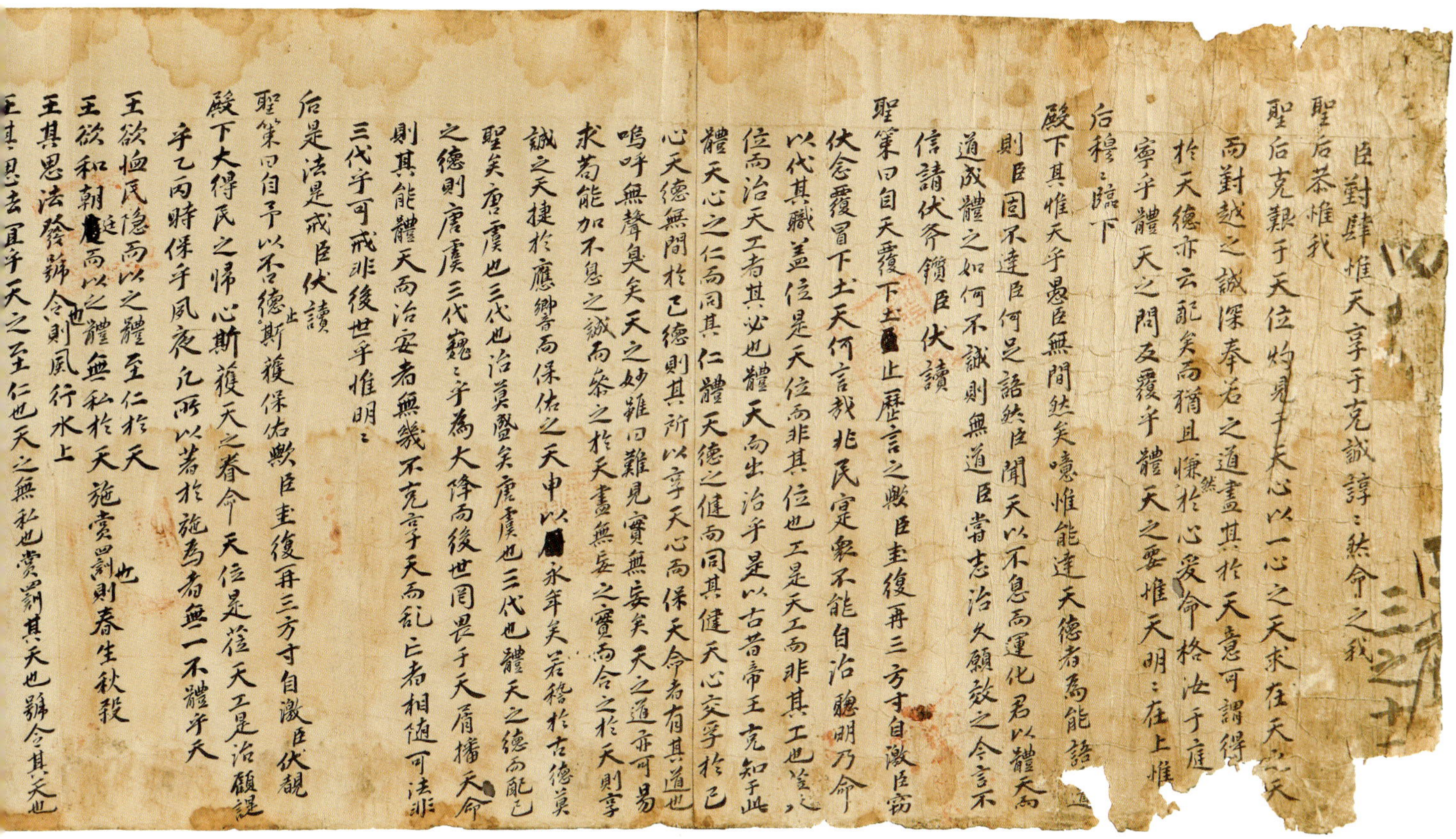

이후영 문과 시권
李後榮文科試券

1684년(숙종 10), 1장, 필사본, 71.0×323.0cm, 장서각(고성이씨 임청각 기탁)

이후영1649~1712이 1684년숙종 10 문과에 제출한 시권으로서 문체는 부賦이다. 이후영은 본관이 고성이고, 아버지는 이분李賁이다. 1673년현종 14에 생원시 3등 25인으로 입격하였고, 1684년숙종 10 문과 식년시에 병과丙科 1인으로 급제하였다. 당시 전시殿試에서 출제된 문제는 "바람을 돌려 벼를 일으키다[反風起禾]"라는 시제를 가지고 부賦를 짓는 것이었다. 이 구절은 『서경』, 『사기』 등에서 취한 것으로서 주나라 성왕成王과 주공周公에 관계된 고사에서 유래하였다. 주공이 죽은 후 가뭄이 들어 크게 흉년이 되었는데, 성왕이 뒤늦게 주공의 은덕을 깨우치자 하늘이 바람을 돌려 벼를 모두 일으켜 세웠다는 고사이다. 이에 이후영은 선대의 훌륭한 왕들을 본받아 하늘의 은택이 백성들에게까지 두루 미치는 정치를 해야 한다고 기술하였다.

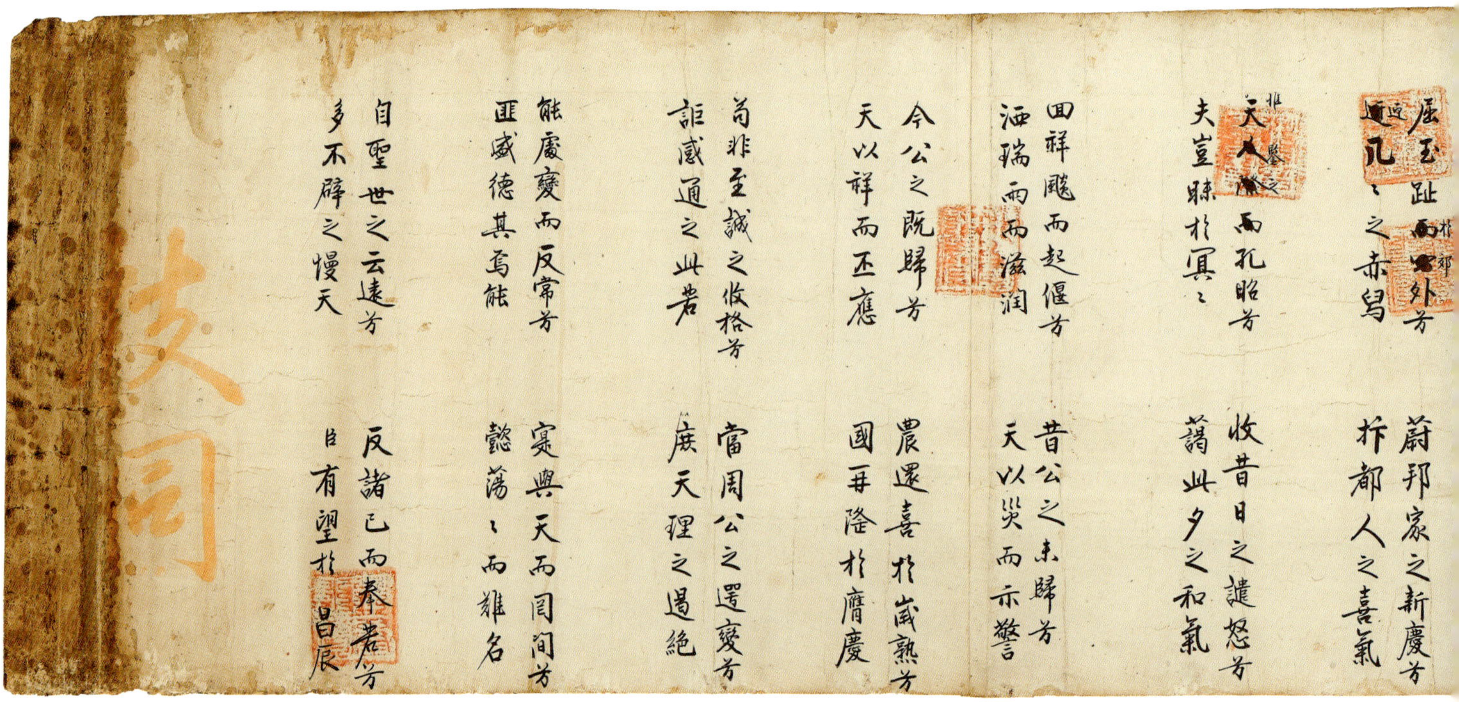

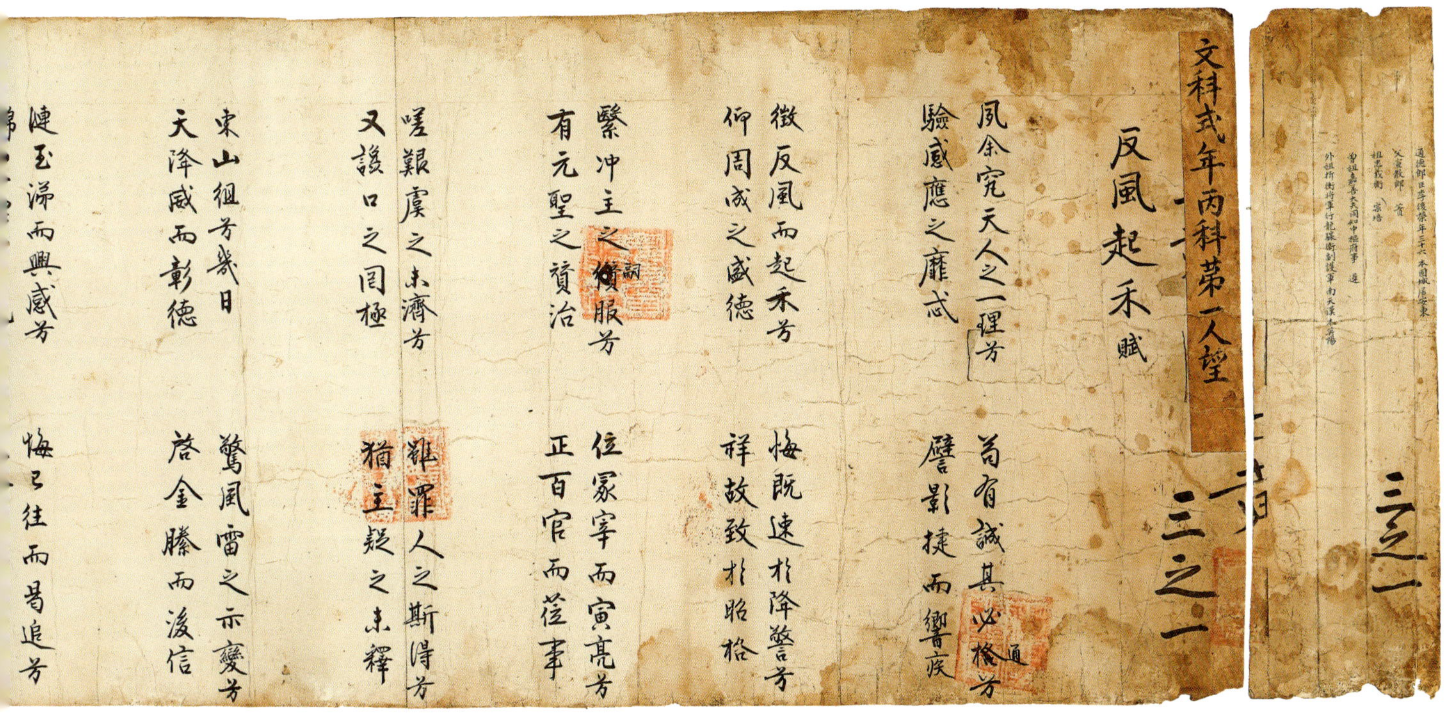
文科式年丙科第一人

反風起禾 賦

夙余究天人之一理兮 苟有誠其必格兮
驗感應之靡忒 譬影捷而響疾
徵反風而起禾兮 悔旣速於降警兮
仰周成之盛德 祥故致於昭格
繄沖主之嗣服兮 位冢宰而寅亮兮
有元聖之賚治 正百官而蒞事
嗟艱虞之未濟兮 非罪人之斯得兮
又讒口之罔極 猶主疑之未釋
東山徂兮幾日 驚風雷之示變兮
天降威而彰德 啓金縢而後信
漣玉涕而興感兮 悔已往而圖追兮

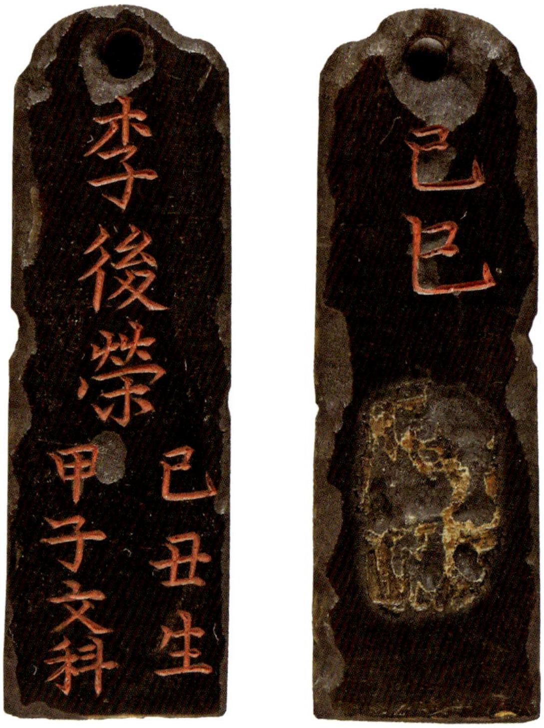

이후영 호패. 갑자년, 즉 1684년에 문과에 급제한 사실이 명기되어 있다.

고성이씨 임청각에 소장된 호패

이후영 문과 홍패
李後榮文科紅牌

1684년(숙종 10), 1장, 필사본, 100.3×71.8cm, 장서각(고성이씨 임청각 기탁)

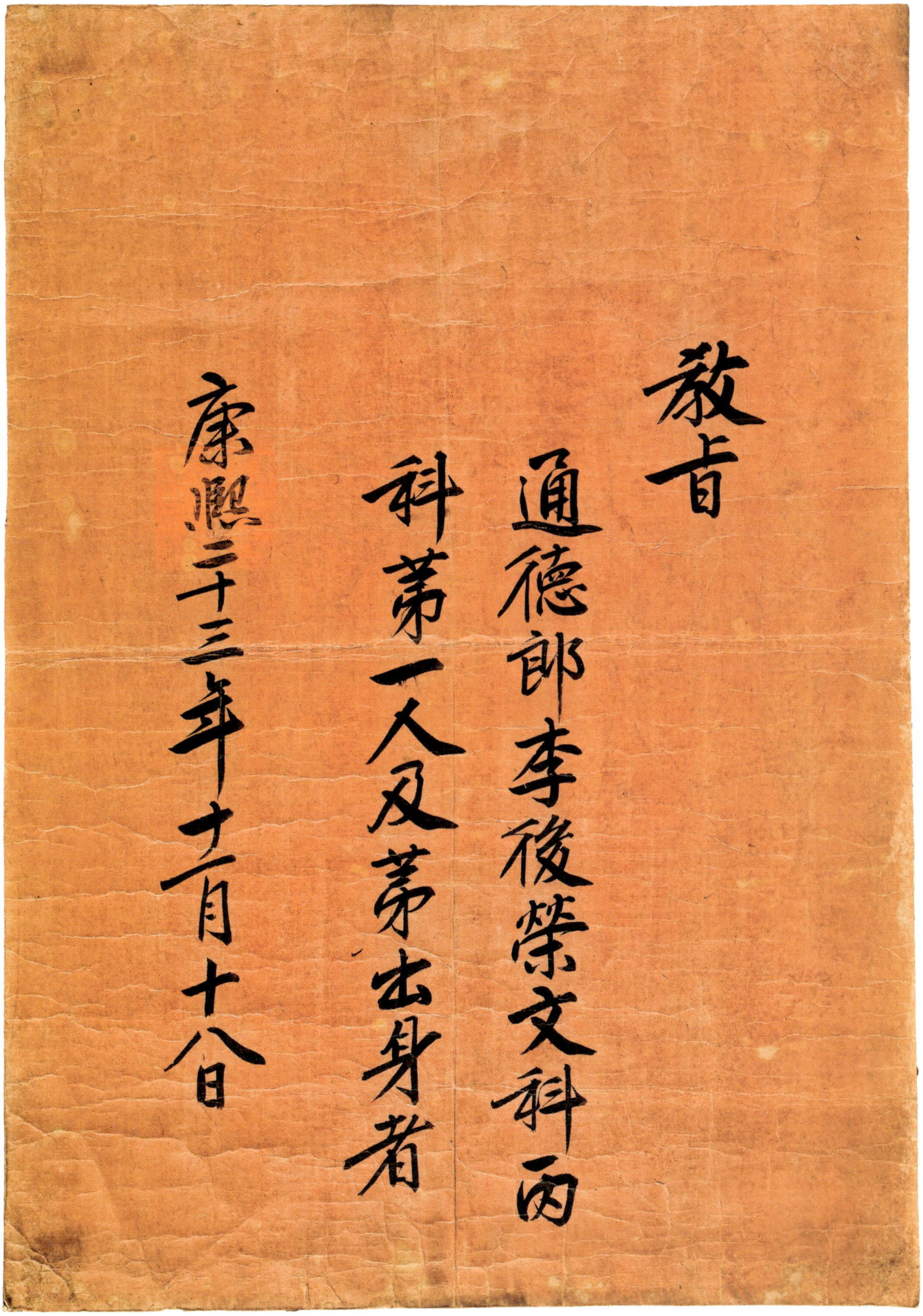

敎旨
通德郞李後榮文科丙
科第一人及第出身者
康熙二十三年十月十八日

1673년 이분 별급문기
李蕡別給文記

1673년(현종 14), 1장, 필사본, 91.5×66.0cm, 장서각(고성이씨 임청각 기탁)

1673년에 이분이 장남 이후영李後榮, 1649~1711의 사마시 입격을 축하하기 위해 노비 5구와 전답을 별급하며 작성한 문서이다. 이러한 사유로 재산을 별급하는 것을 흔히 등과별급이라고 한다. 서두에 작성연도가 '계축癸丑'이라 적혀 있다. 이후영의 생졸년을 고려할 때 1673년에 작성된 문서임을 알 수 있다.

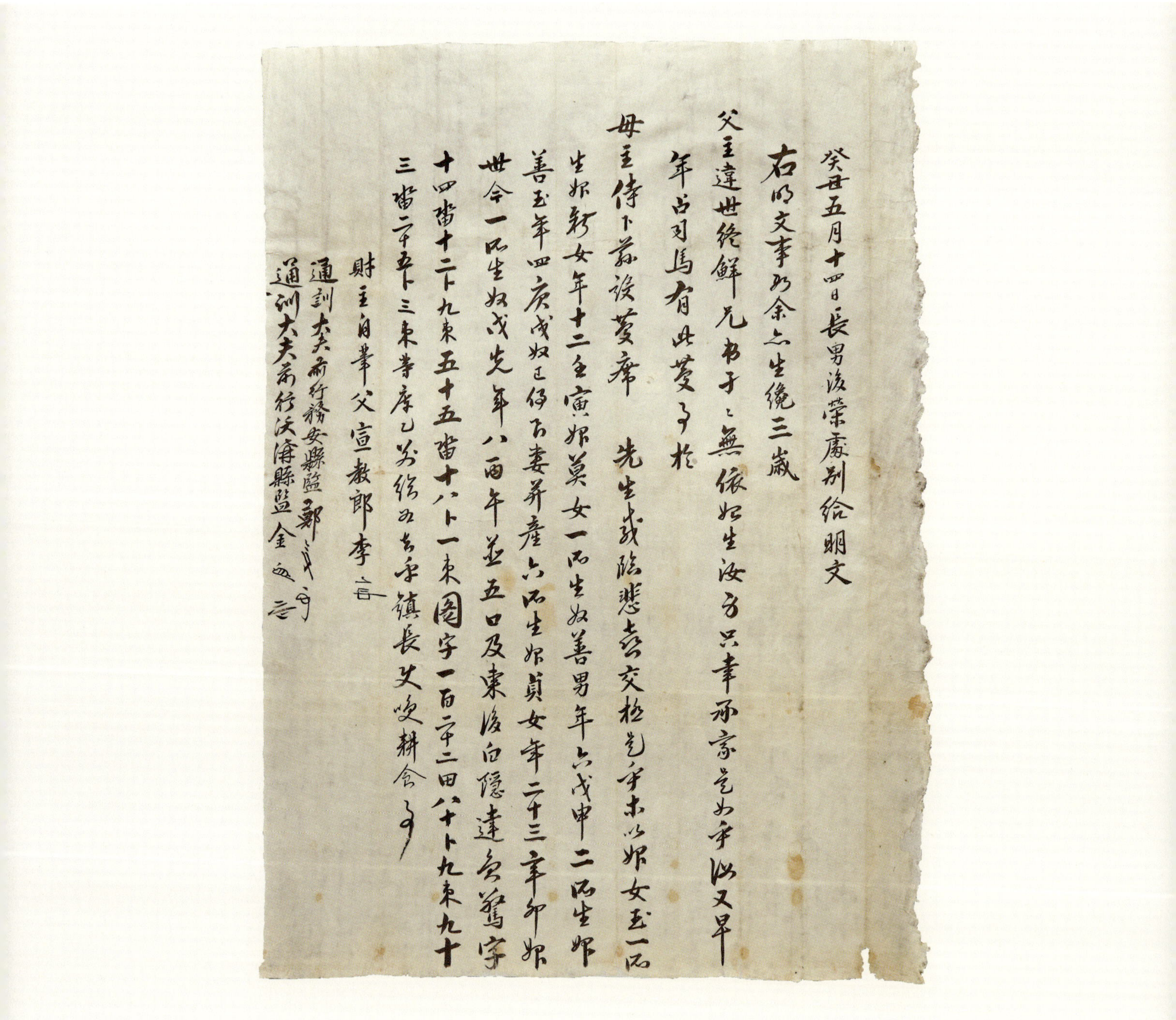

1685년 이분 별급문기

李蕡別給文記

1685년(숙종 11), 1장, 필사본, 98.5×69.0cm, 장서각(고성이씨 임청각 기탁)

1685년숙종 11에 이분이 장남 이후영의 문과 급제를 축하하기 위해 노비와 토지를 별급하며 작성한 문서이다. 이후영이 문과에 급제한 것은 갑자년1684이었으나 별급은 그 이듬해에 이루어졌다. 별급에 비해 그 양이 매우 많은 편에 속한다. 재주財主 이분 외에 이후영의 처부妻父 이명익李溟翼을 비롯하여 남천한南天漢, 김성좌金聖佐가 참여하여 화압하였다.

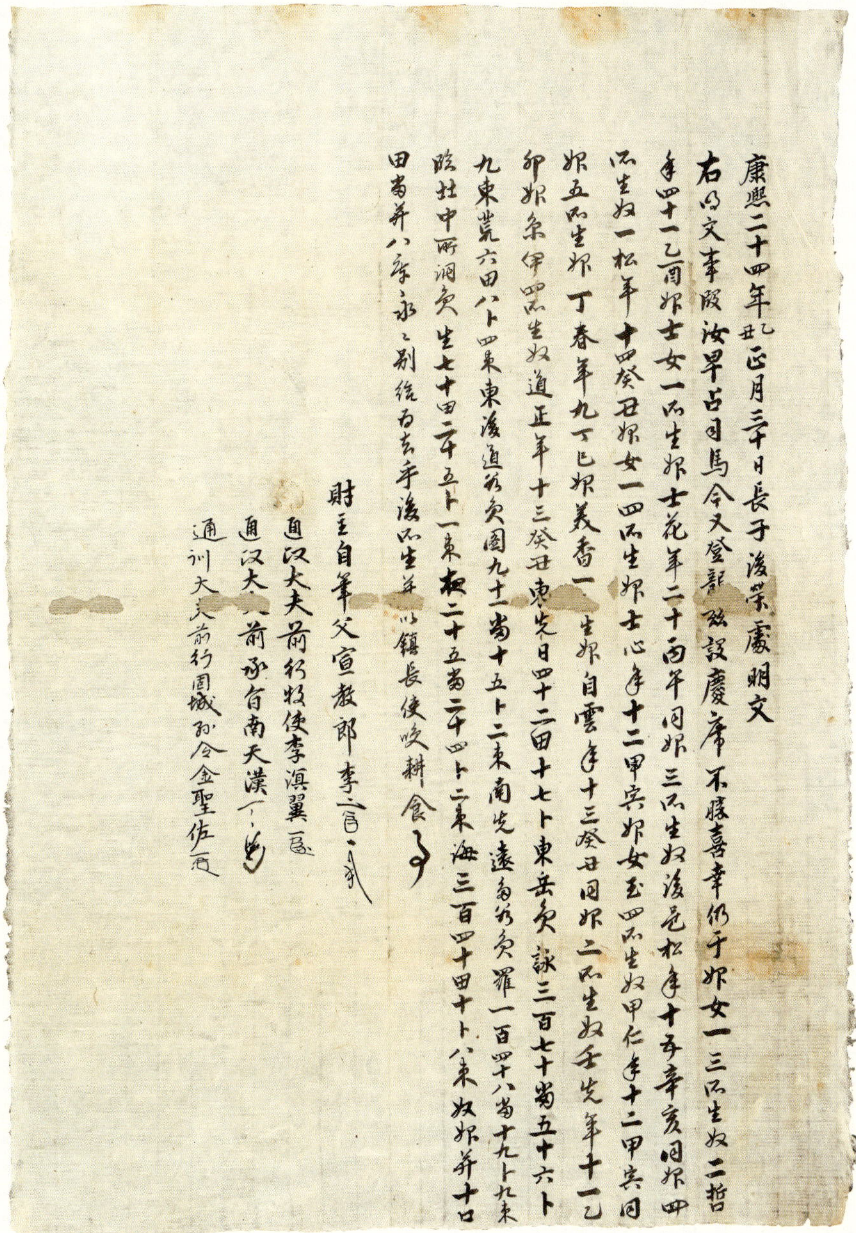

안극효 문과 시권

安克孝文科試券

1741년(영조 17), 1장, 필사본, 65.0×260.5cm, 장서각(순흥안씨 사제당종중 기탁)

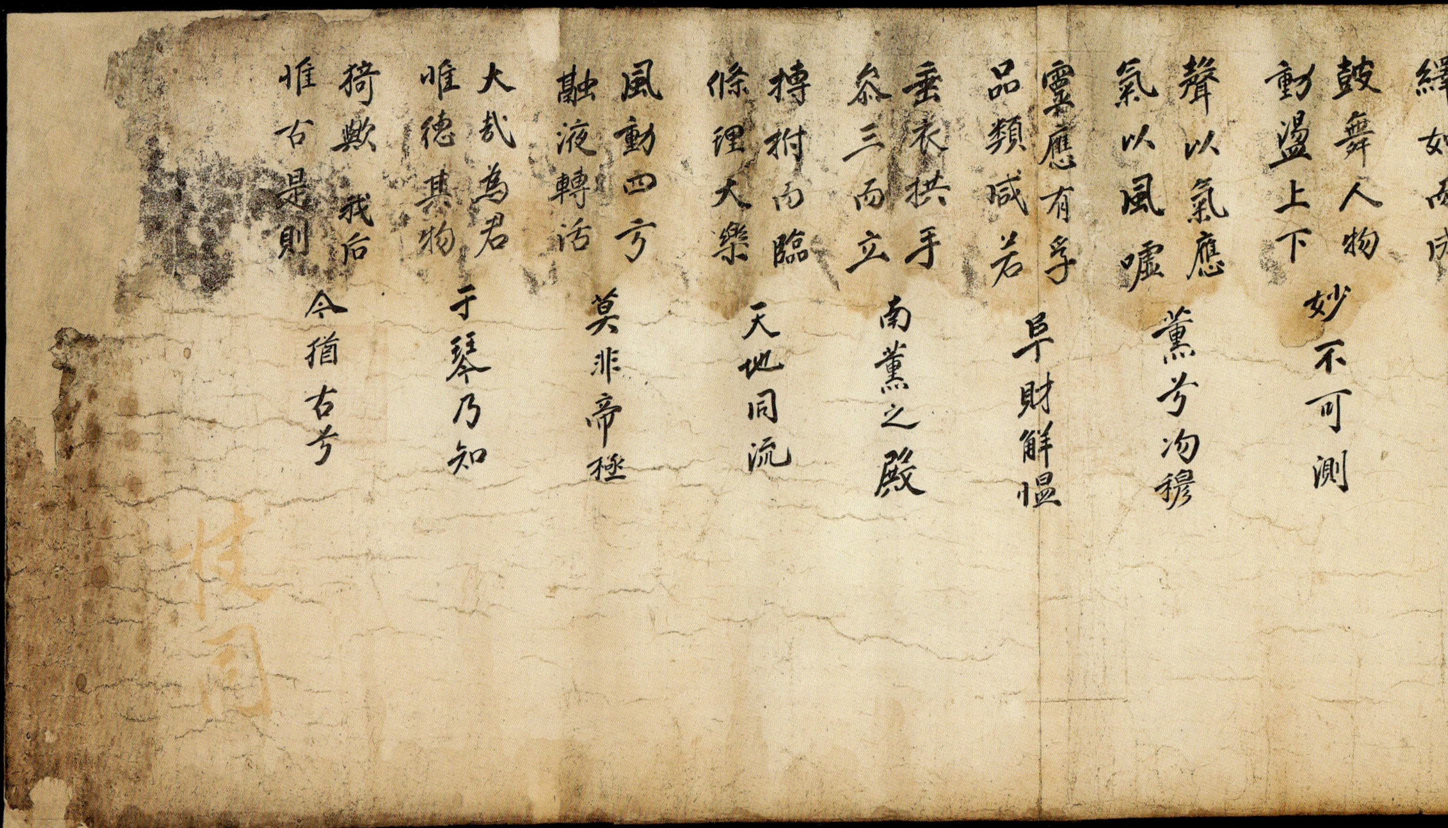

繹如而成
鼓舞人物
動盪上下 妙不可測
聲以氣應
氣以風噓 薰兮洵穆
靈應有孚
品類咸若 阜財解慍
垂衣拱手
叅三而立 南薰之殿
搏拊而臨
條理大樂 天地同流
風動四方
融液轉活 莫非帝極
大哉爲君
唯德其物 于琴乃知
猗歟我后
惟古是則 今猶古兮

안극효1699~1762가 1741년영조 17 식년문과 전시殿試에 장원급제할 때 작성한 시권이다. 안극효는 본관이 순흥順興으로 우리나라 성리학의 남상으로 평가되는 회헌晦軒 안향安珦과 중종 연간에 정암靜菴 조광조趙光祖와 명성을 나란히 했던 사재당思齋堂 안처순安處順의 후손이다. 부친은 송암松巖 안숙安璛이고 모친은 연안이씨 하형夏衡의 딸이다. 안극효는 도암陶菴 이재李縡의 문하에서 배웠고 경서와 제자백가에 두루 밝았는데 특히 주역周易에 정통하였다. 문과에 급제하기 6년 전인 1735년영조 11 생원시에 3등 27인으로 입격하였다.

이 시권의 문체는 명銘이고 시제試題는 '오현금五絃琴'이다. '명'이라는 문체는 통상 경계나 칭송의 뜻을 담았는데, 조선 전기에는 문과의 초시와 복시, 전시 과목의 하나로 채택되다가 조선 후기부터 전시 과목 중 하나로만 존속되었다. '오현금'은 다섯줄로 된 거문고로서 순舜 임금이 일찍이 이것을 연주하며 자신이 지은 〈남풍시南風詩〉를 노래했다고 한다.

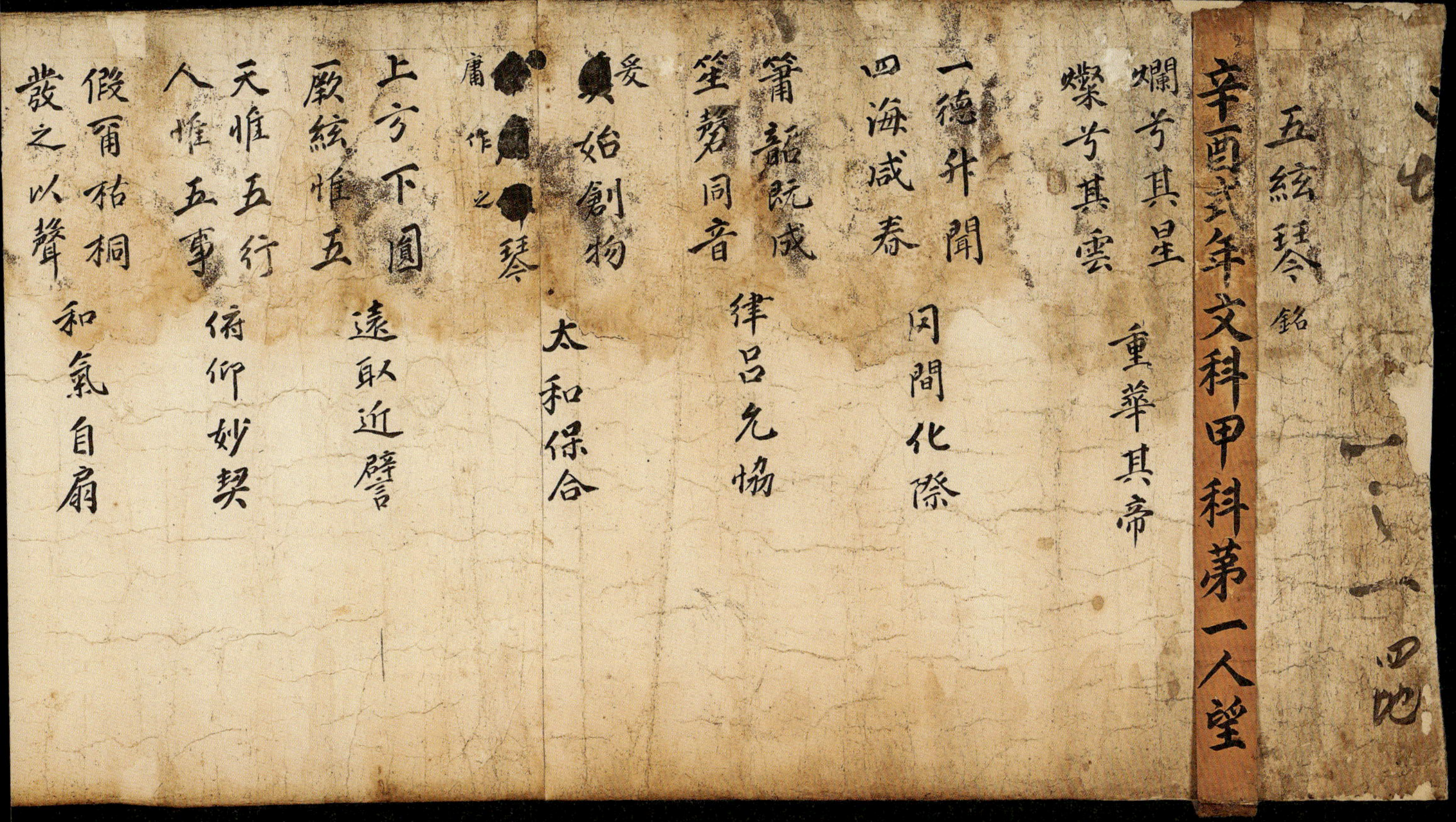

五絃琴 銘

辛酉式年文科甲科第一人望

爛兮其星

爍兮其雲 重華其帝

一德升聞

四海咸春 罔間化際

簫韶旣成

笙匏同音 律呂允協

爰[illegible]始創物

[illegible]庸作之[illegible]琴 太和保合

上方下圓

厥絃惟五 遠取近譬

天惟五行

人惟五事 俯仰妙契

假爾梧桐

發之以聲 和氣自扇

〈남풍시〉는 남풍이 훈훈히 불어 백성들의 노여움을 풀어주고 재물을 넉넉하게 해준다는 내용으로 성군聖君의 선정善政과 태평성대 백성의 생활상을 읊조린 노래이다. 안극효 역시 순 임금의 치세로 모두冒頭를 시작한 뒤, 순 임금을 본받아 치국부민治國富民을 실천하는 국왕 영조英祖의 덕치를 칭송하며 글을 마무리하였다. 안극효는 이 시권으로 문과 장원의 영예를 누렸다.

시권의 형식은 상단의 두 구와 하단의 한 구가 한 단락을 이루고, 하단 한 구의 마지막 글자를 운각韻脚으로 삼되, 두 단락마다 자유롭게 환운換韻하였다. 제목 아래에 '신유식년문과 갑과제일인망辛酉式年文科甲科第一人望'이라는 첨지가 붙어 있는데 맨 끝에 '후보[望]'라는 글자가 적혀 있는 것으로 보아 장원이 확정되기 전에 임금의 재가를 받기 위한 것임을 알

五絃琴銘 오현금명

爛兮其星 별이 반짝반짝
燦兮其雲 찬란하다, 은하여.
重華其帝 순임금을 거듭 빛나게 하네.

一德升聞 순일한 덕이 올라가 요임금께 알려지니
四海咸春 온 천지가 모두 봄이로구나.
罔間化際 교화의 때를 만난 것 차이가 없도다.

簫韶既成 순임금의 음악인 소소簫韶가 이루어지고
笙磬同音 생笙과 경磬이 같은 소리를 내니
律呂允協 율려律呂가 진실로 합당하도다.

爰始創物 이에 비로소 물건을 발명하여
庸作之琴 이에 오현금을 만드니
太和保合 태화太和가 보합保合하였네.

上方下圓 위는 모나고 아래는 둥근데
厥絃惟五 그 줄은 다섯이니
遠取近譬 멀리서 취하고 가까이서 비유하였네.

天惟五行 하늘에는 오행五行이 있고
人惟五事 사람에게는 오사五事가 있으니[1]
俯仰妙契 굽어보고 우러러보아도 신묘하게 부합하네.

假爾枯桐 오동나무 고목을 가져다가
發之以聲 소리를 내게 하니
和氣自扇 조화로운 기운이 절로 불어오네.

穆然而淸 경건하고도 청아하며
繹如而成 끊어질 듯 끊이지 않고 소리를 이루어
無相奪倫 서로 질서를 잃지 않는구나.

鼓舞人物 사람을 고무시키고
動盪上下 위아래를 뒤흔드니
妙不可測 오묘함을 예측할 수 없구나.

聲以氣應 소리는 기운으로 응하고
氣以風爐 기운은 바람 일으켜
薰兮沕穆 훈훈하구나, 깊고도 은미하게.

靈應有孚 신령스러운 감응 믿을 수 있고
品類咸若 온갖 만물이 모두 순응하니
阜財解慍 백성들의 재물을 풍부하게 하며 근심을 풀어주도다.[2]

垂衣拱手 옷소매를 늘어뜨리고 팔짱을 끼고[3]
參三而立 천天, 지地, 인人 중의 하나로서 서있으니
南薰之殿 순임금의 궁전이라네

搏拊而臨 악기를 타며 임하시니
條理大樂 맥락이 있는 큰 음악이
天地同流 천지와 함께 유행하는구나.

風動四兮 사방을 감화시켜
融液轉活 원활하고 더욱 활기 있으니
莫非帝極 모두 황제의 지극함이네.

大哉爲君 위대하도다, 임금이시여.
惟德其物 그 물건을 덕스럽게 생각함을[4]
于琴乃知 오현금에서 알게 되네

猗歟我后 훌륭하신 우리 임금
惟古是則 오직 옛것을 법으로 삼으시니
今猶古兮 예나 지금이나 마찬가지로다.

1 하늘에는……있으니 : 오행은 수(水), 화(火), 목(木), 금(金), 토(土)이고, 오사는 모(貌), 언(言), 시(視), 청(聽), 사(思)이다. 『書經』 周書 洪範

2 백성들의……풀어주도다 : 순(舜) 임금이 오현금(五絃琴)을 만들어 타면서 남풍시(南風詩)를 지어 노래했는데, 그 시에, "남풍의 훈훈함이여, 우리 백성의 노염을 풀어줄 만하도다. 남풍이 제때에 불어옴이여, 우리 백성의 재물을 풍부하게 하리로다〔南風之薰兮 可以解吾民之慍兮 南風之時兮 可以阜吾民之財兮〕" 한 데서 온 말이다. 『孔子家語』 辯樂解

3 옷소매를……끼고 : 순 임금은 옷을 드리우고 팔짱을 낀 채 가만히 앉아있기만 해도 천하가 잘 다스려졌다고 한다. 『書經』 周書 武成

4 그 물건을 덕스럽게 생각함을 : 주(周) 나라 소공(召公)이 무왕(武王)에게 건의한 내용 중에 "왕이 이룩한 덕을 다른 성씨의 나라에 보여 주어 그 일을 폐함이 없게 하고, 보옥을 같은 성씨의 나라에 나눠 줌으로써 친애하는 도리를 펼친다면, 사람들이 물건을 가볍게 여기지 아니하고 그 물건을 덕스럽게 생각할 것입니다"라는 말이 나온다. 『書經』 旅獒

안극효 생원 백패
安克孝生員白牌

1735년(영조 11), 1장, 필사본, 89.0×46.6cm,
장서각(순흥안씨 사제당종중 기탁)

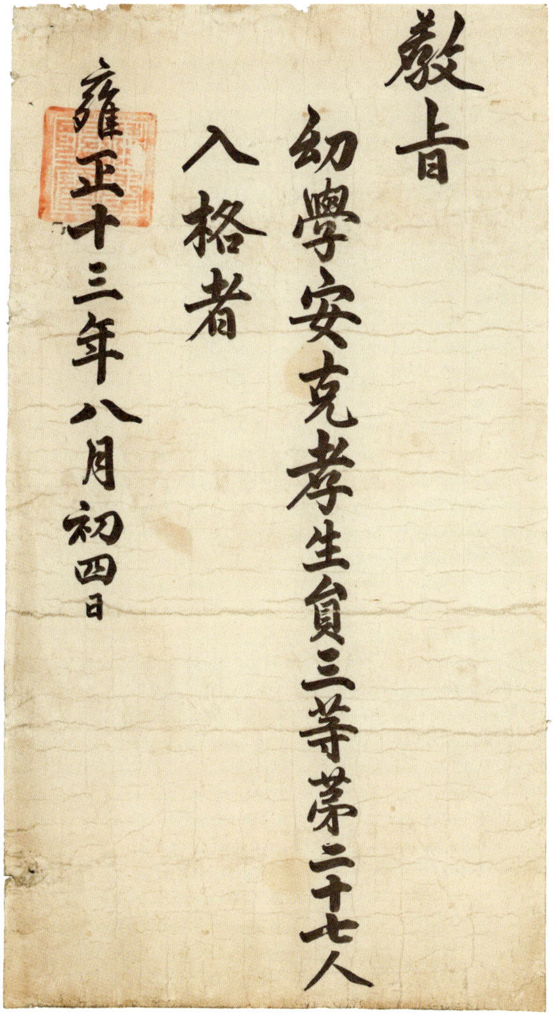

敎旨

幼學安克孝生員三等第二十七人

入格者

雍正十三年八月初四日

안극효 문과 홍패
安克孝文科紅牌

1741년(영조 17), 1장, 필사본, 93.5×64.4cm,
장서각(순흥안씨 사제당종중 기탁)

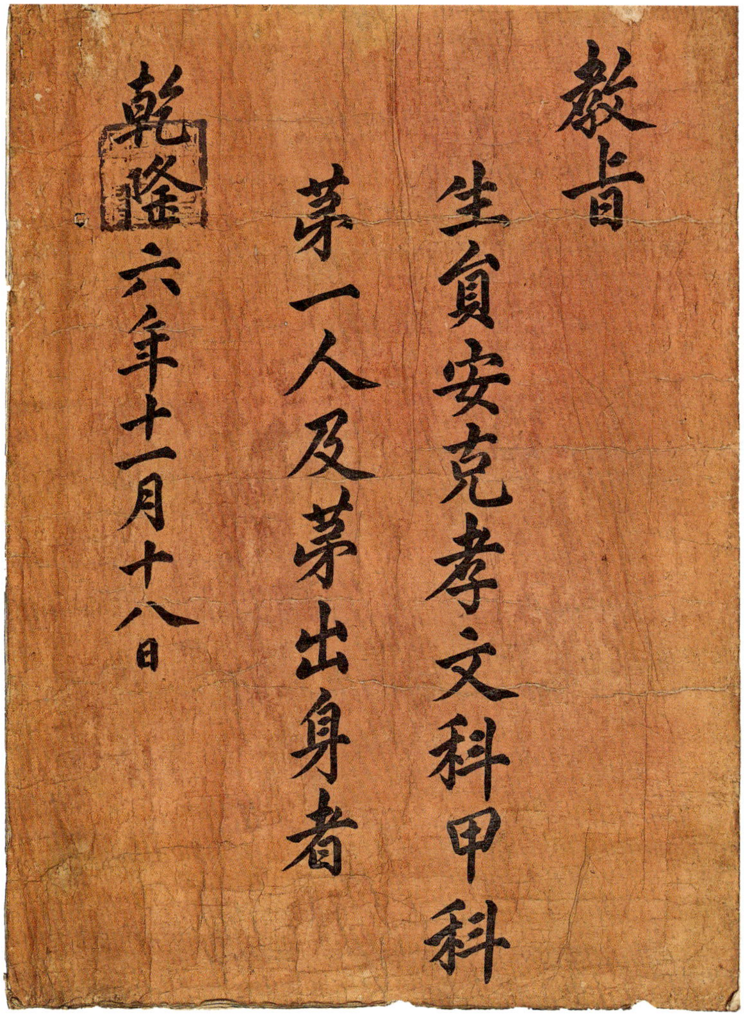

敎旨

生員安克孝文科甲科

第一人及第出身者

乾隆六年十一月十八日

박종길 문과 시권

朴宗吉文科試券

1827년(순조 27), 1장, 필사본, 44.7×170.0cm, 장서각(반남박씨 서계종택 기탁)

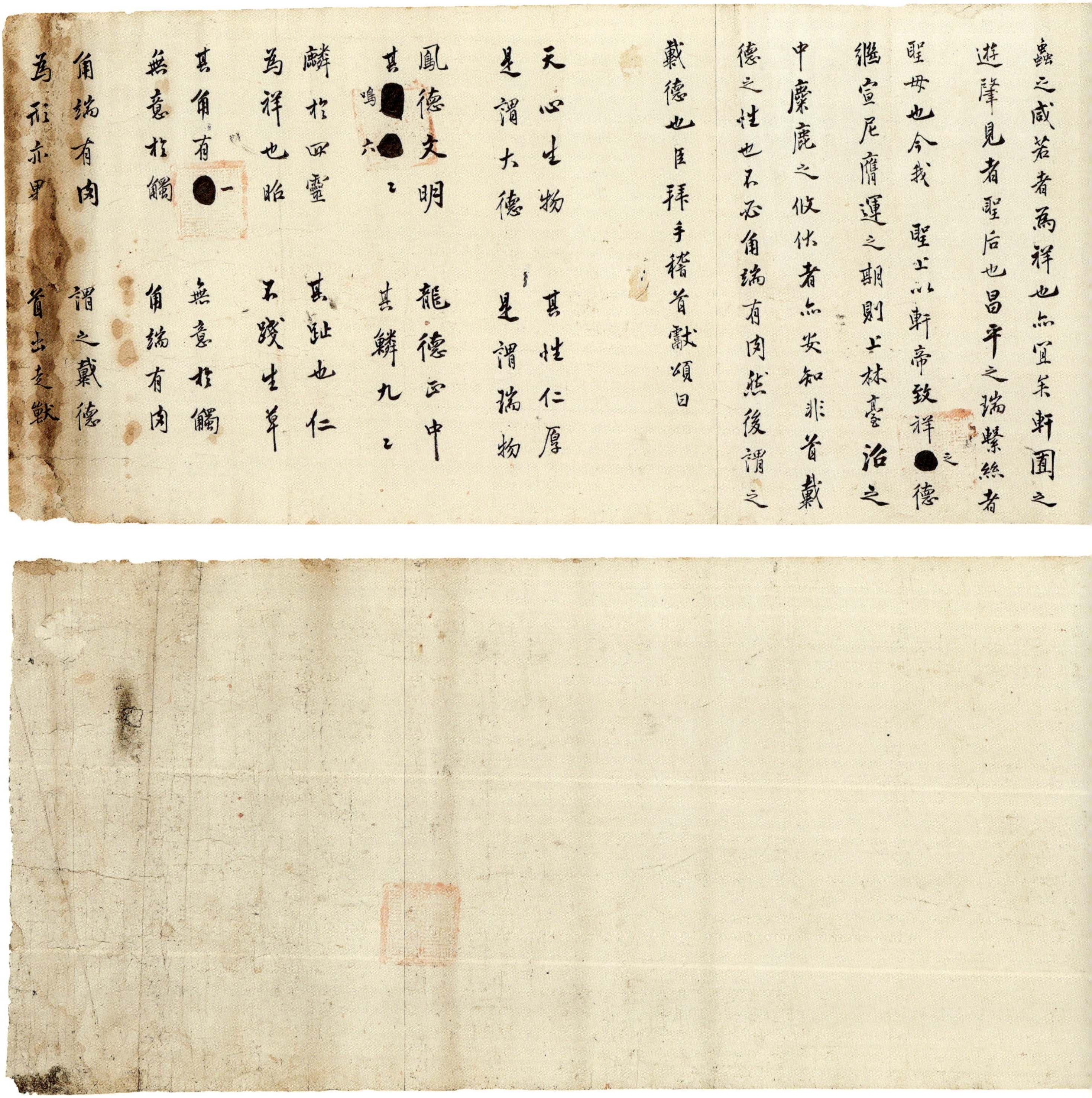

박종길1783~1852이 1827년순조 27 문과에 제출한 시권으로 문체는 송頌이다. 박종길은 본관이 반남이고, 박헌원朴獻源의 아들이다. 1804년순조 4 생원시에 3등 68인으로 입격하였고, 1827년순조 27 문과 증광시에 병과丙科 1인으로 급제하였다. 당시 문과 증광시는 대전과 중궁전에게 존호를 올리고 원손의 탄생을 경하하기 위해 설행하였다. 창경궁 춘당대에서 설행된 전시殿試에서 "머리에 덕을 이다首戴德"라는 시제에 대해 송頌을 짓도록 하였다. '수대덕'은 봉황의 형상을 이야기할 때 '머리에 덕을 이고, 목에 의義를 매달았으며…… ' 등으로 묘사한 데서 유래하였다. 이 시권에서는 이것을 기린[麟]에 빗대어 설명하면서 당대의 태평성대를 노래하였다. 송頌을 짓기에 앞서 그에 대한 서문序文을 기술하였다.

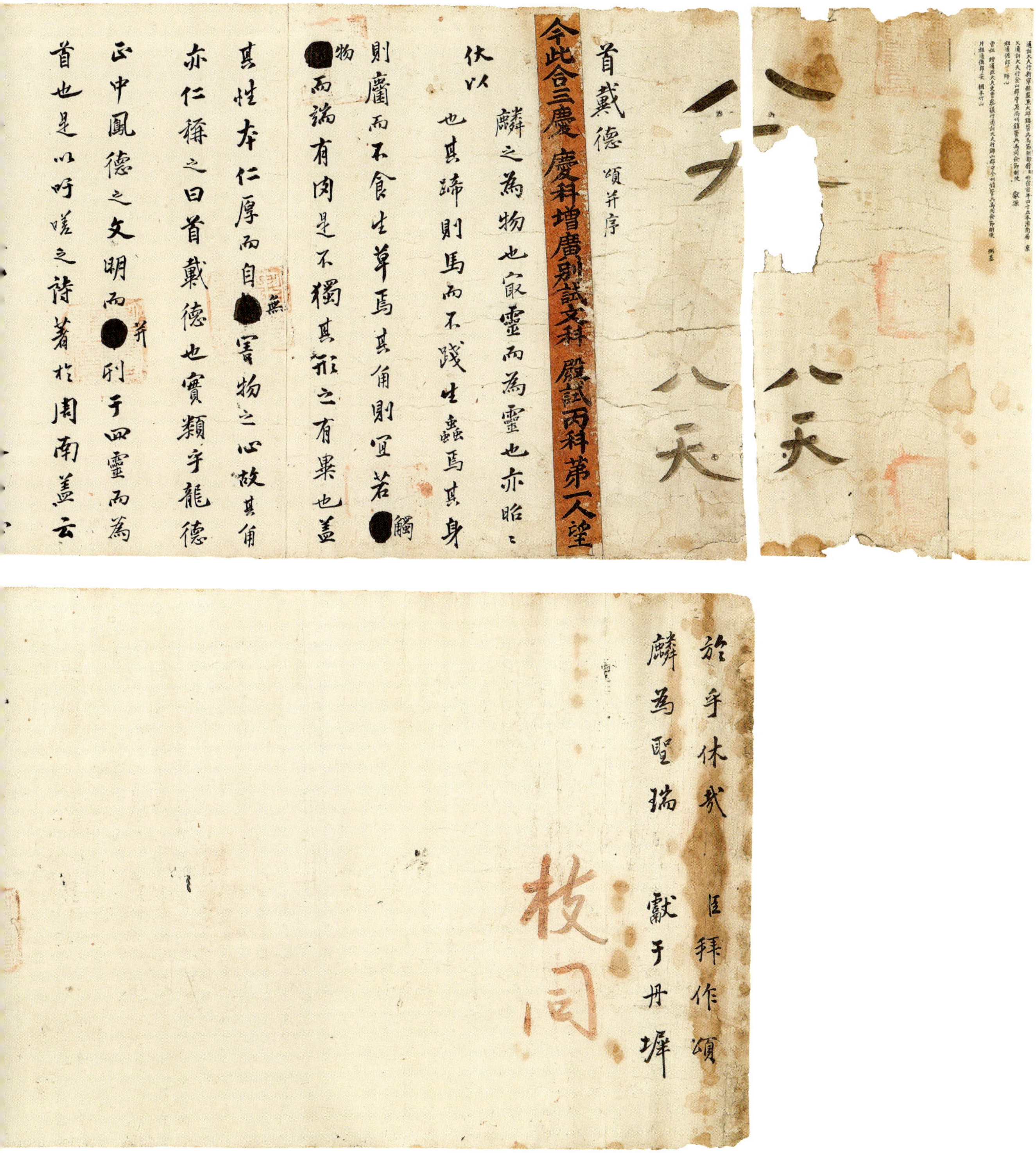
今此合三慶慶科增廣別試文科殿試丙科第一人望

首戴德 頌并序

伏以

麟之爲物也最靈而爲靈也亦昭昭也其蹄則馬而不踐生蟲焉其身則麕而不食生草焉其角則宜若觸物而端有肉是不獨其形之有異也蓋其性本仁厚而自無害物之心故其角亦仁稱之曰首戴德也實類乎龍德正中鳳德之文明而并列于四靈而爲首也是以吁嗟之詩著於周南蓋云

於乎休哉 麟爲聖瑞

臣拜作頌 獻于丹墀

박종길 문과 홍패
朴宗吉文科紅牌

1827년(순조 27), 1장, 필사본, 89.0×64.0cm, 장서각(반남박씨 서계종택 기탁)

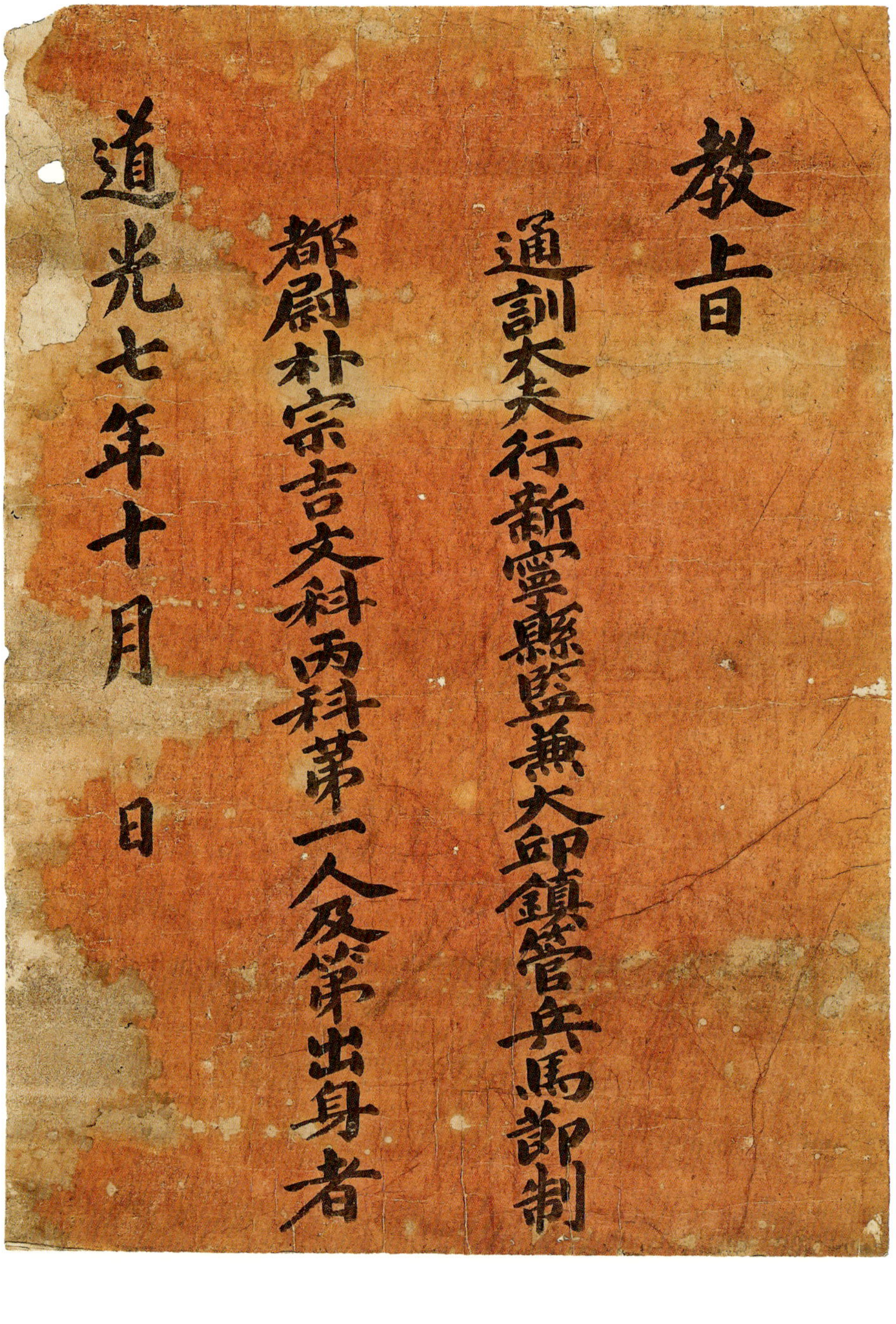

教旨

通訓大夫行新寧縣監兼大邱鎭管兵馬節制

都尉朴宗吉文科丙科第一人及第出身者

道光七年十月 日

반남박씨 서계종택과 박세당이 심은 은행나무.
이 종택의 건립자가 곧 박종길이며, 당호는 학문에
부지런히 힘쓴다는 뜻인 정매당(征邁堂)이다.

유원성 문과 시권
柳遠聲文科試券

1882년(고종 19), 1장, 필사본, 39.0×160.0cm, 장서각(진주유씨 모산종택 기탁)

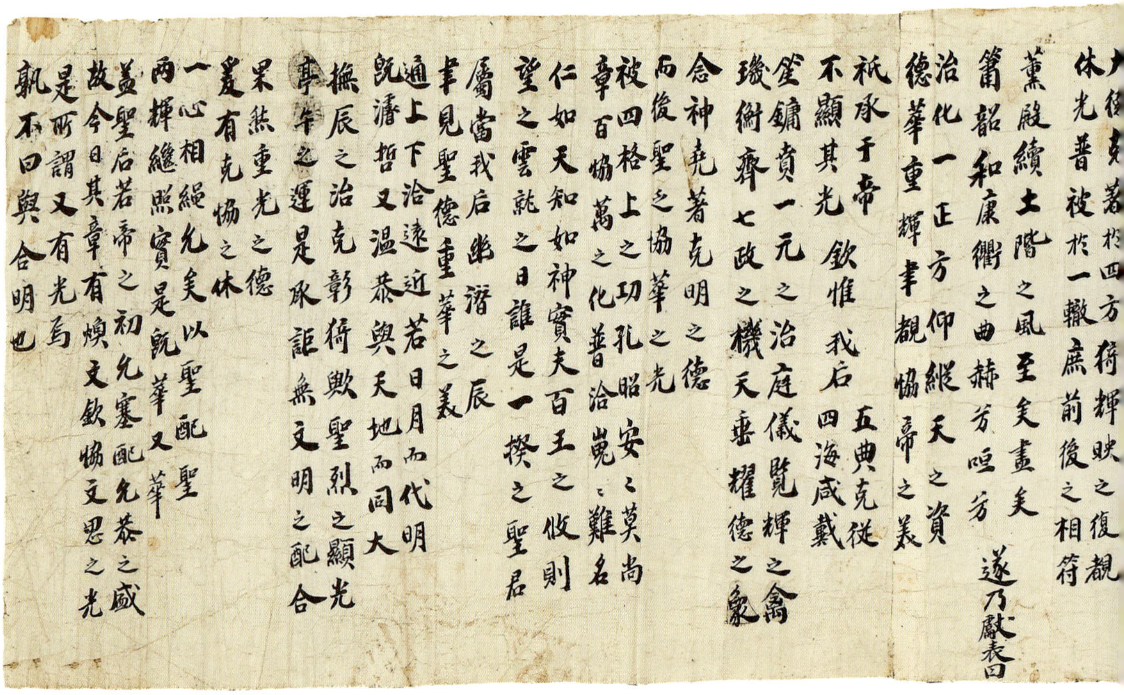
大德克著於四方符輝映之復覩
休光普被於一轍庶前後之相符
薰殿續土階之風至矣盡矣
簫韶和康衢之曲赫芳唖芳 遂乃獻表曰
治化一正方仰繼天之資
德華重輝聿覩協帝之美
祇承于帝
不顯其光 欽惟 我后 五典克從
叅鏞貢一元之治庭儀覧輝之禽
璣衡齊七政之機天垂耀德之象
合神堯著克明之德
而後聖之協華之光
被四格上之功孔昭安安莫尚
章百協萬之化普洽巍巍難名
仁如天知如神實夫百王之攸則
望之雲就之日誰是一揆之聖君
屬當我后幽潛之辰
聿見聖德重華之美
通上下洽遠近若日月而代明
既濬哲又溫恭與天地而同大
撫辰之治克彰猗歟聖烈之顯光
亭午之運是承詎無文明之配合
果然重光之德
爰有克協之休
一心相繩允矣以聖配聖
兩輝繼照寔是既華又華
蓋聖后若帝之初允塞配允恭之盛
故今日其章有煥文欽協文思之光
是所謂又有光焉
執不曰與合明也

유원성1851~1945이 1882년고종 19 문과에 제출한 시권으로 문체는 표表이다. 유원성은 본관이 진주이고, 아버지는 유방柳雱이다. 1874년고종 11 생원시에 3등 61인으로 입격하였고, 이후 문과에 응시하였으나 최종적으로 급제하지는 못하였다. 이 시권은 1882년고종 19 중궁전이 홍역에서 회복된 것을 경하하기 위해 마련한 증광시에서 작성된 것이다. 춘당대에서 설행된 전시殿試에 출제된 문제는 '순임금의 여러 신하들이 거듭 빛남이 제요帝堯에게 합함을 축하한 것에 대해 의작擬虞群臣賀重華協于帝'하는 것이었다. 이에 유원성은 고종의 덕 또한 역대 성군들의 덕에 합치함을 칭송하였다.

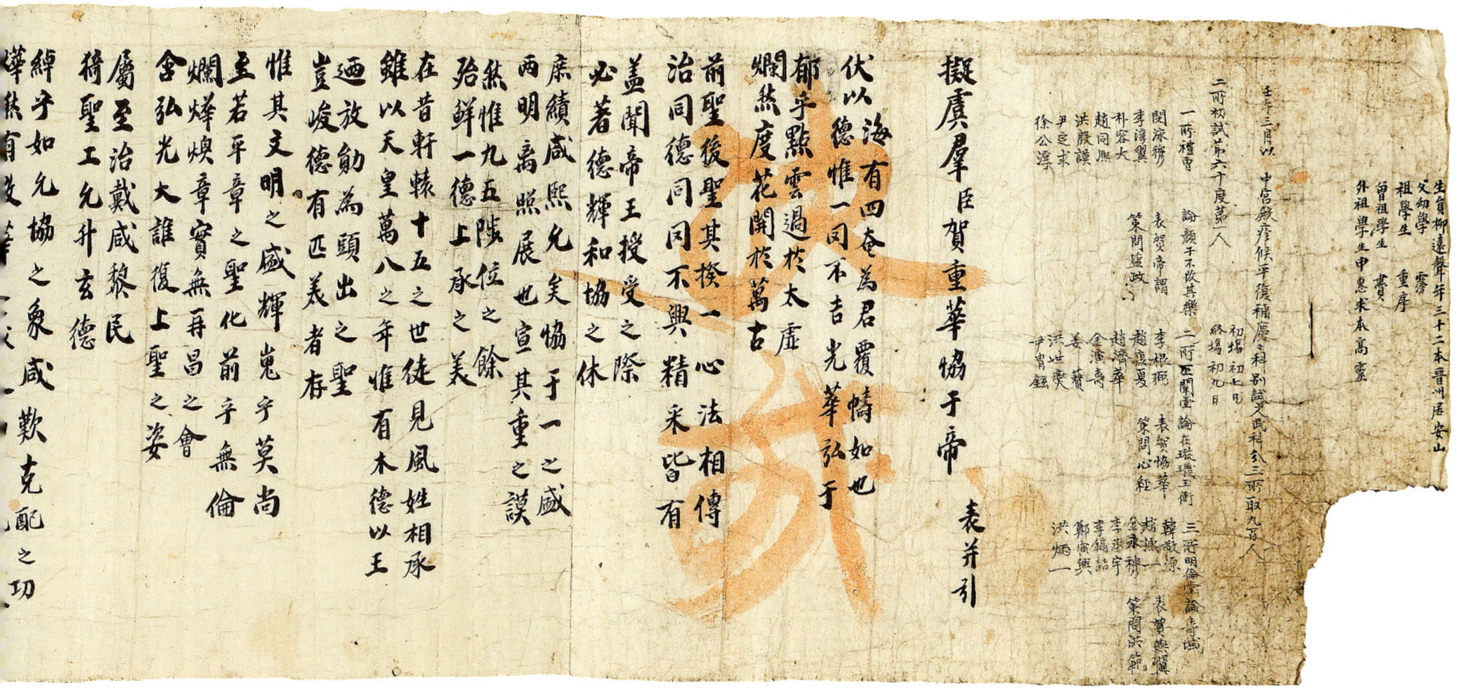
擬虞羣臣賀重華協于帝 表并引

앞면

뒷면

유원성 생원 백패

柳遠聲生員白牌

1874년(고종 11), 1장, 필사본, 73.0×42.0cm, 장서각(진주유씨 모산종택 기탁)

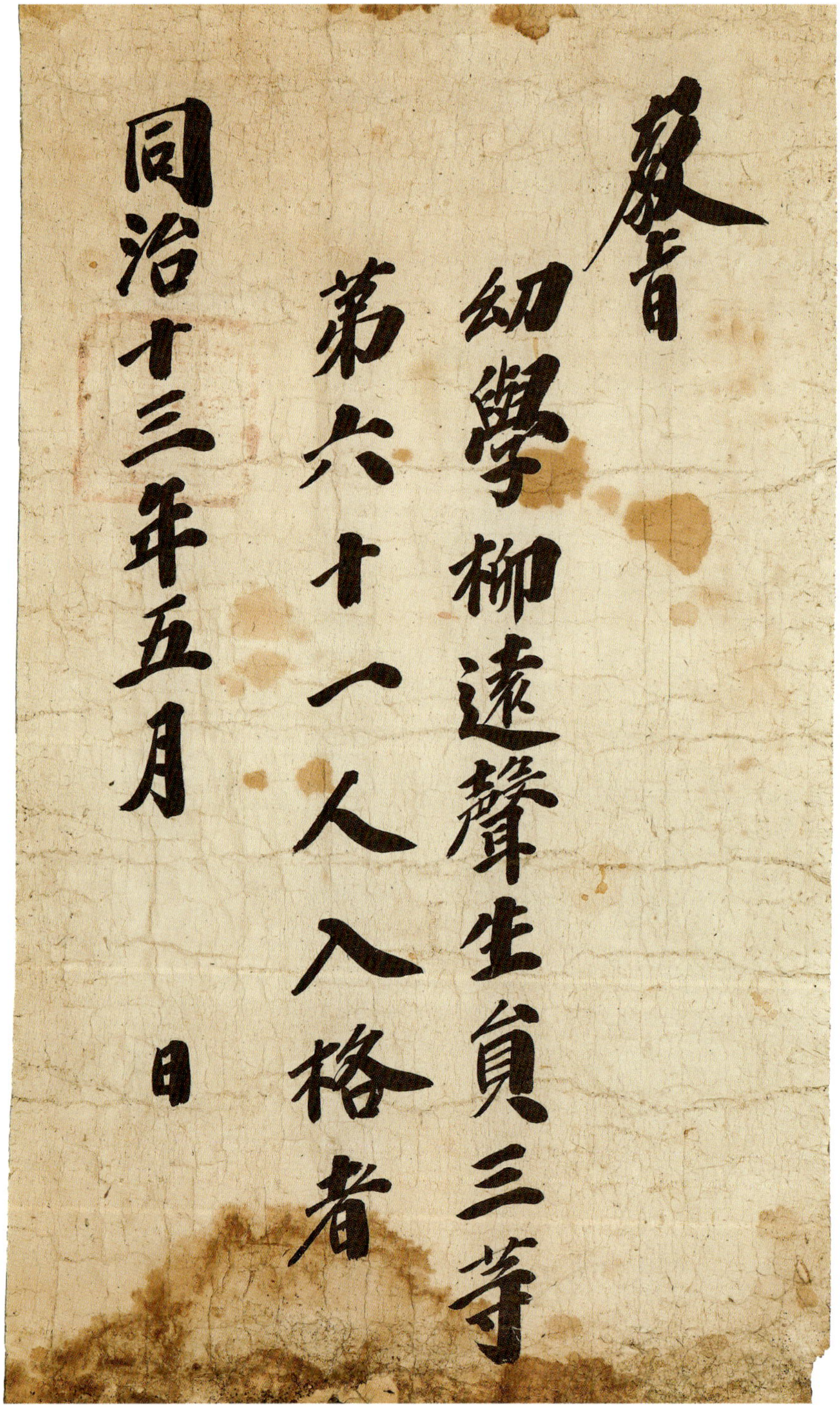

敎旨
幼學柳遠聲生員三等
第六十一人入格者
同治十三年五月 日

유원성의 거주지 모산종택.
당호는 경성당(景成堂)인데, 뜻을 가진 자는 반드시 그것을 이룬다는 한나라 광무제(光武帝)의 말에서 따온 것이다.

송종오 문과 시권
宋鍾五文科試券

1888년(고종 25), 1장, 필사본, 66.0×217.5cm, 대전역사박물관

송종오1828~1904가 1888년고종 25 문과에 제출한 시권으로 문체는 부賦이다. 송종오는 본관이 은진이고, 아버지는 송영로宋永老이며, 동춘당同春堂 송준길宋浚吉의 9대손이다. 송종오가 생원시 또는 진사시에 입격한 기록은 없다. 그러나 『승정원일기』 등의 자료를 살펴보면 그는 이미 관직에 나아가 관료생활을 수행하고 있었고, 공조참의에서 동부승지로 제수된 때인 61세에 문과 별시에 응시하여 장원으로 급제하였다.

이때 별시는 대전, 대왕대비전, 왕대비전, 중궁전에 존호를 더하여 올린 것을 경하하기 위해 설행되었다. 출제된 문제는 "천리에 승순하여 일을 이루어 하늘이 내리는 복을 받음으로써 만세토록 이어나갈 기틀을 드리운다[順成天慶 垂萬世之基]"는 시제에 대해 부賦를 짓는 것이었다. 이에 송종오는 왕이 하늘의 순리에 따라 나라를 다스리시니 나라와 백성이 모두 복을 받을 것이라고 노래하였다.

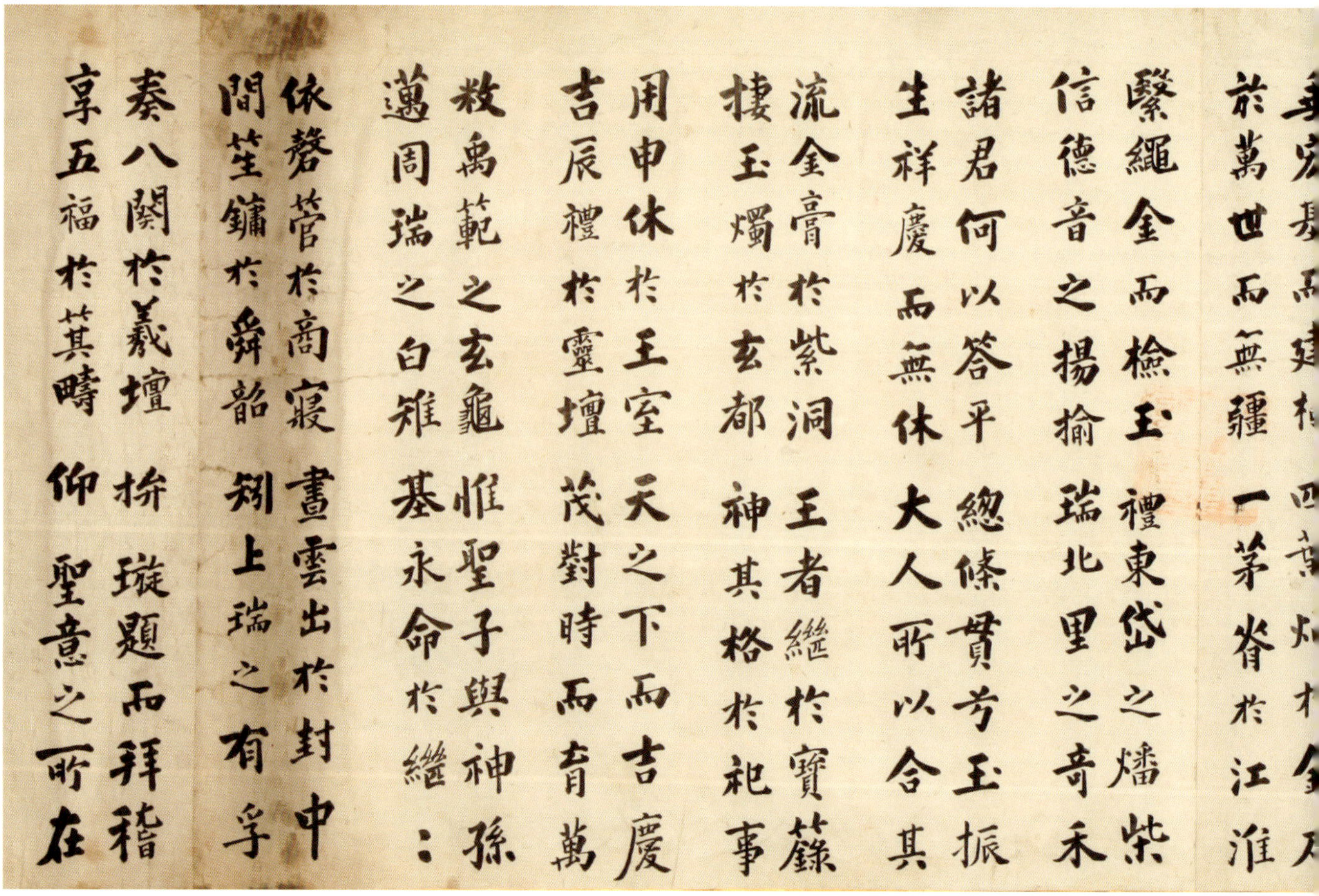
於萬世而無疆 一茅脊於江淮
繫繩金而檢玉 禮東岱之燔柴
信德音之揚揄 瑞北里之奇禾
諸君何以答乎 總條貫兮玉振
生祥慶而無休 大人所以合其
流金膏於紫洞 王者繼於寶蘇
樓玉燭於玄都 神其格於祀事
用申休於王室 天之下而吉慶
吉辰禮於靈壇 茂對時而育萬
效禹範之玄龜 惟聖子與神孫
邁周瑞之白雉 基永命於繼：
依磬管於商寢 畫雲出於封中
聞笙鏞於舜韶 翔上瑞之有孚
奏八関於義壇 揄璇題而拜稽
享五福於萁疇 仰聖意之所在

"천리를 승순承順하여 일을 이루어 하늘로부터 복을 받아 후대 만세토록 이어나가는 기틀을 드리우다*"는 내용으로 부賦를 짓다

명당을 터 잡아 창건함에 공옥대公玉帶가 명당도明堂圖를 바친 일이 있었네.
제생諸生들이 글을 지어 올리니 그것을 모아 성주聖主에게서 계획이 이루어졌네.
크고 큰 기업에 우리를 도와 여경餘慶이 후세에까지 드리워지네.
빼어난 아름다움이 반드시 합치됨을 얻으니 홍도鴻圖가 무궁함을 알겠네.

한나라 만년 기틀 세움에 하늘에 순종하면 경사를 받는 것이네.
무사巫師 금錦에게서 상서로운 솥을 얻고 황제 헌원씨軒轅氏를 따라 상서로운 태산의 봉제사를 지냈네.
70대가 봉선封禪의 의례를 행하였는데 운운산云云山과 정정산亭亭山에 금니金泥와 옥첩玉牒으로 제사 올렸다네.
무릉의 글을 가지고 돌아오니 제유들이 분분히 논의하네.

이하 중략

상침商寢에 아름다운 경쇠와 관악이 들리고 중간에 순임금의 소소簫韶에 생황과 종소리 들리네.
낮에 흰 구름이 제단에서 솟아올랐으니 더구나 상제의 상서가 믿을 만한 것이네.
복희씨의 제단에 팔결八闋을 연주하고 기자箕子의 법에서 오복을 누리리로다.
어제御題에 맞춰서 절하고 머리를 조아리며 성상의 뜻하신 바를 우러르도다.

* 천리를……드리우다 : 천경(天慶)은 『의례(儀禮)』에 "오래오래 장수하여 하늘이 내려 준 경사를 받는다[黃耉無疆 受天之慶]"라는 구절에서 나온 말이다. 『한서(漢書)』「아관전(兒寬傳)」에 보인다.

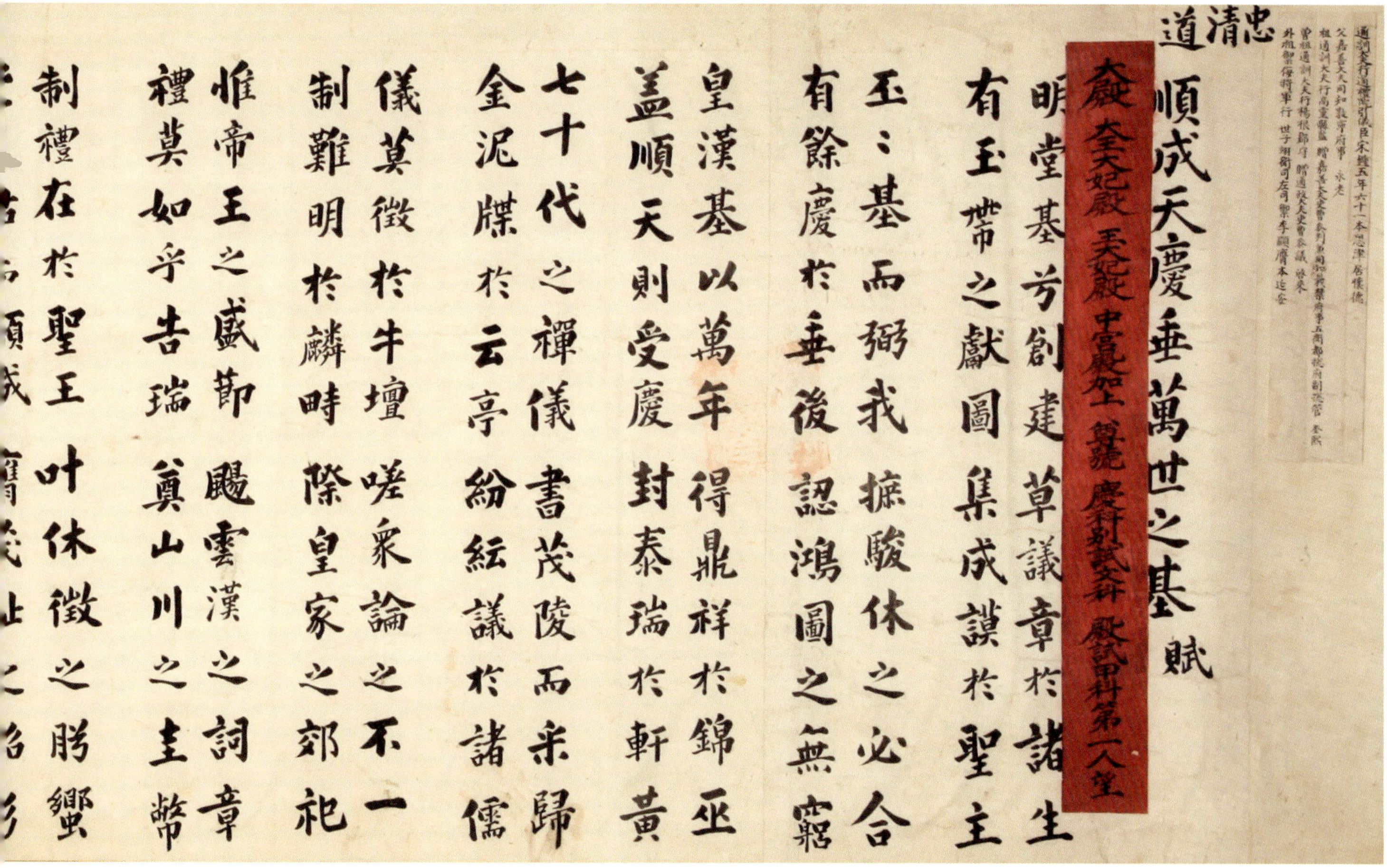
忠清道
順成天慶垂萬世之基 賦
大殿 大王大妃殿 王大妃殿 中宮殿加上尊號慶科別試文科 殿試甲科第一人
明堂基兮創建 草議章於諸生
有玉帶之獻圖 集成謨於聖主
丕丕基而翊我 擴駿休之必合
有餘慶於垂後 認鴻圖之無窮
皇漢基以萬年 得鼎祥於錦巫
蓋順天則受慶 封泰瑞於軒黃
七十代之禪儀 書茂陵而來歸
金泥牒於云亭 紛紜議於諸儒
儀莫徵於牛壇 嗟衆論之不一
制難明於麟時 際皇家之郊祀
惟帝王之盛節 颺雲漢之詞章
禮莫如乎告瑞 奠山川之圭幣
制禮在於聖王 叶休徵之肹蠁

송종오 문과 홍패
宋鍾五文科紅牌

1888년(고종 25), 1장, 필사본, 79.7×49.5cm, 대전역사박물관

송종오가 문과 갑과甲科 제1인에 급제하여 받은 홍패이다.

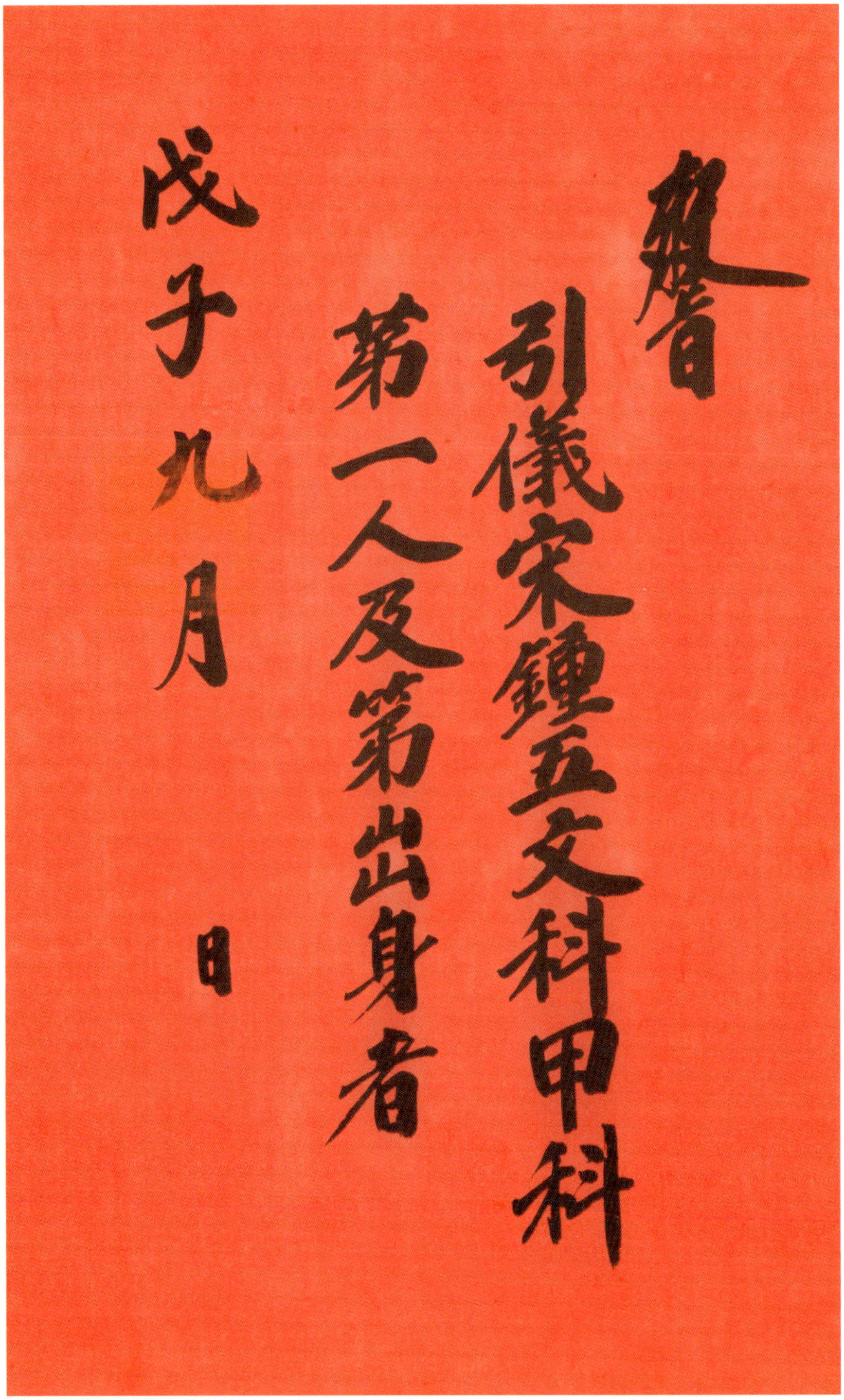

敎旨
引儀宋鍾五文科甲科
第一人及第出身者
戊子九月 日

송종오 어사복두와 금야대
宋鍾五御賜幞頭金也帶

1888년(고종 25), 복두함 높이 27.0cm, 복두 높이 17.0cm, 금야대 길이 204.5cm, 대전역사박물관

송종오가 장원급제할 때 임금으로부터 하사받은 복두와 금야대이다. 원래는 어사화御賜花도 있었으나 현전하지 않는다. 팔각목함에 보관되어 있는데, 뚜껑 상단에 '文科及第壯元 賜花幞頭金也帶同入 戊子八月慶科別試'라고 별기別記하여 송종오에게 내렸음을 알 수 있다.

과거 급제한 사람을 발표할 때 홍패, 개蓋 햇빛가리개와 더불어 어사화를 하사하여 복두의 뒤에 꽂게 하는 전통이 있었다. 복두는 머리에 쓰는 관冠으로 관 양쪽과 뒷부분에 자색 술을 길게 드리웠다. 금야대는 허리에 두르는 관대冠帶로 사각형의 띠돈장식을 연접하고 그 안에 초문草文을 음각한 후 금분을 덧씌웠다. 끝부분을 뒤로 길게 드리우는 형태로 '也' 자와 흡사하여 야자대也字帶라고 불렀다. 복두함은 팔각목함으로 외부를 종이로 덧바르고 뚜껑은 홍지紅紙를 붙였다. 장원급제와 관련된 홍패, 시권, 복두, 금대 등이 일괄로 현전하는 희귀한 자료이다.

김상덕 문과 시권
金商悳文科試券

1888년(고종 25), 1장, 필사본, 67.0×219.0cm,
장서각(경주김씨 직각종택 기탁)

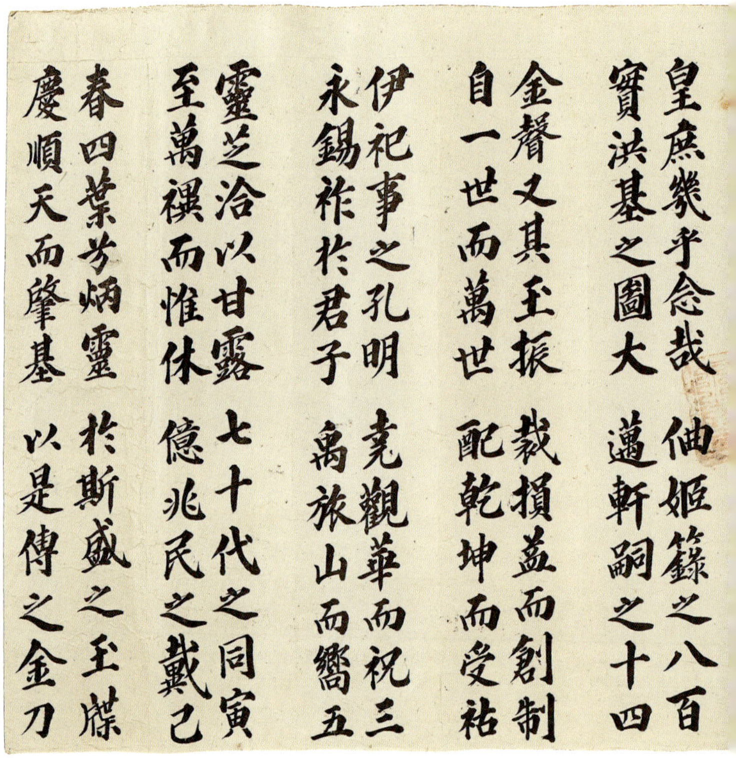

皇庶幾乎念哉 伷姬籙之八百
寶洪基之圖大 邁軒嗣之十四
金聲又其玉振 裁損益而創制
自一世而萬世 配乾坤而受祐
伊祀事之孔明 堯觀華而祝三
永錫祚於君子 禹旅山而嚮五
靈芝洽以甘露 七十代之同寅
至萬禩而惟休 億兆民之戴己
春四葉芳炳靈 於斯盛之玉牒
慶順天而肇基 以是傳之金刀

김상덕1852~1924이 1888년고종 25 문과에 제출한 시권으로 문체는 부賦이다. 김상덕은 본관이 경주이고, 아버지는 김창재金昌載이다. 이미 통훈대부 전생서주부典牲署主簿였던 김상덕은 1888년에 설행된 문과 별시에 응시하여 병과丙科 25인으로 급제하였다. 이때 별시는 대전, 대왕대비전, 왕대비전, 중궁전에 존호를 더하여 올린 것을 경하하기 위해 설행되었다. 출제된 문제는 "천리에 승순하여 일을 이루어 하늘이 내리는 복을 받음으로써 만세토록 이어나갈 기틀을 드리운다[順成天慶 垂萬世之基]"는 시제에 대해 부賦를 짓는 것이었다. 이 시권은 송종오의 시권과 더불어 동일한 과거에 제출한 전시殿試 시권이다. 시권의 여백에는 김상덕이 급제 후 적어 놓은 흥미로운 기록이 있다. "시권의 문장은 내가 지었지만, 글씨는 사종질 유제지금은 과거에 급제하여 전랑이다가 대필하였다[試文則自製 而筆則四從姪有濟(今登科爲銓郎)爲之代書]"는 기록이다.

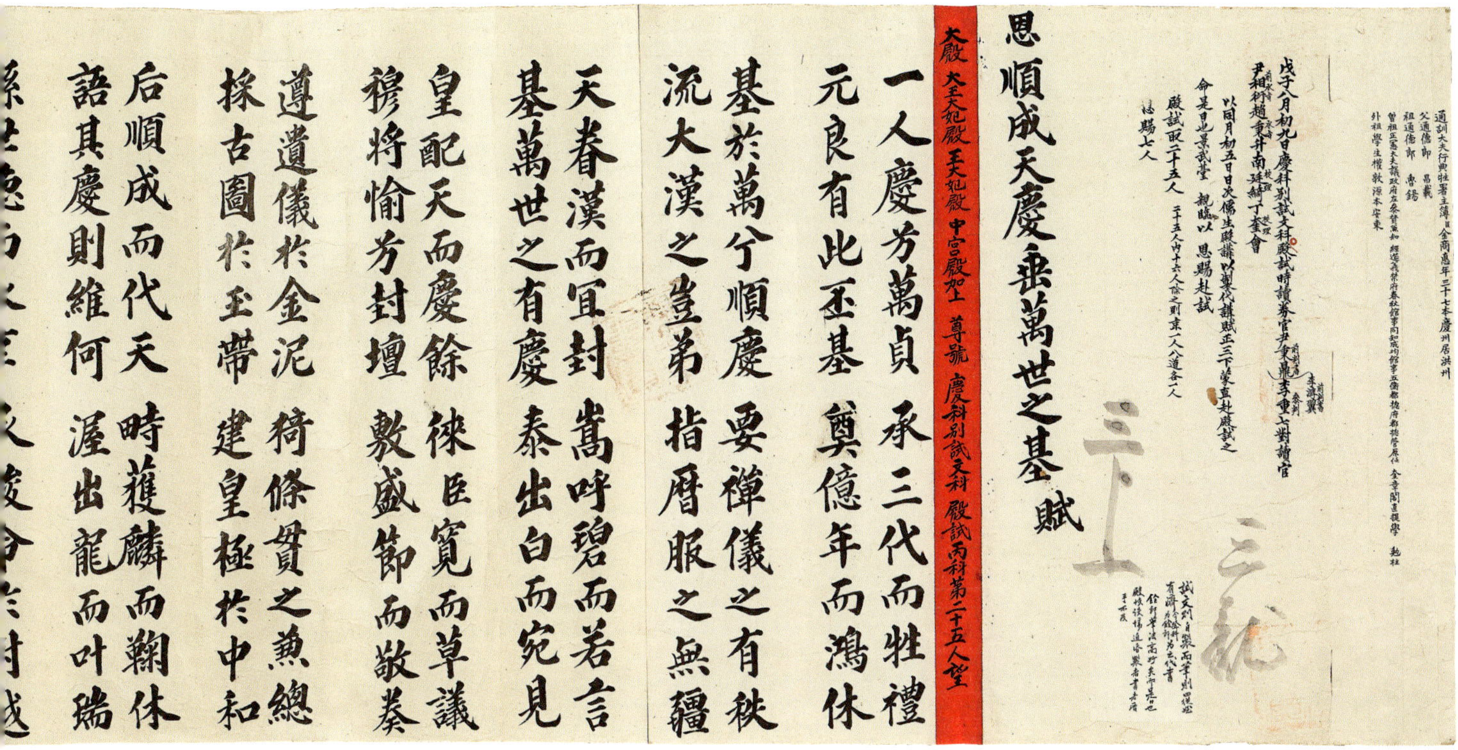

通訓大夫行典牲署主簿 金商悳 年三十七 本慶州 居洪州
父 通德郎 昌載
祖 通德郎 魯錫
曾祖 正憲大夫議政府左參贊兼知經筵義禁府春秋館事同知成均館事五衛都摠府都摠管 原任奎章閣直提學 勉柱
外祖 學生 權敦源 本安東

戊子八月初九日慶科別試文科殿試時讀券官尹秉鼎 李重七 對讀官
尹相衍 趙秉升 南廷綺 丁奎會
以同月初五日次儒生殿講以製代講賦正三下蒙直赴殿試之
命是日也景武臺 親臨以 恩賜赴試
殿試取二十五人 二十五人內十六人除之則京一人八道各一人
恩賜七人

恩順成天慶垂萬世之基 賦

大殿 大王大妃殿 王大妃殿 中宮殿加上 尊號 慶科別試文科 殿試丙科第二十五人望

一人慶方萬貞 承三代而牲禮
元良有此丕基 奠億年而鴻休
基於萬兮順慶 要禪儀之有秩
流大漢之豈弟 指曆服之無疆
天眷漢而宜封 嵩呼碧而若言
基萬世之有慶 泰出白而宛見
皇配天而慶餘 徠臣寬而草議
穆將愉兮封壇 敷盛節而敬奏
遵遺儀於金泥 猗條貫之兼總
採古圖於玉帶 建皇極於中和
后順成而代天 時獲麟而麴休
語其慶則維何 渥出龍而叶瑞

앞면

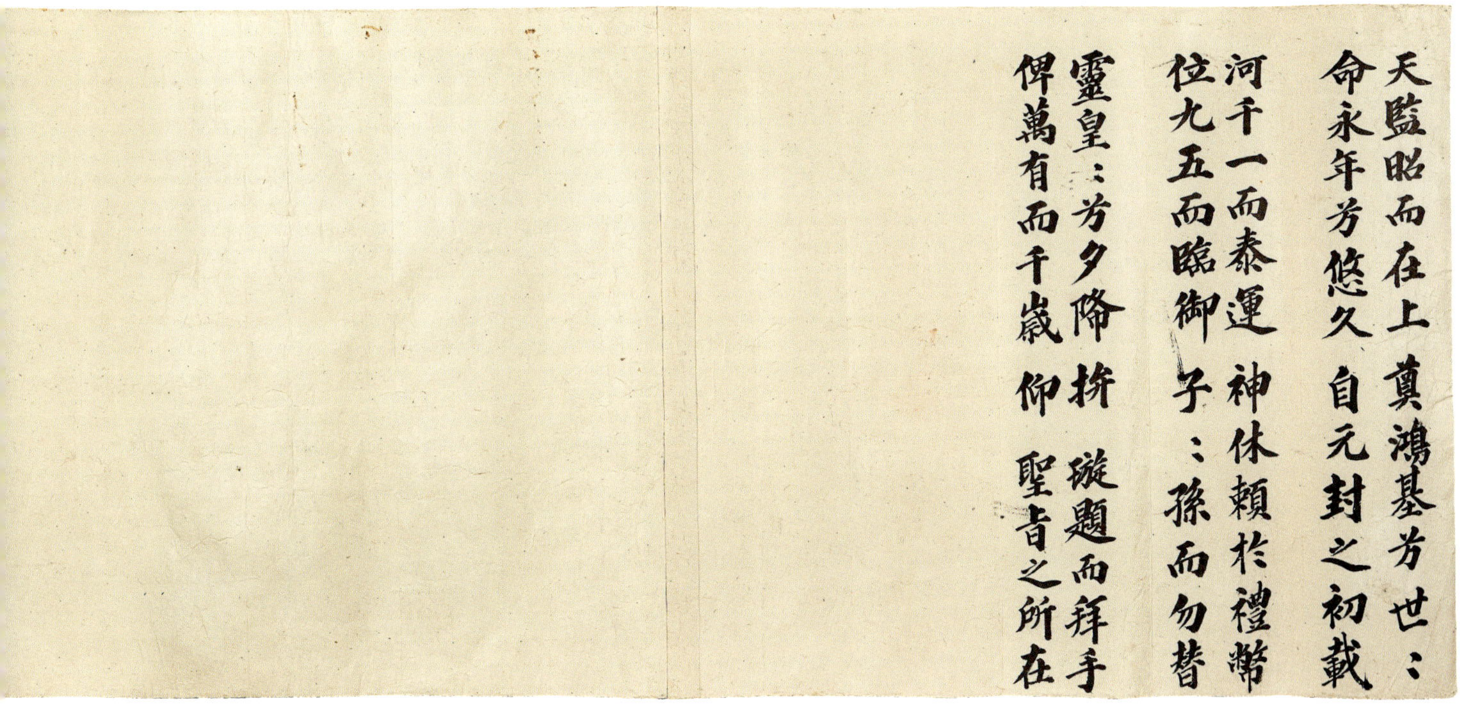

天監昭而在上 奠鴻基兮世世
命永年兮悠久 自元封之初載
河千一而泰運 神休賴於禮幣
位九五而臨御 子子孫而勿替
靈皇皇兮夕降 擠璇題而拜手
俾萬有而千歲 仰聖旨之所在

뒷면

순명효황후 한글편지

純明孝皇后諺簡

20세기, 2장, 필사본, 23.4×12.6cm, 장서각(경주김씨 직각종택 기탁)

순종비 순명효황후1872~1904가 김상덕1852~1924에게 1904년 정월에 보낸 한글편지이다. 순명효황후는 김상덕이 세자시강원 필선으로 있을 때 인연을 맺고 김상덕을 특별히 생각한 것으로 보인다. 새해가 되어 김상덕이 안부를 묻는 편지를 받고 기뻐하면서 국화꽃이 그려진 시전지에 황제와 황태자의 병환 소식을 전하고 있다. 김상덕은 문과 급제 이후 학식과 문장을 인정받아 엘리트 문신으로 성장했고, 그 연장 선상에서 순종을 교육하는 직임을 수행함으로써 왕실 사람들과 돈독한 관계를 맺을 수 있었다. 이 서간은 구한말 관료사회에서 차지했던 김상덕의 위상을 단적으로 설명해주고 있다.

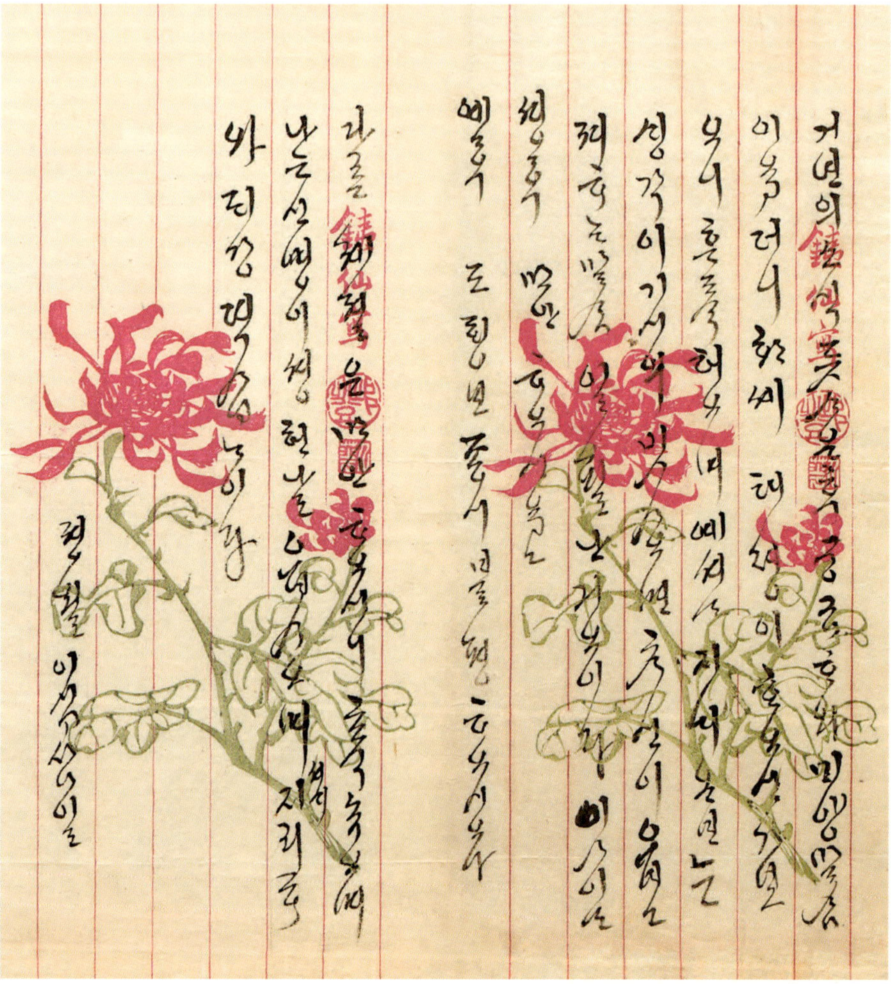

거년의소식듯ᄌ 온후궁금ᄒ와미양말
이옵더니환세태평이ᄒ오신가보
오니흔축허오며 ……

지난 해에 소식을 들은 후 늘 궁금하였는데
해가 바뀐 뒤에도 편안하게 지낸다고 하니
매우 기쁩니다. ……

논고

한국의 과거

이성무 | 한국학중앙연구원 명예교수

과거科擧는 유교를 국가의 지도이념 내지는 실천윤리로 삼았던 나라에서 주로 유교경전의 시험을 통하여 관리를 선발하는 제도이다. 이와 같은 과거제도는 중국에서 비롯된 것으로, 천자가 귀족세력을 제압하고 중앙집권적인 관료체제를 확립하기 위하여 실시한 것으로서 수·당시대부터 본격적으로 발달하기 시작하였다. 중국에서 비롯된 과거제도가 한국에 도입된 것은 고려 광종 때였다. 그러나 과거제도가 고려 초에 성공적으로 받아들여질 수 있는 여건은 이미 신라시대부터 조성되고 있었다. 신라는 삼국을 통일한 뒤 전보다 대폭 늘어난 강역과 인구를 통치하게 되었으며, 이에 따라 종래의 골품체제骨品體制만으로는 새로운 통일정권을 유지해나가기가 어렵게 되어 새로운 통치체제, 즉 전제왕권의 수립을 꾀하였다. 이를 위하여 충과 효를 중시하는 현실적인 실천윤리인 유교의 이론을 채택하였다. 그리고 귀족적 전통보다는 왕권의 지배를 받는 행정부적 성격의 집사부集事部를 최고의 행정관부로 하는 전제주의적 정치체제를 갖추었다. 이와 함께 신분적 제약을 받는 육두품六頭品 출신의 지식인들이 왕권과 결탁하여 신분적 권위에 집착하는 진골眞骨귀족에 대항하였다. 이러한 분위기 속에서 682년신문왕 2 국학國學을 설립하고, 788년원성왕 4 독서삼품과讀書三品科가 설치되었다. 국학은 유교경전을 주로 가르치는 관리양성의 교육기관으로서 대체로 육두품의 자제들이 입학하였다. 그리고 독서삼품과는 국학과 유기적인 관계를 가지고 운영된 것으로서 국학생이 관직에 나아가는 등급을 정하는 시험이었다. 과거제도가 본격적으로 실시된 것은 고려 광종 9년958 부터였다. 광종은 개국공신세력과 지방호족세력을 제압하고 중앙집권적인 전제왕권을 확립하기 위하여 과거제도를 실시하였다. 무협적인 성격을 가진 이들을 충량한 국왕의 관료로 삼기 위해서였다. 광종이 과거제도를 실시하는데 있어서는 후주인後周人 쌍기雙冀의 도움이 컸다.

1. 고려시대

1) 과거의 종류

고려시대의 과거는 크게 제술업製述業·명경업明經業·잡업雜業으로 구분되어 있다. 그 중에서도 제술업과 명경업은 조선의 문과에 해당하는 것으로서, 합격하면 문관이 될 수 있었기에 가장 중요시되어 흔히 양대업兩大業이라 하였다. 제술업은 처음에는 시詩·부賦·송頌·시무책時務策이 주요 시험과목으로서 때에 따라 취사되었으나, 1004년목종 7 삼장연권법三場連卷法: 초장에 합격해야 중장에, 중장에 합격해야 종장에 응시할 수 있는 시험제도의 시행과 함께 초장初場에 경의經義, 중장中場에 시·부, 종장終場에 시무책을 시험보이는 것으로 바뀌었다. 그런데 초·중·종장의 시험과목은 시대에 따라 자주 바뀌었다. 명경업은 제술업과 달리 『상서尙書』·『주역周易』·『모시毛詩』·『춘추春秋』·『예기禮記』가 시험과목으로서, 그 내용을 읽고 뜻이 통하는지를 시험하였다. 그런데 고려시대는 한·당유학漢唐儒學의 영향으로 경학經學보다 사장詞章이 중시되었기 때문에 양대업 가운데서도 제술업이 더욱 중요시되었다. 잡업은 명경업보다 격이 떨어지는 기술관 등용시험으로서, 과거가 처음 시행된 광종 때는 의업醫業·복업卜業만이 있었으나, 성종 때 크게 늘어났다.

한편 고려시대는 과거의 중요한 종류의 하나인 무업이 실시되지 않았다는 점에서 당시 과거제의 결함을 찾아볼 수 있다. 예종 때 국자감에 7재七齋를 설치하면서 무학재武學齋인 강예재講藝齋를 두어 무학을 가르치고 여기에서 양성된 인재들을 시험을 통하여 선발 등용한 적이 있었다. 그러나 무학재는 문치주의를 지향하는 문신들의 반대로 20여년 만에 혁파되고 말았다. 그 뒤 무업은 1390년공양왕 2에 설치되었지만, 그 실시는 조선시대에 비로소 이루어졌다. 그리고 승려들에게 승계僧階를 주기 위한 승과僧科가 고려시대에 시행되었으나, 이것은 관료선발 기능과는 거리가 있었다. 승과는 고려 건국 초기부터 시행되었으며 광종 때의 승계확립과 아울러 성행하여 많은 국사國師·왕사王師가 이로부터 배출되었다.

2) 예비고시와 본고시

중국의 송·원시대, 그리고 한국의 고려시대는 지방장관이 고시관이 되어 시행하는 예비시험인 향시鄕試, 그 합격자를 예부禮部에서 재시험하는 회시會試: 省試 또는 覆試라고도 함, 또 그 합격자를 국왕이 스스로 고시관이 되어 시험하는 전시殿試의 3단계시험, 즉 과거삼층법科擧三層法이 실시되었다. 그러나 고려시대 과거제가 시행된 초창기에는 예부시禮部試: 성시 또는 동당시라고도 함 한 번의 합격만으로 급락及落이 결정되는 단일제였다. 비록, 합격자에 대한 엄선을 기한다 하여 재시험하는 복시覆試가 있기는 하였지만, 이것은 이따금 실시된 것이지 정식화된 것은 아니었으며 그것마저 의종 조 이후 거의 시행되지 않았다. 그러나 과거제가 실시된 지 약 50년 뒤인 1024년현종 15 각 지방에서 시행하는 예비시험1차시험인 향시鄕貢試·擧子試·界首官試라고도 함가 실시되었다. 한편, 귀족관료들의 자제들에게만 입학자격이 주어지는 국자감의 유생들은 일반 응시자들과 달리 별도의 예비시험을 치렀는데, 이것이 바로 감시監試: 조선시대의 館試에 해당하는 것으로서 조선시대의 小科에 해당하는 國子監試를 약칭한 감시와는 다름이다.

예비시험인 향시와 개경시, 그리고 감시에 합격한 수험생들은 본시험2차시험인 예부시에 응시하였다. 물론, 이들은 각자의 전공에 따라 제술업 또는 명경업에 응시하였겠지만, 그 대다수가 고려시대에 가장 중시된 과거인 제술업에 응시하였다. 이들 예부시 응시자들은 삼장연권법의 시험 절차에 따라 초장에 합격해야만 중장에 응시할 수 있고, 중장에 합격해야만 종장에 응시할 수 있었다. 물론, 예외도 있어서 국자감 유생의 경우 고예시考藝試의 성적이 좋으면 그 정도에 따라 중장이나 종장에 직접 응시할 수 있는 특전이 주어지기도 하였다. 고려시대는 예부시의 합격으로 급제가 결정되는 것이 보통이었다. 그러나 때로는 왕권강화의 측면에서 예부시 합격자에 대한 엄선을 이유로 재시험3차시험이 실시되기도 하였다. 이것이 복시覆試로서 이따금 국왕 스스로 고시하는 경우도 있었으나, 대체로 문신에 명하여 고시하는 경우가 많았다. 그러나 복시는 제도로 정해진 것이 아니었으며, 그나마 의종 이후 거의 시행되지 못하였다.

잡업도 예비고시와 본고시의 두 단계로 구분되어 시행되었다. 잡업 예비고시의 경우 양대업과 달리 지방에서 시행되는 향시 같은 것은 없었고 중앙에서만 시행되었는데, 대체로 해당 기술을 교육하는 관부에서 주관하여 실시하였다. 율律·산算·서書의 경우 국자감에서 교육을 담당하였으므로, 그 주관 아래 율업감시·산업감시·서업감시가 이루어졌다. 그리고 국자감에서 가르치지 않는 의醫·복卜·지리地理의 경우 그 교육을 직접 담당한 전문기관, 즉 태의감太醫監·사천대司天臺·태사국太司局에서 각기 감시에 해당하는 예비고시를 주관하여 실시하였다. 이와 같은 잡업의 제업감시諸業監試에 합격한 수험생들은 본시험인 예시의 여러 잡업, 즉 명법업·명산업·명서업·의업·주금업·지리업 등에 각기 전공별로 응시하였다. 잡업은 예시로써 급제가 결정되며, 제술업에서 이따금 실시된 바 있는 복시가 시행되지는 않았다.

한편, 고려시대 과거제가 정비되는 과정에서 조선시대 소과小科에 해당되는 시험이 새로이 실시되기 시작하였다. 1032년덕종 1에 생긴 국자감시와 그 100여년 뒤인 1147년의종 1에 생긴 승보시升補試가 바로 그것이다. 국자감시는 충렬왕 때 국자감이 성균관으로 개칭된 이후 성균시라고 하였다. 이 국자감시는 국자감 입학시험으로서 조선시대 소과의 하나인 진사시의 기원이 되는 것이다. 승보시는 국자감에 7재가 생긴 뒤 국자학國子學·태학太學·사문학四門學의 유생들을 대상으로 그 재생齋生을 뽑는 시험이었다. 이것이 1367년공민왕 16 생원시生員試로 바뀌었으며, 조선시대에 들어와서는 진사시와 함께 소과로 제도화되었다.

3) 응시자격

고려시대 과거 응시할 수 있는 자격은 원칙적으로 양인신분良人身分이면 가능하였다. 그러나 문신등용시험인 제술·명경 양대업의 경우 실제로는 응시자격의 폭이 상당히 제한되어 있었다. 즉, 양대업의 경우 대체로 귀족관료의 자제인 문음자제門蔭子弟나 국자감 유생, 그리고 각 주현의 향리 중 향공鄕貢이 될 수 있는 자격을 가진 부호장副戶長 이상의 아들 및 입사직入仕職인 중앙의 서리胥吏 등에게만 응시자격이 주어졌다. 다만, 잡업의 경우 부호장 밑의 하급향리의 자손은 물론, 양인들에게도 문호가 개방되어 있었다. 그런데 고려 말기로 내려가면서 지방향리 자제들의 과거를 통한 관인으로의 진출이 늘어났다. 특히, 향리들의 잡업을 통한 면역免役 및 신분 상승이 늘어나 향역鄕役을 담당할 향리의 수가 줄어들게 되자, 고려 말에는 향리의 세 아들 중 한 명만 잡업에 응시할 수 있다는 규제를 가하였다. 그리고 현직관리의 경우 6품 이상의 관리는 과거에 응시할 수 없었고, 그 이하의 관리만 응시할 수 있었으나 세 번 이상은 응시할 수 없었다.

4) 고시절차

시험기일과 고시절차는 1084년선종 1에 정해진 삼년일시三年一試, 즉 식년시式年試를 원칙으로 하였다. 그러나 이 원칙은 제대로 지켜지지 않아서 실제로는 매년 또는 2년이나 수년 만에 한 번씩 과거가 시행되었다. 시험기일은 처음에는 봄에 실시하여 가을이나 겨울에 합격자 발표를 하였다. 그 뒤 1004년목종 7부터는 명경업과 잡업은 11월에 실시하여 다음해 3월에 발표하고, 제술업은 3월에 실시하여 같은 달에 발표하도록 규정을 바꾸었다. 시험기일에 앞서서 시험을 관리하고 점수를 매기는 고시관이 임명되었다. 과거를 처음 실시할 때는 고시관인 지공거知貢擧만을 두었다. 그러나 972년광종 23 부고시관인 동지공거同知貢擧를 두었으나 곧 없어졌으며, 977년경종 2에 부활하였다. 신급제자에게는 합격증서로 홍패紅牌가 하사되었다.

5) 고시관과 급제자와의 관계

고려시대에 고시관인 지공거와 급제자 사이에는 일생을 두고 지속되는 좌주座主·문생門生이라는 독특한 사제관계를 맺어서 하나의 학벌을 형성하였다. 그러나 과거 실시에 있어서 왕권의 개입을 의미하는 복시가 비교적 자주 실시되었던 고려 전기는 지공거의 권한이 커질 수 없어서, 아직 좌주·문생의 관계 같은 것이 두드러지게 나타나지는 않았다. 그러던 것이 왕권이 미약해진 무신집권기에 들어와서 고시관인 좌주와 급제자인 문생의 유대관계가 강화되는 면을 보였다. 한편, 좌주·문생의 관계는 좌주의 좌주, 문생의 문생으로 확대되어 하나의 학벌을 형성하였으며, 그 결과 고려 후기 이래 좌주·문생간의 유대관계를 세력기반으로 하는 문벌에 의하여 정치가 주도되었다.

2. 조선시대

1) 과거의 종류

생원·진사시

소과小科라고도 불리는 생원·진사시에는 생원시와 진사시가 있었는데, 다 같이 초시·복시 두 단계의 시험에 의하여 각기 100인을 뽑아 생원·진사의 칭호를 주고 성균관에 입학할 수 있는 자격을 주었다. 고시과목은 생원시의 경우 사서의四書疑 1편과 오경의五經義 1편으로 정해졌으나, 정조 때 오경의 중에서 춘추의春秋義를 빼고 사경의만 시험보이는 것으로 바뀌었다. 진사시의 경우는 부賦 1편, 고시古詩·명銘·잠箴 중 1편으로 정해졌지만, 실제로는 명·잠이 출제되는 경우는 거의 없었다. 시험시기는 식년시를 예로 든다면, 생원·진사시 초시는 상식년 8월 하순에, 복시는 식년 2월에 행하는 것이 관례였다.

생원·진사시 초시에는 한성시漢城試와 향시가 있었다. 한성시는 서울 및 경기도의 수험생경기도 수험생은 선조 38년 경기도의 향시가 폐지된 이후부터 응시들을 대상으로 하였으며, 시험장소는 대체로 1소를 예조, 2소를 성균관 비천당丕闡堂으로 하는 것이 상례였다. 향시는 8도에서 도 단위로 실시하였다. 그 중 경기도 향시는 1603년선조 36에 폐지되었다. 향시도 시험장을 두 곳으로 나누는 것을 원칙으로 하여, 경기·충청·전라·경상도는 좌·우도, 평안·함경도는 남·북도로 나누어 고시하였다. 다만, 인구가 적은 강원·황해도만은 나누지 않고 한 곳에서 고시하였다. 시험장소는 일정한 곳에 고정시키지 않고 소속 읍 중에서 윤번으로 정하였다. 향시의 시취액수試取額數는 지역별로 각기 차등이 있었다.

생원·진사시 복시는 각종 초시에 합격한 유생들을 식년 2월 또는 3월 서울에 모아 다시 고시하는 것으로서, 생원·진사 각 100인을 뽑았다. 복시 수험생들은 먼저 소학小學과 가례家禮를 임문고강臨文考講하는 조흘강照訖講에 합격해야만 녹명소錄名所에 녹명할 수 있었다. 이 시험을 학례강學禮講이라고도 하였다. 이어 양소兩所 시관들이 입격시권入格試卷을 가지고 입궐하여 빈청賓廳에 보여 양소 합격자를 한 사람씩 맞바꾸어가면서 등급을 매기되, 진사시·생원시별로 1등 5인, 2등 25인, 3등 70인으로 등급을 나누었다. 이어 합격자의 성명을 성적순으로 써서 국왕에게 보고하고, 또 따로 방을 만들어 발표하였다. 합격자 발표 후 길일吉日을 택하여 궁궐 뜰에서 방방의放榜儀라는 의식을 거행하여 생원·진사들에게 합격증인 백패白牌와 주과酒果를 하사하였다. 한편, 조정에서는 사마방목司馬榜目을 인쇄하여 합격자와 관계기관에 나누어 주었다. 생원·진사는 성균관에 들어가 공부하다가 문과에 합격하여 벼슬길에 오르는 것이 정상적인 길이었다. 생원·진사의 자격만으로 관직을 얻기는 어려웠으며, 얻는다 하더라도 하급직인 능참봉·교수·훈도 등이 고작이었다. 그러나 생원·진사만 되어도 면역의 특권이 주어져서 사회적으로는 대우를 받았다.

문과

문과에는 원칙적으로 생원·진사가 응시하게 되어 있었다. 그러나 실제로는 조선시대 일반유생인 유학幼學에게도 문과의 수험자격이 주어졌다. 이러한 점으로 미루어 보아 조선시대는 학교와 과거의 독자성을 인정하여 양자를 이원적으로 병립시켰던 것이다. 이 점에서 명·청 시대에 학교시험을 과거에 포함시켜 일원화함으로써 학교를 과거의 준비기관처럼 만들었던 것과는 차이가 있는 것이다. 한편, 조선시대의 문과는 식년문과와 기타의 문과로 크게 나눌 수 있다.

식년문과에는 초시·복시·전시의 3단계시험이 있었는데, 이 중 초시·복시는 초장·중장·종장으로 나누어 고시하였다. 이를 동당삼장東堂三場이라 하는데, 1일의 간격을 두고 시취하는 것이 관례였다. 초시는 관시館試·한성시漢城試·향시鄕試가 있는데, 상식년 9월 초의 길일을 택하여 전국에서 일제히 실시하였다.

문과초시인 관시50인·한성시40인·향시150인 합격자 240인을 식년 봄에 서울에 모아 다시 고시하여 33인을 뽑는 것을 복시 또는 회시라 하였다. 문과복시의 수험생들도 먼저 『경국대전』과 『가례』를 임문고강하는 조흘강에 합격해야만 녹명할 수 있었다. 이 시험을 전례강典禮講이라고도 하였다. 문과복시의 고시과목은 초장이 강경시험으로서 문과초시의 제술시험과 달랐고, 중장과 종장은 같았다. 따라서 초장과 중장 및 종장은 시관과 고시방법을 달리할 뿐 아니라 각각 따로 합격자를 발표하고 있어서, 사실상 별개의 시험이었기 때문에 후세 이를 구별하여 전자를 강경시講經試, 후자를 회시라 하였다. 배송강경에서 7대문 모두에 조粗: 강경시험은 通·略·粗·不의 4등급으로 나누어 채점 이상의 성적을 얻어야만 합격이 되어 중장과 종장의 수험자격이 주어진다.

전시는 회시합격자 33인과 직부전시인直赴殿試人을 시어소時御所의 전정殿庭에서 고시하여 등급을 정하는 것이었다. 전시는 신하인 시관이 쥐고 있던 급제결정권을 국왕이 직접 장악하는 데 그 목적이 있는 것으로서 왕권강화를 위한 하나의 방책이었다. 고시과목은 『경국대전』에 의하여 대책對策·표·전·잠·송·제制·조詔 중의 1편을 고시하도록 하였으나, 『속대전』에서는 논·부·명을 더 보태어 10과목 중 1편을 고시하도록 하였다. 그러나 실제로 많이 출제된 것은 책策이었다. 이와 같은 전시는 회시에서 뽑는 33인의 등급을 매기는 데 불과하였으므로 부정이 없는 한 떨어뜨리는 일은 없었다. 최종합격자의 등급을 나누는 방법이 국초에는 일정하지 않았으나, 1468년세조 14 갑과 3인, 을과 7인, 병과 23인으로 등급을 나누기로 하였는데, 이후 이것이 정식이 되었다.

한편 식년문과 이외에 증광문과·별시문과·알성문과·정시문과 등이 있었다. 증광문과는 즉위경卽位慶이나 30년 등극경登極慶과 같이 큰 경사가 있거나 작은 경사가 여러 번 겹쳤을 때 연 것으로, 소과·문과·무과·잡과가 있었는데, 고시방법은 식년문과와 같았다. 다만, 관시만은 1662년현종 3에 폐지되어 그 액수가 한성시의 1·2소에 보태어졌다. 시취액수도 같아서 초시에서 240인, 복시·전시에서 40인을 뽑았다. 고시과목은 초시와 전시는 식년문과와 같았으나, 복시만은 달라서 초장에서 부 1편과 표·전 중 1편, 종장에서 책 1편을 고시하여 사서삼경의 강경이 없었다. 그러나 1759년영조 35 초시 합격자에게 스스로 원하는 1경을 배송시켜 조 이상을 뽑는 회강會講을 설치하였다.

별시문과도 국가에 경사가 있을 때 또는 10년에 한번 당하관을 고시하는 중시重試가 있을 때 실시한 것으로 문·무 두 과만 열었다. 처음에는 일정한 시행규칙이 없어서 그때마다 품정하여 실시하였으나, 영조 때 초시·전시 두 단계의 일정한 규칙이 생겼다. 초시는 전국의 유생을 서울에 모아 고시하는 것이 관례로서 처음에는 시험장을 3개소로 나누었으나, 뒤에는 2개로로 나누어 고시하여 300인 또는 600인을 뽑았다. 시취액수가 일정하지 않아 많을 때는 30인을 뽑았으나, 적을 때는 3인에 불과하였다.

알성문과는 국왕이 문묘文廟에서 작헌례酌獻禮를 올린 뒤 명륜당에서 유생들을 고시하여 성적

우수자 수인에게 급제를 준 것으로서, 문·무 두 과만 열렸다. 이처럼 국왕의 친림親臨 아래 거행되었기에 친림과라고도 하였다. 이 시험은 다른 시험과 달리 단 한 번의 시험으로 급락이 결정되는 단일시單一試이고, 고시시간이 짧은 촉각시燭刻試였다. 또한, 당일 급제자를 발표하는 즉일방방卽日放榜이었다. 응시자격은 처음에는 성균관 유생에게만 주었으나, 뒤에는 지방 유생에게도 주었다. 알성시는 운이 좌우하는 과거이어서 요행을 바라는 무리들이 많이 모여들어 숙종 때의 경우 1만여 인, 영조 때의 경우 1만 7000인 내지 1만 8000인이 응시하기도 하였다.

정시문과는 처음에는 매년 춘·추에 성균관유생을 시어소時御所의 전정殿庭에서 고시하여 전시에 직부할 수 있는 특전을 준 것이었으나, 1583년 정식 과거로 승격되었다. 정시도 국가에서 경사 또는 대사가 있을 때 실시된 것으로서 문과와 무과만이 열렸다. 정시문과도 알성문과와 마찬가지로 단일시이고 촉각시였다. 그리고 국왕이 친림할 경우 즉일방방하였다.

이밖에도 문신의 승진을 위한 시험으로 중시·문신정시文臣庭試·문신중월부시법文臣仲月賦試法·문신전강文臣殿講 등이 있었다.

무과

조선왕조는 양반관료체제를 갖추면서 문과와 무과를 균형 있게 실시하려 하였다. 그리하여 무과는 문과가 실시될 때마다 동시에 실시되었다. 무과의 고시과목은 크게 강서講書와 무예武藝의 두 종류가 있었다. 강서는 복시에만 있는 시험으로 사서오경 중의 하나, 무경칠서武經七書 중의 하나, 『자치통감』·『역대병요歷代兵要』·『장감박의將鑑博議』·『소학』·무경武經 중의 하나를 각각 희망대로 선택하여 『경국대전』과 함께 고강하였다. 무예는 조선 전기는 목전木箭·철전鐵箭·편전片箭·보사步射·기사騎射·격구擊毬의 6기技가 있었으나, 후기는 유엽전柳葉箭·관혁貫革·조총鳥銃·편추鞭芻를 신설하고, 기사를 기추騎芻로 변경하는 한편 격구를 폐지하였다. 식년시·증광시를 제외한 무과는 무예 10기와 강서를 합한 11기 중에서 1~3기를 택하여 고시하였다.

식년무과는 식년문과와 같이 초시·복시·전시 세단계의 시험이 있어 초시는 상식년 가을, 복시·전시는 식년 봄에 각각 거행하였다. 초시에는 원시院試: 訓練院試와 향시鄕試가 있는데 무예로 고시하였다. 원시는 훈련원이 주관하여 70인을 뽑았고, 향시는 각 도의 병마절도사가 주관하여 경상도 30인, 충청·전라도 각 25인, 강원·황해·영안·평안도 각 10인, 도합 120인을 뽑았다. 따라서 무과초시의 시취정액은 모두 190인이었다. 『속대전』에 의하면, 조선 후기는 초시의 시험장을 두 곳으로 나누고, 각 시험장에는 2품 이상 1인, 당하관 문신 1인과 무신 2인을 시관, 감찰을 감시관으로 하였다. 복시는 초시합격자들을 식년 봄 서울에 모아 병조와 훈련원이 주관하여 강서와 무예로 고시하여 28인을 뽑았다. 전시는 복시합격자 28인을 다시 무예처음에는 騎擊毬·步擊毬였으나, 뒤에는 11技 중의 1, 2기로 고시하여 등급을 정하여 갑과 3인, 을과 5인, 병과 20인을 급제시켰다.

기타의 무과로 증광시·별시·알성시·정시·관무재·중시 등이 있었다. 증광무과는 고시방법과 과목이 식년무과와 같았다. 다만, 증광무과 복시의 강서가 식년무과 복시와 달라서 무경칠서武經七書와 4서 5경 중에 희망하는 하나만을 고시하였다. 그리고 국가의 경사가 겹칠 때 실시하는 대증광무과는 식년무과의 2배를 뽑았다. 별시무과는 초시와 전시의 두 단계 시험이 있었다. 초시는 처음에는 서울에서만 실시하였으나, 뒤에는 각 도에서도 실시하였다. 정시무과와 알성시무과도 고시절차와 고시과목이 별시무과와 같았다. 다만, 알성시무과의 경우 초시의 두 시험장에서 각 50인을 뽑고, 전시에서 국왕의 친림 아래 시취한 것이 달랐다. 관무재는 한량閑良·군관軍官·조관朝官·출신出身 등이 응시할 수 있었는데, 초시와 복시의 두 단계 시험이 있었다. 복시에 우수한 성적으로 합격한 자가 한량일 경우 전시에 직부할 특전을 주고, 출신일 경우 수령이나 변장邊將에 임명하였다.

그런데 무과는 조선왕조가 북으로부터 여진, 남으로부터 왜의 침입을 받게 되자 크게 변질되어 대량으로 시취하기에 이르렀다. 이미 명종 대의 을묘왜란, 선조 대의 여진추장 이탕개尼蕩介의 침입으로 무과의 시취액수가 정액을 훨씬 넘어서고 있었지만, 대량으로 시취하기 시작한 것은 임진왜란 이후였다. 그리고 선조 대에서 인조 대에 이르기까지 서북 변경의 방위가 긴급해짐에 따라 유방병留防兵의 보충·강화가 불가피하게 되자, 종래 문과와 함께 실시되던 무과가 단독으로 실시되는 경우가 많아졌고, 또 한꺼번에 1만여 인의 합격자를 내는 일이 있게 되었다. 이처럼 많은 합격자를 내는 무과를 만과萬科라 하였는데, 이것은 조선왕조의 국제적 지위가 안정된 뒤에도 무과출신의 부방의무赴防義務의 대가로 징수하는 물자가 고갈상태에 빠져 있던 국가재정에 큰 보탬이 되었기에 계속 실시되었다. 이에 따라 천민들도 만과에 진출하는 자가 많아지게 되면서 결국 무과는 천시되어 사대부들의 자제들이 이를 외면하기에 이르렀다.

잡과

기술관의 등용고시로서 역과譯科: 漢學·蒙學·倭學·女眞學·의과·음양과陰陽科: 천문학·지리학·명과학·율과 등의 네 종류가 있었다. 잡과는 식년시와 증광시에만 설행되었으며, 초시·복시만 있고 전시는 없었다. 초시는 상식년 가을 해당 관청의 주관 아래 실시되었고, 복시는 식년 봄 해당 관청의 제조提調와 예조당상禮曹堂上의 주관 아래 실시되었다. 잡과에서 향시가 있는 것은 역과의 한어과뿐이었다. 『경국대전』에 나타나 있는 잡과의 시취액수는 역과 초시에 57인한학 45인·몽학 4인·여진학 4인·왜학 4인, 의·율 양과 초시에 각 18인음양과: 천문학 10인·지리학 4인·명과학 4인을 뽑았고 역과 복시에 19인한학 13인, 몽학·여진학·왜학 각 2인, 의·율과 복시에 각 9인, 음양과 복시에 11인천문학 5인, 지리학·명과학 각 2인을 뽑았다. 시험과목은 각 과의 전공서적과 경서 및 『경국대전』을 필수과목으로 하였다. 합격자에게 처음 홍패를 주었으나, 뒤에는 백패白牌로 바꾸었다.

2) 응시자격

응시자격은 조선시대 법제상으로는 천인이 아니면 결격사유가 없는 이상 누구나 과거에 응시할 수 있는 것으로 되어 있었다. 평민인 양인良人의 응시자격을 보장한다는 규정이 있는 것은 아니지만, 적어도 응시할 수 없다고 규정한 법조문이 없었기 때문이다. 그렇지만 현실적으로는 신분에 따르는 아무런 차별이 없었다고 하기는 어렵다. 물론, 기술관을 뽑는 잡과의 경우 천계의 혈통이 섞이지 않은 사람이면 누구나 응시할 수 있었다. 그러나 문신을 뽑는 문과나 그 예비시험의 성격을 가진 생원·진사시, 무신을 뽑는 무과에는 사족士族, 즉 양반신분이 아니고는 응시하여 합격하기가 어려웠다. 양반신분이라 하더라도 다음과 같은 결격사유가 있는 자는 응시할 수 없었다. 즉 중죄인의 자손, 영불서용永不敍用의 죄를 지은 자, 범죄를 저질러 영영 관직에 임명될 수 없다는 판정을 받은 자, 현직관료로서 범죄인에 대한 재판을 일부러 질질 끄는 자와 고문하여 치사하게 한 자, 공물貢物을 대납代納하는 자, 산사山寺에 올라가 말썽을 부리는 유생 등에게는 문과의 응시자격을 주지 않았다. 또한 재가녀再嫁女 및 실행부녀失行婦女의 자손, 태종 때 만들어진 서얼금고법庶孼禁錮法에 의하여 서얼庶孼은 영원히 금고되어 문과나 생원진사시에 응시할 수 없었다. 그러나 1553년명종 8 양첩良妾의 자손에 한하여 손자 때부터 문과와 무과 응시자격을 주었고, 1625년인조 3부터는 천첩賤妾 자손도 증손자 때부터 응시가 가능하였다.

3) 고시절차

단 한 번의 시험으로 급락이 결정되는 알성시·정시·춘당대시 등을 제외한 과거시험의 수험생은 시험 전에 녹명소에 녹명을 해야 하였다. 수험생들은 녹명소에 먼저 자신의 성명·본관·거주와 부·조·증조의 관직과 성명 및 외조의 관직·성명·본관을 기록한 4조단자四祖單子를 제출해야 하였다. 이를 접수한 녹명관은 수험생의 결격사유가 없음을 확인한 다음 녹명책에 기입하고 명지名紙, 試紙: 시험지에 답인踏印한 뒤 시험 장소를 배정하여 주었다. 수험생은 시험지 머리에 본인의 관직·성명·연령·본관·거주, 부·조·증조의 관직과 성명 및 외조의 관직·성명·본관을 다섯줄로 쓴 다음 그 위를 종이로 붙여 봉하였다. 이를 피봉皮封 또는 비봉秘封이라 하였다. 이처럼 누구의 시험지인지 알아볼 수 없게 이름을 가리는 것을 봉미법封彌法이라 하였다. 그리고 시험지의 피봉과 제문製文을 분할하여 제문을 서리書吏에게 붉은 글씨로 베끼게 하였는데, 이를 역서易書라 하였다. 역서는 문과 중 식년시·증광시·별시에서만 하고, 친림과인 알성시·정시·춘당대시 및 생원·진사시에서는 하지 않았다. 역서가 끝나면 본초本草: 본시험지와 주초朱草: 붉은 글씨로 베낀 답안지를 대조하여 틀린 곳이 없나를 확인하고 주초만 시관에게 넘겨주었다. 시관은 주초를 가지고 채점하여 과科: 갑·을·병과와 차次: 제1인·제2인·제3인를 정하였다. 합격된 시험지는 본초와 주초를 일일이 대조하였다. 합격자 명단은 국왕에게 보고한 뒤 발표하였다.

과거급제자에게는 성적에 따라 관품이나 관직을 올려 주었다. 문과의 경우 장원은 무직자라도 정품직을 주고, 갑과의 경우 정7품, 을과의 경우 정8품, 병과의 경우 정9품을 주었으며, 원래 관품을 가지고 있던 자에게는 장원은 4계, 갑과는 3계, 을과는 2계, 병과는 1계를 더 올려주었다. 무과의 경우는 참하관의 관품을 성적에 따라 차등 있게 주었다. 잡과도 마찬가지였다. 문무과는 정3품 당하관 이하가, 생원진사는 정5품 통덕랑 이하가, 잡과는 참하관 이하가 응시할 수 있게 한 것도 과거시험 성적에 따라 문무과는 당상관으로, 잡과는 참상관 이상으로 올라갈 수 있는 시험이었음을 의미한다.

1876년 개항한 이후 서서히 개화의 물결이 일기 시작하였다. 새로운 문물이 들어와 근대적인 사회로 변모하게 되자, 종래의 관리등용시험인 과거, 즉 문과·무과·잡과 같은 것으로 새로운 시대를 담당할 관료를 선발한다는 것은 시대착오적인 일이었다. 이에 따라 1894년 갑오경장 때 성균관을 근대적 교양을 가르치는 학교로 개편하는 동시에, 과거제도를 폐지하고 근대적인 관리등용법을 제정하였다. 1894년 7월 군국기무처에서 마련하여 시행한 '선거조례選擧條例'와 '전고국조례銓考局條例'가 바로 그것이었다.

한국의 과거는 학문 등 문화면에도 큰 영향을 미쳤다. 중국의 영향을 받아 일찍부터 무력 일변도의 사회에서 탈피하여 문관이 지배하는 문치주의 사회를 건설하는 데 과거는 그 중추적인 제도로서 활용되었다. 문관이 무관과 서리胥吏를 누르고 국가권력을 장악한다는 것은 그리 쉬운 일이 아니었다. 세계의 어느 나라도 이를 쉽게 수행할 수 없었던 것도 그 때문이었다. 따라서 과거가 행해지던 사회에서 출세를 하기 위해서는 과거에 합격해야 하였고, 과거에 합격하려면 유교교양과 유교경전을 익혀야만 하였다. 즉, 독서인이 되지 않으면 사회의 지배층이 될 수 없었던 것이다. 이것이 우리의 교육열을 자극시켜 발달된 고급문화를 이룩할 수 있게 한 것이다.

과거 급제를 위한 고군분투

박현순 | 서울대학교 규장각한국학연구원 연구교수

1. 들어가며

조선시대 양반 남성이라면 누구나 과거로부터 자유로울 수 없었다. 태어나는 순간부터 문과에 급제하여 입신출세하고 가족과 가문의 영예를 드높여야 한다는 의무와 기대가 주어졌다. 주변의 시선을 내면화한 아이들은 스스로도 과거 급제의 꿈을 키웠다. 하지만 대다수는 거듭되는 좌절을 맛보았을 뿐이다. 자신의 대에 이루지 못한 꿈과 의무는 자자손손 대물림되었다. 비록 어렵사리 합격의 영예를 누린다고 하더라도 그 영광은 아들에게 상속되지 않았다. 그 아들은 다시 자신의 부친과 마찬가지로 처음부터 한걸음씩 과거 합격에 이르는 계단을 밟아 올라가야만 했다. 이 일은 세대와 세대를 이어가며 조선왕조 500년 동안 되풀이되었다.

과거는 시험을 통해 인재를 선발하는 제도다. 그 안에는 문과, 무과, 생원·진사시, 잡과의 구분이 있었다. 양반들은 주로 문과와 생원·진사시에 응시하였다. 물론 무과에 응시하는 경우도 많이 있었다. 그러나 유교국가의 특성상 문文을 숭상하였고, 관료제도도 문반文班을 중심으로 운영되었기 때문에 문과와 생원·진사시를 선호할 수밖에 없었다.

대다수의 양반들은 문과 급제를 목표로 삼았다. 생원·진사시는 문과에 비하면 부차적인 시험이었다. 문관 선발 시험인 문과와 달리 생원·진사의 자격만을 부여하였기 때문이다. 그러나 생원·진사는 그 자격만으로도 국가와 사회로부터 관료에 준하는 예우를 받을 수 있었다. 따라서 생원·진사시도 하나의 목표가 되었다. 하지만 생원·진사시에 합격하더라도 문과에 합격하기 위한 수험생활은 계속되었다.

과거를 보는 것은 한사람의 일이지만 그 합격을 위해서는 주변의 희생과 지원이 뒤따라야만 했다. 부모는 자식을 위하여, 아내는 남편을 위하여, 자식은 아버지를 위하여 자신의 노력과 정성을 보탰다. 과거의 문세는 가족의 문제이자 집안의 문제였다. 그 노력과 희생이 보상받을 수 있는

지, 또 언제까지 그 노력이 계속되어야 하는지는 아무도 알 수 없었다. 그저 하루하루 기원과 정성을 담을 뿐이다. 양반 가정에서는 과거가 일상의 한 부분을 차지하고 있었다.

그렇다면 조선시대 양반들은 과거 합격을 위하여 어떤 노력을 기울였을까? 이 글에서는 조선시대 양반들이 어떻게 과거를 준비하고 합격을 위하여 어떤 전략을 구사하였는지, 또 기쁨을 나누는 축하의례는 어떻게 진행되었는지 살펴보고자 한다. 이를 통하여 과거가 조선시대 양반들의 일생에서 어떤 의미를 지니고 있었는지 살필 수 있을 것이다.

2. 과거 시험 과목과 수험 교재

조선시대 문과의 시험 과목은 사서삼경四書三經의 강경, 사서의四書疑와 논論, 부賦와 표表, 대책對策을 중심으로 구성되어 있었다. 경학에 대한 이해, 역사와 문학을 비롯한 다방면의 학식과 문장의 제술 능력, 관료로서의 덕목을 평가하는 것이 주 내용이었다. 문과의 시험 과목은 문반 관료들이 담당해야 하는 문한文翰, 교육, 학술, 언론 등의 업무와도 연관되어 있었다. 생원·진사시의 과목인 사서의와 오경의五經義, 시詩, 부賦는 문과 시험의 과목과 중복되거나 밀접한 관련이 있었다. 따라서 문과 준비를 하는 가운데 생원·진사시 준비도 자연스럽게 병행되었다.

조선 초기에 작성된 성균관의 학령學令에는 유생들의 학습 내용을 사서오경과 역사서의 독서, 의의疑義, 논論, 부賦, 표表, 대책對策 등의 제술로 규정하고 있다. 이것은 문과의 시험 과목이 성균관, 사학, 향교와 같은 관학官學의 교육과정으로 편성되었다는 것을 보여 준다. 이것은 사대부들이 익혀야 할 기본 교양의 내용이기도 하였다.

기본 교양과 관학의 교육 과정, 문과의 시험 과목이 밀접히 연관되어 있었던 만큼 과거 공부도 일반적인 교양의 학습과 밀접한 관련을 갖고 있었다. 그 출발은 경서經書와 역사, 문장에 대한 이해와 제술製述이라는 점에서 동일하였다.[1]

부형들은 자제들의 수학을 위하여 다양한 교육 과정을 개발하였다. 그 중의 한 사람이 숙종대 활동한 임상덕林象德, 1683~1719이다. 임상덕은 윤증尹拯의 문인으로 1699년 열일곱 살 때 진사가 되었고, 1705년 스물세 살 때 증광시 문과에서 장원으로 급제하였다. 어린 나이에 진사시와 문과에 연이어 합격한 것을 보면 그는 당대의 수재 중 한 사람이었음에 틀림없다. 그는 특히 변려문騈儷文으로 크게 이름을 떨쳤다고 하는데,[2] 그의 문집인 『노촌집老村集』에는 「과체려문科體儷文」이라는 이름 하에 과거 시험의 문장 형식인 과체科體로 지은 표문表文 여섯 편이 실려 있다. 임상덕이 당시 과거에서 비중이 높았던 표문에 매우 능숙하였음을 보여주는 대목이다.

1 박현순, 2015, 「조선시대 과거 수험서」, 『한국문화』 69, 208~211쪽.

2 趙龜命, 『東谿集』 권4, 「弘文館校理林公行狀」.

임상덕은 이조정랑, 홍문관 교리 등의 청요직을 역임하였으나 불행하게도 서른일곱의 나이로 요절하였다. 하지만 생전에 자신의 경험을 살려 독서법과 문장의 작법作法을 정리한 글을 여러 편 집필하였다. 그 중 과거에 합격하지 못한 유학幼學들을 위한 독서법은 아래와 같은 내용으로 되어 있다.

> 먼저 『소학』을 읽고, 『대학』에 들어간다. 다음에는 『논어』, 그 다음에는 『맹자』, 그 다음은 『중용』이다. 사서四書를 읽을 때 『근사록近思錄』과 『심경心經』 두 책을 틈이 있을 때마다 겸하여 본다. 『시경』과 『서경』은 그 다음에 본다.
>
> 경서가 익숙해지면 『춘추좌씨전』과 『국어』, 『전국책』을 읽고, 다음으로 『강목』, 『송조명신록』에 미쳐 역사 속 흥망성쇠의 이치를 살핀다.
>
> 다음으로 『선문정수選文精粹』, 『고문진보』 후집, 한유와 유종원, 구양수, 소씨 형제들의 글을 읽는다. 겸하여 『초사楚辭』, 『선부選賦』, 이백과 두보, 삼당三唐의 시선詩選을 읽어 사한詞翰을 넓힌다.
>
> 유학幼學인 선비는 이 수백 권의 책을 이해하면 높게는 성현聖賢이 되기를 희망할 수 있고, 중간으로는 문장을 배울 수 있으며, 아래로는 과유科儒가 될 수 있다.[3]

임상덕은 학문과 문장 공부와 과거 공부를 하나로 파악하였다. 그리고 이를 위해 익혀야 할 기본서로 경서와 성리서, 역사서, 문장서를 제시하였다. 그가 제시한 책들은 사대부들이 익혀야 할 문사철文史哲의 기본서이자 과거 공부를 위한 교재이기도 하였다. 물론 모든 사람들이 임상덕이 제시한 책들을 선택한 것은 아니었다. 어떤 교재를 선택하느냐는 개인의 선호에 따라 달랐다.[4] 그러나 그들이 추구하는 공부의 내용은 동일하였다.

그러나 과거 시험을 준비하기 위해서는 과문科文을 보다 집중적으로 익혀야 했다. 과문 공부 역시 문장 공부의 연장선에 있었지만 과문은 일반적인 문장과 달리 과문 특유의 독특한 형식을 갖추고 있었고, 글제가 요구하는 서술의 방향도 정해져 있었기 때문이다. 그리하여 17세기 문장가 이식李植은 자손들에게 과문 공부를 할 때 우리나라 사람들이 과거 때 지은 글을 뽑아 초집抄集을 만들어 익히도록 당부하였다.[5]

조선 전기에는 과거 시험 때 지은 과문을 모은 과작집科作集이 여러 종류 간행되었다. 15세기에는 국가에서 유생들의 과문 공부를 위하여 원대 과거 시험 답안을 모은 『삼장문선三場文選』의 대책편對策篇, 고부편古賦篇, 어시책편御試策篇 등을 간행한 바 있다. 또 표表·전箋의 공부를 위해서는 『송파방宋播芳』과 『원파방元播芳』을 간행하였다. 이 책들은 15세기 과문 공부의 기본서로 활용되었다.

3 林象德, 『老村集』 권4, 「幼學讀書規模」.

4 조선시대 문집에는 독서법을 정리한 글들이 많이 실려 있다. 그 중 과거와 관련하여 체계적인 공부법을 제시한 것으로는 이식과 윤기의 글이 있다. 李植, 『澤堂集』 別集 권14, 「示兒孫等」; 尹愭, 『無名子集』 文稿册 10, 「讀書次第」.

5 李植, 『澤堂集』 別集 권14, 「示兒孫等」.

16세기에는 민간에서 조선 과거에서 우수한 성적을 얻은 대책문을 모은 『동국장원책東國壯元策』, 『동국장원집東國壯元集』, 『동인책선東人策選』, 『전책정수殿策精粹』, 『동책정수東策精粹』 등을 간행하였다. 이 흐름은 임진왜란 직후 『진영수어震英粹語』의 간행으로 이어졌다.

그런데, 조선 후기에는 이상의 과작집 중에서 『진영수어』를 제외한 다른 책들이 읽혔다는 기록은 보이지 않는다. 대신 여러 사람의 과작科作을 모아 필사한 책들은 그 수를 알 수 없을 만큼 많이 전해지고 있다. 이런 책들은 『동표東表』, 『동책東策』, 『동부東賦』와 같이 보다 일반적인 이름으로 전하기도 하지만 개인의 뜻에 따라 그 제목도 천차만별이다. 그 중에는 수천 편의 글이 실린 책들도 있는데, 정약용이 지은 표表 428편을 묶은 『과표사집科表私集』이라는 책도 남아 있다. 이런 책에는 서두에 과문의 작법을 정리해 둔 경우가 많은데, 아예 과문짓는 법만을 따로 정리한 『과문규식科文規式』, 『과려규식科儷規式』과 같은 책들도 있다.[6] 이런 책들을 통하여 당시 유행하던 과문의 형식과 출제 경향, 유생들의 공부법 등도 살펴 볼 수 있다.[7]

물론 모든 사람들이 이상과 같은 책들을 모두 섭렵하고 과거에 응시한 것은 아니다. 또 이상과 같은 책들을 다 공부했다고 해서 모두 과거에 급제할 수 있는 것도 아니었다. 윤기尹愭, 1741~1826에 따르면 『사략史略』, 『통감通鑑』, 『맹자』, 『시경詩經』, 『당음唐音』과 같은 기본서의 일부를 공부하고 바로 유서류類書類와 과문 초집을 섭렵하여 과거에 응시하는 사람들도 있었다.[8] 반면 김석주金錫胄처럼 다양한 시대의 고문을 공부하고 기존의 작품들을 전범으로 과문의 새로운 경지를 개척하려고 한 사람들도 있었다.[9] 아무래도 과거에 급제한 사람들은 전자보다는 후자 쪽에서 나왔을 것이다.

3. 거접居接 : 과거 공부를 위한 합숙

조선 초기 국가는 관학 교육과 과거 준비를 연동시켜 학교 교육을 장려하였다. 그러나 개인의 학업에서는 관학 교육이 큰 비중을 차지하지는 못하였다. 비록 문과 응시를 위하여 성균관에 수학하는 과정을 거치기는 하였으나 이것은 학업보다는 과거 응시에 필요한 원점圓點을 획득하는 것이 주된 목적이었다.

조선시대 교육은 일반적으로 학교보다는 가정을 중심으로 이루어졌다. 특히 유년기에는 따로 스승을 찾아 공부하기도 하였으나 조부나 숙부, 부친 등 가족의 영향이 컸다. 어느 정도 학업이 진전된 10대 후반부터는 본격적으로 과거 준비를 시작하였는데, 이때부터 보다 전문적인 활동에 참

6 박현순(2015), 앞의 글.

7 황위주, 2014, 「『離騷遺香』을 통해 본 조선후기 '科賦'의 출제와 답안 양상」, 『대동한문학』 40, 대동한문학회.

8 尹愭, 『無名子集』 文稿册 10, 「讀書次第」.

9 이병주, 2014, 「金錫胄의 科文學習 硏究」, 『대동한문학』 40, 대동한문학회.

여하였다.[10]

조선 전기와 후기를 통틀어 가장 보편적으로 확인되는 활동은 동년배들과 산사山寺에 머물며 함께 공부하는 것이다. 16세기를 살았던 이황李滉은 스스로 산사에서 독서하였다는 기록도 자주 보이거니와 아들인 이준李寯에게도 기회가 있을 때마다 산사에 올라가 독서할 것을 명하곤 하였다.[11] 18세기를 살았던 황윤석黃胤錫 역시 아버지의 명을 따라 남원 보현사에 머물며 과거 준비에 몰두하였다. 황윤석이 영월 장릉의 참봉으로 근무할 때도 이웃한 보덕사에는 늘 인근 지역에서 모인 유생들이 과거 공부를 하고 있었다.

황윤석은 1754년 아내의 출산을 맞이하여 남원의 처가에 갔다. 그 곳에서 동년배들과 함께 보현사나 영천서원寧川書院 등에 머물며 과문科文 공부에 매진하였다. 그는 시를 짓는 모임을 시접詩接, 부를 짓는 모임을 부접賦接이라고 하였다.[12] 이처럼 동년배들이 모여 숙식을 함께 하며 집중적으로 과거 공부를 하는 거접居接은 조선시대 내내 일반화되어 있었다.

숙종 대 권상일權相一의 사례를 보면 거접의 사례들이 보다 다양하게 나타난다. 권상일은 상주의 대승사와 금룡사, 문경 오정사, 예안 성천사, 이계서원伊溪書院, 상주 향교, 마을의 수계소修契所 등에서 다양한 형태의 거접에 참여하였는데, 짧은 경우 2일에 그친 경우도 있으나 길게는 29일에 이른 경우도 있었다.[13] 황윤석의 경우도 보현사의 부접은 25일, 영천서원의 부접과 시접은 15일에 이르렀다.[14]

이외에 지역사회에서 여는 거접도 있었다. 16세기 영천에서는 매년 의원醫院에서 거접을 시행하였다. 영천 거접은 연산군 대 수령 이항李沆이 기금을 마련한 이래로 경내와 인근의 청년층을 모아 수개월씩 진행되었다.[15] 예안에 거주하던 이황은 자신 뿐 아니라 아들 이준, 손자 이안도도 이 거접에 참여하였다. 이안도가 참여한 1557년 여름 거접에는 각지에서 43명의 유생이 모였다.[16] 영천 거접은 1558년 건립된 이산서원伊山書院의 모체가 되었다.

서울에는 '대동접大同接'이라고 불리는 모의고사 형태의 모임이 있었다. 이해수李海壽의 연보에 따르면 과거에 앞서 태평관이나 경복궁 옆 송현동의 장랑長廊에 모여 기예를 다투고, 채점은 태학사太學士에게 맡겼다고 한다.[17] 그러나 이 대동접은 얼마 지나지 않아 명맥이 끊어진 듯하다.[18]

조선 후기에는 관官에서 지원한 거접이 보다 다양하게 확인된다. 그 한 예가 1663년 남평향교

10 박현순, 2007, 「16세기 예안현 사족층의 修學과 관직 진출」, 『敎育史學硏究』 17~1, 81~90쪽.

11 李滉, 『陶山全書』 4, 266쪽 「寄子寯」.

12 黃胤錫, 『頤齋亂藁』(한국학중앙연구원 간) 1책, 1754년 윤4월 초2일~6월 초7일.

13 전경목, 2007, 「조선후기 지방유생들의 修學과 과거 응시-권상일의 『淸臺日記』를 중심으로」, 『사학연구』 88, 한국사학회, 273~282쪽.

14 황윤석, 『이재난고』 1책, 1754년 윤4월 초2일.

15 李滉, 『退溪集』 권42, 「伊山書院記」.

16 李安道, 『蒙齋集』, 「年譜」 三十六年丁巳(1557).

17 李海壽, 『藥圃遺稿』, 「藥圃先生年譜」 二十九年庚戌.

18 『중종실록』 권97, 37년 2월 1일(임자).

에서 건립한 양사재養士齋이다.[19] 이 양사재는 수령이 교생校生의 원납願納을 받아 건물과 재정을 마련하고 식년시와 별과 때 거접을 하도록 한 것이다. 양사재는 전라도 여러 지역에서 확인되는데, 능주향교에서는 1720년에 양사재를 건립한 후 매년 백일장을 실시하고 30명을 선발하여 거접하게 하였다.[20] 수령이 지역 사회의 요청에 부응하여 과거 준비를 위한 프로그램을 지원한 것이다.

경상도 풍기에서도 18세기 이래 관의 지원을 받아 거접과 백일장을 시행하였다. 이 곳에서는 우곡서원, 욱양서원과 향교가 나누어 백일장이나 거접을 시행하였는데, 18세기 초 50~60명이던 참가 인원이 18세기 후반에는 100여명을 넘었고, 19세기 중반에는 500명을 상회하였다.[21]

이런 지원은 군현을 넘어 도의 차원에서도 이루어지고 있었다. 평안도에서는 감사 심택沈澤의 지원으로 1655년부터 접생接生을 선발한 후 정주 봉명서원鳳鳴書院에서 청북도회淸北都會를 열었다.[22] 경상도에서는 감사 조현명趙顯命이 경상감영의 낙육재樂育齋를 중수하고 각 고을에서 추천한 유생들을 거재하게 하였으며,[23] 전라도에서는 전라도 감영에 희원당希願堂을 설치하여 강학소로 활용하였다.[24]

유생들이 함께 모여 공부한다는 점에서는 성균관도 마찬가지였다. 그러나 성균관이나 사학, 향교에서의 수학은 '거재居齋'라고 일컬었다. 정규적인 교육 과정으로 과거 준비를 위한 거접과는 차이가 있었던 것이다. 하지만 조선 초기에 작성된 학령에서 매일 경서를 강독하고, 매달 상순, 중순, 하순 세 차례에 걸쳐 과문科文 각체를 작성하여 제출하도록 한 것도 거접과 동일한 성격을 갖는다고 할 수 있다. 다만 이와 같은 교육이 꾸준히 진행되지는 못한 듯하다.

성균관 수학은 학업 자체보다는 원점圓點의 획득에 보다 비중을 두었다. 조선에서는 국초부터 성균관에서 수학하며 원점 300점을 얻은 경우에는 문과 초시의 하나인 관시館試에 응시할 수 있는 자격을 부여하였다. 중종 대부터는 생원·진사의 경우 문과 초시의 한성시와 향시에 응시하는 데에도 원점 150점을 요구하였다.[25] 따라서 문과에 응시하려는 생원·진사에게는 성균관 수학이 필수적이었다.

조선 후기에도 식년시 관시에는 원점을 요구하였다. 하지만 정시, 별시 등 원점을 요구하지 않는 시험이 더욱 자주 시행되었기 때문에 성균관 수학의 필요성은 줄어들었다. 하지만 영조 대에 성균관의 절일제와 황감제, 전강殿講 등에서 급제를 하사하면서 성균관 수학이 다시 생원·진사의 필수과정으로 부각되었다. 절일제는 원점 50점을 얻은 유생, 전강은 성균관 거재 유생들에게 응시자격을 부여하였기 때문이다.[26] 성균관 수학은 학업 자체보다는 원점을 얻는 것을 목적으로 하는 것

19 『전남의 향교』, 960쪽, 남평향교 「養士齋規」(1663).

20 『전남의 향교』, 307쪽, 능주향교 「養士齋案」(1719~1720).

21 『경북향교자료집성』Ⅱ, 615쪽, 풍기향교 「雜錄」.

22 『定州邑誌』 校院學規圖說.

23 趙顯命, 『歸鹿集』 권19, 「通論道內士友文」.

24 『전남의 향교』, 288쪽, 능주향교 「咸豐元年 ㅁ月日 綾州牧儒生興學節目」.

25 차미희, 1999, 『朝鮮時代 文科制度 硏究』, 국학자료원, 33~49쪽.

26 박현순, 2014, 『조선후기의 과거』, 소명출판, 139~145쪽.

이 일반적이었다.

성균관에는 생원·진사 외에도 하재생下齋生으로 수학하는 유생들도 있었다. 이황 역시 생원·진사시에 합격하기 전인 23세 때 성균관 하재에서 수학하였다는 기록이 있다.[27] 영조 대에는 동재와 서재에 각 20명씩 40명의 하재생을 두었는데, 이들은 주로 명경생으로 식년시를 준비하는 지방 유생들이었다. 하재생들은 국왕이 불시에 시행하는 도기전강到記殿講에서 생원·진사들을 제치고 우수한 성적을 얻어 문과에 급제하기도 하였다.[28] 이들에게는 성균관이 과거 준비를 위한 공간이었다.

4. 선택과 집중 : 시험 종류와 출제 경향에 맞춘 수험 준비

조선시대 문과는 식년시, 증광시, 별시, 알성시, 정시 등 그 종류가 다양하였다. 시험 방식도 시험마다 상당히 차이가 있었다. 식년시나 증광시는 초시-회시-전시의 3단계 시험이었지만 별시는 초시-전시의 2단계 시험이었고, 알성시나 정시는 백일장 형태의 시험이었다. 시험의 단계가 줄어듦에 따라서 시험 과목도 축소되었다.

식년시와 증광시 등의 여타 시험은 시험의 성격 면에서도 차이가 있었다. 식년시는 회시 초장의 사서삼경 강경講經이 당락에 절대적인 영향을 미쳤다. 증광시 등 다른 시험은 제술 위주의 시험이었다. 그리고 17세기에는 강경과 제술에 대한 선호가 갈리며 식년시는 명경과明經科, 증광시 등의 시험은 제술과製述科로 불리며 이원화되는 경향이 나타났다. 유생들도 이에 맞추어 명경생明經生 혹은 강경생講經生과 제술생製述生으로 나뉘어 졌다.

같은 제술과의 경우에도 출제 경향에는 차이가 있었다. 증광시의 경우 합격 여부를 결정하는 회시의 시제試題가 주로 부賦, 표表, 대책對策으로 출제되었다. 이에 비해 별시 전시에는 주로 책이 출제되었고, 정시나 알성시는 주로 표表가 출제되다가 영조 대 이후에는 부賦가 출제되었다.[29]

이런 경향은 조선 전기에는 그리 크게 부각되지 않았다. 조선 전기에는 식년시에서도 제술의 비중이 높았고, 시험 종류를 불문하고 대책문의 비중이 높았기 때문이다. 그러나 17세기 이래 식년시에서 강경의 비중이 높아지고, 정시가 자주 시행되면서 시험 간의 차이가 보다 뚜렷하게 부각되었다. 시험 종류마다 과목별 비중이 다르고, 출제 경향도 달랐던 만큼 응시자들도 이에 맞추어 시험을 준비할 필요가 있었다.

이식은 자손들에게 전한 공부법에서 "『주역』은 시강試講을 전공으로 하는 자들은 마땅히 『정전程傳』을 함께 익혀야 하지만 그렇지 않은 자는 단지 점법占法만 배우고 반드시 읽을 필요는

27 이황, 『陶山全書』 4, 267쪽 가, 「寄子寯」.

28 박현순, 2013, 「영조대 到記儒生殿講에 대한 고찰」, 『한국문화』 64.

29 박현순(2014), 앞의 책, 277~280쪽.

없다"고 단언하였다.[30] 17세기 문과가 강경講經 위주의 시험과 제술 위주의 시험으로 이원화된 데 맞추어 각기 다른 공부법을 제시한 것이다. 앞서 소개한 임상덕의 독서법에서도 『주역』은 빠져 있다. 즉, 사서 이경 위주로 공부한 것이다.

반면 명경생의 경우 『주역』을 보다 집중적으로 익히는 경향이 있었다. 강경 시험에서 『주역』은 배획倍劃이라고 하여 점수를 두 배로 계산해 주었기 때문이다. 1725년 7서의 강경을 시험한 도기전강의 결과를 보면 응강자 69명 중에 47명이 『주역』을 선택하였고, 급2분 이상의 상위 성적을 받은 자는 모두 『주역』 강경자였던 것으로 확인된다.[31] 그만큼 명경생들은 『주역』의 공부에 집중하였던 것이다.

영조 대 전강을 시행한 사례들을 보면 생원·진사와 하재생·사학 유생인 유학幼學 간의 성적도 대비된다. 생원·진사는 유학에 비하여 좋은 성적을 받은 비율은 낮고, 불통不通을 받은 비율은 높았다. 생원·진사의 대부분은 제술생으로 강경 공부를 도외시하였기 때문이다.[32]

제술생 사이에서도 보다 전문적으로 익히는 문장 형식에는 차이가 있었다. 1795년 정조는 응제應製에 입격한 유생 88명을 대상으로 부·표·시·책의 습작 편수를 조사한 적이 있다. 이때의 부·표·시·책은 일반적인 문장이 아닌 과부科賦, 과표科表, 과시科詩, 과책科策으로 과거 시험용 습작을 의미한다. 그 결과를 보면 문체별로 습작이 있다고 응답한 유생은 부가 85명, 표가 66명, 시가 26명, 책이 13명이었다. 이를 통해 유생들의 대다수가 부와 표를 보다 집중적으로 익히고 있었다는 것을 알 수 있다.

그 가운데 부를 주로 습작한 유생과 표를 주로 습작한 유생의 차이도 있었다. 가령 이만상李晩祥이라는 인물은 표는 900수, 부는 100수로 표에 집중한 반면, 하서복河瑞復이라는 인물은 부만 1,000수를 습작하여 부에 집중하고 있었다.[33]

19세기 문과 초시 향시의 응시자 수를 보면 시험 종류별로 응시자 수가 크게 차이가 난다. 예를 들어 평안남도의 경우 1842년 식년시 향시 응시자는 최고 75명인데 비하여 1848년 증광시 응시자는 최고 686명으로 10배에 가까운 차이를 보였다. 식년시보다 증광시를 선호한 것이다. 그런데 1845년에 시행된 평안도 정시 응시자는 2,110명으로, 평안남도와 북도를 합친 것이기는 하지만 증광시 응시자 수를 상회한 것으로 보인다. 식년시보다는 증광시, 증광시보다는 정시를 선호한 것이다.

또 초장, 중장, 종장의 응시자 수도 차이를 났다. 가령 1842년 식년시 평안남도 향시의 응시자를 보면 사서의와 논을 시험하는 초장은 75명, 부·표를 시험하는 중장은 38명, 대책을 시험하는 종장은 23명이었다. 식년시는 명경과明經科로 일컬어질 만큼 경학 위주의 시험이었기 때문에 초시에서도 응시자들이 사서의四書疑에 집중하는 경향을 보였던 것이다.

30 李植, 『澤堂集』 別集 권14, 「示兒孫等」(1642).

31 박현순(2013), 앞의 글, 239~242쪽.

32 박현순(2013), 앞의 글, 242~246쪽.

33 『일성록』, 정조 19년 2월 13일(을축).

이에 비해 1844년 증광시 충청우도 향시에서는 초장이 151명, 중장이 411명, 종장이 280명으로 응시자들이 부·표를 시험하는 중장을 보다 선호한 것을 볼 수 있다. 생원·진사시의 경우에도 사서의와 오경의를 시험하는 생원시보다는 시와 부를 시험하는 진사시 응시자 수가 많았다. 문과 초시의 중장이나 진사시를 선호한 것은 18세기 이후 문과에서 부賦가 자주 출제되어 유생들이 부의 학습에 집중한 결과였다.[34]

5. 과거 시험의 경쟁률

응시자들은 누구나 합격의 영광을 기대하지만 그것이 그리 쉬운 일은 아니었다. 특히 17세기 이후에는 응시자가 빠르게 증가하며 합격을 둘러싼 경쟁도 더욱 치열해졌다. 다만 시험별로 그 경향은 차이가 있었는데, 강경을 위주로 하는 식년시는 응시자가 점차 줄어든 반면 1회의 시험으로 급제 여부가 결정되는 정시나 알성시 등의 응시자는 빠르게 증가하는 추세를 보였다. 생원·진사시 응시자 역시 빠른 속도로 증가하였다. 그 증가 추세는 점진적이라기보다는 특정 시기에 집중된 경향이 있었다. 왜 특정시기에 이런 현상이 나타나는가는 보다 세밀하게 고찰이 필요한 문제다.[35]

정시·알성시의 경우 숙종 대에 응시자가 크게 늘어났다는 여론이 들끓었는데, 그 수는 대개 만여 명으로 언급되었다. 이것이 정확한 수치는 아니지만 이즈음 정시의 시험 장소를 창덕궁 인정전에서 창경궁 춘당대로 옮기게 된 사정을 통해 이전 시기에 비해 응시자가 크게 증가하였다는 것은 알 수 있다. 성균관에서 치르던 알성시도 영조 대에는 춘당대로 옮겨 시행하게 되었다. 응시자의 증가에 따라 장소를 옮기는 것이 불가피해진 것이다.[36]

정시·알성시 응시자 수가 다시 급증하는 양상은 정조 대에 등장한다. 이때는 정확한 수치가 확인되는데, 영조 대에 많아야 만여 명에 그쳤던 응시자 수가 정조 대에는 몇 만 명 수준에 이르렀고, 1800년 정시 초시 때는 매우 특수한 사례이기는 하지만 그 수가 111,838명에 이르렀다. 19세기 전반에도 정시 알성시의 응시자수는 평균 5~6만 명에 이르렀는데, 고종 대에는 평균 11여만 명으로 급증하였다. 갈수록 응시자가 늘어나고 합격은 더욱 어려워진 것이다.[37]

조선시대 과거 합격자의 평균연령은 문과가 36.4세, 생원·진사시가 34.5세 정도였던 것으로 파악된다. 생원·진사시든 문과든 30대 중반 정도에 합격하면 중간은 한 셈이다. 하지만, 경쟁이 치열해짐에 따라 합격 평균 연령도 점차 높아져 18세기 후반 문과 급제자의 평균 연령은 39.0세가 되

34 박현순(2014), 앞의 책, 230~238쪽.

35 박현순(2014), 앞의 책, 38~61쪽, 230~256쪽.

36 박현순(2014), 앞의 책, 112~116쪽.

37 박현순(2014), 앞의 책, 239~249쪽.

었다. 자식을 결혼시키고 손자를 볼 수도 있는 나이였다.

물론 개인마다 합격한 연령대는 달랐다. 조선시대 문과 급제자의 연령대 분포를 보면 30대 전반을 정점으로 20대 후반, 30대 후반에 비교적 집중되어 있고 그 이후로는 점감하는 추세를 보인다. 하지만 40대 이상의 급제자도 전체의 40% 정도를 차지하였으며, 많지는 않으나 70대·80대 급제자도 있었다.[38]

과거에 낙방한 사례를 보더라도 고령 응시자들은 쉽게 볼 수 있다. 권상일의 부친 권심의 경우 아들이 문과에 급제한 뒤에야 과거 응시를 그만두었는데, 당시 그의 나이는 57세였다. 황윤석의 아버지 황전이 마지막으로 과거에 응시한 것은 그의 나이 58세 때였다. 한편 이광정은 부친에게 쉰이 넘어서는 과거를 보지 않아도 된다는 허락을 받았다고 한다.[39] 이런 사례들은 50대까지도 과거 응시가 계속되고 있었다는 것을 보여준다. 조선 후기 과거 응시자가 늘어난 데에는 이처럼 응시 연령대가 확대되는 것도 중요한 변수가 되었던 것으로 보인다.

그런데 수만 명이 몰리는 시험이라도 선발한 인원의 숫자는 많아야 20~30명 수준이었다. 적게는 채 10명이 되지 않는 때도 많았다. 가령 1800년 세자의 책봉을 기념한 정시는 응시자가 10만 명을 넘었지만 선발 인원은 9명에 불과하였다.[40]

늦은 나이라도 합격의 영광을 맛보았다면 그간의 노력을 보상받을 수 있었다. 그러나 대다수의 사람들은 청춘을 바친 노력에도 불구하고 아무런 보상을 받을 수 없었다. 조선시대 문과급제자는 14,600여 명, 생원·진사시 합격자는 47,000여 명이다. 연평균을 따지면 문과는 30명, 생원·진사시는 100명 정도가 된다. 시험 때마다 수천, 수만 명씩 몰려드는 응시자들을 만족시키기에는 턱없이 부족한 수치였다.

대다수의 사람들에게 과거에 급제하기란 하늘의 별따기처럼 불가능한 일로 여겨졌는지도 모른다. 사람들은 과거에 급제하는 것은 천명天命에 달렸다고 이야기하곤 하였다. 영조 대 영의정을 지낸 이종성李宗城은 후손들을 위해 쓴 「가범家範」에서 과거는 인력으로 되는 것은 아니니 아예 자손들이 과거에 급제하기를 기대하지 말라고 당부하였다.[41] 부모가 아무리 현달한 사람이라도 자식의 급제를 장담할 수 없었던 것이다. 아홉 번 장원을 했다 하여 '구도장원공九度壯元公'이라 불린 이이도 스물아홉 살에 장원으로 급제할 때까지는 연거푸 고배를 마셨다. 과거에 급제하는 길은 멀고 험하였다.

그렇다고 조선시대 양반들이 오늘날 수험생들처럼 사시사철 모든 일을 팽개치고 공부에만 몰두한 것은 아니다. 집안의 가장으로서 농사일도 돌보아야 했으며, 제사를 비롯한 가정의 대소사는

38 최진옥, 1998, 『朝鮮時代 生員·進士 硏究』, 204쪽 〈표 5-13〉; 『國朝文科榜目』(태학사 간); 『CD롬 補註 朝鮮文科榜目』(동방미디어, 2001).

39 李光庭, 『訥隱集』 권4, 「答金士能」.

40 문과방목에 기재된 합격자 명단은 그 시험의 응시자와 다른 시험에서 직부전시자격을 얻어 급제한 사람을 함께 수록한 것이다. 그 시험의 선발자는 원방(原榜), 직부전시자는 직부(直赴)로 구분하였는데, 여기서의 선발인원은 원방(原榜)을 말한다. 조선시대 직부제에 대해서는 다음 글 참조. 원창애, 2012, 「조선시대 文科 直赴制 운영 실태와 그 의미」, 『조선시대사학보』 63, 조선시대사학회.

41 李宗城, 『梧川集』 권15, 「家範」.

물론 향촌 사회의 활동에도 참여해야만 했다. 실제 시험공부는 농한기나 시험이 공고된 이후에 집중되는 경향이 있었다.

6. 과거 시험장의 풍속도 : 합격을 위한 전략

응시자들은 극심한 경쟁을 뚫기 위하여 다양한 전략을 구사하였다. 그 방법은 합법적인 것도 있었지만 때로는 불법적인 것도 있었다. 법적인 경계는 분명하였지만 관행상의 경계는 아슬아슬하였다. 조선 후기 과폐科弊로 일컬어지는 과거제의 폐단도 여기에서 비롯된 바가 크다.

유생들이 구사하는 방법 중의 하나는 향시 때 보다 경쟁률이 낮은 지역에서 응시하는 것이다. 지방에서 시행하는 향시는 조선초기부터 거주지, 곧 입적지入籍地 응시를 원칙으로 하였다. 상피相避와 같은 합법적인 사유없이 다른 지역에서 응시하는 경우는 빈공賓貢이라고 하여 합격을 취소하였다.

조선 전기 빈공은 주로 시관試官과 결탁한 불법행위로 문제가 되었다. 그러나 시험장과의 거리가 멀거나 본가를 떠나 처가, 농장 등에 머물고 있다가 다른 지역에서 응시하는 사례들도 있었다. 국가에서도 당초에는 농장 소재지나 본향, 처향, 외향 등 삼향三鄕을 거주지로 인정하여 호적에 입적시켜 주었다.[42]

그러나 이를 악용하여 상대적으로 경쟁률이 낮은 지역으로 위장 전입하는 사례들도 있었다. 특히 서울 유생들은 분산墳山이나 농장이 있다는 명분을 내세워 강원도, 충청도, 황해도 등에 허위로 입적하여 향시에 응시하는 일이 많았다고 한다. 이 때문에 1678년 이를 금단하는 법제를 제정하였다.[43] 하지만 이런 저런 사유를 만들어 다른 지역에서 응시하는 빈공은 근절되지 않았고, 시험 때마다 많은 논란을 낳았다.

황윤석의 경우도 빈공으로 몰린 적이 있었다. 그는 전라우도인 흥덕에 살고 있었는데, 자신의 말에 따르면 중년에 처가가 있는 남원으로 이사하려고 전라좌도인 남원에 적을 두었다. 그리고 1754년 동생과 함께 전라좌도의 시험장인 광주로 증광시를 보러갔는데, 그만 빈공으로 몰려 낙방하고 말았다.[44] 전후의 사정이야 어찌되었건 그는 거주지가 아닌 곳의 호적에 위장 전입한 셈이고, 빈공이라는 혐의를 벗어날 수 없었다.

유생들의 합격을 위한 집념은 과문科文의 작성에서도 나타났다. 수백, 수천 장, 때로는 수만장에 이르는 답안들 가운데서 시관試官의 시선을 사로잡기 위해서는 남다른 문장을 구사할 필요가 있었다. 그 방법의 하나는 다른 사람들이 잘 알지 못하는 전거典據를 인용하여 보다 현학적이면서

42 『명종실록』 권4, 1년 8월 23일(정미); 『인조실록』 권15, 5년 3월 24일(신묘); 『현종실록』 권4, 2년 9월 13일(기축).

43 『과거등록』 2(국사편찬위원회 간행), 무오 정월 12일.

44 황윤석, 『이재난고』 1책, 「海陽錄」 갑술(1754) 2월 26일.

참신하게 글을 구성하는 방법이다. 1682년 남구만이 제시한 예를 보면 흔히 '말세末世'라고 쓰는 표현은 과문에서는 '해세亥世'라고 썼는데, 이는 해亥가 12간지의 마지막이기 때문에 말末을 해亥로 대신한 것이다.[45] 이런 표현은 당시에 신기함을 추구하여 현학적이고 괴벽하다는 평가를 받았다. 또 정통 유가서가 아닌 『장자莊子』, 『동래박의東萊博議』, 『순자荀子』 등을 인용하여 문제가 된 사례들도 있었다.[46] 이후 과문에서 기괴한 말을 쓴 자는 선발하지 않는다는 법률이 제정되었다.[47]

대책문을 작성할 때에는 문장의 도입부에 해당하는 허두虛頭에 역점을 두어 작성하는 경향이 있었다. 대책문은 3,000자 이상의 장문으로 채점할 때 도입부로 재고再考 여부를 판단했기 때문에 여기에 공력을 쏟은 것이다. 이에 허두가 10행 이상인 경우는 합격을 취소하라는 왕명이 내리기도 하였다.[48]

과문의 표현이 문제된 가장 극적인 사건은 1792년의 문체반정이었다. 이 사건은 초계문신인 남공철의 대책문과 성균관 유생 이옥의 표문이 각각 패관문자와 소품을 인용하였다는 데서 발단이 되었다. 근원적으로 보면 이 문제는 당대의 문풍 변화에서 비롯된 것이지만 그것이 확인되는 주요 경로가 바로 과거 시험장이었다. 그 결과 『과거사목』에 패관잡기稗官雜記에 관련된 답안은 무조건 탈락시키고 작성자는 정거停擧한다는 조항이 추가되었다.[49]

영조 대부터 과거 시험장의 새로운 풍속도로 떠오른 것이 답안을 지나치게 일찍 제출하는 조정早呈이다. 조선 전기에는 제한시간이 지나 답안을 작성하는 유생을 위해 횃불을 켜 주는 것이 시관試官의 미덕으로 인식되었다. 그러나 숙종 대 정시·알성시 응시자가 급증하면서 엄격하게 시험시간을 지키고 시간을 넘긴 답안은 받아들이지 않는다는 원칙이 마련되었다. 이 때문에 제한시간이 지나면 답안을 제출하려는 유생들과 답안을 받지 않으려는 시관·군인들 사이에 실랑이가 벌어지곤 하였다.[50]

그런데, 영조 대부터는 오히려 답안을 빨리 제출하는 경향이 등장하였다. 조정의 풍속이 대두된 것은 채점의 문제와 관계있었다. 시관의 숫자가 제한된 상황에서 수천, 수만 장에 이르는 답안을 채점하려면 시관들도 시간의 문제를 생각하지 않을 수 없었다. 따라서 먼저 제출된 답안은 비교적 꼼꼼하게 보지만 뒤로 갈수록 허술해지기 마련이다. 게다가 시험장에서 표절이 성행하면서 원작과 표절작을 구분해야 하는 어려움도 있었다. 이 때문에 시관들은 대개 먼저 제출된 답안을 위주로 채점을 진행하였다. 아울러 제한된 시간 안에 빨리 글을 완성하는 것 자체가 문재文才의 지표로 인식되기도 하였다.

이에 따라 유생들도 답안을 일찍 제출하는 것을 중시하여 심지어 시제試題도 알지 못한 채 미

45 『숙종실록』 권13, 8년 11월 25일(무진).

46 『선조실록』 권124, 33년 4월 19일(임진); 『숙종실록』 권41, 31년 4월 2일(을축).

47 『속대전』 예전 제과.

48 『정조실록』 권30, 14년 7월 25일(계묘). 박현순(2014), 앞의 책, 205쪽.

49 김성진, 1993, 「정조년간 과문의 문체 변화와 문체반정」, 『한국한문학연구』 16, 한국한문학회 참조.

50 박현순(2014), 앞의 책, 122~127쪽.

리 답안을 작성하여 들어오는 경우도 있었다고 한다. 수천, 수만 명과 경쟁하려면 촉각을 다투지 않을 수 없었던 것이다. 그리하여 영조·정조 대에는 시험 시작 후 일정 시간이 흐른 뒤에만 답안을 제출할 수 있도록 제도화하였다. 1763년에는 시험 마감 시간 2시간 전부터 답안을 제출하도록 하였으며, 1791년에는 서제書題를 내건지 3시각이 지난 후부터 답안을 제출하도록 하였다.[51] 그러나 유생들이 일찌감치 답안을 작성해 두고 시간이 되면 경쟁적으로 답안을 제출하는 모습은 사라지지 않았다.[52]

과거 시험장에서 빼놓을 수 없는 풍속은 이른바 '동접同接'이라고 하여 유생들이 몇 명씩 무리를 이루어 함께 시험을 보는 것이다. 동접은 당초에는 함께 접接을 이루어 공부한다는 의미에서 사용된 듯하다.[53] 그러나 조선 후기에는 일반적으로 과거 시험을 함께 보는 사람들을 동접이라고 일컬었다.

유생들이 동접을 이루어 과거에 응시하는 모습은 18세기 황윤석의 일기인 『이재난고頤齋亂藁』에서 자주 보인다. 황윤석은 주로 고향의 친구들이나 서울의 지인인 조정趙晸 부자와 동접을 이루었다. 그런데, 고향 친구들과 동접을 이루었을 때의 기록을 보면 황윤석이 글을 읊어 주면 친구들이 그것을 받아 적는 방식으로 여러 장을 답안을 만들었다. 또 여러 사람이 의논하여 한 장의 답안을 만든 후 내용을 조금씩 바꾸어 여러 장의 답안을 만들기도 하였다. 동접은 함께 답안을 작성하는 팀과 같은 것이었다. 그리고 표절이 발각되는 것을 피하기 위하여 시차를 두고 답안을 제출하는 것도 잊지 않았다.[54]

황윤석은 때로는 사수寫手를 고용하기도 하였다. 사수는 답안을 정서해 주는 사람을 일컫는다. 조선시대 과거에서는 남의 답안을 대신 짓는 대술代述은 명백한 불법행위였으나 대사代寫는 허용되었다. 황윤석은 자력으로 적당한 사수를 구하는 것이 쉽지 않았으나 조정 부자와 동접을 이루면서 이 문제를 해결할 수 있었다.[55]

당시에는 경화사족들이 지방 유생들을 동접에 끌어 들여 답안을 대술代述하게 한다는 논의가 자주 일어났다. 황윤석 역시 여러 차례 동접을 이루자는 제안을 받았다.[56] 그는 부친과도 교분이 두터운 조정 부자 외에는 모두 제안을 거절하였다.[57] 그런데 황윤석이 장릉참봉에 제수된 직후 그가 재상가의 매문자賣文者라는 소문이 돌았다.[58] 당시의 과장 분위기를 보면 그가 조정 일가와 맺은 동접 역시 다른 동접과 성격이 달랐다고 보기는 어려울 것이다.

경화사족들을 위해 글을 지어주는 사람들은 '거벽巨擘'이라고도 불렸다. 거벽巨擘은 본래 한

51 박현순(2014), 앞의 책, 201~203쪽.

52 尹愭, 『無名子集』 文稿册 5, 「論科擧」; 柳致明, 『定齋集』 속집 권8, 「又牓示」; 申佐模, 『澹人集』 권11, 「與某處書」.

53 成汝信(1546-1632), 『浮査集』 권7, 「연보」 隆慶二年戊辰(1568).

54 황윤석, 『이재난고』 2책, 311쪽 11월 25일 기유(한국학중앙연구원 간행); 황윤석, 『이재난고』 3책, 476쪽 1770년 12월 3일 을해.

55 황윤석, 『이재난고』 1책 548쪽 1766년 3월 20일 기축, 534쪽 1769년 9월 9일 기축.

56 황윤석, 『이재난고』 2책 586쪽 1769년 10월 17일 을축, 587쪽 1769년 10월 18일 병인.

57 『이재난고』 1책 548쪽 1766년 3월 20일 기축.

58 『이재난고』 1책, 587쪽 1766년 7월 15일 계미.

분야에서 높은 성취를 이룬 경우를 가리키는 용어이지만 조선 후기에는 대술자들을 가리키는 속어로 사용되었다. 대술은 법으로 금지되어 있었지만 개중에는 전문적으로 돈을 받고 글을 지어 주는 사람도 있었다. 금전을 지불하고서라도 남의 손을 빌리려는 사람들이 있었던 것이다.

7. 영광의 의례

여성 문인이었던 삼의당 김씨1769~1826는 과거 공부를 하고 있는 남편에게 다음과 같은 편지를 보냈다.

> 풀이 우거진 긴 둑에서 말 우는 소리가 들렸습니다. 옷도 제대로 갖춰 입지 못하고 허겁지겁 문을 나가 보니 어떤 젊은이가 표연히 지나가더군요. 즉시 아이종을 시켜 과장科場 소식을 물어보고 당신께서 이번에도 또 낙방하셨다는 것을 알았습니다. 당신도 힘드시지요? 저는 앞으로도 온 힘을 다할 것입니다. 작년에는 머리를 잘라 양식을 실어 보냈고, 금년에는 비녀를 팔아 여비를 마련했습니다. 제가 가진 것이 다할지라도 당신께서 과거보는 데 드는 비용이 모자라서야 되겠습니까? 들으니 가을이 되면 또 경시慶試가 있다고 하더군요. 당신께서는 돌아오지 마십시오. 마침 인편이 있어서 안부를 묻고 옷옷 한 벌을 보냅니다.[59]

이 편지를 받아 든 남편의 기분은 어땠을까?

삼의당 김씨는 남원 출신으로 열여덟 살 때 같은 마을에 살던 하욱과 혼인하였다. 그러나 혼례를 치른 지 얼마 지나지 않아 남편은 과거 공부를 위해 산에 들어갔다. 남편이 집을 떠나 산사와 서울을 오가며 과거 준비에 매달리는 상황은 삼의당의 젊은 시절 내내 계속되었다. 삼의당이 쓴 시와 편지에는 남편에 대한 그리움과 남편의 과거 급제에 대한 열망이 강하게 드러나 있다.[60]

과거에 급제하지 못하고 산사와 서울을 떠돌고 있는 남편도 답답하기는 마찬가지였다. 끝을 기약하기 어려운 공부와 자신의 급제를 간절히 바라고 있는 아내와 부모님을 떠올리면 막막함에 한숨이 절로 났을 법하다. 시간이 흐르면 흐를수록 미안함과 자괴감에 빠졌을 것이다.[61]

삼의당의 남편은 결국 과거에 급제하지 못한 듯하다. 만약 남편이 급제하였다는 소식을 들었다면 삼의당은 어떻게 했을까? 또 하욱은 자신이 급제했다는 이야기를 듣고 어떤 반응을 보였을까?

대부분의 사람들은 자신의 합격 소식을 듣고 기쁘면서도 제대로 기뻐하지 못한 듯하다. 김영은 자신의 합격 소식을 듣고 "다행히 조상의 음덕으로 이런 영광을 차지하였으나 부모님이 모두

59 이월영 역, 『삼의당김부인유고』, 신아출판사, 225쪽. 번역문은 필자가 윤문하였다.

60 이월영 역, 위의 책, 276~284쪽.

61 이월영 역, 위의 책, 217~224쪽 남편의 답신.

살아계시지 않으니 도리어 슬픔만 더할 뿐이다"고 일기에 적었다.[62] 권상일은 "별로 놀라거나 기쁜 마음이 없다. 너무 기뻐서 그런 것일까"라고 적었다.[63] 너무도 간절하게 원했던 일이었기에 막상 현실이 되더라도 현실감이 없고, 그간의 애환만 북받쳐 올랐는지도 모른다.

그러나 개인적인 감정에 젖어 있을 사이도 없이 급제는 현실로 다가왔다. 주변의 축하를 받는 일도 일이었거니와 방방放榜에서부터 유가遊街, 사은謝恩, 알성謁聖, 도문연到門宴, 영분제榮墳祭 등 기념 의례들이 기다리고 있었기 때문이다. 그 사이에 신래新來 부르기라는 신참례도 계속되었다.[64]

방방放榜은 궁궐에서 합격 증서인 홍패·백패를 나누어 주는 공식 의례이다. 방방 때는 국왕이 친림하여 꽃과 술, 주과 등을 하사하였다. 뒤이어 가갈呵喝과 잡희雜戱를 앞세우고 거리를 돌아다니는 유가遊街가 진행되었다. 문과의 방방을 행한 다음 날에는 궁궐에 나아가 사은謝恩을 행하고, 그 다음날에는 성균관에 나아가 선성先聖을 배알하였다. 조선 전기에는 의정부나 예조가 주관하는 은영연恩榮宴이라는 공식 축하연도 있었다.

공식적인 행사 외에도 급제 후에는 여러 가지 행사들이 이어졌다. 문과급제자들이 가장 먼저 거쳐야 하는 과정은 사관四館에서 시행하는 신참례였다. 1612년 가을 증광시 문과에 급제한 김영金坽의 『계암일록溪巖日錄』을 보면 사관의 면신례는 회시會試 합격자가 발표된 다음 날부터 알성을 한 날까지 계속되었다.[65] 성균관에서 행한 면신례의 장면은 다음과 같이 기록되어 있다.

> 반동泮洞에 가서 동반수 가에 줄을 지어 앉았다. 성균관 관원 두 사람이 서재의 마루 위에 앉아서 문무의 신래들을 남김없이 모두 불러 들여 얼굴을 까맣게 칠하고 까치걸음을 걷게 하며 희롱하였다. 한참 후에 또 동재의 식당 앞으로 들어오게 하더니 나희儺戱를 시켰다.[66]

이것이 다는 아니었다. 길에서 선배들을 만날 때마다 '신래新來'라고 불리며 시키는 대로 하는 곤욕을 치렀다. 이름도 모르는 선배에게 붙잡혀 여기 저기 경연慶筵 자리에 끌려가 얼굴에 먹을 칠하고 이름을 거꾸로 쓰는 등의 온갖 장난에 응대해야만 했다.[67] 이 일들은 상당히 곤욕스러운 일이었음에 틀림없지만 합격의 기쁨을 누릴 수 있는 의례의 하나였다.[68]

유생들이 급제하여 집에 돌아간 뒤에도 축하 행사는 계속되었다. 급제자가 낙향했을 때 치르는 의례는 영친의榮親儀라는 명목으로 제도화되어 있었다. 1429년 예조에서 정한 영친의를 보면 급제자가 고향에 돌아오면 향리들이 오리정五里亭에 나가 맞이하고, 급제자는 향교와 수령을 배알한

62 김영, 『계암일록』 1612년 8월 2일.

63 권상일, 『청대일기』 1710년 6월 3일.

64 과거 급제자들이 치러야 하는 의례들은 김영의 『계암일록』에 잘 나타나 있다. 차미희, 2013, 「17세기 예안 사족 김령과 과거시험」, 『국학연구』 23, 한국국학진흥원 참조.

65 김영, 『계암일록』 1612년 8월 3일.

66 김영, 『계암일록』 1612년 9월 11일.

67 김영, 『계암일록』 1612년 9월 7일~9월 11일.

68 『세종실록』 권44, 11년 4월 15일(경인).

후 수령과 함께 집에 돌아가 부모를 뵈었다. 수령은 급제자와 그 부모를 객사로 초청하여 영친연榮親宴을 베풀었다. 부모가 돌아가신 경우라면 관에서 제물을 제공하여 분묘를 배알하게 하였다.

조선 후기 여러 일기 자료에서 확인되는 사례들을 보면 연회나 성묘가 훨씬 성대하게 시행되었다. 과거에 합격한 후 낙향길의 모습은 1846년 생원시에 합격한 대구 출신 서찬규徐贊奎의 『임재일기臨齋日記』에 잘 나타나 있다. 서찬규는 창부, 재인, 무동 등을 대동하고 풍악을 울리며 낙향하였는데, 고향에 도착했을 때는 일가친척 뿐 아니라 구경꾼들이 강가로 나와 일행을 맞이하였고, 관에서는 악사를 보내 그를 환영하였다. 그가 마을에 이르렀을 때에도 수많은 환영인파가 그를 기다리고 있었고, 곧이어 연회가 베풀어졌다. 이런 연회를 도문연到門宴라고 하였다.[69] 권상일이 집에 도착했을 때는 사람들이 구름처럼 몰려들어 집이 부서지고 나무 두 그루가 부러졌다고 한다.[70] 과거 급제는 개인과 가문의 영광일 뿐 아니라 주변 사람들이 즐거운 마음으로 축하해 마지않는 경사였다.

이어서 가묘, 향교, 서원을 배알한 후 여기저기 흩어져 있는 조상의 묘소를 찾아 잔을 올리는 영분제榮墳祭가 시작되었다. 영분제를 행할 때는 주변의 일가친척이나 지인들을 찾아 인사를 드리는 한편 그 곳의 서원도 방문하여 알묘하였다. 김영과 권상일이 여기 저기 흩어져 있는 내외가, 처가의 조상 분묘를 다 돌아보는 데에는 두세 달이 걸렸다.

그 사이에 신래를 부르기, 곧 신참례도 계속되었다. 김영은 곳곳에서 진퇴進退, 부복俯伏, 얼굴에 선약仙藥, 곧 오물칠하기, 별따기[摘星], 게잡기[捉蟹] 등등 온갖 곤욕을 당했고, 자신의 복두幞頭와 동네 할멈의 모자를 바꿔 쓴 채 마주 보고 춤도 추었다. 칠순배, 오순배로 돌리는 술도 받아 마셔야 했다. 누구보다도 그의 누이가 이런 모습을 보고 싶어 하였다. 그녀에게 신참례는 동생의 과거 급제를 두 눈으로 확인하고 그 기쁨을 누리는 자리였다.[71]

축하연의 마지막은 집에서 베푸는 연회인 경작慶酌으로 마무리되었다. 이때에도 다시 한 번 신참례가 치러졌다. 권상일은 경작을 치른 후에 비로소 서울에서 함께 내려왔던 화동花童들을 돌려보냈다.[72] 이로써 축하 의례가 모두 끝난 것이다. 이즈음에 서울에서는 분관分館을 마치고 상경하여 면신례를 행하라는 소식이 전해져 왔다.[73] 이제 관료로서의 첫걸음을 내딛게 되는 것이다.

69 송만오, 2012, 「성공을 위한 서찬규의 집념과 노력-조선후기 어느 한 향촌 양반의 과거 도전기」, 『정신문화연구』 36-4, 한국학중앙연구원, 129~133쪽.

70 권상일, 『청대일기』 1710년 7월 4일.

71 김영, 『계암일록』 1612년 10월 10월 7일~1612년 윤12월 12일.

72 김영, 『계암일록』 1612년 윤12월 24일; 『청대일기』 1710년 10월 6일 및 10월 14일.

73 김영, 『계암일록』 1612년 12월 23일; 『청대일기』 1710년 11월 5일.

8. 나가며

중국의 과거제를 연구한 학자들은 다양한 표현을 구사하여 과거제를 묘사하였다. 어떤 학자는 '출세의 사다리'라고 하였고, 또 어떤 학자는 '고난의 가시밭길'이라고 하였다. 보다 직접적으로 '시험지옥'이라든가 '감옥'으로 묘사한 학자도 있다. 조선시대 과거는 어땠을까?

분명 과거 급제에 이르는 길은 고난의 가시밭길이었지만 과거 급제는 출세의 사다리가 되었다. 그렇다면 평생을 과거에 매달렸지만 결국에는 아무런 보상도 받지 못한 사람들에게는 과거가 어떤 의미로 다가왔을까?

강세황은 김홍도가 과거 시험장의 장면을 그린 그림을 보고 쓴 발문에 "반평생 넘게 이러한 곤란함을 겪어본 자가 이 그림을 대한다면, 자신도 모르게 코끝이 시큰해질 것이다"고 적었다.[74] 나이가 들어서 결국 포기하고 과거 시험장을 떠난 사람들에게는 과거시험장이 아름다운 추억보다는 좌절의 아픔으로 기억되었다. 그들에게 과거는 잡힐 듯 잡힐 듯 잡히지 않는 신기루였던 것은 아닐까?

조선시대 양반들은 일생동안 과거 공부에 매달렸지만 그렇다고 과거 공부가 사회적으로 높이 평가를 받은 것도 아니었다. 강경講經에 능하다거나 시문時文에 능하다거나 과문科文에 능하다고 하는 것은 그 사람의 학문이 편협함을 가리키는 말로 사용되기도 하였다. 학문과 달리 보수적인 과거의 세계는 사상과 문예의 감옥이 될 수도 있었다.

보다 근원적으로 성리학의 이념에 기초하여 개인의 내면적 수양을 중시하는 풍토에서 과거 공부는 이익利益을 좇는 행위로 수양을 방해하는 외물外物이었다. 극히 형식화된 강경과 과문 시험으로 덕성과 식견을 갖춘 이상적 인재를 선발할 수 있는가도 의문이었다. 이 때문에 정조는 과거를 인재를 뽑는 방법 중 가장 최악의 방법이라고 혹평하기도 하였다.

조선시대 양반들은 과거 공부에 많은 정력을 쏟아 붓기도 하였지만 성리학적 이상과 과거 공부라는 현실 사이에서 갈등하기도 하였다. 학문에 침잠하면 침잠할수록 그 모순은 확대되었지만 학문도 과거도 포기하기는 어려웠다. 이런 상황에 대하여 18세기 재야학자 윤형로尹衡老는 다음과 같이 조언하였다.

> 오늘날 벼슬에 나아가는 것은 과거 한 가지 길 뿐이다. 부모의 명을 따라 문호門戶를 세우기를 도모하는 자는 시문時文에 종사하는 것을 면할 수 없으니 마땅히 공부에 힘쓰고 기예를 정밀하게 하여 천명天命을 기다려야 할 것이다. 그러나 득실을 헤아려 조급하게 다투고 시끄럽게 떠들어 심술心術을 해치서는 안 된다. 주부자朱夫子는 '과거가 사람을 망치는 것이 아니라 사람이 과거를 망치는 것이다'고 말씀하셨다. 득실과 이해를 도외시한다면 날마나 과거에 응시하더라도 누가 되지 않을 것이다. 성인이 다시 태어나더라도 과거 보는 것을 피할 수는 없으나 어찌

74 정병모, 2007, 「새벽녘 과거시험장의 풍경」, 『국악누리』 2007. 4, 30쪽.

과거가 성인을 망칠 수 있겠느냐?[75]

윤형로의 이야기는 과거는 피할 수 없으며, 자제들은 성실하게 준비를 해야 한다는 데서 출발한다. 대신 과거의 득실에 연연하여 심술을 해치는 것을 경계하도록 하였다. 과거를 부정할 수 없는 현실에서 과거에 임하는 사람의 마음가짐을 중시한 것이다.

윤형로의 조언은 비단 그 개인의 생각은 아니었다. 송대 이래로 성리학적 이상과 과거를 통한 관료 선발이라는 현실 사이에서 고민해 온 사람들이 찾아낸 해법이었다. 이상과 현실이라는 모순된 두 현絃으로 조화로운 화음을 만들어 내는 것은 각자의 몫이었다. 이래저래 쉬운 일은 아니었다.

75 尹衡老(1702~1782), 『戒懼菴集』 권14, 「家訓」.

조선시대 문반 시권의 형태와 작성

김동석 | 한국학중앙연구원 문학박사

1. 머리말

이 글은 조선시대 문반 시권의 외면적인 형태와 그 작성 과정에 대해 개괄적으로 서술함으로써 문과·소과 시권을 이해하는 데 필요한 기본 자료로 제공하고자 준비한 것이다. 무슨 사물이든지 "아는 것만큼 보인다"는 말이 있듯이, 시권을 잘 이해하기 위해서도 미리 과거의 종류에 따른 시권의 형태와 작성 과정에 대한 소양을 다소 갖추어 둘 필요가 있을 것이다.

문·무 양반 중 '문반'이란 '무관의 반열'과 상대되는 '문관의 반열'로, 엄격히 말하면 '벼슬길에 오른 문신인 관원'을 뜻하지만, 이 글에서는 '벼슬길에 오르기 전의 문인 사족'을 가리키는 넓은 개념으로 사용하고자 한다. 문인 사족이 보는 과거는 대과로 일컬어지는 문과와 소과로 일컬어지는 생원시·진사시이다. 따라서 '문반 시권'이라 함은 곧 '문과 시권', '생원시 시권', '진사시 시권'과 이들 시권에 준하는 시권 등을 지칭한다.

시권은 과거 시험의 답안지로 고문서의 일종이다. 고문서는 가공을 거치지 않은 제1차 원본 자료이므로, 유심히 살펴볼 경우 그것을 통해 세부적이면서 진실한 심층 정보를 파악해낼 수 있다. 오늘날 여러 학문 분야에서 고문서에 대해 점차 높은 관심을 가지는 것은 이 때문이다. 고문서로서의 시권도 또한 생성 당시의 역사·문학·사상·문화 등 많은 분야에 걸쳐 미지의 세계로 인도하는 소중한 단서를 제공해줄 수 있다.

한편 오늘날에도 조상 전래의 시권이 각 가문이나 기관에 다수 소장되어 있는데, 이들은 대부분 수장고에 깊숙이 간직되어 빛을 보지 못한 채 잠을 자고 있다. 이는 대개 최고 수준의 문사들에 의해 어려운 한문으로 작성된 탓으로 현대인들이 쉽게 접근할 수 없기 때문인데, 이번 장서각의 시권 전시회와 같은 행사를 계기로 시권에 대한 관심과 연구가 한층 더 높아지고 활발해지기를 기대한다.

2. 시권의 개념과 분류

1) 시권의 정의

시권이란 과거시험에서 적절한 절차에 따라 작성한, 과문科文의 제술製述: 글짓기과 고권考券: 평가 결과를 주된 내용으로 담은 답안지를 이른다.

- 시권은 과거시험의 적절한 절차에 따라 단계적으로 작성한 답안지이다.
- 시권은 응시자의 신원 정보를 담고 있다. 응시자의 신원 정보는 비봉秘封에 기재되는데, 그 기재 사항은 본인의 관함·성명·나이·본관·거주지와 사조의 관함·성명 등이다.
- 시권은 시제試題에 따라 제술한 과문科文을 주된 내용물로 지닌다. 과문은 각종의 한문 문체 중에서 당해 과거의 고시과목으로 채택된 과거문체科擧文體이다. 과문을 찬사撰寫함에는 제문製文의 성편成篇, 서체書體·대두법擡頭法·피휘법避諱法 등의 서사 규식, 과문의 문체형식 등을 준수하여야 한다.
- 시권은 과차科次·등제等第 등 고시관의 제문에 대한 고권 결과를 담고 있다.
- 시권은 검인檢印, 봉미封彌, 작축作軸·전호塡號, 할봉割封, 역서易書, 감합勘合 등 시권의 관리적 사항의 기재나 처리 과정을 포함하고 있다.

강경講經 또는 강서講書 시험에서 작성하는 채점지는 '강지講紙'라고 이른다.

2) 시권의 특성

시권은 고문서의 일종이지만, 일반의 고문서와는 다른 특별한 성격을 지니고 있다.

- 시권은 과거시험의 소산물인 답안지이다. 따라서 응시자는 시제試題에 응하여 답안을 써냄으로써 재예를 내보여 선택, 합격되기를 바란다는 의사를 묵시적으로 표시하고, 이에 대해 시관은 답안을 채점하여 선택 및 가부의 의사를 표시한다. 과거시험의 답안지라는 성격상 시권에는 작성자의 착명·서압이 표시되지 않는다. 응시자의 성명은 일정기간 비봉 속에 숨겨져 있다.
- 시권은 과거시험의 절차에 따라 단계적으로 작성되며, 과거사목·과거규식 등에서 정한 소정의 형식을 갖춘다. 과거시험의 절차에는 조흘강, 녹명, 초시·복시·전시, 초장·중장·종장 등이 있고, 소정의 형식으로는 비봉의 호봉, 각종 과문의 문체형식, 서사 예식 등이 있다.
- 시권은 응시자와 종사관·고시관이 함께 작성한 복합문서이다. '복합문서'는 입지立旨와 같이 1건의 문서상에 두 당사자 이상의 복수의 의사가 소기의 목적을 향해 교차적으로 표시됨으로써 효력을 발생하는 문서를 이른다.
- 시권은 시험 합격의 자격을 인정해주는 권원문서權原文書이다. 시권은 당초 응시자 개인이 작성한 사문서로 출발하여 시관의 고열 결과가 기재됨으로써 공문서화 하게 되며, 합격한 시권은 생원·진사 입격 또는 문과 급제의 권원문서로서 강력한 증거력을 지닌 증빙문서가 된다.
- 시권은 과장 특유의 과문을 담은 시문류詩文類 고문서이다. 과문은 각종 과거문체의 형식에

따라 제술한 과장 특유의 시문이다. 과거 문체의 종류는 『경국대전』·『속대전』 등에 규정되어 있다.

3) 과거의 종류와 고시과목

과거의 종류

조선시대의 과거는 『경국대전』 등의 법전에 의거하여 크게 문과, 무과, 잡과의 세 가지로 나눌 수 있다. 문과는 경학經學·사장詞章·시국관時局觀을 시험하여 문반 관원을 선발하기 위한 시험이고, 무과는 말 타기·활쏘기 등의 무예와 병서 등을 시험하여 무반 관원을 선발하기 위한 시험이며, 잡과는 역과譯科·의과醫科·음양과陰陽科·율과律科 시험을 통해 중인 기술직 관원을 선발하기 위한 시험이다. 이 가운데 문과는 조선시대의 숭문정책에 기반하여 과거의 핵심이 되었으며, 이를 일반적으로 대과라고도 일컫는다. 또 문과의 예비시험 성격의 과거로서 생원시와 진사시가 있는데, 이를 대과와 대비하여 소과라고도 이른다. 소과는 경학 또는 사장을 시험하여 생원 또는 진사로서 성균관에의 입학 자격을 부여하는 시험이다.

문반의 과거는 생진시와 문과로 대별할 수 있고, 이를 다시 정기시와 비정기시로 나눌 수 있다. 정기시는 매 3년마다, 즉 자子·묘卯·오午·유酉의 식년式年마다, 정기적으로 보이는 식년시를 이르고, 부정기시는 나라에 경사 등이 있을 때 수시로 특별히 설행하는 과거를 이른다. 부정기시로는 증광시增廣試·별시別試·정시庭試·알성시謁聖試·춘당대시春塘臺試·외방별과外方別科 등이 있다.

식년시·증광시는 초시·복시·전시의 3단계를 거친다. 그러나 별시·정시·알성시·춘당대시 등은 이들 3단계를 모두 거치지는 않았으며, 대개 국왕의 친림 하에 단번의 시험으로 급락을 결정하였으므로, 식년시·증광시와는 그 절차와 내용이 많이 다르다.

이상의 제과諸科가 문반 관원의 선발을 위한 시험인데 비해, 문신의 승진을 위한 시험으로 문과중시文科重試와 문신정시文臣庭試가 있었다.

이 밖에 생진시나 문과의 어느 단계에 가름하는 시험도 있었다. 즉 승보시陞補試·합제合製·합강合講·공도회公都會 등은 생진시의 일부로 기능하였고, 절일제節日製·황감과黃柑科·도기과到記科·전강殿講·통독通讀 등은 문과의 일부로 기능하였다.

성종 때 완성된 『경국대전』성종 16, 1485에서는 식년시만을 규정하였다. 그러나 그 이전에도 증광시·별시·알성시 등이 이미 설행되었고, 임진왜란 이후에는 정시·춘당대시·외방별과 등의 다양한 종류의 과거가 설행되었다. 이에 영조 때의 『속대전』영조 22, 1746에서는 처음으로 식년시와 그 밖의 각종 부정기시를 종합적으로 법제화하였다.

『경국대전』·『속대전』에 보이는 제술시험의 고시과목은 모두 15종의 한문 문체로, 사서의四書疑, 오경의五經義, 과시科詩: 古詩, 과부科賦, 과표科表, 대책對策, 논論, 전箋, 송頌, 명銘, 잠箴, 기記, 조詔, 제制, 율시律詩이다.

고시과목은 과거의 종류와 단계에 따라 달랐을 뿐만 아니라 시대에 따라서도 변경이 있었는데, 『경국대전』 및 『속대전』을 참조하여 그 대략을 정리하면 〈표 1〉과 같다.

〈표 1〉 각종 문반 과거의 종류 및 단계별 고시과목 요약

과거의 종류 구분			단계 1	단계 2	고시과목(『속대전』)	고시 주관(장소)	시취 인원	비고
생원진사시	정기	식년 생원시	초시	–	四書疑 1편	한성부 · 각도	700	
			복시	–	五經義 1편	예조	100	
		식년 진사시	초시	–	賦 1편	한성부 · 각도	700	銘 · 箴 폐지
			복시	–	古詩 1편	예조	100	
	부정기	증광 생원시	초시	–	四書疑 1편	한성부 · 각도		
			복시	–	五經義 1편	예조		
		증광 진사시	초시	–	賦 1편	한성부 · 각도		
			복시	–	古詩 1편	예조		
생진사의 일부	–	승보시(사학)	초시류	–	賦 · 古詩 각1편	대사성	10	개성 · 제주 · 수원
	–	사학 합제	초시류	–	賦 · 古詩 각1편	대사성	16	
	–	합강	초시류	–	四書/『小學』		8	
	–	공도회 제술	초시류	–	賦 · 古詩 각1편	문신3인/관찰사	35	서울 10,각도 25
		강서	초시류	–	四書		35	서울 10,각도 25
	–	대 륜 차	초시류	–	賦 · 詩	성균관 당상관		초시 낙방생
문과	정기	식년 문과	초시	초장	四書疑 1편, 論 1편	성균관 · 한성부 · 각도		五經義 폐지
				중장	賦 1편, 表 · 箋 중 1편			頌 · 銘 · 箴 · 記 폐지
				종장	對策 1편		240	
			복시	초장	講經(7大文)	예조		背講
				중장	賦 1편, 表 · 箋 중 1편			
				종장	對策 1편		33	
			전시	–	對策 · 表 · 箋 · 詔制 · 論 · 賦 · 箴 · 銘 · 頌 중 1편	전정	33	
	부정기	증광 문과	초시	초장	四書疑 1편, 論 1편	성균관 · 한성부 · 각도		
				중장	賦 1편, 表 · 箋 중 1편			
				종장	對策 1편			
			복시	초장	賦 1편 表 · 箋중 1편	예조		
				중장	–			
				종장	對策 1편			
			전시	–	對策 · 表 · 箋 · 詔制 · 論 · 賦 · 箴 · 銘 · 頌 중 1편	전정		
		별시 문과	초시	초장	論 1편, 表 · 箋 중 1편, 賦 1편.(兩題輪回)	예조		
				종장	對策 1편			
			복시	–	四書중 1書 三經중 1書			背講
			전시	–	對策 · 表 · 箋 · 詔制 · 論 · 賦 · 箴 · 銘 · 頌 중 1편	전정		
		정시 문과	초시	–	賦 1편 表 · 箋중 1편			
			전시	–	對策 · 表 · 箋 · 詔制 · 論 · 賦 · 箴 · 銘 · 頌 중 1편	전정		
		알성 문과	전시	–	對策 · 表 · 箋 · 詔制 · 論 · 賦 · 箴 · 銘 · 頌 중 1편	전정		
		춘당대 문과	전시	–	對策 · 表 · 箋 · 詔制 · 論 · 賦 · 箴 · 銘 · 頌 중 1편	전정		
		외방 별과			對策 · 表 · 箋 · 詔制 · 論 · 賦 · 箴 · 銘 · 頌 중 1편	서도과 · 북도과		
문과의 일부	–	殿講	초시 · 복시류		三經 중 1경 背講			
	–	節日製	초시 · 복시류	–	對策 · 表 · 箋 · 詔制 · 論 · 賦 · 箴 · 銘 · 頌 중 1편			인일제 · 삼일제 · 칠석제 · 구일제
	–	黃柑製	초시 · 복시류	–	對策 · 表 · 箋 · 詔制 · 論 · 賦 · 箴 · 銘 · 頌 중 1편			
	–	通讀 製述	초시류	–	賦 1편 表 · 箋 · 論중 1편	대사성		
		講書		–	四書三經 背講			
문신승진	–	文科重試	–	–	對策 · 表 · 箋 · 詔制 · 論 · 賦 · 箴 · 銘 · 頌 중 1편			
	–	文臣庭試	–	–	對策 · 表 · 箋 · 詔制 · 論 · 賦 · 箴 · 銘 · 頌 중 1편 또는 律詩 1편(10운 20운)			

고시과목의 명칭과 의미

『속대전』에 보이는 고시과목은 모두 15종의 한문 문체인데, 그 명칭과 의미는 다음과 같다.

- 사서의四書疑 : 『대학』·『논어』·『맹자』·『중용』 중에서 상호 모순되거나 충돌하는 것처럼 의심이 드는 문구를 2개 이상 제시하면서 그것을 합리적으로 해설하여 모순·충돌을 해소할 것을 요구하는 데 대해 응시자가 그 해답을 진술하는 논변류 문체이다. 이를 간단히 의疑라고 일컫는데, 의문疑問·의심疑心·석의釋疑라고 한다.
- 오경의五經義 : 『시경』·『서경』·『주역』·『예기』·『춘추』 중에서 난해한 단구短句 1개를 제시하고 그 의미를 분명하게 해설할 것을 요구하는 데 대해 응시자가 그 해답을 진술하는 논변류 문체이다. 이를 간단히 의義라고도 일컫는다.
- 과시·고시科詩古詩 : 고사나 시문 중의 문구를 詩의 제목으로 제시하고 그에 응하여 고체시古體詩의 형식으로 짓는 한시의 일종이다. 그러나 조선 후기·말기로 내려오면서 일운一韻만으로 압운押韻하고 약간의 평측平仄과 대우對偶를 강구하면서 7언 18련의 형식을 취하였는데, 이를 행시行詩라 이른다.
- 과부科賦 : 한시와 산문의 중간 형태를 띤 부賦 형식의 문체로서, 압운·평측·대우 격식에서 비교적 자유로운 서사 위주의 문체이다. 원래 압운을 하였고 1구의 자수도 일정하지 않았으나, 후기로 내려오면서 점차 압운을 하지 않았으며, 말기에는 제4언에 허사虛詞를 쓰는 6언 30련의 체제로 굳어졌다.
- 과표科表 : 신하가 임금에게 진정陳情·요청要請·경하慶賀·사례謝禮·사양辭讓 등의 목적으로 올릴 때 사용하는 사륙문四六文 형식의 주의류奏議類 문체이다. 사륙문은 사륙변려문四六騈儷文 또는 변려문騈儷文 등으로도 일컬어지는데, 사자四字·육자六字의 대우구對偶句, 상구上句·하구下句 간 평측平仄의 상대相對, 용전用典과 수사修辭 등을 강구하는 것이 특징이다.
- 대책對策 : 시무時務나 경의經義 또는 사실史實과 관련하여 제시한 국왕의 물음에 대해 응시자가 그 해결 방책方策이나 해답解答을 진술한, 주의류奏議類에 속하는 산문 형식의 문체이다.
- 논論 : 어떤 사안에 대해 자신의 주장을 피력하거나 도리를 천명하는 논변류論辨類의 문체이다.
- 잠箴 : 과오를 예방하기 위해 경계警戒·규간規諫·권면勸勉하는 내용의 글을 적은 잠명류箴銘類의 문체이다. 대개 4언구의 운문체이며, 혹 서문을 곁들이는 경우도 있다.
- 기記 : 망각에 대비하여 어떤 일의 전말 등을 적어두는 산문 형식의 기록문으로, 잡기류雜記類의 문체에 속한다.
- 명銘 : 기물器物이나 비석碑石 등에 경계할 일 또는 공덕을 드러내는 일을 새기거나 기록하는 잠명류箴銘類의 문체이다. 대개 4언구의 운문체이며, 혹 서문을 곁들이는 경우도 있다.
- 송頌 : 어떤 인물의 공적·업적을 가송歌頌·찬양讚揚하는 내용의 글을 적는 송찬류頌讚類의 문체이다. 대개 4언구의 운문체이며, 혹 서문을 곁들이는 경우도 있다.

- 전箋 : 표와 전혀 동일한 문체로서 다 같이 사륙문 형식의 주의류奏議類에 속하는 것이지만, 그 올리는 대상의 고하에 따라 구별된다. 즉 표는 황제에게 올릴 때 쓰는데 반해, 전은 황후나 황태자, 그리고 제후국의 국왕·왕비에게 올릴 때 쓰는 것이다. 단, '올리는 대상의 고하'는 상대적인 개념이어서, 조선의 국내에서는 국왕에게 표를 올리고 왕비·왕세자에게는 전을 올리게 된다.
- 조詔 : 임금이 신민에게 포고할 때 내리는 명령서로서, 조령류詔令類에 속하는 사륙문 형식의 문체이다.
- 제制 : 임금이 신민에게 중대한 상벌을 내리거나 중대한 관직에 제수除授할 때 내리는 명령서로서, 조령류에 속하는 사륙문 형식의 문체이다.
- 율시律詩 : 당나라 이래로 자수字數, 구수句數, 압운押韻, 평측平仄, 대우對偶의 면에서 일정한 격식을 엄격하게 강구하는 시체詩體이다. 1구의 글자 수는 오언 또는 칠언이고, 한 편의 구수句數는 4구 또는 8구이거나 10구 이상의 우구偶句이다. 평성平聲의 글자만으로 짝수 구에 압운押韻을 하고 도중에 환운換韻할 수 없다. 매구의 구중에 평성자와 측성자를 조화롭게 놓아야 하고, 대우구對偶句를 강구하는 규칙도 있다.

4) 시권의 분류

문반 시권의 종류는 ① 법전상의 과종에 따를 경우 문과 시권과 생진시 시권, 정기시 시권과 부정기시 시권으로 나눌 수 있고, ② 시권의 외형에 의할 경우 가로형 시권과 세로형 시권으로 나눌 수 있으며, ③ 시권의 내용에 의할 경우 제술 시권과 강지로 나눌 수 있다. 그리고 ④ 시험의 주체에 의할 경우 국가 과거 시권과 백일장 시권 등으로 나눌 수 있다. ⑤ 이밖에 과거의 종류별·단계별 고시과목에 따라 더욱 세밀히 분류할 수 있는데, 학술적으로나 실무적으로나 유용하게 사용될 수 있다.

3. 시권의 형태

1) 시권의 지질과 규격

시지試紙는 식년시에서와 같이 일반적으로 응거자가 자비로 마련하는 것이 원칙이었다. 단, 일부 경과慶科나 관학과제館學課製: 성균관·사학의 勸課 목적 제술시험의 경우 혹 예외적으로 관급하기도 하였다.

시지試紙로 많이 쓰인 종이로는 중품·하품·하하품의 도련지擣鍊紙외에 장지壯紙, 狀紙, 대호지大好紙, 대후지大厚紙, 후지厚紙, 명지名紙, 백면지白綿紙, 초주지草注紙, 정초지正草紙, 촌지付紙: 附紙 등이 있었다.

시지의 품질에 대해서는 명종 초기까지만 하더라도 법전상 명확한 규정이 없었으며, 시지는 종래 관례적으로 하품의 도련지를 사용하였다. 그러다가 『과거사목科學事目』「구사목舊事目」명종 6, 1551, 『과거사목』「신사목」명종 8, 1553, 『상정과거규식詳定科學規式』명종 12, 1557 등을 통해 시지의 종류와 규격을 정하였으나, 제대로 지켜지지 않았다. 응시 유생들이 늘 과차 시 시관의 눈에 띄어 높은 등급의 평가를 받기 위해 늘 좋은 품질의 시지를 선호하였기 때문이다.

2) 시권의 구조

정규 과거의 시권-가로형 시권

식년시와 같은 정규 과거의 시권은 장방형의 시지 2장 이상을 가로로 이어붙인 형태이다. 이를 가로형 시권이라 이른다. 가로형 시권은 할봉선기봉처: 騎縫處을 기준으로 크게 피봉부皮封部와 본체부本體部로 나눈다.

- 피봉부 : 이는 다시 신원란身元欄과 여백 부분으로 나눌 수 있는데, 신원란은 본인과 사조四祖의 신원을 기재하는 난이고, 피봉 좌단의 여백 부분은 호봉糊封한 뒤 자호字號의 기입과 할봉, 등제의 기재 등을 위해 남겨놓은 부분이다. 신원란은 대개 호봉하여 할거하게 되는데, 이러한 신원란을 비봉秘封이라 이른다. 비봉을 피봉과 동일한 개념으로 사용하기도 한다. 비봉의 작성 방식 및 호봉 방식에 대해서는 4장에서 설명하기로 한다.
- 할봉선 : 이 선은 할봉하기 전에는 비봉부와 본체부를 나누는 관념상의 종선縱線에 불과 하나, 실제 할봉을 하고 난 뒤에는 피봉부와 본체부를 분리하는 절단선切斷線이 된다.
- 본체부 : 이는 시제란試題欄과 제문면製文面: 시문면, 試文面으로 구성된다. 시제란의 오른쪽에도 역시 약간의 여백을 남겨두어 자호의 기입과 할봉, 등제의 기재 등에 대비한다. 제목란의 왼쪽부터는 시문면으로, 여기에 제문을 찬사撰寫한다.
- 고권란考券欄 : 시관이 고권한 결과를 기재하는 난은 물리적으로 시권의 특정한 부위를 지정하여 말할 수는 없으나, 대개 피봉부와 본체부의 적당한 부분을 활용하여 과차·등재·점수를 기입하거나 비점批點 등을 찍는 부위를 일괄하여 고열란이라 이른다.

정규 과거의 시권은 보통 낱장의 시지 2장 이상을 연첩連貼하여 사용하므로 연폭처連幅處가 있다. 이는 풀을 발라 종이를 이어붙인 부분으로, 주의하여 살펴보면 육안으로 쉽게 식별이 된다. 녹명 시에는 녹명관이 이 연폭처에 1건의 시권임을 확인해주는 외타인外打印을 찍어주는데, 대개 시권의 배면에 답인한다. 제문이나 주기 등을 기재함에는 시권의 뒷면도 사용할 수 있다.

정규 과거 시권의 기본 구조를 도시하면 〈그림 1〉과 같다.

위 가로형 시권의 실례로는 「이수담李壽聃의 1692년 진사시 초시 조족실지즉불위부措足實地則不危賦·현왕정국연강첩장도억번구구유시見王定國烟江疊嶂圖憶樊口舊遊詩 시권」〈그림 2〉 등을 들 수 있다.

〈그림 1〉 정규과거 시권의 구조도 (전면)

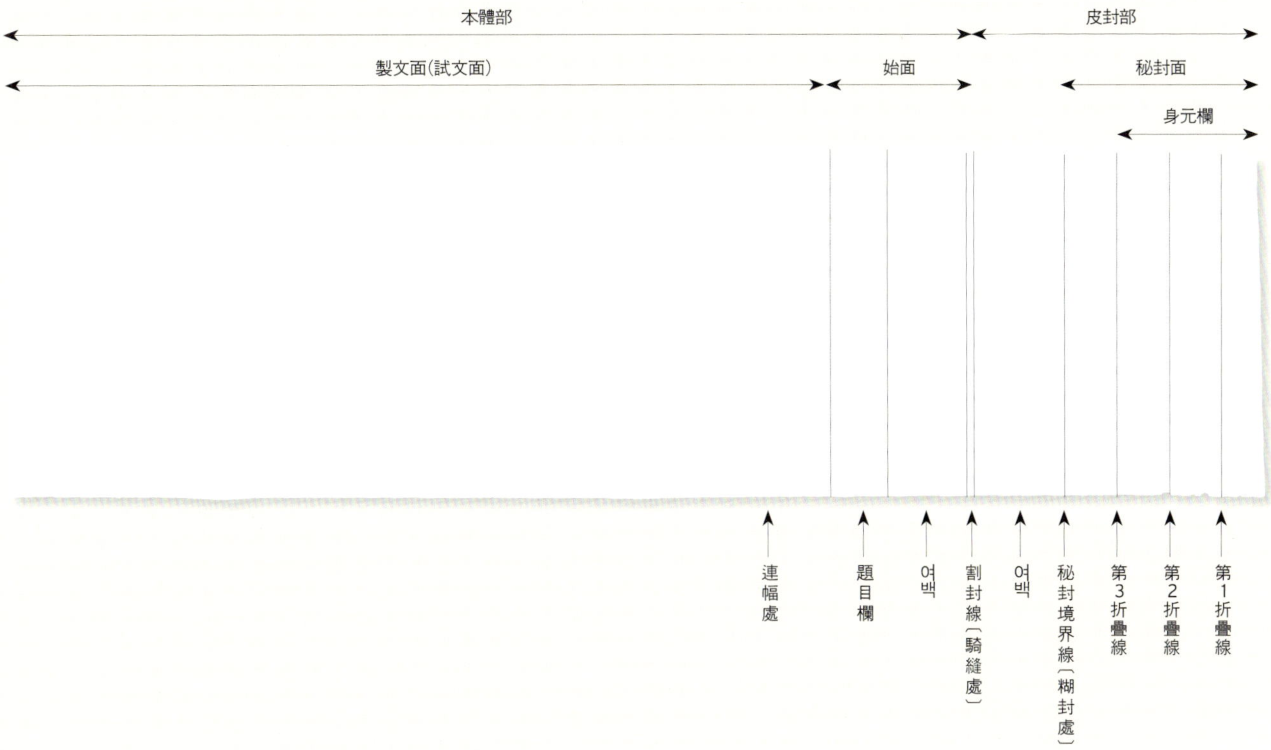

〈그림 2〉 이수담의 1692년(숙종 18, 임신) 진사시 초시 부·시 시권, 71.0×206.0cm, 여주이씨 옥산정사 독락당 이해철

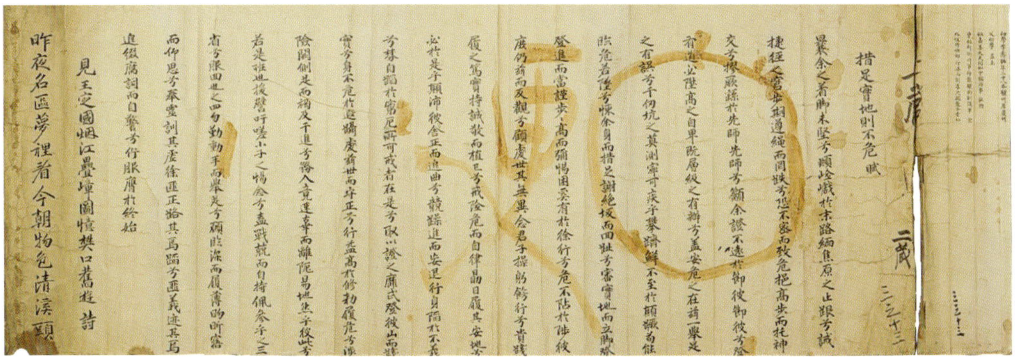

전면

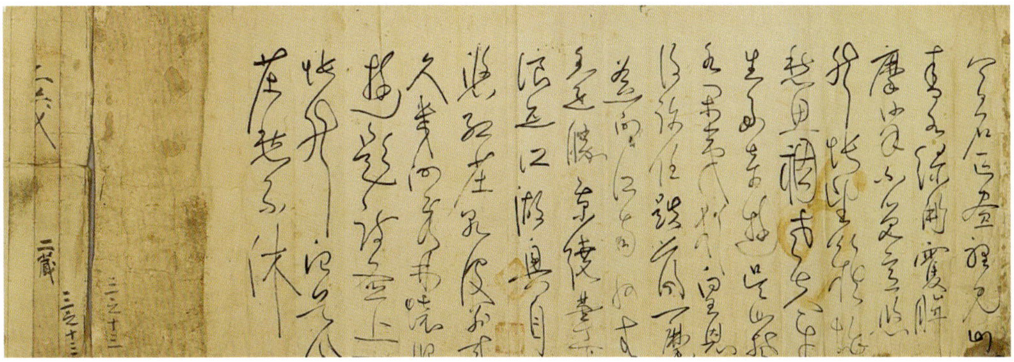

배면

친림 사과의 시권-세로형 시권

국왕이 친림親臨하여 즉일 방방하는 사과詞科의 시권은 대개 시지를 세로로 세워서 쓰는 세로형 시지를 사용한다. 유생들의 권과勸課를 위한 관학과제시館學課製試에서도 또한 세로형 시지를 사용하였다. 이는 고시과목이 대개 시·부 또는 표이기 때문이다. 시·부·표는 시지를 세로로 세워서 쓰면 항과 열을 반듯하게 구획하여 서사할 수 있으므로 제문이 일목요연하게 눈에 들어온다.

〈그림 3〉은 시·부·표를 주요 고시과목으로 삼는 관학과제시·친림사과의 세로형 시권의 구조도이다.

- 비봉란① 부분 : 응시자 본인과 부의 신원을 2항으로 열서列書한다. 본인의 경우 구함·성명·나이·본관·거주지를 기재하고, 부의 경우 구함·이름을 기재한다. 본인이 입후하였을 경우에는 생부의 구함·이름을 부의 다음 항에 기재한다. 신원을 기재한 다음, 비봉란의 좌측 실선 부분을 세로로 절개한 다음 하단에서 위쪽으로 말아 올려서 압착한 뒤 호봉糊封하고 근봉謹封처리한다.
- 시제란② 부분 : 시제를 기재한다. 시제를 기록한 아래의 여백을 이용하여 시관이 자호 등을 기재한다. ①·② 부분을 합하여 비봉부라 이른다.
- 제문란③ 부분 : 곧 본체부로, 여기에 시·부·표 등을 찬사한다. 대개 시의 경우 1련씩 3단 6열로 18련을 적고, 부의 경우 1련씩 5단 6열로 30련을 적는다. 표는 1구의 글자 수가 일정하지 않으므로 1련씩2구씩 짝을 지어 열서한다. 시관의 과차도 대개 이 난에 기재한다.

위 세로형 시권 실물의 예로는「신광하의 1791년정조 15, 신해 관학유생응제 헌삼천년결자반도오매시館學儒生應製 獻三千年結子蟠桃五枚詩 시권」〈그림 4-1〉,「임영林泳의 1671년현종 12, 신해 정시문과 전시 지일폐관부至日閉關賦 시권」〈그림 4-2〉,「이덕성의 1682년숙종 8, 임술 춘당대시 전시 의한낭서장풍당사불치망촉기휘지죄갱소론장표春塘臺試 殿試 擬漢郎署長馮唐謝不治妄觸忌諱之罪更召論將表 시권」등이 있다.

3) 강서와 강지講紙

강지는 강서 또는 강경 시험에서 시관이 작성하는 채점지이다. 강서·강경은 과거의 종류에 따라 소정의 서책 또는 경전을 임문臨文하거나 배송하는 방식으로 고강함을 이른다. 강경의 경은 보통 5종의 유가 경전인『주역』·『서경』·『시경』·『예기』·『춘추』를 이르지만, 강서라 할 때도 이를 포함하여 지칭하는 경우가 있다.

정식 과거의 강서시험은 '식년문과 복시 초장'에서 치르는 칠서강인데, 이는 오경 중의 삼경에 사서를 합한 칠서에서 각각 대문 1개씩을 뽑아서 7개의 대문을 놓고 배송하는 구술시험이다. 그리고 이 칠서강에 대한 시관의 채점 결과를 기록한 종이가 곧 강지이다.

일반의 제술시권에 준하여 피봉부와 본체부로 나눌 수 있는데, 비봉경계선을 기준으로 그 우측이 피봉부이고 좌측이 본체부이다. 피봉부는 비봉면에 응시자와 그 부의 신원을 기재한 다음 녹명할 때 확인 절차를 밟아 호봉하는 부분이다. 본체부는 먼저 상단에 강경할 7개의 경서 이름을 열

〈그림 3〉 친림사과 시권의 구조도

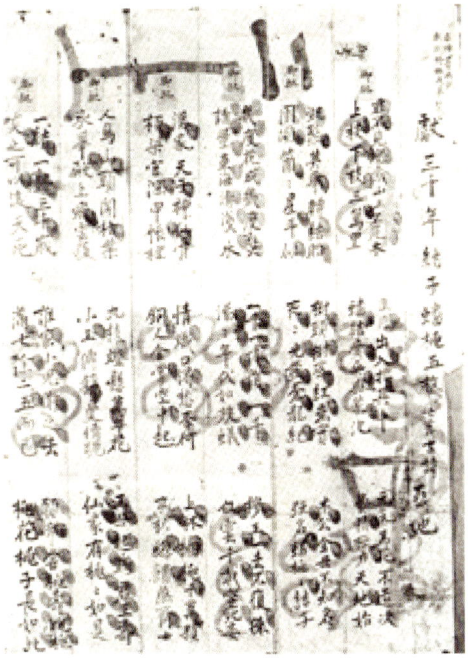

〈그림 4-1〉 신광하의 1791년(정조 15, 신해) 유생응제 헌삼천년결자반도시 시권, 『숭문련방집』 수록

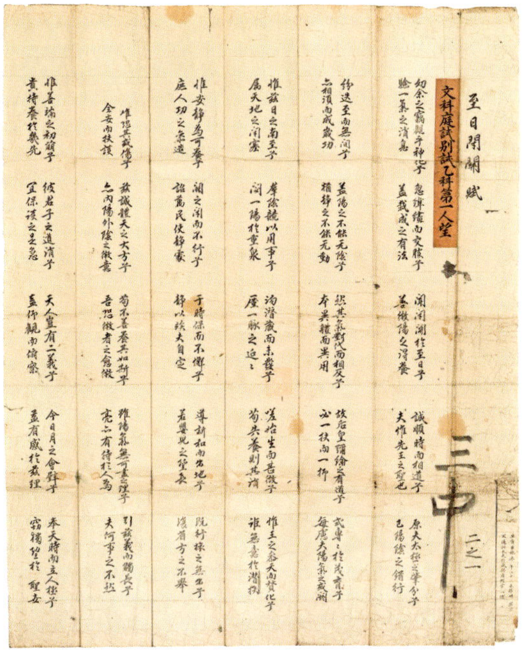

〈그림 4-2〉 임영의 1671년(현종 12, 신해) 정시문과 전시 至日閉關賦 시권, 나주임씨 창계후손가

〈그림 5〉 강지의 구조도

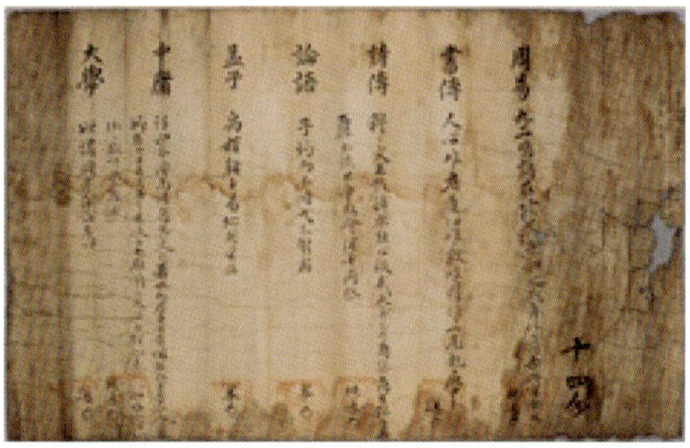

〈그림 6-1〉

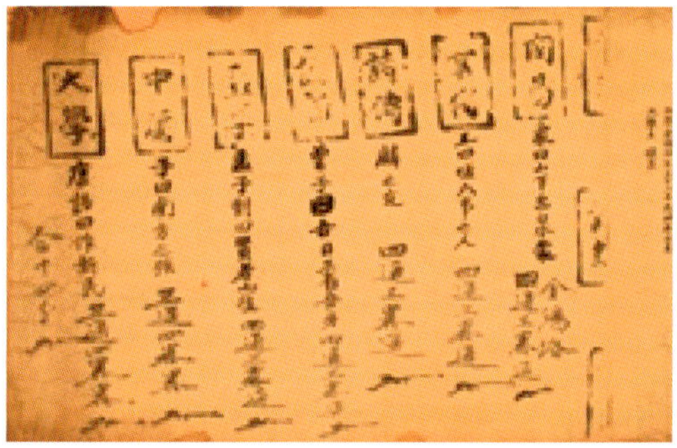

〈그림 6-2〉

서하고, 각 경서의 이름 아래에 고강할 대문 즉 강제講題를 적으며, 각 강제 아래에 고강한 평가 결과를 通·略·粗·不으로 기재하고 고시관이 서압을 하는 부분이다. 비봉경계선 좌우의 여백에는 자호 또는 분수의 합계치를 기재한다.

강지는 대개 장방형의 종이 1장을 가로로 눕혀서 사용한다. 강지의 품질과 종류는 미상이나, 추측컨대 녹명 시 녹명지로 쓴 장백지壯白紙나 관학과제시館學課製試의 시지로 사용한 장지 등을 사용하지 않았을까 생각된다. 강지의 세로×가로 규격은 대략 70.0×120.0cm 정도이다. 강지의 기본 구조를 도시하면 〈그림 5〉와 같다. 강지의 실물을 예시하면 〈그림 6〉과 같다.

4) 백일장 시권

백일장白日場이란 지방관·학교·사숙私塾, 또는 개인이 과거시험을 모방하여 설행하는, 비공식의 모의 과거시험을 이른다. 이는 국가에서 설행하는 정식의 과거시험에 비하면 사시私試의 성격을 띤 시험이라 할 수 있다. '백일장 시권'은 곧 백일장에서 작성된 시권으로, 대개 시 또는 부를 제

〈그림 7〉 세로형 백일장 시권의 구조도

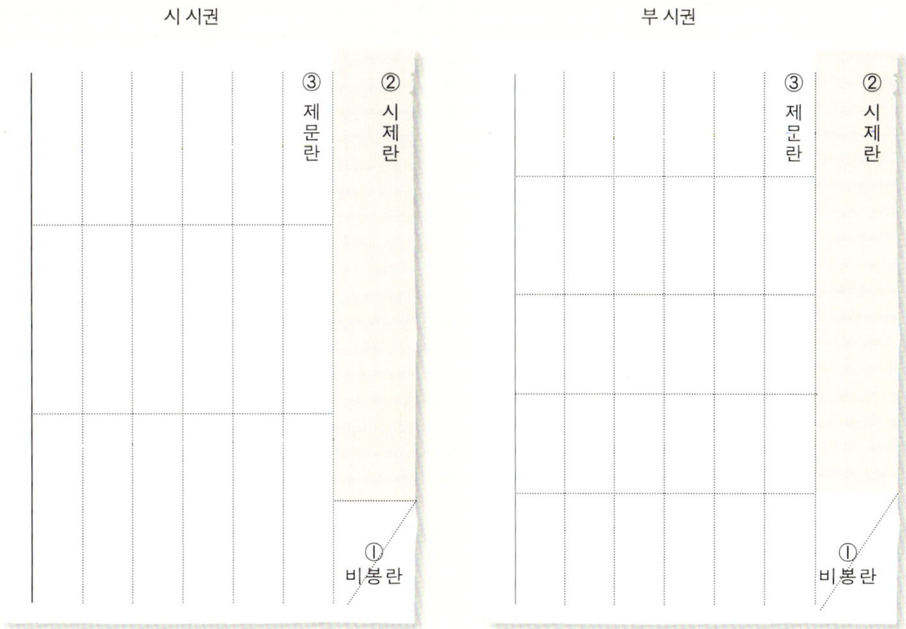

술한 것이다.

일반적으로 많이 쓰인 세로형 백일장 시권의 구조를 도시하면 〈그림 7〉과 같다. 백일장 시권의 형태적 특징은, 세로형 시지나 가로형 시지를 막론하고, 무엇보다 '우하사봉식右下斜封式'이라는 비봉의 기재 및 호봉 방식에 있다.

4. 시권의 작성

시권의 작성과 관련된 제술시험의 절차·과정을 요약, 정리하면 대개 다음과 같다.

- 준비단계 : 시지의 구입 → 규격지의 재단裁斷·연첩連貼 → 비봉의 작성 → 비봉의 호봉녹명시 → 시지의 인급印給
- 응시단계 : 시지 휴대, 과장 입장 → 시문의 제술성편成篇·서사書寫 → 수정처 답인 → 시권 제출
- 고열단계 : 작축作軸 및 축호軸號 부여 → 자호 부여 → 할봉 → 역서 → 과차 → 등제 → 감합勘合
- 방방단계 : 첨지 부착 → 입계入啓 → 방방 → 시권 환부 → 방목 작성

1) 준비단계

비봉의 작성

가로형 시권은 거자擧子가 녹명하기 이전에 미리 시지의 우측 상단, 즉 피봉부의 신원 기재란에 본인의 구함·성명·나이·본관·거주지, 부·조·증조의 구함·이름, 외조의 구함·성명·본관을 5항으로 열서한다. 생부가 있을 경우 6항으로 열서한다. 가로형 시권의 비봉 작성 방식은 『전율통보典律通補』의 「과거비봉식科擧秘封式」을 참고할 수 있다.

세로형 시권의 시지는 거자가 녹명하기 이전에 미리 시지의 우측 하단에 본인의 구함·성명·나이·본관·거주지와 부의 구함·성명을 2항으로 열서한다.

비봉의 봉미

봉미법封彌法이란 고시관으로 하여금 응거인이 누구인지를 알지 못하게 하기 위해 응거인의 성명 등 신원을 기재한 피봉부의 일부 또는 시지의 한 모서리를 풀을 발라 밀봉하고 그 대신 자호를 부여하여 관리함으로써 고시의 공정을 도모하던 방법을 이른다. 이는 후술하는 역서법[謄錄法]과 함께 과거의 부정을 방지하기 위한 중요한 장치였다. 봉미라는 말 대신 미봉彌封·호봉糊封·호명糊名이라고도 이른다.

- 가로형 시권 : 좌향절첩식左向折疊式으로 시지의 오른쪽 비봉 부분을 좌측으로 세 번 접어서 붙이는 방식으로 호봉한다.
- 세로형 시권 : 상향권기식上向捲起式으로 시지 오른쪽 하단 귀퉁이의 비봉 부분 좌단을 세로로 절단한 다음 비봉을 위로 말아 올리면서 접는 방식으로 호봉한다.
- 백일장 시권 : 우하사봉식右下斜封式으로 시지 오른쪽 하단 귀퉁이의 비봉 부분을 10시 방향으로 비스듬히 말아서 접는 방식으로 호봉한다.

녹명과 외타인의 인급印給

응시자는 재단하여 이어 붙이고 사조의 신원을 기재한 시지, 사조단자四祖單子, 보단자保單子, 조흘첩照訖帖 등을 지참하고 대략 과거 설행 10일 전에 녹명소에 나아가 응시를 위해 녹명책에 이름을 등록해야 한다. 이것이 녹명이다. 이때 본인 및 내외사조의 신분, 신원란의 기재 내용, 시지의 품질 등을 확인시키고 비봉을 호봉한 다음, 비봉면 '근봉謹封'처에 답인踏印〔외타인〕을 받는다. 외타인은 초시의 경우 한성부 또는 도회관都會官이 인급하고 복시의 경우 예조가 인급한다.

2) 응시단계

중국과 달리 과장 전용 건물이 없었던 우리나라는 넓은 마당과 대청이 있는 장소를 시장으로 삼았다. 서울에서는 한성부, 사학四學, 금위영, 삼군부, 예조, 성균관의 비천당丕闡堂이, 지방에서는 선화당이 주로 시장으로 사용되었다. 시험 당일 새벽에 입문관이 시장의 문을 열고 기다리고 있다가 응시자들이 모이면 녹명책을 보고 한 사람씩 호명하여 입장시켰다. 이 때 수협관搜挾官은 문 밖의 좌우에 나뉘어 서서 거자의 옷과 소지품 중에 서책 등이 들어 있는지를 검색하였다. 유생은 녹명 시에 인급받은 시지와 함께 호패를 지니고 입장해야 했으며, 복장은 청색 도포를 입어야 했고 백색 도포 차림으로는 입장할 수가 없었다. 복시의 경우 소학강, 학례강·전례강을 통과했다는 조흘첩을 지참하여야 했다. 그런데 조선 후기에 이르러서는 과장의 기강이 문란해진 나머지 입장 시 응시자들이 서책을 소지함은 물론 수종자隨從者를 대동하기도 하고 붕우들끼리 동접同接을 이루기도 하였다.

시제는 시관들이 이른 새벽에 한 자리에 모여 의논하여 결정하였다. 이 때 기출의 문제, 명나라와 관계되는 사안, 시국을 비방하는 내용 등을 시제로 삼는 일은 금지되었다.

시제가 시제판에 게시되면 그 때부터 시제를 기재하고 답안의 제술작성이 시작된다. 시제는 시문의 앞에 1~2항으로 기재하는데, 고시과목에 따라 기재하는 방식이 약간씩 다르다. 시제의 기재 방식은 대개 ① '생략형', ② '과목명+제시어 형,' ③ '제시어+과목명 형'의 세 가지 유형으로 나눌 수 있는데, ① 유형으로는 사서의와 대책이 있고, ② 유형으로는 오경의가 있으며, ③ 유형으로는 시·부·표·론·전·송·명·잠·기·조·제·율시가 있다.

시문의 제술과 서사

- 제술 : 응시자는 평소에 쌓은 경학, 문학 실력과 시국관 등을 정해진 시간 내에 1장의 시권에 제술글짓기로써 표현한다.
- 성편 : 대과 소과를 막론하고 대개 한 과장에서 두 개의 시제가 출제되는데, 응시자는 문제의 순서에 상관없이 두 문제 모두 답안을 써내어야 한다. 앞에 지은 글을 원편原篇·상편上篇·주편主篇, 뒤에 지은 글을 비편備篇·裨篇·하편下篇·부편副篇 등으로 일컬었다. 그러나 비편의 작성은 숙종 40년1714, 갑오에 폐지되었다.
- 내타인內打印 : 조선 초기에는 예조 좌랑이 타인관打印官이 되어 오시午時에 시권을 거둔 다음 시권의 연폭처連幅處와 수정한 자구상에 예조인禮曹印을 찍어서 되돌려주었다. 이를 내타인이라 이른다.
- 대두법擡頭法 : 한문의 서사에서 상대방이나 제삼자를 높여 표현하는 방법에는 공격空隔과 대두擡頭의 법식이 있다. 공격은 암대두暗擡頭라고도 이르는데, 이는 높여야 할 대상의 글자를 쓸 때, 칸을 띄어 씀으로써 존경의 뜻을 나타내는 서사 격식이다. 또한, 서신이나 공문 등에서 이와 같이 띄어 쓴 곳을 이르기도 한다. 대두는 높여야 할 대상의 글자를 쓸 때, 줄을 바꾸어改行 씀으로써 존경의 뜻을 나타내는 서사 격식이다. 또한 이와 같이 항을 바꾸어 쓴 곳을 이르기도 한다.
- 피휘법避諱法 : 피휘란 국왕이나 존귀한 사람의 이름 글자를 입으로 부르거나 글씨로 쓰지 않는 예식을 이른다. 그러한 글자를 써야 할 경우에는 의동意同이나 음동音同의 다른 글자를 차용하는 방법, 당해 글자의 독음을 달리 하는 방법, 당해 글자의 획을 감손하는 방법 등

을 사용하였다.

- 금기의 문자·부호 : ① 순자荀子·노장老莊·불가佛家·음양서陰陽書의 문자, 패설稗說 등을 인용해서는 안 된다. 왜냐하면 유학儒學을 정통 학문으로 삼았기 때문이다. ② 당색黨色을 언급해서는 안 된다. ③ 역대 국왕의 이름 글자 등 국휘國諱를 범해서는 안 된다. ④ 시정을 비난하여서는 안 된다. ⑤ 기괴한 문자나 암호暗號를 쓴다든지 낙서落書·오손汚損하여서는 아니되며, 기타 암호로 오인될 표지를 하여서도 안 된다. 단, 은사시恩賜試의 표시인 '은'자, 강경시험에서 얻은 분수分數, 성균관에서 얻은 원점圓點, '문장 수정 부호'등은 기재할 수 있다.
- 문장의 수정 부호 : 암호로 오인될 부호는 사용할 수 없지만, 문장을 잘못 써서 그 자구를 수정하기 위하여 일반적으로 통용하는, 삭제·삽입·도치 등의 부호는 사용할 수 있다.
- 서체 : 대개 원편은 해서楷書로, 비편은 초서草書로 썼다. 그러나『상정과거규식』등에 의하면, 전시 시권과 소과의 시권은 원래 해서로 쓰도록 규정되어 있었다.
- 대서代書의 금지 : 응시자는 다른 사람으로부터 글을 지어 받아서도借述 안 되지만, 자신이 지은 글을 다른 사람의 손을 빌려서 글씨를 쓰게借書·代書·代寫 하여서도 안 된다. 그러나 이러한 규정은 조선 후기에 이르러 제대로 지켜지지 않았다.

3) 고열단계

수권관은 수권收券한 시권을 10장씩 묶어서 하나의 축을 만드는데, 이를 작축作軸이라 이른다. 수권한 순서에 따라 한 축씩 작축한 다음에는 천자문의 글자를 순서대로 한 자씩 사용하여 매 축마다 축호軸號를 부여한다. 예컨대 첫 번째의 시권 10장은 '천자축', 두 번째의 10장은 '지자축'이라고 매기는 식이다. 이러한 축호는 매 축의 열 번째 시권 배면의 말단에 기재하였다.

자호의 부여〔전자塡字·전호塡號〕

자호는 시권의 관리를 위해 시권의 할봉선과 그 좌우에 매기는 시권의 일련번호이다. 이 일련번호는 천자문의 순서에 따르되, 천자문의 매 글자를 10번씩 사용한다. 예컨대 맨 첫 번째의 시권으로부터 열 번째까지의 시권은 천자축 시권인데, 이들 시권에는 차례대로 각각 일천, 이천, 삼천 …… 십천의 자호를 매긴다. 열한 번째의 시권으로부터 스무 번째까지의 시권은 지자축 시권인데, 이들 시권에는 역시 차례대로 각각 일지, 이지, 삼지 …… 십지의 자호를 매긴다. 자호는 관리번호로서의 기능을 함과 동시에 분리된 두 쪽의 물건이 원래 동일하거나 하나였음을 증명하는 감합勘合의 기능도 아울러 가지고 있다.

비봉의 할봉

자호를 매김으로써 감합 조처를 한 다음에는 피봉을 잘라내어 분리한다. 이를 할봉이라 이른다. 문과의 시지는 처음부터 할봉하였으나, 생진과의 시지는 효종 2년 1651 에 이르러서 할봉하기 시작하였다. 그러나 이러한 할봉제도도 고종 10년 1873 에 폐지되고 말았다. 할봉한 비봉은 별도로 보관하다가 시권 고열이 끝난 뒤 도로 가져다가 본체부에 붙여서 감합한다.

역서

역서는 거자의 필적을 알아보지 못하도록 하기 위해 시권의 제문을 등서하여 그 등본으로써 고열考閱하는 제도이다. 즉 수권한 시권에 대해 피봉을 떼어 내어 봉미관이 따로 보관하고, 제문을 등록소의 등록관에게 넘겨주면 등록관이 수십 명의 서리들을 시켜 주필朱筆로 제문을 베껴 쓰게 하여 등본을 만든 다음 고시관이 이 등본으로써 고열한다. 이는 고시관이 거자의 필적을 알아보지 못하게 함으로써 채점의 공정을 꾀하기 위한 조치이다. 조선시대의 역서는 원칙적으로 식년문과·증광문과·별시문과의 시권에 대해서만 하였다. 그러나 헌종 1년1835에 번거로움을 이유로 역서제도 자체를 영구히 폐지하였다.

과차 방법

7인의 시관이 장막을 치고 두 곳에 나누어 앉아 각각 시권의 제문을 채점하여 상·중·하 등의 등급을 정하는데, 이를 과차라 이른다. 과차란 곧 제문의 우열을 평가하여 등급을 매기는 일이다. 혹 문헌상의 기록에서는 이를 등재 等第 라고 일컫는 경우도 보인다. 문과의 경우 시관은 원칙적으로 주초만 가지고 채점을 한다. 단, 친림시와 소과의 경우 본초로써 채점한다. 과차는 초고 初考 ·재고 再考 ·합고 合考 의 세 단계를 거친다.

과차 등급

과차의 등급은 당초 9등급으로 나누었다. 9등급은 上上 上中 上下, 中上 中中 中下, 下上 下中 下下인데, 이를 一之上 一之中 一之下, 二之上 二上 二之中 二中 二之下 二下 , 三之上 三上 三之中 三中 三之下 三下 로 표기하기도 한다. 이상은 합격이다. 그 아래를 차상 차중 차하 갱 외의 5등급으로 나누는데, 이는 원칙적으로 불합격이다. 그러나 삼하 이상의 상위 등급에서 선발할 인원수를 다 채우지 못할 경우에는 차상·차중은 물론, 次下 이하 갱·외의 등급에서도 선발하여 액수 額數 를 채웠다. 같은 등급의 응시자 수가 아래 등급으로 내려올수록 체증 遞增 하게 마련이므로, 동일 과차 내에서 여러 가지 방법으로 과차를 세분하여 표기하게 되었고, 이에 따라 실제의 과차 등급은 수십 종에 이르렀다.

등제

과차를 한 다음에는 합격자의 성명·과목·점수 등을 성적 순서대로 일람표에 올린다. 이를 사준査準하여 정액定額을 뽑고 등제等第: 등급과 차례를 매기는데, 등제를 표기하는 방법은 '一之二', '二之五', '三之十七'등과 같다. 앞의 '一·二·三'이라는 숫자는 등급을 나타내되 생진시에서는 '1등·2등·3등'을 의미하고 문과에서는 '갑과·을과·병과'를 의미한다. 원칙상 소과는 생원 진사 각 100인을 선발하므로, 이를 1등 5인, 2등 25인, 3등 70인으로 구분하여 등급과 차례를 매기게 된다. 또 대과는 33인을 선발하므로, 이를 갑과 3인, 을과 7인, 병과 23인으로 구분하여 등급과 차례를 매긴다.

감합

등제가 끝나고 합격자가 결정되면 역서 시권의 경우 합격 시권의 본초를 가져와서 시관과 감시관이 본초와 주초를 대조하면서 글자의 이동·개서, 연폭처 답인의 이상 유무 등을 조사한다. 만약 상위相違한 점이 발견되면 등록관이나 서리를 처벌한다. 합격 시권의 본초와 주초의 대조·확인이 끝나면, 할봉해둔 합격 시권의 비봉을 가져다가 본초의 제문면에 붙여서 잘린 부분의 자호가 이상 없이 하나로 부합함을 확인한다. 이를 감합勘合이라 한다. 이때 대개 본초에 등제를 기입한다.

4) 방방단계

소과와 문과의 최종 합격 시권 위에 각각 등제 내용을 기재한 황첨黃籤과 홍첨紅籤을 부착한다. 따라서 시권에 황첨이나 홍첨이 첨부되었다 함은 곧 그 시권이 소과 복시나 문과 전시의 시권이고, 당해 응시자가 소과에 입격하였거나 또는 문과에 급제하였음을 의미하는 것이다.

5) 완성된 시권 보기

〈그림 8〉 이수담(李壽聃)의 1698년(숙종 24, 무인) 생원시 초시 사서의 · 역의 시권

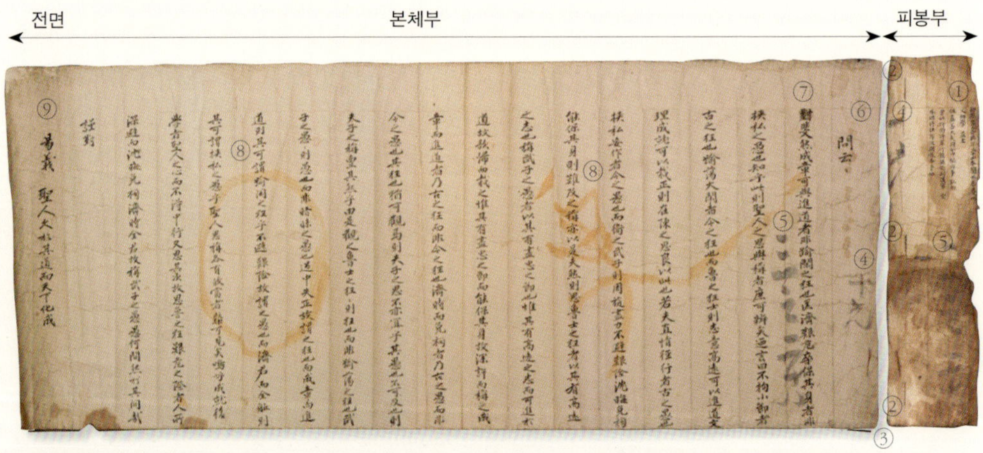

① 비봉 : 본인 및 사조의 신원 기재. 좌향으로 3번 절첩하여 호봉하였음.
② 칼집 : 상·중·하 3곳. 띠지 삽입, 호봉 및 근봉 처리. 녹명 시 호봉·근봉 후 외타인 3곳 답인.
③ 할봉선 : 비봉을 실제로 잘라낸[할봉] 절단 부분.
④ 자호 : '십광十光' 3곳. 할봉선 상단 1곳, 본체부 여백 하단 1곳, 피봉 배면 1곳.
⑤ 등제 : 본체부의 여백 부분과 비봉의 하단 '삼지이십팔三之二十八'
⑥ 사서의 시제 : '문운운問云〃'으로 생략하였음.
⑦ 사서의 제문 : '대.비연성장對.斐然成章, …… 근대謹對.' 원편으로 지었음.
⑧ 과차원편 : 갱권更圈 제문 중의 朱書 대자 2글자

⑨ 역의 시제易義 試題 : '역의易義. 성인구어기도,이천하화성聖人久於其道,而天下化成.'

⑭

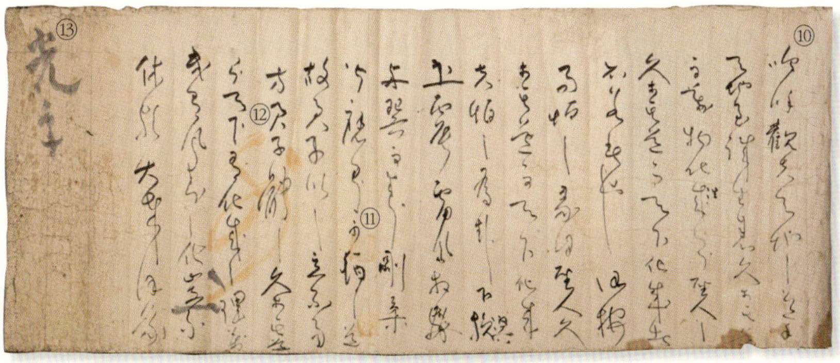

⑩ 역의 제문 : '오호嗚呼, …… 근의謹義.' 비편備篇으로 지었으며, 초서로 서사書寫하였음.

⑪ 외타인 : 녹명 시 시지 연폭처의 답인.

⑫ 과차비편 : '외' 제문 중의 주서 대자 초서

⑬ 축호 : 배면의 말단에 기재한 '광자光字'

⑭ 피봉부의 배면은 사진 촬영이 생략되었음.

5. 맺음말

이 글은 조선시대 문반 시권에 대한 이해를 돕는 데 목적을 두고 시권의 외형적인 형태와 그 작성 과정에 대해 개괄적으로 서술한 것이다. 각양의 개별 시권에는 파고 들어가면 들어갈수록 무수한 정보가 저장되어 있다. 따라서 시권에 대한 기본적인 이해를 토대로 개별 시권을 하나하나 깊이 관찰할 경우, 과거시험의 세부적인 절차는 물론, 응시자의 신원·가문, 정국의 현안, 시대의 조류, 교육의 방향과 학풍, 문학적 수준과 문풍 등 여러 분야에 대해 심층적으로 접근해 볼 수 있게 될 것이다. 그러나 시권 자체에 대한 분석만으로는 사실 규명에 한계가 있을 수밖에 없었다. 추후 각종 관찬 사료, 법전, 문집, 일기, 방목, 보첩, 등록, 기타 관련 고문서 등을 시권과 연계시켜서 여러 분야의 학제간 연구를 폭넓게 수행할 필요가 있다고 생각한다.

참고문헌

□ 原典類

『十三經注疏』, 北京大學出版社, 1999.

『承政院日記』.

『朝鮮王朝實錄』, 국사편찬위원회, 1968.

『大典會通』朝鮮總督府中樞院, 保景文化社, 1979.

『典律通補』上·下서울대학교 규장각 編, 서울대학교 규장각, 1998.

『古文書集成』2~102, 韓國學中央硏究院, 1983~2012.

『科擧謄錄』1~4, 국사편찬위원회, 1995~6.

□ 著書·譯書類

李成茂,『한국의 과거제도』, 집문당, 2000.

曺佐鎬,『韓國科擧制度史硏究』, 범우사, 1996.

陳必祥 지음, 沈慶昊 옮김,『한문문체론』, 以會文化社, 2001.

汪小洋·孔慶茂,『科擧文體硏究』, 天津, 天津古籍出版社, 2005.

□ 論文類

金東錫,「朝鮮時代 試券 硏究」, 한국학중앙연구원 한국학대학원 박사학위논문, 2013.

박현순,「조선후기 試券에 대한 고찰」,『古文書硏究』41, 2012.

李家源,「石北文學硏究」,『東方學志』第4輯, 延世大學校 東方學硏究所, 1959.

張裕昇,「科詩의 형식과 문체적 특징」,『大東漢文學』第39輯, 대동한문학회, 2013.

□ Website

국사편찬위원회 http://www.history.go.kr/.

민족문화대백과사전http://encykorea.aks.ac.kr/.

百度 http://www.baidu.com/.

상우천고 http://www.s-sangwoo.kr/.

승정원일기http://sjw.history.go.kr/main/main.jsp.

일성록http://kyujanggak.snu.ac.kr/sub_index.jsp?ID=ILS.

조선왕조실록http://sillok.history.go.kr/main/main.jsp.

한국고문서자료관 http://archive.kostma.net/.

한국고전종합DB http://db.itkc.or.kr/itkcdb/mainIndexIframe.jsp.

한국국학진흥원 유교넷 http://www.ugyo.net/.

한국역대인물 종합정보시스템http://people.aks.ac.kr/index.aks.

한국역사정보통합시스템 http://www.koreanhistory.or.kr/.

제산 김성탁의 시권을 통해 본 사림의 소명

안장리 | 전 한국학중앙연구원 수석연구원

1. 머리말

그동안 학계에서 시권試券에 대한 연구가 부진한 이유 중의 하나는 관습적인 출제와 답안 작성으로 인해 작성자의 개성을 엿보기 어렵고 그 문학적 성취를 파악하기에 부적절한 자료로 평가되었기 때문이다. 그러나 이런 점은 뒤집어보면 당대에 보편적으로 존중되어온 세계상과 인간상을 보여준다는 면에서 당대 이해의 좋은 자료라 할 수 있다. 이 글에서는 18세기 대표적 사림士林의 한 사람인 제산霽山 김성탁金聖鐸, 1708~1766의 진사시권과 문과시권을 통해 김성탁이 추구한 유교국가의 일면을 살피고자 한다.

김성탁은 학봉鶴峰 김성일金誠一의 만형인 약봉藥峰 김극일金克一의 5대손이며, 갈암葛庵 이현일李玄逸의 제자로 퇴계학파의 학맥을 계승한 인물로 평가된다. 16세기 말에서 18세기 중기까지 안동 천전리川前里에 터를 잡아 가세를 확장한 청계靑溪 김진金璡부터 약 150년간 천전 김씨가문에는 6부자가 대소과에 급제하고 천전삼문관川前三文官이 배출되는 '천김쟁쟁川金錚錚'의 시대였다.[1] 이런 가학을 바탕으로 김성탁은 17세기 영남학파를 대표하는 이현일의 학통을 계승 전수하였다.

그러나 김성탁이 활동하던 전후 100년간은 이른바 당쟁의 시대였다. 경신환국庚申換局, 1680, 숙종 6, 기사환국己巳換局, 1689, 숙종 15, 갑술정변甲戌政變, 1694, 숙종 20, 신임옥사申壬獄事, 1722, 경종 2, 정미환국丁未換局, 1727, 영조 3 등 정변의 연속이었다. 김성탁의 스승인 이현일은 기사환국 때 영남 사림의 영수로서 조정에 올라 경륜을 펼쳤으나 갑술정변으로 졸지에 유배되는 처지에 이르렀으며 적소에서 생애를 마쳐야 하였다.

당쟁은 정권의 쟁취와 유지를 위해 당색이 다른 사람은 무조건 마녀사냥식으로 몰아감으로써

1 이정섭, 「제산 김성탁선생의 생애」, 『동방한문학』 12, 동방한문학회, 1996, 1쪽.

국정과 사림을 망치는 암적인 존재였다. 이런 상황에서 당시 사림들은 한편으로는 도학을 계승 전수하고 한편으로는 국정을 바로잡아야 하는 이중의 과제를 안고 있었다. 유교 군주제 국가인 조선에서 사림으로서 국정을 바로 잡는 방법은 유일遺逸로 천거되거나 과거에 급제하여 국왕을 보필하면서 국왕으로 하여금 왕도를 실현하는 유교국가의 위정자가 되도록 인도하는 것이었다.

김성탁은 15세부터 과거공부를 하였으며, 1711년숙종 37 28세에 진사에 급제하고 1735년영조 11 52세에 문과에 급제하였다. 문과에 급제하기 전에 이미 영남 사림의 거유로서 유일로 천거되어 입시하여 영조에게 국왕의 자세와 시정에 대해 상소하기도 하고 또 관직을 사양하는 상소를 하면서 시정 폐해를 논하기도 하였다. 상소는 국왕을 성군聖君으로 인도하기 위한 김성탁의 방법이었으며, 당대 사림의 보편적인 국정참여 방법이었는데 이 글에서는 시권을 통한 유교국가의 구현에 대해 살펴보도록 하겠다.

2. 굴원의 허물은 충성에서 생긴 허물이다

김성탁이 진사에 급제한 1711년숙종 37은 스승 이현일이 사망한 지 7년째 되는 해였다. 김성탁은 1710년 가을에 향시에 급제하였으며, 이듬해 2월 진사시에 급제하였는데 당시 책제는 "굴원屈原의 허물은 충성에서 생긴 허물이다屈原之過 過於忠"이었다.

굴원은 기원전 4세기경 맹자와 같은 시대 인물로 초나라 회왕懷王에게 벼슬하여 견문이 넓고 치란治亂에 밝아 신임을 받았다. 그러나 이를 시기한 상관대부上官大夫의 참소로 내침을 당하였다. 당시 제나라를 정벌하려던 진나라는 제나라와 동맹을 맺은 초나라부터 정벌하기 위해 장의張儀를 보내 초 회왕을 격분하게 하였고 초 회왕이 이성을 잃어 전쟁을 일으켰으나 결국 한중 땅을 잃고 말았다. 진나라 소왕昭王은 다시 초 회왕과의 인척관계인 점을 미끼로 화해를 청하였고 회왕을 초대하였다. 굴원이 이를 적극 반대하였으나 회왕은 어린 아들인 자란子蘭의 말을 듣고 초청에 응했다가 진나라에서 죽임을 당하였다. 이로 인해 초나라 사람들은 자란을 비난하였는데 초 회왕의 뒤를 계승한 큰 아들 경양왕頃襄王은 동생인 자란의 말을 듣고 도리어 굴원을 장사로 유배 보냈다. 이에 굴원은 이런 정황을 읊은 부賦를 짓고 분을 참지 못하여 멱라수에 빠져 죽었다.[2]

굴원의 「이소離騷」를 보면 이런 정황이 잘 드러나 있다. 향초와 같은 결백한 마음으로 임금을 모셨으나 임금은 간신의 참소를 듣고 굴원을 유배 보내고 나라는 우매한 왕과 간신배에 의해 망국의 길에 들어서게 된다. 이를 알기에 비통에 빠진 굴원을 보고 세속에 따라 살라고 충고하는 사람도 있었지만 굴원은 자신을 더럽힐 수 없다고 거절한다. 또 미래를 잘 맞추는 점술가를 찾으니 훌륭한 임금을 찾아가서 경륜을 펼치라 충고한다. 그러나 굴원은 차마 초나라를 떠날 수 없어 유배

2 정범진 외 옮김, 『사마천 사기열전』 상, 까치, 1995; 司馬遷, 「屈原賈生列傳」, 『史記三家注』, 洪氏出版社, 1974, 2481~20504쪽.

지를 헤매다가 결국에는 "끝났구나 나라에 현명한 사람이 없어 나의 충심를 알아줄 사람 없으니 또한 어찌 고국을 생각할 수 있겠는가? 이미 더불어 아름다운 정치를 펼치기에 충분한 임금이 없으니 내 장차 팽함이 거처하는 곳을 따를 뿐이네已矣哉 國無人莫我知兮 又何懷乎故都 旣莫足與爲美政兮 吾將從彭咸之所居"라고 읊으며 죽음을 택한다는 내용이다. 이 구절에 등장하는 팽함은 임금에게 직간하였으나 받아들여지지 않자 물에 빠져 죽은 은나라 때 충신으로 일컬어지므로 굴원 역시 물에 빠져죽을 것을 표현한 셈이다.[3]

양웅揚雄은 전한 시대 문장가인데 굴원의 「이소」를 읽고 군자가 때를 만나고 못 만나는 것은 운명인데 때를 만나지 못해서 물에 빠져 죽었냐며 「반이소反離騷」를 지어 굴원를 조문하였다. 주자는 『초사집주楚辭集注』에 이 「반이소」를 싣고 이에 대한 홍흥조洪興祖의 변증을 실은 뒤에 굴원의 충성은 변증이 필요 없는 충성이라고 단언하고 굴원은 천년에 한 번 볼 수 있는 사람이라 하면서 다음과 같이 언급하였다.

> 공자는 사람의 허물이란 것은 저마다 그 유형이 있으니 허물을 보면 이에 그 어짐을 알 수 있다고 하셨다. 이것이 사람을 보는 방법이다. 대저 굴원의 충성은 충성스러워서 허물이 된 것이다. 굴원의 허물은 충성의 허물인 것이다. 孔子曰人之過也 各於其黨 觀過 斯知仁矣 此觀人之法也 夫屈原之忠 忠而過者也 屈原之過 過於忠者也[4]

공자가 언급한 이야기는 『논어』 「이인里仁」편에 나오는 구절로 어진 성정에서 나온 허물을 허물로 볼 것이 아니라 어진 성정을 보는 척도로 삼아야 한다는 뜻을 담고 있다. 김성탁은 1726년영조 2 아들 낙행樂行에게 붙인 편지에서 자신은 『사기』 굴원전을 500번이나 읽었다고 하였으며 그 충성을 칭송하였다. 아울러 이는 충성과 결백을 권면하는 갈암 이현일과 주자의 뜻을 본받은 것이라고 하였다.[5]

진사 시권의 내용은 크게 네 단락으로 구성되어 있다. 첫 단락에서는 굴원을 알아준 이는 주자뿐이라고 하였고, 둘째 단락에서는 굴원의 사적을 읊었으며, 셋째 단락에서는 굴원의 행위에 대한 부정적 평가를 다루었으며, 넷째 단락에서는 주자의 말을 들어 굴원의 충절은 허물로 가려질 수 없고 또 그 허물은 충절을 없앨 수 없다는 것이라 결론지었다.

내 비로소 알았네 굴원의 허물이여	吾始知屈子之過兮
이는 충성에서 나온 허물이었네	迺由忠而過也

3 송정희 역, 『초사』 1, 명지대학출판부, 1977, 35~88쪽.

4 『文選補遺』, 『淸文淵閣四庫全書本』 愛如生, 中國基本古籍庫.

5 「寄子晉行」 丙午, 『제산집』, 『표점영인 한국문집총간』 206, 한국고전번역원, 417쪽, "伯夷傳 苟堅坐劇讀 不過費旬日工夫 了此後 更取屈原魯連二傳 讀五百遍 如何 此三傳 不但文章絶唱 伯夷之淸風 屈子之忠忱 魯連之奇節 皆可以激懦廉頑 葛翁先生嘗輯古文於史記獨取伯夷魯連兩傳 而晦庵嘗眷眷於忠潔矦之心事."

대개 사람을 보는 데는 방법이 있나니	盖觀人之有法兮
요점은 허물로서 마음을 거론하는 것이네	要卽過而論心
어짊은 두터운 절의를 잃은 것에 보이고	仁當見於失厚節
지나친 청렴에서 알 수 있네	可知於過廉
저 영균靈均, 굴원의 자의 뜻과 행동이여	伊靈均之志行兮
중용으로 헤아리면 어그러짐이 있네	亮中庸之有違
붉은 충정의 지극한 간절함을 돌아봄이여	顧惟忠赤之懇至兮
비록 과실이 있어도 오히려 취할 만하네	雖過失猶可取
대저 어찌 후대사람들은 의론하기 좋아하는가?	夫何後人之好議兮
시비가 엇갈려 분분하네	紛是非之剌戾
혹은 소란스레 비난을 남기고	或跌宕之貽譏兮
혹은 편협하게 그릇되다 하였네	或偏狹之有剌
저 주자께서 설명하여 알리셨네	肆夫子揭說而發揮兮
상수에 빠져 죽었던 붉은 충심	湘纍之丹衷
그 충성은 허물로 가릴 수 없도다	於其忠不掩其過兮
그 허물은 그 충성을 숨길 수 없으니	於其過不沒其忠
하늘의 해처럼 드러낼 큰 절의여	褒懸日之大節兮
옥의 티같은 자잘한 행위를 다스리네	略點瑕之細行
대저 이후에는 삼려대부굴원의 벼슬의 순수한 충정과 고결한 행위	夫然後 三閭之純忠潔行
영원히 천년동안 드러나려니	永著於千秋兮
양자운이 멋대로 평할 수 있는 것이 아니네	儘非子雲之所能評也[6]

이 결론의 쟁점은 굴원이 물에 빠져 죽은 일에 대한 판단이다. 물에 빠져 죽은 일은 자살인데 문제는 굴원의 자살이 적절한 행동이었는가이다. 유교국가에서 자살 자체가 허물이라는 점은 누구나 공감하고 있다. 신체발부는 부모에게서 받은 것이고 이를 훼손하지 않은 것이 효의 시작이라는 유가의 가르침에서 자살은 용납될 수 없는 것이다.

이 결론의 요점은 굴원의 자살에 대한 용납이다. 굴원의 죽음은 자신의 충성을 바친 국왕과 나라가 망해가는 것을 차마 볼 수 없는 충심의 발로이기에 '허물過'이지만 '자잘한 행위細行'이며 '충忠'이라는 '큰 절의大節'를 드러내는 불가피한 행위라는 것이다. 결론에서 김성탁은 굴원에 대해서는 주자가 이미 높이 평가하였기에 양웅과 같은 사람들이 주제넘게 왈가왈부할 수 있는 것이 아니라고 하면서 굴원의 충절은 천 년 후까지 영원할 것이라고 선언하였다. 김성탁은 이 글을 지

6 archive.kostma.net : 의성김씨천상각-시문류-시권.

으면서 성군聖君을 만나지 못한 충성스런 신하의 죽을 수밖에 없는 심정에 공감하였겠지만 한편으로는 성군의 중요성을 새삼 느꼈을 것으로 여겨지는데 이러한 김성탁의 바람은 문과 시권에서 총체적으로 표현된다.

3. "주나라는 오래된 나라이지만 그 명은 새롭다"

영조의 둘째 아들 사도세자思悼世子가 1735년영조 11 1월 21일 태어났다. 첫째인 효장세자孝章世子가 죽은 지 7년만의 일이었다. 눈에 넣어도 아프지 않을 아들을 잃은 지 7년 40세에 들어선 영조의 기쁨은 남달랐을 것이다. 영조는 이를 기념하여 증광시增廣試를 실시하게 하였는데 윤4월 13일 실시된 증광시의 시제는 "주나라는 오래된 나라이지만 그 명은 새롭다周雖舊邦 其命維新"는 것이었다. 이 시제는 『시경』「대아大雅」 문왕지십文王之什의 문왕 7장 중에 제1장 3, 4구에 나오는 구절이다. 주공周公이 성왕成王을 훈계하기 위해 문왕文王의 사적을 기술한 것이라고 한다.

주나라가 유교국가의 전범이 되는 나라라면 문왕은 유교국가의 전범이 되는 왕이다. 『사기』에 의하면 주나라 시조 후직后稷은 제곡帝嚳의 정비正妃인 강원姜原이 거인의 발자국을 밟고 잉태하였다. 강원이 이를 불길하게 여겨 아이를 길에 버렸으나 말과 소가 피해 다녔고 도랑에 버렸더니 새들이 날개로 감싸주었다. 이에 아이를 데려와 키웠으며 처음에 버리려고 했다고 하여 이름을 기棄라 하였다. 후직은 농사를 잘 지어 요임금에게 등용되었으며 태邰에 봉해지고 희姬성을 받았으며 후직이라 칭하게 되었다. 이후 농사가 중시되지 않아 곤경을 겪기도 했으나 공류公劉에 이르러 토지의 특성을 살펴 농경에 힘써 위수渭水의 지류인 칠수漆水·저수沮水를 건너 목재를 채취하여 백성을 부유하게 하였다. 이에 많은 백성이 귀의하였다. 공류의 아들인 경절慶節은 빈豳에 도읍하였다. 고공단보古公亶父가 즉위하였을 때 외적의 침입이 있었는데 고공단보는 싸움을 하지 않고 기산岐山 아래로 이주하였다. 이에 백성들도 모두 따라왔으며 이웃나라 백성들도 그 인자함에 감동되어 귀순하였다. 고공단보는 오랑캐의 풍속을 개량하고 성곽과 가옥을 건축하고 읍을 나누어 살게 하였고 관직을 설치하여 다스리니 백성들이 그 덕을 칭송하였다.

고공단보에게는 태백太伯과 우중虞仲 그리고 막내아들 공계公季가 있었는데 공계가 태임太任을 아내로 맞아 문왕인 창昌을 낳았다. 창이 출생할 때 붉은 새가 붉은 책을 들고 방으로 날아드는 길조가 있었는데 고공단보가 이를 보고 이 시대의 큰 사업을 일으킬 사람은 바로 창이라고 하였다. 이에 태백과 우중은 다른 나라로 피하였고 이어 즉위한 공계는 고공단보의 유지를 잘 받들어 나라를 다스렸다.

공계의 뒤를 이어 즉위한 문왕은 서백西伯으로 불렸는데 이는 주나라가 은나라의 서쪽에 있었기 때문이다. 서백은 어진 정치를 행하고 노인을 공경하고 어린이를 사랑했으며 어진사람에게는 예의와 겸손으로 대하고 낮에는 식사를 거르면서도 인재를 접대하니 백이伯夷와 숙제叔齊를 비롯한 인재들이 대부분 서백에게 몰려들었다. 숭후호崇侯虎가 이를 시기하여 은나라 주왕紂王에게 모함하였더니 주왕이 문왕을 가두었는데 주변 제후들이 도움을 주어 풀려날 수 있었다. 이에 서백은 자신의 땅을 주왕에게 바쳐 포격형炮格刑을 중지하게 하였다. 포격형은 기름 바른 기둥 아래 불을 피우고 죄인에게 그 위를 걸어가게 하여 미끄러지면 불에 타죽게 하는 잔혹한 형벌이었는데 이때부터 없어지게 되었다.

서백에게 공정한 판결을 받으려고 제후들이 오곤 하였는데 우虞와 예芮가 송사를 가지고 주나라에 들어왔다가 서로 밭의 경계를 양보하는 농부들과 연장자에게 양보하는 풍속을 보고 서백을 만나기도 전에 부끄러워하며 싸움을 그치게 되었다. 문왕은 이렇게 덕으로 주변 제후들을 귀의하게 하였을 뿐 아니라 견융犬戎, 밀수密須, 기국耆國, 우邗, 숭후호 등을 정벌하여 통치 지역을 넓혔으며 수도를 풍읍豊邑으로 이전하였다.

서백은 50년간 재위하면서 나라의 법도를 정비하였으며, 주나라 왕업이 할아버지 고공단보부터 흥해졌으므로 고공단보를 태왕太王으로, 아버지 공계를 왕계王季로 추존하였다. 은나라 주왕에게 갇혀있을 때 64괘를 만들었고, 우와 예의 송사를 해결했을 때 왕으로 일컬어졌는데 죽은 뒤에 문왕이라는 시호를 받았다.[7]

이 문왕의 문왕된 면모를 가장 잘 형용한 글이 바로 『시경』「대아」의 「문왕」이다. 『시경』의 문왕은 10편 66장 414구로 이루어져 있다. 10편은 「문왕文王」, 「대명大明」, 「면綿」, 「역박棫樸」, 「한록旱麓」, 「사제思齊」, 「황의皇矣」, 「영대靈臺」, 「하무下武」, 「문왕유성文王有聲」이다.[8] 이 중에서도 특히 제1편인 「문왕」이 주목되는데 내용을 보면, 하늘에 계신 문왕의 신령이 상제의 곁에서 주나라를 돌보니 주나라에 부여된 천명이 새롭다고 하였고 주나라의 자손과 문무백관이 은택을 입었다고 하였다. 또한 문왕이 '끝없는 근면함亹亹'과 '깊은 덕穆穆'으로 많은 훌륭한 인재를 잘 길러내니 나라의 버팀목이 되었다고 하였다. 문왕의 이 덕으로 은나라 수많은 자손과 뛰어난 인재들도 주나라에 복종하게 되었으니 은나라를 거울로 삼고 "문왕을 전범으로 삼는다면 온 나라가 믿고 따른다儀刑文王 萬邦作孚"는 말로 글을 맺었다. 이 문왕편은 조선의 정치 현장에서 가장 많이 언급된 시편이기도 하다.[9]

문과 시권의 내용은 네 부분으로 구성되어 있는데 첫 단락에서는 천명을 받은 문왕이 성현의 자질을 갖추고 공경을 밝혀서 덕을 성대하게 하였다고 하였으며, 둘째 단락에서는 은나라 덕이 쇠

7 司馬遷, 『史記三家注』, 「周本紀」, 111~172쪽.

8 「毛詩序」에서는 이들의 대체에 대해 다음과 같이 언급하였다. 文王: 문왕이 천명을 받아 주나라를 일으키다. 大明: 문왕이 밝은 덕을 두셨기에 하늘이 다시 무왕에게 명하였다. 綿: 문왕의 일어남은 본래 태왕으로부터 말미암은 것이다. 棫樸: 문왕은 훌륭한 인물을 관직에 임명하였다. 旱麓: 선조의 공업을 받아 주나라의 선조가 대대로 후직과 공유의 업을 닦아 태왕과 왕계가 백가지 복과 천가지 녹을 펼친 것이다. 思齊: 문왕이 성인이 된 까닭이다. 皇矣: 주나라를 찬미하였다. 하늘이 은나라를 대신할 나라를 살펴보니 주나라만한 나라가 없었고 주나라에 대대로 덕을 닦은 분은 문왕만한 이가 없었다. 靈臺: 백성들의 처음 귀의함을 읊었다. 문왕이 천명을 받자 백성들은 문왕이 신령스러운 덕을 간직하여 鳥獸와 곤충에게까지 미침을 즐거워한 것이다. 下武: 문왕을 계승한 것이다. 무왕이 성덕을 간직하여 다시 천명을 받아 선인의 공을 밝히었다. 文王有聲: 이어서 정벌(문왕이 숭을 정벌한 것에 이어 무왕이 은을 정벌)한 것이다. 무왕이 문왕의 명성을 넓혀 정벌하는 공을 끝마치었다.

9 정원호, 『조선왕조실록의 『시경』 활용례 연구』, 부산대학교 박사학위논문, 2013, 31쪽.

해지고 오랜 연원이 있는 주나라에 덕이 성대해져 문왕이 은나라를 대신하게 되고 천하가 귀의하니 하늘이 돌보았다고 하였다. 셋째 단락에서는 주나라가 오래되었지만 지극한 덕을 지닌 문왕이 있었기에 천명을 받게 되었다고 하였다. 여기까지가 『시경』에서 제시한 주나라의 연원과 문왕의 덕업을 칭송한 것이라면 넷째 단락은 김성탁의 의견을 개진한 결말 부분으로 문왕의 이런 덕을 본받아 조선도 천명을 보존해야 한다는 뜻을 읊었다. 이를 살펴보면 다음과 같다.

비록 그러하나	雖然
하늘의 실체는 짐작하기 어렵고 천명 또한 무상한 것	天實難諶 命亦無常
덕이 있으면 일어나게 되고 덕이 없으면 망하게 되네	有德則興 無德則亡
하나라 우임금도 덕으로 천명을 새롭게 했으나 걸임금이 이를 떨어뜨렸고	夏禹以德而新其命 而桀墜之
은나라 탕임금도 덕으로 그 나라를 새롭게 했으나 주임금이 이를 엎어버렸네	殷湯以德而興厥邦 而紂覆之
만약 주나라 후대 임금이 문왕을 본받지 않는다면	若使周家之後王不儀刑文王
어찌 그 큰 천명을 오랫동안 새롭게 할 수 있겠는가?	寧保其景命之長新
이는 주공이 미루어 기술하여 경계를 펼친 것이로다	此周公所以追述而陳戒兮
다만 성왕만이 마땅히 유념할 것이 아니라	非獨成王之所當念
천만세동안 왕통을 유지하려는 임금에게 알리려는 것일세	而可以詔千萬世守統之人君
아름다운 우리 조정의 덕은 주나라를 따라	懿歟我朝 德邁姬周
천명의 돌봄이 무릇 거의 몇 대인가	天命之眷 凡幾歷世
새롭게 한 성스런 조상, 지켜 내려온 신령한 자손	新之者聖祖 守之者神孫
밝고 밝은 우리 임금, 그 순서를 힘써 도와	明明我后 克纘厥緖
나날이 성덕을 새롭게 하여 영원히 천명을 보전하리니	日新聖德 永保天命
원컨대 장차 「문왕」 한 편을, 대대로 악관들이 연주하게 하시길	願將文王之一篇 用代瞽矇之誦[10]

『시경』 문왕편은 주공이 어린 나이에 등극한 성왕을 교육하기 위해 지은 것이라 한다. 천명은 무상해서 덕이 있으면 흥기하고 덕이 없으면 망하게 된다하고 우임금과 탕임금 같은 성군이 일으킨 나라도 걸임금이나 주임금 같은 군주를 만나면 결국 망하게 되니 주나라 문왕이 새로 일으킨 이 나라도 후대의 왕이 문왕을 본받지 않으면 망할 수 있다는 점을 성왕에게 알리기 위한 집필인 셈이다.

김성탁은 이를 다시 우리 조선에 적용한다. 즉 이는 성왕과 주나라에게만 적용되는 법칙이 아

10 주 6 참조.

니라 수성守成을 추구하는 모든 나라에 적용되는 진리이며 특히 우리 조선처럼 주나라를 본받으려는 나라는 천명의 돌봄으로 대대로 유지되어 왔음을 인지하고 문왕의 덕을 나날이 새롭게 해야 나라를 영원히 유지할 수 있으며 그러기 위해서 악공으로 하여금 『시경』 「문왕」편을 대대로 연주하게 해야 한다는 건의로 끝을 맺었다.

물론 이 부賦에서 문왕은 수성의 군주로만 거론한 것은 아니다. 문왕은 주나라를 새롭게 하여 은나라가 복속하게 한 유신維新의 군주이기도 하다. 김성탁은 다른 글에서 문왕을 은나라의 쇠퇴한 세태를 변화시킨 인물로 평가한 바 있는데[11] 창업과 같은 중흥과 수성을 동시에 이룩한 왕으로 평가한 셈이다.

4. 조선의 성군을 위하여

영조가 1734년영조 10 경연 후에 영남의 인물에 대해 문의하니 성이홍成爾鴻, 정주원鄭冑源과 함께 김성탁이 명망이 있음을 상주하였다.[12] 이에 김성탁을 사축서별제司畜署別提에 임명하였으며, 불러들여서 치국의 방책을 아뢰게 하였다. 이에 김성탁은 형벌을 간략하게 하고 부세賦稅를 감하며 기강을 세우는 것이 중요하다는 세 가지 진언을 하여 임금의 인정을 받았다.[13] 이듬해 김성탁은 영남지방 경학經學의 대표로 천거되었는데 같은 달 김성탁은 증광시 문과에 급제하였고 영조는 바로 6품 관직을 주고 경연에서 시강할 수 있게 하였다.[14] 아울러 급제자를 게시하는 날에는 어제시를 내려 축하하였다.

어제는 영남 지방의 공거인이러니	昨日嶺南貢擧人
오늘은 머리 위에 계수나무 꽃이 새롭도다	令辰頭上桂花新
어찌 다만 그대에게 있어 어버이만을 기쁘게 하랴?	豈但於爾爲親喜
나의 금마문에 학사의 신하가 되었노라	爲予金門學士臣

공거인은 과거를 보는 사람이고 계수나무 꽃은 어사화로 급제한 사람이 의관에 꽂는 꽃이다. 제3구에서는 귀향하여 유가하여 부모를 기쁘게 한다는 뜻이며, 금마문은 한나라 미앙궁에 있던 동銅으로 만든 말이 있던 문으로 벼슬한 사람이 나아가 임금의 명을 기다리던 장소이므로 벼슬길에 들었음을 뜻하는 말이다. 김성탁이 벼슬한 신하가 되었음을 알고 있음을 천명함으로써 임금의 신

11 「答李密庵書」 丁酉, 『제산집』, 『표점영인 한국문집총간』 206, 302쪽, "私竊見解以爲文王變殷商之衰世."

12 『영조실록』 권39, 10년(1734) 9월 18일(경인) 1번째 기사.

13 『영조실록』 권39, 10년(1734) 11월 5일(병자) 1번째 기사.

14 『영조실록』 권40, 11년(1735) 윤4월 13일(임오) 1번째 기사.

뢰를 표현하였으니 대단한 은혜인 셈이다. 이에 응제한 김성탁의 시는 다음과 같다.

스스로 먼 지방의 비천한 사람이러니	自是遐方賤末人
오늘의 새로운 성은 감당하기 어렵습니다	不堪今日聖恩新
고향에 영근榮覲하도록 허락하신 은총 남다르니	許歸榮寵尤殊絶
일만 번 죽더라도 갚을 길 없어 소신 부끄러울 뿐입니다	萬殞難酬愧小臣

김성탁은 자신의 고을 영남을 '먼 지방'으로 자신을 '비천한 사람'으로 겸손하게 표현하고 과거급제와 어제시 하사에 대해 감당할 수 없는 임금의 은혜라 표현하고 특히 고향에 다녀올 수 있게 한 데에 대해 남다른 은총으로 감사해 하였다. 결구에서는 자신이 일만 번 죽어서라도 갚아야 하는 임금의 은혜라고 감격하였다.[15] 임금의 신뢰에 대한 적절한 반응이라 할 수 있다.

이후 김성탁은 홍문관과 사간원에 바로 특채되는 은혜를 입었으며, 지평, 정언으로 있으면서 임금의 자세에 대해 상소를 올렸다. 원자를 잘 가르치고, 수령을 잘 선정하며, 인재를 발탁하고 염치를 숭상하며, 기강을 확립하고 재용財用을 절약하며, 상벌을 명확하게 하고 군법을 개혁하고 예법을 밝게 펼치며 충신과 간신을 구분하라는 10가지 조목과 마음을 바로잡는 학문에 더욱 힘쓰고, 백성을 보전하는 정치를 더욱 강구하며, 절약과 검소를 더욱 숭상하고 예의와 교화를 더욱 밝혀 원자에게 물려주는 교훈의 도리로 삼도록 하라는 상소를 올렸으며 특히 당론의 폐단에 대해서는 핍진하게 진언하였다.[16]

그러나 영조를 성군으로 인도하는 자리에 오래 있을 수 없었다. 1736년영조 12 유생 신헌 등이 그의 스승 이현일을 욕하는 상소를 올리자 이에 사직하는 글을 올리면서 이현일의 신구伸救를 청하게 되는데 노론을 대표하는 당쟁의 우두머리 김재로金在魯와 그 당파들의 참소에 의해 이듬해 5월 국문을 당하게 되었으며, 이해 윤9월 제주도로 유배된 이후 광양, 해남 등으로 유배지를 11년간 떠돌다가 1746년영조 22 2월 배소에서 죽음을 맞게 된다.

김성탁은 그러나 굴원처럼 임금을 원망하지만은 않았다. 아들 김낙행의 질의에 대해「계몽질의변啓蒙質疑辨」을 짓기도 하고『중용의의』를 증정하기도 하는 등 벼슬살이에서 할 수 없었던 도학 전수에 심혈을 기울였다. 1747년 4월 죽음을 앞두고 10수의 시를 지었는데 그 중 한수를 보면 다음과 같다.

당시에 때를 만났을 때 남다른 처우가 부끄러웠지	當年際遇愧非常
주제넘게 사간원과 홍문관에서 있었다네	濫據薇垣與玉堂

15 『영조실록』 권40, 11년(1735) 윤4월 17일(병술) 1번째 기사.

16 『영조실록』 권40, 11년(1735) 7월 22일(기미) 3번째 기사, "陳諭元子, 擇守令, 拔賢才, 崇廉恥, 振綱維, 節財用, 明賞罰, 改軍法, 申明禮法, 旌別淑慝十條."

단번에 하늘 끝에 떨어졌고 게다가 병중에 누웠으니 一落天涯仍卧病
이 생에서는 임금 은혜 보답할 길 없겠구나 此生無路報恩光[17]

결구에 보이는 '임금 은혜에 대한 보답'이란 다름 아닌 임금을 성군으로 이끄는 일을 의미한다. 배소에 있었기에 임금을 권면하는 일은 소홀할 수밖에 없었고 이제나 저제나 도학을 수양하여 이를 바탕으로 다시 사간원, 홍문관에 올라 임금을 '문왕'이 될 수 있도록 권면할 수 있는 기회가 오기를 바랐으나 결국에는 그런 기회를 다시 잡지 못하는 아쉬움을 읊은 셈이다.

김성탁이 영조를 성군으로 이끌기 위해 할애할 수 있는 시간은 많지 않았다. 그러나 김성탁이 시험 친 진사 시권과 문과 시권의 주제는 당대 사림 모두의 화두이기도 하였다. 그렇기에 당대 사림들은 모두 이런 시험을 거치면서 당락에 관계 없이 벼슬에 나아가면 굴원의 허물이 충성을 위한 불가피한 허물임을 알고 자신의 국왕을 성군으로 만들기 위해 노력해야 하며, 유배되거나 은거하게 되면 도학을 궁구하고 전수하기 위해 매진하게 되었다. 이로 볼 때 당대 시험의 목적 중의 하나는 이미 아는 것을 재확인 하면서 사림의 소명을 강화하는 것이었음을 알 수 있다.

17 「病中述懷」十絶 ○丁卯四月, 『제산집』, 『표점영인 한국문집총간』 206, 243쪽.

〈부록〉

조선시대 문과시험 총현황

왕대(시험년)	과거횟수	합격자
태조(太祖) (1393~1396)	2	66명
정종(定宗) (1399~1399)	1	33명
태종(太宗) (1401~1417)	11	281명
세종(世宗) (1419~1447)	21	510명
문종(文宗) (1450~1451)	2	73명
단종(端宗) (1453~1454)	3	106명
세조(世祖) (1456~1468)	23	402명
예종(睿宗) (1469~1469)	1	33명
성종(成宗) (1470~1494)	29	473명
연산군(燕山君) (1495~1506)	13	261명
중종(中宗) (1506~1544)	57	933명
명종(明宗) (1546~1566)	26	497명
선조(宣祖) (1567~1606)	61	1,129명
광해군(光海君) (1608~1621)	28	510명
인조(仁祖) (1623~1649)	52	784명
효종(孝宗) (1650~1657)	15	253명
현종(顯宗) (1660~1673)	24	405명
숙종(肅宗) (1675~1719)	78	1,465명
경종(景宗) (1721~1723)	9	183명
영조(英祖) (1725~1776)	126	2,179명
정조(正祖) (1776~1800)	41	798명
순조(純祖) (1801~1834)	51	1,058명
헌종(憲宗) (1835~1849)	23	463명
철종(哲宗) (1850~1863)	26	476명
고종(高宗) (1864~1894)	81	1,780명
계	804회	15,151명

조선시대 문과시험 종별류 현황

	시험 종류	합격자(누계)
정기시	식년시(式年試)	6,030명
비정기시	증광시(增廣試)	2,713명
비정기시	정시(庭試)	2,473명
비정기시	별시(別試)	1,987명
비정기시	알성시(謁聖試)	778명
정기시	중시(重試)	381명
비정기시	외방별시(外方別試)	353명
비정기시	춘당대시(春塘臺試)	133명
비정기시	친시(親試)	115명
비정기시	기로과(耆老科)	42명
비정기시	발영시(拔英試)	40명
비정기시	현량과(賢良科)	28명
비정기시	등준시(登俊試)	27명
비정기시	개시(改試)	24명
비정기시	탁영시(擢英試)	12명
비정기시	구현과(求賢科)	5명
비정기시	진현시(進賢試)	4명
비정기시	식희과(飾喜科)	3명
비정기시	충량과(忠良科)	3명
계	19종	15,151명

도판목록

056
아들 필동에게 보낸 하응운의 서간
河應運書簡[寄必東]
1731년(영조 7)~1732년(영조 8), 1장, 필사본, 35.7×48.5cm, 진양하씨 담산문중

058
윤인미 생원 시권
尹仁美生員試券
1630년(인조 8), 1장, 필사본, 44.0×210.0cm, 해남윤씨 녹우당

061
정연수 시권
鄭然洙試券
1877년(고종 14), 1장, 필사본, 70.0×146.0cm, 장서각(초계정씨 동계종택 기탁)

064
이수담 생원 시권
李壽聃生員試券
1699년(숙종 25), 1장, 필사본, 69.0×191.0cm, 여주이씨 옥산정사 독락당 이해철

066
이후영 강지
李後榮講紙
1684년(숙종 10), 1장, 필사본, 70.0×124.0cm, 장서각(고성이씨 임청각 기탁)

068
이익상 진사 시권
李翊相進士試券
1651년(효종 2), 1장, 필사본, 70.2×223.5cm, 장서각(연안이씨 매간종택 기탁)

070
이익상 진사 백패
李翊相進士白牌
1651년(효종 2), 1장, 필사본, 99.0×40.0cm, 장서각(연안이씨 매간종택 기탁)

070
이익상 문과 홍패
李翊相文科紅牌
1660년(현종 1), 1장, 필사본, 99.3×71.0cm, 장서각(연안이씨 매간종택 기탁)

072
이도재 문과 홍패
李道宰文科紅牌
1882년(고종 19), 1장, 필사본, 87.5×63.4cm, 장서각(연안이씨 매간종택 기탁)

073
이도재 금관
李道宰金冠
19세기, 높이 21.5cm, 폭 18.5cm, 장서각(연안이씨 매간종택 기탁)

074
김약제 문과 시권
金若濟文科試券
1886년(고종 23), 1장, 필사본, 108.5×79.0cm, 장서각(경주김씨 교리공가 기탁)

075
김약제 문과 홍패
金若濟文科紅牌
1886년(고종 23), 1장, 필사본, 82.0×53.8cm, 장서각(경주김씨 교리공가 기탁)

076
정의묵 문과 시권
鄭宜默文科試券
1885년(고종 22), 1장, 필사본, 62.5×248.0cm, 장서각(진주정씨 우복종택 기탁)

078
정의묵 진사 백패
鄭宜默進士白牌
1879년(고종 16), 1장, 필사본, 83.0×45.5cm, 장서각(진주정씨 우복종택 기탁)

078
정의묵 문과 홍패
鄭宜默文科紅牌
1885년(고종 22), 1장, 필사본, 74.0×79.5cm, 장서각(진주정씨 우복종택 기탁)

079
정의묵 금관
鄭宜默金冠
19세기 후반, 높이 22.8cm, 진주정씨 우복종택

080
정의묵 상복과 각대
鄭宜默常服角帶
19세기 후반, 진주정씨 우복종택

082
권벌 문과 시권
權橃文科試券
1507년(중종 2), 1장, 필사본, 85.5×210.5cm, 보물 제901호, 충재박물관

083
권벌 문과 홍패
權橃文科紅牌
1507년(중종 2), 1장, 필사본, 95.0×86.3cm, 보물 제901호, 충재박물관

084
송시열 생원 시권
宋時烈生員試券
1633년(인조 11), 1장, 필사본, 91.0×200.5cm, 국립청주박물관

092
박재희 백일장 시권
朴載禧白日場試券
1800년대 후반, 1장, 필사본, 34.0×62.0cm, 장서각(무안박씨 무의공종택 기탁)

093
류정희 백일장 시권
柳鼎熙白日場試券
1891년(고종 28), 1장, 필사본, 115.0×82.5cm, 장서각(전주류씨 수곡종택 기탁)

094
쇄미록
瑣尾錄
1591년(선조 24)~1601년(선조 34), 7책, 필사본, 보물 제1096호, 국립진주박물관(해주오씨 추탄종택)

097
오윤겸 영의정 고신
吳允謙領議政告身
1628년(인조 6), 필사본, 112.0×82.5cm, 장서각(해주오씨 추탄종손가)

099
주세붕이 조카에게 보낸 편지
寄姪非熊
조선 후기, 『무릉잡고武陵雜稿』 수록, 31.6×19.6cm, 장서각(K4-6011)

100
하응운이 아들 필동에게 보낸 편지
河應運書簡[遣子北學書]
1731년(영조 7), 1장, 필사본, 42.0×66.5cm, 진양하씨 담산문중

102
하응운이 아들 필동에게 보낸 편지
河應運書簡[答寄必東書]
1731년(영조 7)~1732년(영조 8), 1장, 필사본, 35.5×46.0cm, 진양하씨 담산문중

105
아버지에게 과거를 그만두겠다는 뜻을 아뢰는 편지
上庭下稟廢擧書
이만부(李萬敷, 1664~1732), 『식산집息山集』 수록, 필사본, 33.2×21.1cm, 장서각(연안이씨 식산종택)

106
학교모범
學校模範
이이(李珥, 1536~1584), 『율곡집栗谷集』 수록, 10책, 필사본, 30.0×18.2cm, 장서각(K4-6389)

107
이산원규
伊山院規
이황(李滉, 1501~1570), 『퇴계집退溪集』 수록, 29책, 필사본, 32.2×21.6cm, 장서각(K4-6599)

110
예조 급첩
禮曹給牒
1583년(선조 16), 1장, 필사본, 98.5×75.5cm,
보물 제1473호, 여주이씨 옥산정사 독락당 이해철

111
이준 무과 홍패
李浚武科紅牌
1599년(선조 32), 1장, 필사본, 72.5×46.5cm,
보물 제1473호, 여주이씨 옥산정사 독락당 이해철

113
서얼통사로의
庶孼通仕路議
오윤겸(吳允謙, 1559~1636), 『추탄집楸灘集』 수록,
목활자본, 28.3×19.3cm, 장서각(D3B 1577)

114
하정황 소지
河挺黃所志
1751년(영조 27), 1장, 필사본, 61.7×44.2cm,
장서각(진양하씨 운문종택)

115
하명상 무과 홍패
河命祥武科紅牌
1751년(영조 27), 1장, 필사본, 85.0×60.6cm,
장서각(진양하씨 운문종택)

115
하명상 고신
河命祥告身
1763년(영조 39), 1장, 필사본, 54.0×76.5cm,
장서각(진양하씨 운문종택)

117
친림광화문내근정전정시시도
親臨光化門內勤政殿庭試時圖
1747년(영조 23), 8폭 병풍, 비단에 채색,
서울특별시 유형문화재 제138호, 서울역사박물관

118
평생도
平生圖
19세기, 10폭 병풍, 종이에 채색,
130.0×36.0cm(1폭), 국립중앙박물관

122
박숭목 학례강 조흘첩
朴崇穆學禮講照訖帖
1874년(고종 11), 1장, 43.0×27.0cm,
장서각(밀성박씨 모선재 기탁)

123
유원성 급분첩
柳遠聲給分帖
1882년(고종 19), 1장, 48.4×27.8cm,
장서각(진주유씨 모산종택 기탁)

123
안긍원 직부첩
安兢遠直赴帖
1871년(고종 8), 1장, 51.2×31.4cm,
장서각(광주안씨 순암종택 기탁)

124
북새선은도-길주과시도
北塞宣恩圖-吉州科試圖
한시각(韓時覺, 1621~1691?) 그림, 1664년(현종 5),
1축, 비단에 채색, 57.9×674.1cm, 국립중앙박물관

128
동소만록
桐巢漫錄
1925년 간행, 3권 2책, 신연활자본, 26.2×17.9cm,
장서각(K2-201)

132
문무과 방방의
文武科放榜儀

134
화성능행도병
華城陵幸圖屛
1795년(정조 19), 8폭 병풍, 비단에 채색,
151.5×66.4cm(1폭), 삼성미술관 Leeum

136
북새선은도-함흥방방도
北塞宣恩圖-咸興放榜圖
한시각(韓時覺, 1621~1691?) 그림, 1664년(현종 5),
1축, 비단에 채색, 57.9×674.1cm, 국립중앙박물관

139
이호직 영문록
李浩稙榮問錄
1848년(헌종 14), 2책, 필사본,
25.5×23.4cm/23.3×22.8cm,
장서각(한산이씨 수당고택 기탁)

143
모당 홍이상공 평생도
慕堂洪履祥公平生圖
김홍도(金弘道, 1745~1816 이후) 그림,
1780년(정조 4), 8폭 병풍, 비단에 채색,
75.1×39.4cm(1폭), 국립중앙박물관

144
유가후 하인등처 하기
遊街後下人等處下記
1825년(순조 25), 『벽계영유록碧鷄榮遊錄』, 필사본,
27.0×18.3cm, 장서각(B9O 17)

146
인동감시시관 계회도
仁同監試試官契會圖
1585년(선조 18)경, 1첩, 비단에 채색, 59.4×62.0cm,
여주이씨 무첨당(회재종택)

148
정효준 별급문기
鄭孝俊別給文記
1657년(효종 8), 1장, 필사본, 97.9×433.3cm,
장서각(해주정씨 대종가)

153
국조방목
國朝榜目
19세기 중반 이후, 11권 11책, 필사본, 23.4×15.0cm,
장서각(K2-3540)

154
어제신은
御製新恩
1775년(영조 51), 1책, 필사본, 31.4×17.5cm,
장서각(K4-2961)

158
김성일 진사 시권
金誠一進士試券
1564년(명종 19), 1장 , 필사본, 89.3×219.0cm,
보물 제906호, 의성김씨 학봉종택(운장각)

161
김성일 문과 시권
金誠一文科試券
1568년(선조 1), 1장, 필사본, 78.0×159.0cm,
보물 제 906호, 의성김씨 학봉종택(운장각)

162
김성일 진사 백패
金誠一進士白牌
1564년(명종 19), 1장, 필사본, 97.1×38.0cm,
보물 제 906호, 의성김씨 학봉종택(운장각)

162
김성일 문과 홍패
金誠一文科紅牌
1568년(선조 1), 1장, 필사본, 91.0×76.5cm,
보물 제 906호, 의성김씨 학봉종택(운장각)

163
김성일 안경
金誠一眼鏡
16세기 후반, 안경(대모, 수정, 10.0×14.0cm),
안경집(나무, 8.2×13.0cm), 의성김씨
학봉종택(운장각)

164
기축사마방회도
己丑司馬榜會圖
1602년(선조 35), 1첩, 비단에 채색, 33.8×28.5㎝,
장서각(진주유씨 모산종택 기탁)

171
송도용두회첩
松都龍頭會帖
1772년(영조 48), 1첩, 종이에 채색, 31.1×23.5cm,
고려대학교박물관

245
임영 문과 시권
林泳文科試券
1671년(현종 12), 1장, 필사본, 145.2×120.3cm,
나주임씨 창계후손가

246
임영 생원 백패
林泳生員白牌
1666년(현종 7), 1장, 필사본, 100.8×39.8cm,
나주임씨 창계후손가

246
임영 문과 홍패
林泳文科紅牌
1671년(현종 12), 1장, 필사본, 103.5×89.0cm,
나주임씨 창계후손가

247
창계 해치흉배 · 백한흉배
滄溪獬豸胸背 白鷴胸背
17세기, 비단에 자수, 33.6×34.7cm(1면),
나주임씨 창계후손가

250
조덕순 문과 시권
趙德純文科試券
1690년(숙종 16), 1장, 필사본, 77.4×311.4cm,
장서각(한양조씨 참의공파 종중 기탁)

253
조덕순 생원 백패
趙德純生員白牌
1679년(숙종 5), 1장, 필사본, 97.7×43.0cm,
장서각(한양조씨 참의공파 종중 기탁)

253
조덕순 문과 홍패
趙德純文科紅牌
1690년(숙종 16), 1장, 필사본, 102.3×70.3cm,
장서각(한양조씨 참의공파 종중 기탁)

254
조광조 문과 시권
趙光祖文科試券
1515년(중종 10), 『정암집靜菴集』 수록,
장서각(K4-6459), 김명균金明鈞 정사淨寫

258
기묘제현수첩
己卯諸賢手帖
1519년(중종 14), 1첩, 종이에 먹, 38.0×27.0cm,
보물 제1198호, 장서각(순흥안씨 사제당종중)

260
장응일 문과 시권
張應一文科試券
1629년(인조 7), 1장, 필사본, 72.5×270.0cm,
장서각(인동장씨 여헌종택 기탁)

262
이후영 문과 시권
李後榮文科試券
1684년(숙종 10), 1장, 필사본, 71.0×323.0cm,
장서각(고성이씨 임청각 기탁)

265
이후영 문과 홍패
李後榮文科紅牌
1684년(숙종 10), 1장, 필사본, 100.3×71.8cm,
장서각(고성이씨 임청각 기탁)

266
1673년 이분 별급문기
李蕡別給文記
1673년(현종 14), 1장, 필사본, 91.5×66.0cm,
장서각(고성이씨 임청각 기탁)

267
1685년 이분 별급문기
李蕡別給文記
1685년(숙종 11), 1장, 필사본, 98.5×69.0cm,
장서각(고성이씨 임청각 기탁)

268
안극효 문과 시권
安克孝文科試券
1741년(영조 17), 1장, 필사본, 65.0×260.5cm,
장서각(순흥안씨 사제당종중 기탁)

271
안극효 생원 백패
安克孝生員白牌
1735년(영조 11), 1장, 필사본, 89.0×46.6cm,
장서각(순흥안씨 사제당종중 기탁)

271
안극효 문과 홍패
安克孝文科紅牌
1741년(영조 17), 1장, 필사본, 93.5×64.4cm,
장서각(순흥안씨 사제당종중 기탁)

272
박종길 문과 시권
朴宗吉文科試券
1827년(순조 27), 1장, 필사본, 44.7×170.0cm,
장서각(반남박씨 서계종택 기탁)

274
박종길 문과 홍패
朴宗吉文科紅牌
1827년(순조 27), 1장, 필사본, 89.0×64.0cm,
장서각(반남박씨 서계종택 기탁)

276
유원성 문과 시권
柳遠聲文科試券
1882년(고종 19), 1장, 필사본, 39.0×160.0cm,
장서각(진주유씨 모산종택 기탁)

278
유원성 생원 백패
柳遠聲生員白牌
1874년(고종 11), 1장, 필사본, 73.0×42.0cm,
장서각(진주유씨 모산종택 기탁)

280
송종오 문과 시권
宋鍾五文科試券
1888년(고종 25), 1장, 필사본, 66.0×217.5cm,
대전역사박물관

282
송종오 문과 홍패
宋鍾五文科紅牌
1888년(고종 25), 1장, 필사본, 79.7×49.5cm,
대전역사박물관

283
송종오 어사복두와 금야대
宋鍾五御賜幞頭金也帶
1888년(고종 25), 복두함 높이 27.0cm,
복두 높이 17.0cm, 금야대 길이 204.5cm,
대전역사박물관

284
김상덕 문과 시권
金商悳文科試券
1888년(고종 25), 1장, 필사본, 67.0×219.0cm,
장서각(경주김씨 직각종택 기탁)

286
순명효황후 한글편지
純明孝皇后諺簡
20세기, 2장, 필사본, 23.4×12.6cm,
장서각(경주김씨 직각종택 기탁)

시권試券

국가경영의 지혜를 듣다

Sigwon, Listening to the Wisdom of State Management

발행일 2015년 6월 29일 1쇄, 2015년 10월 30일 2쇄, 2024년 8월 30일 3쇄
발행처 한국학중앙연구원 출판부
발행인 김낙년
편찬 한국학중앙연구원 장서각
등록번호 제1979-000002호(1979년 3월 31일)
주소 경기도 성남시 분당구 하오개로 323
전화 031-730-8773
팩스 031-730-8775
이메일 akspress@aks.ac.kr
홈페이지 www.aks.ac.kr

ISBN 979-11-86597-00-2 93910